城市轨道交通工程关键施工技术

北京城建集团有限责任公司　编著

人民交通出版社股份有限公司
China Communications Press Co.,Ltd.

内 容 提 要

本书以北京、天津、杭州、广州、深圳、大连、郑州等地轨道交通工程建设实际为背景，总结归纳十类关键施工技术，主要包括明挖、暗挖、盾构、地基处理、轨道交通预制构件制作、测量监测、线路跨越道路或河流、轨道交通车辆段、施工组织与管理等内容，力求反映工程一线的实际情况，积累对同类工程有指导性的经验。

本书可供从事城市轨道交通建设领域的管理、设计、施工、监理、养护维修的专业技术人员及相关大专院校师生参考使用。

图书在版编目(CIP)数据

城市轨道交通工程关键施工技术／北京城建集团有限责任公司编著. — 北京：人民交通出版社股份有限公司，2015.1

ISBN 978-7-114-11960-6

Ⅰ．①城… Ⅱ．①北… Ⅲ．①城市铁路—铁路施工 Ⅳ．①U239.5

中国版本图书馆 CIP 数据核字(2015)第 004690 号

书　　名：城市轨道交通工程关键施工技术
著　作　者：北京城建集团有限责任公司
责任编辑：张征宇　刘永芬　赵瑞琴
出版发行：人民交通出版社股份有限公司
地　　址：(100011)北京市朝阳区安定门外外馆斜街3号
网　　址：http://www.ccpress.com.cn
销售电话：(010)59757973
总　经　销：人民交通出版社股份有限公司发行部
经　　销：各地新华书店
印　　刷：北京市密东印刷有限公司
开　　本：880×1230　1/16
印　　张：36
字　　数：1049千
版　　次：2015年1月　第1版
印　　次：2015年1月　第1次印刷
书　　号：ISBN 978-7-114-11960-6
定　　价：100.00元

(有印刷、装订质量问题的图书，由本公司负责调换)

《城市轨道交通工程关键施工技术》编写委员会

总 策 划：徐贱云　陈代华

策　　划：李卫红　姚广红　李太祥　徐荣明　樊　军　李振长
　　　　　　郭威力　王丽萍　朱国栋　史育斌　彭成均　张晋勋
　　　　　　李　莉　李胜军　刘月明　胡发新　范培礼　姜维纲
　　　　　　李文建　王　良　姚元山　王文德　李重庆　徐　谦
　　　　　　张玉华

主　　编：张晋勋

副 主 编：金　奕　武福美

编　　委：张晋勋　金　奕　武福美　张柏堂　吴朝东　黄陆川
　　　　　　段劲松　李笑男　张志艳　刘莎莎

审定专家：贺长俊　王　甦　李久林　金　淮　秦长利　杨秀仁
　　　　　　王　良　邱德龙

编 写 人：（按姓氏笔画排序）
　　　　　　丁　勇　于英杰　马长涛　马敬东　仇　伟　戈　玮
　　　　　　王小波　王东清　王志海　王志斌　王建光　王忠华
　　　　　　王　亮　王振玲　王　涛　王高敏　王　然　王慧斌
　　　　　　付　强　冯崇军　田永进　白韶红　石从军　刘少伟
　　　　　　刘月明　刘玉龙　刘　伟　刘　成　刘奎生　刘莎莎
　　　　　　刘　磊　刘震国　吕　波　孙宏宝　孙宪春　孙晓鹏
　　　　　　安文明　巩湘军　朱占稳　江　瀑　邢兆泳　何　刚
　　　　　　吴晓军　宋成辉　张玉奇　张礼舜　张佩昊　张学武
　　　　　　张岩玉　张海东　张鹏飞　李凤洪　李文科　李旭光

李昌军	李晋宝	李海兵	李润圣	李润军	李笑男
李高峰	李乾斌	李 琨	李源潮	李 福	李 赞
杨雨轩	杨 郡	汪令宏	肖 勇	肖 舰	辛玉升
邵永欣	邵 佐	陈荣昌	陈 新	单镏新	周占志
周 智	孟华东	孟英姿	尚金涛	林思进	武福美
罗华丽	范 明	金大春	金 奕	姚文花	宫 萍
段劲松	贺永跃	赵永康	赵建武	骆 林	唐 虎
徐 谦	栗 纯	桂 征	桂轶雄	郭全国	商啸旻
崔红军	康 健	萧剑宇	黄克强	黄陆川	黄清杰
彭志勇	彭海中	焦涵之	董延军	董明祥	韩学武
韩继锋	韩 爽	廖秋林	翟志民	蔡亚宁	裴宝权
鲜大国	薛英法	魏荣军	魏斌效		

前　言

北京城建集团有限责任公司近年来参加了北京、天津、杭州、广州、深圳、大连、郑州等地的轨道交通项目，累计完成城市轨道交通工程总里程近100km。在工程项目的实施过程中，广大工程技术人员积极进取，开拓创新，结合工程实际情况，解决了诸多技术难题，保障了工程项目的顺利实施，同时积累并总结了相关技术成果，这些成果对指导我国城市轨道交通工程建设产生重要意义。

为加强技术交流，全面提高技术人员的技术业务水平，我们组织参与各工程项目的技术人员，紧密结合工程实践，分析问题，总结提高，力求反映工程一线的实际情况，总结第一手资料并进行分析，得出对同类工程有指导性的经验。

本书各章节均由现场一线技术人员编写，由于经验及水平有限，编写内容难免存在疏漏，我们希望通过不断的总结和改进，提高企业施工技术能力，同时推动我国城市轨道交通领域技术水平的发展，更好地满足社会发展需求，为国家发展、城市建设、提高人民生活品质做更大的贡献。

本书可供从事城市轨道交通建设领域的管理、设计、施工、监理、养护维修的专业技术人员及相关大专院校师生参考使用。

目　录

一、明挖法施工专项技术

明挖车站横穿十字路口施工技术 …………………………… 张佩昊　韩　爽　李　赞　李凤洪(3)
深圳轨道交通市中心区竖井爆破施工技术 …………………… 宋成辉　马长涛　彭志勇　周占志(7)
城市复杂环境条件下深大基坑施工技术 ……………………… 李　琨　黄陆川　商啸旻　周　智(11)
深基坑降水技术在10号线3标石榴庄站的应用 ……………… 赵永康　冯崇军　丁　勇(21)
长春桥站复杂环境条件下基坑施工技术 ………………………………………… 桂　征　武福美(30)

二、暗挖法车站施工专项技术

达官营站PBA工法施工技术 …………………………………… 廖秋林　李润军　孙宏宝(43)
达官营站穿越莲花河暗挖施工技术 …………………………… 廖秋林　马敬东　张鹏飞(49)
车道沟站中间段穿越城市主干道暗挖施工技术
　　　　　　　　　　　　　　　　　武福美　张玉华　桂　征　刘少伟　张鹏飞(58)
大连轨道交通2号线中山广场站PBA暗挖施工技术
　　　　　　　　　　　　　　　　　刘震国　郭全国　吕　波　张海东　彭海中(68)
新型水泥黏土固化浆液调节剂的技术性能及其应用 ………… 李　琨　黄陆川　朱占稳(94)

三、暗挖法区间隧道施工专项技术

达官营站~广安门站区间渡线段及停车线大断面施工技术
　　　　　　　　　　　　　　　　　马敬东　李源潮　张鹏飞　栗　纯(101)
达官营站~广安门站区间CRD+CD法双连拱边洞施工技术
　　　　　　　　　　　　　　　　　马敬东　廖秋林　张鹏飞　王　然(112)
东钓鱼台站~白石桥南站区间富含大粒径漂石地层大断面隧道施工技术
　　　　　　　　　　　　　　　　　黄陆川　李晋宝　金　奕　李　琨(116)
白石桥南站~国家图书馆站区间隧道穿越下凹式立交桥施工关键技术
　　　　　　　　　　　　　　　　　黄陆川　王　亮　刘莎莎(133)
双侧壁导坑工法地表沉降控制技术 …………………………… 鲜大国　赵永康　丁　勇　王建光(139)
成寿寺站~宋家庄站区间穿越复杂地层暗挖施工管线控制技术
　　　　　　　　　　　　　　　　　赵永康　李笑男　宫　萍(149)
宋家庄站~石榴庄站区间暗挖隧道上跨既有5号线抗浮施工技术
　　　　　　　　　　　　　　　　　赵永康　鲜大国　丁　勇　王建光(155)
西局站~东管头站区间隧道下穿桥台二重管预注浆加固技术 … 王东清　邵　佐　骆　林(167)
西局站~东管头站区间隧道侧下穿桥梁复合锚杆桩加固技术
　　　　　　　　　　　　　　　　　王东清　姚文花　李昌军　刘　伟(172)

区间隧道标准断面整体式模板台车研究应用	王东清 李昌军 范 明 孟华东(175)

区间隧道标准断面整体式模板台车研究应用 …………………… 王东清 李昌军 范 明 孟华东(175)
复杂条件下暗挖隧道马头门施工技术 ………………………… 姚文花 王东清 范 明 李昌君(180)
大断面暗挖隧道下穿道路及管线风险分析及规避 ………… 姚文花 王东清 范 明 李昌君(188)
大连轨道交通 2 号线市中心区隧道微爆破设计与施工技术 ………………………………… 张礼舜(193)
广州轨道交通 5 号线大断面隧道施工关键技术 ……………………………… 巩湘军 付 强(199)
广州轨道交通 5 号线隧道 WSS 工法穿越饱和动水砂层施工关键技术 ……… 巩湘军 付 强(217)
轨道交通隧道过人行地下通道设计施工优化 ……… 马长涛 杨雨轩 王志海 王高敏 张岩玉(227)
深圳轨道交通 3 号线大断面分台阶导洞施工技术 ………… 马长涛 杨雨轩 刘玉龙 金大春(236)
深圳轨道交通 3 号线马头门施工技术 …………………… 黄克强 宋成辉 杨雨轩 王志海(249)
隧道衬砌模板台车施工技术在深圳轨道交通中的应用 ……… 马长涛 刘玉龙 黄克强 宋成辉(254)

四、盾构法隧道施工专项技术

盾构隧道穿越大型工业园区技术措施 ……………… 金大春 马长涛 彭志勇 王志海 张岩玉(265)
北京地区盾构始发反力架架设方案技术研究 …………………………………………… 孙宪春(271)
盾构机关键系统大修改造综合技术 ……………………… 桂轶雄 张玉奇 刘 成 唐 虎(279)
砂卵石地层盾构施工渣土改良技术 ……………………………… 魏斌效 戈 玮 仇 伟(294)
盾构空载区间推进关键技术措施 ………………………………… 魏斌效 戈 玮 刘 磊(298)
房山线卵石地层暗挖与盾构方案比选及应用 …………………… 崔红军 金 奕 尚金涛(303)
浅覆土盾构下穿机场停机坪施工技术 ……………………… 李润军 李乾斌 李润圣 薛英法(309)
盾构施工测量技术研究及应用 ……………………………………………… 孙晓鹏 王忠华(314)
GPS 在城市轨道交通工程中的应用 ………………………………… 孙晓鹏 王忠华 杨 郡(327)

五、支护结构与地基处理专项技术

大粒径卵漂石复合地层全套管钻机施工技术 …………………… 黄陆川 金 奕 刘莎莎(333)
小直径超长桩在车辆段施工中的应用 ……………………… 王慧斌 董明祥 肖 勇 单镏新(347)
城市过街桥桩基托换技术 …………………………… 马长涛 刘玉龙 李文科 金大春 韩 爽(351)
深圳轨道交通水贝站地下连续墙续接技术 ………………… 马长涛 杨雨轩 彭志勇 张学武(360)
杭州轨道交通滨江站软弱地层地下连续墙节点处理技术 ……………………………… 王振玲(365)
永定河大堤基础加固及深埋承台施工专项技术
 ……………………………………… 李润军 韩学武 崔红军 李润圣 安文明(374)
深圳轨道交通 3 号线轨排井设计施工优化 ………………………… 宋成辉 马长涛 金大春(380)
双轮铣在深圳轨道交通水贝站连续墙施工中的应用 ……… 金大春 马长涛 彭志勇 张学武(387)

六、轨道交通预制梁、预制构件制作专项技术

房山线 40m 跨预制箱梁施工关键技术 …………………… 李润军 韩学武 崔红军 李润圣 安文明(397)
清水混凝土盾构管片预制关键技术 ……………………… 蔡亚宁 黄清杰 魏荣军 王志斌 孟英姿(403)
轨道交通高架车站清水混凝土轨道梁预制技术
 ……………………………………… 蔡亚宁 陈 新 孟英姿 焦涵之 黄清杰(413)
轨道交通专用清水混凝土板类构件预制技术 …… 蔡亚宁 黄清杰 陈 新 焦涵之 魏荣军(419)

高精度清水混凝土预制短轨枕模板研究与应用
.... 蔡亚宁　陈　新　王志斌　李海兵　黄清杰（430）

七、跨越道路、河流及支架专项技术

房山线跨越五环路整体式钢桁架支架设计及应用
.... 李润军　金　奕　韩学武　李润圣　安文明（441）
一种新型支架在房山线高架桥施工中的应用
.... 李润军　金　奕　韩学武　李润圣　裴宝权（450）
房山线跨永定河40m预制箱梁运架施工技术研究
.... 李润军　韩学武　李润圣　安文明　崔红军（454）
天津轨道交通3号线跨津沧高速公路现浇预应力箱梁施工技术 .... 辛玉升　刘奎生（459）

八、监测专项技术

轨道交通桥梁支座更换监测技术及应用 .... 白韶红　吴晓军　韩继锋　陈荣昌　江　瀑（469）
北京轨道交通桥梁安全监控设施及应用 .... 韩继锋　江　瀑（482）

九、车辆段及控制管理中心施工专项技术

车辆段大体积混凝土基础施工技术 .... 贺永跃　徐　谦　王慧斌　邢兆泳（489）
喷涂高弹性橡胶沥青防水涂料施工工艺 .... 邢兆泳　汪令宏　徐　谦　于英杰（492）
型钢混凝土组合结构在平西府车辆段工程中的应用 .... 徐　谦　王慧斌　汪令宏　贺永跃（500）
水泥搅拌桩在郑州地铁车辆段工程中的应用 .... 赵建武　石丛军（508）
郑东车辆段运用库大跨度网架施工技术 .... 李高峰　石从军（511）
北京轨道交通管理中心工程多结构体系施工技术
.... 邵永欣　肖　舰　董延军　王慧斌　李旭光（515）
车辆段钢骨架轻型板施工技术 .... 王　涛　林思进（525）
临时停车场钢结构吊装施工技术 .... 段劲松　田永进　翟志民　单镏新（530）

十、施工组织与管理

BT项目模式下城市轨道交通工程设计技术管理 .... 王东清　何　刚　刘月明（539）
BIM技术在PBA暗挖车站施工中的应用 .... 廖秋林　李润军　张鹏飞　裴宝权　王　亮（542）
车站装修施工组织与管理 .... 李　琨　康　健　罗华丽（547）
深圳轨道交通田贝站交通疏解及施工优化方案
.... 张佩昊　马长涛　李凤洪　王志海　萧剑宇（553）
平西府车辆段上盖综合开发工程施工组织与管理 .... 汪令宏　邢兆泳　贺永跃　于英杰（560）

一、明挖法施工专项技术

明挖车站横穿十字路口施工技术

张佩昊　韩　爽　李　赞　李凤洪

摘　要　以深圳地铁3号线田贝站明挖施工为实例,本文介绍了利用321公路钢桥实现24m上承式大跨度临时便桥及大管径综合管线悬吊施工技术。目前,田贝站主体结构已经封顶,工程施工过程中经受了深圳地区强暴雨、大流量交通、地下三层施工长期反复的爆破震动影响等不利因素的考验。施工过程中地面交通正常,基坑变形符合设计及规范要求,把明挖法施工对周边环境及交通的影响降至最小,达到了预期效果。

关键词　明挖车站　施工技术　临时便桥

1　工程概况

深圳地铁3号线上的田贝站,位于深圳市罗湖区翠竹路与田贝四路、太宁路交叉口地下,车站主体沿翠竹路呈南北走向,南接翠竹站,北接水贝站,车站需横穿田贝四路—太宁路十字路口。本站途径地段,覆土表层为第四系人工填筑的素填土、杂填土,冲洪积黏性土、砂层、角砾土、残积黏性土,下伏基岩为花岗片麻岩、碎裂岩。车站地处老城区,交通流量大,地下管线复杂。

本站为换乘站,为远期规划地铁7号线预留换乘节点。起讫里程:K11+373.6~K11+878.415,全长504.815m。围护结构采用800mm厚地下连续墙,车站主体采用地下二层三跨和二层双跨现浇钢筋混凝土矩形框架结构,换乘地段采用地下三层双跨现浇钢筋混凝土矩形框架结构。施工采用明挖法和盖挖顺筑法联合施工方法,基坑开挖深度为18~23.0m,换乘体段基坑深达26.6m。

2　总体施工方案

根据现场地形条件,在施工期间,翠竹路及田贝四路—太宁路段不允许断路,然而,车站主体及围护结构施工过程中,田贝四路路口需要采取倒边施工方法,以实现其十字路口下方的明挖法施工。

该十字路口,翠竹路方向公交车多达23路,田贝四路方向有12路,再加上数量众多的小汽车、货柜车,对地铁施工组织提出了很高要求。该路口的沿翠竹路方向管线施工围挡前已经改移至车站围护结构以外,施工期间影响管线主要为横穿翠竹路方向,影响管线有:1400mm×1200mm雨水箱涵,D540mm污水管,D400mm上水管,6×10φ150mm电缆,6×10φ114mm电信电缆及光缆。

对十字路口主体围护结构分环岛内及环岛外进行两期进行施工;对路口管线进行改移,并置换成硬质管进行悬吊保护;对基坑开挖阶段通过设置在路口南北两侧各12m宽的钢便桥来实现交通疏解。

具体的施工流程:

(1)实现十字路口的环状围蔽。形成环岛状疏解交通,环岛内实现施工作业。

(2)既有管线未影响区域WW16、WW17、WE16、WE17的地下连续墙施工。

(3)地下连续墙施工作业退场,进行环岛内管线改移作业,将所有通过路口段管线改移并置换成硬质管至已经施工完地下连续墙结构上方(此时预留管线悬吊所需要的悬吊杆件)。

(4)继续进行环岛内未完成段的地下连续墙施工。

(5)交通疏解,恢复路口交通,对环岛外未完成围护结构进行围蔽施工(WW10至WW15,WE10至WE15,WW22至WW26,WE22至WE26)。

(6)进行墙顶冠梁及钢便桥后背墙施工。

(7)钢便桥桥体及桥面施工。

(8)进行交通疏解,恢复路口环岛交通,环岛内连续墙顶冠梁施工及管线悬吊梁施工,对管线进行悬吊保护。

(9)基坑开挖及基坑内支撑架设。

(10)车站主体结构施工。

(11)管线恢复,十字路口路面恢复,恢复交通,拆除钢便桥。

3 关键施工技术

3.1 交通疏解的临时道路及钢便桥施工

临时道路分为两期,一期为车站围护结构施工阶段的临时道路,另一期为明挖基坑施工过程中的疏解钢便桥施工。钢便桥横跨车站呈东西向布置,以解决田贝四路路口交通。车站主体结构基坑在设便桥处净宽为20.3~22.1m。

环岛临时道路的曲线半径为25m,道路宽度为10m,两车道机动车道宽8m,人行道宽2m。

钢便桥划分标准两车道,两侧约2m宽人行步道,两个机动车道宽8.5m。钢便桥支撑系统采用321型公路钢桥,路面系统采用铺方木结构,方木上铺20mm厚钢板。

3.1.1 临时路面及配套设施施工

路基平整后,在路基上铺设一层20cm厚的水泥稳定层,然后再进行路面施工,路面采用碎石沥青混凝土,厚度为10cm。路面设置1.5%横坡。道路中间用波形护栏隔离人行道及车行道。路口标明车道、设置前方施工车辆慢行牌及限速牌。

3.1.2 公路钢桥设计及施工

临时钢便桥所使用的支撑体系为装配式公路钢桥,装配式公路钢桥为全焊构架,销接组装。采用高强钢全焊制成,桁架拼装用单销或螺栓连接,质量较轻,运输拆装较方便。

(1)设计验算

采用有限元软件 MIDAS.Civel 建立全桥有限元模型,有限元模型见图1~图3。

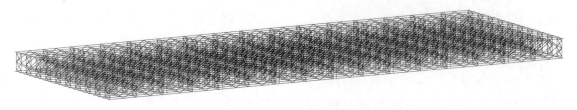

图1 全桥示意图

图2 纵立面示意图

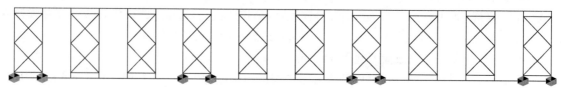

图3 横截面示意图

模型中均采用梁单元。机动车道横桥向共设置20片主桁,等间隔0.45m布置,机动车道桥面全宽8.55m。主桁架之间还设置上、下横梁,上、下横梁在纵桥向间隔1.5m。上弦杆横梁采用双20工字钢(2根20号工字钢),下弦杆横梁采用][10(2根20号槽钢)。同时考虑横梁与主桁弦杆间连接方式的影响,放松横梁绕桥轴向抗弯刚度的20%。两片主桁间间隔设置支撑架,如图4所示,支撑架在纵桥向间隔3m。考虑到实际工程中多支座很难共同受力,因此计算模型中取24m装配式简支梁两端支撑条件如图所示。

计算结论:

①恒载+汽车—超20和恒载+挂车—100两种荷载组合下,主桁杆件内力满足承载力的要求。

②汽车—超20和挂车—100静活载作用下,24m装配式简支梁跨中挠度满足规范要求。

③如果能够增加梁端主桁支座数量并提高支座共同受力程度,则可大大减小结构杆件尤其是主桁竖杆、斜杆的轴力。

(2)桥面布设

321公路钢桥主桁架净宽3m,便桥处基坑净宽为20.3~22.1m。因此选取24m跨度作为钢便桥的设计、施工标准。主梁采用32片321型桁架梁,主要由主梁桁架、支撑架、桥端构件(端柱及桥座板)及架设工具等构件组成。

本工程单片贝雷片组成形式为8件标准桁架片外加一个阴头端柱和一个阳头端柱,每片桁架片宽8cm,桁架片之间用桁架销子连接,两片桁架架设在一个桥座上;两片桁架片之间用支撑架连接组成贝雷梁,每片贝雷梁宽53cm,桁架片与片之间中心间距为45cm,净距为37cm;贝雷梁高1.50m;钢便桥机动车道贝雷梁与贝雷梁之间净距22cm,人行道贝雷梁与贝雷梁之间净距70.5cm;钢便桥背后挡墙高度与梁高、地面高相对应。各片贝雷梁之间采用横向联结系连接,上部采用两根20号工字钢横梁连接,下部采用两根10号槽钢横梁连接;钢筋混凝土挡墙为300mm厚度C30现浇混凝土。基座强度达设计强度的70%时,方可安装钢便桥,便桥横断面见图4所示。

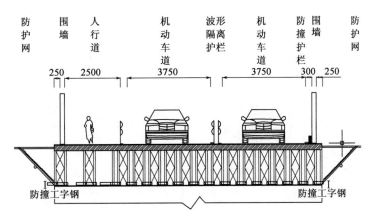

图4　12m宽钢便桥横断面面示意图(尺寸单位:mm)

3.2　管线悬吊施工

需要跨基坑的管线有以下几种:1400mm×1600mm雨水箱涵,D540mm污水管,D400mm上水管,6×10φ150mm电缆,6×10φ114mm电信电缆及光缆。根据管线悬吊施工经验,一般采取钢桁架整体悬吊或者钢筋混凝土支托梁两种形式。若采用钢筋混凝土托梁,托梁施工必须在管线施工前完成,工期紧张,且钢筋混凝土梁跨度22m,截面高度太大,影响车站主体结构施工,因此选择钢桁架整体悬吊。

钢桁架可采取现场焊接钢构件或者采用成品钢构件。由于所有管线均集中在5m宽的一幅连续墙宽度范围内,因此悬吊体系的刚度必须满足计算要求。管线的布置如图5所示。

3.2.1 悬吊体系主梁

由于场地限制,拟悬吊管线两侧各架设一根悬吊主梁,所有管线悬吊共用该主梁;主梁采用单层三排321钢桥桁架拼装形成纵梁(标准钢桥规格:3000mm×1500mm),纵梁长为24m,管线悬吊保护跨度22.17m;每组钢桥底部采用1m长的[10槽钢双拼作为贝雷梁横向底部连接梁,横联间距为3m。贝雷片之间采用销连接。主梁上部利用悬吊次梁做横向连接。

主梁基础支墩设在两侧连续墙顶冠梁上方,靠土一侧施做钢筋混凝土后背墙,当支墩混凝土强度达到70%以上后方可架设主梁。

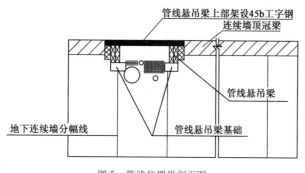

图5 管线位置纵剖面图

3.2.2 上水、雨水、污水管线悬吊体系

水务管线根据管线位置,悬吊采用同一个主梁及次梁,各管线单独使用一套吊杆;悬吊横担采用双I45b工字钢,污水及给水管悬吊杆下部分采用管线改移动前预埋的14mm×55mm扁铁,上半部分采用ϕ25圆钢,圆钢下端与扁铁焊接,焊缝长度双面焊不小于10d,圆钢上端加工成丝头,最后通过螺母及垫板吊装在横担上;雨水管采用ϕ41钢丝绳作为悬吊杆件,所有钢丝绳悬吊杆端头与工字钢之间用卡扣连接,连接前采用25t吊机起吊施加预应力的方式紧固钢丝绳后再安装卡扣。

同时,为确保悬吊横担的侧向稳定,横担与悬吊主梁之间通过螺栓连接成整体,如图6所示。

3.2.3 电信、电力管线

电信、电力管线悬吊共同采用同一个横担,横担采用双[20槽钢背扣组成,两根槽钢之间通过钢板焊接成一个整体,连接钢板不少于4道。由于电信、电力管线自身的刚性不足,所以在悬吊时要加密吊点,吊点每隔3m布设一道,共设7道。所有横担均通过螺栓与主梁连接成整体。具体悬吊如图7所示。

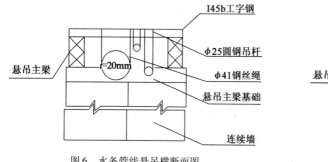

图6 水务管线悬吊横断面图

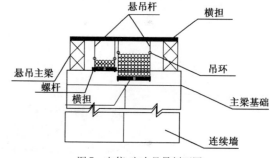

图7 电信、电力悬吊剖面图

4 结语

田贝站横穿田贝四路十字路口施工,现主体结构已经封顶,处于工程回迁及恢复交通阶段,工程施工过程中经受了深圳地区强暴雨、大流量交通、地下三层施工长期、反复的爆破震动影响等不利因素的考验。施工过程中地面交通正常,基坑变形符合设计及规范要求,达到了预期效果。在施工过程中得到了以下几点经验:

(1)对于老城区,地下管线复杂、交通流量大的车站主体结构,可以使用环岛交通疏解来实现车站过路口施工。它替代了初步设计阶段盖挖施工,达到了节省造价,加快施工进度的目的。

(2)采用321公路钢桥进行大跨度24m临时便桥施工,大口径管线ϕ1600mm悬吊施工,即方便,又安全、经济,适用性强。

(3)基坑的监控量测是明挖基坑施工不可缺少的环节,它必须贯穿施工的全过程。

深圳轨道交通市中心区竖井爆破施工技术

宋成辉　马长涛　彭志勇　周占志

摘　要　当地铁施工需穿越岩石地层时,如果采用盾构施工法,不仅难度大,且不经济,爆破施工则是方便、快捷、经济的施工方式,然而地铁又建在城市闹市区,安全有效的爆破施工是主要的研究问题。本文详细介绍了爆破施工的方式、布孔方式、爆破参数、装药和填塞、起爆方式和起爆网设计、爆破的安全防护和施工管理,为城市爆破施工提供借鉴。

关键词　地铁　岩石地层　盾构　爆破施工

1　工程概况

深圳地铁3号线02标段,位于翠竹站～田贝站区间。该路段过大头岭,其大部分地段穿越强度较大围岩地层,最大饱和抗压强度达到127.1MPa,同时还存在同一断面穿越软硬不均的岩层,从经济和安全的角度上看,不宜直接使用盾构掘进,故先施做矿山法隧道初支,然后在隧道轮廓内进行盾构推进。矿山法施工竖井口位于翠竹公园入口处,西侧100m有翠拥华庭,东侧紧邻精神康复医院,北边位于交通拥挤的田贝路主干道,周边情况复杂,施工竖井位于硬岩地段,爆破施工稍不注意,飞屑可能发生重大伤害事故,因此必须采取特别的措施进行防护;另外,强烈爆破的声音,还会引起旁边康复医院病人的不满,同时爆破对翠拥华庭的高层住宅产生震动,也会引起居民的恐慌。因此,项目组针对该段爆破施工进行了详细的研究和论证。

2　竖井爆破施工工法

竖井的上部土方采用小型机械开挖,人工配合,石方开挖采用微差松动控制爆破作业,垂直运输采用电葫芦提升,弃土由汽车运送至指定弃土场。

2.1　爆破方法

石方爆破时,按照浅孔、密布、弱爆、循序渐进的原则进行,爆破参数应随地质变化及时调整。爆破时要采取切实有效的覆盖措施,可采用水袋、水幕加土袋覆盖,以降低爆破碎石飞溅及烟雾污染。爆破时间选择12点至18点,以减少对周围环境的影响。

(1)爆破要求:竖井爆破点在翠竹路旁,人多车多,必须采取严密的防护措施,实施控制爆破,才能确保行人和交通车辆安全。

(2)爆破方法:根据技术条件,井筒掘进采用浅眼爆破法,直线掏槽方式,周边眼光面爆破。

(3)爆破防护:在爆破井筒外侧进行遮棚式防护,井内爆区砂土袋覆盖防护,以防止爆破飞石逸出井筒。

2.2　钻孔以及布孔方式

以人工手持风钻钻孔,钻机型号为7655型,带气腿,管道供风。炮孔孔径40mm。单循环进尺:1～1.5m。

采用直线掏槽,炮眼类型由掏槽中心至周边依次为:掏槽眼、辅助眼和周边眼。

2.3 竖井爆破参数

井筒断面形状：矩形断面，尺寸图1所示。

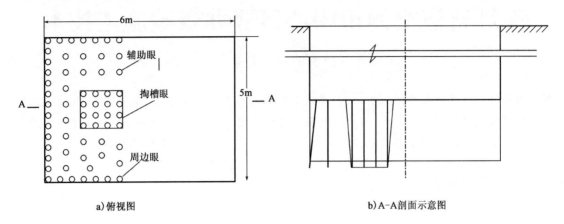

a) 俯视图　　　　　　　　　　b) A-A剖面示意图

图1　竖井爆破炮孔布置图

炮孔直径 ϕ：$\phi = 40\text{mm}$；单循环进尺：$l = 1 \sim 1.5\text{m}$；炮孔倾角 β：掏槽眼和辅助眼为垂直向下布孔，周边眼略为向岩壁外张。

孔网参数（表1）：

掏槽眼：纵横各4排共16个炮孔，加密布孔，呈正方形均匀布置，孔间距 a = 排间距 $b = 700\text{mm}$。

辅助眼：在掏槽眼与周边眼之间设辅助眼，眼与眼的间距为900mm。

周边眼：沿爆破成形的矩形轮廓四周布置，间距700～800mm。炮眼略向岩壁外张。

深孔、浅眼爆破参数表　　表1

爆破参数名称		单　位	竖井爆破
孔径		mm	40
单循环进尺		m	1.00～1.50
掏槽眼	孔间距	mm	700
	孔深	m	1.40～1.60
	炮眼倾角		垂直向下
辅助眼	孔间距	mm	900
	排间距	mm	900
	孔深	m	1.30～1.50
	炮眼倾角		垂直向下
周边眼	孔间距	mm	700～800
	孔深	m	1.30～1.50
	炮眼倾角		垂直向下，略为外张
炸药单耗		kg/m³	0.8～1.5
单孔药量		kg	0.6～0.9
同段最大药量		kg	<5
每次总药量		kg	15～20
填塞长度		mm	800～900

孔深 L：

$$L = l + \Delta l$$

式中：l——单循环爆破深度（m）；

Δl——炮孔超深（m），一般取 $\Delta l = 0.3$m，其中掏槽眼超深为 0.5m。

装药量计算：

$$Q = KV$$

式中：Q——单循环装药量，kg；

K——炸药单耗，kg/m³，炸药单耗 K：$K = 1.0 \sim 1.5$kg/m³；

V——单循环爆破体积，m³。

堵塞长度 L_1 为 $0.8 \sim 0.9$m。

2.4 装药与堵塞

掏槽眼和辅助眼用 ϕ32mm 乳化炸药装药，周边眼用特制 ϕ25mm 乳化炸药装药，底眼用 ϕ32mm 乳化炸药装药。全部炮孔自孔底连续柱状装药，每个炮孔按照起爆顺序的要求装一发微差导爆管雷管，起爆药包置于炮孔的中下部。炮孔装药后，剩余空孔段用炮泥充填，填塞长度大于 0.5m，装药结构见图 2。

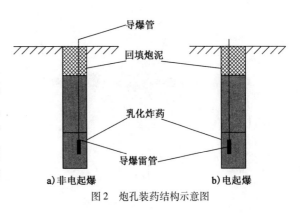

图 2 炮孔装药结构示意图

2.5 起爆方法和起爆网络设计

采用微差爆破，微差间隔时间 $25 \sim 75$ms。首先起爆掏槽眼，再起爆辅助眼，最后起爆周边眼。非电起爆法的导爆管在孔外采用簇联或单孔串联方式，用火雷管作起爆雷管，反向连接，用胶布多层捆绑，见图 3 所示。当光面孔使用导爆索时，孔内导爆索在孔外搭接，连接在孔外主导爆索上，孔外主导爆索用非电雷管起爆，起爆网路图见图 3b) 所示。

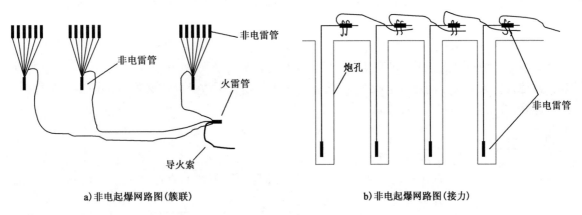

图 3 非电起爆网路图

2.6 爆破安全与环境保护

2.6.1 飞石防护

竖井爆破的飞石对外部环境影响程度，取决于爆破点在井内的深度及防护工作的好坏。为确保安全，应采取严密的防护措施，在爆破井筒外侧和井筒上方进行遮棚式强制防护，或在井口用钢筋网制作盖板进行覆盖防护，井内炮孔采用砂袋加钢丝网覆盖防护，以防止爆破飞石逸出井筒。

（1）井边遮棚式防护

在井壁边缘（重点是临街一侧），搭设防护棚架，棚架用脚手架做支架，墙面用建筑用尼龙网和双层竹芭搭接,不留空当。

(2)井口钢筋网盖板防护

用钢筋网制作盖板,爆破时将成形的钢筋网吊放在井口,钢筋网上再加盖竹排。

(3)井内炮孔采用砂袋加钢板网进行覆盖防护

井筒内所有炮孔在装填完毕后,在爆破岩石面先密铺一层砂包,在砂包顶面用钢筋网(每片钢筋网宽 $B=1.5\mathrm{m}$、长 $L=1.2\mathrm{m}$、网格为 $100\mathrm{mm}\times100\mathrm{mm}$)交错密铺,再在钢板板网上面密铺一层砂包,如图5所示。

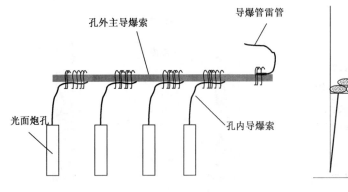

图4 光爆孔装药导爆索连接示意图

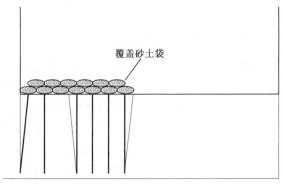

图5 井筒内炮孔覆盖防护示意图

2.6.2 爆破安全警戒距离

竖井爆破经过防护后,爆破飞石的警戒距离为50m,爆破时翠竹路宜短暂中断交通。

2.7 爆破管理

(1)进行强噪声作业时,严格控制作业时间,晚10点至次日早7点之间停止强噪声作业,确系特殊情况必须昼夜施工时,尽量采取降低噪声措施,并会同建设单位共同到建委审批,经批准后方可施工。施工时找当地居民协调,出安民告示,求得群众谅解。

(2)在矿产法爆破施工过程中,如一旦出现爆破爆炸事故,立即启动相应的应急方案。

(3)在矿山法爆破施工中,如果发生使用炸药和雷管出现哑炮时,在没有爆破专业人员进行处理哑炮前,其他任何人绝对不能进入危险区内,防止二次爆炸伤害事故。现场必须有爆破专家指挥抢险,首先要排除爆炸危险可能性,确保处理工作万无一失。

3 结语

本文总结了深圳地铁3号线02标段翠田区间施工竖井爆破施工的成功方法以及措施,为以后硬岩地层城市地铁闹市区竖井爆破施工提供范例,主要成果如下:

(1)周密地研究爆破区周围建筑物、交通以及人流情况,为爆破、防护方案制定提供详细的依据。

(2)制定详实的爆破方法,请爆炸专业的专业人员参与爆破布孔、爆破参数、装药量、堵塞方式、起爆方式和起爆网设计。

(3)完善了爆破防护设计及爆破管理设计。

城市复杂环境条件下深大基坑施工技术

李 琨　黄陆川　商啸旻　周 智

摘　要　在地铁工程中,难免会遇到深大基坑工程。由于城市内工程条件复杂,深大基坑的开挖会对周边环境产生多方面影响。本文以某深大基坑支护开挖过程为例,对其论述了支护形式设计、开挖支护步序安排等技术措施。这些措施的应用,在减少施工对周边环境影响上取得的了良好的效果,对类似工程有一定参考价值。

关键词　深大基坑　周边环境　钢支撑　开挖支护

1　工程概况

2010年北京完工的地铁9号线白石桥南站,采用明挖深基坑施工方法,本文以此为例对深大地铁基坑施工技术进行针对性的分析、探讨和总结。

1.1　明挖深基坑工程简介

本基坑工程为北京西南部市区两条在建地铁线路车站的换乘节点段,位于首体南路与车公庄西路交叉口西北角,设置在十字路口北侧西部首体南路绿化带、人行道和非机动车道位置。换乘节点段基坑长约46m,宽度约40m,开挖深度约25.7m。采用钻孔灌注围护桩+桩间挂钢筋网片喷射混凝土护壁+内支撑结构体系。工程平面位置见图1。

图1　基坑工程总平面图

该基坑钻孔灌注围护桩桩径1000mm,间距1.4m,桩长30.30m。桩间采用挂网喷射混凝土封闭找平,喷射混凝土厚度为100mm。钻孔灌注桩桩顶设1000mm×1000mm冠梁,冠梁顶以上采用240mm砖砌保护,砖砌墙内设构造柱。换乘节点支护结构钢支撑布置见图2。

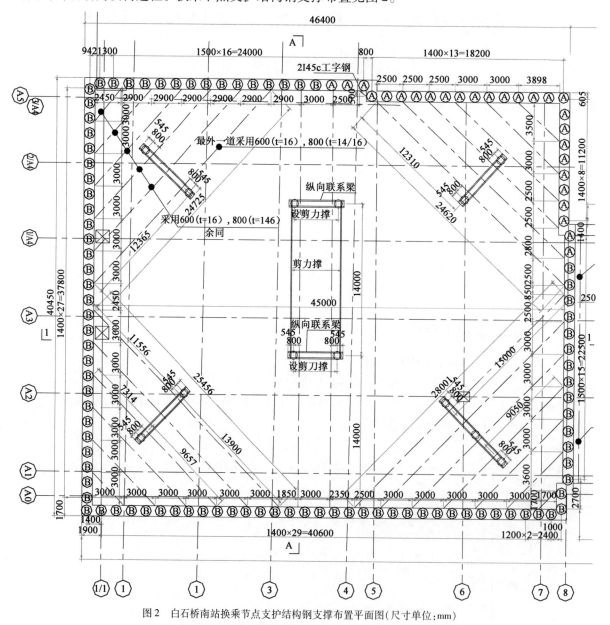

图2　白石桥南站换乘节点支护结构钢支撑布置平面图(尺寸单位:mm)

1.2　工程基本环境条件

1.2.1　地质、水文情况

换乘节点基坑穿越的地层,从上而下可分为人工堆积层、第四纪沉积层共两大类,按地层岩性及其物理力学性质进一步依次分为:杂填土、粉土填土、粉土、粉质黏土、细砂-粉砂、圆砾卵石、黏土、卵石-圆砾、粉细砂层。

基坑处于工程水文地质分区Ⅲb亚区。本场区勘察深度范围内测到一层地下水:类型为潜水,水位高程为20.05~20.33m(埋深32.20~32.50m),含水层为卵石、圆砾层。受季节性降雨入渗、管道渗漏的影响,拟建场区范围内的浅部地层(主要指砂卵石层中的黏性土、粉土层)中局部地段可能会形成上层滞水。

1.2.2 基坑周边复杂的城市环境条件

由于车站换乘节点基坑位于北京城西市区二、三环之间,周边制约基坑开挖施工的各类因素比较复杂,主要情况依地下、地上分述如下:

(1)主要地下管线分布:邻近基坑南侧沟底埋深4.4m的4400mm×2100mm热力沟,该热力沟与基坑净距2.3~3.1m;埋深2.7m的φ1250mm雨水管;由基坑内向基坑外临时改移后埋深1.66m的φ400mm给水管,埋深1.25m的φ500mm天然气管。邻近基坑东侧管内底埋深2.7m的φ1250mm雨水管,该雨水管与基坑水平净距1.17~3.76m;埋深5.75m的4400mm×2800mm热力沟;由基坑内向基坑外临时改移后埋深1.66m的φ400mm给水管,埋深1.2m的φ500mm天然气管及埋深0.9m的36孔电信管等。

(2)主要地下构筑物分布:本基坑范围场地20世纪80年代为北京某轻型汽车制造厂厂房所在地,地下分布有大量厂房建筑基础、钢筋混凝土设备基础和小型桩基础,纵横交错。

(3)周边地面建构筑物分布:十字路口西北角的主语国际中心公建,该建筑建于2007年,为高层框架结构,地下三层,地上分别为24层、19层及8层,采用筏板基础,该公建地下室与换乘节点段最小平面净距12.834m;基坑东南侧2~4m范围环绕一条架空电车电缆及路灯杆。

(4)周边道路交通情况:施工区域附近路面车流量大,人流量较大。车公庄西路:该路呈东西走向,道路红线宽度为75m,基本实现规划,双向6车道,是北京市城区东西沟通的第三条交通干道,该路日常车流量大,人流量较多。首体南路:该路呈南北走向,路口南侧道路规划红线宽65m,路口北侧道路规划红线宽度为95m,基本实现规划,双向6车道,该路高峰期车流量较大,人流量一般。

2 换乘节点深基坑工程特点、难点及对策

综述以上情况,该车站基坑具有宽、深和支撑体系复杂的特点,且处于交通干道,周边地上、地下障碍物较多的城市复杂环境条件下,安全风险大(该基坑工程自身为一级风险源),施工场地狭窄,施工工期紧。从围护桩施工至土方开挖、钢支撑的架设、监控量测的实施均需采取针对性的处理措施和技术工艺,才能克服以上困难,顺利完成基坑施工。

2.1 围护桩施工难点对策

针对地下管线、厂房基础等地下障碍物较多的情况,施工前进行人工挖探管线复测,查明地下管线和障碍物分布情况,提前完成了基坑范围内的管线改移和地下障碍物的清理,保证了桩基施工中管线的安全,避免了不可预见的地下构筑物拖延工期。围护桩采用旋挖钻机施工,桩基穿越的砂卵石层渗透系数大、松散,成孔时易出现塌孔、漏浆现象,现场采取增大泥浆相对密度至1.2~1.3提高泥浆护壁效果,由常规的隔一桩跳打改为隔二桩跳打,有效地避免了以上现象出现。

2.2 土方开挖施工重点措施

本基坑开挖总体遵循"竖向分层、纵向分段、中部挖坑、横向扩边"的原则组织施工。由于土方开挖工程量大,达到4.35万m^3,钢支撑架设、桩间护坡等施工工序交叉影响,同时基坑内部无出土马道位置,须采用竖井出土方式,因此,基坑-16m以上土方开挖采用2台长臂挖掘机直接挖至坑外临时堆土区;基坑-16m以下土方开挖主要采用基坑内3台挖掘机挖土倒土,基坑内设置2个3.5m^3的土斗,使用1台70t吊车将土吊至地面临时堆土场,夜间使用自卸车外运。

2.3 特殊地层护坡处理技术措施

基坑开挖至粉细砂层和圆砾卵石层时,局部桩间土在喷射混凝土过程中出现坍塌,混凝土护壁在渗水的情况下不能稳固成形。采用加设双层钢筋网片,适当降低喷射压力,增加扫喷次数的方法,解决了护坡失稳的问题。

2.4 带临时立柱联系梁的钢支撑架设施工难点对策

在保证基坑安全稳定的前提下,优化钢腰梁和钢支撑管架设顺序;钢管支撑吊装采用一大一小两台吊车配合施工,基坑内配置倒链提升、移动安装位置。

3 基坑采取的开挖支护施工技术分析与总结

3.1 基坑施工总体部署

由于施工场地狭窄、基坑周边无车辆行驶条件,在土方开挖及钢支撑架设期间,需在基坑中南部开设车辆进出通道以进行土方及钢构件的运输工作。土方开挖后临时现场堆放,夜间机动车行驶低谷阶段运出现场。

根据现场实际条件及土方和钢支撑施工工艺流程特点,土方和钢支撑施工期间总平面布置见图3。

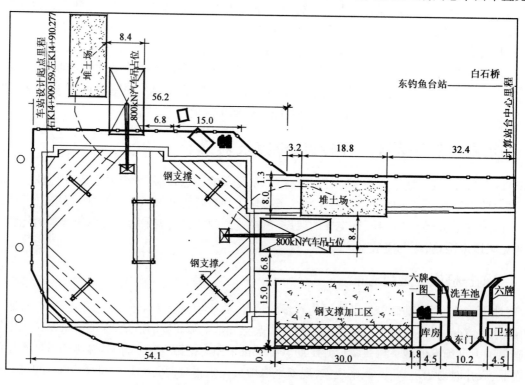

图3 土方和钢支撑施工期间总平面布置图(尺寸单位:m)

由于本工程基坑施工场地狭窄而基坑深度大,基坑内部无出土马道位置,因此采用了竖井出土方式。加之工程工期紧,考虑到钢支撑架设、围檩施工与土方开挖交叉施工影响,在基坑开挖深度小于16m时采用2台长臂挖掘机出土,每天出土约1200m³,出土方量27000m³共用25d,在开挖深度大于16m时采用1台70t汽车吊垂直出土(采用2个3.5m³出土斗),每天出土约500m³,出土方量16500m³共用35d,每道钢支撑架设及围檩施工需7d,在总工期89d内全部完成所有施工任务。

3.2 基坑土方开挖方法

3.2.1 竖向分层

基坑土方开挖分层厚度根据支撑的设置,分五层开挖完成,土层的分界线为设计钢支撑以下0.5m,土方采用挖掘机依次分层开挖,自卸汽车运输。基坑开挖过程中随挖随按设计位置架设钢管支撑,开挖顺序为由上而下逐层开挖。

依基坑深度和钢支撑位置,换乘节点基坑土方在竖向上共分五层开挖:

第一层:现况地面至冠梁底,开挖深度约为2.0m,完毕后开始进行帽梁、挡墙及压顶梁的施工。

第二层:竖向高度约为6.2m,至第二道钢管支撑下0.5m。

第三层:竖向高度约为6.5m,至第三道钢管支撑下0.5m。

第四层:竖向高度约为5.3m,至第四道钢管支撑下0.5m。

第五层:竖向高度约为4.9m,至基底。

其中第二层、第三层、第四层、第五层土方开挖需分台阶中部挖坑逐渐向外扩展开挖。机械作业台阶宽度4~5m,存土台阶宽度为2~2.5m,台阶坡度为1:2.5。

3.2.2 纵向分段

根据基坑特点,为避免设计有临时立柱的钢支撑体系影响挖掘机操作空间,从而加快施工进度,施工中优化施工部署,将整个基坑分南北两段错开向下开挖。

3.2.3 中部挖坑

在每层土方施工中,换乘节点处中部挖坑,护坡桩侧留3.0m宽平台,充分利用其土体抗力保证围护结构的稳定,同时利用此平台及时进行封堵围护结构的渗漏水,在钢支撑架设完成后,进行下面一层土方开挖前再挖除预留平台部位的土方。

3.2.4 横向扩边

采用机械由中坑向桩侧横向挖土,人工配合清理桩间土直至围护结构。

土方开挖平面示意图见图4、图5。

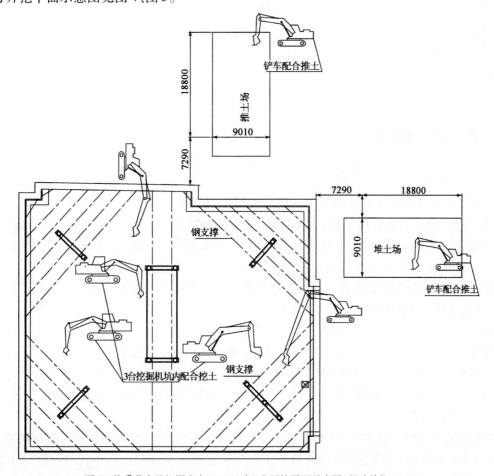

图4 换乘节点基坑深度小于16m时土方开挖平面示意图(尺寸单位:mm)

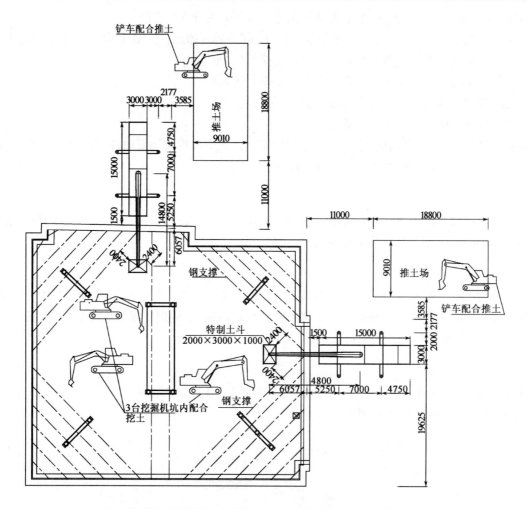

图5 换乘节点基坑深度大于16m时土方开挖平面示意图(尺寸单位:mm)

3.3 钢支撑架设施工

3.3.1 支撑架设

(1)钢支撑架设与基坑土方开挖是深基坑施工密不可分的两道关键工序,支撑安装应与土方开挖密切配合。钢支撑架设极具时间性,钢支撑架设须考虑时间效应,在12~24h内支撑完毕,位置及施加预应力的大小严格按照设计要求进行,使围护结构提前接受支撑反力作用,减少围护结构的变形。

(2)钢支撑的架设应保证钢支撑与墙面垂直并按设计要求对墙体施加预应力。顶紧后采用钢楔固定牢固,防止钢支撑因桩体变形和施工碰撞而脱落。

(3)土层开挖至支撑架设计位置后,第一道支撑凿出冠梁预埋钢板,其余支撑在护坡桩上植入钢筋后焊接牛腿,安装钢围檩。采用两台吊车配合起吊,将钢支撑固定于腰梁上,一端为活动端,一端为固定端。钢支撑固定完成后,采用两台液压千斤顶在活动端支撑两侧对称逐级预加力,预加力达到设计值时,持续稳压一段时间后,采用钢楔锁定支撑。钢支撑架设安装应在基坑竖向平面内严格遵守分层开挖、先支撑后开挖的原则。

(4)斜支撑的架设安装须在节点上焊好与斜支撑轴线垂直的斜撑支座,并保证其强度刚度。

(5)钢支撑在拼装时,轴线偏差要小于或等于20mm,并保证支撑接头的承载力符合设计要求。钢支撑端部设 $\phi10mm$ 钢筋吊环,通过钢丝绳或钢筋连系在围护桩上,同时用于微调的钢楔采用电焊连接,防止坠落。

3.3.2 钢支撑轴力的施加

选用QYS050型双作用液压千斤顶两台串联对钢支撑施加预压力。该千斤顶最大出力为500kN,缸径为140mm,活塞杆直径100mm,缸长590mm,宽度210mm,高度270mm,满足施工要求。

支撑安装完毕后,及时检查各节点的连接状况,经确认符合要求后方可施加预压力。预压力施加,在活动端两侧同时进行,由专人统一指挥,以保证施工达到同步协调。按照设计预压力值分级施加,重复进行,直至设计值时,检查各接点情况,必要时进行加固,带额定压力稳定后予以锁定。具体施加预应力见表1。

钢支撑的选择及支撑设计轴力表　　　　　　表1

支　撑	支撑直径(mm)	钢管厚度(mm)	支撑材料	设计轴力(kN)	预加轴力(kN)
第一道支撑	600	16	Q235	1300	600
第二道支撑	600	14	Q235	2820	1000
第三道支撑	800	14/16	Q235	3870	1200
第四道支撑	800	14/16	Q235	3795	1200
倒撑	600	14/16	Q235	3100	100

注:表中所列轴力为直撑的设计轴力,斜撑轴力为该值的1.4倍。

当逐根加压时,对邻近的支撑预压力进行复核。

施工时预压力对围护结构位移影响、相邻支撑之间预压力的影响等数据,应根据监测数据确定。

3.3.3 连系梁及抱箍制作

当土方开挖到钢支撑中心以下50cm时,立即在护坡桩上设置膨胀螺栓,连接牛腿,安装钢围檩,同时按照设计高程在临时立柱上焊接钢牛腿。此后由一台吊车配合首先吊装连系梁,待连系梁安装结束后,经复验无误,再由二台吊车架设钢支撑,并及时施加预应力,最后在连系梁上加焊抱箍。

3.3.4 钢支撑(钢围檩)拆除

(1)钢支撑的拆除在基坑工程整个施工过程十分重要,必须严格按照设计要求的程序进行拆除,遵循"先换撑,后拆撑"的原则。

(2)按照要求在对应板层混凝土达到设计强度70%、回填密实或换撑实施后才能拆除钢支撑。

(3)钢支撑拆除用链条葫芦或吊车并辅以人工进行。拆除顺序如下:

①拆除前在钢支撑底部搭设牢固的脚手架,将钢管垫住,然后在活动端设两台千斤顶,施加轴力至活动端松动,用气割方法拆除挡板,逐级卸载,将钢支撑稳在架子上,人工将其滚动50~100cm,避开上部支撑,挂钩,系缆绳,吊车起吊,人工配合稳管,将钢支撑拆出。钢支撑拆除后转运至指定位置集中存放;

②在钢支撑拆除过程中,其关键是必须保证不与尚未拆除的支撑碰撞,以免发生危险。因此,拆除过程必须由有经验的人员统一指挥;

③当支撑底与结构面之间距离很小时,可在支撑下垫放方木或旧轮胎等,使其"软着落"而后再起吊装车。

3.4 基坑钢支撑体系施工关键控制点

(1)支撑钢管标准节长度为6m,施工中提前做好管节拼装大样,筹划管节法兰连接位置,以避开连系梁位置,能避免返工,提高架撑工效。

（2）基坑角部斜撑布置较多，钢围檩后背抗剪凳设置非常重要，抗剪凳要能紧靠围护桩桩体，确保钢支撑施加轴力后不会滑动失稳。

（3）应力施加是钢支撑施工的重要组成部分，也是控制基坑变形关键手段之一。应力施加系统必须完好，油泵、千斤顶、压力表等必须经过检测标定，并在有效期内使用。

（4）钢支撑对中后应及时按设计要求施加预应力。施工过程中加强对钢支撑轴力的监测，根据支撑轴力监测情况，决定是否加强支撑。

（5）预加轴力完成后，应将伸缩腿与支撑头后座之间的空隙采用钢板楔块垫塞紧密，锁定钢支撑预加轴力后再拆除千斤顶。

（6）施工过程中加强监测，设专人对支护结构的变形、位移进行观测、监控，以便及时采取有效措施，确保结构和人员安全。

（7）要求专人检查钢管支撑隼子，一有松动，及时进行重新加荷打隼子。专人检查钢管支撑时，由于高空作业，须系安全带。

（8）在钢支撑拆除过程中，加强对围护结构的监控量测，出现异常，及时处理。

3.5 施工中监控量测数据分析与效果

换乘节点深基坑工程自2009年12月底开始打设围护桩，至2010年3月初完成全部围护桩并开始第一次土方开挖，于2010年7月初全部完成基坑开挖与支护，2010年11月底车站换乘节点段主体结构封顶，达到了工期目标。换乘节点段基坑开挖支护施工过程中具体的监控量测情况分析如下。

3.5.1 测点的布置和监测控制值等要求

基坑开挖施工前，及时按规范、设计要求对地表和管线沉降变形控制点进行了布置。围护桩施工过程中预埋桩体的变形观测点（测斜管等）。监测点布置见图6，监测项目和控制值见表2。

监测项目和控制值一览表　　表2

序号	监测项目	方法及工具	监点布置	监测精度	监测控制值	监测频率	监测周期
1	地层及支护情况观察	现场观察及地质描述	随时进行	/	/	全过程，1次/d，情况异常时，加密监测频率	基坑开挖前开始监测，结构施工完成后，数据收敛后结束
2	基坑周围地表沉降	精密水准仪	见测点图布置	1.0mm	20mm	基坑开挖期间：基坑开挖深度$H \leq 5m$，1次/3d；$5m < H \leq 10m$，1次/2d；$H \leq 15m$，1次/d；$H > 15m$，2次/d。基坑开挖完成以后：1~7d，1次/d；7~15d，且底板施工完成1次/2d；15~30d，1次/3d；30d以后，1次/周，数据基本稳定后1次/月。拆撑时频率适当加密；出现情况异常时，增大监测频率	
3	桩顶水平位移	经纬仪	见测点图布置	1.0mm	10mm		
4	桩顶沉降及立柱沉降	精密水准仪	见测点图布置	1.0mm	10mm		
5	支撑轴力	轴力计	见测点图布置	<0.15% (F.S)	设计值		
6	桩体变形	测斜管、测斜仪	见测点图布置	0.02m/0.5m	20mm		
7	基坑周围建筑物沉降、倾斜	精密水准仪、经纬仪、裂缝仪	见测点图布置	1.0mm/0.5mm/0.1mm	15mm/0.0025		
8	地下管线沉降	水准仪、经纬仪	视具体管线情况布置	1.0mm	10/20mm		

注：1.建筑物倾斜指基础倾斜方向两端点的沉降差与距离的比值；
　　2.管线控制指标中，煤气、燃气管线按10mm控制，其余管线按20mm控制，局部倾斜率不得大于0.002。

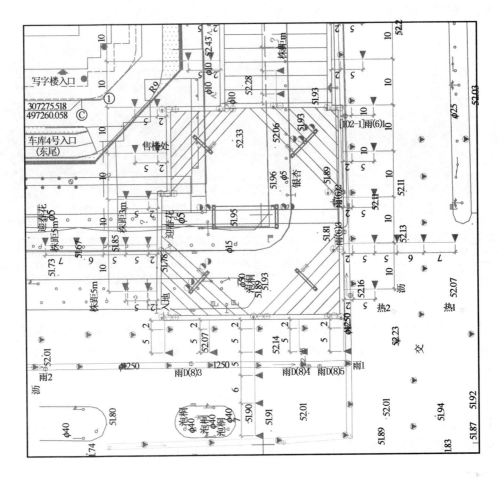

图6 换乘节点基坑监测点平面布置图

3.5.2 监控量测数据的统计与分析

基坑地表与管线变形沉降数据统计见图7。

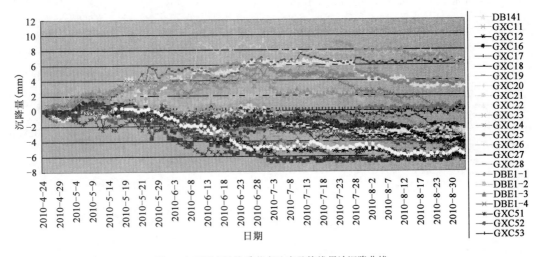

图7 白石桥南站换乘节点地表及管线累计沉降曲线

分析：①测点GXC26、DBE1-1处于首体南路主路,雨后受重车碾压数据突变异常,应摒弃。②测点GXC17沉降数值最大,为-6.81mm,并中后期数值变化稳定;地表点DB141点隆起值最大+7.02mm,后期稳定至+3.22mm。各点变形值均小于监测预警值(控制值20mm的70%)。

基坑围护桩变形监测数据统计(以桩体水平位移变化最大点 ZQT15 点为例)见图 8。

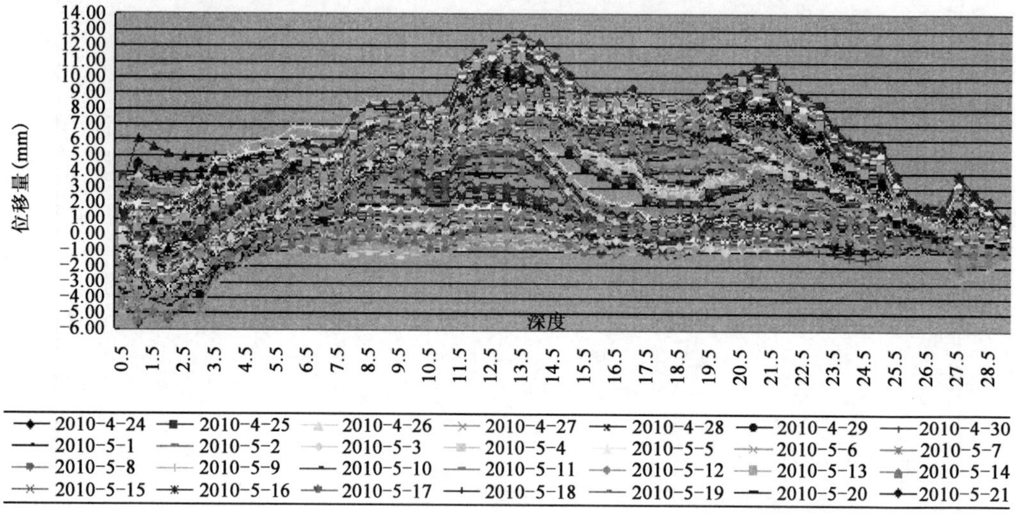

图 8　车站换乘节点基坑围护桩 ZQ15 点变形曲线成果

分析:基坑桩体水平位移不同时期的监测数值变化范围 -5.7 ~ +12.68mm,均小于预警值 14mm(控制值 20mm 的 70%),基坑中部深度 10.5 ~ 20.5m 位置处桩体变形最大,所受水土侧压力最大。

3.5.3　基坑变形监测效果评价

该基坑经历一个雨季汛期,承受了附近高层建筑、市政雨污水等地下管线的影响及交通干道重载车流扰动冲击,监控量测变形数据表明各项变形均满足设计要求和各方管理要求,有效地控制了施工环境风险和自身风险,施工期间基坑一直处于安全受控状态,效果良好。

4　结语

对于城市复杂环境条件下的深基坑施工,通过合理配置机械设备、统筹安排开挖与支护等交叉工序、优选针对性技术措施、加强监控量测并利用监测数据来指导施工等技术手段,将基坑工程的风险控制到最低限度,确保了工程安全、经济、高效完成。

深基坑降水技术在 10 号线 3 标石榴庄站的应用

赵永康　冯崇军　丁　勇

摘　要　本文以基坑内大口径花管井点降水辅助基坑外井点降水法为研究对象，在分析其降水原理及特点的基础上对其在基坑工程中的应用进行了初步研究，简要地叙述及分析了目前基坑降水工程中常用的降水止水方法，介绍了井点降水和大口径花管井点降水的基本原理、施工及特点，结合石榴庄站的基坑工程实例，对研究所获得的成果进行了验证，设计优化方案效果好、排水量大、降水周期短，使降水对周围环境的影响达到最小，对于当前城市复杂的密集建筑群及地下结构障碍中不能形成封闭井点降水或不具备帷幕止水的深基坑开挖具有一定的实际意义。

关键词　井点降水　基坑内大口径花管降水　环境影响　优化设计

1　工程概况

北京市十号线二期工程石榴庄站，位于规划石榴庄路（东西向）与光彩路（南北向）交叉路口以西，呈东西走向。车站东侧为光彩路，西侧为已拆迁空地，南侧为时村民房住宅，北侧为三栋慧时欣园高层住宅楼。车站有效站台中心里程为 K32+149.00，结构总长 153.8m（K32+64.251～K32+218.051），车站标准段宽 20.9m，底板平均埋深 22.3m，盾构端头井段宽度 24.6m，底板平均埋深 23.7m。石榴庄站平面示意图如图 1 所示。根据安全等级为一级基坑，干槽作业、无水施工是石榴庄站工程质量的重要控制因素。

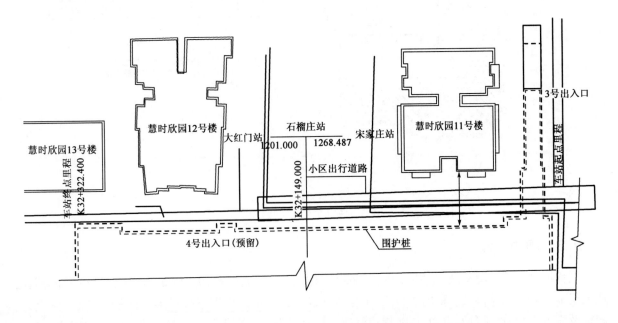

图 1　北京市 10 号地铁石榴庄站平面示意图

2 水文地质情况

2.1 地质情况

石榴庄站施工范围内土层分布,自上而下依次为人工填土、第四纪全新世冲洪积地层、第四纪晚更新世冲洪积地层,车站穿越地层主要为粉质填土、中粗砂、粉质黏土、砂卵层,车站结构底板位于卵石层上。

2.2 水文情况

地下水分为两层:潜水(一)和层间潜水(二)。

(1)潜水(一):水位埋深 −14.30~−13.20m,观测时间 2007 年月 30 日~2007 年 8 月 2 日,含水层为圆砾卵石层和粉细砂层,主要接受侧向径流补给,以侧向径流、向下越流补给层间潜水及人工开采的方式排泄。

(2)潜水(二):水位埋深 −23.50~−22.80m,观测时间 2007 年月 30 日~2007 年 8 月 2 日,含水层为圆砾卵石层,主要接受侧向径流补给,以侧向径流、向下越流补给承压水及人工开采的方式排泄。

水文地质剖面图见图 2。

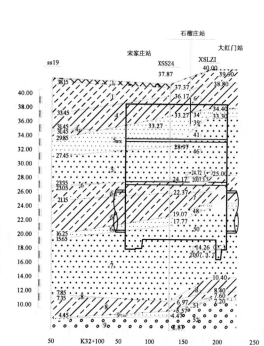

图 2　石榴庄站水文地质剖面图

2.3 周边环境

工程所处地质环境复杂,基坑北侧有三栋高层住宅、电力方沟、雨污水管线等,电力方沟下部覆盖层从上至下分别为粉细砂、圆砾、粉质黏土、中粗砂、圆砾层,在水的作用下极易形成流沙,造成土体流失、涮桩及塌方事故,严重危及电力方沟、周边管线、慧时欣园住宅楼的安全和主体结构施工的安全。电力方沟、雨污水管线、上水管线与基坑关系见图 3。

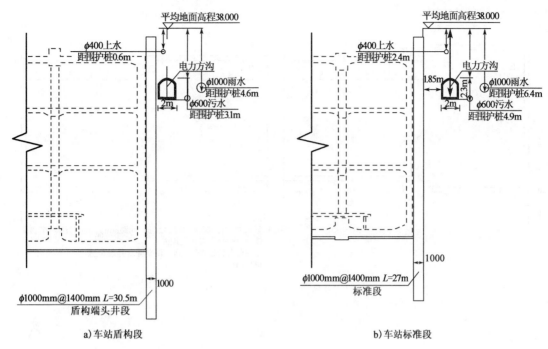

图 3　电力方沟、雨污水管线、上水管线与基坑关系平面图

3　降水情况分析

3.1　降水方案描述

石榴庄车站在进行前期降水井设计时,采用井点降水,降水井距离基坑外 1.5m 设置深 32m、间距 8m,形成环向布置,经专家论证,能够保证基坑降水预期的效果要求。

3.2　降水方案不利因素分析

在现场实际调研及物探工作中,发现基坑北侧电力方沟紧贴两端(西北角、东北角)盾构段围护桩,无法设置降水井,致使降水系统无法形成闭合,北京市地下水位西北至东南走向流向,而我车站降水系统在西北角由于电力方沟影响,形成缺口,无法阻断西北方向地下水源,势必会影响降水效果(根据1标暗挖隧道施工参数反馈,地下深度约 20m 处出现地下水,即位于隧道初衬仰拱位置地下水源丰富,水量较大),同时由于基坑开挖范围内地质多中粗砂、圆砾、卵石层,透水系数较大,极易产生涌水及涌砂现象,桩基背后极易造成空洞,对基坑整体稳定造成极大地不良影响,降水井降水周期长,长时间降水会引起周边地表下沉,严重危及周边建构筑物、地下管线安全,经各案比选,采用在基坑内采取大口径花管降水配合井点降水措施。

井点降水原方案井平面布置图见图4,井点降水井实际布置图见图5。

4　施工方案

4.1　风险分析

上述各项风险因素及降水情况分析,须对车站基坑内部采取降水措施来弥补基坑外井点降水的周期长、降水效果差的不利因素。

(1)高层住宅距离基坑过近(8.5m)、基础埋设深度差过大(15m),在基坑土方开挖、土体卸荷过程中,围护结构与楼房之间的土体没有足够的自稳性及密实性。

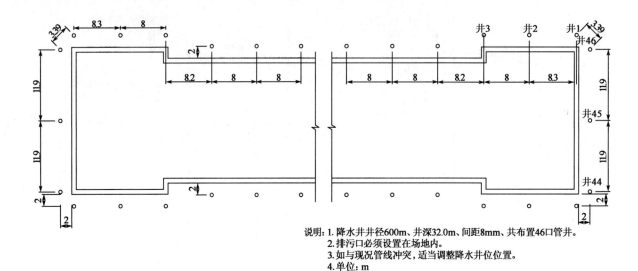

说明：1. 降水井井径600m、井深32.0m、间距8mm，共布置46口管井。
2. 排污口必须设置在场地内。
3. 如与现况管线冲突，适当调整降水井位位置。
4. 单位：m

图4 井点降水原方案井平面布置图

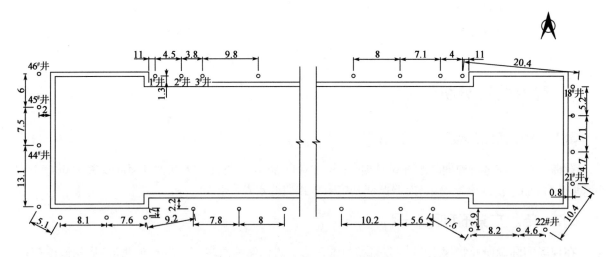

图5 井点降水井实际布置图(尺寸单位：m)

（2）慧时欣园小区居民、车辆出行道路及地下电力方沟、雨污水、上水管线距离车站基坑较近（电力方沟紧贴车站围护结构桩），车站基坑开挖，各因素间会产生相互影响。电力方沟、雨污水管线坐落在粉细砂层，雨污水长期渗漏，势必造成方沟及管线下方空洞，加之小区道路车辆的长期动荷载（基坑周边荷载规定不大于20kPa），对基坑周边安全及基坑本身施工造成一定的安全隐患，危及居民出行、道路及管线安全。

（3）基坑降水系统受电力方沟影响，在西北角、东北角不能形成封闭，使降水效果在理论上不能达到预期，同时由于该段地下水源丰富，水源由西北至东南走向。在基坑西北角缺口处形成巨大的水流，该段地层多位于粉细砂及圆砾卵石层，涌水过程中夹杂泥砂，形成空洞，不能实现基坑的干槽作业，为基坑及楼体带来安全隐患。

综合分析认为，在未对以上风险因素进行有效控制前，进行深基坑作业存在较大的安全隐患，严重危及慧时欣园小区出行道路、管线、高层住宅的安全以及社会人员和施工人员的安全。在车站基坑开挖过程中，为避免楼体下沉、倾覆、市政道路沉降、管线破裂、电力隧道下沉、结构破坏、桩间涌水、涌砂等重大安全事故的发生，需在基坑内采取降水措施。大口径花管配合大功率水泵在短时间内即可将水位降至基底以下，满足下步工序施工，将安全事故发生的概率降到最低，以保证人员及财产安全。

4.2 大口径花管降水施工方案

4.2.1 一期降水(西侧盾构井位置降水)

(1)地质环境

由于基槽2m以上至基槽以下12m均为圆砾层,在基槽2.5m位置见地下水。

(2)井位布置

为满足西侧盾构段施工,在盾构井内设置四口降水井,井深11m,采用5节1.5m长、直径为1m钢花管(内衬6m长52.9cm钢管),花管标高位于基槽顶1.5m。

(3)施工方法

综合考虑地下水位,在基槽2.5m处停止开挖,施工降水井,采用直径为1m(长1.5m)护筒(钢花管壁厚8mm,企口式,外包尼龙网),边钻边下沉花管(旋挖钻机钻杆沉击+人工配合)的方法,每孔降水井5节直径为1m的花管,内衬6m长直径为52.9cm花管,施工过程中采用吊车配合安装护筒,旋挖钻机(800mm钻头)在护筒内钻进,考虑下面地质为圆砾层,因此在钻机每钻进一次便及时用挖掘机配合下压护筒,根据现场量测,每次下沉量约为10~20cm,直至地面高程后,再安装第二节护筒,护筒与护筒间采用焊接连接,连接完毕后,再进行施钻,如此进行,直至成孔,最后采用吊车下衬管,添滤料,洗井。成井后每井设置2台13kW/40m扬程水泵,根据现场实际情况,基本上位满负荷抽水,能够保证将水位降至基槽以下,在满足下步工序施工的前提下,基槽开挖时,每次开挖面不大于1m,分两次开挖见底,同时在桩间锚喷面的出水面及以下1m处位置导流管,并在桩体上固定导流槽,汇至降水井,防止侧壁涌水破坏锚喷面,根据现场水位情况,8台水泵同时工作,能够满足降低地下水位的要求。

(4)工艺照片,见图6~图11

图6 1m(长1.5m)直径钢花管

图7 52.9cm(长6m)直径钢花管

图8 筒内成孔

图9 沉管

图10 焊接井筒

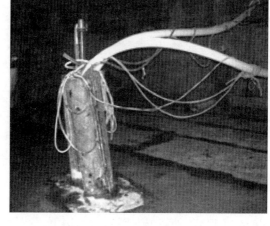
图11 防水

(5)降水周期

由于五标盾构始发,因此降水过程由2010年3月10日直至五标盾构结束。

(6)封井

封井时间必须在顶板施工完毕后进行,防止水量过大,造成底板及结构上浮的现象发生,根据地下水位监测情况,停止抽水约5min后,水位上升至顶板顶,因此,封井的关键在于时间控制和物质准备上,为节约时间封井时水泵不外抽,切管、封闭在井下,材料采用C45P10微膨胀自密实混凝土连续灌注封井,同时在井圈四周布置注浆管,防止混凝土接缝处渗水。

4.2.2 二期降水(东侧盾构井位置降水)

(1)井点布置

汲取西侧盾构段降水经验,在东侧盾构井内预先设置四口降水井,土方开挖前采用旋挖钻机成孔成井,孔深32m,井深12m,采用6m长、直径为52.9cm钢花管,花管高程位于基槽顶1.5m。

(2)施工方法

预先在基坑范围内自然地面以下采用旋挖钻机成孔,孔深32m,高出槽底1.5m,具体做法按照原降水方案成井方法,下管采用12m长52.9mm两端封闭的钢花管,在开挖至降水井高程时,切除封口篼子,每井设置两台13kW/40m水泵进行抽水。

①成孔施工过程,见图12~图15。

图12 旋挖钻机成孔

图13 下管

②地下水处理过程。

在开挖至基底以上2m时,遇见地下水,且相比西侧水量更大,因此在施工时采用降水井内抽水与集水坑水泵相结合方式排除地下水,同时在盾构坑南侧发现一座 ϕ300mm 钢壁管水井,水井穿透黏土层,承压水不断外涌,给本就难以处理的地下水又增加了施工难度。处理过程如图16~图20。

图14　钢壁降水花管

图15　滤料回填

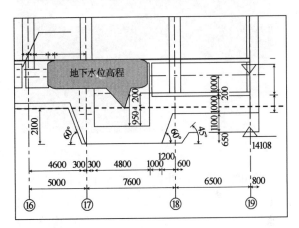

图16　地下水位为15.908m,位于底板中间位置(尺寸单位:mm)

图17　内外结合排水及封堵导流

首先将水集中在南侧较低处,内外结合,将东侧及北侧明水引流至南侧,此时抓紧时间砌筑废水坑及返梁的处隔断墙;管井处承压水不断外涌,清理管井内滤料,清理至9m深处,下一台22kVA/40m水泵,根据观测,水位能够降至返梁以下,此时在管井处设置盲沟,将水导流至降水井。根据排水导流结果,在渗水处设置盲沟与降水井顺接,保证干槽作业,将水处理完毕后,保证降水井及水井内水泵24h连续作业,现场配备一台220kW发电机,以防停电造成基坑内水位回升,降水井周围肥槽采用C20混凝土进行回填,确保槽底扰动后的地基承载力不受影响。

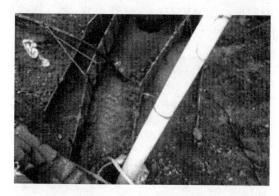

图18 北侧导流

图19 南侧管井导流抽水

图20 分段砌筑、设置盲沟

细部做法及封井处理：在底板与降水井相接处，加设防水加强层，宽50cm，其余部位按防水图纸要求施工两层防水层，同时在底板中间位置设置止水法兰。

根据图纸要求，降水周期直至主体结构施工完毕，防止地下水位对主体结构造成上浮的影响，因此在东段顶板施工完毕后，及时封井，封井方案与西段封井方案相同。

③其他工序调整方案：

a. 综合接地：降水井布置时考虑避开综合接地位置。

b. 防水：防水材料采用聚乙烯丙纶防水卷材，在施工至井点位置时，防水卷材施作至井筒顶，同时在底板与井筒相接处，施做附加层进行补强，参照防水施工图阴角处做法。

c. 底板：降水井处底板钢筋按照预留孔洞方式处理，同时在断开钢筋处加设双道环筋进行补强加固，加强筋与底板钢筋采用焊接连接，预留洞口采用止水法兰封口，浇注C45P10自密实（微膨胀）混凝土。

5 监控量测措施

为保证工程本体施工安全及楼房、小区道路、地下综合管线安全，对车站围护结构四周、道路、楼房进行布点监控，我项目部成立监测小组对基坑及北侧楼房、道路及地下管线进行监测，同时特邀第三方监测单位进行复核监测，根据监测数值指导施工。监测频率见表1。

监测频率　　　　　　　　　　　　　　　　　　　　　表1

施工状况		监测频率
基坑开挖期间（H—基坑开挖深度）	$H \leq 5m$	1次/3d
	$5m < H \leq 10m$	1次/2d
	$10m < H \leq 15m$	1次/d

续上表

施工状况		监测频率
基坑开挖期间(H—基坑开挖深度)	H>15m	2次/d
基坑开挖完成以后	1~7d	2次/d
	7~15d	1次/d
	15~30d	1次/3d
	30d以后	1次/周
	经数据分析确认达到基本稳定以后	1次/月

6 降水效果及控制

根据监控量测数据显示,采用大口径降水工期短,降水效果明显,满足于槽作业要求,为下步结构施工赢取更多的施工时间,同时对周边建构筑物、地表、地下管线日沉降速率控制在2mm/d以内,地表及建构物最大累计沉降量为13mm(允许沉降20mm),管线最大累计沉降量9mm(允许沉降20mm)。

7 结语

(1)对于井点降水不能形成封闭同时又不具备止水帷幕的基坑建议在基坑内采用大口径花管降水。

(2)要达到较好降水效果,且降水周期短,需根据现场的涌水量合理配置水泵的数量及功率型号,本工程水泵采用7.5kVA,每小时80m³排水量。

(3)大口径井管加工简单、数量少,易于管理,有利于加快施工进度,同时降低降水施工成本。

长春桥站复杂环境条件下基坑施工技术

桂 征 武福美

摘 要 北京地铁十号线二期长春桥站位于海淀区长春桥下,桥下净空4.5m,车站东侧距昆玉河(京密引水渠)13m,运河底部为刚性防水,抗扰动能力差。车站西侧距交通导改路(蓝靛厂南路)3.5m,车站主体基坑采用明挖法施工,对车站主体基坑施工质量要求高。在综合研究分析各风险源后,成功完成了车站基坑施工,保证了周边建构筑物安全。

关键词 地铁 基坑 风险 施工技术

1 工程概况

长春桥站为地下两层岛式车站,有效站台宽12m。车站南北两端区间均采用盾构法施工。车站结构形式为地下两层三跨箱型结构。车站中部约50m范围结构位于长春桥下,车站主体布置在长春桥2号跨(1、2号桥墩)之间。长春桥站主体布置在长春桥1、2号桥墩(2号跨下)之间。平面位置见图1、图2。

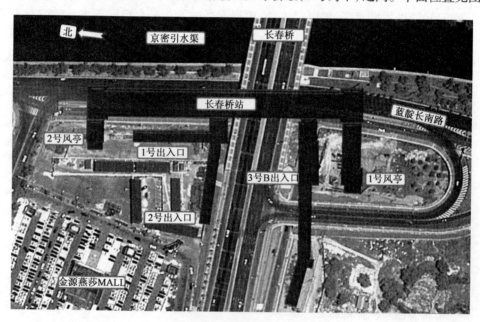

图1 长春桥站示意图

1号桥墩承台顶高程50.976m,承台厚2m,桩基采用双桩布置方案,桩基为矩形截面,1m×2.5m,桩长24m,桩底高程为22.794m;2号桥墩承台顶高程48.897m,承台厚2m,桩基采用双桩布置方案,桩基为矩形截面,1m×2.5m,桩长35m,桩底高程为11.794m。桩基均为摩擦桩。

1号桥墩桩基与车站结构最小净距为3.8m,与围护桩最小净距为2.7m;2号桥墩桩基外皮与车站结构最小净距为10.92m,与围护桩最小净距为9.82m;基坑开挖深度为15.7m、基坑底高程为35.880m,车站基底与1号桥墩桩底相对高差为13.1m、与2号桥墩桩底相对高差为24.1m。

围护结构采用钻孔灌注桩 $\phi1000mm@1300mm$,内钢支撑为 $\phi810mm@2500mm$;车站结构形式为地下两层三跨箱型断面。

桥下采用通常钻机成孔的施工方法不可行,盲目进行基坑开挖会对周边土体扰动,从而导致长春桥发生倾斜或坍塌,风险等级为一级。

图 2　长春桥 2 号跨现状图

2　工程现状分析

2.1　立交桥下明挖法施工

2.1.1　施工重、难点

(1)根据桥梁的基础形式、桩基深度以及上部结构形式,结合车站主体施工工法和工艺流程,在基坑和结构施工期间,当基坑围护桩出现向内的位移时,会引起桥梁桩基周边土层的摩擦力变小;当地表发生沉降时,桥梁桩基周边土层的摩阻力变为向下的重力,使桥梁桩基所受的承载力加大。

(2)桥梁桩基为摩擦桩,桩基四周土体对桥桩基产生的摩擦力的影响范围未提供。基坑开挖后,为 1 号桥墩桩基提供摩擦力的土体临基坑侧剩余 2.7m 宽、为 2 号桥墩桩基提供摩擦力的土体临基坑侧剩余 9.82m 宽。

根据评估报告,基坑开挖深度约 17m,考虑桥梁桩基承载力变化、桥梁下部结构水平位移和桥墩不均匀沉降三种情况:

(1)桥梁桩基承载力满足荷载要求,但是其评估报告内未考虑破裂角以上土体由提供正摩阻因地表沉降变为负摩阻的工况影响。

(2)桥梁下部结构水平位移考虑 1mm、温度变化 20℃以内,桩基满足抗弯受力要求。

(3)桥墩柱盖梁(横桥向)因基坑施工产生不均匀沉降 10mm 的计算结果满足变形要求。

2.1.2　长春桥变形控制指标

长春桥桩基与基坑位置见图 3。桥梁墩台基础纵桥向不均匀沉降控制值为 15mm;桥梁基础横桥向不均匀沉降控制值为 5mm;桥梁墩台基础水平不均匀沉降控制值为 5mm;桥梁墩柱倾斜度不大于 1/1000。

2.1.3　车站基坑变形控制指标

地面沉降控制值为 10mm;基坑围护桩桩顶最大沉降控制值为 10mm;基坑围护桩顶最大水平位移控制值为 10mm;基坑围护桩最大水平位移控制值为 12mm。

2.2　临近运河明挖法施工

京密引水渠宽约 45m,两侧铺有 100mm 厚固坡砖,上部植草;河底为 100mm 厚现浇混凝土隔水层,其下为 50mm 厚聚苯板。河底高程为 46.35~46.41m,水面高程约为 48.70m,水深约 2.3m,渠内的水为流动水,并有游船行驶。车站基底高程在36.180m,京密引水渠水位比车站基坑高12.68m,车站围护桩与京密引水渠最近净距约13m。

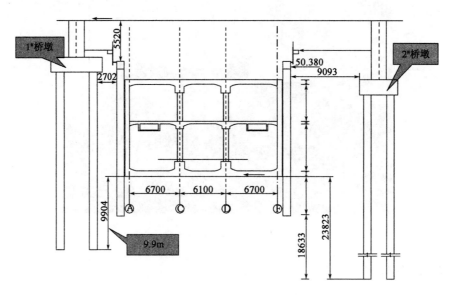

图3　长春桥桥桩与基坑剖面位置示意图(尺寸单位:mm)

施工重、难点如下:

(1)京密引水渠防水形式为刚性防水,抗扰动能力较差,水为流动水,且有游船行驶,会增加水头压力。结合车站基底为砂卵石地层,承载力大,但是该层的密实度较差,施工过程当中基底会受到扰动。因此会对京密引水渠刚性防水层产生不利影响。

(2)基坑内支撑为钢支撑,设计最大轴力为480kN/m,基坑开挖后与京密引水渠侧的土体为12m宽的梯形断面的土堤,该土堤是否能承受基坑钢支撑施加的轴力,设计未定。

(3)设计未定风险级别,根据施工规范和设计图纸要求,地面变形控制在30mm、围护桩桩顶沉降控制在10mm、围护桩桩体位移控制在20mm之内。

京密饮水渠与基坑位置见图4。基坑施工在设计允许变形范围内,无法确定是否会引起京密引水渠防水层的破坏,在施加设计轴力作用下,也无法预测临京密引水渠侧的土体是否产生位移或变形而引起其防水层的破坏。

若在基坑设计允许变形范围内和施加的钢支撑轴力下,会引起京密引水渠防水层的破坏,此处地层为砂砾地层,透水性强,京密引水渠的水位比基底高12.68m,水为流动性水,且有游船行驶,水头压力大,一旦水渠防水层发生破坏,水就会顺着砂砾层的空隙灌入基坑,将会发生无法想象的安全事故,因此应采取适当的加固措施。

2.3　周边高风险管线明挖法施工

2.3.1　管线情况

蓝靛厂南路有5条影响较大的管线。

①2400mm×2200mm雨水方沟东西走向,沟顶埋深5.2m,距车站南端结构最小距离为6.88m,为新建。

②φ1200雨水管线南北走向位于车站东侧,管顶埋深3.77m,距车站东侧结构最小距离为0.45m,车站北段为既有管线,南段98m长为新建。

③φ700污水管线南北走向位于车站东侧,管顶埋深5.36m,距车站东侧结构最小距离为0.45m,为新建。

④36孔电信管线(孔道为钢管)南北走向位于车站东侧,管顶埋深17.5m,距车站东侧结构最小距离为1.5m,为新建。

⑤10kV架空电力南北向位于车站东侧,电缆距地面高度为,距车站东侧结构最小距离为5.2m。

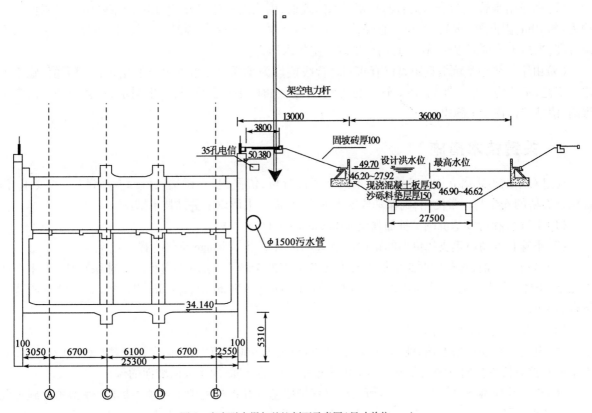

图4 京密引水渠与基坑剖面示意图(尺寸单位:mm)

以上管线设计未确定风险等级。由于管线距离基坑较近,综合确定风险等级为二级。

2.3.2 施工重点、难点

长春桥站与现况雨水方沟位置见图5。

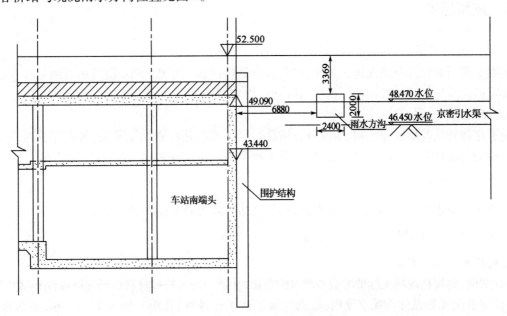

图5 长春桥站与雨水方沟关系示意图(尺寸单位:mm)

(1)污水管线埋深5.36m,且距车站东侧结构最小距离为0.25m,污水管线常年有水。雨水管(沟)管底高程低于京密引水渠水位高程,管线在京密引水渠处闸阀无法关闭严密,京密引水渠水会产生倒灌,因此雨水管(沟)内常年有水,无法确保雨污水不渗漏。

(2)两条雨水管(沟)合管后管与京密引水渠连通,内底高程分别为47.73m。京密引水渠水面高程约为48.70m,因此管(沟)内水位一直保持与京密引水渠水位一致。当暴雨天气时,随着京密引水渠水位升高,当高于管顶高程时,管(沟)内会出现一定的水压力。

(3)由于管线距基坑最近距离仅有45cm,管线接口为承插口。根据设计所给定的变形值、施工工法及工艺,基坑施工会引起雨、污水管线的变形,管线承插口接口会拉裂,产生漏水,水会向基坑内产生渗漏,使基坑存在安全隐患。

3 关键技术措施

通过对车站近距离立体交叉施工技术的必要性分析,依据《长春桥站风险源专项设计》的要求,为确保长春桥的安全与正常使用,确保基坑施工的安全,需要采取以下关键技术措施:

(1)下穿长春桥段基坑围护桩加强至$\phi1000$mm@1300mm。

(2)下穿长春桥段钢支撑纵向间距加密至2500mm,采用$\phi810$mm钢管支撑。

(3)基坑开挖前,对基坑西侧桥桩承台上部及下部的杂填土、素填土进行地面注浆加固,采用单液水泥浆,土体加固体强度应达到0.3~0.5MPa,加固纵向范围50m(承台外8m以内控制),横向(桩背至承台后4m)。

(4)车站基坑周边增设挡水墙。

(5)基坑开挖应严格遵循分层分步开挖,在桥桩保护段60m范围,纵向采用整槽(整层)开挖,以减少土体开挖对桥桩横向沉降的影响。施工中应根据分层的高度,加强纵向坡面的保护。

(6)施工前应准备足够数量的千斤顶,桥梁保护段基坑开挖过程中千斤顶不拆除,保留重复施加预应力的条件;桥区保护段共72根钢支撑,144台千斤顶,144台油泵,桥区两侧各设置380kVA三级箱一台,每根支撑设置一支轴力计,共设72个。

(7)加密测点、测量间隔时间。

(8)增加水位观测井、基地隆起、土体位移测点。

3.1 注浆加固

3.1.1 加固方法

根据本工程所处位置及地面施工条件,采取垂直钻杆回抽注浆法为主,倾斜钻杆回抽注浆法为辅。在地面无障碍时采用垂直钻杆回抽注浆法,其特点:均匀布孔,垂直钻孔,易操作及控制,浆液扩散分布比较均匀,加固止水效果好。

在隧道穿越管线及地表建筑物,不能垂直钻孔时采用倾斜钻杆回抽注浆法,倾斜钻孔难度大,且浆液扩散分布均匀度较差,故须采用增加注浆孔数来确保加固止水效果,加固示意图见图6。

3.1.2 注浆材料

其特性对地下水而言,不易溶解;对不同地层,凝结时间可调节;高强度、止水。

3.1.3 注浆材料配比

注浆材料配合比见表1。

(1)注浆时,将根据现场实际情况适当调整配合比,并适当加入特种材料以增加可灌性和堵水性能。

(2)注浆孔的布置及注入顺序原则:根据注浆扩散半径计算,孔距一般为1~1.5m,平面布孔采用交联等边三角形布置,洞内采用放射型布置,采用从外到内隔孔跳注顺序进行施工。

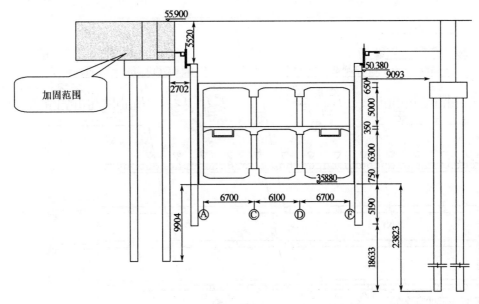

图6 长春桥承台顶土体加固剖面示意图(尺寸单位:mm)

注浆配比表   表1

A 液	B 液	C 液
硅酸钠 100L 水 100L	Gs剂 8.5% P剂 4.5% H剂 6.7% C剂 7.1% 水	水泥 42% H剂 4.6% C剂 3.2% 水
200L	200L	200L

注:溶液由A、B液组成;悬浊液由A、C液组成。

(3)主要注浆参数:注浆深度3.7m;注浆孔直径φ46mm;浆液扩散半径1m;浆液凝结时间20s~30min;注浆压力0.3~1MPa;注浆循环段长12m;开挖循环段长10m;预留止水盘段长2m。

3.2 设置水位观测井

在车站基坑与京密引水渠之间设置4眼水位观测井,配合日常监控量测对京密引水渠是否产生渗漏实施监控。

在一般情况下,日测2次。有水位上涨、自然洪水、自然结冰、流冰和有冰雪融水补给河流时,增加观测次数,使测得的结果能完整地反映水位变化的过程。

井管管段制作方法为:(1)在PVC管段和螺纹套管的外壁上分别固接粗糙布料层;(2)在粗糙布料层上满粘水泥砂浆层,形成所述井管的管段;(3)在水泥砂浆层终凝前,在对应滤水部位的井管管段上钻出水孔,出水孔贯穿粗糙布料层和水泥砂浆层以及所述PVC管。

3.3 加强监控量测

主要监控量测项目包括:(1)基坑内、外观测;(2)基坑周围地表沉降;(3)桩顶水平位移;(4)桩体水平位移;(5)地下管线及建构筑物;(6)钢支撑轴力等。主要监测项目及监测频率见表2。监控量测布点平面示意图见图7,监测项目及频率见表2。

3.4 严格控制基坑施工过程

立面施工顺序,见表3。

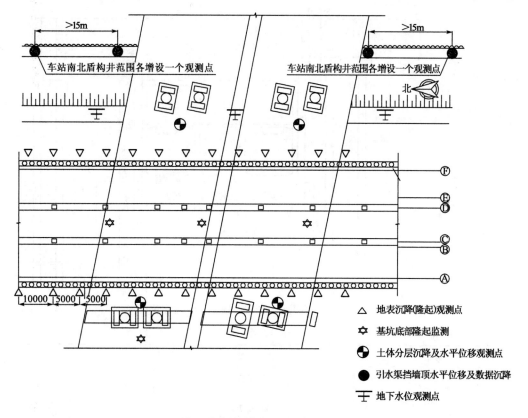

图 7 监控量测布点平面示意图

主要监测项目及监测频率表 表2

工程范围	序号	监测项目	监测仪器	监测频率
长春桥站基坑	1	基坑内外观察	/	基坑开挖后 1 次/d
	2	桩顶水平位移	全站仪	基坑开挖期间：$H \leq 5m$，1 次/3d；$5m < H \leq 10m$，1 次/2d；$10m < H \leq 15m$，1 次/d；$15m < H$，2 次/d。基坑开挖完成后：$1 \sim 7d$，1 次/d；$7 \sim 15d$，1 次/2d；$15 \sim 30d$，1 次/3d；30d 以后，1 次/周。经过数据分析确认达到基本稳定以后，1 次/月。出现异常情况时，增大监测频率。拆撑时也适当加密。
	3	围护桩体位移	测斜管、测斜仪	
	4	钢支撑轴力	轴力计、频率接收仪	
	5	地表沉降	精密水准仪、钢钢尺	
	6	重要建筑物、管线沉降	精密水准仪、钢钢尺	

注：根据现场实际施工状况和变形情况的需要监测单位增加或减少观测次数，随时报告监测信息给施工单位。

支护桩施工→土方摘帽→冠梁及挡土墙施工→第一层土方开挖→桩间喷射混凝土→架设第一道钢支撑→第二层土方开挖→第二层桩间挂网喷射混凝土施工→安装第一道钢围檩→架设第二道钢支撑→第三层土方开挖→第三层桩间挂网喷射混凝土施工→安装第二道钢围檩→架设第三道钢支撑→第四层土方开挖→第四层桩间挂网喷射混凝土施工→人工检底、钎探、验槽。

3.5 周边管线保护措施

综合以上风险分析,为了确保各管线的安全,依据《长春桥站风险源专项设计》的要求严格施工,结合区间及管线加固,对车站端部土体进行预加固处理。注浆加固详见图8~图11。

土方开挖步序表　　表3

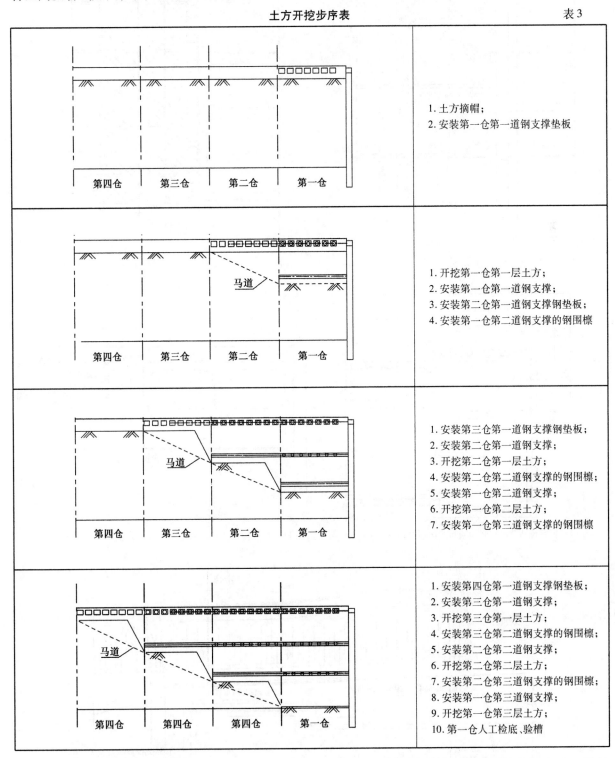

（第四仓／第三仓／第二仓／第一仓）	1. 土方摘帽; 2. 安装第一仓第一道钢支撑垫板
（第四仓／第三仓／第二仓／第一仓，含马道）	1. 开挖第一仓第一层土方; 2. 安装第一仓第一道钢支撑; 3. 安装第二仓第一道钢支撑钢垫板; 4. 安装第一仓第二道钢支撑的钢围檩
（第四仓／第三仓／第二仓／第一仓，含马道）	1. 安装第三仓第一道钢支撑钢垫板; 2. 安装第二仓第一道钢支撑; 3. 开挖第二仓第一层土方; 4. 安装第二仓第二道钢支撑的钢围檩; 5. 安装第一仓第二道钢支撑; 6. 开挖第一仓第二层土方; 7. 安装第一仓第三道钢支撑的钢围檩
（第四仓／第四仓／第四仓／第一仓，含马道）	1. 安装第四仓第一道钢支撑钢垫板; 2. 安装第三仓第一道钢支撑; 3. 开挖第三仓第一层土方; 4. 安装第三仓第二道钢支撑的钢围檩; 5. 安装第二仓第二道钢支撑; 6. 开挖第二仓第二层土方; 7. 安装第二仓第三道钢支撑的钢围檩; 8. 安装第一仓第三道钢支撑; 9. 开挖第一仓第三层土方; 10. 第一仓人工检底、验槽

车站东侧 $\phi1550$ 污水管线距离基坑较近,因此约30m范围管道内做柔性内胆防水处理。详见图12。

基坑开挖应严格遵循分层分步开挖,同时加强管线监测。

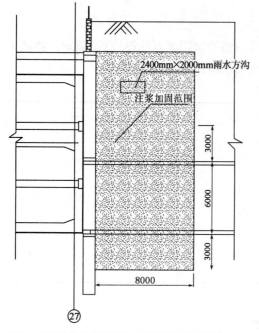

图8 长春桥站南端头注浆加固示意图(尺寸单位:m)

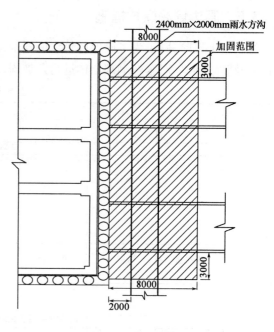

图9 长春桥端部土体加固平面示意图(尺寸单位:mm)

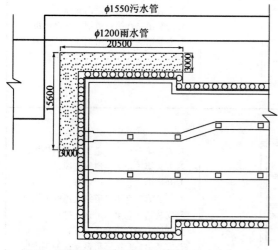

图10 长春桥站北端注浆加固示意图(尺寸单位:mm)

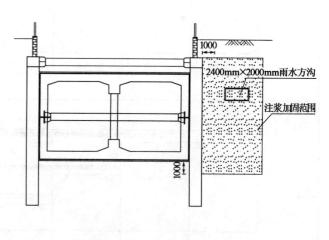

图11 长春桥站2号风道处注浆加固示意图(尺寸单位:mm)

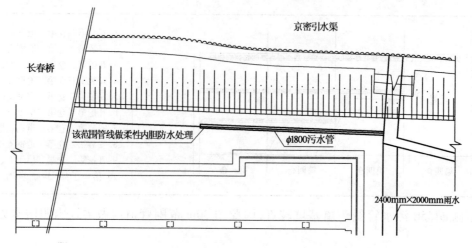

图12 长春桥站东侧管线处理示意图

4 施工效果

(1)地铁车站在复杂环境中采用明挖法施工的特殊性及可行性。通过重点部位的注浆加固、严格控制施工质量、紧密的施工步序及现代化的监控量测措施,研究针对既有地上结构和周围水文地质条件下的预加固技术。

(2)针对车站与立交桥基础近距离相邻的条件,分层开挖、加强基坑内支撑管理的措施,确保了立交桥的正常使用及车站基坑施工的安全。

(3)对基坑周边土体内不良因素进行分析,采取预注浆方式确保基坑无渗漏水及相应应急措施,为今后北京地区施工提供一定的借鉴。

(4)为确保下穿长春桥安全,重点在基坑施工时做好基坑及周边环境的变形监测控制,使得基坑开挖过程受控,同时研究地表沉降规律及差异沉降的监测,总结其变化规律,以便于根据监测内容及时调整施工参数,最终监控量测结果见表4。

最终监控量测结果　　　　表4

监测项目	设计允许值(mm)	施工最终值(mm)	结果
桩顶位移	±30	-7.15	允许范围内
桩体沉降	±23	-7.28	允许范围内
桥桩沉降	±20	-3.32	允许范围内
桥桩倾斜	±3	0	允许范围内

5 结语

通过对基坑周边复杂环境注浆加固技术、基坑开挖对周边土体扰动控制技术及监控量测技术进行应用,有效地控制了基坑支护桩顶位移、桩体沉降、长春桥桥桩沉降及桥桩倾斜,并较原设计方案大大降低了施工成本,为长春桥站施工任务的顺利施工提供了强有力的技术保障和支持。对今后类似工程施工提供了宝贵的经验,具有良好的借鉴作用和较高地推广应用前景。

二、暗挖法车站施工专项技术

达官营站 PBA 工法施工技术

廖秋林　李润军　孙宏宝

摘　要　城市隧道暗挖施工期间拱顶以及地表的沉降量对施工安全、工程功能及城市道路正常运行具有重要意义。浅埋暗挖法施工中各类马头门的施工因其受力转换特殊往往是施工过程中关注的重点。北京地铁7号线北京西站~湾子站区间暗挖隧道马头门处于竖井明挖施工的回填土中，其土质情况复杂、暗挖不确定性因素多。为保证隧道施工和周围构筑物的安全，须对处于回填土范围内竖井马头门的破除与开挖方案进行研究。本文根据地表勘察钻探和超前探测所获取的地层资料和工程设计资料，应用 FLAC3D 软件对马头门破除时的两个支护方案进行了对比分析。施工实践与理论分析均表明，采用无收缩（WSS）深孔注浆方案的地表沉降量约是超前小导管支护方案沉降量的 1/2~1/3。

关键词　隧道　预留竖井　沉降量　方案优化　数值模拟

0　引言

浅埋暗挖法在复杂城市建筑与环境条件下越来越成为我国日益高速发展的地铁隧道施工的关键施工方法。其中，断面转换处由于应力较为复杂往往成为暗挖法施工的风险关键点，尤其是浅埋暗挖法施工中各类马头门的施工往往成为设计过程中的关键点，也是施工和监理单位施工过程中关注的重点。但是，关于马头门施工安全的系统分析与总结鲜于报道；尤其是基于稳定性极差的回填土地层中马头门开挖与支护方法的研究更为少见。本文基于北京地铁7号线北京西站~湾子站区间基于1995年明挖施工时预留的施工竖井马头门开挖与支护的稳定性分析、设计、施工实践，通过数值模拟分析与现场实际监测相结合的方法进行施工方案的优选，并预测开挖引起的地表沉降及变形，为杂填土地层马头门开挖的顺利实施和类似工程提供参考。

1　工程概况

北京地铁7号线北京西客站区间预留竖井，位于中铁咨询大厦与鸿坤国际大酒店之间空地内。预留竖井为1995年放坡明挖施作，井壁结构为400mm钢筋混凝土结构，井深为21m。

根据地质勘察资料与现场洛阳铲超前探测，如图1所示，预留竖井进地铁隧道马头门处地层为人工堆积层，隧道底板以下为第四纪晚更新世冲洪积层（卵石、粉细砂、强风化砾岩），下第三系沉积四大层。竖井马头门处场地剖面如图2所示。

竖井近3~5年潜水水位高程为23.00m，竖井底部高程为24.81m，竖井底板位于潜水水位以上。

2　超前支护方案设计

鉴于上述预留竖井结构特点极其所处回填土这一特殊性，施工前进行了充分的调查。调查表明，预留竖井进地铁隧道马头门处的人工堆积层回填物不仅有砂卵石、黏土，还有大量混凝土块、木方、钢筋头等建筑垃圾，其力学特性离散性大、稳定性差。因此，在这一不利地层条件下进行竖井马头门施工没有成熟的理论，也无类似工程经验，存在很大的安全风险。

为确保施工安全，该竖井马头门的施工应采取有效的马头门加固措施并采用合理的开挖方法。结

合既有地铁施工经验与现场实际情况,确定对两种马头门施工超前支护方案进行对比性分析:

(1)超前小导管注浆方案,隧道拱部采用 $\phi25$ 小导管超前注浆,$L=2m$,环向间距@300mm;

(2)无收缩(WSS)深孔注浆方案,隧道拱部以上1.5m范围由地面采用注浆预加固土层。

图1 预留竖井马头门处超前探测现场照片

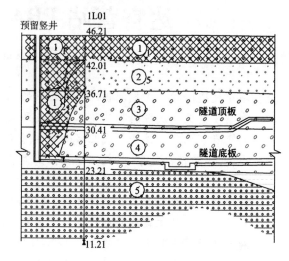

图2 竖井地质剖面图

①₁—杂填土;①₂—回填土;②₅—圆砾;③—圆砾、卵石;④—卵石;
⑤—风化砾岩

方案设计采用FLAC3D进行理论分析,FLAC3D是最早将连续体的快速拉格朗日分析方法应用于岩土问题的计算软件,其在解决岩土问题上有许多优越性,已逐渐成为工程技术人员理想的三维数值模拟工具。

2.1 几何模型

数值模拟计算中,根据地质情况将地层分为5层。距预留竖井井口外边缘10m范围内均为回填土,隧道矩形断面的总尺寸为11.4m×6.4m,进深为4m。模型尺寸:取马头门处浅埋暗挖段沿隧道纵向长度50m,横向左、右各取隧道宽度的3倍各30m,模型横向总长度度为71.4m。模型上边界取至地表,下边界取至距隧道结构底部以下15m处,高度36.4m。计算模型如图3所示。

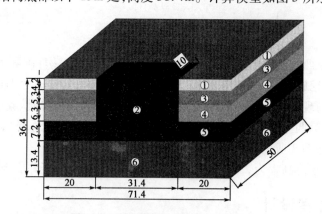

图3 地层概化模型示意图(尺寸单位:m)

①—杂填土;②—回填土;③—圆砾;④—圆砾、卵石;⑤—卵石;⑥—风化砾岩

模型边界条件是:侧面和底面为位移边界,侧面限制水平移动,底部限制垂直位移,上边界为自由面。

2.2 岩土体及支护材料参数

超前小导管注浆采用水玻璃与稀硫酸混合浆液,无收缩(WSS)深孔注浆采用高强度型CW-3B(H

剂、C剂、GS剂、稀释剂混合液)浆液。开挖中初次衬砌采用C20混凝土喷射,钢格栅采用HRB335钢筋制作而成,根据试验所得出的结果,各土层的物理力学参数如表1所示,工程材料的物理力学参数见表2。

各土层物理力学参数表　　表1

土层编号	土性	厚度(m)	密度($kg \cdot m^{-3}$)	弹性模量E(MPa)	泊松比μ	体积模量K(MPa)	剪切模量G(MPa)	内摩擦角(°)	黏聚力(kPa)	静止侧压力系数
1	杂填土	4.2	1600	16.98	0.31	14.895	6.481	8	8	0.4
2	回填土	—	1800	24.00	0.28	18.182	9.375	11	10	0.38
3	圆砾	5.3	2100	35.00	0.20	19.444	14.583	40	0	0.33
4	圆砾、卵石	6.3	2100	45.00	0.20	25.000	18.750	45	0	0.30
5	卵石	7.2	2150	75.00	0.22	44.484	30.763	45	0	0.28
6	风化砾岩	13.4	2160	58.00	0.22	34.524	23.77	42	12	0.28

工程材料的物理力学参数　　表2

工程材料	弹性模量E(MPa)	泊松比μ	体积模量K(MPa)	剪切模量G(MPa)	内摩擦角(°)	黏聚力(MPa)	抗拉强度(kPa)
C20混凝土	25500	0.20	14166.67	9107.14	—	—	—
钢筋格栅	200000	0.30	166666.67	62500	—	—	—
超前小导管	1600	0.30	1333.33	500	30	0.06	50
WSS无收缩注浆	2000	0.32	1851.85	609.76	35	0.08	70
20钢筋混凝土	55000	0.22	32738.1	19097.22	60	1.2	1000

在进行马头门破除支护方案优选时假设马头门上导洞一次性破除,纵向破除1m,不进行初支。

2.3 超前小导管注浆方案

计算模型网格划分如图4所示,共有36600个单元,39321个节点,其中模型中标注区域为超前小导管注浆影响范围。

对马头门上半部破除进行数值模拟,在模拟过程中对马头门拱顶(1号监测点)及地表位置(2号监测点)进行了监测,其监测结果见图5。竖直方向沉降量等值线图如图6所示。

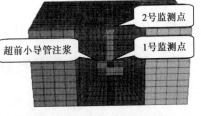

图4　超前小导管注浆模型示意图

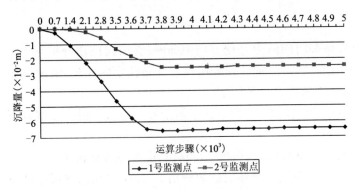

图5　马头门拱部及地表沉降

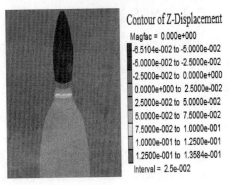

图6　竖直方向沉降量等值线图

从图中可以看出,马头门拱部最终沉降量为6.6cm,地表沉降量为2.6cm。

2.4 WSS 无收缩深孔注浆方案

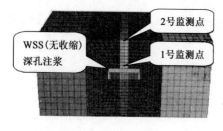

图 7 WSS 深孔注浆模型示意图

计算模型网格划分如图 7 所示,共有 50400 个单元 53805 个节点,其中模型中标注区域为 WSS 深孔注浆影响范围。

监测点设置同上,监测结果见图 8,得到其竖直方向沉降量等值线图,如图 9 所示。

从图中可以看出,马头门拱部最终沉降量为 2.20cm,地表沉降量为 1.05cm。

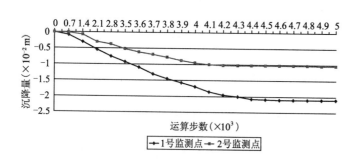

图 8 马头门拱部及地表沉降

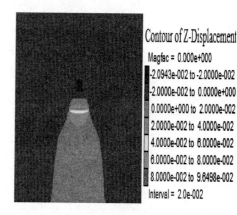

图 9 WSS 深孔注浆竖直方向沉降量等值线图

2.5 支护设计方案确定

由上可见,采用超前小导管注浆方案,马头门拱顶的沉降为 6.6cm 左右;采用 WSS(无收缩)深孔注浆方案马头门拱顶沉降为 2.2cm 左右,仅为前者的 1/3;从引起沉降的区域来看,采用 WSS 深孔注浆方案引起沉降的区域明显小于超前小导管注浆方案引起沉降的区域。因此,采用无收缩深孔注浆方案比超前小导管注浆方案效果要好,也更为安全。究其原因,WSS 无收缩深孔注浆方案可以改变隧道开挖起始段土体松散的性状,增加土体的强度和黏结性,并达到阻水的效果。

3 马头门 WSS 深孔注浆实施与开挖

根据前文分析,确定采用马头门超前支护 WSS 无收缩深孔注浆;结合隧道马头门开挖步序进行了开挖的理论分析,并与开挖工况进行了对比分析。

3.1 WSS 深孔注浆实施

根据前述分析,马头门深孔注浆范围为自马头门向隧道开挖方向 10m,初支结构拱顶外扩 1.5～1.8m、初支侧墙 5m 以上范围外扩 1.5m,具体见图 10。注浆加固采用自地面钻孔定向注浆,浆液采用 WSS 浆液,即水泥 A、水玻璃 B、磷酸钠 C 三液。主要施工工艺如下:

(1)定孔位:根据现场情况,对准孔位,不同入射角度钻进,要求孔位偏差为 ±3cm,入射角度偏差不大于 1°。

钻机就位:钻机按指定位置就位,调整钻杆。对准孔位后,钻机不得移位,也不得随意起降。

(2)钻进成孔:第一个孔施工时,要慢速运转,掌握地层对钻机的影响情况,以确定在该地层条件下的钻进参数。密切观察溢水出水情况,出现大量溢水出水时,应立即停钻,分析原因后再进行施工。每钻进一段,检查一段,及时纠偏。

(3)回抽钻杆:严格控制提升幅度,每步不大于 15～20cm,匀速回抽,注意注浆参数变化。

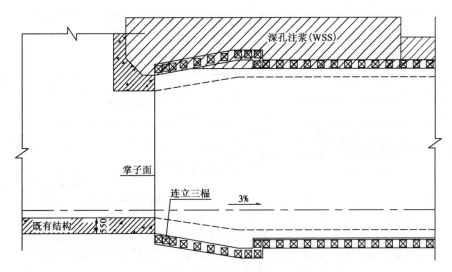

图10 马头门注浆加固断面(尺寸单位:mm)

按照设计配比,采用经标定的计量工具,严格控制浆液配比。

(4)注浆:注浆孔开孔直径不小于45mm,严格控制注浆压力,同时密切关注注浆量,当压力突然上升或从孔壁、断面砂层溢浆时,应立即停止注浆,查明原因后采取调整注浆参数或移位等措施重新注浆。

3.2 开挖稳定性分析

考虑到加固后的回填土地层中施工马头门仍存在较大风险,在开挖方法上将马头门断面尽可能分解成小断面施工,即采用双侧壁导洞法开挖。其施工流程为五步骤:①左侧导洞上、下台阶分别开挖并进行初支;②右侧导洞上、下台阶分别开挖并进行初支;③中导洞上、下台阶分别开挖并进行初支;④拆除临时支撑,施作仰拱防水及二衬;⑤拱顶及侧墙二衬施工。由于二衬是在隧道初支结构全部施工完毕后进行施作,因此,本文只进行初支时的数值模拟分析。六导洞的施工步序如图11所示,矩形断面开挖模型如图12所示。

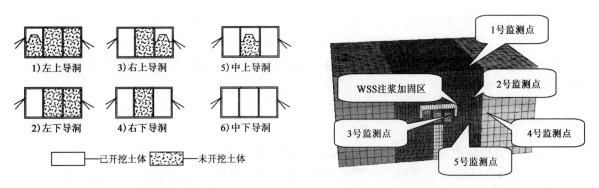

图11 六导洞计算模型开挖顺序　　图12 矩形过渡隧道断面开挖及监测点布置示意图

导洞每循环进尺1m后即做初期支护,每个导洞循环进尺四次。开挖支护数值模拟中,各监测点的在开挖各步时的位移见图13。

从图13可见,在进行第1步开挖时引起的沉降量较大,为0.65cm,这是由于开挖使原状土体受到扰动所致。右上导洞的开挖沉降增长比较快,引起沉降为0.82cm,这是由于群洞效应的影响。左右小导洞的开挖使土体之间相互扰动造成沉降量增大,同时开挖导致沉降区域也迅速增大,因此,在此工序内应加强支护,及时封闭成环、回填注浆,做好预防措施。中上导洞的开挖,引起沉降较小,为0.38cm,拱部沉降区"桃形"区域略有增大,这是由于两边导洞施工完毕后,支撑强度增大,且土体间客观存在相互摩擦,限制了移动,故中部开挖引起的沉降较小。通过沉降量等值线图和监测点采样记录图发现,由于上部土体的开挖卸载,隧道底部产生较大的隆起位移5.4cm,在施工过程中应做好临时仰拱的架设,从而减少隧道底部的起拱量,保证隧道的净空高度。侧墙的位移在数值模拟中较小,但在矩形断面侧墙与拱部和仰拱的直角连接处会出现应力集中现象,容易产生较大变形,因此在此部位需要加强支护,施工中可以采用工字钢横撑用于防止侧墙的过大变形。

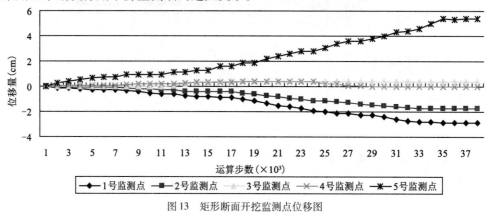

图 13　矩形断面开挖监测点位移图

在隧道断面施工过程中,在监测点 1 处进行了现场监测,监测数据与数值模拟结果如图 14 所示。

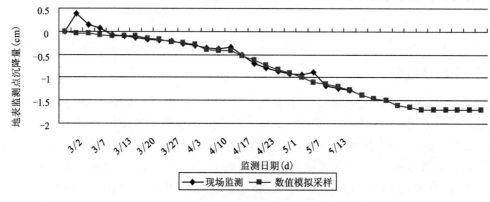

图 14　现场监测与数值模拟结果对比

从图中可以看出,两者的曲线基本一致。在现场监测记录中存在的三个沉降回弹段,这是因为当时出于进一步加强土体的稳定性目的,采取了地面注浆措施,导致地表轻微隆起所致。据此,应用 FLAC3D 进行了矩形过渡断面施工引起的地表最终沉降量的预测,得出最终地表沉降为 17mm,符合设计规范要求的 30mm 控制量。

4　结语

本文通过对北京地铁 7 号线预留竖井马头门破除与开挖方案的研究,得出以下结论:

(1)在竖井马头门破除时,采用 WSS 深孔注浆方案引起沉降的区域约为超前小导管注浆方案引起沉降的区域 1/2～1/3,而且其最大沉降量为后者的 1/3,因此,在回填土层中破除马头门,选用无收缩深孔注浆方案比超前小导管注浆方案效果要好,也更为安全。

(2)将马头门隧道断面开挖分为六小导洞逐次开挖,能使沉降量得到有效控制,且减小沉降区域,本次开挖经数值计算预测地表沉降为 17mm。根据塑性区图所示破坏范围,应提前做好防范措施,在施工过程中,现场要勤量测,并严格做好支护措施与质量控制、技术交底等工作,避免了工程事故的发生。

(3)三维有限差分数值模拟方法可以模拟地铁隧道的开挖支护和施工过程,很好地反映地铁施工中隧道岩土体的力学转换过程,从而对施工过程中的风险提前做出预判,指导现场施工。

达官营站穿越莲花河暗挖施工技术

廖秋林　马敬东　张鹏飞

摘　要　针对复杂砂卵石地层大断面暗挖小距离下穿河湖存在的施工风险,本文结合同类工程调研与本工程工况,围绕暗挖下穿河湖施工地层加固、河道抗变形防渗结构工艺两方面进行系统研究,采取了"刚柔并用"的河道铺衬与洞内WSS深孔注浆的穿越方案。首先,采用新工艺技术桩膜围堰对河道分期围堰导流;其次,河道防渗结构创新性地提出了刚柔并用两布一膜与钢筋混凝土河道防渗结构,防渗性能高、抗变形能力强;尤其是,二重管无收缩双液注浆WSS工法对地层超前加固的引入,能够实施定向、定量、定压注浆,使岩土层的空隙或孔隙间充满浆液并固化,对隧道周围土体进行极为有效地加固与止水。

关键词　WSS工法注浆　暗挖　六导洞　CRD　两布一膜　桩膜围堰

1　工程概况

地铁线路大多位于城市中心区。受线路规划限制与城区既有构建筑物制约,地铁隧道无法避免与河湖、既有地铁线路、铁路、桥梁等重要设施形成立体交叉,这些也构成了地铁施工中大多是特级风险源与重要一级风险源。这些风险源的处置往往成为整个线路施工的关键点,处置不当将带来灾害性的事故。尤其是地铁隧道下穿河流或车站临近河流等。

北京地铁7号线达官营站风道下穿河道,风道断面开挖尺寸为9.9mm×13.2m,且以3.8m净距(不含河底生态层)下穿河道(莲花河),为国内地铁下穿河流施工的最大断面且距离最近的暗挖隧道之一。如何有效采取科学的措施控制好该风险源,本文围绕同类工程调研、分析、措施比较并反复论证,确定了有效对策,并成功实施了本次大断面小净距暗挖下穿河流的穿越。

2　工程概况

北京地铁7号线达官营站位于北京市三里河南延路和广安门外大街交叉路口以东,沿广安门外大街东西向布置。车站为地下二层三跨岛式站台车站,地下一层为站厅层,地下二层为站台层;车站全长236.000m,宽度22.9m(局部23.1m),车站拱顶覆土厚度为9~9.2m。车站主体为地下两层直墙三连拱结构,采用"PBA工法"逆筑施工。车站1号风亭位于莲花河南侧绿地内,风井采用倒挂井壁法施工,深度约为26.2m,1号风道及临时通道采用六导洞CRD法进行暗挖施工,作为车站PBA法施工的临时通道,见图1。风道覆土厚度为9m左右,拱顶距离河底为3.8m左右。

2.1　工程结构参数

1号施工风道全长约72.41m,风道标准断面内净空宽×高为8.0m×11.70m,采用CRD法施工。风道初期支护为格栅钢架+350mm厚C20网喷混凝土,钢架间距0.5m;临时仰拱为工字钢22a型钢支撑+300mm厚网喷混凝土;中隔壁采用格栅钢架+350mm厚C20网喷混凝土。风道二衬结构为模筑C40P10混凝土,厚度为600mm,设ECB外包防水。

2.2　工程地质与水文地质条件

风道地层主要为人工堆积层(Q_{ml})、新近沉积层(Q_{4al+pl})、第四纪晚更新世冲洪积层(Q_{3al+pl}),自上而下依次为粉土填土、杂填土、卵石、卵石圆砾、卵石圆砾与中粗砂层等。含水层主要为卵石层、中粗砂层,透水性好,潜水水位高程为24m。本层地下水分布连续,地层渗透系数大,为强透水层,见图2。主要接受侧向径流补给以侧向径流方式为主要排泄方式。

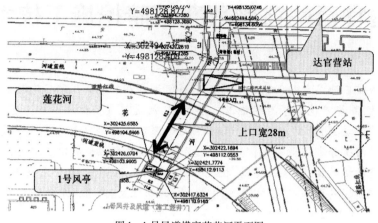

图1　1号风道横穿莲花河平面图

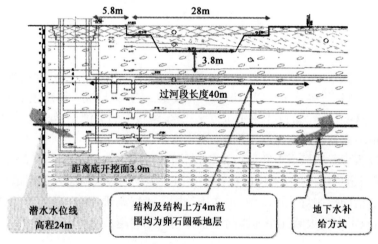

图2　1号风道工程地质与水文地质剖面图

2.3　莲花河及与风道位置关系

莲花河是北京西城的主要泄洪河道,此段河道底宽20m、河堤面宽28m,现状河底为卵石生态护底。河水常年水深为2~3m,雨季来临时水位可暴涨至接近地面,最深可达7~8m;2011年6月特大暴雨,莲花河水位均暴涨至距河堤约1m位置。莲花河为复式矩形断面上口宽度28m,挡墙范围内宽度20m,规划河底高程38.48m,现状河底高程39.55m。1号风道顶距离现状河底3.85m;距离挡墙基础底部4.4m,见图3。

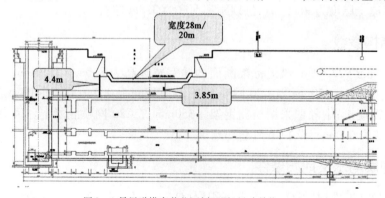

图3　1号风道横穿莲花河剖面图(尺寸单位:mm)

3 工程难点分析及对策

基于风道大断面、河道常年不断流、地层特点、各导洞的开挖工况以及同类工程的调研,本文首先从工程类比、工程特点与难点、现有施工工艺与措施等多方面况进行分析,以确定可靠的河湖加固与大断面暗挖超前支护措施。

3.1 工程难点分析

3.1.1 莲花河常年流水、汛期高水位运行

莲花河呈东西流向,与风道垂直交叉,河道常年流水、汛期高水位运行,且河面宽达20余米;河道为北京西城的主要泄洪河道。风道自身结构施工作为达官营站主体结构施工通道,其施工总工期达30个月,不可避免经历3个汛期,无法避开汛期施工。因此,无法通过导流等方式规避河道行洪可能对暗挖作业产生的潜在影响。

3.1.2 河道常年下渗、河底地层稳定性差

莲花河河底主要为粉土填土、杂填土与卵石,由于河底未做防水层,自身不具有防水性,所以经过多年河水浸透,河床下部至隧道上部地层间含水量较高,可能出现饱和水囊;风道上方土层饱水性高,对暗挖的初衬施工影响较大,若处理不慎,会出现作业面和隧道内大面积渗水现象,甚至造成工作面失稳坍塌。

3.1.3 风道暗挖断面大、多导洞开挖多次扰动不利于地层稳定

风道断面开挖尺寸为 $9.9m \times 13.2m$,采用六导洞逐洞错距开挖,通过导洞减小了单导洞开挖尺寸,提高单导洞开挖的稳定性。但是,各导洞先后6次开挖对地层的扰动易产生开挖对围岩影响的叠加,不利于围岩的稳定。

3.2 对策与技术措施

如前文所述,莲花河水位汛期最高可暴涨至距河堤约1m位置,如此高的水位一旦冲破隧道顶部进入隧道,这将是空前的灾难。如此高的风险,如此大的暗挖断面,国内外尚属首例。基于对砂卵石地层大断面暗挖小距离下穿河湖工况进行分析,对河道外铺衬方式涉及的柔性防水、刚性防沉降(塌方)结合的方式,以及砂卵石地层超前支护等进行综合分析,确定了采取"刚柔并用"的河道铺衬与洞内WSS深孔注浆的穿越方案。

3.2.1 刚柔并用的河道铺衬

风道下穿河道范围采用两布一膜的柔性防渗结构与10cm厚C20钢筋混凝土板进行河道结构防渗与刚度强化,确保河道不渗水且具有一定抗变形能力,即不因风道暗挖作业扰动地层引起河道裂缝。其中,防渗膜为0.6mm聚乙烯丙纶防水,无纺布规格为 $300g/m^2$,面层10cm厚度混凝土网片,规格 $\phi 6.5mm@150mm \times 150mm$,搭接长度为150mm,铁丝绑扎牢固,见图4。河道结构完成后平铺30cm厚粗砂层,以恢复自净等生态功能。

此外,为防止河水通过防渗层下绕渗进入隧道施工断面,施工时将防渗终点向下游延伸30m,增加部分防渗结构改为10cm素混凝土+膜布防渗。

3.2.2 洞内WSS深孔注浆加固地层

暗挖下穿建构筑物、河流等重要设施等多采取大管棚、土体加固等措施。综合考虑本工程中风道所处莲花河河底地层主要为杂填土、砂卵石等,大管棚成孔施工难度大且管棚注浆加固防渗效果差,确定采用WSS深孔注浆加固地层。二重管无收缩WSS工法注浆工艺是从国外引进的具有国际先进水平的

地质改良新技术,它能够100%将不同地质情况填充密实,改变原土体的物理性质,增加土体的密度,提高其抗压强度,达到土体的止水效果,一次性完成一个注浆区域的土体加固施工,而且注浆材料属于环保型,对河流及地下水无任何污染,对于此工程是最有效的施工方法。

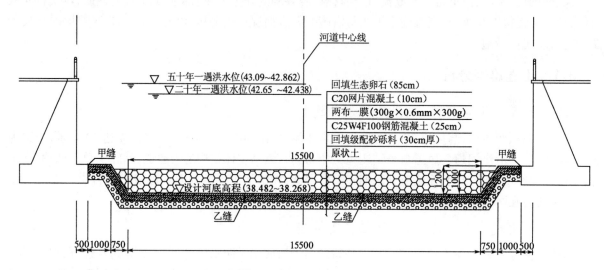

图 4 矩形断面河道护砌断面图(尺寸单位:mm)

结合开挖断面特点,本工程风道下穿莲花河段采用 WSS 深孔注浆加固地层,其加固范围为拱部外轮廓线外扩 2m,内扩 0.35m,每循环加固长度为 14m,预留 2m 作为下一循环的止浆墙,浆液采用为 WSS 浆液,压力控制在 1~3MPa 内范围,见图 5。

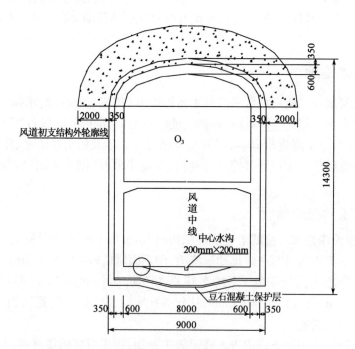

图 5 洞内 WSS 深孔注浆加固断面(尺寸单位:mm)

4 施工工艺与实施

根据前文所述"刚柔并用的河道铺衬与洞内 WSS 深孔注浆的穿越方案",围绕技术措施采用的施工工艺及其实施过程控制要求,重点介绍安全实现高风险的暗挖下穿莲花河的各项内容。

4.1 莲花河围堰导流及河道防渗加固

莲花河围堰导流及河道防渗加固施工作业时期选择非汛期作业,以减小施工风险与施工资源投入,河道防渗、加固施工总体以河道中心线分两期施工。其中,围堰导流采用桩膜围堰新技术,施工简单、可拆卸、材料可循环利用、工期短且对河道无污染;两布一膜与钢筋混凝土的河道防渗性能高、抗变形能力强、河道生态影响小。各工序施工顺序如下:

一期导流围堰→河道抽排水→清理淤泥、拆除河底护砌→河道防渗结构加固→导流围堰拆除与河道恢复。待一期施工完成后按照同样顺序进行二期施工。

4.1.1 导流围堰

该段河道采用45°单侧"L"型桩膜围堰,堰高2.3m,底宽5.5m。"L"型桩膜围堰:围堰骨架采用 $\phi 50$ 钢管搭设,骨架沿河道方向每75cm一道,钢管上满铺钢模板;钢管架间距50cm,围堰内侧成45°,顺水杆使用 $\phi 50mm$ 钢管,面层和堰底满铺钢模板,见图6与图7。

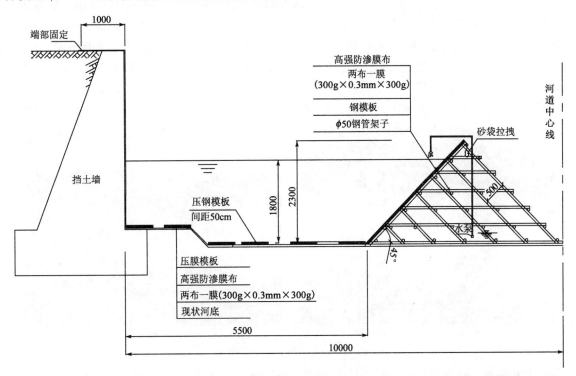

图6 "L"型围堰断面图(尺寸单位:mm)

导流围堰按梯形断面设计,下底宽3m,顶宽7.3m,高2.3m,堰底纵坡取现状河道纵坡。导流围堰防渗膜布采用双层膜布止水,先铺设一层两布一膜,再铺设一层高强涤纶双轴向PVC-Z型高强力防渗膜布。每幅膜布之间搭接长度为5m,并且焊接严密,确保不漏水。膜布向外侧延伸至少10m,且将河底卵石临时清除,压于膜布之上,防止透水。

4.1.2 河道抽排水

一期围堰运行后,即进行堰外河底排水,在河道内每隔10m设置一台水泵将河水抽排至围堰内,保证干槽作业。施工期间,在围堰外每隔30m布设一台水泵,

图7 "L"型围堰

用于施工过程中抽排渗漏水以及雨水,确保堰外干槽。

4.1.3 河道清淤及拆除护砌

待排水完成后,人工清除河底现状生态卵石护底。现状河槽内为1m左右厚度的生态卵石,施工前需使用人工将其清除整理成堆,之后利用在河道岸边支设50t吊车,将卵石吊运至运输车内,自卸汽车装运至附近暂时存放,见图8。

4.1.4 河道防渗结构加固

河道清理拆除完毕后,按照原状河底高程及水利工艺设计,根据设计图纸,施作河底防渗结构层。河底回填砂砾垫层30cm,分层回填,上料避免粗细料分离,洒水润湿,使用蛙夯夯实,边角部位使用汽油夯或木夯

图8 河底清淤处理

夯实,使表面坚实、平整,不得有浮石,无漏压、欠压、粗细料分离现象,结合部位无分离、架空现象。

砂砾料回填完毕后,铺设抗裂网片,规格$\phi 6.5mm@150mm \times 150mm$,搭接长度为150mm,每片规格为$2m \times 3m$,铅丝绑扎牢固;非过河节点部分在表层铺设10cm厚度细砂层,再满铺两布一膜,防渗膜为0.6mm聚乙烯丙纶防水,两侧为无纺布,规格为$300g/m^2$;C25商品混凝土,罐车运输到现场,使用泵车在岸上浇筑,使用振捣器入仓对混凝土进行充分振捣,见图9。混凝土浇筑后,覆盖草袋洒水养护。

图9 河底刚柔组合防渗结构施工

河底护砌混凝土每10m设置一道变形缝,河道纵向均分为三块,设置2道变形缝,采用2cm厚度浸油木板,表面为$2cm \times 3cm$聚硫密封膏止水。浇筑时浸油木板两侧同时入灰,同时振捣,以免木板发生位移。

河道底部防渗膜布铺设至挡墙侧面,膜布与挡墙接缝处使用氯丁胶黏结,顶部填塞聚硫密封膏止水。

4.1.5 导流围堰拆除与河道恢复

拆除围堰时,先拆除封端围堰。把顺水向围堰与端堰连接的模板和钢管切割,然后在围堰上开口使水流入干槽内。待水位平衡后,即可进行围堰的拆除,拆除的顺序如下:

(1)施工人员下水将压膜布钢板取出;
(2)将铺设的防渗膜布揭起并拉出水面;
(3)将钢模板自上而下拆除;
(4)将围堰后背的支撑架拆除,再进行钢骨架及顺水杆切割,运出河道;
(5)模板拆除后,将水中的槽钢钢骨架由人工配合吊车抬运出水面;
(6)将垫在河道底面的方木取出。

围堰拆除完成后,首先进行河坡找平工作,再回填生态砂卵石层,还原河道。

4.2 WSS 深孔注浆地层加固

待河道防渗结构施作完成后,风道暗挖断面开挖前应进行开挖断面 WSS 深孔注浆地层加固;加固浆液采用为 WSS 浆液,其加固范围为拱部外轮廓线外扩 2m,内扩 0.35m。风道暗挖下穿莲花河段全长共 38m,每循环加固长度为 14m,预留 2m 作为下一循环的止浆墙,见图 10。注浆加固主要工艺为:注浆孔打设→WSS 浆液配置→后退式深孔注浆。

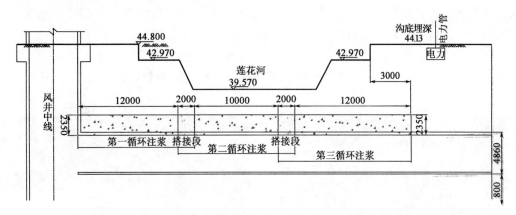

图 10 注浆加固范围纵剖面示意图(尺寸单位:mm)

4.2.1 注浆孔打设

根据同种地层的施工经验,1～3MPa 压力下砂卵石层中的浆液扩散半径为 0.8～1.5m,选择注浆孔的间距为 1000mm×1000mm 梅花形布置。在风道暗挖的马头门位置的第一循环可进行水平注浆,后续两个循环注浆则需在洞内进行斜向打孔注浆,见图 11。注浆孔应做好钻探详细记录,指导注浆施工;此外钻孔时分批进行,隔孔施钻。

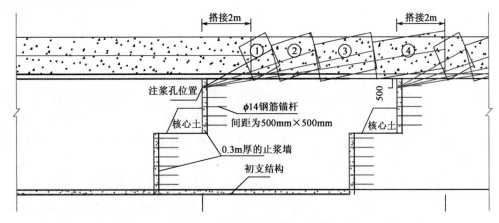

图 11 注浆加固范围纵剖面示意图

钻孔施工中钻机按指定位置就位,调整钻杆。对准孔位后,钻机不得移位,也不得随意起降。第一个孔施工时,要慢速运转,掌握地层对钻机的影响情况,以确定在该地层条件下的钻进参数,见图 12。密切观察溢水出水情况,出现大量溢水出水时或者遇到障碍物时,应立即停钻,分析原因后再进行施工。每钻进一段,检查一段,及时纠偏。

4.2.2 WSS 浆液配制

本工程所用 WSS 浆液为改性水玻璃(A 液)、水泥基浆液(B 液)和专用外加剂(C 液)的混合物,改性水玻璃由相同体积的硅酸钠和水组成,水泥基浆液由硅酸盐水泥、外加剂和水组成。其中,A 液每 200L 中含硅酸钠 100L、水 100L;B 液每 200L 中水泥、H 外加剂和 C 外加剂含量分别为 42%、

4.6%、3.2%,其他均为水;C液主要为磷酸钠,其掺入量根据地层与施工经验确定等。外加剂主要用于调节浆液的可灌性和混合液的凝结时间,凝结时间由注浆时的压力和设计要求的扩散范围共同决定。

在注浆过程中,外加剂用量可根据现场实情况适当调整。水泥基浆液中各成分放入搅拌机的顺序为:水→外加剂→水泥。两种浆液在注入前必须拌和均匀,并经常检查两种浆液混合后的凝结时间是否符合设计要求。

浆液配置前按搅拌机的容积和注浆材料的配比参数计算出配制一桶浆液所需要的水泥和水的用量。先在搅拌机中加入一定量的水,再加入规定量的缓凝剂,强力搅拌3min,然后加入一定量的水泥,强力搅拌均匀,也即完成B液配制待用。在浓水玻璃中加入硫酸,稀释至设计浓度,搅拌均匀后待用;量取水玻璃桶的体积,标定设计单段注浆量所需的高度,以此控制设计注浆量,也即完成A液配制待用,见图13。

图12 注浆孔钻孔施工

图13 WSS浆液配制

4.2.3 后退式注浆施工流程

洞内注浆前先封闭掌子面,掌子面采用挂网喷射混凝土,掌子面封堵厚度为0.3m,作为止浆墙,止浆墙采用挂网喷射混凝土,网片为$\phi6.5mm@150mm \times 150mm$钢筋网片,网片固定在掌子面打设的钢筋锚杆上,钢筋的规格为$\phi25$,间距为$500mm \times 500mm$,长度为2.5m,在止浆墙内预留钻孔导向管或采取其他措施导向,注浆孔间距为1m。

本工程WSS深孔注浆采用二重管水平与斜向放射状后退式注浆。钻管钻进到指定位置后,先用清水进行清孔;然后通过SYB—60/160型注浆泵分别将配制好的浆液分别二重管钻机的注浆管,二重管端头的浆液混合器可使两种浆液完全混合,使浆液均匀。后退式退出钻杆时应严格控制退出幅度,每步不大于20cm,匀速退出,注意注浆参数变化。

注浆必须连续作业,不得随意停泵,以防浆液沉淀,堵塞管路,影响注浆效果。当注浆压力稳定上升,达到设计压力并持续稳定10min(土层中要适当延长时间)后,不进浆或进浆量很少时,即可停止注浆,进行封孔作业。停止注浆后,立即关闭孔口阀门,然后拆除和清洗管路,待浆液初凝后,再拆卸注浆管,并用高强度等级水泥砂浆将注浆孔填满捣实。

为防止A、B、C液在管内发生固结堵塞管路而导致注浆失败,注浆时采取A、B液分开在注浆管中流动、在注浆管口过滤喷枪内混合的措施,通过压力作用将混合后的悬浊液注入周围土体,见图14。

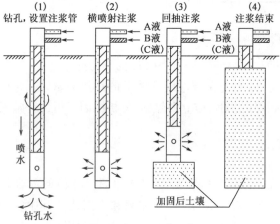

图14 WSS深孔注浆工艺

5 结语

莲花河水位汛期最高可暴涨至距河堤约1m位置,如此高的水位进行大断面暗挖小距离下穿莲花施工,一旦冲破隧道顶部进入隧道,这将是空前的灾难。鉴于此,本文通过同类工程调研且基于对砂卵石地层大断面暗挖小距离下穿河湖工况进行分析,对河道外铺衬方式涉及的柔性防水、刚性防沉降(塌方)结合的方式,以及砂卵石地层超前支护等进行综合分析,确定了采取"刚柔并用"的河道铺衬与洞内WSS深孔注浆的穿越方案。

(1)围堰导流采用桩膜围堰新技术,施工简单、可拆卸、材料可循环利用、工期短且对河道无污染。

(2)两布一膜与钢筋混凝土的河道防渗性能高、抗变形能力强、河道生态影响小、施工组织简单。

(3)二重管无收缩双液注浆能够实施定向、定量、定压注浆,具有渗透力强的特点,使岩土层的空隙或孔隙间充满浆液并固化,改变了岩土层的性状,注浆效果好。采用调节浆液配比和注浆压力的办法可使注浆范围人为控制;凝结时间可以调节,并以复合注入施工。工程实践表明,采用二重管无收缩双液注浆WSS工艺对隧道周围土体进行加固、止水的施工方案,效果良好。

自2011年11月至2012年3月顺利实现砂卵石地层大断面、小距离、下穿莲花河暗挖施工。表明了"刚柔并用"的河道铺衬与洞内WSS深孔注浆的穿越方案科学、可靠、环保,为国内外同类工程提供了参考。

车道沟站中间段穿越城市主干道暗挖施工技术

武福美 张玉华 桂 征 刘少伟 张鹏飞

摘 要 北京地铁十号线二期车道沟站中间段下穿紫竹院路,采用浅埋暗挖法施工。紫竹院路西通西四环四季青桥,东接西三环紫竹桥,交通流量大;同时暗挖拱顶上方管线众多,含有5条一级风险源等多条管线。本文通过对隧道施工质量的控制、施工沉降控制、监控量测等方面的分析,可对同类工程施工提供参考意见。

关键词 浅埋暗挖 下穿干道 施工沉降 监控量测

1 工程概述

北京地铁10号线二期线路位于城市道路三、四环路之间,经过海淀、朝阳、丰台三个行政区。车道沟站呈南北向,位于京密引水渠西岸,蓝靛厂南路西侧,横穿紫竹院路。车站总长386.5m、地下一层为站厅层,地下二层为站台层。车站共分为三段施工:南北两段为明挖、中间段下穿紫竹院路部分采用暗挖。详见图1~图3。

图1 车道沟站平面位置示意图

暗挖段为两单线单洞隧道,拱顶上覆土厚度为9.1~11.5m,拱底埋深约为18.7~21.1m。断面采用单层单跨马蹄形断面,复合式衬砌(初期支护+二次衬砌),外包尺寸为9.96m×9.79m。纵向长66.5m,两单洞隧道中心距14.0m,初支最小间距4.04m;中间设三个联络通道相连,联络通道仍采用暗挖法施工。

二次衬砌为模筑钢筋混凝土,初期支护与二次衬砌之间敷设防水层。二衬结构均采用C40防水混凝土,抗渗等级为P10;结构受力主筋外侧保护层为45mm,内侧保护层为40mm;站台板及风道等内部结构采用C30混凝土,主筋外侧保护层为30mm;基础垫层采用C15混凝土。车站中间暗挖段结构与南、北明挖段结构相接处均设一道20mm宽环向变形缝;联络通道与单洞隧道结构相接处均设一道20mm宽环向变形缝。

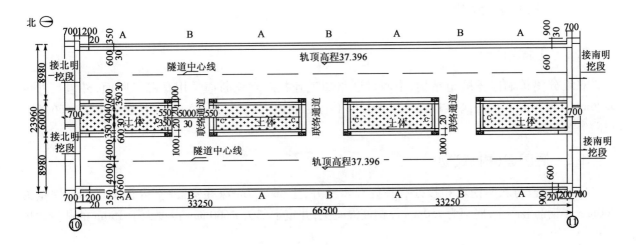

图 2　暗挖段结构平面示意图(尺寸单位:mm)

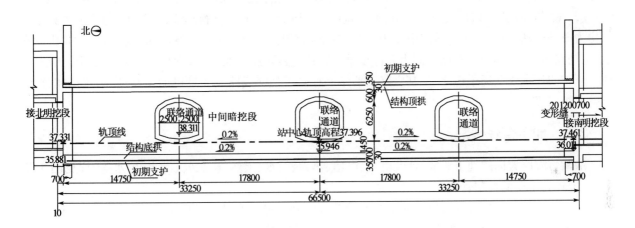

图 3　暗挖段结构纵剖示意图(尺寸单位:mm)

2　工程地质及水文条件

2.1　工程地质条件

依据本工程勘察报告,按地层沉积年代、成因类型,将本工程场地勘探范围内的土层划分为人工堆积层(Q_{ml}),第四纪全新世冲洪积层(Q_{4al+pl})、第四纪晚更新世冲洪积层(Q_{3al+Pl})3 个大层,按地层岩性及其物理力学性质进一步划分为 9 个岩土分层。

根据地质报告,拱顶位于卵石层很薄,厚 0~1m,之上为约 2m 厚的粉细沙层,拱顶上土体自稳能力差,易发生坍塌现象。

2.2　水文地质条件

本次详细勘察钻孔最大深度 42m,勘察深度范围内揭示一层地下水,地下水类型为层间水,主要赋予卵石层中,沿线水位变化主要受含水层下伏的隔水层粉质黏土层的起伏变化影响。层间水位埋深为 26.4~30.10m,水位高程为 25.07~25.29m,含水层为卵石层,水位高程为 25.07~25.29m,水位埋深为 26.4~30.1m。暗挖段拱顶上覆土厚度为 9.1~11.5m,整个隧道结构基本坐落在卵石层。结合明挖基坑施工情况,暗挖施工不需降水。

3 工程难点分析

3.1 工程自身

双线分离单洞暗挖隧道结构,中间设联络通道连接。暗挖断面采用马蹄形断面,外包尺寸为 9.96mm×9.79m,拱底埋深为 18.7～21.1m,拱顶上覆土厚度为 9.1～11.5m。暗挖段总长度为 66.5m。风险等级二级。

3.2 周围建(构)筑物

(1)暗挖段与北明挖段相接处有一废弃水源井,上部为 7m 深井室,井室内径 7500mm,周壁为 300mm 厚钢筋混凝土,底部为 750mm 厚钢筋混凝土;井室下部为 φ600mm,深度大于 150m 的井身。风险等级二级。

(2)车道沟立交桥西桥头引道扶壁式挡土墙,墙身为钢筋混凝土预制板,基础为现浇钢筋混凝土,埋深 3.94～5.58m(基础底高程约为 50.9m),挡土墙位于暗挖段拱顶上方约 6.3m。风险等级二级。

(3)紫竹院路为北京市交通主干道,道路宽度为 44m,为双向上下行车道,分为主、辅路。主路上下行均为 3 条机动车道,上下行道路由路中绿化带隔开;辅路上下行均为 2 条机动车道和一条非机动车道,主辅路由绿化带隔开,辅路外侧为人行步道。紫竹院路西通西四环四季青桥,东接西三环紫竹桥,为西三环与四环主要联通干道之一,其主路及辅路上有多条公交线路及大量机动车经过,车流量非常大。风险等级二级。

3.3 地下管线情况

沿紫竹院路方向的地下管线,涉及电力、电信、热力、给水、天然气、煤气、污水、雨水等,详见图 4、图 5。其中较为重要的控制管线有:

(1)雨水箱涵 4800mm×2000mm,管内底高程 47.80m,横跨车站暗挖段上方,下游出水口与京密引水渠相连,京密引水渠倒灌在箱涵内水深约 1m。雨水箱涵结构形式为:底板 20cm 厚混凝土,侧壁 50cm 厚砖墙,盖板为 20cm 厚的钢筋混凝土。风险等级一级。

(2)2000mm×2000mm 电力隧道,沟内底高程 46.13m,横跨车站暗挖段上方,沟底有积水。电力隧道结构形式为钢筋混凝土。风险等级二级。

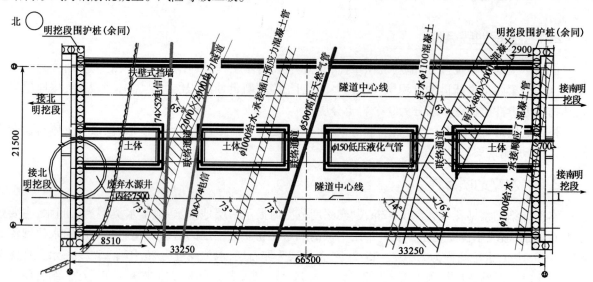

图 4 暗挖段上方重要管线布置平面示意图(尺寸单位:mm)

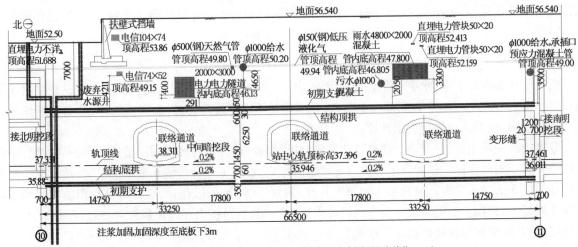

图5 暗挖段上方重要管线布置纵剖布置示意图(尺寸单位:mm)

(3)φ1000mm污水管,管内底高程46.805m,横跨车站暗挖段上方。污水管结构形式为钢筋混凝土平口对接。风险等级一级。

(4)φ1000mm给水管(2根):北侧给水管管顶高程为50.20m,横跨车站暗挖段上方;南侧给水管管顶高程为49.00m,东西向斜穿南明挖段与中间暗挖段接合部位,部分正好位于端头桩位置,部分在明挖基坑内,部分在暗挖拱顶,管底埋深约8m,正好位于拱顶粉细砂层内。因此管线为20世纪60年代修建,管材为混凝土承插口,紫竹院路经三次改建抬高路面,接口部位经挖探坑存在渗漏,此部分粉细砂已液化。风险等级一级。

(5)φ150低压液化气,管顶高程49.94m,纵向分布在车站车站暗挖段上方,管外底距暗挖结构顶距离约5.4m。风险等级一级。

4 风险源分析及保护措施

现有建构筑物、管线等风险源的保护见图6。

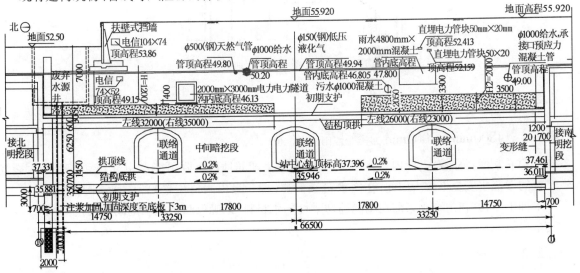

图6 风险源保护综合示意图(尺寸单位:mm)

4.1 建构筑物保护

4.1.1 紫竹院路

为有效控制暗挖段沉降,确保紫竹院路的正常交通行驶和暗挖段上方管线的安全,对拱顶上方土体进行水平深孔注浆,水平深孔注浆在南北两端明挖段基坑内施工。并且在暗挖段施工前,委托有相关探测的资质单位对拱顶土体进行了雷达探测,以对拱顶空洞进行排查。

4.1.2 废弃水源井

由于多年抽取地下水,水中难免会含有泥沙,井身周边可能会形成坍塌或空洞,会造成井室内5根围护桩顶部7m后背无土压力、底部无承载力,井室需回填注浆处理、围护桩底需加固;井身正好位于码头门位置底板,需对井身进行加固处理。

井室内杂土挖出后,井身内预埋通长注浆管,并回填砂砾;井室内埋设围护桩通长钢护筒,然后用砂砾回填夯实。为确保围护桩和暗挖马头门下基础的稳定,在施工井身两侧6根围护桩时,钻孔深度要大于设计深度3m,在孔中埋入通长φ48钢管至孔底,钢管下端3m做成花管,然后将钻孔用砂砾回填3m,再灌注混凝土,待围护桩混凝土强度达到设计强度50%后,通过桩内预埋注浆管对桩底四周4m土体进行注浆加固,浆液采用快硬硫铝酸盐水泥浆。

4.1.3 扶壁式挡墙

在车道沟站北段基坑开挖前,对扶壁式挡墙与基坑间土体由地面进行注浆加固,范围为扶壁式挡墙与围护桩之间靠近桩侧2.0m范围内的回填土进行了注浆加固,浆液采用硫铝酸盐水泥单液浆,注浆深度为5m。根据监控量测情况,若挡墙倾斜超标则在外侧增加支顶。加固范围、位置如图7。

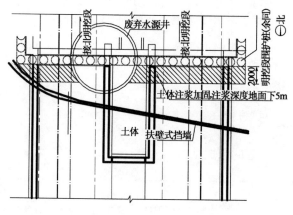

图7 扶壁式挡墙注浆加固平面示意图

4.2 管线保护

4.2.1 4800mm×2000mm混凝土雨水箱涵

由于箱涵断面尺寸较大,涵内又常年有水,暗挖施工期间地层沉降可能会引起箱涵变形产生裂缝,发生严重的渗漏水安全事故。因此,在雨水箱涵下游(即3号出入口位置)施作截流闸,将箱涵内上游所有积水抽干净,并在雨季到来前在箱涵铺贴柔性隔水材料,以确保暗挖施工期间不因沉降而产生渗漏水的安全事故。

4.2.2 其他管线

暗挖施工期间地层沉降可能会引起污水管管线变形产生裂缝,对φ1000mm污水管等管线的底部土体进行加固,以确保暗挖施工期间不因沉降而产生安全事故。

5 暗挖主要施工方法及控制措施

隧道施工主要工艺流程:暗挖隧道结构顶的土体进行深孔水平注浆加固→待车站明挖段主体结构

完工后,先进行右线隧道结构(东侧)的施工→右线隧道结构施做完后,再进行左线隧道结构的施工→待左右线隧道结构(包括二衬结构)施做完毕后,方能进行联络通道的施工。

5.1 水平深孔注浆

由于暗挖隧道上方道路及众多市政管线的重要性,为有效控制暗挖段沉降,确保紫竹院路的正常交通行驶和暗挖段上方管线的安全,施做车站两端明挖段基坑时,随基坑开挖对隧道拱顶进行水平深孔注浆。浆液选用硫铝酸盐单液浆,加固后土体无侧限强度需达到 $0.5\sim0.8\mathrm{MPa}$,渗透系数不大于 $1.0\times10^{-7}\mathrm{m/s}$。

受明挖基坑围护桩影响,水平深孔注浆孔位只能布置在相邻围护桩的土体间,从隧道起拱线开始布设,注浆范围和位置见图8、图9,为确保注浆效果,南北两头均设置两道环向注浆孔。注浆压力严格控制在 $0.5\sim1.0\mathrm{MPa}$,并安排专人观察路面及管线监测点,以防止注浆过度对管线产生破坏。

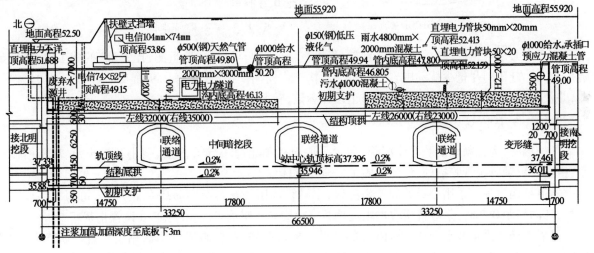

图8 水平深孔注浆纵剖示意图(尺寸单位:mm)

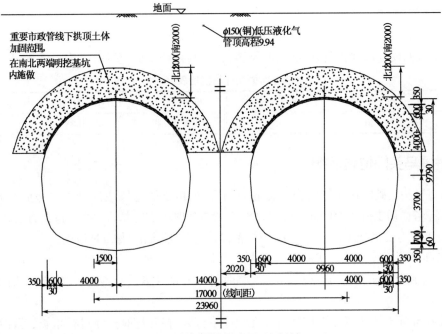

图9 水平深孔注浆横剖示意图(尺寸单位:mm)

5.2 CRD工法施工

从控制地面沉降和确保施工安全角度考虑,本暗挖隧道采取CRD工法开挖。该工法的最大特

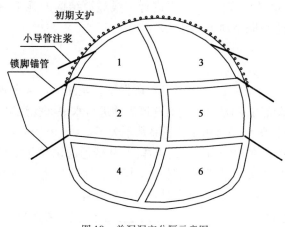

图 10 单洞洞室分隔示意图

点是将大断面施工划成小断面施工,单洞洞室分隔断面见图 10,各个局部封闭成环时间短,控制早期沉降好,每道工序受力体系完整,结构受力均匀,变形小。

5.2.1 单洞施工步序

马头门注浆预加固→开马头门→1 号洞室分台阶开挖→1 号洞室掘进 20m 后,开挖 2 号洞室→2 号洞室掘进 15m 后同时开挖 3 号、4 号洞室→3 号洞室掘进 15m 后开挖 5 号洞室→5 号洞室掘进 15m 后开挖 6 号洞室。

5.2.2 开挖原则

施工中必须严格遵循"管超前、严注浆、短开挖、强支护、早封闭、勤量测、控下沉"的施工原则,做到随挖随支。施工时尽量少扰动围岩,短进尺,尽快施作初期支护,并使每步断面及早封闭。加强监控量测,并及时反馈信息,以根据实际情况修正设计参数,确保施工安全。

5.2.3 开挖施工

开挖期间,为控制地面和管线沉降,通过采取对拱顶超前小导管注浆、缩小开挖步距、加密格栅间距、格栅设置锁脚锚管等措施,保证了施工安全。具体如下:

隧道结构拱顶上采用小导管周壁预注浆,小导管选用公称直径为 $\phi 25$ 的钢焊管,每两榀格栅打设一排,环向间距 0.3m。浆液选用改性水玻璃浆液。为防止浆液外漏,在孔口处设置止浆塞。

每榀格栅在拱角节点处或上台阶底部打设一根锁脚锚管;锁脚锚管均选用公称直径 $\phi 25mm$ 的热轧钢管,锁脚锚管内全长注浆,浆液采用单液水泥浆,注浆压力 0.4~0.6MPa,注浆加固厚度 0.5m。

5.2.4 开挖控制

引起沉降的原因是多方面的,控制措施也应该是多方面的。开挖过程中,现场技术、测量等人员应随时跟进,严格按照设计尺寸控制开挖断面,不得欠挖,其允许超挖值应符合表 1 的规定:

隧道断面允许超挖值表(mm)　　表 1

开挖部位	平均值	最大值	开挖部位	平均值	最大值
拱部	100	150	边墙及仰拱	100	150

5.3 进洞马头门位置反掏

1、3 号洞室马头门破除由主体结构中板底向内掘进,由于明挖段主体结构中板底与暗挖段初支顶相差 1.63m 高(考虑初支外扩 50mm,则为 1.68m)。结合现场实际情况,对原施工方案进行了调整,即由正常掘进施工改为反掏施工,在马头门约 5m 范围内增加 10 榀反掏临时格栅。

反掏施工:1、3 号洞室马头门破除时先开挖下台阶,即先破除下台阶桩体,25°仰角向内掘进,掘进至约 5m 后,转换到上台阶开挖,再掘进 3m 后,临时封闭上台阶掌子面,调头反掏至马头门,再破除上台阶的桩体。

为防止反掏部分土体注浆加固桩背后存在预注浆盲区,在开挖时土体进行检查,若注浆后土体强度未达到要求,则在上拱环向以仰角 45°打设注浆管并注浆。以保证土体注浆效果。

5.4 二次衬砌施工优化

二次衬砌结构为模筑钢筋混凝土,采用 C40 防水混凝土,抗渗等级 P10。原施工方案为拆除初期支护中隔壁时,在附近应及时架设临时钢支撑,进行受力转换,以保证结构稳定及安全。但由于受工期影响,为加快施工进度,结构施工前,埋入底板混凝土范围的中隔壁只拆除混凝土,不切割钢筋,使中隔壁继续起到支撑力的作用。中隔壁底板范围防水采用防水密封胶与 EVA 防水板搭接,如图 11 所示:

5.4.1 施工顺序

二衬混凝土分为两次施工:先底板及侧墙导墙混凝土,再侧墙和拱顶混凝土。

底板施工:凿除影响底板结构的格栅间混凝土→凿除埋入底板内格栅混凝土→敷设防水层及底板混凝土保护层→钢筋绑扎→支立模板→浇筑混凝土

侧墙及拱顶施工:凿除临时仰拱格栅间混凝土→凿除临时仰拱格栅混凝土→凿除中隔壁→绑扎钢筋→支立模板及支撑→浇筑自密实混凝土

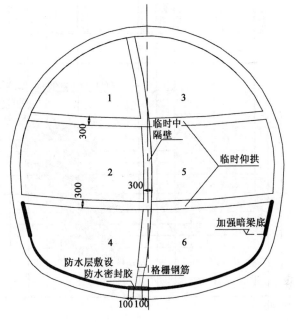

图 11 中隔壁凿除并涂防水密封胶剖面示意图(尺寸单位:mm)

5.4.2 施工要点

(1)初衬贯通后,进行贯通测量,按净室及中线要求放线。及时施工二衬结构。

(2)严格遵守跳仓施工。

(3)中隔壁和临时仰拱拆除时,只拆除影响二衬结构施工的部分,不影响二衬施工的部分先不拆除。

(4)先拆除格栅间混凝土,后拆除格栅混凝土。

(5)严格按均匀对称拆除临时仰拱和中隔壁。

5.4.3 效果分析

二次衬砌施工,通过对中间临时中隔壁和临时仰拱处理方法的改进,在确保安全的前提下,不仅简化了施工工艺,同时大大地缩短了工期。

5.5 监控量测

监控量测及信息化施工技术是地下工程施工方法的重要组成部分,是监控工程周围土体与结构稳定性的重要手段。通过利用位移及应力的监控测试信息,分析权衡施工方法的效果,并据此进行调整施工的方法,是动态的信息化设计和施工的重要工作内容。为确保本工程结构及周边环境的安全,在施工全过程中进行了全面、系统的监测工作。并根据监测结果,同步对各施工步序采取最优化、安全的施工方案。

5.5.1 测点布置

测点布置见图 12、图 13。

5.5.2 主要监测项目及监测频率

主要监控量测项目包括:①洞内、外观测;②地表沉降;③初期支护拱顶沉降;④初期支护净空收敛;⑤地下管线沉降;⑥邻近建(构)构筑物等。

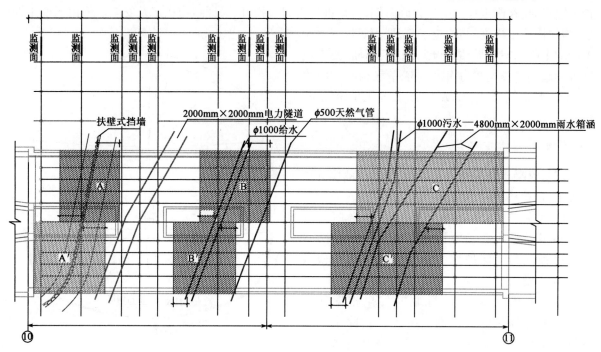

图12 测点布置平面示意图

主要监测项目及监测频率表 表2

工程范围	序号	监测项目	监测方法与仪器	监测频率
车道沟站主体中间暗挖段	1	洞内外观察	现场观察	每施工循环观察记录1次
	2	初期支护 拱顶沉降	水准仪、钢尺	沉降或收敛速率>2mm/d、距开挖面距离0~1B,1~2次/d; 沉降或收敛速率0.5~2mm/d、距开挖面距离1~2B,1次/d;
	3	初期支护 净空收敛	收敛计	沉降或收敛速率0.1~0.5mm/d、距开挖面距离2~5B,1次/2d; 沉降或收敛速率<0.1mm/d、距开挖面距离5B以上,1次/周; 基本稳定后,监测频率1次/月
	4	管线沉降	水准仪	1次/d(情况异常时,增大监测频率)
	5	北端挡土墙	水准仪、全站仪	$L \leq 2B,1~2次/d;2B<L \leq 5B,1次/2d;L>5B,1次/周;基本稳定后,监测频率1次/月$
	6	地表沉降	水准仪	

5.5.3 主要监测项目控制标准

（1）地表沉降、隆起控制标准：测点布置平面示意图中 AA′区域地表沉降最终控制值为20mm，挡墙差异沉降最终控制值为8mm，挡墙向外倾斜最终控制值为1/1200；BB′区域地表沉降最终控制值为30mm；CC′区域地表沉降最终控制值为20mm；隧道上方其他区域地表沉降最终控制值为40mm。地表沉降位移平均速率控制值为2mm/d（为任意7d平均）；地表沉降位移最大速率控制值为5mm/d。地表隆起控制值不大于10mm，隆起位移平均速率控制值为1mm/d（为任意7d平均）；隆起位移最大速率控制值为3mm/d。

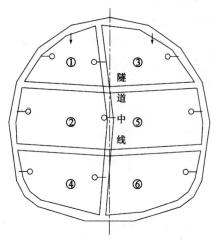

图13 主体测点布置剖面示意图

（2）水平收敛控制标准：水平收敛位移允许控制值为

20mm,平均速率控制值为1mm/d(为任意7d平均);最大速率控制值为3mm/d。

(3)拱顶沉降及速率控制标准:测点布置平面示意图中AA'及CC'区域拱顶下沉最终控制值为15mm;其他区域拱顶下沉最终控制值最终控制值均为20mm;拱顶下沉位移平均速率控制值为2mm/d(为任意7d平均);拱顶下沉位移最大速率控制值为5mm/d。

(4)挡土墙沉降及倾斜控制标准:挡土墙16m范围内沉降差控制值8mm;向外倾斜控制值1/1200;挡土墙周围地表沉降控制值为20mm。

(5)分部开挖土体位移比例分配:隧道各分部开挖引起的地表沉降,按上述沉降最终控制值乘以表3中分部开挖比例取值。

分部开挖土体位移比例分配表　　　　　　　　　表3

开挖分部	①	②	③	④	⑤	⑥
分部开挖比例	30%	10%	25%	5%	20%	10%
累计比例	30%	40%	65%	70%	90%	100%

5.5.4 监测数据分析及反馈

在隧道开挖实施信息化施工过程中,每次监测后监测人员均及时绘制时态曲线,对各种数据进行整理分析,判断其发展变化规律,并及时反馈到施工当中去,以此来指导施工。根据以往经验,本工程采用《铁路隧道喷锚构筑法技术规范》(TB 10108—2002)的Ⅲ级管理制度作为监测管理方式。按表4变形管理等级指导施工。

变形管理等级表　　　　　　　　　表4

管理等级	管理位移	施工状态	管理等级	管理位移	施工状态
Ⅲ	$U_0 < U_n/3$	正常施工	Ⅰ	$U_0 > (2U_n/3)$	采取技术措施
Ⅱ	$(U_n/3) \leq U_0 \leq (2U_n/3)$	加强支护			

注:U_0-实测变形值;U_n-允许变形值。

6　结语

车道沟站中间暗挖段下穿紫竹院路施工,通过水平深孔注浆等措施,采用CRD工法严格按照"管超前,严注浆,短开挖,强支护,勤量测,早封闭"方针施工,并根据现场实际情况对方案进行改进,在保证紫竹院路及上方管线安全的同时确保了施工安全,社会效益和经济效益明显。为今后类似工程施工提供了可借鉴地施工方法、应对措施和宝贵的经验,具有较高的推广应用前景。

大连轨道交通 2 号线中山广场站 PBA 暗挖施工技术

刘震国 郭全国 吕 波 张海东 彭海中

摘 要 文章结合大连轨道交通 2 号线中山广场站 PBA 暗挖施工实例,详细介绍拱盖法在风化板岩地层中修建轨道交通车站的各种关键施工技术以及超浅埋微震动控制爆破施工技术。

关键词 PBA 拱盖法 超浅埋微震动 爆破

1 工程概况

1.1 工程简介

中山广场站位于中山区中山广场地下,沿人民路东西向布置,线间距约 13m,为岛式车站。车站计算站台中心里程为 K5+975.669;起讫里程为 K5+888.769~K6+044.469。车站站台宽 10m,中心里程覆土厚度约 5.86m,暗挖段标准段宽 19.5m,车站总长 155.7m。本站为明、暗挖结合车站,根据施工工法不同分为 3 个区段。东端 1 轴~7 轴为地下 3 层明挖结构,中部 7 轴~22 轴为地下 2 层暗挖结构,西端 22 轴~25 轴为地下 3 层明挖结构。明挖主体结构施工完成后方可施工暗挖结构,车站暗挖段主体采用拱盖法施工,主体初期支护采用钢格栅+300mm 厚 C25 网喷混凝土结构,覆土厚度为 5.2~6.7m,中山广场站暗挖段横断面图见图 1。

1.2 工程地质

车站结构范围内地貌为坡残积台地,场地西高东低,地面高程 14.17~17.66m。

暗挖区间范围内上覆第四系人工堆积层(Q4ml)、第四系全新统冲击层(Q3dl+pl)、震旦系长岭子组板岩(zwhc)。各地层分述如下:素填土,含 10%~20% 石英岩碎石、角砾,干强度中等,湿,可塑状态,层厚 1.10~6.70m;粉质黏土,含 10%~20% 石英岩碎石、角砾,干强度中等,湿,可塑状态,层厚 1.10~6.70m;全风化板岩,黄褐色,散体结构,岩体风化节理裂隙极发育,冲击可钻进,岩心呈土状,浸水易软化崩解,层厚 1.60~4.20m;强风化板岩,黄褐色,原岩结构清晰,薄层状构造,碎裂结构,裂隙发育,岩芯呈碎片状、碎块状,碎块手可折断,浸水易软化崩解,层厚 0.70~11.40m;中风化板岩,黄色-灰色,薄层状结构,层理合节理裂隙较发育,矿物主要为云母、石英,局部夹石英岩脉,岩芯呈饼状、短柱状,根据岩石抗压强度结果,本场地中等风化板岩为较软岩,岩芯较破碎,岩石质量等级为 IV 级。

本场地地下水按赋存条件主要为裂隙水及基岩裂隙水。基岩裂隙水主要赋存于强—中风化岩层中,略具承压性,水量中等。本次勘察期间稳定地下水位埋深 7.9~10.2m,水位高程 5.54~9.19m,抗浮水位高程 10m。地下水的排泄途径主要是蒸发和地下径流。主要补给来源为大气降水。

本车站主体暗挖段拱顶主要位于强风化板岩层、中风化板岩层,侧墙及底板位于中风化板岩层。中山广场站地质断面图见图 2。

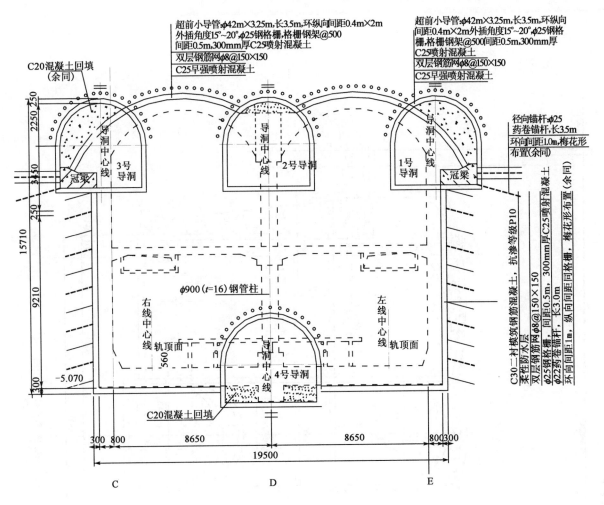

图1 中山广场站暗挖段横断面图(尺寸单位:mm)

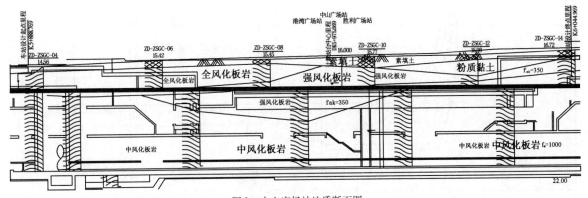

图2 中山广场站地质断面图

2 马头门加固及进洞施工技术

西端车站主体结构完工后,作为中间暗挖段的施工竖井。西端明挖段结构施工完成后,原基坑围护吊脚桩与车站结构之间有4m的肥槽。由于施工场地有限,且为使暗挖进洞施工方便,先不进行暗挖段进洞方向肥槽回填,按照暗挖段标准断面的拱部初期支护外轮廓施做套拱结构,详见图3、图4。

(1)套拱采用400mm厚喷射C25钢筋混凝土结构,按主体暗挖拱部初支形状施工成连拱性。

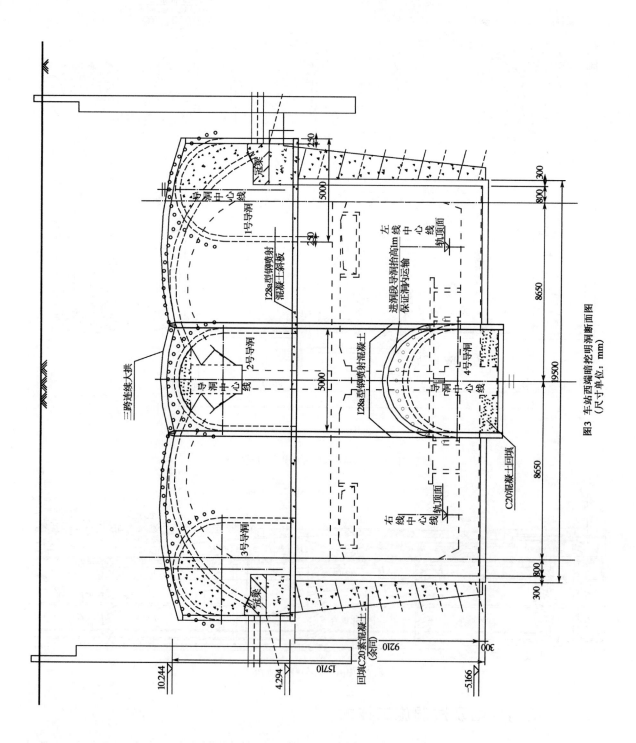

图3 车站西端暗挖明洞断面图（尺寸单位：mm）

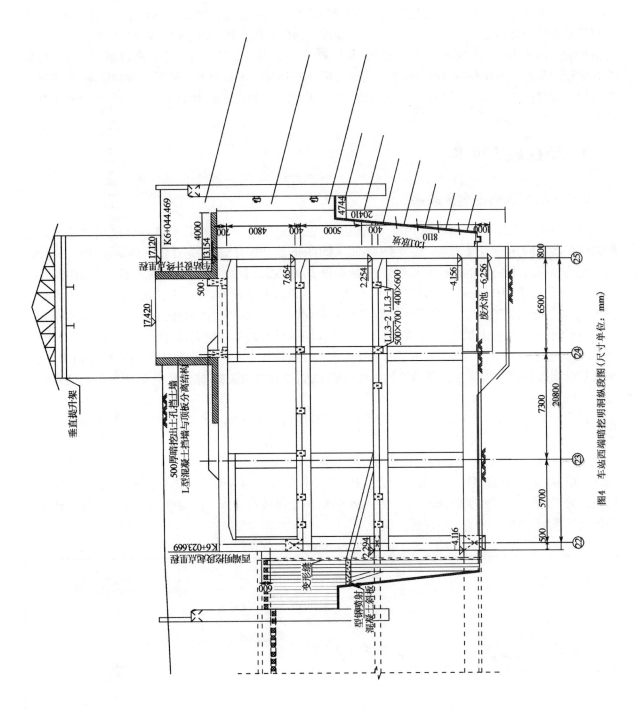

图4 车站西端暗挖明洞纵断面图（尺寸单位：mm）

(2)套拱下临时隔墙采用 2 I 28 工字钢喷射混凝土墙,临时隔板采用 I 28 工字钢喷射混凝土隔板,进洞两侧墙以外部分采用 C20 素混凝土回填。

由于暗挖段上部导洞的底板高程比西端结构地下二层板高 3.2m,为了土方及材料能由已施工的结构预留孔运输,将肥槽段按一定角度做成整体的型钢混凝土斜板过度至西端结构底下二层板,角度的大小以满足车辆的运输要求为准。斜板以上部分做成三跨的连续大拱,大拱尺寸以包住暗挖段上部三个导洞的初支断面为准。为保证中部斜板的受力要求,中板下部按下导洞的宽度做两道型钢混凝土隔墙落在肥槽的基底。下导洞的拱顶与西端结构的底板高差只有 2.5m,为了保证下导洞的运输,将下导洞进洞段拱顶整体加高 1m,达到 3.5m。然后将支护结构两侧肥槽用 C20 混凝土进行回填,拱部以上回填杂填土至地面,碾压密实。

3 暗挖施工技术

3.1 暗挖段暗挖施工顺序

车站主体为双跨双层结构,采用拱盖法施工。首先施作四个小导洞,小导洞开挖尺寸宽×高为 5000mm×5000mm,净空尺寸宽×高为 4500mm×4500mm。开挖导洞时,先开挖下导洞后开挖上导洞,先开挖边导洞后开挖中间导洞(开挖时,两侧导洞顶部高程按设计高程不变,导洞底部需落在中风化岩面,两导洞前后错开 6~8m)。导洞贯通后,在边导洞内进行冠梁锚杆、边冠梁、扣拱初支及回填混凝土施工,中间下导洞施工底纵梁,然后进行上、下中导间的钢管混凝土柱,再浇筑顶纵梁;然后开挖上部三个导洞间的土方,扣大拱施工,形成双跨结构,拆除两侧导洞的部分初支,施做拱部及部分侧墙防水,浇筑二衬混凝土;在拱部结构的支护下向下开挖土方并施做初期支护至车站中板结构,施做防水,浇筑中板及以上边墙的二衬混凝土;继续开挖中板以下土方,直到结构底板,施做底板及侧墙防水,浇筑二衬混凝土结构。

由于本车站顶板位于 V-VI 级围岩,拱脚位于 IV 级围岩中风化板岩地层。开挖时,两侧导洞顶部高程按设计高程不变,导洞底部需落在中风化岩面。车站主体扣拱完成并向下开挖时,为确保冠梁下岩体的稳定性,对侧墙内侧 2m 范围内岩体采用松动爆破或非爆破开挖方法,且在顺层侧打设一道预应力锚索。待锚索达到设计强度后方可继续开挖。中板以下围岩开挖时需对中板进行保护措施。必要时,在已施工的二衬结构与爆破临空面间设置防护钢丝网,防止爆破对结构二衬的破坏。暗挖段具体施工工序详见下表1。

车站主体结构暗挖段施工工序　　　　　表1

序号	图示	施工步序说明
1		第一步:开挖导洞并施工初期支护。开挖导洞时,先开挖下导洞后开挖上导洞,先开挖边导洞后开挖中间导洞(开挖时,两侧导洞顶部高程按设计高程不变,导洞底部需落在中风化岩面,两导洞前后错开 6~8m)

续上表

序号	图 示	施工步序说明
2	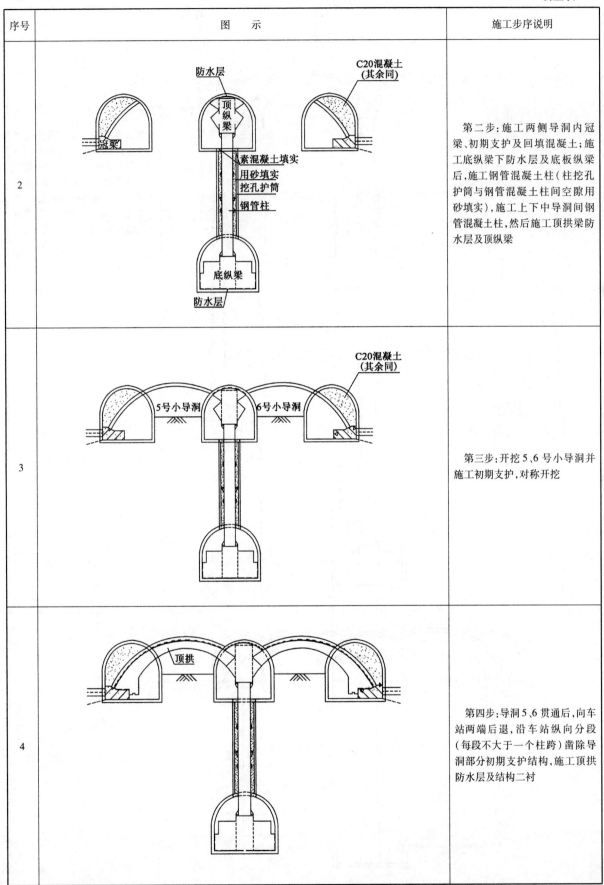	第二步：施工两侧导洞内冠梁、初期支护及回填混凝土；施工底纵梁下防水层及底板纵梁后，施工钢管混凝土柱（柱挖孔护筒与钢管混凝土柱间空隙用砂填实），施工上下中导洞间钢管混凝土柱，然后施工顶拱梁防水层及顶纵梁
3		第三步：开挖5、6号小导洞并施工初期支护，对称开挖
4		第四步：导洞5、6贯通后，向车站两端后退，沿车站纵向分段（每段不大于一个柱跨）凿除导洞部分初期支护结构，施工顶拱防水层及结构二衬

— 73 —

续上表

序号	图 示	施工步序说明
5	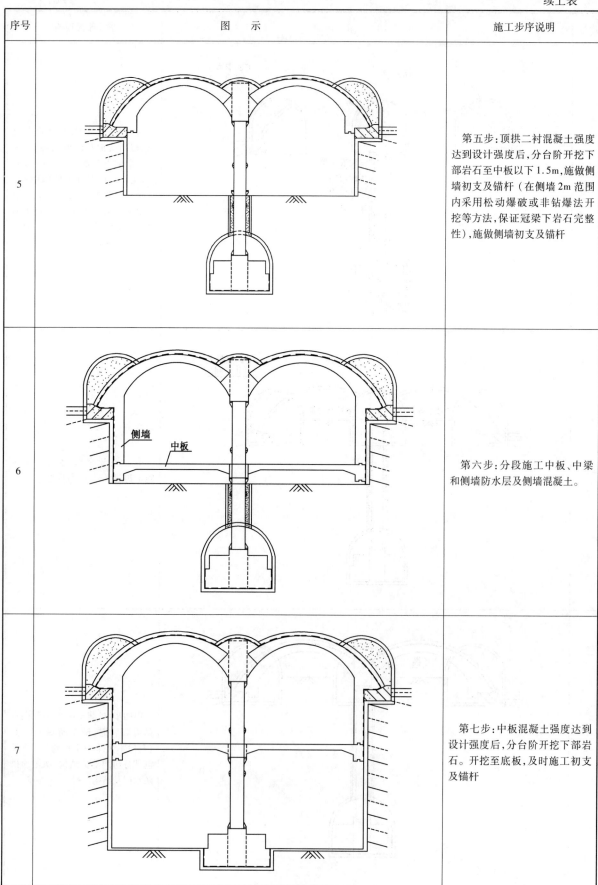	第五步:顶拱二衬混凝土强度达到设计强度后,分台阶开挖下部岩石至中板以下1.5m,施做侧墙初支及锚杆(在侧墙2m范围内采用松动爆破或非钻爆法开挖等方法,保证冠梁下岩石完整性),施做侧墙初支及锚杆
6		第六步:分段施工中板、中梁和侧墙防水层及侧墙混凝土。
7		第七步:中板混凝土强度达到设计强度后,分台阶开挖下部岩石。开挖至底板,及时施工初支及锚杆

二、暗挖法车站施工专项技术

续上表

序号	图　示	施工步序说明
8	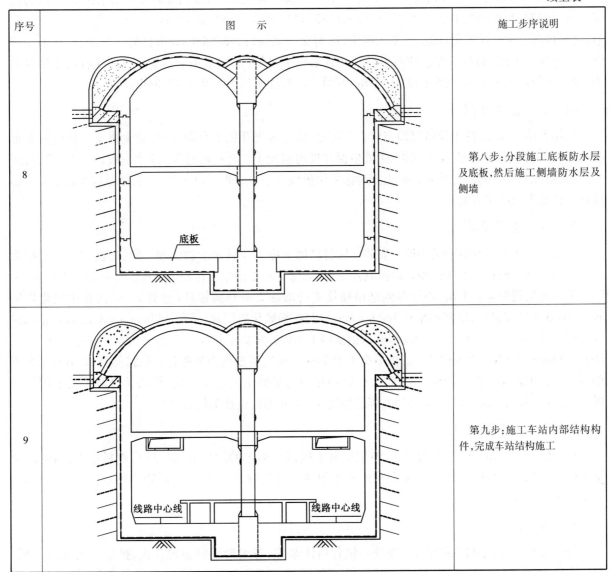	第八步：分段施工底板防水层及底板，然后施工侧墙防水层及侧墙
9		第九步：施工车站内部结构构件，完成车站结构施工

3.2 导洞初支施工

四个导洞初期支护为钢格栅喷射混凝土，结构厚度为250mm，暗挖段结构导洞断面图见图5。每个导洞采取上下台阶法施工，上台阶高2.5m，下台阶高2.5m左右，台阶长3~5m，严格遵循"先预报、管超前、严注浆、短进尺、快封闭、强支护、弱爆破、勤测量、速反馈"二十七字方针。

3.2.1 导洞施工工艺流程

打超前小导管注浆→上台阶土方开挖→上部格栅拱架安装→喷射混凝土→下台阶土方开挖→下部格栅安装→喷射下部混凝土→背后注浆。

3.2.2 超前小导管注浆

导洞开挖前，在导洞上拱范围内，沿拱部外轮廓

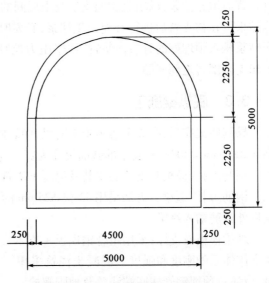

图5　暗挖段结构导洞断面图(尺寸单位：mm)

打入 $\phi 42\times 3.25$ mm 长 3.5 m 超前小导管，小导管一端加工成尖形，管壁打 $\phi 6$ mm 孔，间距 150mm，梅花状分布，钢管与衬砌中线平行以 15°仰角打入拱部围岩，钢管环向间距 400mm。每打完一排钢管注浆后，开挖拱部及第一次喷射混凝土、架设钢架，初期支护完成后，隔 2000mm 再打另一排钢管，超前小导管保持 1.0m 以上的搭接长度。超前小导管注浆采用水泥浆（添加水泥重量 5% 的水玻璃），注浆参数为：水泥水灰比为 1∶1，水玻璃浓度为 35°Be，模数为 2.4，注浆压力为 0.3～0.5MPa。

3.2.3 土方开挖

采用台阶法施工，视土质情况确定核心土尺寸，施工时先开挖上台阶土方，待上拱支立格栅喷射混凝土后再开挖下台阶土方，支立底板、边墙格栅并喷射混凝土。开挖时遵循"注浆一段，开挖一段，封闭一段"的施工原则。每步进尺 0.5m，土方运输采用机械汽车。对Ⅳ级以上围岩，采用微震爆破施工。爆破施工详见专项施工方案。

3.2.4 格栅安装

分部开挖土方后及时安装格栅。安装前应将格栅下虚土及其他杂物清理干净，格栅支立应根据激光导向仪或测量班在墙上和拱顶打的控制点支立，应保证整榀拱架不扭曲。格栅支立间距为 500mm。

为防止格栅架立后下沉，小导洞侧壁格栅接头处增加 2 根锁脚锚杆（锚管）。导洞在中风化岩层时，采用 $\phi 22$ 砂浆锚杆，纵向间距 0.5m，$L=3$m；导洞在强风化岩层时，采用 $\phi 42$mm（$t=3.25$mm）锁脚锚管，纵向间距 0.5m，$L=3$m。锚杆端部应与钢格栅主筋焊接牢固。格栅拱架各连接点先用螺栓连接，挂 150×150mm 的 $\phi 8$mm 钢筋网片，搭接不小于 150mm。前后榀格栅内外侧各设拉结筋Ⅰ22（HRB335 级钢筋），环向间距 1m，内外侧梅花形布置，拉结筋必须与格栅主筋可靠连接，拉结筋分段接长采用搭接焊，焊接接头采用双面焊，焊缝长度 5d，焊缝厚度 0.4d（d 为被连接钢筋直径）。

3.2.5 喷射混凝土

喷射混凝土采用 C25 早强混凝土，喷射混凝土按试验给定的配比通知单进行配料施工，喷射混凝土前应注意将施工缝残留土用水或风冲净，喷射混凝土时喷射口垂直喷射面，距离喷射面 0.8～1.2m，禁止使用回弹料。

3.2.6 背后注浆

格栅安装时，沿导洞纵向每 2m 埋设一组背后注浆管，每组沿环向布置 3 根，拱顶及两侧各一根。背后注浆管采用 $\phi 42$mm，$t=3.25$mm 的普通水煤气管，长 0.8m 左右。导洞初支结构每封闭 6m 应立即进行背后填充注浆，以填充初期支护与土层间的空隙，抑制地层沉降。初支的全断面形成以后，根据监测结果可在初支背后进行补充回填注浆，必要时应进行多次回填注浆。背后注浆利用注浆泵将 1∶1 水泥砂浆压入预埋好的背后注浆管，注浆压力控制在 0.3～0.5MPa，超过 0.5MPa 时即停止回填注浆，保证初支与围岩之间密贴。

3.3 底纵梁施工

导洞施工完后，在 2 个边洞施工冠梁，中洞施工底梁。梁长全部为 93.2m，冠梁的截面尺寸为宽×高 = 2000mm×800mm，底梁的截面尺寸为宽×高 = 1400mm×2600mm，每个梁分三段施工，每段 31m 左右。钢筋绑扎、模板和支撑的安装及混凝土浇筑等工序的施工组织流水作业。

钢筋绑扎：冠梁受力筋采用 43 根 $\phi 25$mm 的钢筋，设 6 肢 $\phi 12$mm 的闭合箍筋和单肢拉筋（200mm），锚杆外露筋锚入纵梁。

纵梁模板及支撑：采用组合钢模板 + 方木支撑体系，底纵梁模板支撑示意图见图 6，应保证钢模板及支撑体系的刚度和强度。混凝土浇筑采用泵送 C30 商品混凝土，插入式振捣棒振捣。底纵梁施工时，应注意预埋钢管柱底端法兰及地脚螺栓。

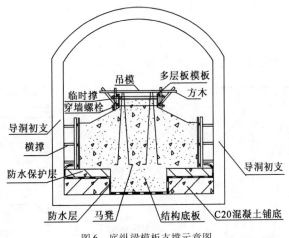

图 6　底纵梁模板支撑示意图

3.4　钢管柱施工

3.4.1　人工挖孔施工

暗挖段采用双层连拱复合衬砌结构形式，长93.2m，宽19.5m，跨中设置了一道φ900×16mm钢管柱，高10.15m，纵向间距7m，钢管柱内灌注C50微膨胀混凝土填充。

钢管柱法成孔采用φ2000@7000mm的人工挖孔桩，人工挖孔内径2000mm，采用C25喷射混凝土护壁，护壁厚度200mm，开挖中风化板岩采用风镐破除，每节均应检查中心点及几何尺寸，合格后才能进行下道工作。土方运输采用在孔口安装支架及辘轳，吊桶提升。护壁采用C25喷射混凝土护壁，护壁钢筋在现场加工孔内绑扎，留足连接长度，以便下段搭接。钢筋环向箍筋φ14@200mm，竖向分布筋28φ20@250mm。挖孔至上导洞底板与下导洞顶拱时，破除顶拱初期支护混凝土（挖孔范围内的导洞钢格栅钢筋及纵向钢筋不得切除），施工环向加强钢筋，且与格栅主筋焊接牢固。钢管柱护壁做法见图7。

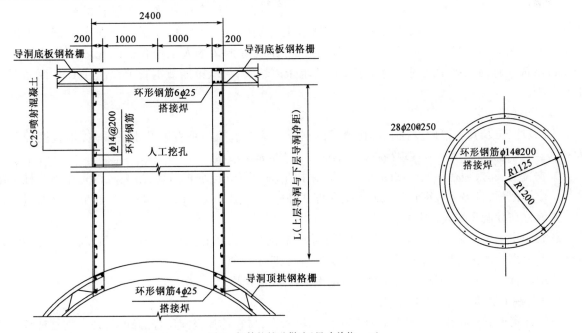

图 7　钢管柱护壁做法（尺寸单位：mm）

挖孔作业是采用人工逐层开挖，挖土次序为先挖周边后挖中间。挖土一般情况下每层挖深1.0m。

桩孔出土采用活动吊桶装土，利用手摇辘轳提升至孔口，用双轮手推车或机动翻斗车进行水平运输。

3.4.2 钢管柱施工

钢管柱高度10.15m,由于钢管是在导洞2、导洞4及人工挖孔桩内安装,受作业环境的影响,将钢管分为4节进行安装就位。钢管柱安装如图8所示。

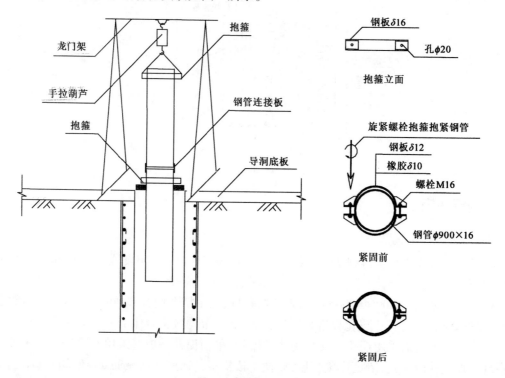

图8 钢管柱安装示意图

(1)钢管柱施工的工艺流程

清理出底纵梁内的钢板柱脚,并在钢板柱脚设定圆心,焊接定位板确定钢管柱的平面位置→在底纵梁及人工挖孔桩顶部导洞2的初支结构底板上分别确定柱子定位控制线→在人工挖孔桩内由上至下安放第一节、第二节、第三节、第四节钢管,分别在导洞2的人工挖孔桩的孔口部位连接钢管→先将钢板柱脚与底纵梁之间的缝隙按设计要求予以填实,再从第四节钢管上口灌注C50商品混凝土并养护。

(2)钢管柱安装

①测量定位及安装精确度控制。利用定位钢板及法兰盘控制垂直度及水平偏差,垂直度控制在$H/1000$,轴线偏移小于5mm,柱顶高程误差控制在±10mm。

②钢管安装时,须在导洞拱顶的预埋吊环,采用手动葫芦进行垂直吊装,吊装时首先在钢管柱上吊装部位设置抱箍,将第一节钢管吊入人工挖孔桩并外露出导洞2底板以上30cm,将此节钢管通过抱箍和垫木放置在导洞2的底板上。

③利用手动葫芦起吊第二节钢管并就位于第一节钢管上方,通过靠尺控制垂直度,待调整好后进行焊接。两节钢管连接完毕后,采用同样方法安装第三、四节钢管。

④最后,最下面一节钢管与底纵梁内的钢板柱脚焊接牢固。

(3)混凝土浇筑时对钢管的加固

钢管柱定位后须在钢管外壁与柱孔护壁间回填密实,材料选择级配良好的砂子,并在钢管柱顶板设固定架,以保证灌注时不产生位移。

(4)混凝土浇筑

混凝土由孔口设置的导管下料至孔底,导管底端出料口距混凝土浇筑面不超过2.0m,防止产生混凝土离析现象。采取分层振捣,振捣的层厚不超过0.5m。振捣以垂直插入为主,操作做到快插慢拔,并使插点均匀排列,防止漏振;振捣上层混凝土时,振动棒应插入下层5~10cm。

桩身混凝土要连续浇筑,一次成桩。

3.5 顶纵梁施工

钢管柱施工完毕后,开始进行顶纵梁施工。顶纵梁梁长全部为93.2m,截面尺寸为宽×高=1400mm×3000mm,分三段施工,每段30m左右,顶纵梁浇筑时,需浇筑部分拱部二衬,施工缝留设在距2号导洞初支约150mm的位置。支撑、模板安装、钢筋绑扎和混凝土浇筑等工序的施工组织流水作业。

顶纵梁模板及支撑:两侧顶板采用型钢架+满堂红脚手架支撑体系。面板采用15mm多层板,主、次楞均采用100mm×100mm方木,主楞间距200mm,次楞间距300mm,型钢架采用I16工字钢,间距600mm,支撑体系为600mm×600mm×600mm满堂红脚手架。梁底模板采用15mm厚多侧板+满堂红脚手架支撑体系,主、次楞均采用100mm×100mm方木,主楞间距200mm,次楞间距300mm,钢管支撑体系300mm×600mm×600mm。所有立杆底部基础,用50mm砂浆找平,配底座下垫100mm×100mm方木,顶纵梁模板支撑体系示意图见图9。由于顶纵梁为C40混凝土,在浇筑与此段同时浇筑的拱部二衬时,拱部二衬的混凝土强度等级相应的调整为C40,混凝土浇筑采用泵送商品混凝土。混凝土浇筑口留设在侧模中上部位置,每流水段之间至少留设三个浇筑孔,在每个流水段的端头留设一个混凝土浇筑孔。钢筋绑扎时,应预留好顶拱接头套筒及止水板。施工缝处防水板接头应采取钢板进行保护,防止在破除初支时将防水板破坏。鉴于顶纵梁跨度较大,顶纵梁模板及支撑体系按跨度的3‰起拱。

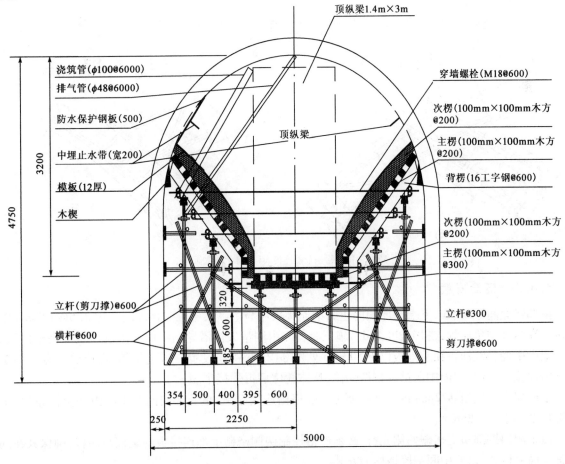

图9 顶纵梁模板支撑体系示意图(尺寸单位:mm)

3.6 导洞内初支及回填施工

3.6.1 节点处理

主体暗挖段为双连拱结构,分成四部分施工,即两侧导洞内初支结构和三个导洞之间初支结构。根据施工阶段的不同,总体分两个阶段施工,即小导洞内拱部初支及回填施工与两个小导洞间扣拱施工。拱部初支格栅在与边纵梁上的节点连接以及在穿过小导洞初支结构的节点连接和与中导洞的连接方式均不相同。拱部格栅节点连接大样见图10所示。

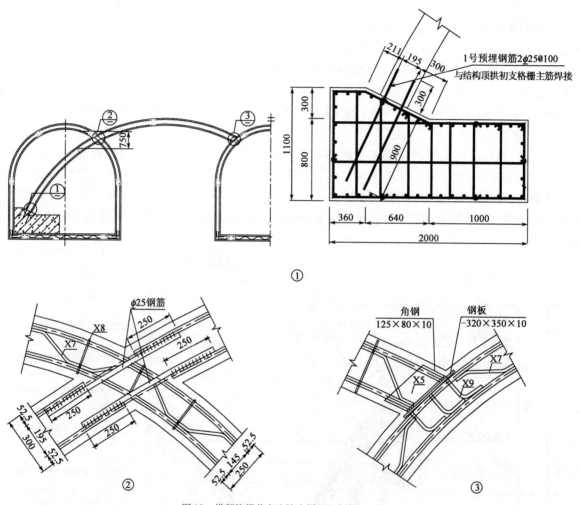

图10 拱部格栅节点连接大样(尺寸单位:mm)

3.6.2 格栅安装

拱部格栅间距0.5m,下端与导洞内边纵梁连接采用与边纵梁施工时预埋的2排φ25@100mm钢筋焊接。焊接采用单面焊,搭接长度10d。施工时首先由测量人员沿导洞纵向放出洞内拱部格栅内边线,然后架设格栅,架设时,在节点板以下500mm处用φ12mm钢筋设置一道定位筋,定位筋一端与导洞初支格栅焊接,一端与洞内中洞拱部格栅焊接,整体就位后再焊接牢固。

格栅架立后应用φ22mm纵向连接筋把每步格栅连接起来,单侧环向间距1m,内外交错布置,单面焊接长度不小于220mm。

由于洞内拱部初支格栅两侧先行,必须严格控制两侧格栅上部连接板的里程与高程,确保其在同一里程与高程位置,以便中间一段格栅的安装。

主筋保护层厚度为40mm,垫块采用50mm×50mm砂浆垫块(垫块中埋入20#铁丝),垫块间距

500mm,梅花状布置。

3.6.3 模板及支撑体系

拱部模板采用50mm厚的木板(或组合钢模),顺长沿导洞纵向设置,用8号铁丝将木板绑扎在洞内拱格栅上,竖肋采用100mm×100mm方木,用木楔顶实,纵向间距300mm,横肋采用100mm×100mm方木,间距600mm。

支撑体系采用600mm×600mm×900mm满堂红脚手架,竖向设置三道斜撑,纵向间距900mm。

分段堵头模板及顶部二次浇筑模板采用15mm厚多层板,竖肋采用100mm×100mm方木,间距300mm,横肋采用ϕ48mm钢管,间距600mm,并与满堂红脚手架相连。洞内初支及回填施工见图11。

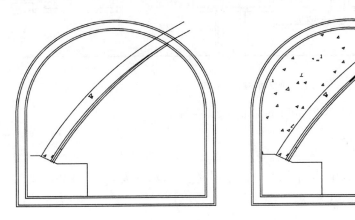

图11 洞内初支及回填施工示意图

3.6.4 混凝土浇筑

洞内拱初支采用C25喷射混凝土,初支背后回填采用C20混凝土,洞内拱初支混凝土施工完成达到设计强度后,再进行初支背后回填。

3.7 导洞之间初支结构施工

3.7.1 施工工序

施作超前小导管→超前小导管注浆→开挖拱部土体→安装格栅→喷射混凝土。

3.7.2 超前支护

车站主体位于中山广场下,结构覆土5.8m左右;结构跨距大。为减小地表沉降,保证开挖安全,采取超前小导管进行超前支护。

在主体结构拱部沿结构初期支护外缘跨,打设直径ϕ42mm的小导管。导管长3.5m,环向间距为400mm,小导管注水泥水玻璃以固结土体,两段导管搭接不少于1m。

3.7.3 土方开挖

两个导洞之间初支结构净宽度为4.2m,弧长为6.185m。施工时分上下两个台阶开挖,台阶高度在2.5m左右。先开挖一侧土方,施做初期支护,留置台阶以保证开挖面的稳定性,左右两侧对称开挖以减少中柱的侧移,拱部初支施工见图12所示。

3.7.4 格栅安装及喷射混凝土

5、6号导洞拱部格栅分为两段,土方开挖完成后及时安装,格栅步距为0.5m。格栅间的连接为螺栓连接。两侧格栅安装时应与导洞施工时预留的节点采用焊接连接,沿格栅环向设纵向连接筋,单侧环向间距1.0m。格栅内外缘铺设ϕ8@150mm×150mm双层钢筋网。施工时应随施工进度,每安装一榀格栅前,在小导洞内对应每榀格栅位置在拱部边墙上凿 400mm×400mm 方孔,扣拱格栅穿过后与导洞内预留拱部格栅接头钢筋焊接。接头采用单面焊,单面焊缝长度不小于 10d。安装前应将格栅下虚土及其他杂物清理干净,格栅间距为 0.5m,格栅应根据激光导向仪或测量人员在墙上和拱顶打的控制点支立,保证整榀格栅安装不倾斜,不扭曲,位置准确。

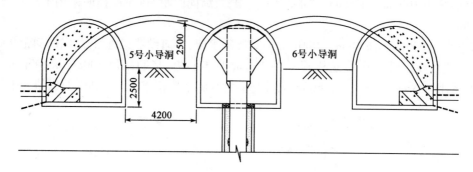

图 12　拱部初支施工图(尺寸单位:mm)

钢筋安装完成并隐检合格后,喷射 300mm 厚的 C25 混凝土。

3.8　拱部二衬结构施工

车站拱部二衬结构厚度为 600mm,采用 C30 防水混凝土,抗渗等级不小于 P10。

3.8.1　结构施工流水段的划分

二衬结构采取"整体逆作、局部顺作"法施工,结构整体施做顺序为:底纵梁→钢管柱→顶纵梁→拱部→中板→站厅层侧墙→底板→站台层侧墙,各层均采取由东向西流水作业,施工缝留设及流水段划分见图 13 车站竖向施工缝划分示意图、图 14 车站纵向流水段划分示意图。

3.8.2　钢筋绑扎

二衬结构受力筋为 $\phi28$mm 和 $\phi25$mm 的螺纹钢筋,间距 150mm,采用双面焊接,同一连接区段内接头面积百分率不得大于 50%,主筋保护层厚度为 40mm。断面分布筋的螺纹钢筋,间距 150mm;两层受力筋之间设 $\phi10$mm 单肢拉筋,采用半圆弯钩,呈梅花形布置。绑扎时钢筋的类型、分布、搭接接头的布置均应严格按照设计图纸和施工规范进行。

钢筋的主筋采用焊接形式连接,焊接时必须对防水板采取可靠的遮挡措施,避免对防水板造成损坏。钢筋安装完毕后,必须对防水板进行仔细检查,发现破损应及时进行修补。为减少对已施作的防水层造成破坏,可考虑采用直螺纹连接。

3.8.3　模板及支撑体系

拱部二衬结构厚度最薄处为 600mm。模板采用 6m 液压自行式台车。模板由 4 节宽度为 1.5m 的模板组成,每节由顶拱和边拱模板组成,顶拱和边拱模板由铰连接。面板采用 10mm 厚钢板。

在拱部中间位置留设 2 个混凝土浇筑口,浇筑口间距 3.75 m,居中设置。在侧面设置 4 个 500mm×500mm 的观察窗。车站为大跨度结构,为保证结构净空高度,模板及支撑体系相比设计尺寸抬高 20mm。鉴于板跨度较大,模板及支撑体系按跨度的 3‰ 起拱。拱部台车模板示意图见图 14。

3.8.4　混凝土浇筑和养护

拱部二衬结构采用 C30 防水混凝土,混凝土采用输送泵接泵送管灌筑,混凝土浇筑前,对模板和支撑体系进行预检,合格后申请灌筑混凝土。在灌筑过程中应全过程加强检查,防止跑模或漏浆。为保证拱部混凝土灌筑密实,拱部混凝土应具有较大的流动性、可泵性、和易性能良好,抗干裂能力强,且具有微膨胀性,防止施工缝渗水。为满足上述混凝土要求,采取以下施工措施:

(1)混凝土选用级配良好的骨料,掺加高效减水剂和微膨胀剂。

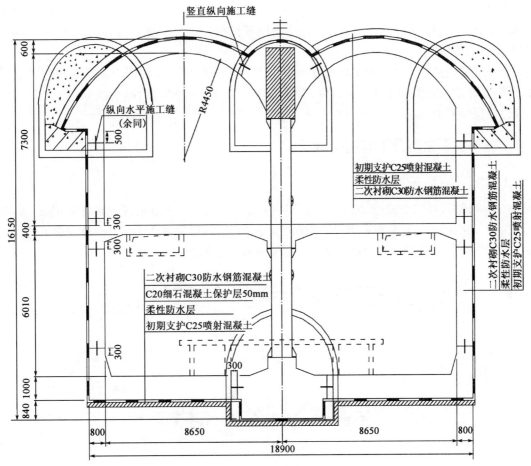

图 13　车站竖向施工缝划分示意图(尺寸单位:mm)

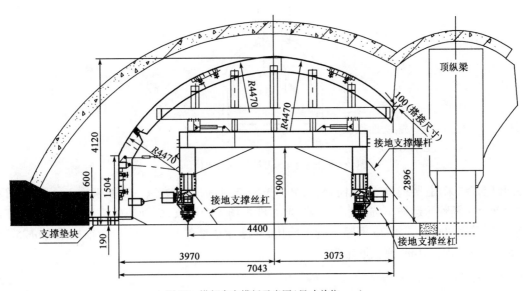

图 14　拱部台车模板示意图(尺寸单位:mm)

(2)拱部在支模板同时预埋小钢管检查管,小钢管紧靠防水层,当该处混凝土灌满时,小钢管内有水泥浆流出。检查管设在两个灌筑口之间,并利用其在二衬拆模后进行二次注浆,提高拱顶混凝土密实度。注浆材料为水泥浆液,分二或三次进行注浆,注浆压力 0.3~0.5MPa。

(3)灌注混凝土时,应由已成型混凝土处向背离方向推进,以排挤空气,借输送泵的压力将顶部混凝土压满。

由于跨度大,拱顶面较平,为确保混凝土灌注均匀饱满,每3m设一组灌筑孔,一组3个,分布在拱顶及两侧距拱脚3m的位置。灌筑孔处的模板应与拱部模板行成一个整体,预留的泵管接口的大小与泵管相配套,封堵方便。

混凝土强度须达到设计强度的100%,方可拆除模板和支撑体系。混凝土浇筑时除按要求留置标养试件,还应制作两至四组同条件养护试件,根据试验结果确定拆模时间,减小拱部结构变形。混凝土浇筑后应进行保湿养护,养护时间不少于14d。

3.9 拱部以下土方开挖与结构施工

3.9.1 地下一层开挖

拱部二衬完成后,可向下开挖,地下一层施工应开挖至中板以下1.5m,开挖高度4.85m。由于车站下部全部为中风化板岩,需进行爆破开挖。爆破分两层进行,每层爆破2.4m,纵向分段施工,先爆中间,两边各留2m平台,二次进行松动爆破。地下一层土方开挖图见图15。

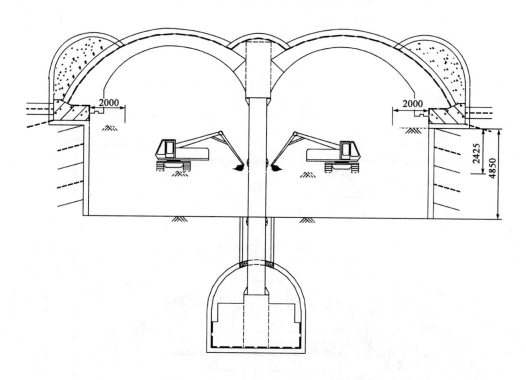

图15 地下一层土方开挖图(尺寸单位:mm)

土方开挖方法采用:竖向分层、纵向分块,纵向拉槽、横向扩边的方法。开挖采用2台0.4m³反铲挖掘机开挖,配合4辆胶轮运输车坑内水平运输,地面堆土场集中堆放,夜间装碴机配合24t运输车出土。边墙喷锚支护采用300mm厚C25网喷混凝土结构,并施做边墙锚杆。边墙径向锚杆采取φ25药卷锚杆,长3.5m,环向间距1.0m,梅花形布置。

3.9.2 地下一层结构施工

土方开挖至中板以下1.5m后开始进行结构施工,中板及上部边墙分两次施工,纵向分4个流水段,约23m一段。中板下部支撑体系采用木模板+600mm×600mm×800mm满堂红脚手架支撑体系施工,每段长23m,模板采用14mm厚1220mm×2440mm多层板,模板主楞采用75mm×75mm方木,次楞采用45mm×75mm方木,次龙骨间距200mm,主龙骨间距300mm。地下一层结构施工图见图16。

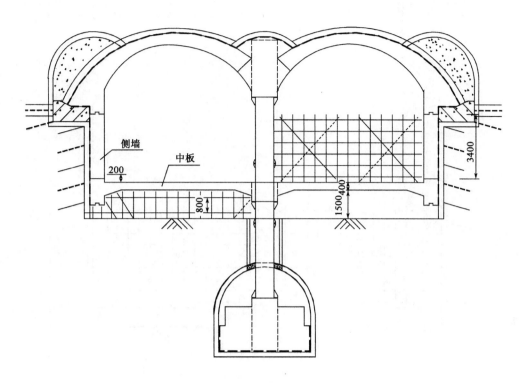

图 16 地下一层结构施工图(尺寸单位:mm)

3.9.3 地下二层开挖与结构施工

地下二层开挖深度 6.4m,爆破开挖。爆破分三层进行,每层爆破 3m,纵向分段施工,先爆中间,两边各留 2m 平台,二次进行松动爆破。

地下二层结构分底板、侧墙两次浇筑,侧墙支撑体系采用木模板+600mm×600mm×600mm 满堂红脚手架支撑体系施工,每段长 23m,模板采用 14mm 厚 1220mm×2440mm 多层板,模板次楞采用 75mm×75mm 方木,间距 200mm,主横楞采用 10 号槽钢,水平布置,中心距 600mm。地下二层结构施工图见图 17 所示。

车站底板厚 1000mm,侧墙厚 800mm,采用 C40 防水混凝土,抗渗等级不小于 P10。

整个底板分为 4 个流水作业段,每个流水段长 23m 左右。基地验槽合格后立即进行垫层施工,垫层为 200mm 厚现浇 C20 混凝土。钢筋绑扎时应绑扎至站台板处,并预留出墙体钢筋。墙角位置应安装梗斜模板,并固定牢固。混凝土浇筑时应采用插入式振捣器进行振捣,然后用抹子进行收面压光。

4 超浅埋微震动控制爆破技术

4.1 钻爆设计原则

(1)采用微差减震控制爆破。

(2)以地面建筑物基础底部(或地面)与爆源中心距离 R 为安全半径,借助于经验公式: $Q_m = R^3(v/K)3/a$,并以设计质点振动波速度限制作为控制标准,进行计算各部分所均需的单段用药量,并进行试爆试验,取得合理的爆破参数。

(3)采用分步开挖,以创造多临空面条件,每部分又分为多段起爆,控制爆破规模和循环进尺,以达到控制质点振动速度的目的,而且拱部开挖断面周边眼间均设密排减震空眼,减少爆破对围岩和地下管线的振动。

(4)炮眼按浅密原则布置,控制单眼装药量,使有限的装药量均匀地分布在被爆破体中,采用非电

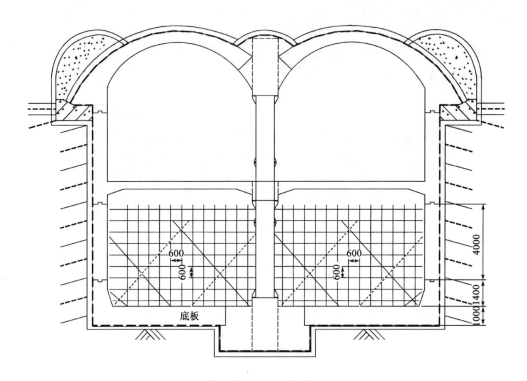

图 17　地下二层结构施工图(尺寸单位:mm)

毫秒不对称起爆网络,降低隧道爆破的振动强度。

(5)上部掏槽眼位尽量布置在开挖部位的底部,以加大掏槽部位爆源至地面建筑物基础底部(或地面)的距离,减小掏槽爆破对周围建筑物的振动影响。

(6)下部光爆层部分的爆破以松动爆破为主,控制爆破飞石对初期支护的破坏,同时减低爆破震动对该岩石的破坏和临时支撑的破坏,保证上部支撑基础的稳定。

4.2　爆破器材的选择

根据隧道所穿越围岩的坚固性系数 f 以及岩石纵波波速等,选用威力适中、匹配性好、防水性好、易于切割分装成小卷的 2 号岩石乳化炸药,引爆器材则选用国产Ⅱ系列非电毫秒微差导爆管。

4.3　装药结构

除周边眼采用间隔装药外,其余各炮孔均采用孔底连续装药。装药结构示意图见图 18。

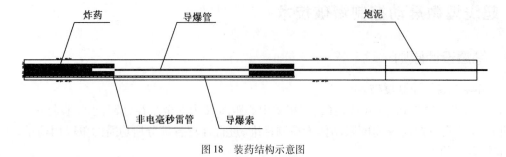

图 18　装药结构示意图

4.4　掏槽方式

隧道爆破开挖的关键是掏槽,掏槽成功与否直接影响爆破效果,并且掏槽的深度直接影响进尺深度,掏槽眼的震动最大,控制掏槽眼的震动则能控制整个工作上的爆破震动,故根据施工经验,采用中空直眼掏槽技术,掏槽眼示意图见图19。

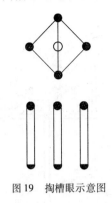

图19 掏槽眼示意图

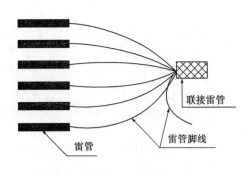

图20 管线连接图

4.5 爆破顺序

Ⅰ、Ⅱ、Ⅲ、Ⅳ、Ⅴ、Ⅵ导洞上台阶光面爆破顺序按照:先掏槽眼→扩槽眼→底板眼、周边眼;下台阶松动爆破顺序按照:先掘进眼→周边眼、底板眼。

Ⅶ、Ⅷ导洞的上中下台阶爆破主要是右侧采用光面爆破,左侧采用松动爆破,爆破顺序与其余的小导洞相同。

4.6 现场管理

4.6.1 爆破器材的管理

本工程统一由指挥部协调有资质的爆破公司,爆破公司统一供应爆破器材,并负责爆破器材的运输和管理。

4.6.2 爆破装药和起爆

爆破区边界和通道设岗哨和标志,爆破信号及解除信号及时、显著;炮孔竣工后,经过施工负责人员及监理工程师检验,合格后方能装药;起爆药包只准在爆破附近的安全地点进行;严禁烟火;装药、堵塞按设计要求操作,不准用块石压盖药包,并注意保护起爆线;从事爆破作业人员均经过专业培训,并取得爆破证书的专业人员,且经过市公安机关培训,取得合格证书;装药、堵塞后,由专业人员连线,经过专职技术人员检验合格后,在爆破负责人统一指挥下,才准起爆;爆破后对爆破现场进行认真检查,发现瞎炮及时安全处理。

4.6.3 爆破信号管理

爆破时必须同时发出声音和视觉信号,使危险区的人员都能清楚地听到和看到。

第一次信号——预告信号。所有与爆破无关的人员立即撤离至警戒区外,并在警戒区处设置岗哨,禁止无关人员进入该区域。

第二次信号——确认人员全部撤离至危险区外,具备安全后,才能发出解除信号。在未发出解除信号前,负责警戒的岗哨应坚守岗位,除爆破工作负责人批准的检查人员外,不准任何人进入危险区。

爆破前按设计做好安全防护、信号联络、警戒标志,并做到人员、材料、器具的落实。

4.6.4 瞎炮的预防和处理措施

预防措施:储存的爆破材料除定期检查外,爆破前进行复查,选用合格的炸药和雷管。购买、使用爆破材料时注意生产日期,有效保质期等,严禁使用过期的废旧火工品。必须仔细进行装药、堵塞、联结工作,注意每一环节,防止出现卡孔、雷管与炸药分离及折断雷管脚线等问题。管药联结时,雷管脚线不要过分拉紧,要保持一定的松弛度,雷管与雷管联结时反向联结,管线连接图见图21。

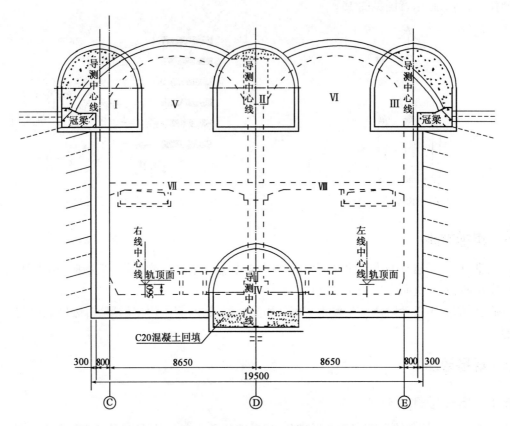

图21　爆破顺序图(尺寸单位:mm)

处理措施:产生瞎炮后立即封锁现场,组织施工人员针对装药时的具体情况,找出瞎爆原因,采取相应措施处理。处理盲炮可采用二次爆破法、炸毁法及冲洗法等三种方法。属于漏点火的拒爆药包,可再找出原来的导火索、导爆管或雷管脚线,经检查确认完好后,进行二次起爆;对于不防水的硝铵炸药,可水冲洗孔中的炸药,使其失去爆炸能力;对防水炸药的炮眼,可用掏出堵塞物,再装入起爆药包将其炸毁。如果拒爆破眼周围岩石尚未发生松动破碎,可以在距爆眼30cm处,钻一平行新眼,重新装药起爆,将拒爆眼炸毁。

4.6.5　爆破安全防护

为确保施工安全,爆破防护采用在竖井井口上方,铺10mm厚钢板,其顶部覆盖工字钢或槽钢,压实。

4.7　炮眼布置及参数计算

车站主体主要包括Ⅰ、Ⅱ、Ⅲ、Ⅳ、Ⅴ、Ⅵ、Ⅶ、Ⅷ导洞进行炮眼布置,炮眼布置图22、图23。

4.7.1　炮眼深度

炮眼深度与开挖面大小有关,炮眼过深,周边岩石夹制作用也就越大,后围岩不稳定性也会提高,地质条件综合考虑属于软岩,为Ⅴ级围岩,炮眼深度不宜过深,循环进尺为0.5m,有效进尺约为90%,上拱掏槽眼垂直深度采用0.8m深外,其他眼均采用0.6m深;下部按照进尺深度1m,掏槽眼取值1.5m,其他眼均为1.2m。钻孔采用YT-28风钻,炮眼直径为ϕ42mm。

4.7.2　装药量计算

为遵循设计所给的《爆破安全规程》(GB 6722—2011)隧道爆破震动安全标准要求,对周边砖混结构房屋震速需控制在1.5cm/s以内,对于拱顶上方地面参照大连轨道交通爆破震动控制管理办法,选取

5.0cm/s 执行;可按下式进行验算震速是否符合要求:

根据建筑物距离拱顶 19.5m 为最小距离,采用经验公式计算装药量:

$$Q_m = R^3 \left(\frac{V}{K}\right)\frac{3}{a} = 2.13 \text{kg}$$

式中:Q_m——炸药重量(kg),按最大一段药量计算;

　　　V——建筑物质点垂直振动速度(cm/s);

　　　R——自爆源到被保护建(构)筑物的距离(m);

　　　K——与岩石性质,地势高低、爆破方法和爆破条件有关的系数,取值见表2;

　　　a——爆破地震波随距离衰减的系数,一般为1.5~1.8,本工程取1.8,见表3。

最近车站周边建筑物统计　　　　　　　　　　　　　　　　　　　　　表2

楼　号	地表建筑	最短距离(m)	结构类型
1	中信银行大楼分行	19.5	砖混结构

爆区不同岩性 k、α 值(K 取 200)　　　　　　　　　　　　　　　　表3

岩　性	k	α	岩　性	k	α
坚硬岩石	50~150	1.3~1.5	软岩石	250~350	1.8~2.0
中硬岩石	150~250	1.5~1.8			

$$Q = R^3\left(\frac{V}{K}\right)\frac{3}{a} = 5.6\text{号} \times \left(\frac{5.0}{200}\right)\frac{3}{1.8} = 0.375\text{kg} \quad \text{取} 0.3\text{kg}$$

底板和中板部位最大装药量计算:

Ⅶ上导洞计算 $Q = R^3\left(\frac{v}{K}\right)\frac{3}{a} = 10.64\text{号} \times \left(\frac{5.0}{200}\right)\frac{3}{1.8} = 2.57\text{kg}$ 　　取1.2kg

Ⅶ中下导洞计算 $Q = R^3\left(\frac{v}{K}\right)\frac{3}{a} = 14.2\text{号} \times \left(\frac{5.0}{150}\right)\frac{3}{1.8} = 6.12\text{kg}$ 　　取2.7kg

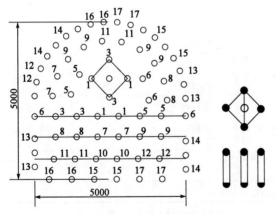

图22　Ⅰ、Ⅱ、Ⅲ断面炮眼布置图(尺寸单位:mm)

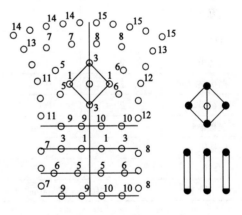

图23　Ⅴ、Ⅵ断面炮眼布置图

Ⅰ、Ⅱ、Ⅲ上断面法爆破参数表　　　　　　　　　　　　　　　　　　表4

炮孔名称	炮孔数目	炮孔深度	段　号	单孔药量	单段药量	备　注
掏槽眼	2	0.8m	1	0.15kg	0.3kg	φ32药卷
掏槽眼	2	0.8m	3	0.15kg	0.3kg	φ32药卷
扩槽眼	2	0.6m	5	0.15kg	0.3kg	φ32药卷
扩槽眼	2	0.6m	6	0.15kg	0.3kg	φ32药卷
内圈眼	2	0.6m	7	0.15kg	0.3kg	φ32药卷
内圈眼	2	0.6m	8	0.15kg	0.3kg	φ32药卷

续上表

炮孔名称	炮孔数目	炮孔深度	段 号	单孔药量	单段药量	备 注
内圈眼	2	0.6m	9	0.15kg	0.3kg	φ32药卷
内圈眼	2	0.6m	10	0.15kg	0.3kg	φ32药卷
底板眼	2	0.6m	11	0.15kg	0.3kg	φ32药卷
底板眼	2	0.6m	12	0.15kg	0.3kg	φ32药卷
底板眼	2	0.6m	13	0.15kg	0.3kg	φ32药卷
周边眼	2	0.6m	14	0.15kg	0.3kg	φ22药卷
周边眼	2	0.6m	15	0.15kg	0.3kg	φ22药卷
周边眼	2	0.6m	16	0.15kg	0.3kg	φ22药卷
周边眼	2	0.6m	17	0.15kg	0.3kg	φ22药卷
合计	34				4.5kg	

爆破方量 $V=10.4\text{m}^3$,总药量 $Q=4.5\text{kg}$;炸药单耗:$q=0.49\text{kg/m}^3$

Ⅰ、Ⅱ、Ⅲ下断面法爆破参数表　　表5

炮孔名称	炮孔数目	炮孔深度	段 号	单孔药量	单段药量	备 注
扩槽眼	2	0.6m	1	0.15kg	0.3kg	φ32药卷
扩槽眼	2	0.6m	3	0.15kg	0.3kg	φ32药卷
内圈眼	2	0.6m	5	0.15kg	0.3kg	φ32药卷
内圈眼	2	0.6m	6	0.15kg	0.3kg	φ32药卷
内圈眼	2	0.6m	7	0.15kg	0.3kg	φ32药卷
内圈眼	2	0.6m	8	0.15kg	0.3kg	φ32药卷
内圈眼	2	0.6m	9	0.15kg	0.3kg	φ32药卷
内圈眼	2	0.6m	10	0.15kg	0.3kg	φ32药卷
内圈眼	2	0.6m	11	0.15kg	0.3kg	φ32药卷
内圈眼	2	0.6m	12	0.15kg	0.3kg	φ32药卷
周边眼	2	0.6m	13	0.15kg	0.3kg	φ22药卷
周边眼	2	0.6m	14	0.15kg	0.3kg	φ22药卷
底板眼	2	0.6m	15	0.15kg	0.3kg	φ32药卷
底板眼	2	0.6m	16	0.15kg	0.3kg	φ32药卷
底板眼	2	0.6m	17	0.15kg	0.3kg	φ32药卷
合计	22				3.3kg	

爆破方量 $V=10\text{m}^3$,总药量 $Q=3.3\text{kg}$;炸药单耗:$q=0.33\text{kg/m}^3$

Ⅴ、Ⅵ上断面法爆破参数表　　表6

炮孔名称	炮孔数目	炮孔深度	段 号	单孔药量	单段药量	备 注
掏槽眼	2	0.8m	1	0.15kg	0.3kg	φ32药卷
掏槽眼	2	0.8m	3	0.15kg	0.3kg	φ32药卷
扩槽眼	2	0.6m	5	0.15kg	0.3kg	φ32药卷
扩槽眼	2	0.6m	6	0.15kg	0.3kg	φ32药卷
扩槽眼	2	0.6m	7	0.15kg	0.3kg	φ32药卷
扩槽眼	2	0.6m	8	0.15kg	0.3kg	φ32药卷
底板眼	2	0.6m	9	0.15kg	0.3kg	φ32药卷

续上表

炮孔名称	炮孔数目	炮孔深度	段 号	单孔药量	单段药量	备 注
底板眼	2	0.6m	10	0.15kg	0.3kg	φ32药卷
周边眼	2	0.6m	11	0.15kg	0.3kg	φ32药卷
周边眼	2	0.6m	12	0.15kg	0.3kg	φ32药卷
周边眼	2	0.6m	13	0.15kg	0.3kg	φ32药卷
周边眼	2	0.6m	14	0.15kg	0.45kg	φ22药卷
周边眼	2	0.6m	15	0.15kg	0.45kg	φ22药卷
合计	26				3.9kg	

爆破方量 $V=9.65\text{m}^3$，总药量 $Q=3.9\text{kg}$；炸药单耗：$q=0.41\text{kg/m}^3$

Ⅴ、Ⅵ下断面法爆破参数表　　表7

炮孔名称	炮孔数目	炮孔深度	段 号	单孔药量	单段药量	备 注
扩槽眼	2	0.6m	1	0.15kg	0.3kg	φ32药卷
扩槽眼	2	0.6m	3	0.15kg	0.3kg	φ32药卷
扩槽眼	2	0.6m	5	0.15kg	0.3kg	φ32药卷
扩槽眼	2	0.6m	6	0.15kg	0.3kg	φ32药卷
周边眼	2	0.6m	7	0.15kg	0.3kg	φ32药卷
周边眼	2	0.6m	8	0.15kg	0.3kg	φ32药卷
底板眼	2	0.6m	9	0.15kg	0.3kg	φ32药卷
底板眼	2	0.6m	10	0.15kg	0.3kg	φ32药卷
合计	16				2.4kg	

爆破方量 $V=11\text{m}^3$，总药量 $Q=3\text{kg}$；炸药单耗：$q=0.28\text{kg/m}^3$

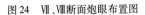

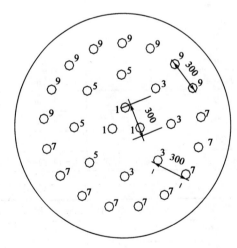

图24　Ⅶ、Ⅷ断面炮眼布置图　　　　　图25　钢管柱挖孔断面炮眼布置图(尺寸单位:mm)

Ⅶ、Ⅷ上断面法爆破参数表　　表8

炮孔名称	炮孔数目	炮孔深度	段 号	单孔药量	单段药量	备 注
掏槽眼	4	1.5m	1	0.3kg	1.2kg	φ32药卷
内圈眼	6	1.2m	3	0.2kg	1.2kg	φ32药卷
内圈眼	5	1.2m	5	0.2kg	1.0kg	φ32药卷
周边眼	4	1.2m	6	0.2kg	0.8kg	φ22药卷

续上表

炮孔名称	炮孔数目	炮孔深度	段号	单孔药量	单段药量	备注
周边眼	4	1.2m	7	0.2kg	0.8kg	φ22药卷
周边眼	5	1.2m	8	0.2kg	1.0kg	φ22药卷
周边眼	5	1.2m	9	0.2kg	1.0kg	φ22药卷
底板眼	3	1.2m	10	0.2kg	1.0kg	φ32药卷
底板眼	4	1.2m	11	0.2kg	0.8kg	φ32药卷
合计	37				7.8kg	

爆破方量 $V=14.82\mathrm{m}^3$，总药量 $Q=7.8\mathrm{kg}$；炸药单耗：$q=0.65\mathrm{kg/m}^3$

Ⅶ、Ⅷ下断面法爆破参数表　　表9

炮孔名称	炮孔数目	炮孔深度	段号	单孔药量	单段药量	备注
扩槽眼	5	1.2m	1	0.2kg	1kg	φ32药卷
扩槽眼	5	1.2m	3	0.2kg	1kg	φ32药卷
内圈眼	5	1.2m	5	0.2kg	1kg	φ32药卷
内圈眼	5	1.2m	7	0.2kg	1kg	φ32药卷
内圈眼	5	1.2m	8	0.2kg	1kg	φ32药卷
内圈眼	5	1.2m	9	0.2kg	1kg	φ32药卷
底板眼	6	1.2m	10	0.15kg	0.9kg	φ22药卷
合计	22				6.9kg	

爆破方量 $V=13.68\mathrm{m}^3$，总药量 $Q=6.9\mathrm{kg}$；炸药单耗：$q=0.51\mathrm{kg/m}^3$

Ⅶ、Ⅷ中下断面法爆破参数表　　表10

炮孔名称	炮孔数目	炮孔深度	段号	单孔药量	单段药量	备注
掏槽眼	4	1.5m	1	0.6kg	2.4kg	φ32药卷
内圈眼	6	1.2m	3	0.3kg	1.8kg	φ32药卷
内圈眼	5	1.2m	5	0.3kg	1.5kg	φ32药卷
周边眼	4	1.2m	6	0.3kg	1.2kg	φ22药卷
周边眼	4	1.2m	7	0.3kg	1.2kg	φ22药卷
周边眼	10	1.2m	8	0.2kg	2kg	φ22药卷
底板眼	7	1.2m	9	0.2kg	1.4kg	φ32药卷
合计	37				11.5kg	

爆破方量 $V=14.82\mathrm{m}^3$，总药量 $Q=11.5\mathrm{kg}$；炸药单耗：$q=0.78\mathrm{kg/m}^3$

Ⅶ、Ⅷ中下断面法爆破参数表　　表11

炮孔名称	炮孔数目	炮孔深度	段号	单孔药量	单段药量	备注
扩槽眼	5	1.2m	1	1.5kg	2.4kg	φ32药卷
扩槽眼	5	1.2m	3	1.5kg	1.8kg	φ32药卷
内圈眼	5	1.2m	5	1.5kg	1.5kg	φ32药卷
内圈眼	5	1.2m	7	1.5kg	1.2kg	φ32药卷
内圈眼	3	1.2m	8	1.5kg	1.2kg	φ32药卷
内圈眼	4	1.2m	9	1.5kg	2kg	φ32药卷
底板眼	6	1.2m	11	1.8kg	1.4kg	φ32药卷
合计	35				9.3kg	

爆破方量 $V=13.68\mathrm{m}^3$，总药量 $Q=9.3\mathrm{kg}$；炸药单耗：$q=0.64\mathrm{kg/m}^3$

钢管柱挖孔断面爆破参数表　　　　表12

炮 眼 名 称	孔深(m)	炮孔数目	段 号	单孔药量(kg)	单段药量(kg)	备　注
掏槽眼	1.2	3	1	0.3	0.9	φ32药卷
辅助眼	1.0	4	3	0.15	0.6	φ32药卷
辅助眼	1.0	4	5	0.15	0.6	φ32药卷
周边眼	1.0	9	7	0.15	1.35	φ32药卷
周边眼	1.0	8	9	0.15	1.2	φ32药卷

以上为最近建筑物的计算的装药量,装药量将随开挖的深度及水平距离的变化调整。

4.8 爆破监测及爆破参数优化

4.8.1 爆破监测

为了确保施工所产生的振动不影响周围环境,施工期间尤其是钻爆时,每炮进行爆破震动监测,及时调整钻爆参数减轻振动,确保结构的安全稳定。主要对爆破震动和噪声进行严格控制施工,采用减震降噪控制爆破技术并进行爆破震动监测。

4.8.2 爆破效果检测

每次爆破后,对爆破效果进行仔细检查,分析爆破参数的合理性,以确定出符合本岩层最佳爆破参数,从以下各方面进行检查,核定及分析:超欠挖情况;爆破进尺是否达到爆破设计要求;爆出石渣是否适合装渣要求;开挖轮廓是否圆顺、开挖面平整;炮眼痕迹保存率是否不小于85%,并在开挖轮廓面上均匀分布。

4.8.3 爆破设计优化

根据每次爆破后检查情况,分析原因及时修正爆破参数,提高爆破效果、改善技术经济指标:

(1)根据岩层节理裂隙发育岩性软硬情况,修正眼距、装药量,特别是周边眼的有关参数;

(2)根据爆破后石渣的块度修正参数、石渣块度偏小,说明炮眼布置偏密;块度过大说明炮眼偏疏,单孔用药量偏大;

(3)根据爆破振速监测,调整同段起爆最大药量及雷管段数;

(4)根据开挖面凹凸情况修正钻眼深度,爆破眼底基本上落在同一断面上。

新型水泥黏土固化浆液调节剂的技术性能及其应用

李 琨　黄陆川　朱占稳

摘　要　从解决轨道交通施工过程中地面沉降控制这一难点入手,对黏土固化浆液调节剂的性能、应用以及经济效益进行了说明,阐述了此注浆材料的优越性,并对该产品在北京地铁九号线白石桥南站5号出入口背后注浆过程中的应用进行描述和结果评价,充分体现了该产品的优良性能。

关键词　暗挖初支　水泥黏土固化浆液　背后回填注浆　沉降控制

1　工程概况

白石桥南站是北京地铁9号线工程的第十二座车站,车站位于首体南路与车公庄大街交叉口西北角,9号线白石桥南站设置在十字路口北侧首体南路人行道和非机动车道位置,呈南北向布置,为地下两层岛式车站,车站共设置7个出入口,两组风亭。出入口暗挖结构形式为平底直墙割圆拱结构,5A、5B出入口暗挖段覆土厚度3.8~6.8m。5A、5B出入口含有两个一级风险源和一个二级风险源。

5A、5B暗挖区间位于首体南路及车公庄大街下方,首体南路是一条重要的南北方向的城市主干道,车公庄大街是一条东西方向的道路,两侧建筑物较多,交通繁忙,且东钓鱼台站5A、5B出入口暗挖风险源较多。其中有总参干休所住宅楼为二级风险源,下穿4400mm×2100mm热力沟、各种雨污水管及给水管等为一级风险源。

在轨道交通出入口浅埋暗挖施工中,地面沉降超过预警值的现象比较容易出现。通过过现场勘查分析,沉降过大是由于背后注浆的水泥浆液结石率低、初始黏度小及凝胶时间长且不可控、收缩性大等原因,使背后注浆达不到填充初支与围岩空隙的目的,导致地面沉降超过预警值。

由于5号出入口暗挖段风险源多,覆土较浅,且位于首体南路主路下方,控制沉降显得尤为重要。为了杜绝因暗挖地层沉降过大导致地面塌陷的事故发生,决定采用一种新型的注浆材料—黏土浆液固化调节剂来控制浅埋暗挖施工沉降。

2　黏土固化浆液调节剂的性质和应用

SCY-01型黏土固化浆液调节剂主要用于配制以黏土为主、水泥为辅的黏土水泥浆材的新型外加剂。

该外加剂为粉末状、灰色,无毒、无味,不排斥其他水泥外加剂。主要成分为二氧化硅、氧化钙、固体水玻璃等10余种矿物质。细度≤400目,重度:580~660kg/m^3,含水率≤2%。抗渗系数:$e×10^{-6}$cm/s,抗压强度:配制塑性水泥土浆材时≥3MPa,配制干硬水泥土浆材时≥10MPa,最高可达20MPa。

用黏土浆液固化调节剂配制的水泥黏土浆液具有无析水性,结石体早期上升较快且可控。在流动性、可泵性、封堵性,以及结石体抗地下水和酸碱侵蚀性、抗震性等方面也有其明显的优势。

浆液在凝胶过程中可产生大量具有一定塑性强度的胶体成分和结晶水化物,使结石体密实且强度较大,结实率为100%;降低固体渗透性系数3个数量级以上,工程质量可靠性超过90%。

用黏土浆液固化调节剂配制的水泥黏土浆液水泥用量低,有利于节能和环保;无任何环境及水质污染;黏土可以就近取材,工程造价低廉、施工简便;能够在地下水较大流速、较高动水压力和大溶洞、大裂隙条件下成功注浆且效果显著,工程质量可靠性高。

3 初支背后注浆

3.1 背后注浆施工流程

根据相关的设计图纸,背后注浆工艺的选择为在侧墙和拱顶进行背后回填注浆,防止路面沉降,具体施工流程如图1所示:

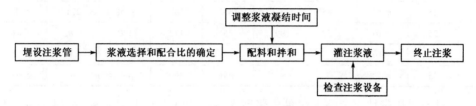

图1 背后注浆施工流程图

3.2 注浆材料

水泥:宜选用硅酸盐水泥和普通硅酸盐水泥,水泥强度等级不低于32.5MPa。

3.3 添加材料

黏土、黏土浆液固化调节剂等。

3.4 主要注浆参数

(1)注浆深度:0.5m。(2)注浆管直径ϕ42mm。
(2)浆液扩散半径:1.4~1.8m,注浆速度不大于50L/min。
(3)注浆压力0.1~0.4MPa。
(4)注浆量:每孔注浆量要根据注浆压力或溢浆情况两方面标准来控制,满足其中一条标准即可认为该孔注浆完成:一是若注浆压力稳定在0.4MPa、孔口返浆量较大;二是注浆压力高于0.4MPa时虽然孔口无返水返浆,但注入非常困难时,也可认为此孔注浆完成。

3.5 注浆机器

注浆机:采用小型单液注浆机,注浆机最大压力不小于2MPa,移动方便。

拌浆设备:拌浆筒可根据隧道断面的大小和施工现场布置要求制作成圆筒形或槽形,搅拌容量应不小于$0.5m^3$,宜采用机械搅拌。

辅助施工设备:手推车、计量器具、高压注浆管等。

3.6 背后注浆施工方法

3.6.1 埋设注浆管

注浆管为一端套丝的ϕ42钢管,长0.5m左右,当有超挖时应适当加长,保证套丝位置距喷射混凝土结构面100mm以上,以方便注浆管的连接。安装时未套丝端应贴近围岩面,注浆管应与钢格栅主筋焊接或绑扎牢固。

注浆管应在钢筋格栅安装时预先埋设。背后注浆管沿隧道拱部及边墙布置,环向间距:拱部为2.0m,边墙为3.0m;纵向间距为3.0m。

3.6.2 浆液的选择和配合比的确定

浆液配制参数详见表1。

浆液配制参数表　　　　　　　　　　　　　　　　表1

水料比	水泥占黏土量（%）	调节剂占水泥（%）	密度（g/cm³）	结石率（%）	胶凝时间 初凝 min	胶凝时间 终凝 min	抗压强度（MPa） 3d	7d	14d	28d
0.45∶1	25	≤10	1.92	100	15	65	2.1	2.98	6.55	8.64
0.5∶1	25	≤10	1.85	100	35	105	1.58	2.1	5.1	6.8
0.75∶1	25	≤10	1.28	99	45	142	1.0	1.82	3.81	5.1
1∶1	25	≤10	—	95	85	231	0.72	1.15	3.08	4.26
1.5∶1	25	≤10	—	90	190	390	—	—	2.98	3.99

试验段背后注浆采用带填充剂的水泥黏土浆液。浆液的性能与水泥品种、水料比 $W/(B+C)$（其中：W 是水的重量，B 是外加剂的重量，C 是水泥和粘土的重量）、搅拌时间、注入压力等因素有关。浆液的水料比 $W/(B+C)$ 以 0.6～1.2 为宜，浆液基本性能如上表所示：

注浆浆液中水泥强度等级高、水泥和调节剂比例大、黏土中膨润土的含量高，抗压强度和防渗性能高、初、终凝时间短；加水量多、成品密度降低、初、终凝时间长，抗压强度和防渗性能低；黏土中砂石比例高，抗压强度高防渗性能低。浆液中水泥重量比为 25%～30%，固化剂为水泥的 10%，其余为黏土（黄土、膨润土均可），也可适量添加粉煤灰。

根据现场开挖揭示出的地质情况，注浆土体为粉砂及粉细砂，不含地下水，孔隙率为 35% 左右，确定注浆液的水料比 0.8∶1。浆液宜采用机械拌和，应在注浆位置就近处进行，避免二次运输。

3.6.3 灌注浆液

背后注浆位置距离开挖面封闭位置为 5m。当地层软弱或隧道上方有重要建（构）筑物时，应适当缩短距离，但注浆前应喷射 50～100mm 混凝土封闭开挖面以避免漏浆，注浆深度为初支背后 0.5m，如图 2 所示。

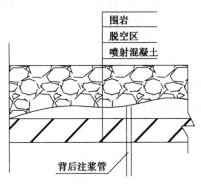

图 2　背后注浆区示意图

背后注浆可采用注浆压力和注浆量进行综合控制。注浆压力的选定应考虑浆液的性能、注入范围及结构强度等因素，一般为 0.1～0.4MPa。注浆时，要时刻观察压力和流量变化，压力逐渐上升，流量逐渐减少，当注浆压力达到设计终压，再稳定 3min，即可结束本孔注浆。当注浆压力和注浆量出现异常时，应调查、分析原因，采取措施，如调整浆液配比或进行多次重复注浆等。

背后填充注浆的施工顺序应符合下列要求：沿隧道轴线由低到高，由下而上，从少水到多水处，依次注浆达到控制地面沉降的目的。

终止注浆：每根注浆管注浆结束后封堵注浆口以免浆液回流，每次注浆结束后必须对制浆设备、注浆泵、注浆管进行彻底清洗。注浆结束后，应将注浆孔和检查孔封填密实。

4　注浆加固效果检测

4.1　试验结果

对注浆效果的监测主要通过试块的抗压试验和对隧道上方路面的沉降进行观测来进行监测。

在进行背后注浆时,取注浆浆液用试模制作3组水泥黏土固化浆液试块,在标准养护环境下进行养护,分别测试试块的初凝时间,3d、7d、14d、28d的抗压强度。

通过对试块的观察,水灰比为0.8:1时,初凝时间平均为45min。

通过对试块进行无侧限抗压强度试验,其平均抗压强度如下图3。

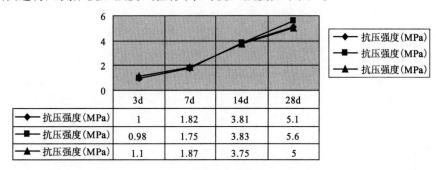

图3 试块抗压强度曲线图

通过上述试验可以得知,水泥黏土固化浆液在初凝时间上与水泥浆想当,但是在强度上升方面与水泥浆相比,具有早期强度上升快、强度大等优点。

4.2 沉降观测

2011年6月4日背后注浆结束后,组织测量人员对背后注浆段的路面沉降观测点DB141进行连续6天的沉降观测。取对沉降数值进行统计如下图4。

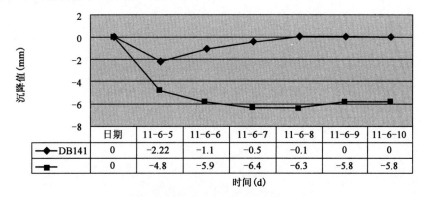

图4 DB141沉降观测值曲线图

从图中可以看出,DB141号沉降观测点在注浆结束后6天,阶段沉降值大幅度减小,并且沉降速率没有出现反弹,水泥黏土固化浆液的早期强度上升快且固化性较好的优点得到了充分的体现,在6月8日还出现了地面隆起的现象,这又反映出来水泥黏土固化浆液在固化过程中还具有微胀的特性,这是普通水泥浆难以达到的。

5 结语

通过在地铁车站出入口进行水泥黏土固化浆液调节剂的试验,取得了预期的成果。工程实践充分证明了该调节剂的优良性能,在解决地铁浅埋暗挖施工中的地面沉降控制这一难点有了很大的技术突破,其应用范围和市场前景非常广阔。采用该技术配制的水泥黏土浆液具有优于现行的普通水泥浆液的多项技术性能,并且浆液造价低廉,施工简便易行。

三、暗挖法区间隧道施工专项技术

达官营站~广安门站区间渡线段及停车线大断面施工技术

马敬东 李源潮 张鹏飞 栗 纯

摘 要 北京地铁 7 号线达官营站,其站渡线段及停车线全长约 376m,分别采用台阶法、双侧壁导坑法及 CRD 工法施工,具有断面多、跨度大、间距小、工法多、工序转换多等特点,且穿越卵石层,设计施工难度较大。通过数值模拟分析和工程类比,确定了"从大洞向小洞(纵向)、先小洞后大洞(横向)"的施工顺序,解决了不同断面与工法的合理过渡及小间距隧道施工相互影响问题。采取构造梁柱体系、错开破洞及分段拆除临时支撑的方法,实现了施工过程的受力合理转换。针对卵石地层松散、胶结差的特点,选用潜孔锤跟管钻进工艺,打设管棚超前支护,为大断面隧道顺利穿越卵石层创造了有利条件。

关键词 大跨度 小间距 渡线段暗挖隧道 卵石地层

1 工程概况

北京地铁 7 号线达官营站的站后配线段长约 376m,沿广安门外大街敷设。广安门外大街为城市主干道,双向六车道,交通繁忙。道路两侧主要为高层楼房及商业文化中心。区间正线左右线的线间距为 17m,存车线与左线线间距为 4.2m。经研究,配线段采用暗挖法施工。暗挖段平面图见图 1。

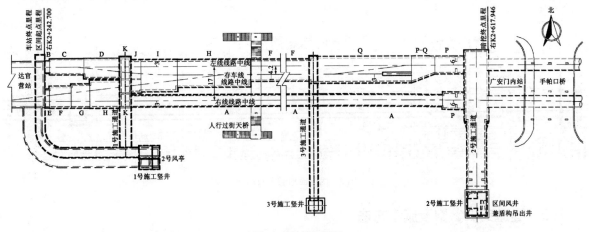

图 1 暗挖段平面图

1.1 地下管线

暗挖段需下穿多条重要市政管线,主要有:$\phi 800mm$ 污水管 2 条、$\phi 1600mm$ 雨水、$\phi 300mm$ 污水、$\phi 500mm$ 雨水、$1600mm \times 1800mm$ 热力方沟、$\phi 500mm$ 中压燃气、$5000mm \times 3000mm$ 热力隧道、$2300mm \times 2100mm$ 热力隧道等。暗挖段典型断面图见图 2。

1.2 地质概况

根据地勘报告,暗挖段地层自上而下依次为粉土填土①层、卵石②5 层、卵石⑤层、卵石⑦层等。隧道主要穿越卵石⑦层,密实,最大直径超过 20cm,一般 2~6cm,含量约 70%,中粗沙填充,级配较好,局部含黏性土透镜体。隧道拱顶位于卵石⑤层,中密~密实,最大直径超过15cm,一般2~4cm,中粗砂填充,级配较好,碎石土含量约70%。

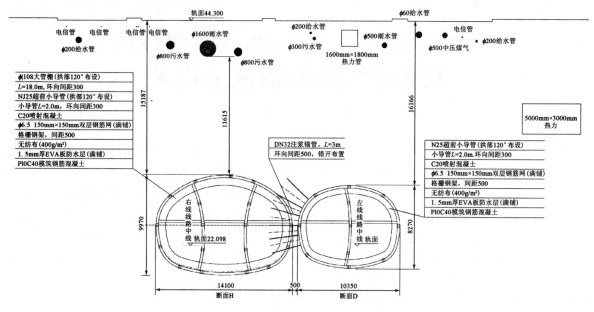

图2 暗挖段典型断面图(尺寸单位:mm)

本段地下水为潜水(二),分布连续,水位埋深约25.20~27.00m,大致位于隧道底板附近。含水层主要为卵石⑦层、中粗砂⑦1层,为强透水层。

本段隧道覆土厚度约为16m。暗挖段地质纵断面图见图3。

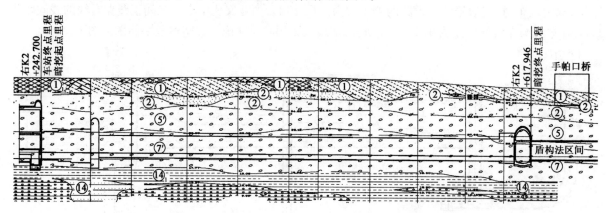

图3 暗挖段地质纵断面图

1.3 隧道支护参数及施工方法

根据断面大小,通过工程类比和结构计算,确定了隧道支护参数和施工方法。见表1。其中"CRD"法、双侧壁导坑法分别采用四导洞、六导洞开挖及支护。超前小导管长度均为2.0m,每榀格栅钢架打设一环。断面H、I、J打设的管棚长度分别为18m、24m、24m。

隧道支护参数及施工方法　　　　　表1

断面 (宽×高) (m)	施工 方法	超前支护 (环间距0.3m)	初期支护				二次衬砌 C40 钢筋 混凝土(mm)
			喷射 C20 混凝土(mm)	φ6.5 钢筋网 150mm×150mm	格栅钢架 间距(m)	纵向 连接筋	
A/B(6.5×6.9)	台阶法	φ25 超前小导管	250	单层满铺	0.5	双层	300
C(8.2×7.47)	CD 法	φ25 超前小导管	300	双层满铺	0.5	双层	400

续上表

断面 (宽×高)(m)	施工 方法	超前支护 (环间距0.3m)	初期支护				二次衬砌 C40钢筋 混凝土(mm)
			喷射C20 混凝土(mm)	φ6.5钢筋网 150mm×150mm	格栅钢架 间距(m)	纵向 连接筋	
D(10.35×8.27)	CRD法	φ25超前小导管	350	双层满铺	0.5	双层	500
E(9.65×7.82)		φ25超前小导管	300	双层满铺	0.5	双层	500
F(11.2×8.47)		φ25超前小导管	350	双层满铺	0.5	双层	600
G(12.25×9.22)	双侧壁 导坑法	φ25超前小导管	350	双层满铺	0.5	双层	600
H(14.1×9.97)		φ108管棚+ φ25小导管	350	双层满铺	0.5	双层	700
I(16.3×10.9)		φ108管棚+ φ25小导管	350	双层满铺	0.5	双层	800
J(16.9×11.6)		φ108管棚+ φ25小导管	350	双层满铺	0.5	双层	800
Q(13.5×10.12)	CRD法	φ25超前小导管	350	双层满铺	0.5	双层	700
P(9×8.98)		φ25超前小导管	300	双层满铺	0.5	双层	600

2 本工程的重点与难点

(1)暗挖下穿城市主干道、人行天桥及市政管线,需保证施工安全,减少地面沉降及管线变形,确保城市道路、人行天桥及地下管线的正常运营。

(2)暗挖段共有10个断面,断面类型多、跨度大,分别采用台阶法、双侧壁导坑法及"CRD"工法施工,施工时分块多、工序转换多,设计施工难度较大。

(3)左右线隧道之间的净距在0.5~10.04m之间,均属小间距隧道。尤其是断面D与H、G之间的净距仅0.5m和2.25m,断面A与断面J、I之间的净距仅0.7m和1.3m。施工时,小间距隧道的相互影响,会引起围岩松动圈叠加,增加了施工风险和沉降控制的难度。

(4)施工时结构的受力转换难度较大,在施工通道开辟工作面、工法转换及临时支撑拆除阶段尤为突出。

(5)隧道下穿卵石层,卵石层的不稳定性增加了暗挖施工的风险。

3 关于隧道开挖方案的研究

近距离暗挖施工时,围岩被多次扰动,并相互叠加。开挖过程中围岩应力场变化以及开挖成洞后围岩应力分布和开挖方法、各洞开挖的先后顺序是密切相关的。再加上本段隧道下穿卵石层,卵石层的松散性和不稳定性使得结构受力条件更加复杂。为尽量减少相互影响,保证施工安全,需要确定合理的开挖顺序。

为了了解暗挖隧道开挖过程中隧道围岩和地表变形机理,为隧道施工方案及施工顺序的确定提供理论依据,选取了两种开挖方案进行了数值模拟。见图4。

3.1 计算模型

利用MIDAS-GTS岩土计算软件,采用地层-结构模式对开挖过程进行模拟计算。计算模型如图5所示。计算模型上取至地面,下取至隧道底部以下15m,两侧各取30m,模型共划分为5750个计算单元。模型中,土体按实体单元模拟,结构按壳单元模拟,作用在单元上的体力和面力根据静力等效条件按虚功原理转换到各个节点上,模拟隧道开挖效应的释放节点荷载根据围岩自重应力场计算。岩土的本构关系采用理想弹塑性模型，屈服破坏准则选用 Mohr-Coulomb 屈服准则，计算模型两端采用水平约束，底部则采用竖直约束。

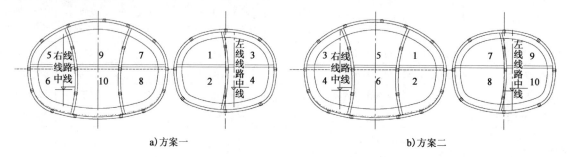

图 4　开挖方案简图

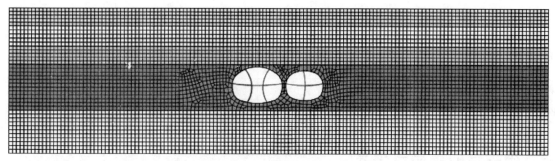

图 5　计算模型

计算模型有关参数见表 2。

计算模型参数表　　　　表 2

地层代号	名　称	泊松比	重度（kN/m³）	内摩擦角（°）	黏聚力（kPa）
①	粉土填土	—	16.5	10	8
②₅	圆砾卵石	0.25	21	45	0
⑤	卵石	0.2	21	48	0
⑦	卵石	0.22	21.5	48	0
(14)₁	强风化泥岩	0.26	19.6	13.8	14
钢筋混凝土结构		0.2	25	—	—

3.2　计算结果及分析

以下为两种开挖方案单洞完成后及双洞完成后的沉降云图，见图 6。

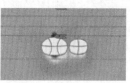

　　　　a）方案一　　　　　　　　　　　　　b）方案二

图 6　地层沉降云图

方案一、方案二计算结果对比情况见表 3。

由表 3 可以看出，开挖阶段的拱顶最大沉降分别发生在第 10 步和第 6 步，分别为 -34.18mm、-33.85mm。这两步均为"双侧壁导坑法"下台阶中导洞开挖阶段；方案一开挖阶段引起的地面沉降略大于方案二，但均小于 30mm，满足有关要求。

综合考虑两种开挖方案的优劣，推荐采用方案一的开挖方式。其优点是：小断面隧道先行施工可以探明地质条件,为大断面隧道施工提供依据。同时,小断面隧道施工时,采取了对中间土体进行加固的措施,可以有效改善大断面隧道的地质条件。另外,后行隧道开挖时,先行隧道可能存在偏压问题,采取小断面隧道先行,易于采取措施处理偏压可能带来的拱顶开裂、整体偏移、拱脚外张等问题。

计算结果对比表　　　　　　　　表3

开挖步序	方案一(mm)		方案二(mm)	
	拱顶沉降	地面沉降	拱顶沉降	地面沉降
1	-7.01	-2.46	-7.42	-2.52
2	-12.34	-5.02	-16.34	-6.34
3	-9.61	-7.65	-7.71	-9.78
4	-16.46	-12.78	-18.36	-13.57
5	-7.99	-14.27	-28.05	-19.38
6	-15.43	-15.48	-33.85	-21.46
7	-8.67	-18.88	-8.43	-23.58
8	-17.26	-26.23	-24.59	-25.67
9	-28.87	-28.16	-12.83	-27.59
10	-34.18	-29.37	-29.27	-28.12

4　施工总体筹划

为满足洞通计划要求,设计阶段考虑了两处施工竖井及通道:1号施工竖井与达官营站东端施工竖井结合,施工通道与正线相交段位于渡线区。利用施工通道垂直于区间隧道方向设置的特点,取消了大断面暗挖隧道,简化了施工工序,改善了作业环境。2号施工竖井及通道与区间风道结合设置,同时满足盾构到达及吊出要求。

工程开工后,因2号施工场地征地困难,原定工期难以保证。为确保工期,在区间中部增加了3号施工竖井及通道。

1号施工通道需双向破洞施工。施工顺序为:1号施工通道初支→H断面、J断面管棚施工→A、D断面小导管与注浆→横通道梁柱框架体系→A、D断面暗挖初支→A、D断面隧道内向小间距段中间土体注浆加固→H断面暗挖初支(15m后)→J断面暗挖初支→J、H断面二衬。

2、3号施工通道均单向施工。2号施工通道施工顺序为:2号施工通道初支→右线P断面小导管与注浆→右线P断面暗挖初支(15m后)→左线P断面小导管与注浆→左线P断面暗挖初支→P断面二衬。3号施工通道施工顺序为:3号施工通道初支→A断面小导管与注浆→A断面暗挖初支(15m后)→F断面小导管与注浆→F断面暗挖初支→A、F断面二衬。

除左线断面P-Q转换是从小断面向大断面施工外,其余均按从大断面向小断面进行,这对快速施工、确保安全较为有利。

台阶法施工时,上下台阶错开控制在5~6m内。"CRD"工法施工时,各洞室超前距离控制在(1~1.5)D(D为洞室开挖宽度)之内,并及时做初期支护,封闭成环。双侧壁导坑法施工时每个洞室分上、下2个台阶开挖,邻近洞室之间纵向错开10~15m,每个台阶纵向步距控制在5~6m内,且每个台阶均需预留核心土。

对"CRD"工法和双侧壁导坑法来说,前一导洞的格栅钢架安装位置、垂直度、竖向平面内钢格栅旋转等均会影响到后续各导洞格栅安装质量和安装速度,进而影响到初期支护的整体施工质量。尤其对于双侧壁导坑法来讲,双侧壁导坑开挖及支护进尺协调一致,在中洞区域施工时才能实现每榀格栅钢架均能圆满拼接成环。因此,施工时必须严格控制开挖进尺,并及时支护,重视锁脚锚杆的作用,才能有效控制格栅安装质量。

对小间距隧道而言,同样也需要步距协调一致,才能保证先行隧道施工时为中间土体加固及后行隧道格栅钢架锁脚锚杆预留的条件得以实现。

5 小间距隧道施工方案

《铁路隧道设计规范》规定,在Ⅵ级围岩暗挖法施工条件下,两座隧道的净距小于5.0B(B为隧道开挖断面宽度)时,即为小间距隧道。本段左右线之间的净距在0.5~10.04m,均属小间距隧道。尤其是左线断面D与右线断面H、G之间净距仅0.5m和2.25m,右线断面A与左线断面J、I之间的净距仅0.7m和1.3m。

5.1 小间距隧道间土体加固措施

从隧道施工顺序可知,先行隧道在开挖过程中对周围土体进行了第一次扰动,伴随着施工过程,隧道周围的围岩应力重新进行分布并达到相对稳定。待后行隧道开挖时,对两座隧道之间的土体进行了第二次扰动,应力将重新分布。这使得小净距隧道间夹持的土体变得松散,强度大大降低,不利于隧道结构的稳定。

因此,小间距隧道施工,应尽量减少对中间土体的破坏,使其尽量维持原始应力状态,能承受一定的被动抗力,减少地层损失和沉降,同时有利于隧道结构的稳定性。甚至,在减少对中间土体的扰动和破坏同时,还应想办法对其进行加固,使其具有足够的强度和刚度。已有资料表明,中间土体未注浆时地表的沉降要明显大于注浆时的地表沉降,中间土体的注浆对于加强隧道的稳定性、控制地表沉降的效果非常明显。

因此,对间距不足3m的隧道间土体进行预加固处理很有必要。在先行隧道开挖后,在紧邻后行隧道侧沿径向打设注浆孔,放入φ32mm、长3m的注浆锚管,管上钻10mm注浆孔。管间距0.5m,梅花形布置。待先行隧道初期支护封闭成环一定长度后、后行隧道开挖之前,对两隧道间所夹土体采用渗透注浆加固。注浆浆液为水泥浆,水灰比为1∶1,注浆压力1.0~1.5MPa。

为增加中间土体的刚度,在后行隧道初期支护施工完成,向先行隧道侧面打设φ22mm砂浆锚杆,长度为1.8~3.0m不等,纵向间距0.25m,环向间距1.0m。锚杆沿格栅钢架两侧布置,并和左右线两侧格栅钢架焊接牢固,形成共同受力体,很好地保证支护体系的稳定。见图7。

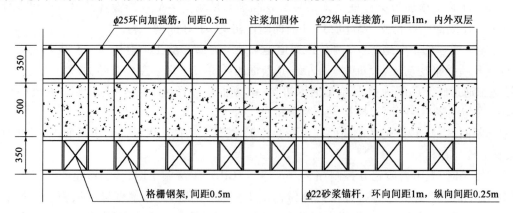

图7 小净距隧道中间土体加固措施(尺寸单位:mm)

另外,为减少后行隧道施工对先行隧道的影响,在开挖后行隧道的过程中,采取强有力的超前支护,控制循环进尺,及早封闭也很有必要。

5.2 后行隧道上半断面格栅钢架固定措施

左线断面D与右线断面H之间净距仅0.5m,右线断面A与左线断面J之间的净距仅0.7m。因间距太小,当左线断面 D 及右线断面 A 施工完毕,在断面 H、J 上半断面施工时,近断面 D 及断面 A 侧的拱部钢架拱脚无设置锁脚锚杆的条件。而格栅钢架的稳定对于防止坍塌和控制沉降至关重要。

在先行隧道的外侧预埋 φ22mm 钢筋,待后行隧道施工至该段时,按实截取伸入到后行隧道开挖轮廓的预埋钢筋,然后,将后行隧道的格栅钢架与先行隧道预留钢筋焊接。

在后行隧道施工时创造条件,将拱部格栅钢架与超前大管棚及超前小导管进行焊接,充分利用大管棚及小导管的纵向棚架作用,减小格栅钢架脚部的荷载。

6 关于不同断面工法的过渡方法研究

本段隧道施工时,存在断面之间的转化、工法之间的转化,而工法之间的转化牵涉到安全问题,需要认真研究。

6.1 断面 D 与断面 C 之间的转化

D、C 断面封端采用厚 350mm 的喷射混凝土,设 φ22mm 钢筋(水平间距 250mm、竖向间距 500mm)、工字钢(I22a)、锚管,锚管规格为 φ32mm,L=3m,@1m(局部根据现场情况调整),并进行注浆加固。锚管与堵头钢架或者连接钢筋焊接,保证堵头墙的稳定。

堵头墙处后施工断面格栅钢架处理原则:加设节点板焊接,另一侧按附加格栅主筋处理,主筋与中隔壁格栅焊接,焊接长度 10d,封闭成环。详见图 8。各构件均采用单面或双面搭接焊,单面焊接焊缝长度不小于 10d,双面焊接焊缝长度不小于 5d(d 为较小者钢筋直径),焊缝高度均不小于 8mm。焊缝质量满足相关规范要求。施工时根据现场实际及监测情况,必要时在节点板位置,两节钢架主筋之间均加焊一根与主筋等直径的钢筋,采用单面搭接焊,搭接长度 10d。

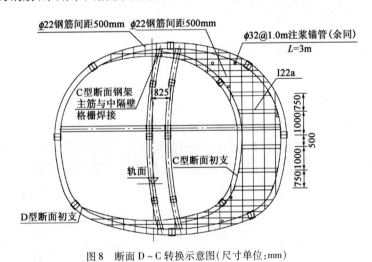

图 8 断面 D~C 转换示意图(尺寸单位:mm)

6.2 断面 G 与断面 F 之间的转化

断面 G、F 封端采用厚 350mm 的喷射混凝土,设 φ22mm 钢筋(水平间距 250mm、竖向间距 500mm)、锚管,并注浆加固。锚管规格为 φ32,L=3m,间距 1m(局部根据现场情况调整),锚管与堵头钢架或者连接钢筋焊接,保证堵头墙的稳定。

堵头墙处后施工断面格栅钢架处理原则:加设节点板焊接,另一侧按附加格栅主筋处理,主筋与中隔壁格栅焊接,焊接长度 10d,封闭成环,详见图 9。各构件均采用单面或双面搭接焊,单面焊接焊缝长度不小于 10d,双面焊接焊缝长度不小于 5d(d 为较小者钢筋直径),焊缝高度均不小于 8mm。焊缝质量满足相关规范要求。施工时根据现场实际及监测情况,必要时在节点板位置,两节钢架主筋之间均加焊一根与主筋等直径的钢筋,采用单面搭接焊,搭接长度 10d。由于 G、F 断面转换处存在两榀格栅在同一平面,所以 G、F 断面转换处特制一榀 H 断面格栅与一榀 G 断面格栅,在地面拼装好之后再运至现场进行初支施工。

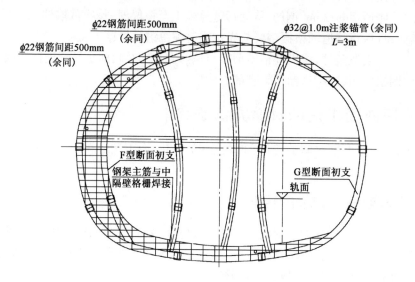

图 9　断面 G~F 转换示意图

由于 G 断面为双侧壁导坑法,F 断面为 CRD 法,所以并不具备顺序开挖的条件,只有当 G 断面封端完成后,方可进行 F 断面的初支施工。F 断面初支按先后顺序间隔 15m 开始破除 F 断面左上导洞、左下导洞、右上导洞、右下导洞,并预留核心土。

7　关于受力转换问题的研究

7.1　施工通道边墙破洞时的受力转换

1 号施工通道需要双向破洞施工断面 A、D、H、J,需要破除的初期支护面积较大,若随意破洞施工,因地层本身已受到多次扰动,破洞时将土体侧压力释放,将会对施工通道结构形成较大偏压,容易引起地层沉降、坍塌或失稳,对地下管线及地面交通也极为不利。因此,采取如下措施:

(1)在施工通道初期支护完成后,设置梁柱框架结构体系,利用其整体稳定性好的优势,解决受力转换问题,为破洞施工创造条件,见图10。破洞施工应在梁柱框架体系完成并达到设计强度后方可开始。

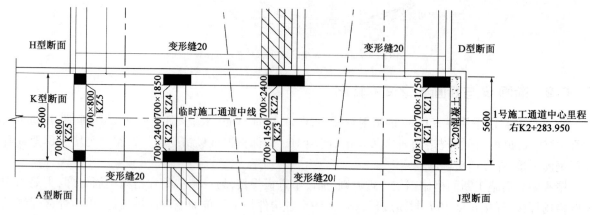

图 10　梁柱框架体系平面图(尺寸单位:mm)

(2)采取先小洞后大洞的对角破洞的方式,即按照 A、D、H、J 的破洞顺序,减小破洞带来的风险。

(3) 在施工通道初期支护完成后,提前施做断面 H、J 设置的超前大管棚与小导管注浆联合支护措施。因超前支护措施改良了 1 号通道附近的地层,对提高 1 号施工通道的整体稳定性,减少破洞施工的风险也是大有好处的。

2 号、3 号施工通道均单向破洞施工,根据工程经验,采取初期支护封闭成环后错开破洞的方式,受力体系转换是易于保证的。

7.2 临时支撑拆除时的受力转换

二次衬砌施工之前必须先拆除隧道内的临时支撑,临时支撑的拆除必然会打破结构系统原有的平衡,特别是在软弱围岩地层中尤为突出。已有的计算结果表明,双侧壁导坑法施工时,竖撑的拆除会使拱部的弯矩急剧变小;在拆撑的第一步边墙和拱脚的弯矩都较大;临时支撑拆除完后,边墙弯矩急剧减小,而拱脚弯矩将继续加大。因此对于大跨度隧道如何确定合理的拆撑方案,既能保证施工过程中结构的安全,又有利于加快二衬的施作,这是必须面对的问题。

在实际工程中,拆撑方案应考虑结构受力转换、二衬施做的难易,并尽量减少施工缝,增强二衬的防水功能。在强度条件满足的情况下,大断面隧道可以采用自下而上的拆撑顺序,在下导洞支撑拆除后可马上施做仰拱二衬,待混凝土达到一定强度后,再拆除剩余支撑,架设脚手架施做拱部和边墙。

拆除支撑时应采取逐段拆除的方法,纵向分段不宜过长。拆除前应先做试验,在中隔壁上割 7~10mm 长度的槽,看是否变化,怎样变化。通过试验段取得信息化数据,指导下部施工。

拆除支撑时应做好受力体系转换,特别要对断面的净空收敛、拱顶下沉加强监测,根据受力监测情况必要时加设临时钢支撑。

8 卵石地层超前加固方案

本段隧道拱部主要为卵石⑤层,洞身穿越卵石⑦层。而砂卵石地层是典型的力学不稳定地层,其基本特征是结构松散、孔隙大、无胶结,呈大小不等的颗粒状,颗粒之间是点对点传力,无黏聚力,尤其在无水状态下地层反应灵敏。当隧道开挖时,若围岩稳定性不足,或卵石层松动,很容易破坏原来的稳定状态,在开挖面上方引起较大的松动范围,使开挖面和洞壁失去约束而产生不稳定,甚至引起较大的地层沉降。卵石、砾石越多,粒径越大,扰动程度就越大。因此,需要采用超前支护措施。

在类似工程建设中,小导管超前支护或大管棚+小导管联合超前支护应用较多,在保证施工时地层安全稳定、控制地表沉降方面取得了较为成功的实践经验。其中小导管支护也可称之为"小管棚",最为常用。大管棚支护刚度大,主要使用在暗挖隧道进洞、下穿重要管线等特殊地段。此时,为防止管棚间及管棚下土体塌落,造成大面积超挖,在大管棚钢管的间隙中,附加小导管支护,使大管棚、小导管与初期支护形成强有力的棚架结构体系,共同承受上部荷载。

本工程中,因断面 H、I、J 跨度及高度较大,且断面 H、J 需要从 1 号施工通道边墙破洞创造施工条件,因此采用了 $\phi108mm$ 大管棚+$\phi25mm$ 超前小导管的联合支护措施,其余断面均采用 $\phi25mm$ 超前小导管支护。

大管棚的常规做法是,在隧道开挖前,使用地质钻机在开挖轮廓线外按设计参数埋设钢管并压浆。但管棚成孔精度低,在钻孔施工前设置初始外插角,希望可以抵消钻孔精度不高产生的误差。但因为"盲打",在隧道开挖后往往发现管棚侵限,尤其在砂卵石地层中成孔更难,即使成孔,在拔出钻杆、插入管棚前,因砂卵石地层自稳性差,极易坍塌。因此需一套较完善的大管棚施工方法。

经过咨询和试验对比,潜孔锤跟管钻进打设管棚是一种很好的施工方法,适合于砂卵石地层。其工艺流程为:测量放线→铺设"H"形钢轨道→设备组装调试→埋设孔口管→调试钻机(方位、倾角)→钻具组装进孔→导向钻进→回次加尺(接线、接口补焊)→孔斜测量→导向钻进→直至设计深度终孔→回取探头盒→管内及环状间隙注浆→移至下一孔位。并在本工程中成功应用,效果良好。

9 监控量测及数据分析

根据《地铁工程监控量测技术规程》(DB 11/490—2007),本工程监控量测项目主要有:洞内及洞外观察;地表沉降;邻近建(构)筑物沉降、倾斜及裂缝;管线沉降及地下水位等。其中地表沉降及管线沉降监控量测测点布置如图11。

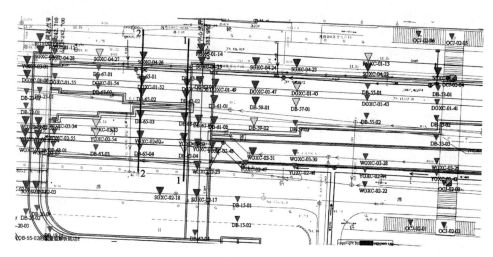

图11 监控量测测点布置图

以下选取断面1-1、2-2进行分析。

断面1-1紧邻1号施工通道,目的是监测施工通道破洞施工引起的地表和管线变形情况,在施工通道附近布置了地表沉降(DB)、电力管线沉降(DGXC)、雨水管线沉降(YGXC)共6个测点,截至2012年12月5日,沉降曲线如图12所示。

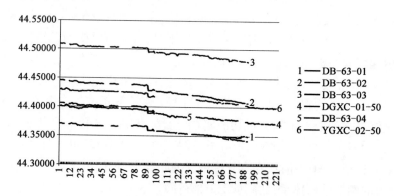

图12 断面1-1各测点沉降曲线

其中第一次测量值为初始值。1号施工通道破洞施工对应测次依次为:第78、99、104、110(断面D)、133、143、146、168、176、197(断面H)测次。各测点按图例自上而下顺序发生的最大沉降值依次为 -38.03mm、-45.61mm、-37.34mm、-38.79mm、-29.07mm、-30.21mm。需要说明的是,图中第90测次附近出现的沉降陡坎是2012年4月12日至2012年5月30日累加引起的。除此之外,各测点沉降比较平缓,沉降速率满足规范要求。沉降曲线如图13。

断面2-2位于间距仅为0.5m的断面D与断面H上方,布置了地表沉降(DB)、电力管线沉降(DGXC)、上水管线沉降(SGXC)、雨水管线沉降(YGXC)共7个测点,截至2012年12月5日,沉降曲线如图13所示。其中第一次测量值为初始值,各测点按图例自上而下顺序发生的最大沉降值依次为 -20.66mm、-49.20mm、-37.20mm、-23.91mm、-37.09mm、-21.25mm、-34.43mm。其中测点6原测点被破坏,重新布置测点后进行监测。各测点沉降比较平缓,沉降速率满足规范要求。

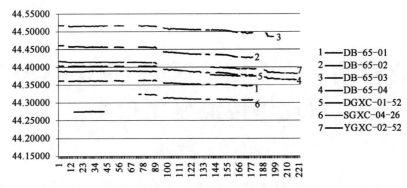

图 13　断面 2-2 各测点沉降曲线

10　结语

(1) 针对砂卵石地层特点,掘进隧洞时应选择适宜的超前加固措施,施工中应尽量减少对地层的扰动,避免坍塌;应重视超前支护,确保支护效果;应重视锁脚锚管的作用,稳固拱脚。在卵石地层进行暗挖隧道施工,应特别重视初期支护背后压浆工序的作用。因为该工序能够弥补网喷混凝土工序的不足,填充初期支护与土体之间的空洞,这对抑制地层损失、控制地表下沉、保护地下管线非常有利。

(2) 配线段暗挖隧道断面形式多变,工法转换多,结构受力复杂。通过结构处理,基本上实现了从大断面向小断面的施工顺序,工法转换和工序衔接简便,有利于保护围岩的稳定和施工安全。

(3) 大跨度、小间距浅埋暗挖隧道施工时,应综合考虑时空效应,做好受力体系转换,尽量减少相互影响。在施工过程中应严格遵循"管超前、严注浆、短开挖、强支护、快封闭、勤量测"的方针,做好监控量测和信息反馈,指导施工顺利进行。

达官营站~广安门站区间CRD+CD法双连拱边洞施工技术

马敬东　廖秋林　张鹏飞　王然

摘　要　隧道暗挖施工成本低,不影响城市交通,无污染、无噪声,适应于开挖各种尺寸与断面形式的隧洞,在黏性土层、沙层、砂卵石层等地质中广泛采用。由于暗挖技术在我国发展历史相对较短,对暗挖隧道尤其是其与邻近建构筑物之间的影响关系研究相对较少,因此,本文通过研究暗挖隧道与人行天桥关系,并通过注浆加固措施成功实现暗挖隧道侧下穿人行天桥,为今后同类工程提供参考。

关键词　双连拱　隧道　下穿　天桥

1　工程概况

湾子站~达官营站区间洞段,自湾子站出发向东行进,布置在广安门外大街下,线间距由5m逐渐掰开至17m,区间先后下穿人行天桥1座、莲花河及莲花河桥到达达官营站。区间隧道设计起讫里程为:右K1+513.403~右K2+006.700,全长493.297m,区间断面为双联拱断面和单洞断面,采用矿山法施工。隧道净宽6.2m,高度为6.58m。拱顶埋深8~10m。由钢格栅加喷射混凝土的初期支护与模筑混凝土的二次衬砌组成。层间设柔性防水层。初衬厚250mm,二衬厚300mm,标准段采用上下台阶法施工。

区间施工竖井位于广安门外大街北侧,莲花河东侧空地内,隧道左右洞及广安门外人行天桥平面位置关系示意图如图1~图3。

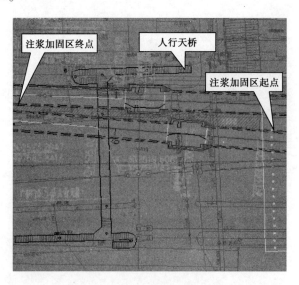

图1　隧道左右洞及广安门外人行天桥平面位置关系示意图

在本工程场地勘探深度范围内,揭露的土层为人工堆积层(Q_{ml})、新近沉积层(Q_{42+3a1})第四纪晚更新世冲洪积层(Q_{3a1+pl}),下三纪沉积(E)四大层。临时竖井主要穿越圆砾、卵石层,横通道主要穿越卵石层。隧道底标高与地下水位标高基本相同,施工前需提前进行降水。

三、暗挖法区间隧道施工专项技术

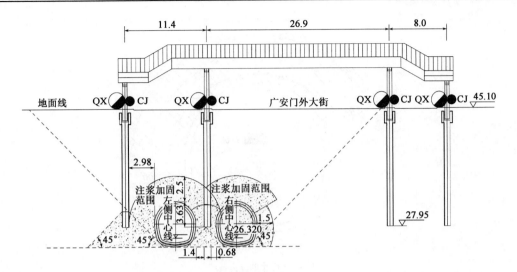

图 2　隧道与广安门外人行天桥主桥桩基相对位置示意图(尺寸单位:m)

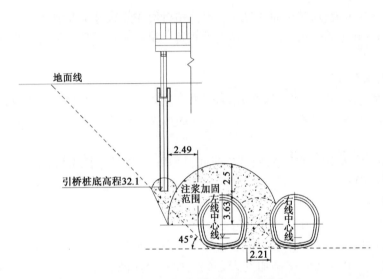

图 3　人行天桥引桥段保护剖面图(尺寸单位:m)

2　注浆支护方案选择

根据隧道开挖面的土质及设计要求,在开挖广安门外人行天桥工时,根据以往施工成功经验,要在隧道开挖前对桥基础周围做注浆加固措施,防止在隧道开挖过程中因为桥基础承载力薄弱,发生基础下沉。

故方案选择如下:

(1)广安门外 3 号人行天桥拱顶 K1+596.500～K1+631.50 范围,拱部采用后退式深孔灌注双液浆的加固措施,两侧采用深孔单液浆注浆加固措施。

(2)隧道左右洞 K1+640.000～K1+560.114 变窄注浆加固区拱部及侧洞,风钻打眼打入 $\phi 25\text{mm}$ 小导管,然后进行注单液水泥浆的加固,土壤加固侧面图详见图 4。

3　后退式深孔灌注双液浆施工方法

广安门外人行天桥拱影响区 35m 范围采用后退式深孔灌注双液浆的加固措施,两侧采用小导管单液浆注浆加固措施。

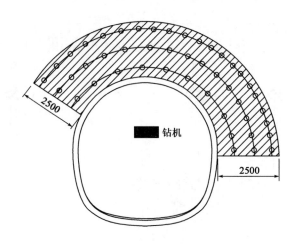

图4 (尺寸单位:mm)

(1)注浆孔布置

掌子面孔位分三环布置,从掌子面通过三次定位钻机使注浆轨迹呈发散状,孔位间排距0.8m,孔深由外到内分别为8m、10m、12m,每环间交叉梅花形布置。第一工作循环为避免产生注浆盲区,多设置1环,孔深4m。

(2)主要技术要求及参数

每一工作循环对地层的有效加固深度为12m;单个注浆孔位有效扩散半径0.75~1m;对地层有效加固,加固范围超过开挖轮廓线不小于2.5m;注浆加固按先外环后内环的顺序施工,采用后退式注浆。

(3)注浆参数

注浆速度:每min注入10~20L浆液;注浆时间:每10min回抽钻杆0.5m;注浆压力:0.5~1.5MPa,局部地层可适当调节;注浆量与该砂卵石的性质、范围有关,按扩散半径0.75m计算,注浆量约为每延长米0.35m^3;浆液材料及配合比如下:

A液:水玻璃稀释比为3:2,即水玻璃(硅酸钠)60%,硫酸40%。

B液:搅拌机每次加水泥150kg,加水混合后加入液态添加剂1.2L、固态添加剂1kg及适量缓和剂。比例为:水泥34.3%,DHP剂(固态添加剂)5.56%,GOX剂(液态添加剂)4.17%,XPM剂(缓和剂)2.97%,水53%。

A液B液比例为:1:1;浆液凝固时间1~7min可调。

单液浆:采水灰比1:1水泥浆。

4 后退式深孔全断面注浆施工方法

(1)广安门外大街人行天桥段为隧道标准断面,采用台阶法施工。为减小对桥桩周边土体扰动,本着"先加固后施工"的原则,在隧道轮廓外2.5m范围做深孔后退式全断面注浆加固。实际实施中,区间施工至距左洞人防过渡5m时,封闭掌子面,对前方桥桩进行定向二重管无收缩双液注浆加固,加固范围为隧道左、右洞周围及中线以上2.5m范围内加固,重点为桩底及下部桩周围。

(2)隧道左右间变窄注浆加固时,等右洞向西开挖完成初衬5m后,开始用风钻打眼并打入小导管(小导管直径为25mm,梅花形布置间距为1m)。注浆加固区由左洞左侧、向右洞右侧拱顶至仰拱处注浆。

(3)二重管无收缩双液注浆施工工艺:

①钻孔:根据地质情况及施工方法,选用不同的钻孔方法。

②钻孔中注意事项:

a)做好钻探详细记录,指导注浆施工。

b)钻孔时分批进行,隔孔施钻。

③注浆参数:

注浆终压:0.5~1.0MPa;

浆液扩散半径:750mm。

④注浆施工机具:

机械:KD-200型坑道钻机1台、SYB-60/50型注浆泵1台、SJY-双层搅拌机1台;

器具:旋转二重管、旋喷液混合器、切换喷头。

⑤浆液配制:

a)按搅拌机的容积和注浆材料的配比参数,计算出配制一桶浆液所需要的水泥和水的用量。

b)先在搅拌机中加入一定量的水,再加入规定量的缓凝剂,强力搅拌3min,然后加入一定量的水泥,强力搅拌均匀,待用。

c)在浓水玻璃中加入硫酸,稀释至设计浓度,搅拌均匀后待用。

d)按比例进行凝胶时间测试试验,如果达不到设计要求重新调整。

e)量取水泥浆搅拌桶的体积,根据其面积及配比要求标定须加入水的高度及需加入水泥的重量,以此控制水泥浆的配比。

f)量取水玻璃桶的体积,标定设计单段注浆量所需的高度,以此控制设计注浆量。

⑥工艺要求:

a)止浆塞初始停放位置:应根据注浆长度及注浆管前端开孔位置以及止浆塞构造精确计算止浆塞初始停放位置。

b)后退式分段注浆。

应注意将带有止浆塞的芯管和顶管连接后插入到注浆管孔底,压紧止浆塞使之膨胀,以达到止浆效果。分段后退式注浆要特别注意止浆塞损坏程度,施工过程中若发现止浆塞存在问题,应立即更换,以免引起注浆管堵塞,造成芯管无法拔出。

(4)施工顺序:

①注浆范围:广安门外人行天桥北侧桩基范围内。

②注浆方法:封闭掌子面,全断面深孔后退式注浆,一次性注浆12m,开挖10m。

③注浆效果检查:必须保证一次性合格。

④本段采用后退式深孔注浆对桥桩基进行预加固注浆。

5 结语

注浆工艺好坏的判定需要经实际检测来确定。结合试验段与隧洞注浆的实际情况,本文对隧洞注浆质量检测采用多种操作性强而又简单的检测方法。

检查孔观察法是通过对检查孔进行观察,察看检查孔成孔是否完整,是否涌水、涌砂、涌泥,检查孔放置一段时间后是否坍孔,是否产生涌水、涌砂、涌泥,通过观察,定性评定注浆效果。

通过检查孔观察法与开挖揭示表明,本工程采用的注浆方法起到预定土体加固效果,确保了隧道暗挖安全作业。本工程基于暗挖隧道与人行天桥关系采取的注浆加固措施成功实现暗挖隧道侧下穿人行天桥,为今后同类工程提供参考。

东钓鱼台站~白石桥南站区间富含大粒径漂石地层大断面隧道施工技术

黄陆川 李晋宝 金奕 李琨

摘 要 结合工程实际,在小导管难以成孔的砾岩层中,采用自进式中空注浆锚杆进行施工,通过试验对比的方法,确定锚杆的最佳管径、壁厚、打设长度、打设方法及注浆方法;针对砾岩层中大粒径漂石开挖及外运的难题,分别从大漂石的开挖及破除两个方面进行了具体的施工措施;暗挖大断面隧道分多导洞施工时,群洞效应对沉降控制影响较大,为将地表及拱顶沉降量控制在监测预警值及控制值以内,需将监测预警值及控制值分解至每个导洞,来分别控制每个导洞开挖引起的地表及拱顶沉降。

关键词 自进式中空注浆 锚杆 大断面隧道 开挖 破除 沉降指标分解

1 工程概况

1.1 工程简介

北京地铁九号线东钓鱼台站~白石桥南站,位于首体南路主路下方,南北向布置,采取暗挖施工法。停车线段区间右线设计起点里程K14+037.127,右线设计终点里程K14+491.200,左线设计起点里程K14+037.127,左线设计终点里程为K14+244.740。右线区间长454.073m,左线区间长207.613m。区间覆土厚度15.7~17.4m。

1.2 工程地点及周边环境

本段区间位于首体南路主路下方,道路机动车及非机动车流量大。道路两侧重要的建筑物包括人行过街天桥一座、5层北京市立新学校、6层彩电宿舍楼、6层北沙沟10#居民楼,平面位置图详见图1。

1.3 结构形式

根据本次设计左右线路之间关系及其他运营要求条件,本段停车线区间隧道结构形式比较复杂,隧道洞室断面主要分为单孔单线、单孔双线、单孔三线等形式,具体共有区间标准断面、射流风机断面以及停车线A、B、C、D、E、F、G、H、J等11种结构断面,断面变化点14处;结构开挖宽度最大达14.3m,如断面G;最小开挖宽度为6m。采用复合式衬砌。线路在出东钓鱼站后左右线中间设置联络线及存车线各一条,右线隧道与左线隧道最薄处间距仅为0.9m。见图2。

由于结构跨度大、断面形式多、地质条件多变、隧道间距小,本段区是主要采用的施工方法分别为:台阶法、临时仰拱法、CD法、CRD法、双侧壁导坑法等。工序转换复杂,施工难度很大。

1.4 地下管线及构筑物

区间线路沿线地下管线种类繁多,埋深1~6m不等。

(1)区间隧道下穿两条雨水管:左线下穿φ1650mm雨水管,右线下穿φ1600mm雨水管,管线埋深4.5m,管线分别位于左右线上方,走向与区间一致,与结构的竖向净距约10.0m。

(2）区间隧道下穿 φ600mm 两条污水管:管线埋深 6.2m,两条污水管分别与区间左右线走向一致,分别位于隧道左右线结构上方,与隧道的净距约 9.0m。

(3）本区间与首都师范大学外国语学院前人行天桥在平面上相交,天桥一根桩基位于左线结构与右线结构中间土体,桩基础与结构的最小水平净距为 1.97m,桩基础底位于隧道结构顶以上,与拱顶的净距为 3.1m。

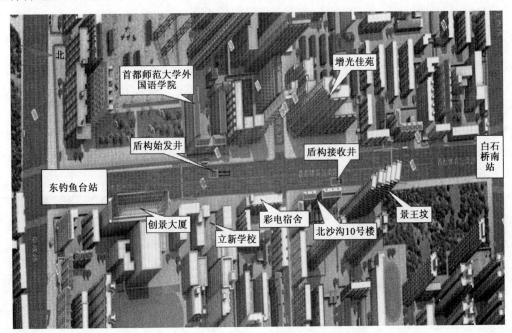

图1　东钓鱼台—白石桥区间平面位置示意图

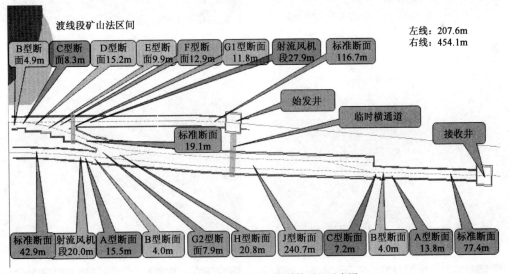

图2　东钓鱼台—白石桥区间结构平面示意图

1.5　工程地质概况

根据统计分析及比对,对东～白区间的地质情况调查如下：

（1）本段土层分布较为稳定,自上而下依次为人工堆积层、第四纪沉积层、第三纪岩层,区间隧道主要穿越粉质黏土层、粉细沙层、圆砾卵石层、卵石圆砾层及第三纪砾岩层等地层。尤其是区间从北向南在 K14+300 里程隧道仰拱部位出现砾岩层,在 K14+300～K14+191 段砾岩标高逐渐走高,在 K14+191 位置隧道全断面进入砾岩层后,一直至 K14+037 隧道开挖一直处于砾岩层,其中 K14+191～K14+216 段隧道拱部位于砾岩与砂卵层结合部,该地层富含大粒径漂石,且富含地下水。

(2)隧道仰拱出现砾岩层时,砾岩层上部有1.2~1.8m厚大粒径卵漂石地层,该地层大粒径卵漂石(20cm以上)含量占到40%以上,另外含有约25%的沙性土及20%的粉土。

(3)在整个开挖过程中,砾岩层主要为20cm以上的漂石与胶泥土胶结成一体,砾石分布密集,胶结强度较高。其中砾岩层中胶结的砾石主要以20~80cm粒径为主,局部有粒径达150cm左右的砾石,最大粒径达200cm,粒径20cm以上的砾石约占整个砾岩层的40%。

1.6 水文情况

本区间处于工程水文地质分区Ⅲb亚区,勘探期间(2007年1月下旬~3月下旬)于勘察深度范围内测到1层地下:地下水类型为潜水,受第三纪岩层层顶高程起伏影响地下水位变化较大,表现为随第三纪岩层顶板由南向北逐渐降低,水位标高逐渐降低。

在整个开挖过程中,地下水位标高一直随砾岩层标高起伏而起伏,且在K14+300~K14+244区段内受砾岩层坡度较大影响,开挖时地下水较丰富,在该区段内整个开挖过程中带水作业,施工效率极低。详见图3~图5。

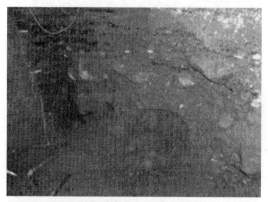

图3 右线大断面全断面进入砾岩

图4 右线大断面中上导洞大粒径漂石

图5 砾石粒径测量

2 工程特点、难点

2.1 周边环境复杂、邻近建筑物多

本段区间位于首体南路主路下方,线路所经区域上方为交通干道,交通繁忙。区间上方两侧邻近建筑物较多,其中影响较大的有人行天桥桥桩、6层彩电宿舍楼、5层北京市立新学校楼和6层北沙沟10号楼,暗挖区间施工需要格外注意,确保周边环境的安全。

2.2 隧道断面类型多,施工方法转换频繁

本区间段共有各类断面11种,为满足正线、渡线等线路功能的需要,各断面组合复杂。隧道断面有单线、双线、渐变段等,各断面交错分布,采用的施工方法有台阶法、CD法、CRD法、双侧壁导坑法等,各种施工方法和施工工序频繁转换,施工技术和现场施工生产组织管理十分复杂,必须合理、科学地选择各种工法及施工参数,精心组织,才能确保工程安全和质量,按期完工。

2.3 断面跨度大,左右线与渡线隧道相邻净距小

本区间渡线段隧道最大开挖跨度为14.3m,埋深15m左右,属于超浅埋隧道。隧道矢跨比0.35,覆跨比1.06,隧道扁平,受力状况不好,不利于围岩自然拱的形成。且左右线隧道净距较小,交叉口接渡线处最小净距仅845mm,隧道施工时两洞相互影响,需要进行合理的安排,并采取恰当的技术措施。

2.4 区间隧道拱顶地下管线密布,且沿区间线路走向长距离顺行

本段区间设计起点至设计终点范围内有两条雨水管和两条污水管,雨污水管线均为南北走向,管线与区间结构走向一致,位于拱顶上方。雨水管与结构的最不利竖向距离约为11m,污水管与区间结构最不利竖向距离约为9.2m,均为一级风险源。暗挖区间施工时刻受到雨污水管线渗漏、破坏的威胁。

2.5 工程地质及水文地质条件差,开挖面大粒径砂卵石集中

暗挖区间主要穿越圆砾卵石层和卵石层,这种围岩虽在无水条件下自稳能力较强,但较为坚硬;据了解,其中不乏大粒径的卵石块,最大粒径可达2.0m,且比较集中,增加了开挖难度,同时此种地质由于粒径大,超前导管施作非常困难;大粒径砂卵石开挖后,区间大漂石运输困难;此外,隧道拱部在潜水水位以下,且其上无隔水层,受潜水含水层底板凹凸不平以及上方雨污水管线渗漏影响,降水不易疏干,易发生涌砂、涌水现象。

2.6 穿越人行天桥

本区间与首都师范大学外国语学院前人行天桥在平面上相交,天桥一根桩基位于左线结构与右线结构中间土体,桩基础与结构的最小水平净距为1.97m,桩基础底位于隧道结构顶以上,与拱顶的净距为3.1m。

3 卵漂石砾岩地层中自进式锚杆应用技术

3.1 简述

该段区间隧道,位于第四纪卵石层与第三纪强风化砾岩层中,总体呈现卵石粒径大、含量高、胶结性

好。当开挖至全砾岩断面时,隧道轮廓全部处于砾岩层中,隧道拱顶砾岩层厚度为1.4~1.6m,且地下水丰富,原设计的超前小导管注浆支护方式已不再适用,由于砾岩层硬度较大小导管无法打入,注浆效果不理想,隧道内多处出现持续的渗漏水现象。

为保证正常施工,选用自进式中空注浆锚杆支护方式,验证其止水及支护效果,需先选定试验段施工并进行施工后效果评定。

3.2 试验段锚杆布置

试验段为标准断面,断面开挖尺寸6.2m×6.5m。自进式中空锚杆沿拱顶轮廓线150°范围内布设,一环27根布设,单根长1.5-2.5m,打设角度15°~30°,见图6。

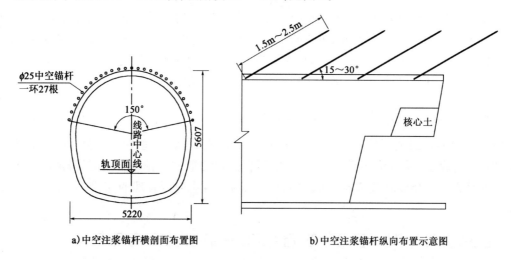

图6 中空注浆锚杆布置图(尺寸单位:mm)

3.3 自进式中空注浆锚杆简介

3.3.1 锚杆简介

自进式中空注浆锚杆,是一种将钻进、注浆、锚固功能合而为一的锚杆,能够保证在复杂地层条件下的锚固效果,适用于难于成孔的地层。杆体通过钻头旋进冲击研磨岩体成孔,钻孔完成后,杆体留在孔内不用退出来,所以不怕塌孔,节省了穿进其他杆体的时间和降低了施工难度。自进式中空注浆锚杆结构组成,见图7。

3.3.2 锚杆机选择

自进式中空注浆锚杆钻进机具选用风洞凿岩机,针对本工程特点,结合以往施工经验,采用YT28气腿式凿岩机,见图8。

3.3.3 施工工艺

施工时由空压机提供能源,沿拱部设计开挖轮廓线按设计环向间距预埋φ60mm套筒定位→检查锚杆、钻头的水孔是否有异物堵塞、若有,清理干净→连接钻头和锚杆→连接钻杆连接套和凿岩机→连接锚杆和钻杆连接套→锚杆对准设计的锚孔位置,凿岩机应先供风,然后钻进。软岩中钻进时,钻头的水孔易堵塞,应放慢钻进速度,多回转、少冲击→设计深度后,应用高压风洗孔,检查孔是否畅通,然后卸下钻杆连接套,锚杆外露孔口长为10~15cm→止浆塞通过锚杆外露端打入孔口30cm左右。锚杆需加长,用锚杆连接套连接孔中的锚杆和另一根锚杆,然后继续钻进,至设计深度。

三、暗挖法区间隧道施工专项技术

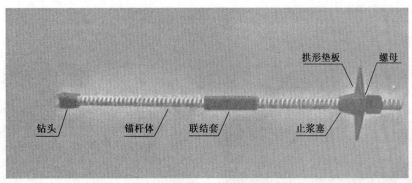

a) 自进式中空注浆锚杆

b) 自进式中空注浆锚杆

c) 配套钻头及连接件

图7 自进式中空注浆锚杆结构组成图

3.4 锚杆试验

3.4.1 自进式中空注浆锚杆管径、壁厚试验

自进式锚杆的管径大,则刚度大从而不易变形,进而可提高施工过程中锚杆打设的成功率;但是,管径过大则会发生由于与漂石的接触面积过大而难以做到"见缝插针"的效果。结合工程实际,分别选用了 $\phi25\times3.0mm$、$\phi25\times5.0mm$、$\phi30\times5.0mm$、$\phi32\times5.0mm$ 的自进式中空注浆锚杆进行打入试验。不同管径及壁厚的锚杆打入时的弯曲情况见图9。

不同管径小导管打入成孔效果统计见表1、表2。

图8 YT28气腿式凿岩机

不同管径小导管打入成孔效果统计　　　表1

序号	锚杆型号①	加工长度(m)	单根成孔深度(m)	试验总量(根)	成孔数量(根)	平均成孔深度(m)	每根平均用时(min)	备注
1	25×3	1.5	0.34~0.58	18	10	0.46	51	损坏8根
2	25×5	1.5	0.48~0.85	12	8	0.67	44	损坏4根
3	30×5	1.5	1.2~1.3	10	9	1.25	19	损坏1根
4	32×5	1.5	1.2~1.3	10	8	1.25	22	损坏2根

注:①锚杆型号系管径和壁厚。

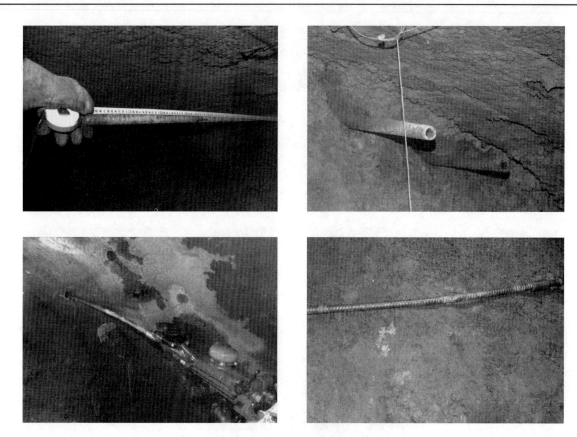

图9 不同管径及壁厚的锚杆打入时的弯曲情况

试验锚杆损坏情况及各项统计 表2

序 号	锚杆型号①	加工长度（m）	试验总量（根）	成孔数量（根）	损坏百比分（%）	最大成孔深度（mm）	平均成孔深度（mm）
1	25×3	1.5	18	10	44%	0.58	0.46
2	25×5	1.5	12	8	33%	0.85	0.67
3	30×5	1.5	10	10	10%	1.3	1.25
4	32×5	1.5	10	8	20%	1.3	1.25

注：①锚杆型号系管径和壁厚。

根据图10、图11所示，综合自进式中空注浆锚杆打设成功率、成孔最大深度及成孔平均深度等几项指标，φ30mm×5.0mm 锚杆要优于其他管径的锚杆。因此在实际施工过程中，宜优先选用 φ30mm×5.0mm 锚杆，其次可考虑使用 φ32mm×5.0mm 锚杆。

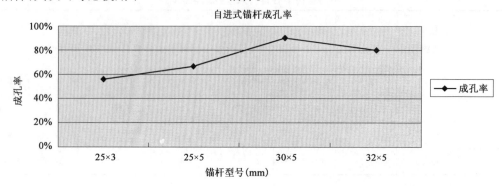

图10 不同管径及壁厚的锚杆成孔率曲线图

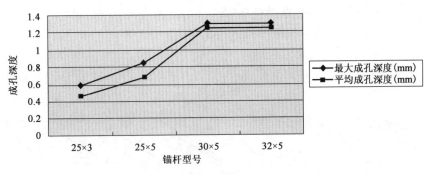

图 11 不同管径及壁厚的锚杆成孔深度曲线图

3.4.2 自进式中空注浆锚杆管长试验

结合前期自进式锚杆管径、壁厚试验,采取 $\phi 30 \times 5.0$mm 锚杆分别加工 1.5m、2.0m、2.5m 长的锚杆进行成孔试验。

具体试验数据及图片资料见表 3 所示。

成孔效果情况统计表 表 3

序 号	导管型号	加工长度（m）	单根入土深度（m）	单根打入率	试验总量（根）	成孔数量（根）	成孔率	平均入土深度（m）	平均成孔时间（min）	成孔效率（min/m）
1	30×5	1.5	1.2~1.3	83%	10	9	90%	1.25	19	12.67
2	30×5	2.0	1.65~1.8	87%	66	58	88%	1.73	33	16.50
3	30×5	2.5	1.8~2.1	78%	12	9	75%	1.95	47	18.80

通过对不同长度的 $\phi 30$mm×5.0mm 锚杆进行成孔试验对比后,综合比对成孔率、成孔时间、成孔效率等指标后,发现选用管长 2.5m 的锚杆成孔较宜。

3.4.3 钻头选型及改进

试验选用合金材质的十字形钻头进行施工,为保证钻杆风孔在砾岩层中钻进时不被堵塞,能顺利进行注浆,将置于钻头中心的排风孔改至十字钻头底部的凹陷位置,见图 12。

a) 改造前钻头排风孔

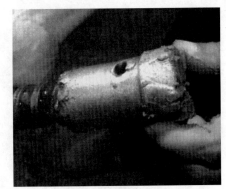

b) 改造后钻头排风孔

图 12 排风孔改造

3.4.4 自进式中空注浆锚杆注浆试验

(1) 注浆简介

注浆浆液选用水泥水玻璃双液浆:水玻璃模数 2.2~2.8 波美度 40°Bé,水泥水灰比 0.8:1~1:1,水泥水玻璃体积比 1:1。

注浆压力取 0.5~0.7MPa,浆液扩散半径 0.25m。

标准断面一环 27 根锚杆,注浆量控制在 2200~2800L。

(2)注浆效果

锚杆注浆后在断面拱顶轮廓线 140°范围内形成 1.5m 厚的致密硬壳(见图 13),以此达到加固地层以及止水的目的。

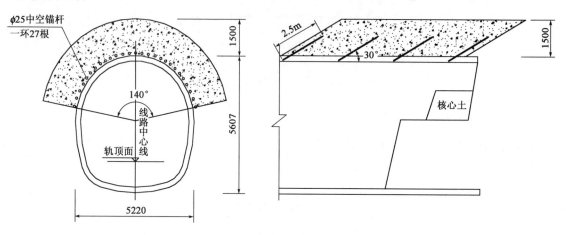

图 13　注浆加固范围示意图(尺寸单位:mm)

3.5　采用锚杆施工与原小导管施工效果对比

3.5.1　对于土体的加固效果

原设计方案拱顶小导管管径 25mm,长度 1.8m,注浆浆液扩散半径 0.5m,浆液加固厚度最大为 1.0m;现采用锚杆注浆,锚杆管径 30mm,长度 2.5m,浆液加固厚度为 1.5m,较之以前注浆加固效果有了明显提高。

3.5.2　注浆止水效果

采用锚杆注浆前拱顶有多处渗水点,采用了自进式注浆锚杆注浆的断面拱顶则较为干燥,渗漏水现象得到了很好的改善(图 14)。

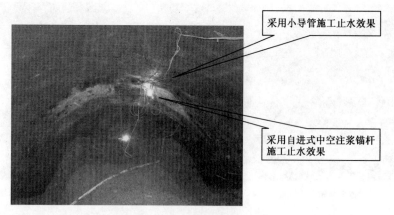

图 14　锚杆注浆止水加固效果

3.5.3　沉降对比

根据监控量测数据显示,采用超前小导管施工时,标准断面拱顶日沉降量最大达到 2mm;当拱顶沉降趋于稳定时,其累计沉降量达到 8~9mm,最大累计沉降量 12mm;自进式锚杆施工将拱顶日沉降量控制在 1mm 以内,拱顶沉降趋于稳定时累计沉降量为 6~7mm,最大累计沉降量 9mm。

4 富含大粒径漂石的砾岩层隧道开挖技术研究

4.1 砾岩层开挖技术

在开挖砾岩层的过程中,由于砾岩层的强度较大,人工开挖困难,隧道上台阶采用人工风镐辅助破除开挖,下台阶采用的是带破碎锤的挖掘机开挖。使用机械开挖时,应注意不能超挖,防止破坏已经完成的初衬结构,挖掘机周围不能站人,防止开挖过程中掉落的石头伤人。在人工开挖时,必须做好安全防护措施,防止开挖时有卵石掉落。对局部处于特殊部位(格栅部位、拱脚或拱肩等)的大粒径漂石,采取特殊的处理办法。

4.2 特殊部位大漂石的处理

根据现场开挖揭示,大粒径漂石出现的比例比较大,且可能出现在隧道各个部位,施工时存在较大风险,针对不同情况,采取不同的方法进行处理。

4.2.1 一般大漂石处理措施

针对大漂石地层,准备一些特制工具,在开挖面遇到粒径 50~80cm 的大漂石,先使用风镐沿漂石边缘打入,连续钻打至漂石有稍许的松动后,在漂石正下方安装好钢丝网加工的网兜,网兜安装必须牢固,可以将网兜固定在格栅主筋上,然后由工人使用长度不小于 1.5m 的橇棍在漂石远端对漂石进行撬动,将漂后橇落后落入网兜,人工就近搬至小推车中,石头较大时可辅以翘板搬运,然后由小推车运至龙门架下方土兜中,外运至堆土场。整个过程费时费力,且危险性相当大,是降低暗挖功效的主要方面(图15)。

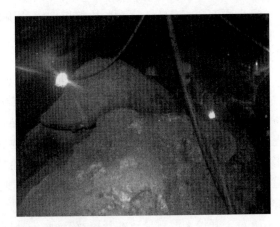

图15 隧道内的大漂石和发现的 200cm 的巨型漂石

4.2.2 侵结构大石头处理措施

开挖时,如遇到个别大漂石(漂石粒径 >40cm)侵入区间结构,一般可以采取先隧道施工,后漂石处理的原则进行施工,绕过去后再处理的措施。

(1)漂石位于拱顶及边墙处,不影响格栅安装位置时。

①如漂石外露长度小于在土中埋深,且不大于初支厚度时,可采取安装格栅,漂石部位内侧挂单层网片,喷射混凝土进行封闭处理。②如果外露长度大于土中埋深或外露长度大于初支厚度时,先进行初支施工,漂石部位钢筋网片及纵向联结筋断开,漂石两侧各加强一根纵向联结筋,待初支施工至距漂石位置2m后,再用风镐将漂石凿除,将纵向联结筋连接,挂网喷射混凝土。

(2)当漂石位于格栅安装位置时。

当漂石粒径在 40~60cm 之间时,缩小格栅间距,在漂石两侧各布置一榀钢格栅,挂网喷射混凝土,漂石部位钢筋网片及纵向联结筋断开,漂石两侧各加强两根纵向联结筋,若漂石不侵入二衬结构,则直接封闭在初支内,若侵入二衬结构,则待初支施工至距漂石位置2m后,用风镐将漂石凿除,将纵向联结筋焊接连接,挂网喷射混凝土。当漂石粒径在60cm以上时,缩小格栅间距,除在漂石两侧各布置一榀格栅外,在漂石中间部位也布置一榀格栅,该格栅在漂石部位断开,纵向联结筋加密,待初支施工至距漂石位置两榀格栅位置时,用风镐将漂石凿除,将格栅主筋焊接连接,挂网喷射混凝土(图16)。

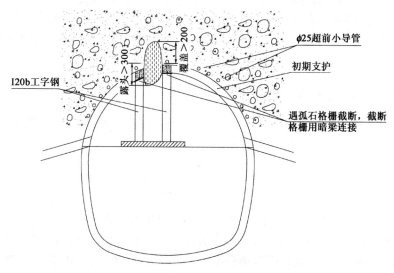

图16 漂石临时支顶措施

(3)漂石位于仰拱时,需将漂石挖出,并回填密实,然后进行初支施工。

(4)大漂石正好位于上下台阶连接板位置,影响至下台阶格栅连接时,必须将漂石从土体中挖掘出来,拟采用在漂石四周打设花管对漂石四周土体进行加固处理,待加固完成后将漂石从土体中挖掘出来。

(5)对于受砾岩层影响的仰拱施工,若仰拱格栅部位大粒径漂石较多时,采用两步开挖的方法。

(6)但若遇到漂石在拱顶部位集中分布时,格栅断开量较大会降低结构强度,危及隧道安全,若要保持格栅完整,则必须先对漂石进行处理。在小导管打不进去的情况下,直接剔除漂石,势必会引起隧道塌方;即便采取超前深孔前进式注浆的方式对地层进行预加固,但漂石自身的强度比加固体的强度大得多,剔除漂石时会整体掉落,不仅可能砸伤人,而且可能引起塌方,超挖量也很大。在此情况下,加高隧道断面,采用深孔注浆预加固的办法对漂石群地层进行超前加固,待对地层进行加固后再处理漂石群。

(7)对于开挖大漂石导致的开挖及空洞,先挂网喷射混凝土封口并预留打料管,封闭完成后通过料管向孔洞内喷射干料回填,最后采用料管进行背后注浆回填密实。

4.3 无声爆破破碎漂石施工

4.3.1 使用范围

对于粒径>80cm的大漂石,人工外运非常困难,需采用无声爆破剂先将其炸成若干小块后外运。

4.3.2 无声爆破技术

无声爆破剂是一种粉状快速、定时、耐低温的静态破碎材料,又称为碎石粉、静裂剂,无声破碎剂、静态膨胀剂、无声裂石剂、无声炸药、静态爆破剂等。因具有无震动、无飞石、无毒气、无污染安全破裂。而广泛使用于钢筋混凝土建筑物的安全拆除,特别适用于不宜采用炸药爆破的场合。无声爆破是一种新型的爆破方法。

(1)无声爆破剂与水搅拌后发生化学反应,产生体积膨胀而发生效力,膨胀压力为30~180MPa,施加给孔壁,经过一段时间后达到最大值,将介质破碎。

(2)无声爆破剂开裂时间大约在2~48h左右;也可能受温度等条件影响,在几分钟内开裂。

4.3.3 无声爆破剂使用方法

(1)预先用风钻打孔,打好的孔内最好没有水和杂物。被破坏物的材质、结构、形状和破碎要求等不同,设计的孔径、孔距、孔深等也不同,被破碎的物体必须有1-2个以上的自由面,打孔时应在自由面的一面打孔,使物体开裂不受外力阻碍(图17)。

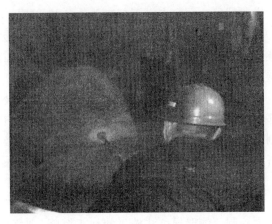

图17　膨胀剂和打孔

(2)搅拌与充填:按无声爆破剂重量比为25%~30%的水倒入容器中,然后加入静裂剂进行搅拌,搅成稀泥膏药状,能流动而不是太稀,按照少拌快装的原则,搅拌均匀后灌入预先打好的孔内。一般情况从搅拌到把无声爆破剂倒入孔内不能超过10min,否则影响开裂时间。水平钻孔装药和快速破碎时,按100kg无声爆破剂加水10~15kg在容器内拌成稠泥状,能捏成团,搓成条塞入预先打好的孔内层层捣实、中间不能留空隙,要装密实,同样要少拌快搅,从搅拌到装入孔内不能超过5min,时间过长将影响开裂时间,已发热烫手膨胀的不能再装,否则不能使被破物开裂,一年四季均用凉水进行搅拌,最好不用热水,不然可能造成无声爆破剂减少效力。待裂纹出现后,可向钻孔上喷洒少量开水可使裂缝增大。垂直的孔口灌满不必堵塞,水平或倾斜度小的孔要堵塞孔口,以免浆体流出,如遇雨、雪天孔口要隔离雨水,冬季不必进行任何防护。填充膨胀剂和破碎后的效果如图18所示。

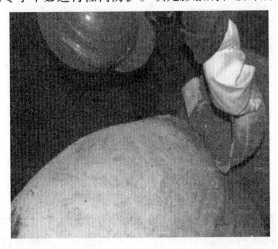
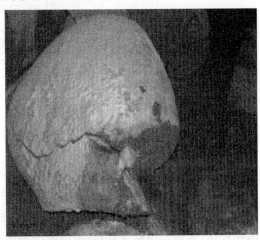

图18　填充膨胀剂和破碎后的效果

5 双侧壁导坑法施工沉降预测及控制

5.1 概述

北京地铁 9 号线东钓鱼台站后停车线区间,位于首体南路主路下方,南北向布置。区间右线长 454.073m,左线长 207.613m。覆土厚度 15～17.4m。

本段停车线区间隧道结构形式复杂,断面尺寸大,最大断面开挖尺寸 14300mm×9870mm,采用双侧壁导坑法施工。

本段线路土层自上而下依次为人工堆积层、第四纪沉积层、第三纪岩层,其中人工填土普遍厚度 1.6～2.8m;依据钻探揭露,本段线路第四纪沉积层厚度最小为 15m,一般厚度为 50m 左右。停车线区间隧道主要穿越的地层从上至下依次为:圆砾卵石层、粉质黏土层、卵石圆砾层、砾岩。隧道掌子面所在地层属Ⅵ级围岩。

在隧道开挖过程中,自洞室临空面向地层深处一定范围内,其地层应力将发生变化,宏观表现为地层移动。在浅埋隧道的情况下,其范围波及地表,在地面形成沉降槽,沉降槽将导致既有道路开裂,如果控制不力,甚至出现塌方。因此,在施工过程中,必须对有害沉降进行控制,而沉降控制的首要问题,必须解决沉降的预测及控制指标分解,这一问题关系到整个工程的安全。

5.2 各导洞沉降预测及沉降指标分解

为控制双侧壁导坑法施工的地表沉降,现将地表沉降预警值与允许值分解到每个导洞,通过控制每个导洞施工引起的沉降最终达到控制整体地层沉降的效果。

本工程双侧壁导坑法施工分 6 个导洞开挖,以 1、2、3、4、5、6 号导洞间隔 15m 顺序进行开挖,具体见图 19 所示。

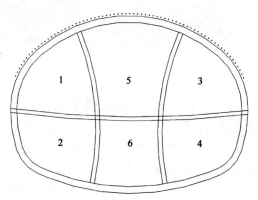

图 19 双侧壁导坑法开挖顺序图

5.2.1 沉降控制值分解依据

横向地表沉降曲线与 Peck 公式或一系列修正的 Peck 公式所给出的地表沉降曲线吻合较好,沉降曲线可近似为正态分布曲线。其中 Peck 横向分布公式为:

$$S(x) = S_{max} \exp\left(-\frac{x^2}{2i^2}\right) \quad (1)$$

式中:$S(x)$——距离隧道中心轴线为 x 处地表沉降值;

S_{max}——地表最大沉降量;

i——地表沉降槽宽度系数:

$$i = \frac{H+R}{\sqrt{2\pi}\tan\left(45° - \frac{\varphi}{2}\right)} \quad (2)$$

式中:H——覆土厚度;

R——计算半径,对于本工程,其等效半径为 $R = \sqrt{A/\pi}$,其中 A 为暗挖隧道断面面积。

地表沉降曲线的反弯点 i 位于距中线(0.8～1.6)D(D 为开挖跨度)处,随着所处围岩类别的提高而向中线靠拢,影响范围随之减少;横向影响范围约为 5i;两条隧道开挖造成的横向地表沉降槽可以认为是两条隧道单独开挖造成的沉降槽的叠加。

5.2.2 上下层导洞沉降分解

根据隧道横向沉降公式,对本工程大断面隧道单导洞地表监测数据进行分析,绘制上下导洞沉降量随横向变化曲线图(图20)。

由图20可知,上导洞开挖对地面沉降的影响起主导作用,在累计地表沉降值上,上导洞开挖对累计沉降值贡献占80%左右,上下导洞开挖对地表沉降的影响可按4:1的比例进行分解。

5.2.3 双侧壁导坑法施工各导洞对应地表沉降值分解

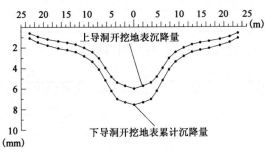

图20 上下导洞沉降量随横向变化曲线图

本工程暗挖隧道地表及拱顶沉降预警值取14mm,控制值取20mm。

根据区间概况,取覆土厚度 $H=17\text{m}$,J断面隧道单洞面积 $A=16\text{m}^2$,其等效半径 $R=2.26\text{m}$。J断面隧道上方同一断面处有3个地表沉降观测点,分别位于隧道中线上方(即中洞上方)和两侧侧洞上方,φ 均取为 $45°$,将以上数据代入计算(2)式,得地表沉降槽宽度系数 $i=18.55$;根据沉降量横向分布曲线公式(1),可得每个导洞开挖时对相邻近导洞的影响 $S=0.976S_{max}$,一侧导洞对另一侧导洞影响为 $S=0.908S_{max}$。如表4所列。

各导洞沉降关系对照表 表4

	1、2号导洞上部地表沉降	5、6号导洞上部地表沉降	3、4号导洞上部地表沉降
1号导洞	S_{max}	aS_{max}	bS_{max}
2号导洞	$S_{max}/4$	$aS_{max}/4$	$bS_{max}/4$
3号导洞	bS_{max}	aS_{max}	S_{max}
4号导洞	$bS_{max}/4$	aS_{max}	$S_{max}/4$
5号导洞	aS_{max}	S_{max}	aS_{max}
6号导洞	aS_{max}	$S_{max}/4$	$aS_{max}/4$
累计沉降量	$(1.25+1.25a+1.25b)S_{max}$	$(1.25+2.5a)S_{max}$	$(1.25+1.25a+1.25b)S_{max}$
预警值要求	<14mm	<14mm	<14mm
控制值要求	<20mm	<20mm	<20mm

注:其中 $a=0.976$;$b=0.908$。

通过上表累计沉降值控制指标,可得出每个侧洞开挖最大允许沉降预警值为3.88mm,控制值为5.55mm;中洞开挖最大允许沉降预警值为3.79mm,控制值为5.42mm。将值均代入上表可得地表沉降值分解至每个导洞后的预警及控制量,见表5:

各导洞开挖引起的沉降控制值对照表 表5

导洞编号		1、2号导洞上部地表沉降(mm)	5、6号导洞上部地表沉降(mm)	3、4号导洞上部地表沉降(mm)
1号导洞开挖	预警允许沉降量	3.88	3.70	3.52
	控制允许沉降量	5.55	5.29	5.04
2号导洞开挖	预警允许沉降量	0.97	0.93	0.88
	控制允许沉降量	1.39	1.32	1.26
3号导洞开挖	预警允许沉降量	3.52	3.70	3.88
	控制允许沉降量	5.04	5.29	5.55

续上表

导洞编号		1、2号导洞上部地表沉降（mm）	5、6号导洞上部地表沉降（mm）	3、4号导洞上部地表沉降（mm）
4号导洞开挖	预警允许沉降量	0.88	0.93	0.97
	控制允许沉降量	1.26	1.32	1.39
5号导洞开挖	预警允许沉降量	3.79	3.79	3.79
	控制允许沉降量	5.42	5.42	5.42
6号导洞开挖	预警允许沉降量	0.95	0.95	0.95
	控制允许沉降量	1.36	1.36	1.36

将每个洞室开挖引起的沉降量累加后即可得各导洞的累计沉降预警值及控制值见表6。

开挖过程中地表累计沉降值对照表 表6

导洞编号		1、2号导洞上部地表沉降（mm）	5、6号导洞上部地表沉降（mm）	3、4号导洞上部地表沉降（mm）
1号导洞开挖	预警值	3.88	3.70	3.52
	控制值	5.55	5.29	5.04
2号导洞开挖	预警值	4.85	4.63	4.4
	控制值	6.94	6.61	6.3
3号导洞开挖	预警值	8.37	8.33	8.28
	控制值	11.98	11.9	11.85
4号导洞开挖	预警值	9.25	9.26	9.25
	控制值	13.23	13.22	13.24
5号导洞开挖	预警值	13.05	13.05	13.05
	控制值	18.65	18.64	18.66
6号导洞开挖	预警值	14.00	14	14
	控制值	20	20	20

5.2.4 各导洞拱顶沉降分解

在每个导洞开挖时，只对已经开挖的导洞拱顶沉降产生影响；通过计算，可得出各个导洞开挖对某个导洞拱顶沉降的影响值（见表7）。

导洞开挖对周围导洞拱顶沉降影响控制量对照表 表7

导洞编号		1、2号导洞拱顶沉降（mm）	5、6号导洞拱顶沉降（mm）	3、4号导洞拱顶沉降（mm）
1号导洞开挖	预警允许沉降量	7.84	0	0
	控制允许沉降量	11.2	0	0
2号导洞开挖	预警允许沉降量	1.96	0	0
	控制允许沉降量	2.80	0	0
3号导洞开挖	预警允许沉降量	1.12	0	8.96
	控制允许沉降量	1.60	0	12.8
4号导洞开挖	预警允许沉降量	0.28	0	2.24
	控制允许沉降量	0.40	0	3.2
5号导洞开挖	预警允许沉降量	2.24	11.2	2.24
	控制允许沉降量	3.20	16.0	3.2
6号导洞开挖	预警允许沉降量	0.56	2.80	0.56
	控制允许沉降量	0.80	4.0	0.8

各导洞引起的拱顶沉降累加后得各导洞的沉降控制值见表8：

导洞开挖对周围导洞拱顶沉降影响累计控制量对照表　表8

导洞编号		1、2号导洞拱顶沉降（mm）	5、6号导洞拱顶沉降（mm）	3、4号导洞拱顶沉降（mm）
1号导洞开挖	预警值	7.84	0	0
	控制值	11.2	0	0
2号导洞开挖	预警值	9.8	0	0
	控制值	14	0	0
3号导洞开挖	预警值	10.92	0	8.96
	控制值	15.6	0	12.8
4号导洞开挖	预警值	11.2	0	11.2
	控制值	16	0	16
5号导洞开挖	预警值	13.44	11.2	13.44
	控制值	19.2	16.0	19.2
6号导洞开挖	预警值	14	14	14
	控制值	20	20	20

根据各导洞开挖之间的相互关系及拱顶累计沉降值绘制拱顶沉降随开挖的变化曲线如图21所示。

5.3　沉降控制措施

5.3.1　各导洞错开开挖

为控制超大断面沉降，抑制群洞效应的影响，在各导洞施工顺序上要求一侧先挖，另一侧后开挖，最后开挖中洞，各导洞掌子面错距不小于15m。

各导洞开挖具体关系见表9。

这种工法采用先上后下的开挖顺序，在1号导洞初支施工对拱部进行预支护形成支撑拱，上洞衬砌的"护拱效应"明显，体现了先上后下的好处，上洞开挖引起沉降占太多而下洞叠加很小。

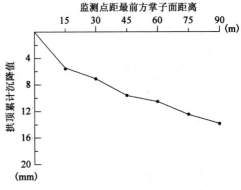

图21　导洞拱顶沉降随开挖的变化曲线图

掌子面开挖进尺与开挖部之间的关系表(单位:m)　表9

掌子面分块	步骤	1号导洞	2号导洞	3号导洞	4号导洞	5号导洞	6号导洞
开挖进尺(m)	步骤1	15					
	步骤2	30	15				
	步骤3	45	30	15			
	步骤4	60	45	30	15		
	步骤5	75	60	45	30	15	
	步骤6	90	75	60	45	30	15
	步骤7	105	90	75	60	45	30
开挖进尺(m)	步骤8	120	105	90	75	60	45
	步骤9		120	105	90	75	60
	步骤10			120	105	90	75
	步骤11				120	105	90

5.3.2 洞内超前注浆预加固

在砾岩地层浅埋暗挖段洞内,设置自进式中空注浆锚杆,以代替小导管进行超前预加固,主要设计参数:锚杆直径 ϕ30mm、锚杆长度 2.0m、锚杆间距 0.3m。

5.4 监测结果

在双侧壁导坑法施工中,要严格按照分解后的沉降控制值来控制每个导洞的沉降,对暗挖隧道做到实时的监控量测。

根据监控量测数据显示,双侧壁导坑法施工的大断面拱顶日沉降量最大达到2mm,六导洞全通过后拱顶沉降趋于稳定时累计沉降量达到12~14mm,最大累计沉降量17mm,实现了对双侧壁导坑法施工大断面的总体沉降量的控制,保证了暗挖施工的安全。

6 结语

(1)通过试验段施工分析比较,对于卵石、砾岩等小导管不易成孔地层,可采用自进式中空注浆锚杆施工;要达到较好的注浆加固止水效果,建议优先选用 ϕ30mm×5.0mm 锚杆,其次可考虑使用 ϕ32mm×5.0mm 锚杆,锚杆长度取为 2.5m 较合适;自进式中空注浆锚杆浆液选择水泥水玻璃,通过试验段施工总结,注浆基本能够达到超前加固地层及止水效果。

(2)通过对砾岩层中大粒径漂石的一系列的处理,在施工过程中收到了很好的效果;通过试验、分析及总结,解决了北京典型富含大粒径漂石的砾岩层隧道开挖难题;通过以上施工技术的处理,既确保了施工安全,又保证了施工进度;在北京既有地层隧道开挖中引用无声爆破技术,解决了在狭小空间下大粒径漂石的外运问题。

(3)对于大断面隧道采用双侧壁导坑法施工时,各导洞开挖之间引起的地表及拱顶沉降控制值相互关系,可按如下分析进行计算:暗挖分上下两层导洞施工时,上导洞开挖对地面沉降的影响起主导作用,在累计地表沉降值上,上导洞开挖对累计沉降值贡献占80%左右,上下导洞开挖对地表沉降的影响,可按4:1的比例进行分解;以J断面为例,其开挖跨度12.2m,根据计算出的地表沉降槽宽度系数 $i=18.55$,可知以此跨度开挖对地表沉降的横向影响范围约为92m;以文中工法进行开挖,侧洞与中洞对地表沉降影响按3.605:3.69比例分配。

白石桥南站～国家图书馆站区间隧道穿越下凹式立交桥施工关键技术

黄陆川　王　亮　刘莎莎

摘　要　北京地铁9号线白石桥南站～国家图书馆站区间,下穿挡土墙基础、侧穿白石桥主桥、侧穿白石新桥通道桥及首体南路路边挡土墙,周边环境条件复杂,为此,在施工中采取深孔注浆加固、增设隧道临时仰拱措施,优化施工步序,加强了对挡墙、桥梁、路面及隧道监控量测。实践证明,诸多举措效果良好,能够有效控制既有结构与隧道的变形,在确保交通不受影响的同时实现安全施工。

关键词　浅埋暗挖　近接施工　桥梁沉降　注浆　监控量测

近年来,以浅埋暗挖隧道形式穿越既有地面、构筑物的地铁工程日益增多。作为地铁近接施工的技术难题之一,隧道穿越既有交通设施具有众多不确定性因素,因施工措施不当等原因易引起构筑物严重沉降甚至坍塌,造成交通中断,将导致巨大的经济损失和不良的社会影响。本文拟结合实际工程,论述矿山法隧道下穿与侧穿桥梁及挡土墙等附属结构工程施工的技术措施与工艺要点,以对类似工程提供借鉴与参考。

1　工程概况

1.1　工程基本情况

北京地铁9号线白石桥南站～国家图书馆站区间为单线单洞矿山法区间,位于首都体育馆南路下方,区间起点为白石桥南站,终点与四号线预留节点相接。右线区间长为523.318m,左线区间长522.329m。区间覆土厚度10～18m。

本段地铁工程暗挖区间标准断面见图1,其他主要设计参数见表1。

暗挖区间标准段主要设计参数　　　　表1

部位	格栅间距	拱部超前小导管及浆液	初衬背后注浆管及浆液	锁脚锚管	喷射混凝土	防水层	二衬模筑混凝土	二衬背后注浆管及浆液
参数	500mm	$\phi25mm \times 2.75mm$钢管@300mm,拱部180°～120°范围之内压注水泥水玻璃双液浆	预埋$\phi32mm \times 2.5mm$钢管注水泥液浆	$\phi25mm \times 2.75mm$钢管$L=1.5m$	C20,250mm厚	400g/m²;1.5mm厚EVA防水板;50mm厚细石混凝土保护层	C40P10,300mm厚	预埋$\phi32mm \times 3.25mm$钢管注水泥液浆

1.2　工程地质与水文地质情况

区间断面土层主要为5层、7层卵石圆砾层,拱顶位于5层,仰拱位于5层、7层,局部夹有粉土、黏土及细砂层。拱顶上覆土从上到下依次为填土、粉土、粉质黏土、粉土、细砂、粉砂、圆砾卵石层。区间地下潜水水位高程为20.14～20.53m(埋深31.60～31.70m),位于隧道拱底下方。

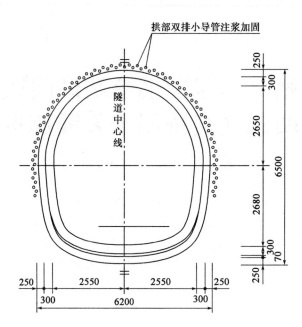

图 1　暗挖区间标准断面图(尺寸单位:mm)

2　工程重、难点及风险源

2.1　侧穿白石新桥通道桥

本工程区间在 K15+564.080~K15+592.4、K15+635.974~K15+664.614 段侧穿白石新桥通道桥,通道桥为单层框架结构,结构总高 3.65m,顶、底板及侧墙厚度均为 0.5m,天然地基,原设计地基承载力不小于 220kPa。

2.2　侧穿白石新桥主桥

区间在 K15+592.4~K15+635.974 段侧穿白石新桥主桥,白石新桥主桥为两层半互通式立交桥,桥梁上部采用预应力钢筋混凝土两跨连续箱梁,桥梁净跨 17.75m,主梁全长 37.5m,主梁断面为单箱四室,箱梁分两层使用,箱梁顶面供机动车行驶,箱梁内两边侧箱室供非机动车行驶,箱梁两侧下层悬臂供行人使用,箱梁全高为 3.55m,全宽为 34.2m。桥梁下部结构中墩采用 5 个 2m×1m 矩形截面墩柱,下接承台及直径 1.5m 钻孔灌注桩,桩长为 22.45m,隧道结构与桩基的最小净距 10.98m;桥梁边墩采用桥台接承台下接直径 1.2m 钻孔灌注桩,桩长 19.95m 和 13.95m,隧道结构与桩基的最小净距约 4.477m(图 2)。

2.3　下穿西外大街挡土墙

区间在 K15+592~K15+632 段横穿西外大街深路槽挡墙,挡墙结构 C25 混凝土重力式挡墙。地铁横穿挡墙段挡墙基础采用基桩承台。其中 1 号挡墙基础为直径 1.5m 和 1.2m 的钻孔灌注桩,桩长 20m 和 15m,隧道结构外皮与桩基的最小净距约 1.2m;2 号挡墙基础为的钢筋混凝土连续墙结构,截面尺寸 5.3m×1.0m,隧道结构外皮与挡墙边的最小净距为 1.3m。

西外大街现况路面与隧道之垂直间距为 11.03m;左线隧道边距离白石桥桥墩距离为 5.4m。

根据设计图纸对施工范围内挡土墙进行调查,发现南侧挡土墙裂缝 6 条,北侧挡土墙裂缝 7 条;缝宽范围 1~50mm 不等,缝隙长度 3.5m~通长。

本工程施工范围为首体南路道路下方与道路顺行,首体南路为主要道路车流量大,施工过程中不能阻断交通且要保证上部车辆行驶正常。

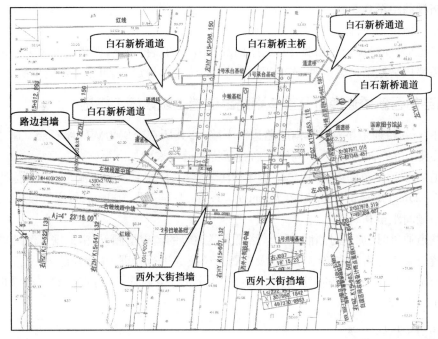

图2 工程平面位置图

3 主要施工措施与方法

3.1 下穿挡土墙基础及侧穿白石桥主桥段施工措施

该隧道区间,下穿挡墙基础及侧穿白石新桥主桥段,其所在土层为圆砾卵石层。在施工中为了保证挡墙及白石新桥结构和上部路面的安全,区间下穿西外大街挡墙及其前后15m范围内(K15+577~K15+647)采取如下措施:

(1)在隧道拱部及部分边墙范围内,采用180°单排小导管注浆支护,注浆浆液为水泥浆。注浆范围如图3、图4所示。小导管采用直径25mm焊接钢管,壁厚2.75mm,长度$L=1.9$m,环向间距200mm,内层外插角15°,每榀打设;

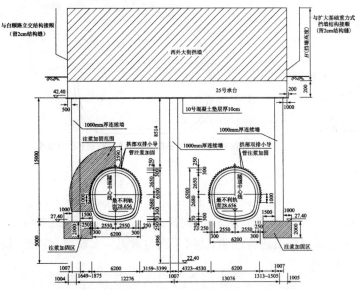

图3 区间下穿白石桥挡土墙注浆加固示意图(尺寸单位:mm)

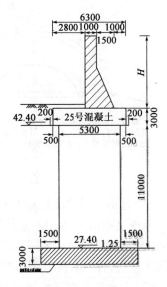

图4 区间侧穿白石桥注浆加固示意图(尺寸单位:mm)

(2)加密格栅间距至0.5m;
(3)隧道中部增设临时仰拱;
(4)区间隧道通过时,加强对挡墙、桥梁、路面及隧道等的监控量测,严格依据量测结果指导施工;
(5)下穿挡墙段暗挖结构施工时,先施工右侧单洞,待变形稳定后,再施工左侧单洞。

3.2 侧穿白石新桥通道桥及首体南路路边挡土墙段施工措施

区间侧穿白石新桥通道桥及首体南路路边挡土墙段,其所在土层为圆砾卵石层。施工中为保证通道桥、挡土墙及其上部路面的安全,区间侧穿白石新桥通道桥采取如下措施:

(1)在隧道拱部120°范围内,采用单排小导管注浆支护,注浆浆液为水泥浆,注浆范围如图4所示;小导管采用直径25mm焊接钢管,壁厚2.75mm,$L=1.9$m,环向间距300mm,每榀打设。
(2)加密格栅间距至0.5m。
(3)区间隧道通过时,加强对挡墙、桥梁、路面及隧道等的监控量测,严格依据量测结果指导施工。
(4)地铁隧道施工前由相关单位对挡墙及白石新桥裂缝进行处理,并做好记录。
(5)施工前施工单位必须对隧道影响范围内的地段进行空洞普查,对查出的空洞采取注浆或其他措施回填保证回填密实。

3.3 关键技术与工艺

3.3.1 挡墙基础及侧面桩基深孔注浆加固

对挡墙短处桩基及侧穿白石桥桩基位置进行深孔注浆加固,浆液注入方式采用二重管钻机注浆和小导管注浆相结合的方法。二重管注浆优点是可以随时注浆,浆液在端头混合,其浆液扩散范围很大,注浆压力可灵活调整,浆液渗透性、扩散性都比较好,主要用于前期的长距离的注浆加固,浆液采用水泥浆液注浆压力控制在0.3~0.5MPa。

3.3.2 台阶法增设临时仰拱

综合本工程特点,为保证施工安全、质量和进度,隧道采用增设临时仰拱的台阶法施工,主要施工步序见图5。

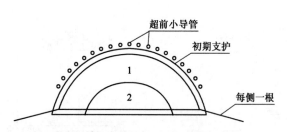
a)施工拱部φ25超前小导管,预注浆加固地层,开挖拱部土体1;保留核心土;挂钢筋网,架立拱部格栅钢架,喷射混凝土,打锁脚锚杆;开挖拱部土体。

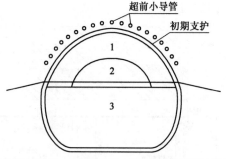
b)开挖3部土体,并施做边墙,仰拱初期支护封闭成环。

图5 台阶法增设临时仰拱施工步序图

(1)超前小导管注浆加固地层

开挖之前沿拱部180°范围打超前小导管。小导管选用φ25mm钢管,长1.9m,环向间距200mm,外倾角15°~30°,纵向水平搭接长度1m。掌子面封闭后进行注浆,注浆浆液为水泥~水玻璃双液浆,根据实际土质进行配制,注浆压力控制在0.3MPa内。

(2)上台阶土方开挖及支护

采用正台阶法施工,施工时,先开挖上拱土方,留置核心土。开挖完成后即初喷混凝土5cm,然后架立格栅钢架,挂钢筋网,喷射混凝土至设计厚度。

开挖时遵循"注浆一段,开挖一段,封闭一段"的施工原则。拱部开挖后尽早封闭,尽量减少顶部土方悬空时间,最前一步未封闭的上拱格栅与最前一步已封闭的拱腿间距控制在5m左右,核心土按1:3~1:5放坡,防止土方坍塌。

(3) 临时仰拱支护

临时仰拱采用I22B工字钢,两侧连接采用332mm×227mm×10mm钢板和L100mm×80mm×10mm角钢用22号螺栓连接,临时仰拱喷射混凝土厚度30cm。

(4) 下台阶开挖及支护

下台阶采用边墙单侧交错方式开挖,先开挖一侧的边墙,开挖步距为一个格栅间距,挖至设计轮廓后,立即安装格栅钢架、喷射混凝土;该侧的边墙支护完毕后再进行另一侧边墙的开挖及支护。两边墙均支护完毕后,开挖仰拱土方,安装仰拱格栅,喷射仰拱混凝土,封闭成环。之后再进行下一循环的施工。

3.4 监控量测

区间暗挖隧道施工中通过实时监测地面、隧道相关变化量,为工程施工提供准确的监测数据,据此适当调整作业进度和措施方法,确保工程安全顺利进行。常规监测项目有:地表沉降、倾斜及裂缝、地下管线沉降、隧道拱顶下沉及水平收敛、桩顶位移、护坡桩倾斜、地下水位等。

鉴于本工程区间隧道下穿既有构筑物的风险源特点,根据《北京地铁9号线侧穿白石新桥设计咨询报告》,分别对白石桥主桥、通道桥、出入口挡土墙各自的变形控制要求,确定加强如下项目的监测:

(1) 竖向位移观测:主桥承台上布设监测点,随时观测主桥竖向位移值;通道桥上布置监测点,观测整体竖向向下位移,及不均匀竖向位移值;

(2) 水平位移观测:主桥承台顶部布设测点,随时观测承台纵向及横向水平位移值;

(3) 转角(倾斜)观测:在通道桥侧墙布置监测点,进行转角观测;桥台前墙布置监测点进行转角观测;

(4) 结构裂缝的观测:桥台墩柱及主梁、通道桥应在施工前期、中期及施工结束随时观测并记录挡墙裂缝情况。

白石桥及挡土墙监测点平面布置见图6。

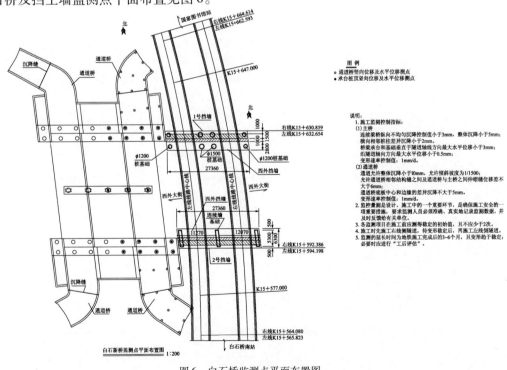

图6 白石桥监测点平面布置图

4 结语

北京地铁9号线白石桥南站~国家图书馆站区间下穿挡土墙基础、侧穿白石桥主桥、侧穿白石新桥通道桥及首体南路路边挡土墙等多种风险源,环境条件复杂,不确定性因素多,施工难度大,通过采取深孔注浆加固、增设隧道临时仰拱、优化施工步序、加强对挡墙、桥梁、路面及隧道监控量测等技术措施,整个施工过程中路面最大沉降量为18.36mm,未超过控制值20mm;白石桥主桥、通道桥、出入口挡土墙的整体沉降、水平位移、变形速率控制值等指标均在允许范围之内。确保首体南路、西外大街正常通行的同时,全线区间隧道实现了安全施工,取得了良好的社会和经济效益。

双侧壁导坑工法地表沉降控制技术

鲜大国　赵永康　丁　勇　王建光

摘　要　在城市地铁洞室施工中,采用双侧壁导坑的施工方法,是为了保证施工地表不陷、不坍的前提下,做到不改移地下管线、不扰民、维护市容和街面的正常交通秩序的一种大跨度暗挖施工方法。而对于前期初支结构地表沉降控制不利的情况下,有效控制拆撑时因受力转换带来的后期地表沉降,确保地面建构筑物安全是我们探讨的一个课题,通过此次工程实践,对以后大跨度隧道尤其是城市地铁大跨度隧道二次结构施工有很好的借鉴作用。

关键词　双侧壁导坑　沉降控制　临时支撑　拆除　二衬

1　工程概况

北京地铁 10 号线二期是一条位于城市西南部的线路,线路连通海淀、丰台、朝阳三个行政区,并与线网中的多条线路交叉换乘,线路全长 31.89km,全部为地下线(图1)。

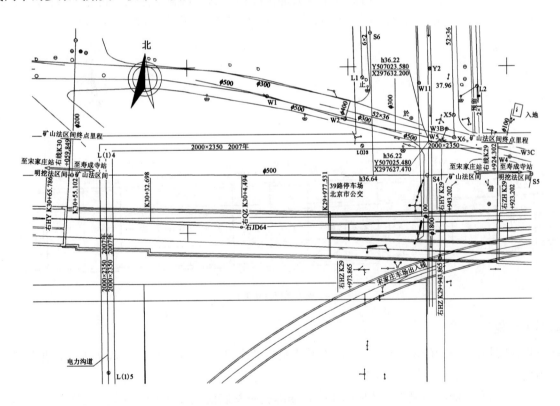

图 1　隧道平面图

本工程为成寿寺站~宋家庄站区间(右 K29 + 924.302 ~ K30 + 059.849)工程,位于规划石榴庄路下方,此段原设计为明挖法施工,位于现况 39 路车站和地铁车辆厂西大门下方,并与电力隧道斜向交叉,垂直最小距离仅 0.87m;后经与各相关单位协调,将此段改为暗挖法施工,全长 135.547m,平均埋深约 10m,工法为双侧壁导坑法和台阶法施工。

采用双侧壁导坑法施工共3段,分别为:①右K29+977.531~K30+032.698,开挖断面为14100mm×10814mm(宽×高);②右K30+032.698~K30+055.102,开挖断面为12900mm×10266mm(宽×高);③右K30+055.102~K30+059.849,开挖断面为12020mm×10022mm(宽×高)。初衬结构由C25喷射混凝土、钢筋网及钢格栅组成,结构厚350mm,临时中隔壁和中隔墙厚300mm;二次衬砌为C40抗渗模筑钢筋混凝土,厚550mm。

前期初衬施工过程中,由于拱顶地层松散、下导洞拱底地下水、地面39路车站动载以及原电力隧道暗挖施工扰动等因素的综合影响,造成地面及局部隧道内拱顶沉降过大,地面沉降最大点为DB03-24,沉降量99mm,隧道内拱顶沉降最大点为1号点(k30+25),沉降量为60mm,在二衬施工过程中,以确保变形速率和施工安全为重点。

施工时采用分段、跳仓拆除临时支撑并及时支顶,变形较大部位应在两侧二衬施工完成后再施工,拆除每段长度为3~5m,并加强施工监测,根据监测数据,拆除长度可适当加长。

2 二衬施工工艺

2.1 施工方法

由于前期初期支护施工地面沉降和拱顶沉降过大,为了确保施工安全,后期施工时必须采取稳妥、可靠的技术措施,并认真按此方案组织施工,确保万无一失。

施工时采用分段、跳仓拆除临时支撑,变形较大部位应在两侧二衬施工完成后再施工,拆除每段长度为3~5m,并加强施工监测,根据监测数据,拆除长度可适当加长。隧道二衬分仓详见图2。

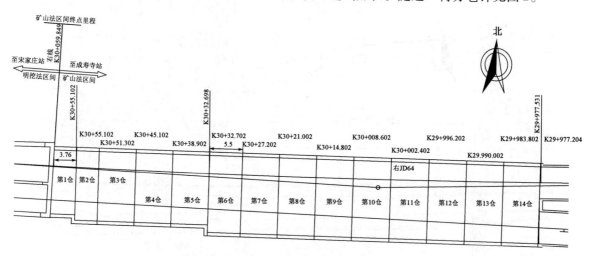

图2 隧道二衬分仓图

2.1.1 施工工序

第一步:初衬验收→中隔墙下部(1m高)结构凿除→放施工中线和高程→底板防水和保护层施工→中隔墙换撑→底板钢筋绑扎→模板支撑→浇筑底板混凝土。

第二步:拆除左右侧洞中隔板→边墙防水→钢筋绑扎→安装模板及支撑架→浇注混凝土。

第三步:拆除上部中隔墙→拱顶防水→拱顶钢筋绑扎→拱顶模板支撑→拱顶模筑混凝土。

第四步:凿除余下中隔墙和中隔板混凝土→仰拱回填混凝土浇筑。

2.1.2 拆除工程分四步进行

第一步:凿除中隔墙下部(1m高)范围内结构。

第二步:底板施工完后,边墙施工时拆除两侧洞中隔板。

第三步:侧墙施工完成后,中洞上部1.5m高范围内结构凿除。

第四步:拱顶模筑混凝土强度达到75%以上。拆除全部中隔板和中隔墙,清理渣土。

2.1.3 暗挖断面每仓总体施工流程

中隔墙下部(1m高)结构凿除(换撑)→施工测量→底板防水施工→底板防水保护层→底板钢筋绑扎→底板支模→底板混凝土→拆除左右侧洞中隔板→边墙防水→边墙钢筋绑扎→边墙安模板及支撑架→边墙浇筑混凝土→拆除上部中隔墙→拱顶防水→拱顶钢筋绑扎→拱顶模板支撑→拱顶模筑混凝土→二衬背后注浆→拆除余下中隔墙和中隔板混凝土→仰拱回填混凝土浇筑。施工总体流程见表1。

表1

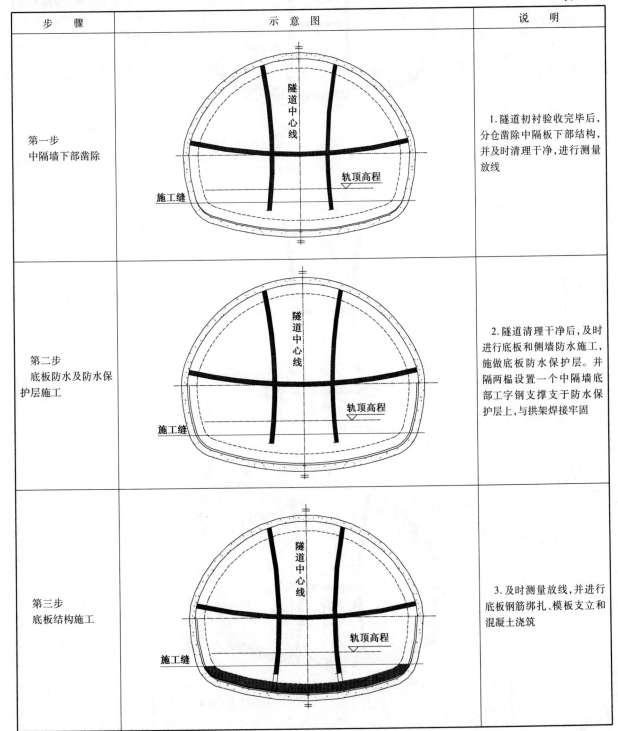

步骤	示意图	说明
第一步 中隔墙下部凿除		1.隧道初衬验收完毕后,分仓凿除中隔板下部结构,并及时清理干净,进行测量放线
第二步 底板防水及防水保护层施工		2.隧道清理干净后,及时进行底板和侧墙防水施工,施做底板防水保护层。并隔两榀设置一个中隔墙底部工字钢支撑支于防水保护层上,与拱架焊接牢固
第三步 底板结构施工		3.及时测量放线,并进行底板钢筋绑扎、模板支立和混凝土浇筑

续上表

步骤	示意图	说明
第四步 两侧中隔墙凿除		4. 进行两侧洞中隔板凿除，并注意侧墙防水板的保护
第五步 侧墙防水施工		5. 进行两侧洞侧墙防水施工
第六步 两侧边墙和边拱混凝土浇筑	（尺寸单位：mm）	6. 施工边墙、边拱，两侧对称浇筑混凝土

续上表

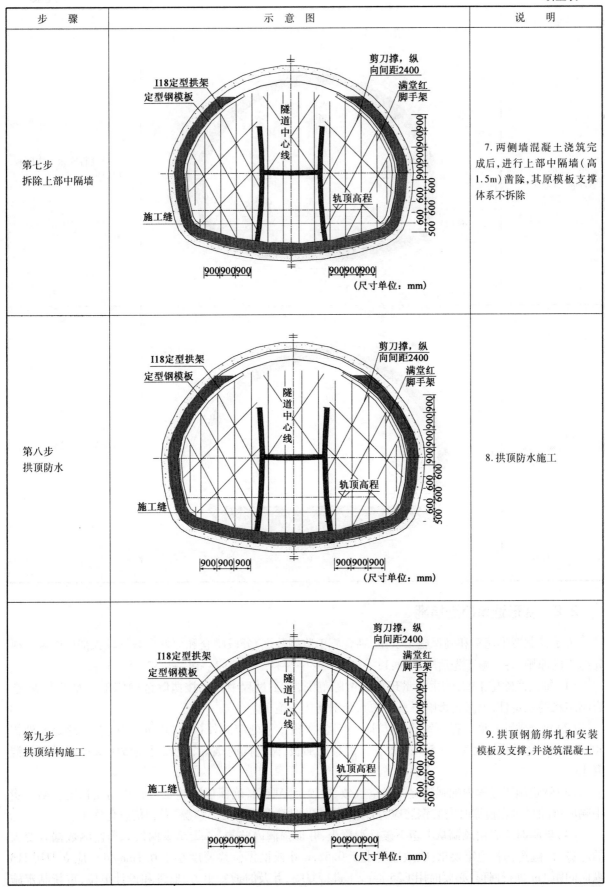

步骤	说明
第七步 拆除上部中隔墙	7. 两侧墙混凝土浇筑完成后，进行上部中隔墙（高1.5m）凿除，其原模板支撑体系不拆除
第八步 拱顶防水	8. 拱顶防水施工
第九步 拱顶结构施工	9. 拱顶钢筋绑扎和安装模板及支撑，并浇筑混凝土

续上表

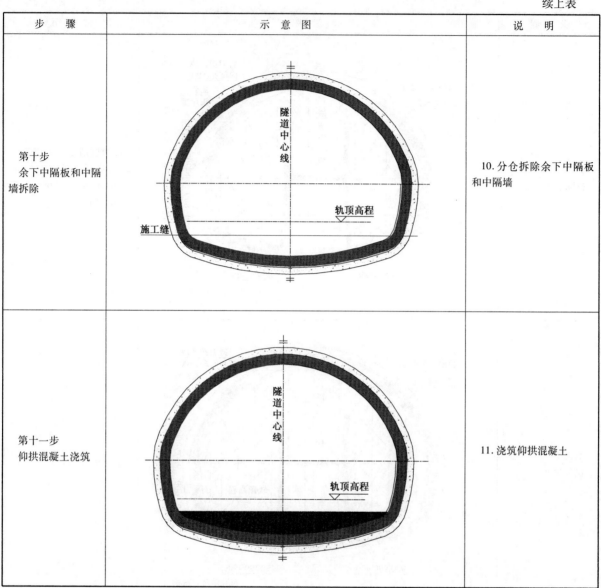

步　　骤	示　意　图	说　　明
第十步 余下中隔板和中隔墙拆除		10.分仓拆除余下中隔板和中隔墙
第十一步 仰拱混凝土浇筑		11.浇筑仰拱混凝土

2.2 变形速率控制措施

为了控制变形速率和确保施工安全,结合施工监测数据、分段跳仓和原变形数据较大部位两侧二衬先施工的原则,各仓施工先后顺序为:13→11→9→8→6→12→10→7→14→4→2→5→3→1。

(1)每次凿除施工前,需由测量班放出凿除范围,施工过程中严格按凿除范围施工。如果多凿,会影响结构的稳定性,少凿会影响下一步防水和钢筋接头施工。

(2)每仓破除长度为保证钢筋和防水的搭接,在施工缝处应向外扩1000mm,在变形缝缝处向外扩500mm。每仓凿除长度为3~5m,可根据监测数据加长,两仓同时破除,并及时施做防水和二衬钢筋混凝土。

(3)隧道施工过程中加强隧道内净空收敛、拱顶沉降监测,确保凿除施工过程中初支稳定。第一步中隔墙拆除后可在换撑时安装钢筋应力计,以便于及时掌握隧道受力情况,做到信息化施工。

(4)破除时应先用风镐从上至下破除混凝土,并加强洞内监测,一天至少两次。当监测数据有变大的趋势时(隧道初衬稳定要求:收敛速度小于0.5mm/d或拱顶位移速度小于0.1mm/d),应立即用I18纵向间距1m进行回顶,必要时用C25混凝土进行复喷,并及时通知甲方、监理和设计单位,重新制定施工方案,待监测数据稳定重新施工。

混凝土破除后监测数据无变大趋势后,方可割除钢筋。钢筋割除应一榀一割,严禁大面积的几榀同时割除,以确保施工安全以及对已施工完成防水及钢筋的成品保护。

(5)在结构破除后,在永久性结构上的钢筋切除干净,并及时用1:1水泥砂浆找平,以便于下一步防水施工。

2.3 受力体系转换

(1)为了确保施工安全和每仓混凝土浇筑长度为6.2m,中隔墙混凝土凿除分两次进行,每次凿除长度为3~5m,并在此段底板防水施工完成、换撑完成后方可进行余下混凝土凿除和换撑作业。

(2)第一次混凝土凿除后,应采用隔二留一的方式进行钢拱架的割除作业,在割下的钢拱架下方采用I18工字钢+千斤顶进行回顶,顶撑牢固后,再割除其余钢拱架,及时施做防水,在后割除的拱架下方用原拱架焊接牢固(单面焊10d),下方设置L140mm×90mm×10mm角钢+无防布支于防水层上,中间另设一个千斤顶进行支撑,最后拆除前两次千斤顶,并将防水补齐。

(3)第二次混凝土凿除及后续施工同第一次。在底板混凝土浇筑完成,并达到2.5MPa后,拆除千斤顶。

(4)中隔板及顶板混凝土凿除施工时也应分两次进行,拱架割除时应隔二留一,待监测数据稳定时方可拆除余下钢格栅。

受力体系转换 表2

步骤	示意图	说明
第一步第一次混凝土凿除		1.分次凿除中隔墙下1m高混凝土,长3~5m
第二步隔二留一割除钢拱架		2.采用隔二留一的方法进行钢拱架的割除作业

续上表

步骤	示意图	说明
第三步千斤顶支顶		3. 用I18工字钢+千斤顶进行回顶,以防止拱顶下沉及结构变形。应与第二步同时进行。工字钢下方设置200mm×150mm×10mm厚钢板,以增大受力面积
第四步割除余下钢拱架		4. 千斤顶支撑稳固后,割除余下钢拱架
第五步底板防水施工		5. 及时施做底板防水,在千斤顶处预留防水搭接长度
第六步钢拱架焊接和支顶		6. 在防水施工完成处用钢格栅和千斤顶进行回顶,钢格栅采用单面搭接焊连接,焊缝长10d,钢格栅下方应用L140mm×90mm×10mm角钢+无防布包裹,防止将防水破坏

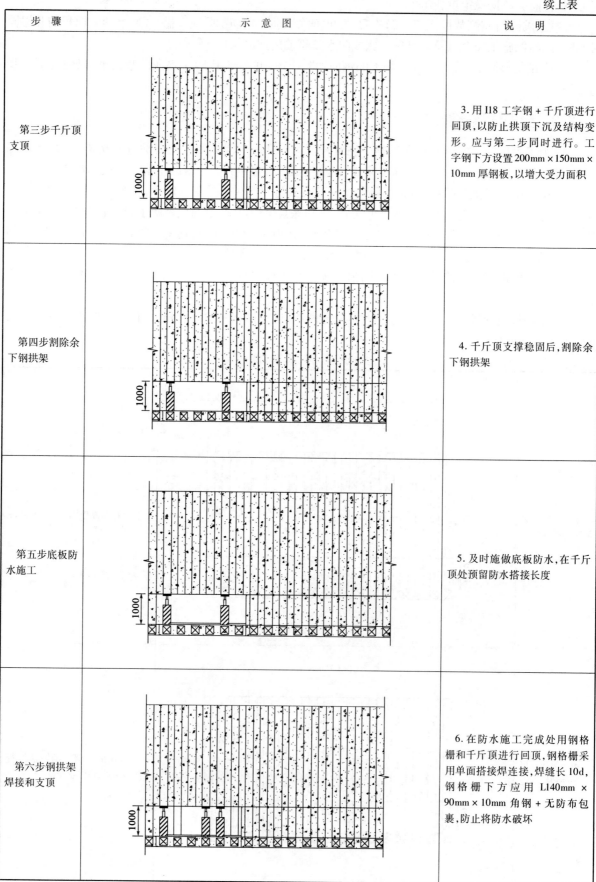

续上表

步 骤	示 意 图	说 明
第七步拆除千斤顶并施做防水	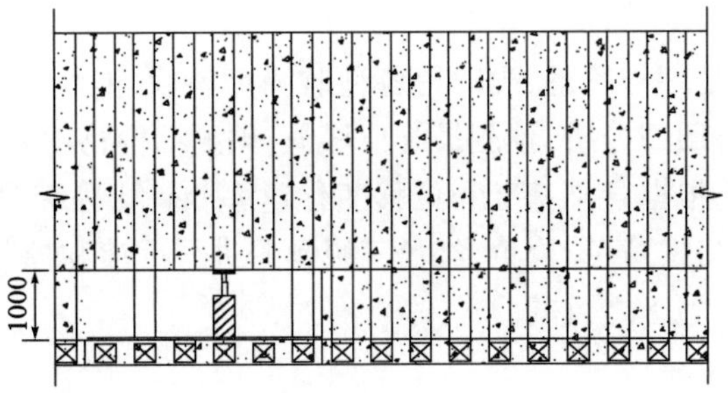	7.拆除先前支设的两个千斤顶,并将工字钢部位防水连续施做
第八步第二次混凝土凿除	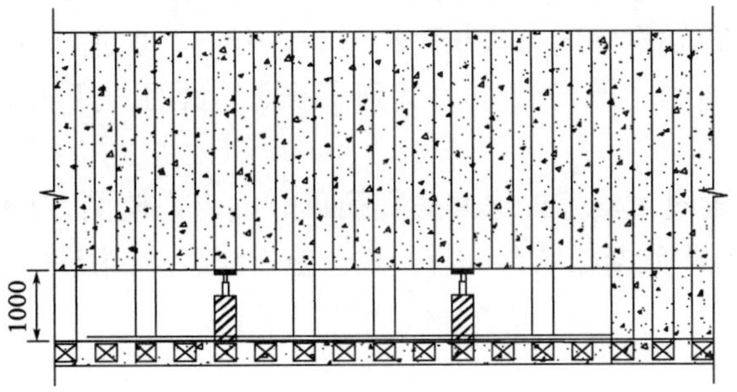	8.进行第二次凿除作业,其施工顺序和方法同第一次混凝土凿除

注:表中尺寸单位为 mm。

2.4 二衬结构施工

二次结构施工时的满堂红脚手架应配合进行临时支撑体系的受力转换,其中下洞也应进行满堂红脚手架搭设。在侧墙混凝土浇筑完成后,其两个侧洞的支撑体系不能拆除,在顶板混凝土浇筑完成后方可拆除。

3 施工监测

3.1 监测目的要求

在施工过程中对施工场地周围地层位移和附近建筑物及围(支)护结构受力情况进行监测是十分必要的。通过对施工过程中的基坑围(支)护结构受力情况、周围地表位移等进行监测。

(1)掌握围岩、支护结构和周边环境的动态,利用监测结构为设计和施工提供参考依据。

(2)监测数据经分析处理与必要的计算和判断后进行预测和反馈,以便为工程和环境安全提供可靠信息。

(3)积累资料和经验,为今后的同类工程提供类比依据。

3.2 监测内容

依据北京地铁 10 号线二期工程施工设计成寿寺站~宋家庄站区间暗挖段结构施工图监测剖面图,并结合《地铁工程监控量测技术规程》中暗挖法监控量测项目及要求的规定,选择应测项目为本次的主要监控量测项目:

(1)净空收敛量测

（2）拱顶下沉量测

（3）地表沉降观测

3.3　信息反馈方式

监控量测资料均由计算机进行处理与管理,当取得各种监测资料后,能及时进行处理,绘制各种类型的表格及曲线图,对监测结果进行回归分析,预测最终位移值,预测结构物的安全性,确定工程技术措施。因此,对每一测点的监测结果要根据管理基准和位移变化速率 mm/d 等综合判断结构和建筑物的安全状况,并编写汇总报表,监测项目按黄色、橙色、红色三级预警进行反馈和控制,及时反馈指导施工,调整施工参数,达到安全、快速、高效施工之目的。

4　结语

采取分段、跳仓拆除临时支撑并及时支顶,底板防水施工时进行倒撑,对变形较大部位施工时先进行两侧二衬施工,再施工变形较大部位,拆除时每段长度控制在 3~5m。通过上述施工措施很好地控制了地表后期变形,确保39路车站及电力隧道正常运行,达到了预期的目的,为后期的类似工程施工提供了借鉴。

在以后类似工程施工时,可以通过对支撑拆除和底板换撑时的内力监测,对不同施工阶段临时支撑内力大小变化、围岩应力变化与监测数据相结合,进行归类、分析和总结,为进一步细化双侧壁导坑法施工提供数据支持。

成寿寺站~宋家庄站区间穿越复杂地层暗挖施工管线控制技术

赵永康 李笑男 宫 萍

摘 要 地铁十号线二期工程过城市主干道路下市政管线众多，尤其是雨污水管线，由于修建年代久远，渗漏水情况较为严重，下穿管线进行暗挖施工支护方式的选择尤为重要。针对该处地质情况及施工前现场勘查情况，采用半断面深孔注浆进行超前支护，对于注浆孔布置、注浆孔大小、注浆段长度及浆液的选取做了详细介绍，并采用深孔注浆加固土体的支护方式，在暗挖施工管线控制方面产生良好的效果，为今后类似工程施工提供了借鉴。

关键词 管线保护 超前支护 深孔注浆 注浆浆液

1 工程概况

北京地铁十号线二期工程成寿寺站~宋家庄站区间(K29+264.900~K29+340.71)位于北京市丰台区，区间东端接成寿寺站，西端接已施工完毕的明挖区间。本段区间采用矿山法施工，下穿成寿寺路及大量市政管线，垂直距离为0.68~7.65m。区间内轨顶高程为22.096~21.870m，顶板覆土埋深约为10.0m，总平面图见图1。本区间结构均为单线单洞暗挖断面，施工方法分别为临时仰拱法和CRD法。

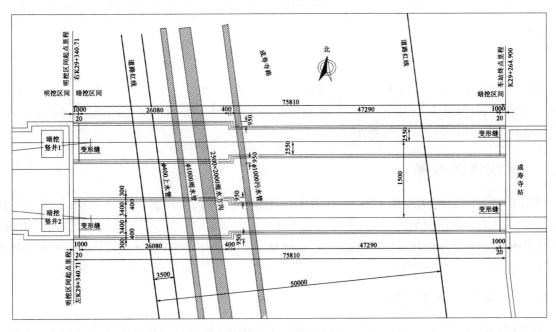

图1 暗挖区间总平面图(尺寸单位：mm)

根据开挖情况，隧道开挖断面主要为粉细砂、粉土及粉质黏土地层，开挖时有少量渗水涌出。

2 地下管线及构筑物情况

区间下穿大量市政管线，主要为ϕ400mm上水管、ϕ1000mm雨水管、2500mm×2000mm雨水方沟、

$\phi1000$mm 污水管、2600mm×3000mm 电力管沟。

其中 $\phi400$ 上水管管顶高程 35.18m,距区间结构初支上皮 6.35m；$\phi1000$ 雨水管管底高程 35.770m,距区间结构初支上皮 7.64m；实测 2500mm×2000mm 雨水方沟与区间最小垂直距离为 2.27m；$\phi1000$mm 污水管与区间最小垂直距离为 2.48m,见图 2。

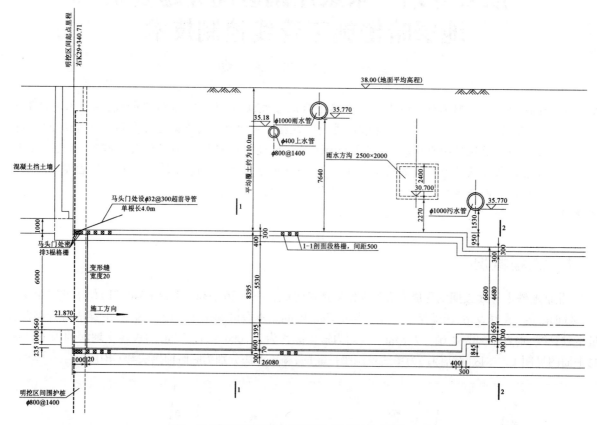

图 2　地下管线及构筑物与区间结构关系图(尺寸单位:mm)

根据现场调查情况,雨、污水管线由于修建年代久远,渗漏水情况较为严重,导致下方土体存在液化现象,水量较大,因而施工中具有较大风险,需要通过采取一系列的施工辅助措施,通过加强监测、做好应急预案,方能具备安全通过的条件。

3　管线保护方案

为保护地下管线,本次过成寿寺路暗挖施工,采用深孔注浆的超前支护方式。深孔注浆采用袖阀管工艺施工,进行上台阶全断面注浆止水兼加固土体。考虑到地层以粉砂层为主,注浆浆液选用水泥-水玻璃浆液,浆液配合比由现场试验确定,并根据隧道周围的围岩条件控制好注浆压力。考虑到隧道上方雨污水管年代久远,已有渗漏水现象,注浆压力不宜过大,根据现场调整为 0.3～0.5MPa。

3.1　深孔注浆施工流程

根据相关的设计图纸,注浆工艺的选择为在侧洞开挖前进行深孔注浆加固地层,具体施工流程如图 3 所示。

3.2　主要注浆参数

(1)注浆孔直径 $\phi46$mm。
(2)注浆材料:水泥选用普硅 32.5R 水泥,水玻璃选用波美度为 40 度的水玻璃,添加剂主要为碳

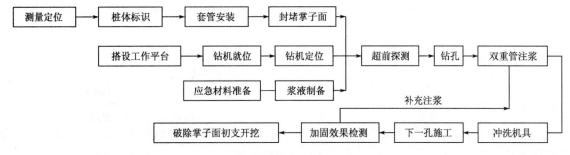

图3 注浆工艺流程图

酸钠。

(3)浆液配比:水灰比0.6,水玻璃添加量15%,碳酸钠添加量10%,适当加入特种材料以增加可灌性。

(4)浆液扩散半径:600mm,注入率:40%左右。

(5)浆液初凝时间:10s~1min,浆液凝结时间:20s~30min。

(6)为防止上方管线隆起,注浆压力控制在0.3~0.5MPa。

(7)注浆量:每孔注浆量要根据注浆压力或溢浆情况两方面标准来控制,满足其中一条标准即可认为该孔注浆完成:一是若注浆压力稳定在0.5MPa、孔口返浆量较大;二是注浆压力高于0.5MPa时虽然孔口无返水返浆,但注入非常困难时,也可认为此孔注浆完成。

3.3 深孔注浆施工工艺

超前深孔注浆每循环进尺14m,后序注浆段均预留2.5m已注浆段作为止浆岩盘,整个注浆段共分3段进行深孔注浆,见图4。注浆孔环向间距120cm,纵向间距50cm,采用钻机成孔,浆液主要选用水泥—水玻璃浆液。深孔注浆加固范围为隧道开挖线外2.0m,临时仰拱以下0.5m。

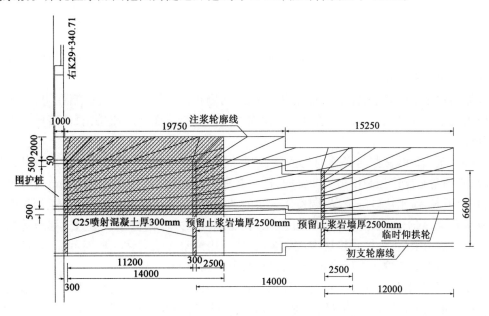

图4 深孔注浆断面孔位布置图及径向剖面图(尺寸单位:mm)

浆液注入方式:采用二重管钻机注浆和小导管注浆相结合的方法。二重管注浆的浆液扩散范围大,注浆压力可灵活调整,浆液渗透性、扩散性均比较好,主要用于前期的长距离的注浆。小导管注浆的浆液可在掌子面混合,凝结时间短,注浆压力大,浆液扩散范围小,主要用于二次补强注浆及开挖过程中的补充注浆。

注浆顺序：顺序为从两侧依次向中间、从下层向上层、从远及近进行，依次交替进行，达到注浆加固的目的。

3.3.1 测量定位

根据上一循环的地质钻探及地面勘察情况，确定掌子面注浆管布置的数量，钻孔深度及注浆长度。

3.3.2 套管安装

每一循环根据计算出的钻孔布置数量进行套管布置，注浆加固区域如图4所示，注浆孔共分8排。现场根据套管与水平方向夹角及管底水平偏移距离进行控制。

3.3.3 封堵掌子面

掌子面打2.5m长的锚杆间距1.0mm×1.0m布置，挂$\phi6.5@150mm \times 150mm$钢筋网格，将套管按照图示位置与钢筋网焊接牢固，后喷射30cm厚的喷射混凝土封闭掌子面。

3.3.4 工作平台搭设

现场用满堂红脚手架搭设注浆工作平台，钢管间距600mm×600mm，上方搭设30cm厚方木。

3.3.5 钻机就位

隧道拱顶预埋吊环，使用导链将钻机移动至作业平台上。施工时通过前后移动钻机位置、垫设方木调整钻进角度，使之适应预埋套管。

3.3.6 超前地质探测

套管埋设完成，超前注浆前使用钻机提前进行地质探测，沿着最大倾角的超前注浆套管方向钻进，确定前方隧道拱顶地质情况，如岩层的厚度、有无黏土层、砂层位置等，作为下一步超前预注浆的地勘详细资料，指导下一步超前注浆施工。

3.3.7 钻孔注浆

(1)钻孔成孔工艺，以水泥浆作为钻进冲洗介质，减少对地层的破坏。孔位布置见图5。

(2)注浆孔钻进结束后，首先用凝固速度稍快的水泥—水玻璃浆液对钻孔孔口进行封堵，封堵标准为正常注浆时浆液不从孔口返出。

(3)注浆顺序采取跳打法，注浆顺序先中间孔，后两侧孔。注浆范围主要控制在初支外轮廓2m厚的范围内作为注浆加固拱圈。为防止隧道掌子面因注浆造成掌子面坍塌或挤出，注浆施工前首先在掌子面做止浆墙。

(4)回抽注浆。每孔注浆时必须均匀注浆，注浆时钻杆必须连续转动，并慢慢地向外回抽。施加压力注浆时，必须精心操作控制压力。回钻时，严格控制回抽幅度，每步不大于30cm，匀速回抽。根据注浆压力，孔口返浆，流水流砂的情况，调整注入浆液的种类和初凝时间。同时密切关注注浆量，当压力突然上升或从孔壁、掌子面溢时，立即停止注浆，查明原因后采取调整注浆参数或移位等措施重新注浆。一个孔段注浆结束后，先停止输送水玻璃浆液，然后用纯水泥浆灌注一段时间后，再停止水泥浆液的输送。然后用清水清洗输送管后停止作业，再进行下一孔施工。

(5)注浆时间控制，按上述注浆量进行控制，但同时关注注浆压力的变化，压力变化值最大不得超过正常注浆压力值的1倍。每次移动时均必须边旋转边注浆，不得出现注浆间断。

(6)每一注浆段的注浆初期，采用凝固时间稍快的双液浆，以控制浆液扩散范围，使双液浆在设计加固范围内凝固。

(7)当注浆压力和进浆量达到设计要求时，则可停止注浆，压注一定量的清水，清洗注浆管。

3.3.8 现场清理

对注浆泵、制浆机及所有注浆管进行清洗，对现场施工场地进行清理。

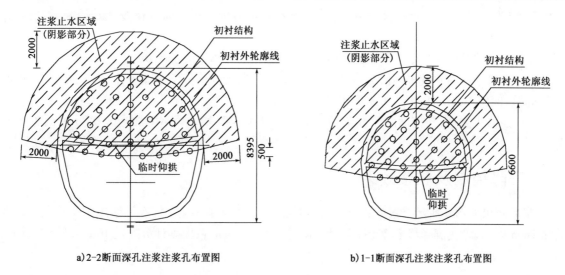

a) 2-2断面深孔注浆注浆孔布置图　　　　b) 1-1断面深孔注浆注浆孔布置图

图5　深孔注浆断面孔位布置图(尺寸单位:mm)

3.4　主要的注浆设备及材料配备

主要主将设备及材料见表1、图6、图7。

主要设备及材料一览表　　　　　　　　　　表1

名　称	单　位	数　量	工作内容
XY-500型地质钻机	台	1	打孔
SYB-60/50型注浆泵	台	2	灌浆
空压机	台	1	动力
搅拌机	台	1	制浆

图6　XY-500型地质钻机

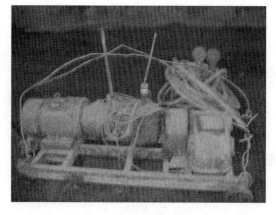

图7　SYB-60/50型注浆泵

4　地下管线辅助保护措施

隧道施工严格贯彻"管超前、严注浆、短开挖、早支护、快封闭、勤量测"的方针,杜绝大面积塌方。施工时对结构上方管线进行复核,对距离结构近或对地层变形敏感的管线制定切实可行的施工方案,同时加强监控量测,及时反馈数据和施工参数的调整,确保管线安全。区间下穿管线施工时主要保护措施为:

(1)开挖前采用洛阳铲做超前探,探孔打设在拱顶位置,一组打设3个,采用洛阳铲成孔,长度不小于 5.0m。探孔适当上仰,角度控制在 10°左右。在掏孔过程中分析土质变化及含水情况,在遇到障碍物后,改变位置继续掏孔。

(2)背后注浆及时快速跟上掌子面,背后注浆与掌子面距离不大于 3.0m。

(3)对于掌子面渗水较多的情况,采用后退式分段注浆加固前方掌子面土体,打设长 5.0m 的小导管(ϕ32mm),间距 1.0m,注入 1∶1 水泥水玻璃双浆液。

(4)加强监控测量,开挖面距管线前后 5m 监控量测数据采集频率增加到 2 次/d 及时处理异常情况。

5　沉降控制及注浆效果

注浆后效果如图 8 所示。根据监控量测数据显示,采用超前半断面深孔注浆施工将管线日沉降量控制在 1mm 以内,管线沉降趋于稳定时累计沉降量为 9~10mm,最大累计沉降量 10mm(管线允许沉降 20mm)。

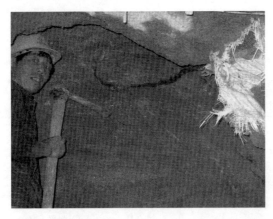

图 8　注浆效果

6　结语

(1)隧道开挖过程中,对于粉细砂、粉土等浆液渗透性、扩散性较好的地层,采用半断面深孔注浆作超前支护方式,对沉降控制能达到较好的效果。

(2)若要达到较好的注浆加固止水效果,建议选用 ϕ46mm 钻杆成孔,每段施工长度 10~14m 为宜。

(3)结合过成寿寺路段施工经验,半断面深孔注浆浆液选择水泥水玻璃,注浆基本能够达到超前加固地层及止水效果。

宋家庄站~石榴庄站区间暗挖隧道上跨既有5号线抗浮施工技术

赵永康 鲜大国 丁 勇 王建光

摘 要 根据目前北京市总体规划中的综合交通体系的相关内容,发展轨道交通已成为缓解交通压力的首选途径,其中采用明挖或暗挖法施工不可避免地会遇到许多棘手并亟待解决的问题。在北京地铁十号线二期03标的宋家庄站至石榴庄站区间隧道施工过程中,就遇到了双线暗挖隧道近距离立体交叉的难题,通过采取一系列相关措施,取得了良好的效果,对今后类似工程有很好的借鉴意义。

关键词 近距离上跨 袖阀管注浆 轨道变形控制 隧道上浮控制

1 工程概况

1.1 工程概述及周边环境

宋家庄站~石榴庄站区间位于规划中的石榴庄路下方,里程右K31+158.910~右K31+271.300,全长112.39m,采用暗挖法施工,左右线隧道中线间距14m左右,埋深平均约7.1m。该段工程4次上跨既有5号线宋家庄站~刘家窑站盾构区间,两者间的净距最近处仅1.8m。如图1所示上跨区段正线既有线关系图,图2所示暗挖区间和盾构区间关系图。

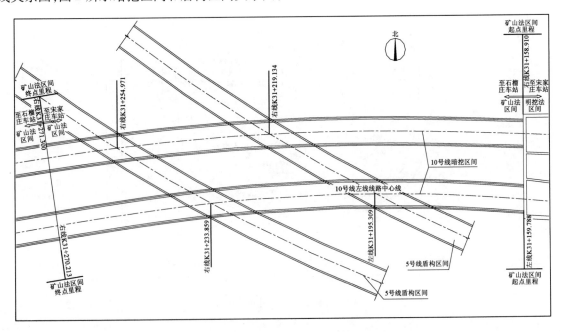

图1 上跨区段正线和既有线关系图

施工范围内地下仅一条污水管线,经过现场勘察,该条管线属拆迁遗留废弃管线,施工前对此支线进行封堵,防止污水倒流。

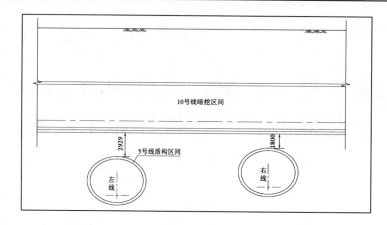

图2　暗挖区间和盾构区间关系图(尺寸单位:mm)

1.2　设计概况

宋~石区间采用单线单洞形式(标准断面+临时仰拱),在既满足地铁的限界要求又能最大限度地减少开挖断面对既有5号线的卸荷上浮的影响的情况下,断面形式采用北京地铁较为常用的马蹄形标准断面,开挖断面面积为33.4 m^2。

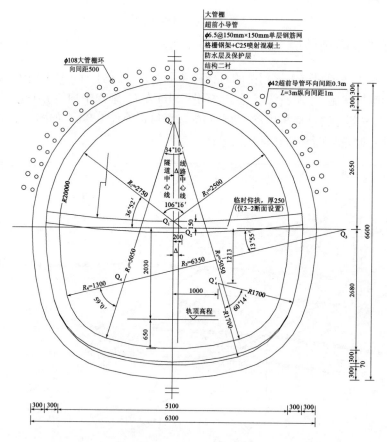

图3　断面形式图(尺寸单位:mm)

1.3　工程地质情况

根据钻探资料及室内土工试验结果,本段线路土层分布较为稳定,自上而下依次为人工填土、第四纪全新世冲洪积地层、第四纪晚更新世冲洪积地层三大类,其土层参数,见表1。

土 层 参 数 表　　　　　　　　　　　　表1

土层编号	深度	土层名称	密度（kg/cm³）	压缩模量（MPa）	直 剪		围岩分类
					黏聚力（kPa）	内摩擦角（°）	
1	38.51	人工填土	1.90	6.38	10	5	Ⅰ
2	36.31	粉土	2.00	16.9	29	29	Ⅰ
3	33.71	粉细砂	2.05	15	0	20	Ⅰ
4	29.01	粉质黏土	2.02	30	22	10	Ⅰ
5	27.71	粉质黏土	2.04	26.6	22	25	Ⅰ
6	18.41	粉质黏土	2.05	38	0	40	Ⅰ
7	17.81	粉细砂	2.05	15	0	20	Ⅰ
8	9.29	卵石	2.16	80	0	55	Ⅱ

1.4 工程水文条件

本里程段详细勘察钻孔,揭露一层地下水,见图4。

潜水(二):水位高程为24.71～28.76m,水位埋深为11.00～15.10m,观测时间为2007年2月26日至2007年3月7日。含水层为粉土、粉土层,主要接受大气降水的垂直渗透及本层地下水的侧向径流补给,以侧向径流、向下越流补给承压水及人工开采的方式排泄。

根据历年最高水位,参考钻探时的实测地下水位,本段线路抗浮设防水位按高程33.00m考虑。

该场区地下水的潜水的腐蚀性评价结果如下:本场地下水对混凝土结构无腐蚀性;在干湿交替环境下对钢筋混凝土中的钢筋弱腐蚀性;在长期浸水的环境下对钢筋混凝土中的钢筋无腐蚀性;对钢结构具弱腐蚀性。

2 关键技术研究路线分析

10号线在进行暗挖施工中对既有5号线上部土体进行卸荷,会造成5号线上跨段的上浮。由于10号线距既有5号线较近,最近处仅1.8m,且5号线采用盾构法施工,整体刚度较小,加之5号线处于运营中,轨道变形允许值控制仅为3mm,因此此段工程定义为特级风险源。

施工前对隧道近距离上跨既有线施工技术的必要性分析,认为施工风险极大,需要对以下技术进行研究。

(1)结合隧道近距离上跨既有线交叉段地层和工程本身特点,研究在隧道施工时(重点是上跨施工时)地层和既有隧道的变形趋势,以及针对既有隧道结构和周围地层变形的预加固技术的研究,包括如何对地层加固、加固区域的选定、加固方法的选取和加固措施的实施。

(2)针对本工程特点,结合预加固处理措施,预先进行地层及既有隧道变形的三维有限元分析,分析地层及既有隧道的变形趋势,并预估上跨隧道施工时下部隧道及地层产生的沉降值,以便于有针对性地采取措施,确保矿山法隧道安全通过。

(3)对于近距离上跨既有隧道(或其他建筑、构筑物),其重点是控制减小下部隧道和隧道间土体的隆起变形。本工程区段隧道穿越地层主要为粉质黏土地层,从开挖土体顺序的角度考虑,全断面开挖对地层的扰动较大,对沉降变形的控制极为不利。考虑到矿山法施工的风险,应重点研究土体分层卸荷,并针对以往矿山法施工的一系列措施进行优化管理。

(4)针对新建隧道近距离上跨既有隧道,对既有隧道及轨道沉降(+3,-3mm)的严格要求,重点研究袖阀管注浆技术。

(5) 因袖阀管注浆后,浆液存在收缩现象,鉴于本工程对沉降控制要求极为严格的情况,应进行多次注浆技术研究,以减小因浆液收缩问题造成对既有线路及隧道间土体的不利影响。

(6) 为确保上跨隧道及既有隧道安全,要做到信息化施工,须重点在上跨隧道前与后施工时做好上部地层及既有隧道的变形监测控制,使得初支开挖过程实时受控,同时研究地表沉降、交叉隧道多次注浆对运营中轨道沉降影响以及轨道间两轨的差异沉降进行监测,总结其变化规律,以便于根据监测内容及时调整施工参数,同时为类似工程提供经验。

研究路线如下:结合工程环境和工程特点,进行地层沉降和既有隧道隆起、偏移变形因素分析→既有隧道周边土体袖阀管注浆预加固技术→对地层及既有隧道变形进行沉降变形趋势判断→研究针对本工程情况的暗挖施工控制技术(包含多次补浆技术)→监控量测技术研究与应用,根据反馈结果调整施工参数,完善施工技术措施→课题总结。根据研究内容,在施工过程中的重要方案、措施要经专家论证实施。

3 关键技术的研究

设计要求,暗挖隧道上跨既有五号线隧道时,既有正线隧道内轨道沉降控制值为(−3mm,+3mm),其中两轨的差异沉降≤3mm。

根据以上分析,必须制定详细有效的技术控制措施,尽量降低暗挖隧道上跨时对正在运营中的五号线区间正线的不利影响。

3.1 新建十号线隧道标准断面加临时仰拱方法技术研究

根据地铁工程监控量测技术规程的规定,通常情况下,北京地铁区间的地表沉降及拱顶沉降均控制在30mm。一般情况下,标准段面采用台阶法施工均可满足地面沉降的要求。上半断面临时封闭法(标准断面+临时仰拱)由于可以及时封闭上半断面成环,因此就控制地面的下沉和减少施工过程的风险而言,临时仰拱法较台阶法对控制变形更为有利。同样道理,在控制既有线上浮方面,临时仰拱法较台阶法控制上浮更为严格,施工中即采用了此种方法控制变形。其中几种开挖方式的比较见表2。

几种开挖方式的比较　　　　　表2

序号	方法	开挖断面示意图	适用条件	沉降
1	台阶法开挖		地层较差跨度小于8m	一般
2	临时仰拱法		地层较差跨度小于12m	一般,同断面较1好

续上表

序号	方法	开挖断面示意图	适用条件	沉降
3	CD法		地层差,跨度小于14m	一般,同断面较1好

根据比较可知,临时仰拱法及 CD 法均较台阶法开挖沉降小;临时仰拱法较 CD 法施工更为方便。综上所述,施工中选择临时仰拱法作为最后施工方案。

3.2 上跨既有五号线交叉部位土体加固施工技术研究

注浆对于加固地层,对于改善岩土及结构的力学性能,提高其整体性、提高土体变形模量,改变土体的不均匀性均有较好的作用。5 号线因采用盾构法施工,管片间连接采用预应力拼接,其整体刚度较小,施工中考虑到该特点,对地层进行了注浆加固。临时仰拱以上导洞开挖贯通后,在洞内进行袖阀管注浆,加固改良土体。

3.2.1 注浆参数选择

(1)注浆范围及深度。
(2)单孔浆液扩散半径2.0m。
(3)浆液类型:水泥—水玻璃双液浆。
(4)浆液参数:初凝时间 60~180s,终凝时间 1~2h,水灰比 0.8∶1~1∶1,水玻比 30~45°Bé,C∶S 为 1∶0.6~1∶1。
(5)注浆压力:根据设计图纸要求注浆压力控制在 0.5~1MPa,因注浆范围在 5 号线周边,为防止压力过大对 5 号线结构产生影响,将注浆压力定为 0.5MPa。

3.2.2 注浆施工

施工工艺:钻孔→灌注封壳料→安装袖阀管→进行第一轮次注浆→清洗袖阀管内的残留浆液→待凝 12h→进行第二轮次注浆→清洗袖阀管内的残留浆液→待凝 12h→进行第三轮次注浆。

通过注浆加固,在一定程度上改善了土体的弹性模量,使得回弹模量满足了设计的要求,增加了 5 号线的整体刚度,很好地控制了 5 号线的上浮。

3.3 左右线分别开挖、上下导洞分别开挖技术研究

10 号线左右线间最小间距为 3.7m。如左右线同时施工,在最不利开挖情况下,5 号线宋刘区间存在由于上部土方挖除而造成的同时卸荷,存在上浮的安全隐患较大。为最大限地减少对 5 号线的影响,开挖采用左右线分步开挖,即先开挖右线,右线初支及二衬施工完毕后,再进行左线初支二衬施工。

3.4 二衬跳舱施工技术研究

采用复合衬砌结构,即由初期支护+隔离层+二次衬砌组成。初期支护在二次衬砌施工前已具备足够的强度和刚度,可以确保施工期间的安全和地面沉降不超过设计标准。10 号线二期宋石区间采用

复合式衬砌结构,通常情况下,初衬应完全满足刚度及强度要求,初期支护临时仰拱可采用一次性拆除,二衬一次性施工,但为最大限地保证5号线的安全,初支采用跳仓破除、二衬施工采用跳仓施工,每仓长度为4.7m,跳仓施工顺序见图4。

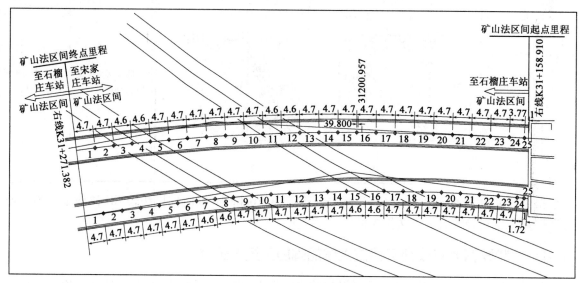

图4 跳仓施工顺序图

右线跳仓施工顺序为:

3→11→4→12→2→10→1→9→5→13→6→14→7→15→8→16→17→19→18→20→21→23→22→24→25。

左线跳仓施工顺序为:

8→16→9→17→6→15→5→14→10→19→11→20→4→13→3→12→2→1→21→23→22→24→25。

3.5 十八字方针施工技术

3.5.1 管超前

超前小导管作为暗挖辅助的施工方法,对于自稳能力在12h以内的围岩中具有很好的控制掌子面坍塌变形的能力。

工程中超前小导管采用$\phi 42m \times 3.25m$无缝钢管,管壁每隔100~200mm交错钻眼,眼孔直径6~8mm;拱顶小导管单排设置,隔榀格栅打设一环,环向间距0.3m,单根长度2.5m,外插角10°~15°。注浆浆液采用水泥—水玻璃浆液,注浆压力为0.5~0.8MPa。施工中严格控制超前小导管的间距、长度、注浆压力及浆液配比等。

3.5.2 严注浆

施工中,共需进行6次注浆,采用注浆方法见表3,每次注浆质量的控制,均直接影响着地面、5号线的变形,施工中严格控制注浆压力、浆液配比及注浆时机。小导管注浆见图5。

注 浆 方 法   表3

序 号	名 称	浆液名称	注浆压力(MPa)
1	超前小导管注浆	水泥—水玻璃	0.5~0.8
2	锁脚锚管注浆	1:1水泥浆	0.3~0.5
3	初支补偿注浆	1:1水泥浆	0.3~0.5
4	初衬背后注浆	1:1水泥浆	0.3~0.5
5	二衬背后注浆	1:1水泥浆	小于0.1
6	袖阀管注浆	水泥—水玻璃	0.5~1.0

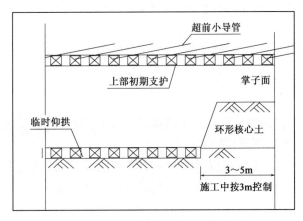

图 5　小导管注浆示意图

3.5.3　短进尺

施工中严格控制进尺长度,每环开挖长度确保为 0.5m,掌子面距临时仰拱封闭位置为 3~5m,施工中土质较好,按 3m 控制。施工中采取 24 小时旁站制度,严格控制开挖长度,杜绝两榀(1m)一喷等现象的发生。

3.5.4　强支护

初期支护钢格栅采用 4ϕ22mm 作为格栅主筋,"之"字筋 ϕ14mm,箍筋 ϕ10mm@300mm,纵向连接筋为 Φ22mm,环向间距 1.0m,内外双排布置,格栅与围岩间单层钢筋网片 ϕ6.5@150mm×150mm,初期支护厚度为 250mm,网喷 C25 混凝土。

严格控制钢筋格栅拱架的安装加工及安装质量。

3.5.5　早封闭

尽早设置临时仰拱,使支护结构成环。由于临时仰拱对抑制未闭合结构早期的下沉和水平位移起到关键作用,所以仰拱设置的早晚及其封闭质量,将直接影响到土体的变形。

施工中临时仰拱滞后掌子面 3m,开挖结构完成后在 30h 内闭合仰拱(每班 12h,进尺两榀 1m)。施工中严格调配劳动力及严把质量关,防止由于劳动力不足或质量不合格而造成仰拱不能及时封闭。

3.5.6　勤量测

监控量测作为指导施工的一个手段,可有效反馈施工的安全状态。施工中成立了双级监控系统,监控数据每日上报。

3.6　监控量测技术研究

3.6.1　地层沉降监测的重要性

近年来,矿山法隧道在地下隧道工程中得到了广泛应用,暗挖隧道施工引起的地层沉降对周围环境的影响越来越受到人们的关注。地层沉降监测在隧道施工过程中占有重要的地位,在本工程中主要表现在以下几个方面:

(1)伴随地层沉降而发生的较大的水平或竖直位移往往会对许多地面和地下建(构)筑物、管线造成巨大伤害。

(2)地层沉降影响暗挖进尺等参数,必然引起管片错台、渗水等一系列的盾构施工质量问题。

(3)地表沉降将引起路面下沉、裂缝变形,影响交通通行,甚至对居民生命财产构成威胁。

（4）地层沉降超标必须停止施工，待处理完成或者有较好的处理方案后才能施工，此情况会影响盾构施工生产进度。

（5）在宋～石区间隧道上跨5号线施工时，如果正线隧道内两轨沉降或者差异沉降过大，将影响到5号线列车的运行安全。

3.6.2 监测项目

依据相关施工图纸，结合《地铁工程监控量测技术规程》中暗挖法监控量测项目及要求的规定，选择应测项目为本次的主要监控量测项目如下：

（1）净空收敛量测；（2）拱顶下沉量测；（3）地表沉降观测；（4）建筑物沉降及倾斜观测；（5）隧底隆起观测；（6）既有线隧道结构沉降观测；（7）既有线轨道差异沉降观测。

3.6.3 监测方法及频率

为保证观测精度和观测成果的连续性，沿隧道的走向在沉降区外布设5个水准基点，水准基点和水准控制点组成附和水准线路，进行二等水准测量，水准基点每星期检测一次。

在沉降区外每个监测断面附近布置水准工作点，所有水准工作点和水准基点组成附和水准线路，使用精密水准仪进行二等水准测量，水准工作点每月检测一次。二等水准测量要满足其相邻基点高差中误差[-1.0mm,+1.0mm]，每站高差中误差[-0.3mm,+0.3mm]，线路闭合差[-0.6mm,+0.6mm]的精度要求。

沉降观测点埋设完成后，立即进行初始数据的观测，观测独立进行3次，取3次观测成果的平均值作为监测点高程的初始值。根据施工进度及测量要求，在盾构到达前开始对监控量测点按规范要求进行监测。观测点布置见图6、图7。

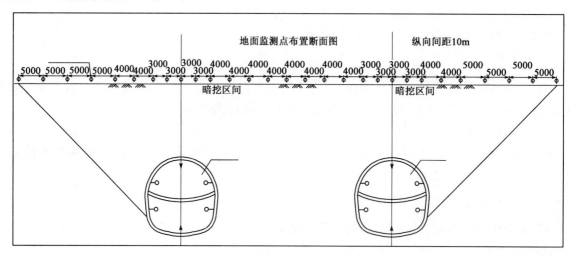

图6 地面监测点布置图（尺寸单位：mm）

观测频率为：隧道开挖面距离监测断面前、后小于2B时，3～4次/d；隧道开挖面距离监测断面前、后小于5B时，2次/1d；隧道开挖面距离监测断面前、后大于5B时，1次/2d（B为开挖隧洞的宽度）。正线轨道监测频率相应加大，为1次/2h。当监测点的高程出现异常时，加大监测频率。

3.6.4 交叉段监控量测数据分析

在及时整理地表沉降监测成果后，对监控量测数据进行分析。

（1）理论沉降分布分析

国内外开始对在软弱地层中开挖隧道产生地面沉陷及变形问题的研究开始于20世纪20年代。1969年美国著名科学家P.B.Peck结合采矿引起地面位移的估算方法，提出了隧道施工沉降槽的形状近似于概率论中正态分布曲线（示意图见图8），并给出了地表沉降的横向分布估算公式：

$$\delta(x) = \frac{V_s}{i \cdot \sqrt{2\pi}} \exp\left(-\frac{x^2}{2i^2}\right)$$

式中：$\delta(x)$——距中心横向距离为 x 处的沉降量；
　　　V_s——沉降槽体积，也称地层损失量（推进每米）；
　　　x——距离隧道中心线的距离；
　　　i——曲线反弯点的横坐标，也称沉降槽宽度系数。

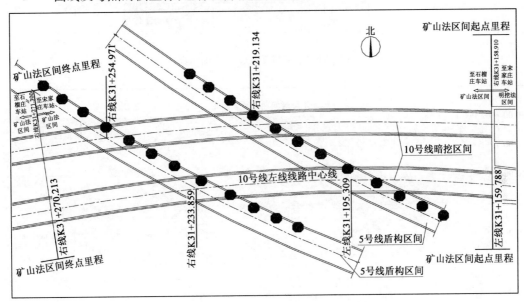

图 7　施工监控量测测点布置图

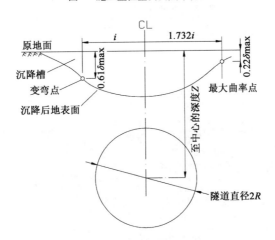

图 8　隧道上部沉降槽断面形状示意图

地面沉降的纵向曲线估算公式是根据 Peck 原理由实测数据回归所得。中国工程院刘建航院士等人总结了我国部分地区软土隧道施工经验，根据 Peck 公式的基本原理和国外有关资料，将正态分布函数用于隧道施工地面沉降纵向分布曲线的估算，并取得了成功。

（2）实测数据分析

根据对地面沉降、拱顶沉降、收敛、既有线结构和轨道等监测项目的实测监测数据分析，可以得出在不同隧道施工时，各监控量测点最大沉降值与时间曲线如图 9～图 13 所示。

从曲线图上可以看出地表沉降变化可分为初期沉降、开挖面沉降、通过中沉降、通过后沉降及最终固结沉降五个阶段。根据监测数据，仅仅考虑垂直位移，地面沉降在垂直隧道轴线的横断面上一般呈正态分布曲线，随着开挖的进展，所设的观测点处的沉降量逐渐增加，沉降区域的宽度也日趋扩展。

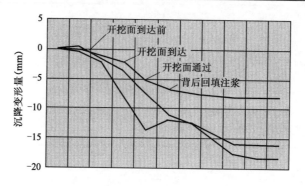

图 9　监测点沉降变形量与时间曲线图

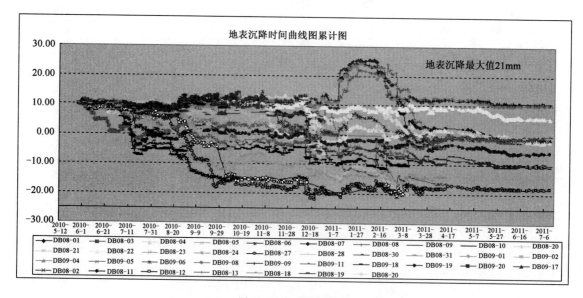

图 10　地表沉降曲线图

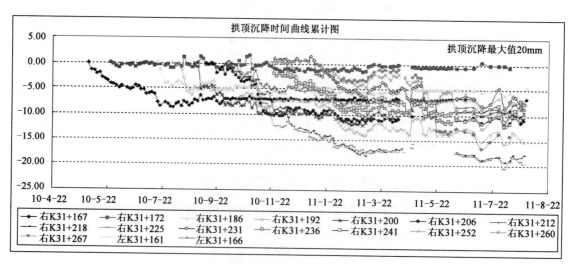

图 11　拱顶沉降时间曲线图

在区间正线隧道上跨施工前,采用(MIDAS GTS)软件对该区域下穿施工理论地层隆陷进行了有限元分析,在全面分析盾构施工过程中影响周围土体变形各主要因素的基础上,通过对地铁隧道施工过程的模拟,分析了开挖过程中隧道周围及地表处土体的位移和变形以及横断面不同深度上的沉降分布规律,地面沉降分布曲线与实测数据非常接近,计算结果表明施工采取的措施是有效可行的。

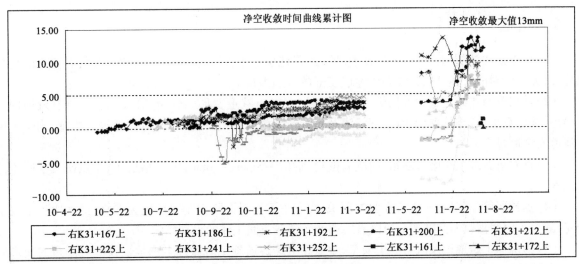

图12 净空收敛时间曲线图

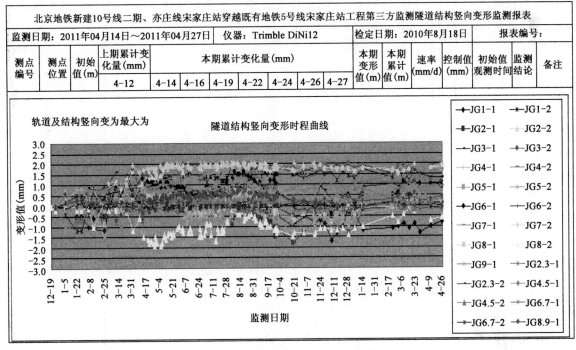

图13 隧道结构竖向变形时间曲线图

3.6.5 监测小结

矿山法施工势必会引起地表沉降，使地面建（构）筑物或地下设施受到不同程度影响。特别是上跨既有隧道时，对既有隧道的变形控制尤为重要。实践证明此类工程地表沉降规律特点是开挖面到达前及通过中沉降速率较大，沉降时间较快，后期沉降较小。通过一系列的监控手段对施工影响区域进行监测及数据分析，及时反馈成果信息，采取地层加固、超前注浆、二次及后期径向注浆增加注浆口可以有效控制地表沉降，保证地层及轨道后期沉降稳定。

宋～石区间作为10号线二期的特级风险源之一，通过采取上述措施，5号线的最大变形为2.0mm，未达到黄色预警指标，变形均在可控范围内。通过监测数据及5号线运行状况，可知采用上述措施控制既有管线上浮是有效的。

监测数据表明，地层沉降变形及上部隧道轨面沉降变形符合设计要求，且数值与三维有限元分析计算结果基本吻合，证明针对本工程所采用的研究技术成果是成功的，是行之有效的。

4 结语

（1）根据矿山法隧道近距离上跨既有线交叉段地层及工程特点，通过分析地层和既有隧道的变形趋势，研究了针对既有隧道结构和周围地层变形的预加固技术。

（2）针对既有正线隧道预加固后，进行了地层及既有隧道变形的分析，分析地层及既有隧道的变形趋势，并计算出下穿隧道施工时上部隧道及地层产生的沉降值，以便有针对性地采取措施，确保矿山法隧道安全通过。

（3）针对近距离上跨既有隧道，对既有隧道沉降（-3mm，+3mm）的严格要求，重点研究了同步注浆技术。

（4）因袖阀管注浆后，浆液存在收缩现象，由于本工程对沉降控制要求极为严格，经多次注浆技术研究，减小了因浆液收缩问题造成对既有线路及新建隧道间土体的不利影响。

（5）为确保上跨隧道及既有隧道安全，重点在上跨隧道施工时做好上部地层及既有隧道的变形监测控制，使施工过程受控，同时研究地表沉降规律、监测区间正线隧道袖阀管注浆对正线正在运营的五号线结构及轨道沉降影响以及正线两轨之间的差异沉降，总结其变化规律，以便于根据监测内容及时调整施工参数，同时为类似工程提供经验。

西局站～东管头站区间隧道下穿桥台二重管预注浆加固技术

王东清　邵　佐　骆　林

摘　要　随着我国地铁建设的快速发展,地铁暗挖隧道穿越既有桥梁、建筑物等工程也日益增多。此类工程中对桥梁、建筑物的沉降控制严,安全风险大。砂卵石地层结构松散、无胶结、渗透性强、自稳能力差,隧道成供难度大。本文通过二重管预注浆施工加固隧道供部土体,使隧道成功下穿桥梁基础,保证了施工安全,并有效控制了沉降,为地铁暗挖隧道下穿桥梁及其他建筑物施工起到了指导的作用。

关键词　隧道　下穿　桥台　二重管　预注浆

1　工程概况

1.1　丽泽桥主桥及匝道概况

丽泽桥位于北京市西三环南段,是连接西三环和丰台北路的重要交通枢纽,于1991年竣工投入使用。北京地铁14号线西局～东管头站区间暗挖隧道下穿丽泽桥区,并在K12+085.732～K12+097.732处垂直下穿主桥A-1轴、辅桥Z7a-1轴和匝道桥Z3-1轴的桥台基础,桥台基础均为扩大基础(宽5.8m,厚1.5m),垂直距离11.15m,平面位置如图1所示,剖面位置如图2所示。

1.2　地铁隧道工程概况

地铁14号线西局站～东管头站区间暗挖隧道下穿丽泽桥工程,暗挖为马蹄形标准断面(6570mm×6480mm)。该处地层为卵石～圆砾层,隧道穿越地层主要为卵石层,中砂、粗砂层,粒径30～80mm,最大达粒径200mm,含砂率8%～25%,平均内摩擦角为30°。结构覆土厚度为14～15.3m,地下水位于结构线以下。为有效控制桥梁沉降和保证施工安全,经过研究决定,采用二重管深孔注浆对开挖土体进行预加固代替超前小导管,然后再进行隧道开挖施工。

1.3　桥梁沉降控制要求

(1)桥基竖向均匀沉降15mm。
(2)桥基纵向不均匀沉降位移控制值为5mm。
(3)桥基横桥向相邻基础不均匀沉降位移控制值为3mm。
(4)桥区相关道路路面沉降控制值为10mm。

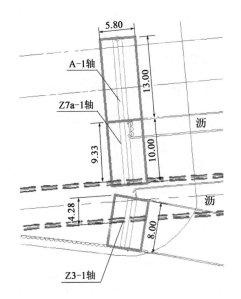

图1　隧道与桥基平面位置图(尺寸单位:m)

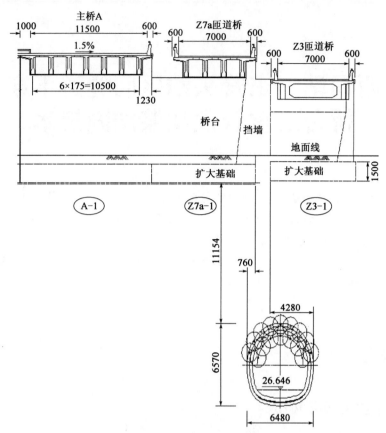

图2 隧道与桥基剖面位置图(尺寸单位:mm)

2 隧道下穿桥台深孔注浆技术

2.1 下穿桥基注浆段设计

下穿丽泽桥台基础范围内采用后退式深孔注浆进行加固,段长12m。浆液扩散半径:深孔注浆为 $R=750$ mm。注浆孔间距:深孔注浆为1000mm,每个孔又采用4个不同角度、呈辐射状布局注浆。深孔注浆纵剖面如图3所示。

2.2 超前注浆加固工艺流程

超前注浆加固工艺流程如图4所示。

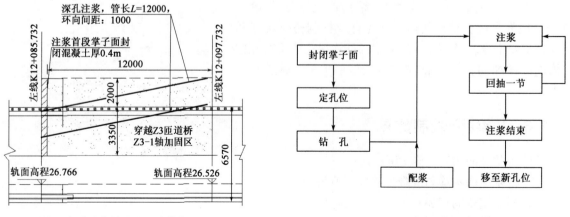

图3 深孔注浆剖面图(尺寸单位:mm)　　　　　　　图4 深孔注浆加固工艺图

2.3 施工技术

(1) 封闭掌子面

注浆前先封闭半个掌子面,范围为掌子面为砂卵石范围。掌子面封堵厚度为0.4m,作为止浆墙,止浆墙采用挂网喷射混凝土,网片为 $\phi6.5mm@150mm×150mm$ 钢筋网片,网片固定在掌子面打设的钢筋锚杆上,钢筋的规格为 $\phi25mm$,间距为 $500mm×500mm$,长度为 $1.5m$,如图5所示。

(2) 注浆工艺流程

注浆工艺流程如图6所示。

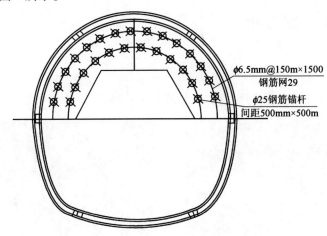

图5 封闭掌子面锚杆图

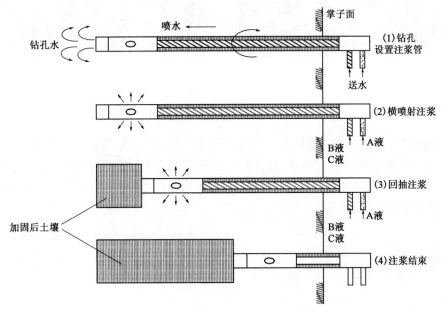

图6 二重管施工工艺图

(3) 注浆施工

注浆自下至上进行,先跳孔进行最下面一排孔注浆,然后依次向上进行注浆。在注浆过程中,结合注浆压力变化情况,现场动态调整优化注浆参数。本工程设定注浆参数见表1。

(4) 注浆效果及辅助措施

一个注浆段注浆完毕,钻2~3个孔对注浆效果进行检验,并取芯观察浆液充填情况,必要时视情况打设超前小导管补充注浆。

注 浆 参 数 表　　　　　　　　　　　表1

类　型	序　号	参 数 名 称	设 定 参 数
深孔定位注浆	1	浆液扩散半径	0.7~1m
	2	注浆终压	0.4~1.5MPa
	3	注浆速度	10~100L/min
	4	注浆长度	12m
	5	注浆材料	水泥浆=1∶1

3　施工效果和沉降分析

3.1　注浆效果

注浆完毕后,经对隧道土体进行开挖观察,浆液脉络清晰,加固效果明显,如图7所示。

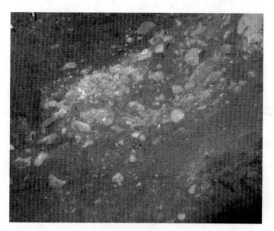

图7　加固效果图

3.2　沉降分析

对桥梁基础的监测显示,在深孔注浆施工区间,数据呈上升趋势,最大值达0.5mm;随着隧道的开挖施工,逐渐下沉,回落沉降值达1.5mm;随着回填注浆施工的进行,数据再次上升,最大值达1.3mm;回填注浆完毕后,沉降缓慢回落并稳定,在回填注浆完毕2个月左右,沉降稳定,最终总沉降1.8mm,远小于设计允许沉降值15mm,如图8所示。

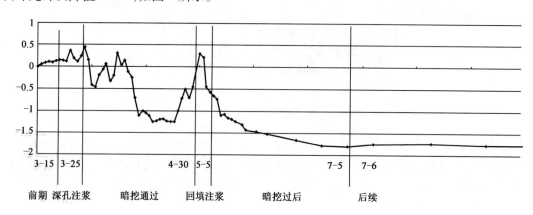

图8　沉降曲线图

注:曲线图横轴为时间,×月×日竖轴为沉降性,单位为mm。

4 结语

根据沉降数据得出,在砂卵石地层下暗挖下穿桥梁桥台施工中,采用后退式深孔注浆工艺,可以有效控制隧道施工引起的沉降,保证了砂卵石地层条件下的施工及周边、环境安全,具有指导意义。但深孔注浆施工须控制注浆量和注浆压力,以免对地面高程造成不良影响;同时需控制好回填注浆,达到充分密实,以更好控制后期沉降。

西局站～东管头站区间隧道侧下穿桥梁复合锚杆桩加固技术

王东清　姚文花　李昌军　刘　伟

摘　要　地铁暗挖隧道穿越既有桥梁、建筑物等工程对沉降要求严，安全风险大。本文通过隧道穿越前的复合锚杆施工及隧道施工过程中，不同时期的沉降数据统计及分析，得出了控制沉降的关键部位及控制时机，为地铁暗挖隧道侧下穿桥梁及其他建筑物施工起到了借鉴作用。

关键词　隧道　侧下穿桥桩　复合锚杆桩　加固

1　工程概况

1.1　丽泽桥概况

丽泽桥位于北京市西三环南段，是北京市几座大型桥梁之一，于1991年竣工投入使用，是连接西三环和丰台北路的重要交通枢纽。北京地铁14号线西局～东管头站区间暗挖隧道下穿丽泽桥区，其中地铁近距离穿越桥桩的匝道桥共计7处，净距离在0.84～4.61m之间，且桩端在隧道的肩部受力最不利位置。

1.2　地铁隧道工程概况

地铁14号线西局站～东管头站区间暗挖隧道下穿丽泽桥桩工程，暗挖为马蹄形标准断面（6570mm×6480mm）。自上而下主要地层为粉土填土、粉砂、细砂、圆砾、卵石、中砂、粗砂、卵石、层卵石。结构覆土厚度为10.1～15.3m，隧道穿越地层主要为卵石层，中砂、粗砂层。地下水位于结构线以下。设计采用地表双排复合锚杆桩和洞内径向注浆措施来控制桥梁沉降。

2　沉降控制要求及加固措施设计

2.1　桥梁沉降控制要求

(1) 桥梁竖向均匀沉降15mm。
(2) 纵向不均匀沉降位移控制值为5mm。
(3) 墩柱横桥向相邻基础不均匀沉降位移控制值为3mm。
(4) 桥区相关道路路面沉降控制值为10mm。

2.2　加固措施设计

为保证施工过程中施工安全，设计主要采用了两种措施来控制沉降，一是地面实施复合锚杆桩对土体进行隔离加固，并对桥桩周围土体加固和改良，以不降低原有侧摩阻为目的；二是在隧道内对桥桩底部土体实施径向注浆加固，具体布置见图1、图2。

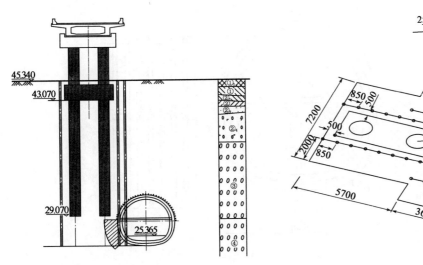

图1 复合锚杆桩和径向注浆剖面图(尺寸单位:mm)

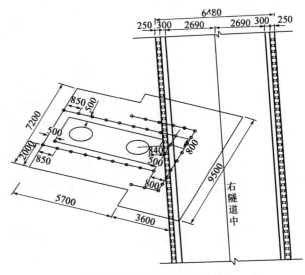

图2 复合锚杆桩平面布置图(尺寸单位:mm)

3 施工技术

3.1 复合锚杆桩隔离加固

复合锚杆桩直径150mm,采用φ50mm钢管(煤气管)和三根φ18mm定位钢筋作为复合锚杆桩钢筋笼子的骨架,每段长100mm,间距1m,三根φ20mm钢筋作为复合锚杆纵向主受力筋,见图3。另附3根φ20塑料管作为注浆管,每根注浆管出浆口范围距底端4m,注浆管φ20mm,出浆孔φ4mm,四孔竖向错开150mm,具体见图3。采用两次注浆,第一次注浆压力为0.4~0.5MPa,孔口溢浆时结束本次注浆,水泥浆水灰比0.5:1;第二次注浆采用中高压注浆,注浆压力1.0MPa,水泥浆水灰比0.75:1,在第一次注浆完成后10~15h进行。

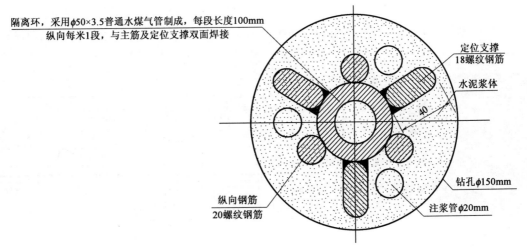

图3 复合锚杆桩构造图

3.2 径向注浆桩底加固

暗挖区间下穿桥桩段时,桥桩底基本位于隧道中部,由于在开挖过程中容易造成土体松散、回喷不密实,导致桥桩沉降,因此在隧道靠近桥桩侧,临时仰拱下45°范围内进行径向注浆,注浆范围为1.5m;注浆管采用φ25mm小导管,长1.5m,1.0m×1.0m梅花形布置,布置纵向范围为桥桩两侧各6m,注浆浆液选用1:1纯水泥浆液,压力控制为0.2~0.5MPa。详见图4径向注浆管布置图。

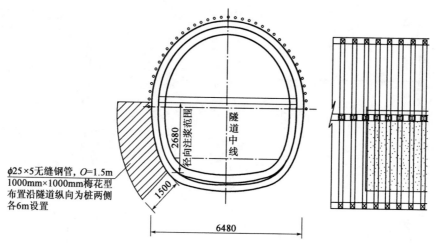

图4 径向注浆管布置图(尺寸单位:mm)

4 复合锚杆桩实施效果及沉降分析

4.1 实施效果

从现场开挖情况看,复合锚杆桩桩体坚固,周遍土体密实,如图5所示,对桥桩的隔离加固和减少其沉降起到了很大的作用。

4.2 沉降分析

经对桥梁的监测及分析,在复合锚杆桩施工初期,数据呈下降趋势,累计沉降最大达0.8mm;在复合锚杆桩完成后,整体地层加固注浆结束,沉降数据呈微弱回升趋势,回升约0.6mm;随着隧道的开挖施工,数据逐渐再次下降,隧道开挖施工期间,总沉降累计3.5mm;初衬回填注浆完毕后,沉降数据呈微弱回升趋势,回升约0.5mm。随着时间的推移,在回填注浆完毕3个月后,沉降稳定,最终总沉降3mm,远小于设计允许沉降值15mm。以桩与隧道的净距离1.51m的Z5c-5轴为例,各工序期间沉降曲线如图6所示。

图5 复合锚杆桩状体照片

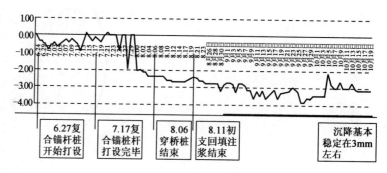

图6 沉降曲线

5 结语

根据各施工阶段的数据分析得出,在砂卵石地层下暗挖施工隧道下穿桥桩施工,采用的复合锚杆桩加固隔离土层,可以有效控制隧道施工引起的沉降,保证了砂卵石地层条件下的隧道施工及周边环境安全,具有指导意义。但复合锚杆桩施工本身也将导致桥桩的沉降,施工时需严格控制注浆量,以防止其施工阶段沉降的扩大。

区间隧道标准断面整体式模板台车研究应用

王东清 李昌军 范 明 孟华东

摘 要 隧道衬砌台车是一种用于隧道混凝土的二次衬砌施工作业从而达到其所需尺寸和表面形状的隧道施工机械,采用隧道衬砌台车来进行二次衬砌施工已经成为隧道工程的一个发展方向。文章针对隧道衬砌台车的工作原理、技术要求及其施工中的设计进行分析和探讨。

关键词 区间隧道 标准断面 台车

1 地铁区间隧道设计概述

浅埋暗挖法是最近二十多年来发展起来的一种方法,具有灵活多变,对地面建筑物、道路和地下管线影响不大,拆迁占地少,不污染城市环境等优点,已在众多地铁工程中得到了广泛的应用。

北京地铁 14 号线工程西局站~东管头站区间工程采用浅埋暗挖法施工,单线全长 1157m,隧道断面为马蹄形断面,具体为 6.46m×6.57m(即标准断面)。隧道均采用复合衬砌的结构形式,初期支护为 C20 喷射混凝土 + 网构格栅钢架 + 钢筋网支护,二衬为模筑抗渗混凝土,二衬外包防水卷材,以加强隧道防水效果。初期支护承担全部施工荷载,二衬作为安全储备,初支、二衬共同承担特殊荷载。

2 模板台车的应用

隧道衬砌台车是一种用于隧道混凝土的二次衬砌施工作业从而达到其所要求的尺寸和表面形状的隧道施工机械,它采用钢材制造而成,具有一定的形状、刚度和强度。

随着我国工程机械化水平的提高,工程工期及质量也有了很大的提高。而在隧道的施工过程中,隧道混凝土的二次衬砌是一个非常重要的工序。随着隧道工程建设中工期紧、质量要求高的大趋势,采用钢模衬砌台车来进行二次衬砌施工已经成为隧道工程的一个发展方向。隧道衬砌台车施工不仅可以有效提高隧道混凝土二次衬砌的质量和效率,并可根据隧道线路曲线半径调整台车长度,同时还避免了隧道施工中的大量干扰因素,提高了隧道工程的施工机械化程度。

西局站~东管头站区间隧道标准断面结构形式简单,在二衬施工过程中无需换撑、导撑等工序,可分两步进行二衬混凝土浇筑,即隧道仰拱和拱墙衬砌,仰拱混凝土先行浇筑;拱墙混凝土采用衬砌模板台车,并配备混凝土输送泵进行衬砌浇筑。

3 模板设计及加工

3.1 隧道衬砌台车的工作原理

同隧道衬砌理论中的内轮廓面相似,隧道衬砌台车的外轮廓面也是通过对模板两侧的开挖仓面进行封堵,从而与已开挖面一起形成了一个封闭的环形仓,并通过混凝土的浇筑而最终达到隧道衬砌的目的。而其中台车则主要通过实现立模、收模以及调整模板中心偏差等操作步骤,并通过丝杠将架体和模板连成整体,从而最终满足混凝土浇筑的要求。隧道衬砌内轮廓断面图如图 1 所示,台车图片见图 2、图 3。

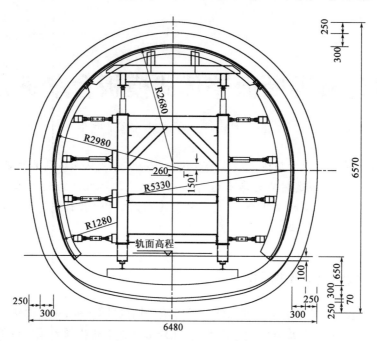

图 1　隧道衬砌内轮廓断面图（尺寸单位：mm）

图 2　隧道二衬模板台车

3.2　隧道衬砌台车的技术要求

钢模板的外形尺寸必须达到隧道断面的标准和要求，同时必须确保隧道中心线与钢模板中心重合，其组装的初始误差不得超过 50mm，否则无法通过钢模板的水平移动调整到位；另外，其顶模必须能进行一定的调整，从而保证当台车的主台架无法将纵向调整到位时，可以通过顶面的调整来满足隧道的纵向坡度要求。

钢模板的动作应当能够有效地完成锁定定位、支模、脱模等工作，钢模板台车的模板支模和脱模基本上都是采用液压驱动，而锁定是通过机械装置来完成的；同时整体模板应留设灌筑窗和作业窗以满足施工的需要；另外，钢模板台车各个部件的设计应当能够满足运输的条件。

钢模板台车的主台架内净空应当能够保证其他施工机械的顺利通过，并保证能够满足其他机械在拖拉行驶过程中的要求，以及台车自身通过岔道时的通行能力能够满足要求。

门架行走轮的轴距和整体模板的长度应满足隧道转弯半径以及其他配套机械的施工组织需要，模板的长度为 12m，而门架轴距应当小于整个模板长度的 1m 左右。

3.3　台车设计

隧道衬砌台车的模板系统主要由侧模和顶模组成。其中侧模通过侧向油缸或者丝杆与支撑系统的门架部分铰接,顶模通过螺栓与支撑系统的顶升油缸以上部分连接。模板系统的设计,首先要确定侧模和顶模的铰接点,使其铰接点位置的确定能够保证台车有足够的脱模空间,而同时又不能因为侧模太长而影响模板系统的整体刚度。当台车降低100~200mm时,保证脱模空间为50~100mm。

3.3.1 结构特点

衬砌台车是由台车架、模板及液压动力系统三大部分组成。通过液压装置立模、拆模,可一次完成隧道全断面衬砌。

(1)台车车架:主要包括行走门架、联系纵梁、行走装置。
(2)模板:模板长度根据衬砌长度及市场上所能购买到的板材幅面来进行规划。
(3)支撑:模板支撑设在模板铰接框板处,使模板直接承受荷载。灌筑时主要是模板受力。
(4)收支、升降:模板收支靠4个侧向液压缸工作,进行收支。升降模板靠4个垂直液压缸进行升降。

3.3.2 主要设计参数

台车主要设计参数见表1。

台车主要设计参数表　　　　表1

部　位	项　目	技术参数
模板	收拢处连接	铰接
	工作窗总数	20
	工作窗尺寸(mm)	450×450
台车	行车方向	自行
	行走速度	6~8m/min
	行走轮总数	8个
	行走电机数量	4台
	行走电机功率	1.5×4=6kW
液压动力系统	系统工作压力	16MPa
	顶升液压缸数量	4支
	最大顶升量	300mm
	侧向液压缸数量	4支
	侧向液压缸行程	300mm
钢轨	规格(kg/m)	50
	轨距(m)	3.5
	枕木	12号槽钢

3.3.3 基本原理和技术指标

(1)利用模板承受二次衬砌的荷载,门架收支模板。
(2)模板本身可承受$70kN/m^2$的压强。
(3)顶部可承受$100kN/m^2$的压强。
(4)模板刚度大,收支平稳可靠,顶部设置防漂杆防止漂模,模板下部设置生根装置,固定模板防止位移。

4 模板安装及使用

4.1 试拼装

为对设计性能和加工尺寸进行检查,在钢模台车加工完毕后,即进行试拼装。试拼装时,按使用状态装齐全部零部件、螺栓、丝杆、液压及行走系统。试拼装时，不得使用重锤敲打，螺孔或销孔不用过冲，不扩孔。如发现孔或销位不对时，应慎重研究，妥善处理。

4.1.1 模板拼装允许误差

（1）模板直径（任何部位）允许偏差 ±8mm，长度允许偏差 ±14mm。

（2）模板两端托梁内侧构成的对角线长度允许偏差 ±15mm。

（3）模板所有接缝与模板工作窗的接缝均应密贴，允许缝隙不超过 2mm，且不允许有凹凸不平现象。

（4）板纵向的铰耳均在同一轴线上，以保证转动自如。

4.1.2 台车门架允许的拼装误差

（1）门架净跨度允许偏差 ±4mm。

（2）两端门架间距允许偏差 ±7mm。

（3）门架立柱中心线构成的对角线误差为 ±10mm。

（4）门架立柱中心线和垂直油缸的同轴度允许偏差 1/1000。

（5）沿纵向排列的侧向油缸和侧向丝杆千斤在同一平面内。

（6）垂直油缸收缩到最低位置时的顶面应在同一水平面内。

4.1.3 综合检验

（1）检测模板的外表面轮廓，平面度误差在 5mm 以内，每块模板之间的接合缝在 2mm 以内，局部接合缝允许在 3mm 内，模板与模板之间的错台在 2mm 以内，局部错台允许在 3mm 内。

（2）检测液压系统的运转是否正常。用调压阀将系统压力调整到的额定压力 16MPa，重复油缸的伸缩动作 100 次，监测各个动作油缸伸缩是否正常，是否有漏油、发热的情况。在动作时并监测模板动作时，台车各部位是否有干涉。

（3）检测电器系统的运转是否正常。将电机开启后，检测其起动电流和运转电流是否正常，各元件的接触是否正常，运转 120min 后，电器系统是否过热。

4.2 台车现场拼装及定位

4.2.1 拼装

边墙及拱部模板及支撑体系采用整体模板台车，台车纵向模板长度 12m。台车的拱模、侧模、底模均采用液压缸伸缩整体模板，以适应正洞直线和曲线不同的断面。台车拱模纵梁及行走纵梁上设置活动钢支撑，以防止台车上浮及向内位移，台车的行走钢轨采用 43kg/m 标准轨，行走速度 6~8m/min，电机电源为 380V/50Hz，台车的制动设卡轨钳。

4.2.2 定位

台车在进行衬砌工作前，必须要对台车进行定位，使台车轮廓断面尺寸与要求尺寸一致。台车行走至待衬砌断面后，通过以下几个动作进行定位：

（1）通过操作液压系统的平移油缸调节台车中线，使其与隧道中线对齐；

（2）操作液压系统顶升油缸，使台车升至标准衬砌高度，然后旋紧基础千斤，之后复核高度尺寸；

（3）操作液压系统，使侧向油缸活塞杆伸出并达到标准衬砌断面，然后人工扳动侧向支撑丝杆千斤，使之达到侧向油缸支撑位置并旋紧；

（4）完成以上几个动作后，应进行断面尺寸的复核，以防有误。

4.3 台车脱模

（1）拆掉侧向千斤顶丝杠、撑地千斤顶丝杠和端头模板。

(2)启动油泵操作换向阀,回收侧向油缸,使台车侧向模板脱离衬砌面。

(3)回收竖向千斤顶。

(4)操作换向阀回收竖向油缸,使台车顶模脱离衬砌面。回收油缸时,必须分次收缩,切忌一次性强制脱模。

(5)收起基础千斤顶。

5　实施效果

实际施工证明,衬砌台车运用到隧道二衬施工中具有拆装简便,使用简单的优点。该套衬砌台车应用于施工生产中后使施工效率大大提高,加快了工程施工进度并降低了工程造价。在隧道施工中使用钢型模板台车,按每2天1个循环12m计算,人员仅需每班5人左右,使区间隧道优质、快速地完成施工,隧道混凝土面整体美观、平整。

复杂条件下暗挖隧道马头门施工技术

姚文花　王东清　范　明　李昌君

摘　要　城市轨道交通工程多位于地下,具有隐蔽性、复杂性和不确定性等突出的特点,施工风险非常大;而暗挖隧道马头门施工,则是在一个狭小的地下空间内向外开洞口,是整个隧道结构的薄弱环节,若方法不当或措施不利,施工时容易发生拱顶坍塌或引起地表及周围构筑物的过大沉降,带来很大的施工风险,更会危及施工人员的生命安全。在设计图纸中,一般仅体现常规的倒挂井壁格栅形式竖井的马头门开设步骤和措施。而在施工过程中如遇到其他特殊情况,如按常规方法开设马头门,会产生很大的安全风险甚至导致事故发生。本文对不同施工条件下的马头门施工进行剖析,研究出不同施工条件下的暗挖隧道马头门施工的不同方法措施,确保了施工安全,同时避免了从地面对马头门位置土体进行预加固而发生的大量费用,为今后类似工程施工提供经验借鉴。

关键词　暗挖隧道　马头门　施工技术

1　工程概况

北京地铁14号线工程西局站~东管头站区间工程采用暗挖法施工。左线设计里程为K11+863.652~K13+21.480,全长1157.957m,右线设计里程为K11+863.652~K13+21.480,全长1157.828m。

区间设3个施工竖井,其中1号竖井在丽泽桥区范围内(设联络通道),竖井内净尺寸4.6m×6m,为常规倒挂井壁的格栅形式竖井(暗挖竖井的常规形式);2号竖井在丽泽桥东侧规划绿地内,兼做轨排井(暗挖竖井的特殊形式),竖井内净尺寸6.4m×31m,围护结构为φ1000mm护坡桩+锚索,桩间距1600mm。0号竖井位于西局站内,为车站端头临时竖井,车站结构已经施工完毕,未对暗挖隧道马头门上部土体进行预加固(暗挖隧道马头门开设遇到的特殊情况)。

区间隧道穿越地层主要为卵石层,中砂、粗砂层粉质黏土层,粉土层,卵石层,中砂、粗砂层,地下水类型为潜水,区间结构位于潜水以上。

区间采用矿山法施工,本区间轨面高程25.075~29.456m,地面高程为43.97~52.45m,结构覆土厚度为10.1~15.3m。区间平面由多条曲线构成,区间最大坡度为20‰。

2　马头门施工条件分析

本工程设计3种典型的马头门开设形式,第一种是常规格栅竖井施工条件下的隧道马头门开设;第二种是竖井的围护桩施工完毕后,通过围护桩间缝隙对隧道马头门顶部地层进行预加固措施,再进行竖井主体混凝土结构施工,最后进行隧道马头门的开设形式。第三种是车站端头围护桩及主体混凝土结构完毕后,在没有任何对区间隧道马头门处土体进行预加固措施条件下进行隧道马头门开设遇到的特殊情况。

2.1　1号竖井马头门施工条件分析

区间在右线里程K12+229.277处设1号施工竖井及联络通道,见图1,联络通道与泵房结合设置,施工竖井初支外轮廓尺寸为4.6m×6.0m,深24.779m,采用倒挂井壁法施工。联络通道全长41.5m,初支外轮廓尺寸为 5.8m×9.13m，为拱顶直墙结构形式，采用上下导洞法施工。

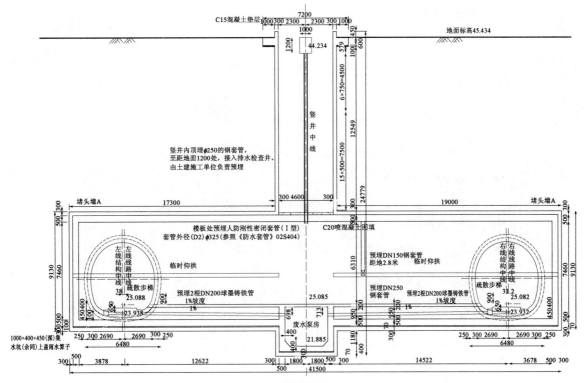

图1　1号竖井剖面示意图（尺寸单位：mm）

此处为马头门开设的第一种形式，是常规格栅竖井施工条件下的隧道马头门开设。

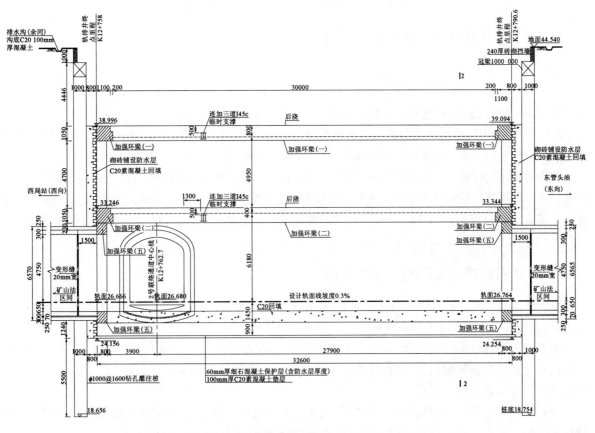

图2　2号竖井兼轨排井剖面示意图（一）（尺寸单位：mm）

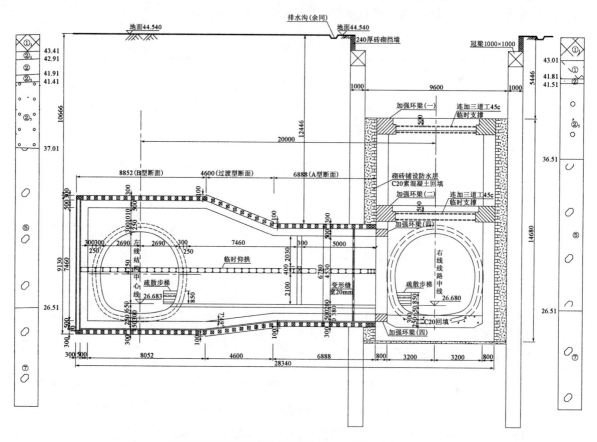

图3 2号竖井兼轨排井剖面示意图(二)(尺寸单位:mm)

2.2 2号竖井马头门施工条件分析

区间在右线里程K12+758处设2号施工竖井,于右线设计里程K12+762.7处设联络通道,2号竖井与轨排井结合,见图2、图3,结构净空尺寸为30m×5.4m,双层单跨矩形结构,采用明挖法施工。围护结构采用φ1000@1600mm钻孔灌注桩+锚索施工,基坑深度为20.814m。

2号竖井左、右线隧道马头门处施工断面为A型断面,初支外轮廓尺寸6.48m×6.57m,采用台阶法施工;横通道马头门施工断面初支外轮廓尺寸5.8m×6.78m,采用上下导洞法施工。

2号竖井兼轨排井围护结构采用钻孔灌注桩+锚杆,围护桩与主体结构间肥槽采用粉煤灰加气块砌筑回填。2号竖井兼轨排井结构尺寸较大,为确保施工安全,需先施作主体结构后再进行隧道马头门施工。需在围护结构完成后进行马头门上部土体的超前预加固,然后在进行竖井主体结构施工,最后进行马头门开设并施工隧道,此处为马头门开设的第二种形式。

2.3 0号竖井马头门施工条件分析

0号竖井位于西局站内的东端头。此处区间隧道马头门施工断面为E型断面,初支外轮廓尺寸11.4m×8.556m,采用双侧壁导坑法施工。

因西局站主体结构已施工完毕,车站主体围护结构形式为钻孔灌注桩(φ1000@1500mm),在区间隧道结构位置设有预留洞口,但因各种原因导致在施工车站期间未对隧道马头门开设预留任何条件,给区间马头门施工带来较大困难。

因原设计图纸没有考虑从车站结构向外施做马头门的具体措施,为保证施工安全,施工时需采用相应技术措施。此处为马头门开设的第三种形式,也是开设马头门遇到的特殊情况。

3 马头门施工方案设计

3.1 1号竖井横通道马头门施工方案设计

横通道马头门可采用两种方案比选:

方案一:将竖井一直施工到设计要求井底高程,再搭设施工平台。在横通道拱部初支外轮廓采用1.75m进行超前注浆加固地层,进行马头门竖井结构破除施工。

方案二:在竖井施工至横通道临时仰拱以下0.5m时,竖井结构临时封底,在横通道拱部初支外轮廓采用1.75m进行超前注浆加固地层,开设上导洞马头门;再破除竖井临时封底,将竖井施工至正式封底的位置,进行横通道下导洞马头门的施工。

经研究讨论,竖井平面尺寸较小,搭设较高的施工平台,不利于横通道马头门出土,同时为遵循"马头门快速封闭成环"的原则,决定采用方案二,以保证施工安全。

3.2 2号竖井隧道马头门施工方案设计

因2号轨排井需先施作主体结构,则在主体结构施工前,应先沿区间隧道马头门拱顶进行超前注浆,同时因竖井围护结构为 $\phi1000mm$ 的钻孔灌注桩,超前注浆管只能在桩间进行打设,原区间隧道设计给出的1.75m超前小导管因围护桩的存在,达不到超前注浆的效果。同时考虑到区间隧道位于卵石层中,且粒径较大,超前小导管加固范围有限。

综合考虑以上各种因素,决定在竖井主体结构施工前,采用深孔注浆(6m)的方式,对马头门拱顶土体进行超前加固,其中4m可代替超前小导管注浆加固。

3.3 0号竖井隧道马头门施工方案设计

车站结构已施工,且车站的围护结构为桩($\phi1000mm$),原区间设计1.75m超前小导管加固地层已无法实施。鉴于隧道初衬+二衬总厚度较大(0.85m),并且需对围护桩进行破除,综合考虑安全风险,研究决定采用3m的长导管,从围护桩间,以向上15°~20°角度沿车站结构预留洞口轮廓向桩后打设,并注浆进行地层马头门上部土体的预加固,然后从洞门结构处采用水钻破桩,再斜向上变断面施工马头门处隧道的方法实现进洞,最后反向修复斜向格栅并再次破桩、安装格栅和喷射混凝土,实现马头门处的隧道进洞施工。

4 马头门施工技术措施

4.1 1号竖井横通道马头门施工技术措施

4.1.1 双排小导管超前注浆加固

在横通道马头门部位,沿起拱线以上初支外轮廓打设双排 $\phi32mm$ 注浆小导管,见图4,长2.5m,环向间距为0.3m,水平倾角为2°~5°。横通道正常段拱部超前注浆加固采用 $\phi32mm$ 小导管,长1.75m,环向间距为0.3m,水平倾角为15°,每榀打设。

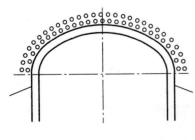

图4 双排小导管布置图

4.1.2 加强环梁施工

双排超前小导管打设时,将拱部小导管外露部位内、外侧分别加焊2根 $\phi25mm$ 螺纹钢筋,绑扎成加强梁钢筋框架,然后喷射C20混凝土形成开口处加强环梁,见图5。

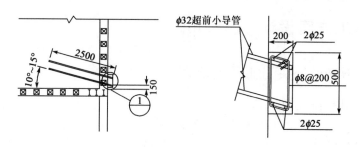

图 5　加强环梁示意图

4.1.3　井壁格栅破除及隧道进洞施工

竖井初支采用风镐破除。马头门施工时,先破除横通道上导洞范围内的竖井边墙格栅,架设3榀格栅,间距15cm以保证喷射混凝土施工质量。该格栅与竖井格栅相连,然后喷射C20混凝土。然后按台阶法进行正常作业,当上台阶断面施工到4~5m时,破除下台阶断面竖井格栅,下台阶断面跟进作业,与上台阶断面封闭成环。

考虑到横通道较高,在上导洞马头门施工时,为保证施工安全,经专家论证,在上导洞的中间部位连接板上方加设10榀临时仰拱。见图6。

4.2　2号竖井隧道马头门施工技术措施

4.2.1　超前预加固

(1)竖井基坑开挖至区间隧道右线马头门外轮廓线位置时,隧道拱部120°范围沿开挖面外1m的区域内,及时进行深孔注浆加固,注浆深度为6m。见图7。

(2)注浆管打设布置:由于基坑四周存在围护桩,只能在桩间土之间进行注浆施工。每道桩间土之间共计打设4根,双排交错布置,中间两根垂直于井壁打设,两侧两根分别以水平角15°斜向桩后打设。在马头门两侧桩间土之间打设2根,分别以水平角15°斜向马头门方向桩后打设,每个马头门共计打设16根。环向距离马头门外轮廓线20~30cm。

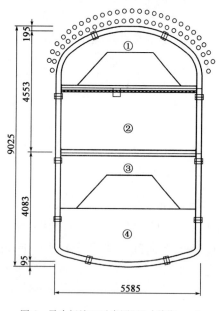

图 6　马头门施工示意图(尺寸单位:mm)

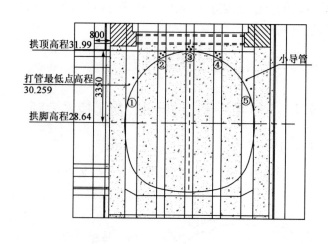

图 7　区间隧道马头门处注浆孔布置图

4.2.2　马头门范围砖墙砌筑及破除

(1)肥槽内砌筑砖墙时,砖块使用M5.0粉煤灰加气砖,型号为200mm×240mm×600mm,竖井肥槽内砖墙整圈进行砌筑,由于开设马头门时需对马头门范围内砖墙进行破除,为了便于破除施工,该范围内采用泥浆黏结砖块。破除范围为区间隧道初衬外轮廓线以内范围,区间隧道初支外轮廓线尺寸为6.48m(宽)×6.57m(高)。

(2)为了防止破除马头门砖墙时上方砖墙无支撑造成坍塌,遂砌筑砖墙时需增加墙体拉结筋,拉结筋布置如下:拱顶上方拉结筋布置一排,φ25@200mm钢筋,共计4根,上方两侧拱脚处分别布置4排,每排4根,φ25@200mm钢筋,加设好拉结筋之后方可在其上方继续砌砖。

4.2.3 围护桩破除及隧道进洞施工

由于竖井四周存在围护桩,区间右线隧道马头门施工时需对部分围护桩进行破除,破除采用人工凿除,凿除时分上下台阶进行凿除,凿桩时要错开进行凿除,不得相邻破除,第一步破除上台阶初支结构范围内的围护桩。待上台阶进洞4~5m后,再破除下台阶围护桩。

肥槽内砖墙破除后需连续密排架设三榀格栅钢架,拱顶钢格栅安装时通过连接筋与桩体钢筋进行焊接来固定上方钢格栅。

4.3 0号竖井隧道马头门施工技术措施

0号竖井(西局站站内竖井)右线马头门处隧道断面形式为E型断面,施工方法为双侧壁导坑施工法,施工工法如图8所示:先施工两侧的1号导洞,待1号导洞开挖4~5m后,再施工两侧的2号导洞,待2号导洞开挖15m后施工中间的3号导洞,待3号导洞进去4~5m后,最后施工中间的4号导洞。

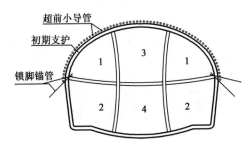

图8 E型断面施工示意图

4.3.1 超前注浆加固

小导管选用外径φ25mm钢管,长3m,桩间布置,每一桩间打设4根,双排交错布置,中间两根垂直于井壁向上15°~20°打设,两侧两根分别向上15°~20°、水平角15°斜向桩后打设。在马头门两侧桩间土之间打设4根,分别以水平角15°斜向马头门方向桩后打设。

浆液采用单液浆,注浆压力0.2~0.5MPa。注浆结束后,拆除注浆接头,迅速用水泥袋包卷封堵注浆管口,防止未凝固浆液外流。注浆由两侧对称向中间进行,自下而上逐孔注浆。

4.3.2 围护桩破除

由于本次马头门破除是从西局站预留口处进行,必须先破除西局站的基坑围护桩。围护桩桩径为1000mm,桩间净距500mm,施工时采用水钻进行每根桩的破除,钻孔直径为100mm。先破除1号导洞处的围护桩,施作马头门1号导洞钢格栅;在1号导洞初期支护施工4~5m时,再破除2号导洞处的围护桩;在2号导洞进洞15m后,进行3号导洞顶拱位置围护桩破除。

4.3.3 隧道马头门斜向上施工

车站端墙预留洞口为二衬结构净空尺寸,区间隧道初支开挖时,马头门破除需进行外扩至初支外轮廓断面,马头门外扩850mm。为保证施工安全,E型断面马头门上部导洞施工时进行渐变至正常段,断面封闭成环后且正常段下台阶施工达到5m以上时,再反向施工渐变段,并进行围护桩破除及洞门格栅拱架的安装。同时为保证施工安全,前三榀格栅进行密排(1m 3榀)。见图9。

4.3.4 隧道马头门处反向修复施工

上部马头门位置实现进洞后,需反向施工,修改斜向施工的部分隧道,并凿除初次未凿除的围护桩,凿除高度为隧道初衬+二衬厚度,如图10所示。

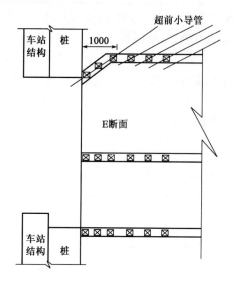

图9 超前注浆及进洞施工示意图(尺寸单位:mm)

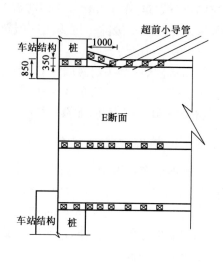

图10 马头门处反掏法施工示意图(尺寸单位:mm)

5 监控量测分析

5.1 1号竖井横通道马头门施工监控量测分析

1号竖井横通道马头门施工从2011年12月1日开始施工,至2012年6月13日区间正线进洞80m,图11为4个地表监测点及1个管线监测点的监测数据曲线图。

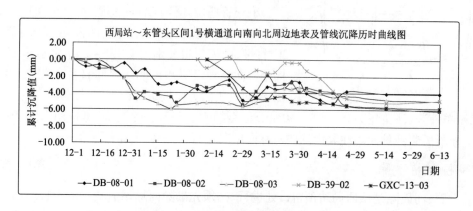

图11 1号竖井横通道马头门监测数据曲线图

5.2 2号竖井区间隧道马头门施工监控量测分析

2号竖井横通道马头门施工从2012年2月1日开始施工,至2012年6月13日区间正线进洞70m,图12为3个地表监测点及3个管线监测点的监测数据曲线图。

5.3 0号竖井E型断面马头门施工监控量测分析

0号竖井E型断面马头门施工从2012年1月12日开始施工,至2012年2月13日E型断面施工完毕,图13为8个地表监测点监测数据曲线图。

地表沉降控制值为30mm,管线沉降控制值为10mm。根据监测数据,本次马头门施工最大沉降点为DB-04-03,累计沉降值为-9.80mm,管线GXC-13-03最大累计沉降值为-9.59mm,全部在控制值范围内,监测点的监测数值已趋于稳定。从监测数据上可以看出,采用此方案进行马头门施工,安全可靠。

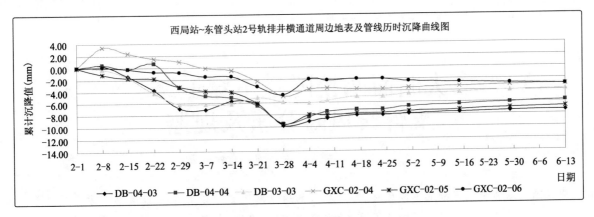

图12　2号竖井区间隧道马头门监测数据曲线图

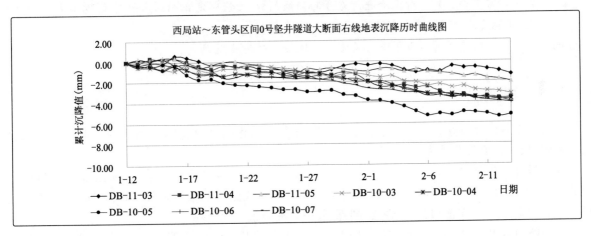

图13　0号竖井横通道马头门监测数据曲线图

6　结语

马头门施工应按照"竖井尽早落底,马头门尽早封闭成环"的原则施工;在马头门施工顺序上,必须遵循"逐个开设,及时封闭成环"的原则进行。

隧道马头门施工,应具有超前意识,应针对不同的施工条件分析透彻,才能采取相应的技术措施,规避施工风险,保证施工安全。

加强施工变形监测及量测信息的处理及反馈,实行信息化管理,以施工过程中的监测信息为依据,动态管理施工过程中的支护参数及技术措施,保证施工过程按照设定的程序进行。

大断面暗挖隧道下穿道路及管线风险分析及规避

姚文花　王东清　范　明　李昌君

摘　要　随着城市地铁规模的不断发展,越来越多的地铁隧道工程设置于城市道路下方。而对于坐落于道路下方的地铁区间隧道而言,地面交通、周边建筑、上覆管线、地质环境等对其施工安全的影响非常重要。只有对风险进行充分的归纳剖析,才能制定正确的风险对策,才能规避施工风险,才能真正为施工单位带来利润。

关键词　大断面　暗挖隧道　下穿道路及管线　风险　分析及规避

1　工程概况

东管头站~丽泽商务区站区间位于北京地铁14号线工程南段,线路基本呈东西走向,区间线路沿丽泽路敷设,沿线道路交通繁忙。

区间设计里程范围为K13+306.521~K13+746.294,全长439.573m,采用矿山法施工,区间在里程K13+546.800设置联络通道。区间线间距5.2~16m,线路纵向最大坡度3‰,区间覆土11.7m~13.9m。区间隧道主要穿越卵石、圆砾层、圆砾层,中间夹杂粉砂、细砂层。

区间隧道在里程K13+543.753~K13+746.294,共长199m,右线隧道断面尺寸为:6.48m×7.886m,采用上下导洞法施工;左线隧道断面尺寸为:12.94m×9.5m,采用双侧壁导坑法施工。左右线隧道净距为3.39m。区间隧道横剖面见图1。

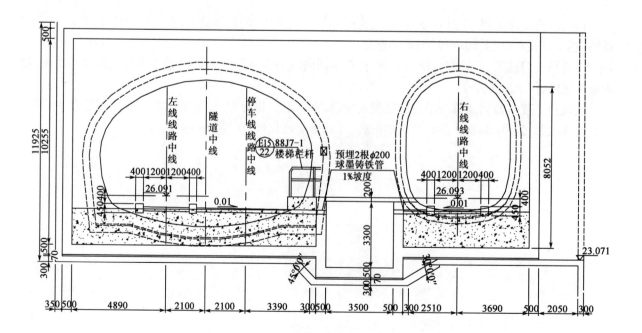

图1　区间隧道横剖面示意图(尺寸单位:mm)

2 工程风险分析

2.1 自身风险

(1) 大断面暗挖隧道,一级风险源

区间大断面暗挖隧道长199.677m,矿山法施工,跨度12.94m,高9.5m,隧道埋深为18.5m,为一级风险源。

(2) 左、右线隧道间距小,施工风险叠加

区间隧道在里程K13+543.753~K13+746.294,左右线隧道净距为3.39m,其中左线隧道为12.94m×9.5m的大断面,右线隧道为6.48m×7.886m标准断面,两条隧道距离较近且有一条隧道断面较大,形成群洞效应,挠动土体,给施工带来风险。

若左线隧道先施工,因左线隧道施工工法为双侧壁导坑法,六导洞开挖,施工周期长,而右线隧道施工工法为上下导洞法,则在施工过程中右线隧道会出现赶超左线隧道的情况。

若右线隧道先施工,因两隧道净距较小,右线隧道施工时对土体挠动,同时会造成对左线隧道土体的扰动。

2.2 环境风险

2.2.1 卵石地层夹杂粉砂、细砂,极宜造成坍方

隧道穿越地层主要为卵石层、粉质黏土层、卵石层。部分卵石较大,粒径达到1.5m,且部分地段卵石层夹杂着粉土,部分粉土层恰位于隧道拱顶以上0.5m的位置,土体自稳能力差,给施工带来较大风险。

2.2.2 下穿丽泽路,且道路交通繁忙

丽泽路是丰台区连接二环和三环的一条重要交通干道,设计红线宽度80m,主路双向8车道,辅路3车道,外侧为人行道。

根据施工图纸和现场调查资料,丽泽路路面基层材料为石灰粉煤灰+稳定砂砾,路面面层材料为沥青混凝土。本条道路为东管头村修筑,道路等级未达到城市快速路的标准,有可能在施工中会出现较大沉降。

沿丽泽路交通繁忙,车流量大。繁忙的交通给施工带来较大影响。

2.2.3 平行下穿有压管线,沉降控制要求严

区间左线隧道平等下穿ϕ600mm的上水管线。本管线施工于1998年,材质为铸铁管线,压力0.4MPa,埋深1.8m,经现场调查,多个检查井内阀门处有漏水情况。

ϕ600mm上水管线位于左线大断面隧道拱顶上方,丽泽路南辅路行车道上。根据风险等级分级原则,隧道下穿重要的市政管线,为一级风险源,管线的最大沉降控制值为10mm。管线与隧道位置关系见图2。

2.2.4 平行侧下穿砖砌雨水方沟,不均匀沉降宜造成管线断裂

区间左线隧道平行侧下穿2.6m×2.2m雨水方沟。本管线施工于1998年,底板与顶板为钢筋混凝土预制板,侧墙为370mm厚砖墙,埋深约2m。

雨水方沟位于左线大断面隧道的侧上方,丽泽路主路行车道上。隧道顶距方沟底净距4.4m,水平间距约5.2m。方沟内夏季平均水深0.8m。

根据风险等级分级原则,隧道下穿重要的市政管线,为一级风险源,管线的最大沉降控制值

为20mm。

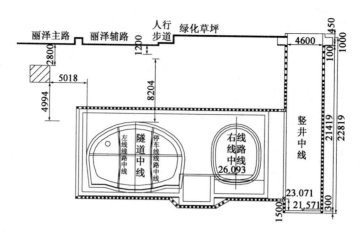

图2　管线与隧道位置关系示意图(尺寸单位:mm)

2.3 施工风险

2.3.1 卵石地层,超前加固施工困难

根据设计图纸,本工程区间隧道超前加固采用1.75m的超前小导管,浆液为水泥浆。

本区间隧道穿越地层主要为卵石层、粉质黏土层、卵石层。部分卵石较大,粒径达到1.5m。超前小导管打设非常困难。

2.3.2 多导洞开挖,造成累计沉降

区间左线隧道断面尺寸较大,采用双侧壁导坑法施工,分为6个导洞。6个导洞分次开挖,每个导洞土方开挖都会对土体造成扰动,导致累计沉降值较大。

2.3.3 整环格栅多次安装,易形成累计误差

六导洞分次开挖,格栅分次安装,而且是两侧导洞的格栅先安装,中间导洞的格栅后安装,测量控制稍有误差,就会导致中间导洞的格栅不能准确安装。中洞格栅连接不好,则整个洞室就不能形成一个封闭整体,增大施工风险。

2.3.4 临时支护拆除,引起二次沉降

初期支护施工引起土体扰动,隧道上方及周边的土体经多次扰动后,已不再密实。在施作二衬时,由于临时支撑的拆除,必将对不密实的土体造成二次扰动,施工风险加大。

3 施工风险规避

3.1 地质情况超前探测,提前掌握前方地层

由于地质勘探的局限性,实际施工中遇到的地质变化情况与地勘经常有所不同。

为避免在施工中出现不可预料的不良地质条件,在施工中采用洛阳铲,对隧道掌子面前方土体进行探测,确认掌子面前方土质,如遇突变,则再次采用回声探测仪,进一步对工作面前方地层进行探明,以便对不同地质早发现、早处理。

3.2 双排超前小导管,严格注浆,加固地层

本区间隧道穿越的地层为卵石层,且部分地段卵石粒径较大,原设计1.75m的超前小导管很难完全打设进去。为做好地层土体加固,确保施工前方土体稳定,根据现场的实际情况将单排超前小导管改

为双排小导管,排间距300mm,制作导管长度为1.75m,打设时可根据现场情况在不严重扰动土体的情况下尽量打设,注浆浆液改为改性水玻璃,以加快加固土体的凝固时间。

1号导洞施工时,由于1号导洞上方为一尖角,超前加固时,尖角内侧下方1m范围内的土体同时施作超前小导管并注浆加固,使尖角部位的土体加固稳定,以保证初支施工完成后不再发生变形。

3.3 各导洞逐个开设,及时封闭成环

根据施工工法,在施工过程中,教育工人,每个导洞逐个逐榀开挖并支护,保证每个导洞之间的安全距离,同时教育工人,在土方开挖后,不得停止作业,应立即安装格栅并喷射混凝土,在最短的时间内形成封闭洞体。

3.4 间隔3m,复核格栅安装位置,减小累计误差

双侧壁导坑法分为6个导洞,初支施工时,每个导洞自成体系,上导洞向前掘进4~6m,封闭成环,下导洞再施工时,由于施工误差,上下的格栅不容易完全对接上;而左右两个侧洞施工完毕后,中洞再施工时,格栅安装更是困难。

为此,施工过程中,在每个导洞中安装激光指向仪,用来控制中线,同时采用每3m复核一次,每施工3m,重新进行格栅的定位校正,以消除长距离施工带来的累计误差。

3.5 右线先行通过,小间距径向注浆,有效加固土体

根据工期要求,考虑到小断面施工较快,本工程先行施工右线标准断面,再进行左线大断面初支施工,避免出现右线赶超左线,两条隧道掌子面位于同一断面。同时考虑到两隧道间距较小,采用从标准断面径向大断面打设注浆管,进行径向注浆,以加固两条隧道间的土体。小间距径向注浆布置见图3。

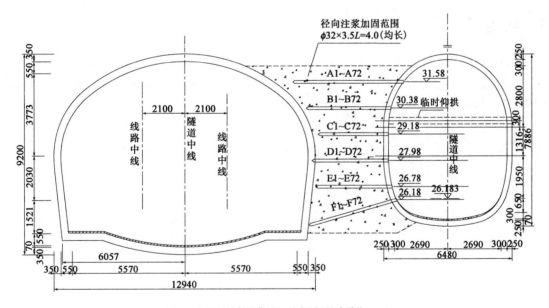

图3 小间距径向注浆施工示意图(尺寸单位:mm)

3.6 地面注浆加固,防止沉降过大

由于左线隧道位于丽泽辅路下方,交通繁忙,辅路下方管线较多,且存在ϕ600mm上水管及2600mm×2000mm的雨水方沟为一级风险源,隧道拱顶上方为砂卵石地层,自稳能力差。在区间隧道施工前,采取在上水管区域侧面地面注浆加固土体方式,保证丽泽路正常使用。

注浆前应探查钻孔范围内是否存在地下管线,若有应将孔位做适当调整。

注浆孔采用钻机在距给水管南侧2.8m(路缘石上1m)处以54°的俯角进行钻孔,钻孔长度4m,孔距2m,沿隧道左线上方人行步道全线布设。钻孔达到要求深度后即开始注浆,采用回抽法注浆,注浆长度0.5m。浆液采用1:1水泥浆;注浆压力取0.1~0.2MPa。

3.7 分段分块跳仓拆除临时支撑,降低二次沉降

初期支护临时支撑拆除引起的沉降占总沉降量的20%,为避免二衬施工时因拆除而引起过大沉降量,要求在临时支撑拆除时,分段分块跳仓逐渐拆除,每个流水段不超过5m,纵向在拱墙位置留设两条施工缝。先拆除底板以上50cm的中隔墙,施作防水,再进行中隔墙拆除支撑恢复,施作二衬底板;在二衬底板达到设计要求强度时,再拆除两侧的中隔板,施作侧墙防水及二衬;在侧墙二衬达到设计要求强度后,拆除所有临时支撑,施作拱顶防水及二衬,以降低二次沉降量。

3.8 加密监测点,信息反馈,调整施工

对设计图纸中的监测点进行优化,增加管线附近的测点的密度,同时根据施工监测情况,适时调整监测频率,根据监测数据的反馈适时调整施工,必要时加大监测频率,做到信息化施工。

4 其他应注意事项

(1)本工程所处的位置无地下水,若处于有地下水的情况,应先进行地下水处理,保证隧道施工在无水状态下进行。

(2)制定应急预案,提高施工人员的抢险意识,抢险物质应满足隧道施工全面开展的需要。如果施工人员抢险意识不强,对风险的理解不透彻,会出现事故原因当机不断,应急方案决策不快,抢险人员素质不高的情况。此外,对风险源的分析不够,直接引起抢险物质的准备不足,极易贻误抢险的最佳时机。

5 结语

风险源的事前识别、对突发意外事故的紧急排查和事先预防具有相当重要的意义,本文从自身风险、环境风险、施工风险入手,对大断面隧道施工过程中存在的风险进行全面分析,制定规避风险措施,并进行动态控制,确保了施工安全。

大连轨道交通 2 号线市中心区隧道微爆破设计与施工技术

张礼舜

摘 要 城市内地下工程进行爆破施工震动速率的研究，组织科学技术攻关，经过不断总结与提高，在人口密集、建筑物林立的城市闹市区进行地下爆破开挖施工越来越多，面临的首要问题是，如何在不影响地表居民生活、地表建筑物安全的前提下进行地下空间开挖，形成一套在城市地下空间进行减振爆破开挖的施工技术。研究成果将对类似工程施工起到较好的借鉴作用，对轨道交通爆破技术的发展有着良好的推动和借鉴作用。

关键词 隧道 减震 爆破

1 工程概述

大连市地铁一期工程 211 标南林路站～机场站区间正线，区间隧道设计里程为右线里程 K25+674.991～K26+417.493，右线全长 742.502m，左线全长 715.072m，隧道埋深 10～12m；区间于 K26+052.800 处设置一座临时施工竖井，施工通道兼作联络通道及排水泵房；左线 K25+724.991 和右线 K25+739.991 处设置人防段。

南～机区间自南林路站沿圣林路向机场站方向走行，两条隧道主要沿圣林路及圣林路东侧绿化带下穿行，且横穿虹港路、机场前通道及机场前停车场，距机场航站楼距离约 100m。本区间采用暗挖爆破法施工，隧道埋深较浅，对圣林路、虹港路及机场前停车场有一定的影响。

2 工程地质情况

本区间属于剥蚀残丘，上覆第四系人工素填土，下伏震旦系长岭子组强～微风化板岩。拱顶主要为中风化板岩，Ⅳ级围岩，边墙主要为中～微风化板岩，Ⅳ级围岩，隧底为中～微风化板岩，Ⅳ级围岩。综合围岩级别为Ⅳ级。土岩可挖性分级：素填土为Ⅱ级，强风化板岩为Ⅳ级，中风化板岩、微风化板岩为Ⅴ级。地下水类型主要为基岩裂隙水，主要赋存于强～微风化基岩中，水量一般，开挖可形成水流，丰水期可出现涌水。溶洞为灰岩溶蚀形成，全充填黏性土及灰岩碎石、碎屑，软塑—可塑状态。洞高 0.40～1.30m，洞顶埋深 9.80～15.00m，洞底埋深 9.80～15.00m，洞顶高程 18.54～22.47m、洞低高程 17.24～21.77m。

3 爆破关键技术研究

本区间掘进施工采用钻爆开挖法，在爆破过程中，所产生的振动波经洞身上方地层传至地面，对上方建筑物及人员均有一定的影响，特别是机场候机楼及停车场有重要影响。为此，须在施工过程中控制爆破振速来保障建筑物及人员的安全。在制定爆破控制实施方案以后，需对现场进行几次试验以验证方案在施工过程中的可操作性。通过爆破参数的确定，来最终测定爆破震动速率。主要研究参数如下：

(1) 掏槽眼、扩槽眼和辅助眼的间距、数量、深度；
(2) 雷管的段位选择；
(3) 掏槽眼、扩槽眼和辅助眼的单眼装药量；

(4)起爆网络的选择。

4 研究过程

4.1 第一次试验

(1)试验进尺控制在0.5m,具体参数如下(单位:mm):掏槽眼采用4孔矩形掏槽,钻眼深度为1000,水平间距1600mm,上下间距400mm;扩槽眼和辅助眼深700mm,间距400~600mm;周边眼深700mm,间距400mm;底板眼深700mm,间距550mm。掏槽眼布置图见图1,炮眼布置图见图2,布眼参数见表1。

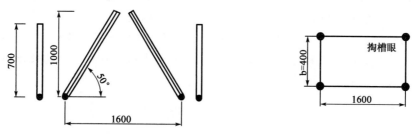

图1 掏槽眼布置图(尺寸单位:mm)

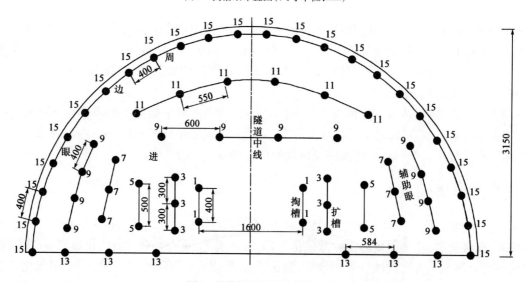

图2 炮眼布置图(尺寸单位:mm)

布 眼 参 数 表　　表1

眼类别	雷管段位	炮眼个数	眼深(mm)	单孔装药(卷)	单孔装药量(kg)	单段装药量(kg)	备　注
掏槽眼	1	4	1000	3	0.6	2.4	
扩槽眼	3	6	700	2	0.4	2.4	
辅助眼	5	4	700	1	0.2	0.8	
	7	6	700	1	0.2	1.2	
	9	12	700	1	0.2	2.4	
	11	6	700	1	0.2	1.2	
底板眼	13	6	700	2	0.4	2.4	
周边眼	15	24	700	0.75	0.15	3.6	拱脚处周边眼装2卷药
合计		68				16.4	

(2)起爆网络:孔内微差毫秒雷管和炸药装好后,将所有引线扎成一把,最后用小段位雷管进行连接,最后连至起爆器接头。

(3)振速监测:监测仪器分部布置于爆破位置正上各个不同点位。

(4)爆破效果:获得大于0.5m的进尺,爆破振速分别测得为2.4cm/s,2.46cm/s,3.6cm/s,5.2cm/s。

(5)效果分析:通过进尺观察和爆破监测振速数据分析可知,该地段岩层按0.5m进尺可进一步减少炸药用量,为了获得较小的爆破振速,采取减小单段起爆炸药量。

4.2 第二次试验

第二次试验在第一次的基础上减少单孔装药量,改变爆破次数和起爆网络。进尺仍然控制在0.5m,为了减小掏槽爆破振速,采用先进行掏槽后爆破辅助周边眼及底板眼的两次爆破方法,将炮眼打好后,将掏槽眼装药进行松动爆破,放炮后,用机械和人工进行掏槽,为后续辅助眼爆破提供较好的临空面,然后再对辅助眼、底板眼和周边眼装药,连接起爆网络,进行第二次起爆。具体参数如下:

(1)掏槽眼采用4孔矩形掏槽,钻眼深度为1000mm,水平间距1400mm,上下间距400mm;扩槽眼和辅助眼深700mm,间距400~600mm;周边眼深700mm,间距400mm;底板眼深700mm,间距550mm。掏槽眼布置图见图3,炮眼布置图见图4,相关参数见表2。

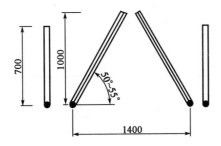
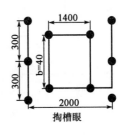

图3 掏槽眼布置图(尺寸单位:mm)

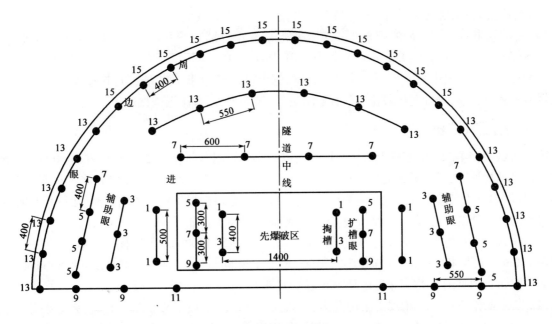

图4 炮眼布置图(尺寸单位:mm)

布 眼 参 数 表　　　　　　　　　　　　表2

眼类别	雷管段位	炮眼个数	眼深(mm)	单孔装药(卷)	单孔装药量(kg)	单段起爆装药量(kg)
掏槽眼	1	2	1000	2	0.4	0.8
	3	2	1000	1.5	0.3	0.6
	5	2	700	1	0.2	0.4
	7	2	700	1	0.2	0.4
	9	2	700	1	0.2	0.4
辅助眼	1	4	700	0.75	0.15	0.6
	3	6	700	0.75	0.15	0.9
	5	6	700	0.75	0.15	0.9
	7	6	700	0.75	0.15	0.9
	13	6	700	0.75	0.15	0.9
底板眼	9	6	700	1.5	0.3	1.2
周边眼	13	12	700	0.5	0.1	1.2
	15	12	700	0.5	0.1	1.2
合计		68				10.4

注:拱脚处周边眼装2卷药。

(2)起爆网络:第一次掏槽爆破采用孔内微差,用1、3、5、7、9段毫秒雷管进行连接起爆;第二次爆破采用孔内微差和孔外微差结合的方法进行起爆,将周边眼引线扎成一把后用1段雷管进行连接,再将该1段雷管引线和其他辅助眼、底板眼雷管引线扎成一把进行引爆。最后用小段位雷管进行连接,至起爆器接头起爆网络。

(3)振速监测:监测仪器分部布置于爆破位置正上各个不同点位。

(4)爆破效果:获得0.5m的理想进尺,第一次起爆振速分别测得为0.3cm/s、0.99cm/s、0.89cm/s,第二次起爆振速分别测得为:0.2cm/s、0.49cm/s、0.45cm/s、0.9cm/s。

(5)效果分析:起爆振速尚需进一步减小;从数据上可知,较大振速主要来自掏槽爆破,为了获得更小的爆破振速,可进行增加起爆段位,同时减小掏槽眼装药量,以减小爆破振速。

4.3 第三次试验

第三次试验在第二次的基础上改变起爆网络以减小单段起爆药量。进尺仍然控制在0.5m,仍然采用先进行松动掏槽,然后爆破辅助周边眼及底板眼的两次爆破方法,将炮眼打好后,将掏槽眼装药进行松动爆破,放炮及用机械和人工进行掏槽清渣,为后续辅助眼爆破提供较好的临空面,然后再对辅助眼、底板眼和周边眼装药,连接起爆网络,进行第二次起爆。具体参数如下:

掏槽眼采用4孔矩形掏槽,钻眼深度为1000mm,水平间距1400mm,上下间距400mm;扩槽眼和辅助眼深700mm,间距400~600mm;周边眼深700mm,间距400mm;底板眼深700mm,间距550mm。

掏槽眼布置图见图5、炮眼布置图见图6,参数见表3。

(1)起爆网络:第一次掏槽爆破采用孔内微差,用1、3、5、7、9段毫秒雷管进行连接起爆;第二次爆破采用孔内微差和孔外微差结合的方法进行起爆,将周边眼引线扎成一把后用1段雷管进行连接,再将该1段雷管引线和其他辅助眼、底板眼雷管引线扎成一把进行引爆。最后用小段位雷管进行连接,至起爆器接头。

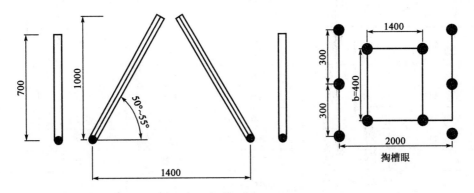

图5 掏槽眼布置(尺寸单位:mm)

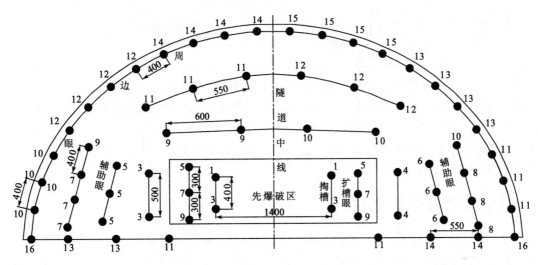

图6 炮眼布置(尺寸单位:mm)

布眼参数表   表3

眼类别	雷管段位	炮眼个数	眼深(mm)	单孔装药(卷)	单孔装药量	单段起爆装药量(kg)
掏槽眼	1	2	1000	1.5	0.3	0.6
	3	2	1000	1	0.2	0.4
	5	2	700	1	0.2	0.4
	7	2	700	1	0.2	0.4
	9	2	700	1	0.2	0.4
辅助眼	3	2	700	0.75	0.15	0.3
	4	2	700	0.75	0.15	0.3
	5	3	700	0.75	0.15	0.45
	6	3	700	0.75	0.15	0.45
	7	3	700	0.75	0.15	0.45
	8	3	700	0.75	0.15	0.45
	9	3	700	0.75	0.15	0.45
	10	3	700	0.75	0.15	0.45
	11	3	700	0.75	0.15	0.45
	12	3	700	0.75	0.15	0.45
	11	2	700	1.5	0.3	0.6

续上表

眼类别	雷管段位	炮眼个数	眼深（mm）	单孔装药（卷）	单孔装药量（kg）	单段起爆装药量（kg）
辅助眼	13	2	700	1.5	0.3	0.6
	14	2	700	1.5	0.3	0.6
	10	3	700	1	0.2	0.6
	11	3	700	1	0.2	0.6
	12	4	700	0.75	0.15	0.6
	13	4	700	0.75	0.15	0.6
	14	4	700	0.75	0.15	0.6
	15	4	700	0.75	0.15	0.6
	16	2	700	1.5	0.3	0.6
		68				12.4

（2）爆破监测：监测仪器分部布置于爆破位置正上各个不同点位。

（3）爆破效果：通过进尺爆破效果：获得0.5m比较理想进尺，第一次起爆振速分别测得为0.6cm/s，0.76cm/s，0.84cm/s，第二次起爆振速分别测得为：0.35cm/s，0.58cm/s，0.43cm/s。

（4）效果分析：在第一次掏槽松动爆破后，通过现场观察，效果较好，但由于是松动爆破及该处岩层较硬，需用挖机将松动的碎块清理。

5 效果分析及研究结论

通过对三次试验进行分析对比，第三次爆破对周边影响较小。由爆破监测振速数据分析可知，采用该爆破方案，按0.5m进尺，通过控制单段起爆药量不大于0.4kg，加上机械和人工辅助掏槽，可将爆破振速降低至0.5~0.6cm/s，但是实际操作过程中需要增加人力和机械成本投入。

原来爆破采用1m的进尺，从钻眼、爆破、排烟出渣、立架喷浆支护循环进尺时间为22.5小时；该方法采用0.5m的进尺，循环时间需要15.5h，完成1m需要31h，效率为原来的72%，施工进度稍有降低。方案一、二循环时间见表4。

循 环 时 间 表　　表4

工　序	钻眼	装药/爆破/排烟（小时）	扒渣/出渣（小时）	立架/打锚杆/小导管（小时）	喷混凝土/注浆（小时）	合计（小时）
原方案时间	3	2	9	3.5	5	22.5
新方案时间	2	3.5	5	2	3	15.5

该方案由于使爆破振速降低至0.5~0.6，在掌子面上方地面未感到震动，对地面建筑物及人员安全几乎不产生影响，其安全性得到了有效的保障；该方案试验成功，没有发生重大安全事故，为类似安全风险较大的工程提供了参考经验，具有良好的推广应用前景。

6 结语

通过试验将爆破震动控制在要求范围之内，确保地表建筑物的安全；低噪音，消除居民的恐惧心理和不适感；采用微振爆破开挖，减少对保留围岩的扰动，避免掉块、塌方等。该项研究成果在地铁工程施工中具有很高的应用价值和广泛的推广应用前景，对类似工程提供了很好的指导作用。

广州轨道交通 5 号线大断面隧道施工关键技术

巩湘军　付　强

摘　要　大断面隧道在施工过程中表现出独有的力学特点,主要是隧道在开挖过程中应力集中程度大,隧道拱脚处容易形成塑性区,要求围岩具有较高的地基承载力。广州轨道交通 5 号线珠猎区间过大断面,利用信息化施工,将 CRD 工法改为台阶法 + 中隔壁,加快了施工速度,创造了较好的经济效益和社会效益。

关键词　CRD　CD　中隔壁　大断面　台阶法

1　工程概述

广州轨道交通 5 号线珠江新城站~猎德站区间隧道暗挖工程,设计里程右线 K15 + 796.064 ~ K16 + 530.3,右线全长 731.317m,左线全长 735.452m,区间隧道埋深 10 ~ 20m,采用矿山法施工。

区间共设置 A 型 ~ J 型等 14 种结构断面,断面变化频繁,施工方法主要采用台阶法、中洞法及 CRD 法等。其中里程 K15 + 796.064 ~ K15 + 903.791 为 A 型单孔双线渡线大断面,埋深约 15m,分为 A1、A2、A3、A4 四种,断面尺寸依次增大,如图 1、图 2 所示,A4 断面开挖尺寸为 14111mm × 9814mm,初支采用超前小导管 + 格栅钢架 + 纵向连接筋 + 钢筋网片 + 锚杆 + 喷射混凝土组成联合支护方式;二次衬砌采用柔性防水层 + 模筑钢筋混凝土结构。渡线原设计采用 CRD 工法,分为两层四个导洞施工,施工难度很大。

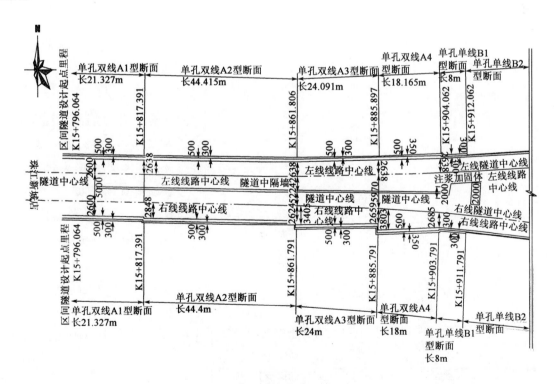

图 1　珠~猎区间渡线隧道平面图

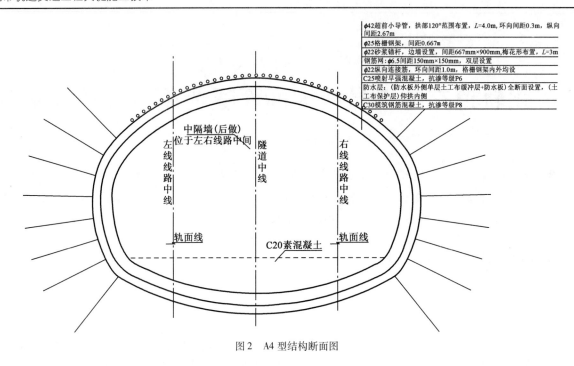

图2 A4型结构断面图

2 工程地质与水文地质

2.1 工程地质

本区间沿线属珠江三角洲平原,地形较为平坦,地面高程6.82~10.78m;本区间位于瘦狗岭断裂以南构造区内,处于三水断陷盆地东延部分,主体构造走向是东西向,其次是北西向。如图3所示,覆土主要是杂填土〈1〉地层,砂层〈3-2〉,冲-洪积黏性土层〈4-1〉,受水易软化的粉质黏土层〈5-1〉等,隧道主要穿越砾岩强风化带和泥质粉砂岩强风化带〈7〉层、红色陆相沉积的碎岩石中等风化带〈8〉层、部分岩石微风化带〈9〉层等地层。局部地段砂层侵入隧道,结构形式多、跨度大、隧道净距小,因此隧道开挖时有一定的难度,必须加强初期支护,选择合理的工法,采取必要的辅助措施。

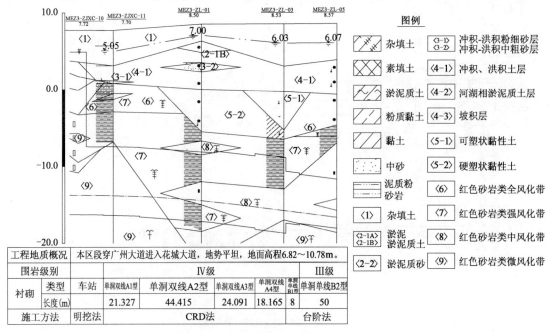

图3 珠~猎区间渡线隧道地质断面图

2.2 水文地质

地下水位高程5.0m,主要为孔隙水和基岩裂隙水两类。地下水补给主要为大气降水,同时受附近河涌水或其他地表水的渗透补给;基岩裂隙水的补给主要是连通性裂隙的侧向补给。孔隙性潜水或微承压水主要分布在第四系地层中的松散砂层(<3-1>、<3-2>)中;基岩裂隙水主要分布在第四系地层下的白垩系陆相沉积的基岩裂隙中。由于岩石裂隙大部分被泥质填充,故其富水性不大,其岩体大部分为完整,地下水赋存条件差。各地层渗透系数见表1。

地层渗透系数表　　　　　　　表1

土　　层	<4-1>	<5>	<6>	<7>	<8>
岩土名	冲洪积黏性土	粉质黏土	全风化	强风化	中风化
K(m/d)	0.1	0.1	0.2	1.0	0.8

3　区间渡线施工方案的确定

3.1　渡线大断面开挖方案的探讨与选定

3.1.1　渡线大断面开挖的特点与难点

(1)本工程珠~猎区间渡线原设计由单孔单线隧道经双连拱隧道过渡到单孔双线大断面隧道,如图4所示,在断面变化的同时还伴有施工工法的转换,如台阶法向中洞法的转换,中洞法向CRD法的转换等。

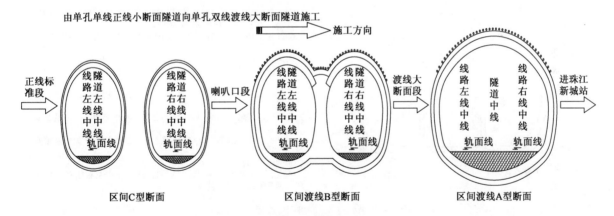

图4　区间渡线断面转换图

(2)大断面最大开挖跨度为14.1m,埋深15m左右,属于超浅埋隧道。隧道矢跨比0.35,覆跨比1.06,隧道扁平,受力状况不好,不利于围岩自然拱的形成。且左右线隧道净距较小,交叉口接渡线处最小净距仅845mm,隧道施工时两洞相互影响,需要进行合理的安排,并采取恰当的措施。

(3)由于存在一段双连拱隧道,其与单洞隧道相比的最大特征是有中隔墙,而隔墙上方的围岩是薄弱环节,施工过程中在中导坑开挖及左右隧道拱部开挖时先后共三次扰动,需要及时进行压浆加固以及中隔墙上方的回填。

(4)本区间渡线隧道主要穿越风化残积层、砾岩强风化带和泥质粉砂岩强风化带、红色陆相沉积的碎岩石中等风化带、部分岩石微风化带等地层,隧道开挖土体上软下硬,拱部需要进行超前支护,开挖还需要进行爆破,会对拱部围岩造成较大扰动,尤其对于浅埋渡线大断面隧道采用CRD法或中洞法施工时,爆破会给导洞初支结构造成很大影响,甚至发生破坏,给施工带来很大的难度。

总之,珠~猎区间渡线隧道断面结构跨度大,地质条件复杂,对于隧道施工方法应根据不同断面及其地质条件而采取合适的施工方法。

3.1.2 珠～猎区间渡线开挖方案的探讨

3.1.2.1 原设计开挖方案：为了增加掌子面的稳定,控制下沉量,原设计珠～猎区间渡线 A 型大断面采用 CRD 工法施工,施工步骤详见图 5 所示;区间渡线 B 型大断面采用中洞法施工,施工步骤详见图 6 所示。

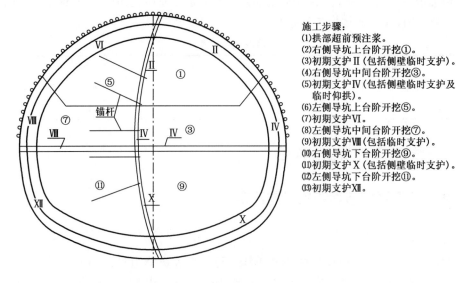

图 5　区间渡线 A 型大断面 CRD 工法施工步骤图

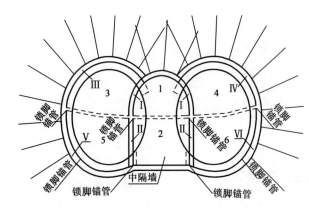

图 6　区间渡线 B 型大断面中洞法施工步骤图

这两种方法适用于浅埋软岩的大跨或特大跨隧道,采取"大洞小作,以小代大"的方法,将大洞室分为若干个小洞室,利用小洞室岩层松动范围小的有利条件,构成稳固的初期支护。步步为营,以小洞室为基础发展为较大的洞室,进一步形成大跨结构。施工通过中隔墙的减跨、临时仰拱的及时封闭成环组成有利的支护体系,能非常有效的控制拱部下沉和收敛,但也有如下不足：

（1）对于中洞法,在左右洞不对称开挖过程中易造成中隔墙受力不均,产生偏压,在施工过程中如何控制偏压是施工中的难点。

（2）由于将大洞室分为若干个小洞室施工,小洞室一般操作空间较小,初支结构承载力有限,不便于机械化施工。

（3）本工程中,隧道围岩较硬,需要采用钻爆法施工,由于 CRD 法及中洞法划分的洞室较多,需要进行多次爆破才能成洞。这样,爆破就给围岩尤其是导洞初支结构带来多次扰动,甚至造成导洞初支结构的破坏。

（4）本工程工期较紧,虽然采用 CRD 法及中洞法施工区间渡线大断面较安全,但由于洞室较多,根据工法要求,各洞室需要错开施工,尤其采用中洞法施工时还必须先施做中墙二衬结构,相应需要的工期就更长。

3.1.2.2 几种开挖方案的比较

借鉴山岭隧道施工的经验,在围岩石质较好的情况下,充分发挥围岩的自承能力,采用大中型机械分台阶开挖的方法,可以提高劳动效率,加快施工进度。但要注意,山岭隧道毕竟不同于城市浅埋暗挖隧道,由于城市浅埋暗挖隧道覆土较薄,土质相对软弱,不利于围岩自然拱的形成,对于大断面隧道还是应该采取分部开挖法或桩柱法施工。几种开挖方案的比较详见表2所示。

三种开挖方案比较表 表2

项 目	CRD法	中洞法	台阶法
施工的安全性	安全	安全	由地质条件确定
施工技术难度	较高	高	低
施工机械类型	小型	小型	大中型
施工工序	工序较多	工序多	工序少
掌子面稳定性	好	较好	由地质条件确定
周边变形量	小	小	较大
工程造价	较高	高	低

在本工程中,根据岩土工程勘察报告,珠~猎区间渡线大断面隧道主要穿越砾岩强风化带和砂岩强风化带〈7〉层、红色陆相沉积的碎岩石中等风化带〈8〉层、部分岩石微风化带〈9〉层等地层。围岩相对较硬,可以考虑采用台阶法施工,但必须首先进一步了解隧道围岩的性质、产状、分类,通过试验确定合适的工法,即采取信息化施工方法,及时监测、及时反馈、及时修正设计。

3.1.3 隧道围岩类别分析

根据区间隧道实际开挖揭露的地质情况判定,隧道拱顶以〈7〉号地层为主,为泥质粉砂岩强风化带,岩面走向倾角30°,南高北低,下方为〈8〉号地层,为砂岩类岩石的中等风化带,如图7所示,右线地质情况好于左线。由于〈7〉号地层处在向〈8〉号地层的过渡,围岩已经相对较硬,属于Ⅳ~Ⅲ级围岩,〈8〉号地层属于Ⅲ级围岩。此外,岩面无渗漏水,必须采取爆破施工。

基于以上情况,对于珠~猎区间渡线大断面隧道施工方法,欲改变原设计采用的CRD法和中洞法,而全部采用台阶法开挖,直接由单孔单线小断面隧道过渡到单孔双线渡线大断面隧道。为此,先进行数值分析,从理论上判别变更工法的可行性,进而进行施工试验,以检验开挖效果。

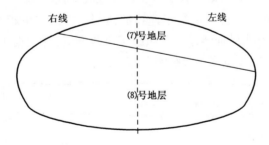

图7 区间渡线实际地质分界图

3.2 试验段施工情况及效果分析

渡线大断面隧道CRD工法变更为台阶法的施工试验分两个阶段进行,第一阶段:先由CRD工法变更为CD工法,试验过程中加强监控量测,若沉降超过警戒值,则终止试验;第二阶段:由CD法变更为台阶法,试验过程中加强监控量测,视监测结果确定最终隧道开挖方案。

(1)第一阶段试验:取消双连拱断面,大断面由CRD工法变更为CD工法试验断面为首先进入区间渡线段的单孔双线隧道 A4 断面,断面最大开挖尺寸 14111mm×9814mm。原设计采用 CRD 工法施工,根据与前期的有限元数值分析以及工法变更会达成的共识,决定采用 CD 工法进行一段试验性施工。试验段 A4 断面范围处于 <7>、<8> 号地层,拱顶上方有 3~4m 的 <7> 号地层,根据开挖揭露的地质情况,拱顶以 <8> 号中风化岩层为主,局部含有 <7> 号强风化夹层,岩体自稳能力较强,基本无渗漏水。

试验段以封闭成环 6 榀为限。初期支护采用 $\phi 42$ 超前小导管 + $\phi 25$ 格栅钢架 + 双层 $\phi 22$ 纵向连接筋 + 双层钢筋网片 + 侧墙锚杆 + 350mm 喷射混凝土组成联合支护方式。

隧道于 2006 年 3 月进入 B1 断面向 A4 半断面转换段爬坡,断面转换处仍采用 CRD 工法施工,转换完开始试验 CD 法施工。CD 法施工渡线 A4 大断面方法如下:

上台阶 1 部施工,并施做中隔墙(型钢喷混凝土)→(2)上台阶 3 部施工→(3)中台阶施工,并施做中隔墙(中台阶开挖时,留三米厚核心土)→(4)中台阶核心土起爆→(5)下台阶施工(与中台阶一样,保留 3m 的核心土,分次起爆),详见图 8 所示。

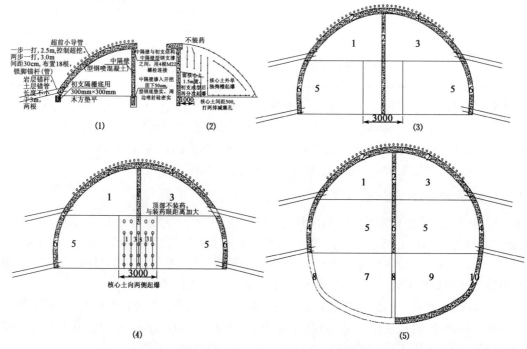

图 8　试验段大断面 CD 法施工工序图(尺寸单位:mm)

为了确保施工安全,在施工过程中进行了连续的监测。左线在里程 K15+904.062,右线在里程 K15+903.791 处进入单洞双线大断面隧道。按照施工监测方案,并根据施工进度,在隧道拱顶布设沉降观测点,详见图 9,对大断面拱顶沉降每天观测 1~2 次。

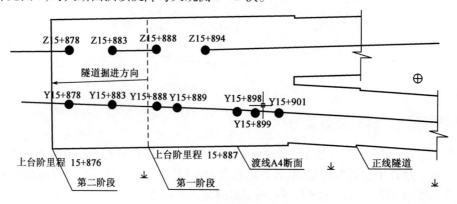

图 9　渡线试验段沉降监测点布置图

根据监控量测结果,试验段拱顶沉降最大值位于右侧 Y15+901 处,最大沉降量为 12mm,且沉降值趋于收敛,预计不会超过警戒值。

在此阶段,施工中存在的主要问题有:

左线上台阶爆破施工过程中对已经支立的 2 部产生冲击,2 部的锚喷型钢支撑支护侧向倾斜,中隔壁没有起到设计的临时支护作用。相反由于连接部位的牵扯,对拱顶已经支护好的初期支护造成破坏作用。虽然采取了一定的保护措施,但是效果不明显。

由于左右侧隧道上台阶分别爆破开挖,格栅钢架的整体垂直度及形状无法很好的控制,对初支的整体受力比较不利。

中、下台阶爆破施工过程中对中隔壁同样干扰较大,影响整体安全。

分左右侧分开爆破施工及转换施工的相互影响,无法满足总工期要求。

综上,渡线大断面隧道由 CRD 工法变更为 CD 工法是可行的,但鉴于 CD 法施工时,爆破会对中隔墙造成较大影响,同时工程进度缓慢,建议进一步优化,采用台阶法开挖。

(2)第二阶段试验:由 CD 工法变更为台阶法

根据 CD 法试验段的数据和暴露的问题,经工法变更协商,同意区间渡线大断面隧道采用台阶法进行一段试验性施工,试验段长度为 5m。为保证施工安全,控制沉降,台阶法施工初支封闭成环后应跟进型钢中支撑。

根据隧道开挖情况,为了避免左右侧分次爆破对临时中隔壁及初支结构的破坏,以及格栅钢架整体扭曲、垂直度不好控制等不利因素,拟待隧道初支成形后再安装型钢中支撑,形成一个三台阶法开挖,每个台阶长度控制在 5~6m,跟进型钢中支撑与下台阶爆破面距离控制在 5m,同时,控制每循环进尺 0.7m 以内,保证拱部超前小导管的角度、间距、数量等施工质量,严格控制周边眼间距、孔深、单孔装药量,控制一次装药总量、雷管段别,上台阶左右侧单次装药、分次起爆等方法将爆破震速控制在 25mm/s 以内,减少对围岩扰动。及时架立格栅钢架,控制台阶长度,及时闭合成环。监控量测严格按照 5m 一个监控量测断面进行布点,根据监测数据及时对隧道的稳定性及安全状况做出评价,出现超限情况立即调整工法至 CD 工法,保证隧道安全及工程顺利进行。

左线在里程左侧 K15+904.062,右线在里程 K15+903.791 处进入单洞双线大断面隧道。按照施工监测方案,并根据施工进度,在隧道拱顶布设沉降观测点,对大断面拱顶沉降每天观测 1~2 次。从观测数据来看,双线隧道拱顶累计最大沉降量为 15.4mm,当初支闭合成环后,拱顶沉降趋于稳定。CD 法开挖与台阶法开挖沉降对比情况详见图 10、图 11。

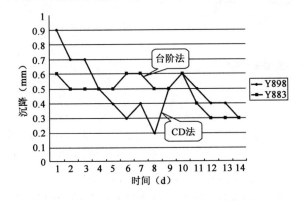

图 10　右线 CD 法开挖与台阶法开挖日沉降量比较图

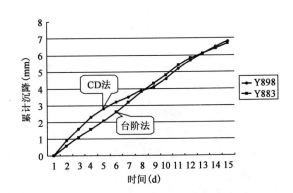

图 11　右线 CD 法开挖与台阶法开挖累计沉降量比较图

从图中可以看出,由于 CD 法开挖多次爆破开挖的影响,拱定日沉降量很不稳定,起伏很大;累计沉降量,两种工法比较接近。但是台阶法开挖能够加快格栅的封闭成环,而且根据监控量测情况,隧道格栅封闭成环后沉降值即会趋于收敛,因此从控制累计沉降量的角度来说,台阶法优于 CD 法。

总之,通过两个阶段试验研究可见,CD 法和台阶法都能保证安全地进行渡线大断面的施工,从降低造价、减小施工难度,加快施工进度的角度看,建议采用台阶法跟进型钢中支撑的施工方法。当然,由于地质条件的复杂多变,施工应根据具体的围岩状况,及时调整施工参数,根据新奥法的基本原理,采取信息化施工。

4 区间渡线初期支护施工

4.1 区间渡线大断面初支施工方法

4.1.1 总体施工方法

根据隧道施工中实际揭露地质情况、所做的 CD 法及台阶法试验研究分析,以及相关会议纪要精神,珠～猎区间渡线段取消双连拱断面,由单孔单线正线隧道直接过渡到单孔双线渡线大断面隧道。单孔双线渡线大断面隧道开挖由原设计的 CRD 工法变更为三台阶法跟进型钢中支撑的施工方法,每个台阶长度控制在 5～6m,跟进型钢中支撑。

4.1.2 施工工艺

单孔双线渡线大断面隧道采用三台阶法跟进型钢中支撑的施工方法,施工工序详见图12:台阶法开挖渡线大断面施工工序图。施工步骤为:

小导管超前支护→1 部土方开挖,保留核心土→2 部初期支护→3 部土方开挖,保留核心土→4 部初期支护→5 部土方开挖→6 部土方开挖→7 部初期支护→安装型钢中支撑。

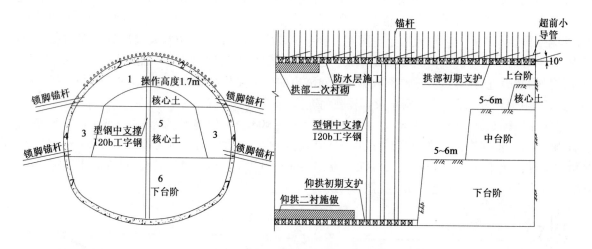

图12 台阶法开挖渡线大断面施工工序图

具体施工工艺如下:

(1)超前小导管施工

根据设计要求,隧道处于<7>号及以下地层采取超前小导管的支护方式,超前小导管采用 $\phi 42mm$,$L=3.5～4m$,壁厚3.25mm 的普通焊接钢管,拱部120°范围布置,$L=4.0m$,环向间距0.3m。上台阶拱顶超前小导管由设计的每4个循环打一次小导管改为每循环打一次小导管,以控制超挖。

在隧道作业面开挖前,沿拱部初支内轮廓线通过已安装好的钢格栅腹部打入带孔小导管,然后通过小导管向围岩压注浆,对软弱地层进行固结及超前支护,在结构轮廓线外形成一个0.4～1.0m 厚的弧形加固圈,在此加固圈的保护下安全地进行开挖作业。

如果掌子面渗漏水量较多,无法保证自稳,则通过小导管对前方拱顶以上地层进行注浆加固,注浆选用 P·O32.5 普通硅酸盐水泥,水灰比为0.8:1～1.5:1,施工时根据地质情况和试验确定施工配合比。

(2) 土方开挖

采用三台阶法开挖，上台阶2.8m高，并保留核心土，核心土高1m左右，保证拱部操作空间，中台阶高度3m，下台阶高度根据断面形式相应变化，上中下台阶各保持5~6m的距离，每步土方爆破的进尺根据格栅步距控制。上台阶开挖过程中，预留核心土进行开挖，同时上台阶施工过程中仅爆破掏槽眼及辅助眼，周边眼不装药，控制一次装药量，局部欠爆部分人工风镐整修，减少了爆破震动对地层的扰动，同时又减少了喷射混凝土的回填量。

(3) 初喷混凝土

上台阶爆破施工完成后及时进行扒渣，并对拱顶开挖轮廓超欠爆部位进行处理，处理完立即组织对拱顶初喷一层混凝土，混凝土厚度以覆盖岩面为宜，避免岩层风化，强度降低。

(4) 钢筋格栅钢架安装

上台阶及中台阶土方开挖时，拱脚部位保留30cm厚土方采用人工开挖，保证开挖后钢筋格栅拱脚下方土体是一个完整的原状土。分部土方开挖后及时安装钢筋格栅，格栅主筋采用HRB335 ϕ25@200mm的钢筋，辅助钢筋采用HPB235ϕ8的钢筋，ϕ22的纵向连接钢筋，连接钢板采用500mm×200mm厚度16mm钢板。

钢筋格栅钢架间距0.667m，钢筋格栅架立应保证垂直度，保证整榀拱架垂直于隧道轴线不扭曲，然后用ϕ22mm纵向连接筋把每榀格栅连接起来，纵向连接筋环向间距为1m，前后搭接长度不小于10d。格栅钢架的连接板下方垫设I18工字钢或等高度槽钢垫实。为防止格栅架立后下沉，格栅架立后立即在拱脚两侧打入锁脚锚杆或锁脚锚管，每侧两根。当锁脚部位位于<8>号及以上岩层时锁脚锚杆采用ϕ22mm钢筋，长度2.5m；当锁脚部位位于<7>号及以下地层时锁脚锚管采用ϕ42mm注浆管，长3.0m，对管内注水泥浆或砂浆，以保证锁脚锚管刚度。

(5) 边墙锚杆施工

锚杆采用ϕ22mm钢筋制作，锚杆长3m，侧墙布置，纵横间距按照图纸执行，梅花形布置。锚固剂沿钻孔布置，装入量不少于70%。锚杆钢筋端头距离孔底10~15cm。

钻眼施做完成并清孔后即可安装锚固剂及锚杆，装填药包长度不得低于全长的70%。装完后人工打入锚杆。锚固剂应置清洁水中浸泡一段时间后再装入钻眼内，浸泡时间根据锚固剂出厂合格证及说明书要求执行，严禁未浸泡即装入锚固剂。

(6) 挂网、喷射混凝土施

钢架安装完成后即可安装钢筋网片，网片采用ϕ6.5mm钢筋制作而成，网格尺寸为150mm×150mm，双层布置。网片搭接1个网格，钢筋网贴格栅钢架及纵向连接钢筋外侧布置，并与格栅钢架及纵向连接钢筋绑扎牢固。

开始喷射混凝土前，应适当缩短喷头与受喷面的距离，喷嘴垂直于受喷面，使得钢筋网背面的混凝土达到密实。喷射混凝土的配比严格按照试验室给定的施工配合比执行。混凝土应分层喷射，每层5cm左右，喷射口至喷射面距离以1m为宜。喷嘴均匀地按螺旋轨迹，分区段自下而上，一圈压半圈，缓慢移动，每圈直径约20cm。若受喷面不平，先喷凹坑找平。喷射混凝土应覆盖全部钢筋网片，表面平整。喷射完成后及时清理回弹料。若受喷面裂隙水较大时，可埋设导水盲管导出，后期压浆封堵。

(7) 型钢中支撑安装

初期支护格栅钢架封闭成环5m后，在断面中部架设型钢支撑。型钢支撑通过先安装于拱顶及仰拱的预留连接钢板用螺栓进行连接。支撑采用I18工字钢，纵向随格栅间距，两侧用ϕ22mm纵向连接钢筋焊接为一个整体。

(8) 初支背后注浆

初期支护施工封闭成环后利用预埋注浆管初支背后进行系统注浆，注浆管ϕ42mm钢管，壁厚4mm，长500mm。每3m布置一个注浆断面，每个断面拱部等间距布置6根。开挖后地下水渗漏较多地段、初支及系统注浆后仍有渗漏水地段及围岩破碎地段应视具体情况向初支背后更深层围岩进行注浆，确保初支面无涌水、漏水,可有局部湿渍。

隧道初支每封闭6m进行一次背后回填注浆,注浆利用注浆泵将水灰比为1:1的水泥浆注入已安装好的背后注浆管,注浆压力控制在0.25MPa以内。

4.2 断面转换施工

右线单孔单线B1型断面施工至里程K15+903.791进入了A4断面,B1断面为小断面,开挖尺寸为6400mm×6698mm,采用台阶法施工,断面转换处A4断面仍采用CRD法施工,以便缩小一次开挖跨度,初支结构能及时封闭成环,保证施工安全。施工时,先施工A4断面靠线路右线一侧半断面,后施工左侧半断面,左右侧开挖间隔距离不小于20m。

B1型断面与A4断面转换处采用并列三榀格栅钢架保证转换位置的结构刚度,确保转换断施工安全。进入A4断面后,采取30°向上爬坡,在3.5m范围内完成B断面向A4Ⅰ断面的转换,之后继续A4Ⅱ断面施工,在单侧形成上下导洞施工。

待右线半断面封闭成环长度大于10m后,开始左线B1断面向A4左半断面转换施工,具体要求与右线类似。待A4断面初期支护长度大于6m后开始反向处理B型结构断面向A4断面转换段爬坡阶段三角土体,处理从小里程向大里程逐步进行。B1断面与A4断面转换关系图详见图13所示。

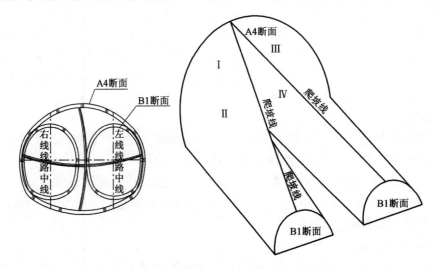

图13 B1断面与A4断面转换关系图

断面转换具体施工方法如下:

(1)B1断面进入A4断面前加固处理措施

考虑到由小断面向大断面转换施工接口处是施工的薄弱环节,同时也是岩体应力集中部位,为了保证转换接口处的隧道安全,对接口处的B1断面进行加强处理。B1断面初支施工至里程K15+904.247位置时,在此位置向前0.9m范围内并排设置三榀B1断面的格栅钢架,并将格栅钢架与两侧的锚杆焊接成一个整体。喷射混凝土,完成支护。B1断面最后三榀格栅钢架平行于A4断面钢架,且应在里程K15+906.192位置开始两榀格栅钢架范围内扭转到位,具体详见平面布置图14。

(2)B1断面向A4半断面转换

根据施工操作的需要,上下台阶保持在5~10m距离。接口处上断面格栅钢架初期支护完成后,继续向前开挖30°向上爬坡,如图15所示,在3.5m范围内扩大至A4断面。此部位采取自制格栅钢架及临时中隔壁组成支护。每一次开外尺寸,根据自制格栅钢架形式决定爆破炮眼布置,拱顶格栅钢架连接板位置必须设置3根锁脚锚杆,锁脚锚杆长2.5m垂直隧道轮廓面布置,向下25°打设。

中隔壁型钢支撑及临时仰拱采用I18工字钢加工制作,工字钢采用型钢成型机械一次成型,端部焊接260mm×260mm厚10mm钢板,采用4根M24螺栓连接。中隔壁及临时仰拱均采用ϕ22mm纵向连接钢筋进行加固,纵向连接钢筋间距1m,单排布置。若地层发育,有渗漏水可挂钢筋网喷射5cm厚混凝土封闭开挖面。

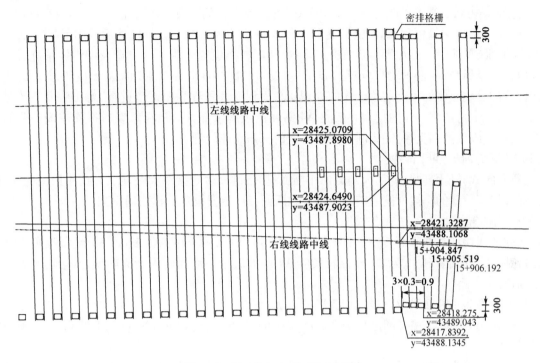

图14　B1断面进入A4断面平面布置图

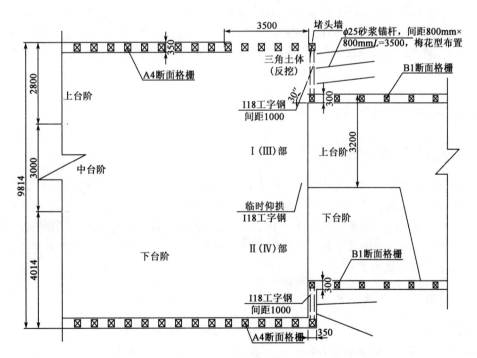

图15　B1断面转化A4断面纵断面图(尺寸单位:mm)

进入A4断面前,应沿着下一部开挖面向上5°角沿着格栅主筋内侧打入超前小导管,若地层发育则需要注入1:1水泥浆加固地层后,方可开挖。

(3)反挖三角土体处理

三角土体位于变断面处,施工时可采取两种施工方法:一是提前扩大断面,在设计变断面里程处完成断面变化。二是在设计变断面里程处开始扩大断面,待完成扩大断面后再反响进行处理。方法一的好处在于可以一次完成变断面,避免对隧道拱顶的土体的二次扰动,降低施工风险。但工程量偏大,且变断面处格栅需要重新设计,大断面施工跨度需要加大。二次衬砌时该部位的二衬设计需要与设计协调进行洽商变更。方法二则可以严格按照设计意图完成大小断面的变换的转换施工。但需要在反挖三角土体施工时严格操作工艺及流程,确保施工安全。在实际施工中,经过与设计沟通后采用了第二种做法。

A4断面Ⅲ、Ⅳ部施工同右侧半断面施工一致,断面转换位置采取临时格栅及型钢体系进行支护,5步范围内转换至标准A4断面,Ⅲ部成型5m后完成接口部位B4断面格栅钢架封闭成环,并立即进行断面转换位置的三角土体处理。三角土体的处理从小里程向大里程方向逐步进行,对于中间土体尽量采用人工凿除,减少对两侧岩体的扰动。架立A4断面拱顶剩余部分的格栅钢架后拆除左线一侧的临时中隔壁,设计中隔壁型钢支撑,完成断面转换位置的三角土体处理。

(4)A4断面向A3断面转换

A4断面向A3断面转换,属于大断面向小断面过渡,过渡时直接在大断面上开挖小段面初支即可。同时为保证接口位置的小段面隧道的稳定性,A3断面接口位置设置一榀格栅钢架。

(5)堵头位置处理

本区间渡线段涉及的断面转换有:B1断面转换A4断面,A4转换A3断面,A3断面转换A2断面,A2断面转换A1断面。其中,除B1断面转换成A4断面属于小断面向大断面转换,其余均为大断面转换为小断面。

大断面转换为小断面采取直接设堵头墙的方法,在大断面上直接开小断面即可。此位置堵头墙的处理均采用3.5m长ϕ25锚杆间距离800mm×800mm布置,双层ϕ8mm钢筋网片,300mm厚喷射混凝土,并加格栅。

而小断面转换为大断面后需要进行反挖,然后再施做堵头墙,即B断面向A4断面爬坡段三角土体处理完成后进行堵头墙施工。堵头墙位置采用3.5m长ϕ25mm锚杆,间距800mm×800mm布置双层ϕ8mm钢筋网片,Ⅰ18工字钢间距500mm布置,ϕ22mm纵向连接钢筋间距200mm布置,350mm厚喷射混凝土。Ⅰ18工字钢采用预埋钢板用螺栓与先施工B型断面格栅钢架进行连接,局部安装精度达不到位置采用焊接。

5 区间渡线二次模筑施工

5.1 区间渡线二衬施做时机

隧道二次衬砌施工质量与施做时机关系重大,按规范要求,二次衬砌应在喷锚支护变形基本稳定后才能进行施做,即围岩位移速度有明显减缓趋势,已产生的各项位移已达到位移总量的80%,周边位移速度小于0.1~0.2mm/d,拱顶下沉速率小于0.15mm/d。但在实际施工中还要根据围岩类别及变形规律,灵活处理。根据施工监测情况,本工程区间渡线大断面隧道及地表变形从隧道初支开挖大约37天左右趋于稳定,不影响施做二次衬砌。

5.2 区间渡线二衬施工方法

区间渡线大断面隧道全长107m,分A4、A3、A2、A1共四个断面,二衬结构厚度均为500mm,其中A4断面18.2m,A3断面24m,A2断面44.4m,A1断面21.3m。由于渡线断面尺寸较大,结构形式较多,且每种断面不长,因此,隧道二次衬砌不宜采用模板台车,施工采取组合钢模板+型钢拱架+满堂红脚手架支撑体系,待A1、A2、A3、A4等各断面初支完成后,纵向分段,竖向分仰拱与拱墙两次衬砌。

纵向水平施工缝预留在回填面向上30cm处,仰拱混凝土采用钢管支撑配合组合钢模进行混凝土浇筑,浇筑长度控制在20~50m。拱墙的混凝土一次浇筑长度控制在9.6m,采用碗扣式钢管支撑、108钢管对称及Ⅰ20b工字钢拱架配合P3012组合钢模进行混凝土浇筑,工字钢拱架采用Ⅰ20b工字钢冷弯成形后焊接连接板及牛腿,支架间距均为1200mm,详见图16所示。遇变断面处可相应调整拱墙及仰拱一次浇筑混凝土长度,仰拱混凝土由高向低施工,拱墙混凝土按照 A4→A3、A2→A1 的顺序进行施工,待全断面二衬浇筑完成后,再进行中隔墙混凝土浇筑施工。

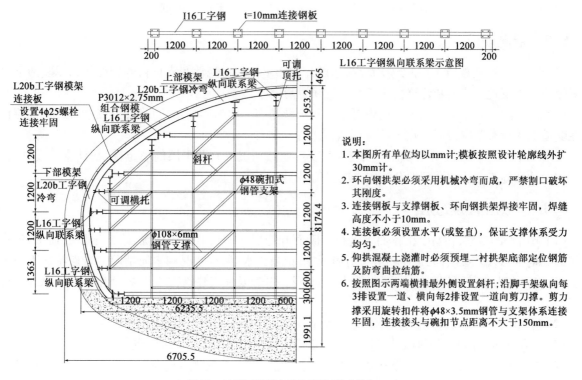

图 16　A4 断面模板支撑体系图(尺寸单位:mm)

隧道仰拱浇筑后 24h,即可架立钢拱架,逐榀测量校正,既作为钢筋绑扎的台架,又作为衬砌的支撑用。钢筋绑扎完毕后挂模,注意模板上预留振捣灌注窗(可以采用卸掉一块模板作为振捣窗,振捣窗环向 8 个、纵向间距 2m,相临振捣窗高差不得大于 2m,混凝土浇筑到振捣窗底部时关上振捣窗),一切准备工作就绪,即浇筑混凝土。拱墙混凝土浇筑采用对称浇筑,控制混凝土的浇筑速度在 1m/h,拱顶在浇筑段中点设置一个加压灌筑口,在两侧各预留一个加压灌筑口备用,并采用插入式振捣棒进行振捣。

拱墙模板按照设计净空尺寸外放 3cm 控制,拱墙模板拆除根据现场同条件的试块指导强度,对于围岩变形基本稳定,在二衬混凝土浇筑后不立即承受围岩压力时,结构强度达到 2.5MPa 后即可拆模;对于软弱破碎围岩,脱模后有可能立即受力,为防止衬砌开裂,还是待混凝土强度达到 70%后脱模为好。本工程区间渡线大断面隧道待 A1、A2、A3、A4 等各断面初支完成后整体施做二衬,由于渡线大断面采用三台阶法跟进型钢中支撑的施工方法,大断面隧道二衬施做前,需要拆除型钢中支撑。中支撑随二衬流水段分段拆除,由于隧道跨度较大,中支撑拆除时,围岩及初支会有一定变形。因此,本工程渡线大断面二衬混凝土强度达到设计强度的 70%拆模。

拆除模板的顺序与安装模板顺序相反,先支的模板后拆,后支的先拆。模板拆除时,先调节顶部支撑头,使其向下移动,达到模板与混凝土面分离的要求,拆除模板。后拆除工字钢拱架,最后拆除脚手架。

6　施工监控量测与位移反分析

6.1　监测目的与意义

(1)监视围岩应力和变形情况,验证支护衬砌的设计效果,保证围岩稳定和施工安全。
(2)提供判断围岩和支护系统基本稳定的依据,确定二衬的施作时间。

(3)通过对量测数据的分析处理,掌握地层稳定性变化规律,预见事故和险情,作为调整和修正支护设计及施工方法的依据,提供土层和支护衬砌最终稳定的信息。

(4)积累量测数据,为今后的地下建筑设计与施工提供工程类比的依据。

6.2 量测项目

(1)洞内外观察:核对土层的地质情况,了解开挖面土体的自稳性和支护衬砌的变形、开裂、地下水渗漏等情况以及地表路面和建筑物变形、下沉、开裂情况等。

(2)拱顶下沉与地表下沉:判断隧道开挖对拱顶及地表产生的影响及防止沉陷措施的效果,推测作用在隧道上的荷载范围,判断地下管线的安全情况。

(3)隧道净空变形:根据变形值、变形速度、变形收敛情况等判断土层的稳定性、初期支护设计、临时支护设计和施工方法的合理性及施作二次衬砌时间。

6.3 量测手段及方法

(1)洞内外的观察,在每个工作面上进行。断面开挖后立即核对地质情况,绘出地质断面图,记录开挖面稳定状态,即拱部有无土体剥落和坍塌现象,记录渗水、涌水情况和水质情况。若遇特殊不稳定情况时,应派专人进行不间断的观察;对地表路面下沉、开裂及地表建筑物的开裂、沉降等安全状况进行观察。

(2)洞周收敛采用收敛计进行量测,每断面至少设二条水平测线。

(3)拱顶下沉量测和洞周收敛量测设于同一断面,每断面设置3个下沉测点。

(4)地表下沉量测,测点尽量设在隧道中线上,并宜与拱顶下沉测点设在同一断面上。为掌握地表沉降范围,在与隧道中线垂直的横断面上布置测点,间距3m,必要时加密。

(5)施工监测随隧道施工的进程连续进行。

(6)每个点量测后应分别绘制时态曲线,以便及时显示变化趋势,及时指导施工。

如图17所示,监测项目包括:拱顶下沉测点(A1-A3)、洞周收敛测点(B1-B5)、多点位移计(洞内设点C1-C4)、地表下沉测点(E2~E11)。

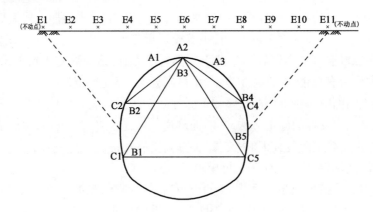

图17 大断面监测布点示意图

6.4 量测数据分析与信息反馈

当量测结果出现反常或危险信息时,应立即采取紧急处理措施,加大量测频率,密切注视洞内外动态,必要时停止施工。

一般地段地面及拱顶最大沉降量不大于30mm,最大隆起量不大于10mm,速率2mm/d,预警值为20mm,隧道施工中出现下列情况之一时,应立即停工,采取措施进行处理:①周边及开挖面塌方、滑坡及破裂;②量测数据有不断增大的趋势;③支护结构变形过大或出现明显的受力裂缝且不断发展;④时态曲线长时间没有变缓的趋势。

6.4.1 拱顶下沉分析

通常情况下,浅埋隧道的拱顶下沉及地表下沉是判断围岩是否稳定的重要标志。拱顶下沉量测采用在拱顶轴线附近埋设带钩的测桩,吊挂钢卷尺,并在支护喷混凝土完毕后马上使用NI005A精密水准仪进行测量,以期得到真实的拱顶下沉量。

大断面由CRD工法改为台阶法施工,分上中下三个台阶,因此施工量测显得更为重要,在工法初期需要加密布点,以了解工法变更后拱顶沉降速率的变化,并根据测量数据的反馈及时调整支护参数,确保施工安全。

上台阶长度一般为5m,在由CRD工法变为台阶法施工后的5m内,应加密布点,拱顶在纵向上每隔2m布设一组沉降点,监测频率为1d 2次,并根据沉降速率的变化情况及时增加或减小监测频率。待确认台阶法施工安全后按10m布设一组沉降点。

我们以使用台阶法施工的K15+880断面为例说明研究过程。由于布设在隧道中线上的点变形值比其他点要大,因此,我们仅对中线上的布点进行研究。

右线K15+880断面于2006年3月19日开始布点观测洞内拱顶沉降,在锚喷完成后开始测初始值,之后每天两次观测,当下台阶完成后变为一天一次。经过分析研究,其沉降量变化曲线(见图18)有如下特点:

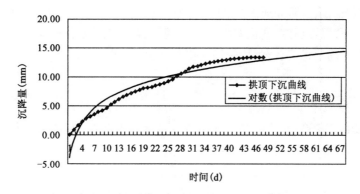

图18 右线K15+880断面拱顶累计沉降量变化曲线

变化曲线明显分为三阶段,每阶段都有相应的拐点;每个阶段,沉降速率经历了一个由小变大再变小的过程;沉降量变化曲线最终趋于平缓。

从施工过程来看,隧道的三台阶施工正好对应了沉降曲线的三个变化阶段。

(1)从图19拱顶沉降速率变化曲线看,拱顶沉降速率在开始时很高,之后几天随着隧道的掘进,沉降速率慢慢降低,似乎没有经历一个加速的过程。实际上,由于隧道开挖对地层扰动的影响,通常在开挖面前数十米处的围岩就开始发生变形,由于量测条件的限制,隧道内拱顶下沉的测量是相对滞后的,即只能从初支完成后才开始测,因此就造成了监测数据不能反映围岩的整个变化过程。

由于施工进度、爆破方式、地质条件的影响,在上台阶初支完成后,围岩可能仍处于变形加速阶段,此时很容易通过曲线看出最大变化速率,如图19的右线K15+870速率变化曲线所示。

(2)由图19可以看出,从上台阶开挖开始到开挖之后第10天,拱顶沉降速率经历了一个减速的过程,而第10天,也就是3月29日之后,拱顶沉降速率又开始加速;从隧道施工进度上看,第10天监测完后,隧道进行了中台阶的施工,由于爆破造成了围岩的扰动,应力重分配,围岩又发生变形,又经历了一个先加速后减速的应力重分布过程,但是变化速率明显降低;第23天,也就是4月11日,隧道开始施工下台阶,由于爆破开挖的影响,围岩再次发生了变形,此时初支结构封闭开始整体受力,在第28天,也就是4月16日围岩变形达到又一个极大值后,变形开始减速,从第37天开始沉降速率从0.1mm/d逐渐减小。

(3)从图18来看,实测拱顶沉降值较小,但开始时变化速率较大,到观测结束时为止,累计沉降量达到13.4mm。其中上台阶施工阶段累计沉降量占总量的46%,中台阶完成后下台阶施作前累计沉降量占总量的69%,初支结构封闭后,曲线已趋于平缓。

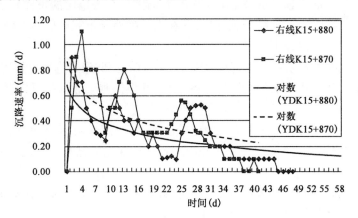

图19　右线K15+880、右线K15+870断面拱顶沉降速率变化曲线

从上台阶完成的第37天开始的一个星期内,即从4月23日开始,右线K15+880拱顶沉降速率趋于稳定,稳定在0.1mm/d左右,此时的沉降量占总变形量的89%。而从相近的右线K15+870断面拱顶沉降速率变化曲线来看,上台阶完成的第34天开始沉降速率趋于稳定,由于地质条件的不同,各断面围岩的稳定时间也不一致,从沉降量变化曲线上看,一般围岩开挖并施作初支结构后,大约经过40天左右的时间,围岩才能进入趋于稳定状态,从趋势变化曲线上看,拱顶下沉历时约67天左右,围岩才能最终趋于稳定。

6.4.2　地表下沉分析

右线K15+880断面于2006年3月9日开始布点观测地表沉降,观测频率为一天一次。经过分析研究,其沉降量变化曲线(见图20)有如下特点：

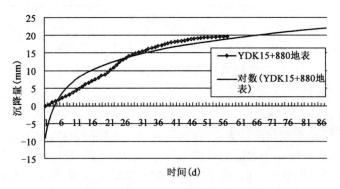

图20　右线K15+880断面地表沉降变化曲线

变化曲线明显分为两阶段;每个阶段,沉降速率经历了一个由小变大再变小的过程;沉降量变化曲线最终趋于平缓。

(1)如图21所示,地表沉降速率明显分为两个阶段,这与拱顶沉降的变化比较类似,而且,其极大值出现的时间为监测开始的第12日及第22日,即3月21日和3月31日,与拱顶下沉的数据对比,可知地表下沉的极大值一般比拱顶晚两天左右。而不同的是隧道初支结构整体受力后,拱顶下沉经历了一个加速又减速的过程,而地表沉降曲线一直在缓慢下降。究其原因在于,大断面下拱为较硬的<8>或<9>地层,其围岩自稳能力较强,由于爆破的震动只造成了拱顶下沉曲线的变化,而对地表的影响较小。

(2)沉降速率的变化与拱顶下沉的规律非常相似,不同的是最大值出现的时间,拱顶下沉的最大值一般出现在上台阶完成前后的一段时间,而地表下沉的最大值则出现在中台阶完成前后的一段时间。

究其原因,除与爆破施工方式有关之外,围岩的变形传递到地表也是也要经历一个相当长的时间,地表的下沉具有明显的滞后性。

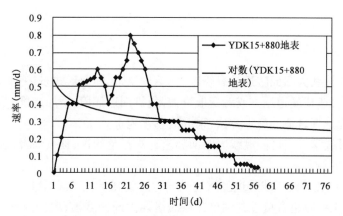

图21　右线 K15+880 断面地表沉降速率变化曲线

(3)从右线 K15+880 断面地表沉降变化曲线图来看,实测地表沉降值较大。开始时,地表沉降速率变化较大,到稳定时逐渐减小,累计沉降值达为 19.5mm,已接近预警值。初支结构封闭后,曲线已趋于平缓,从对数趋势曲线分析,地表下沉总量趋近于 22.5mm。到 4 月 23 日,地表下沉量已占到变形总量的 87%。

从地表下沉观测开始,到沉降速率出现稳定的趋势,历时约 46 天。地表沉降从意义上来说也反映了围岩变形的全过程,围岩的变形历时约 46 天,而根据拱顶下沉数据的反馈,这个时间约为 37 天,二者的比较进一步说明了拱顶下沉监测的滞后性,拱顶下沉只能反映围岩的大部分变形过程。

6.4.3　隧道收敛变形分析

隧道的收敛总量相对较小,根据监测数据反馈,最大值仅 7.2mm,同时,洞内收敛和拱顶下沉一样,也不能反映围岩变形的全过程。在初支结构封闭后,隧道的收敛变形速度大大下降,这也说明了"早封闭"的重要性。

收敛变形曲线也与拱顶下沉曲线极其相似,其变形到稳定也是经历 37 天左右,稳定值小于 0.1mm/d。

6.5　运用量测结果指导施工

(1)大断面围岩大部分为Ⅲ类围岩,拱顶多为Ⅳ类围岩,下拱有部分Ⅱ类围岩。总体来说,由于围岩的变形达到基本稳定时间为 37 天左右,因此应该把初期支护的重点放到前期阶段。

(2)隧道的收敛变形较小,说明隧道的初期支护设计得比较合理,特别是锁脚锚杆的应用及光面、预裂、微差爆破的应用大大降低了对围岩的扰动。这也说明从 CRD 工法变更为台阶法是比较成功的。

(3)根据规范要求,二次衬砌的施作应在围岩和初期支护变形基本稳定、并具备下列条件时施作:
①隧道周边位移速率有明显减缓趋势;
②收敛量已达总收敛量的 80% 以上;
③水平收敛速度小于 0.15mm/d 或拱顶位移速度小于 0.1mm/d。

珠~猎区间隧道监测结果表明,大断面在开挖及初期支护后 37 天进行二衬,是能够满足上述要求的。

6.6　效果评价

(1)通过现场监测反馈,在这种地层条件下,CRD 工法变为台阶法施工,对初支结构的加强使隧道施工更加安全。

(2)通过对典型断面的变形分析,建议中拱锚杆数量可适当减少。

(3)大断面的围岩岩质较硬,相对来说完整性也较好,开挖后围岩自稳能力较强,因此从CRD工法变为台阶法是可取的。

7 结语

城市地铁浅埋暗挖渡线大断面隧道具有跨度大、结构复杂、断面形式多、施工难度大等特点,如果施工方法选择不当,必然会造成隧道塌方或者变形过大,危机周边环境,增加造价。因此,必须根据围岩地质条件和隧道断面情况选择合适的施工方法,采取信息化施工。

广州轨道交通5号线珠~猎区间渡线大断面隧道针对穿越的Ⅳ、Ⅲ级围岩,通过实地勘察与试验研究分析,做出两点优化创新:

(1)改变原设计由单孔单线正线隧道经双连拱隧道过渡到单孔双线渡线大断面隧道的线路结构形式,而采取由单孔单线正线隧道直接过渡到单孔双线渡线大断面隧道,取消双连拱断面。这样,减少了区间渡线断面形式,降低了施工难度。

(2)单孔双线渡线大断面隧道开挖方法由原设计的CRD工法变更为三台阶法跟进型钢中支撑的施工方法,每个台阶长度控制在5~6m。这样,进一步降低了施工难度,节约了造价,加快了工期。

总之,珠~猎区间渡线大断面隧道通过施工优化,合理变更设计,采取信息化施工方法,创造了城市地铁浅埋暗挖14m大跨隧道采用台阶法施工的先例,可为同类工程提供借鉴。

广州轨道交通 5 号线隧道 WSS 工法穿越饱和动水砂层施工关键技术

巩湘军　付　强

摘　要　过动水砂层历来是广州轨道交通的一大难点,广州轨道交通五号线珠江新城站~猎德站区间暗挖隧道在旋喷桩无效且在广州无应用先例的情况下,使用了 WSS 工法,成功固结了动水砂层,拓展了浅埋暗挖法施工的新领域,取得了良好的经济和社会效益。

关键词　WSS　二重管　动水砂层　渗透系数　旋喷

1　工程概述

广州轨道交通五号线珠江新城站~猎德站区间隧道暗挖工程,采用矿山法施工,隧道埋深 10 ~ 25m,设计里程右线 K15 + 796.064 ~ K16 + 530.3,左线 K15 + 796.064 ~ K16 + 530.3,区间中间设置 1 个联络通道(中心里程为右线 K16 + 148.929),竖井设计深度 24.314m,施工竖井通过横通道进入正线隧道,右线全长 731.317m,左线全长 735.452m。

区间隧道为马蹄形断面,共有 14 种断面形式,正洞标准段开挖尺寸净空为 7.098m(宽) × 6.8m(高)。其在穿越 16 号地道时需穿越砂层(砂层主要为沉积岩、动态水,厚度约 1.2 ~ 3m,),砂层位于隧道开挖线以下,最深处达 1.2m,如图 1 所示。

根据补充勘探,过砂层段为左线 K16 + 443.26 ~ K16 + 530.3,右线 K16 + 479 ~ K16 + 530.3,过砂层段总长度为 138.34m。

2　工程地质与水文地质

珠~猎区间过砂层段,隧道上方为不稳定地层,拱部地层主要为冲积-洪积粉细、中粗砂层,呈灰白、灰黄色,松散~稍密状为主,花城大道沿线基本有分布。可塑状黏性土、中密状粉土,遇水易软化,红色砂岩类全风化带,遇水易软化。隧道下部主要为强风化带砂岩和中风化带砂岩,主要由紫红色、棕红色的泥质粉砂岩,粉砂质泥岩等组成,岩石风化裂隙发育,岩芯呈半岩半土状、碎块状、片状和柱状。

地下水主要为孔隙水和基岩裂隙水两类。地下水补给主要为大气降水,受季节影响明显,对混凝土有弱腐蚀性。孔隙性潜水或微承压水:主要分布在第四系地层中的松散砂层中。本区砂层为第四系砂层,是典型的强透水层,直接或间接通过大气降水补给,同时受附近河流涌水影响,因此水位不仅于季节性降水有关,还受河涌潮汐动态水的影响,其水流走向为南北向,根据勘察报告,其渗透系数为 15m/d,而其上下分布的黏性土层渗透系数今为 0.1m/d,形成隔水层。

隧道上覆盖土层距离透水砂层厚度小,且砂层水量大且具有一定的承压性,不利于隧道开挖。尤其是过砂层段,直接与强透水砂层接触,易发生冒顶突涌等事故,施工前必须采取止水加固等措施,确保施工与周边建(构)筑物和地下管线安全。

3　施工难点

对右线隧道里程 K16 + 479 ~ K6 + 530.3 段,地面存在电缆沟及 16 号地道结构,如图 1 所示,从地面处理砂层非常困难;左线 K16+443.26~K16+530.3 过砂层段可以在地面进行处理,但因临近 16 号地道与电力隧道,周边无法形成止水帷幕。

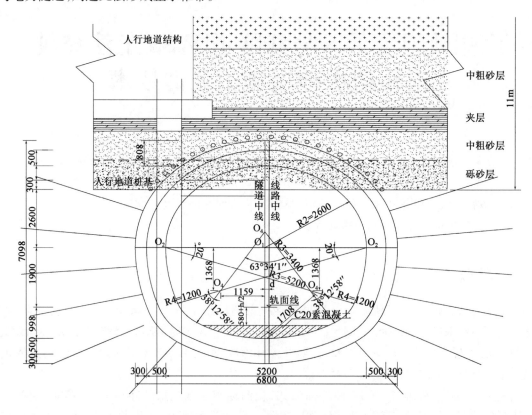

图 1　珠~猎区间过砂层段标准断面隧道剖面图(尺寸单位:mm)

根据既有工程的施工经验,过砂层需要解决好以下几个主要问题:(1)强动水条件下对砂层进行有效加固;(2)加固后的砂层要有一定强度,以承受上部荷载;(3)分段加固,使拱顶砂层及周围土层增加抗压及黏结强度,达到止水,隔水的效果,以保证隧道的正常开挖。

针对以上问题,首先经过专家论证,采用了二重管旋喷桩地面施工方案,对于地面处理较难的部位,采用斜喷方式处理,但开挖时发现,二重管旋喷桩施工无效。

3.1　旋喷桩加固过程简述

在进行 WSS 工法施工前,旋喷桩施工方案经过实施后,取芯发现砂层未被固结,且砂层中无水泥浆,仅在黏土地层中发现水泥浆的存在。

经专家论证,施工方更换了施工队伍和施工设备,进行了三重管旋喷、单管旋喷、改良的双重管工艺旋喷、袖阀管注浆、洞内小导管注浆等多次试验尝试,经取芯及开挖验证,均告失败。

结合经验教训,专家组认为是强动水的原因,使得水泥浆不能及时凝固即被稀释带走。在此情况下,专家建议尝试采用在北京及杭州地区应用的 WSS 工法进行试验。

3.2　WSS 工法介绍

二重管无收缩双液 WSS 工法是采用二重管钻机钻孔至预定深度后注浆,浆液有两种,即 A 液和 B 液(或 C 液)。浆液分溶液型(A、B 液组成)和悬浊型(A、C 液组成)。两种浆液通过二重管端头的浆液混合器充分混合。喷浆时在不改变地层组成的情况下,将颗粒间存在的水强迫挤出,使颗粒间的空隙充满浆材并使其固结达到改良土层性状的目的。其喷浆特性是使该土层黏结力(c)、内摩擦角值增大,从而使地层黏结强度及密实度增加，起到加固作用；颗粒间隙中充满了不流动而且固结的浆材后，使土层透水性降低，而形成相对隔水层。

3.3 浆液特点与注浆范围

AB液的作用是将砂层中水置换掉，也可以认为其主要起填充作用，但因其强度较低，尤其在地下动水作用下，pH值容易受到地下水稀释的影响，凝胶时间很难准确确定，不能有效的填充砂层中的孔隙，造成止水效果差，必须采用悬浊液（即AC液）先固砂，增加其固结强度。悬浊液的注浆机理是利用高压将砂层劈裂，形成浆脉，固结了土体，但其形成的浆脉，减弱了地下动水的影响，为AB液的填充置换创造了相对平稳的环境。

浆液具有自密闭性，当停止注浆时，浆液会瞬间凝结，以达到止水效果。浆液对土层有很强的渗透性，采用调节浆液配比和注浆压力的办法可使注浆范围人为控制；凝结硬化时间可根据实际工程需要进行调整，使岩层的空隙或孔隙间充满浆液并固化，改变了土层的性状，适用范围广，可用于各种土层，浆液不流失、固结后不收缩，硬化剂无毒，对地下水不会造成污染。

根据工程地质、水文地质情况及北京和杭州的应用经验，注浆材料采用浆液采用AB、AC液双液浆，注浆材料配比见表1、表2。

注 浆 材 料 表　　　　　　　　　　　　　　表1

浆液种类	水泥品号	原水玻璃浓度	水灰比（W:C）	体积比（C:S）	注浆用水玻璃浓度
水泥—水玻璃双液浆	P.O42.5	40°Be	1.5:1~2.0:1	1:1	(30~35)°Be

施 工 配 比 单　　　　　　　　　　　　　　表2

A 液	B 液	C 液
40°Be′水玻璃　175kg	Gs剂 8.5kg P剂 4.5kg DHP剂 6.7kg	P.O42.5 水泥 250kg 外加剂 6.9kg
A、B液1000L 或 A、C液1000L		
溶液由A、B液组成，悬浊液由A、C液组成		

现场施工中一定要严格按设计进行浆液配制，按比例进行凝胶时间测试试验，如果达不到设计要求重新调整。根据WSS工法在北京及杭州的应用经验，结合广州轨道交通的实际情况，在保证加固效果的前提下，我们进一步改进了细化了施工工艺，改善了施工配比。采取注浆10m，开挖7m，并采取了多布孔的保守方案，将拱顶周围的砂层完全固结。孔位布置及相关参数详见图2、图3。

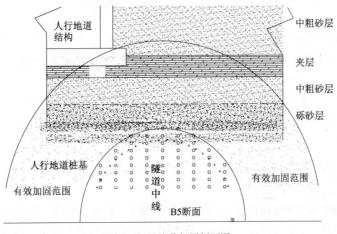

图2　WSS注浆加固剖面图

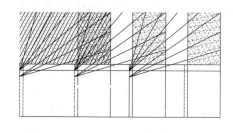

图3 WSS注浆加固纵断面图

掌子面设计采用9列孔注浆,每排孔位环向间距600mm,施工过程中根据注浆情况进行调整,比如采用梅花形布孔等,避免注浆出现死角。注浆顺序:自下而上,自远及近,自两侧到中间。

3.4 施工设备与工艺参数的确定

WSS注浆施工所用的钻机为二重管钻机,使用的钻杆为同轴双通道二重管,其设备通用性良好,双重管旋喷所用的设备,基本可用于WSS工法;注浆泵为双液注浆泵,设备的体积较小,通用性及适用性都比较好,适合大规模使用;对场地的要求不大,因此其应用范围很广(钻机及注浆管见图4);钻进的距离较长,10~50m,但考虑到浆液的凝结及施工的可控性,一般注浆长度小于10m。

同轴双通道二重管既可以进行钻进又可以当注浆管使用,钻进时,可随时在钻进和注浆过程中进行切换,停止钻进时可立即连接注浆管进行注浆,而注浆完后,又可用清水冲洗管道,重新进行钻进或者回抽。根据砂层的情况,可选择前进式注浆和后退式注浆,应用十分灵活。

施工工艺参数根据杭州与北京的应用经验,考虑到珠猎区间过砂层段隧道埋深仅10m,地面管线和构筑物较多的情况,进一步降低了注浆压力,减小了浆液初凝时间。注浆压力降低到0.5~1.5MPa;注浆终压1.5MPa;浆液初凝时间:10s~1min;注浆量根据注浆压力或溢浆情况控制,若注浆压力稳定在1.5MPa或者孔口返浆量较大,注入困难,即可认为注浆完成。

图4 WSS注浆所用钻机及注浆管图

3.5 施工工艺

二重管无收缩双液WSS工法施工工艺比较简单,其主要难点在于浆液的配置,要在复杂的环境中随时根据现场情况调整浆液配比,以求达到最佳注浆效果,这对管理人员和工人提出了更高的要求。WSS超前预注浆工艺流程见图5所示。

在注浆方法上,采用二重管钻机注浆和小导管注浆相结合的方法。二重管钻机注浆优点是可以随时注浆,浆液在端头混合,其注浆扩散范围较大,注浆压力可灵活调整,浆液渗透性、扩散性都比较好,主要用于前期的注浆。小导管注浆,则是利用二重管钻机钻孔后,用$\phi 22$导管加工成的注浆花管作注浆管进行注浆,其特点是浆液可在掌子面就混合,凝结时间短,注浆压力大,浆液扩散范围小,主要用于二次补强注浆及开挖过程中的补充注浆。

相邻的两孔注不同浆液,使浆液能够互补。注浆结束后,经探测不能满足施工需要时,须打设小导管补充注浆。掌子面开挖后,为确保施工安全,仍要用小导管进行超前支护,按正常的隧道三台阶开挖的方法掘进,做到探测3m,开挖2m,边开挖,边探测,确保开挖安全。

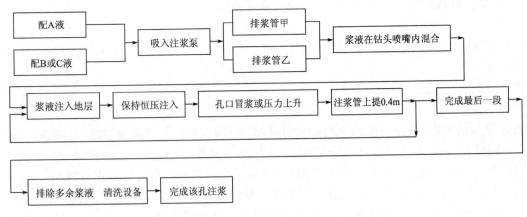

图 5　WSS 超前预注浆工艺流程图

3.6　施工步骤

(1)封闭掌子面:掌子面挂钢筋网片喷射 30cm 厚 C25 混凝土封闭,以确保施工安全,根据设计要求放线定孔位。

(2)钻孔:二重管钻机按指定位置就位,并在技术人员指导下调整角度,对准孔位,要求孔位偏差不大于 2cm,入射角度偏差不大于 1°。钻机采用水压钻进,钻至预定深度后,先用清水洗管清孔,防止砂子将喷头堵死。钻孔要隔孔施钻,自下而上,自两侧到中间或从中间到两侧,分批进行。若钻进时碰到流砂严重、危及掌子面安全时,立即停止钻进,并将化学浆液初凝时间控制在 10s 左右,提前进行注浆止水。

(3)注浆:浆液首先在后台配好,待注浆管清洗完毕后,开始注浆。根据孔位的设计,注相应的浆液,注浆时注意孔口和掌子面返浆的情况。

(4)回抽注浆:施加压力注浆时,必须精心操作控制压力,按设计的注浆长度,进行施工。回钻时,严格控制回抽幅度,每步不大于 30cm,匀速回抽。根据注浆压力,孔口返浆,流水流砂的情况,随时调整注入浆液的种类和初凝时间。

(5)注浆结束:注浆完毕,对注浆孔用 AB 液封口,将注浆管冲洗干净全部收回,若是锚杆注浆则不用回收注浆管。

浆液强度、硬化时间、渗透性能可根据工程实际需要调整。注浆压力一定要严格控制在 0.5~1.5MPa,专人操作,并在地面及掌子面后方设置专门人员观察周围的情况。当压力突然上升或从孔壁溢浆时,应立即停止注浆,查明原因后采取调整注浆参数或移位等措施重新注浆。跑浆时应采取堵、停注一段时间待浆液完全凝结后再注等措施,确保注浆量满足设计要求。

(6)开挖:注浆止水加固结束 12h 后,通过打探孔确认注浆达到加固砂层的效果后,即可破除掌子面进行开挖。

开挖前,根据设计的探孔角度,每前进 2m 即要打一个 3m 长,角度 20°~30° 的探孔,确认前方加固情况。开挖过程中,随时注意掌子面渗水情况,同时准备应急物资。

4　工艺改进措施

4.1　地面及洞内返浆

试验段注浆过程中,因掌子面后方无止浆墙,从掌子面后方的初支空隙及小导管处返浆较为严重,返浆大部分为 AB 液;由于地面多为回填土,缝隙较多,浆液也会在压力作用下渗透到地面,同时,局部也会有隆起现象,影响管线安全。

因此,要保证地面及洞内都留有观察人员,便于及时沟通。

发现返浆时,应暂停注浆半小时,同时调整浆液配比,缩短浆液凝固时间,降低注浆压力,待浆液完全凝固后,再继续注浆。若掌子面渗流严重,不允许暂停注浆时,则立即注大量 AB 液,利用其快速凝结的特点止水。

4.2 局部薄弱带

WSS 注浆加固实质上是一个浆液置换动水的过程,由于地层复杂,砂层固结时,容易造成局部动水集中,造成水压过大,造成水向加固盲区或薄弱带渗透,从而降低加固效果,甚至产生塌方。

试验段加固完成,开挖过程中,在右线里程 K16+486 拱顶开挖线附近曾发现有厚 5cm,直径 20cm 的水泥块,有少许渗水。凿除水泥块后,该部位突然大量涌水,施工人员及时进行抢险,用砂袋封堵,封闭掌子面,但在抢险过程中,漏洞未明显扩大,且涌出物多为水和粉细砂。对该处及时封堵处理,之后进行了小导管注浆措施,该处最终未形成塌方。

以上情况处理较简单,但若该薄弱带与周边动水连通,则此处很容易形成大规模塌方,危及地面建筑物。因此开挖过程中必须坚持进行超前探测,探测3m,开挖2m,如此循环,并且开挖时在工作面附近准备好钢管、方木、棉纱等抢险物资,在发现此类情况时及时进行堵塞处理,封闭掌子面。以进一步降低风险。

4.3 浆液的腐蚀性

WSS 注浆所用醋酸及水玻璃等都具有一定的腐蚀性,尽管浆液已按照比例严格配置,但注浆时,由于注浆参数的变化和地层的变化,AB 液或 AC 液体不可能全部发生反应,开挖过程中部分地段甚至形成明显的渗水通道导致返浆;同时由于施工作业面比较闷热,通风条件相对较差,开挖时腐蚀性的渗水容易对工人造成伤害,开挖过程中特别要注意安全防护。

4.4 地面沉降

注浆量是以注浆压力来控制的,一方面注浆压力的增大使得对土体的扰动增加,另一方面,注浆压力的增大也造成了注浆量的增加,进一步扰动了土体,造成了地面建筑物的造成破坏。图 6 为试验段时,因未控制注浆压力和注浆量造成的地面构筑物破坏。

5 注浆效果分析

5.1 取芯及开挖分析

为了更直观地了解砂层段的加固效果,在双液注浆试验区进行了钻孔取芯,在试验过程中共钻孔 6 个,典型取芯图如图7,隧道开挖后开挖面加固效果如图8、图9。

图 6　注浆引起的地面结构破坏图

图 7　WSS 加固区钻孔取芯图

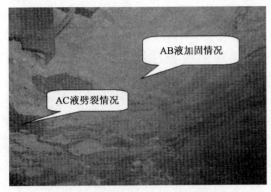

图8 右线砂层开挖面双液注浆加固图

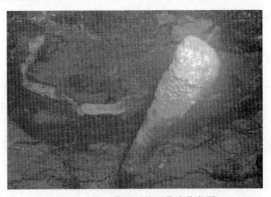

图9 双液注浆后开挖面浆液分布图

从含水砂层隧道开挖面双液注浆后的状况及地面取芯可以看出:在含水砂层中进行双液注浆施工,浆液的固结机理为:在主脉下的渗透扩散,固结基本表现为三种方式,一是填充方式,二是渗透固结方式,三是主脉渗透方式。

每循环注浆施工结束后,通过在注浆体内钻孔,观察砂层的水流量,确定加固范围,达不到设计要求需进行补充注浆。检查孔的数目每个循环设2个检查孔,长度分别为3m和9m,角度为30°和15°,并检查检查孔内涌水量,检查孔涌水量小于0.2L/m·min,即可认为可以开挖。

对双液加固区的取芯样本加工成试件,进行了力学性能的抗压试验,其数值见表3。

WSS双液注浆加固区加固体抗压强度 表3

试样编号	取样深度(m)	抗压强度(kPa)
4-1	8.9~9.1	375.30
5-2	8.5~8.7	750.00
5-3	9.2~9.4	2800.00

从表中数据可以看出,经WSS注浆后砂层强度有所提高,达到了可开挖的要求。同时,局部地方加固的强度过高,不仅浪费注浆材料,还增加了后续处理的难度,因此,在加固过程中应尽量保证浆液扩散的均匀性。

5.2 地层填充率反分析

WSS注浆是对注浆范围内的土体进行压密、置换,因此,必须充分认识到,设计时的注浆量表示的是标准指标,必须根据在实际注浆作业中土体的改良效果进行修正。一般地层注浆量可根据下列公式计算:

$$Q = V \cdot \lambda \tag{1}$$

$$Q = V \cdot n \cdot \alpha \tag{2}$$

$$Q = V \cdot n \cdot \alpha(1 + \beta) \tag{3}$$

式中:Q——注浆量;

n——土的孔隙率;

V——注浆加固体积;

λ——注浆率;

α——孔隙填充率;

β——损失率。

由每个循环段实际注浆情况可见,前3排注浆扩散范围较大,浆液凝结时间相对较长,注浆量相对较大,差不多占总注浆量的40%~55%左右,但注浆压力较小;待第4-6排注浆孔开始注浆时,注浆压力提高,浆液对土体进行了压密及置换;前6排孔的注浆量约占注浆总量的85%,后面两排的注浆,注浆量小,扩散范围也小,且属于近掌子面的注浆。

根据试验段与其他循环段的注浆经验及所得的数据(见表3),对地层注浆进行反分析。珠~猎区间隧道穿越饱和动水砂层,砂层孔隙率为46%,填充率为小于1的数,其注浆量很难按传统的孔隙填充率公式(2)、(3)计算;若采用注浆率公式(1),就必须调查清楚饱和动水砂层的注浆率。

由表4可知,加固2386.8m³土体,注浆量为1940m³,根据公式(1)计算,平均注浆率 $\lambda = 81.3\%$,各循环段的注浆率 λ 在0.7~1之间变化;注浆初期注浆率 λ 在1以上。综合考虑饱和动水砂层的物理力学性质,以及监测情况,可以得出:由于饱和动水砂层中流动水的存在,改变了浆液的性状,增大了浆液的扩散范围,使得按土体的孔隙与填充的理论不能正确计算需要的注浆量。因此,可以得出结论,对饱和动水砂层进行注浆加固,前期浆液注入率按 $\lambda = 1$ 考虑,后期按 $\lambda = 0.7$ 考虑,平均浆液注入率采用 $\lambda = 0.81$。

WSS 工法实际注浆量表 表4

右线注浆里程	注浆加固体积(m³)	注浆量(m³)
K16+480~K16+490	360	360
K16+488~K16+498	360	300
K16+495~K16+505	360	260
K16+503~K16+513	360	280
K16+510~K16+520	360	320
K16+517~K16+527	360	250
K16+524~K16+530.3	226.8	170
累计	2386.8	1940

5.3 地层渗透系数反分析

根据注水试验和现场注浆状况,采用以下公式计算注浆前后地层的渗透能力。

$$K = 0.527 \cdot \omega \cdot \lg \frac{1.32L}{\gamma}, \omega = \frac{\overline{V}}{L \cdot \overline{P}}$$

式中:K——渗透系数(m/s);

ω——地层单位吸水量[L/(min·m·m)];

L——注浆段长度(m);

γ——注浆孔半径(m);

$\overline{V}$——注水(浆)时稳定流量(L/min);

$\overline{P}$——注浆压力(MPa)。

取 $\overline{V}_前 = 100L/min$、$\overline{V}_后 = 7L/min$、$\overline{P}_前 = 0.2MPa$、$\overline{P}_后 = 1.5MPa$、$L = 10m$、$\gamma = 0.016m$(内径为$\phi 32mm$),实测注浆前地层渗透系数为38m/d。计算得注浆前后地层渗透系数之比为:

$K_前/K_后 = 107.1$,则 $K_后 = 0.35m/d$

可见,注浆后地层渗透系数下降了两个数量级,其抗渗性得到明显提高,取得了良好的注浆加固效果。

6 监控量测

在隧道正常开挖施工时,地面及拱顶的下沉都比较小,而注浆过程中地面隆起较大,因此,本次观测重点分析注浆过程中的沉降变化。主要监测项目为:地表沉降量测、拱顶下沉量测、洞内收敛量测、人行地道沉降监测。

试验段的注浆是地面隆起最大的地段,其他循环段,由于改进施工工艺参数,调整了孔位布置、角度、注浆压力以及注浆量,地面隆起量减小,但变形阶段等都比较相似。

6.1 地表及人行地道沉降

在地面,沿隧道前进方向,每5m我们布设一组3个测量点,每天进行两次的沉降观测。同时,在人行地道出入口位置,每3m布设一个沉降观测点,每天两次观测。

试验段注浆长度为10m,且主要是以加固砂层为目的进行注浆,采用以往的以注浆压力控制注浆量的方法,注浆量较大,且不均匀,因此,地面隆起较大,导致了人行地道出入口沉降缝错台达8cm。根据试验段注浆过程中的监测数据,处于隧道中线上方的点隆起量最大,掌子面后方5m、前方5m、10m、15m、20m累计隆起量分别为51mm、83mm、106mm、32mm、5mm,注浆的影响范围达到20m,严重影响了地面管线和建筑物的安全,导致电缆沟结构和人行地道结构的裂缝甚至断裂。

WSS注浆的浆液黏稠,且为无收缩浆液,而且根据注浆压力确定的注浆量,所以注浆过程中地面隆起现象较为明显。虽然我们采取了悬吊、挖空管线下方等一定的保护措施,但是这仍然不能解决根本问题。

在试验段后的注浆中,根据试验段的经验,改进了注浆工艺,成功采取了降低注浆压力、加密孔位、定孔定量注浆;在注浆顺序上,采取从两侧到中间、自下而上、自远及近,采取回抽注浆的方式等措施,降低了路面沉降。最后三个注浆段的沉降观测,地面隆起累计最大值为27mm。

试验段及正常段注浆时,地表及隧道拱顶隆沉情况详见图10所示。从图中可以看出,试验段地表和拱顶沉降均比较大,正常段比较均匀。

6.2 洞内量测

我们在掌子面拱顶及掌子面后面5m、10m、15m的拱顶各布设一组沉降观测点,测点里程与地表沉降断面相对应。在拱脚的部位设置两组沉降观测点,如图11所示。

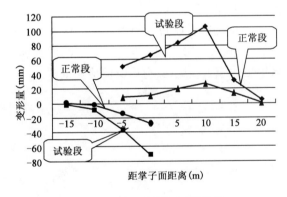

图10 注浆加固沉降监测曲线图

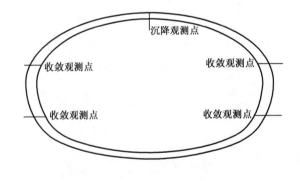

图11 洞内沉降收敛量测点布置图

在洞内掌子面后方10m及15m的断面下拱均已封闭,从这两个断面的沉降收敛来看,WSS注浆对已封闭断面的净空及拱顶下沉影响极小。而在未封闭的断面,影响极大,试验段测得在注浆期间,掌子面拱顶累计下沉量为72mm,掌子面后方5m的位置,由于下拱未封闭,拱顶下沉量为37mm。

由于已经充分认识到注浆压力及围岩压力对未封闭断面的影响,因此,在上拱及中拱的拱脚部位,注浆前我们已用钢管及方木进行了支撑,因此收敛监测变化很小。根据对钢管及方木的观察,WSS注浆对未封闭断面净空影响较大。

在对注浆工艺、方法改进的同时,在洞内,开挖施工时,我们适当提高拱顶标高3～5cm,加固拱脚,在注浆时对未封闭的地段用钢管、方木等支撑,降低了注浆对拱顶下沉的影响,保证了隧道的净空。在后面三个循环的注浆过程中,根据监测数据反馈,掌子面最大沉降值为28mm,保证了隧道施工的净空与安全。

6.3 数据分所与处理

随着施工的进程,地表隆起呈规律性的变化,通过对比分析,我们发现地表隆起数据变化分以下几个阶段(注浆孔排数见表3)。

(1)缓慢加速变化阶段:随着第一排孔位超前注浆的完成,从第2排注浆开始,地面隆起速度缓慢加快,拱顶下沉速度也是缓慢加快。

(2)急速变化阶段:前3排注浆完成后,从第4排注浆孔注浆开始,至第6排注浆结束,此段为地面隆起和拱顶下沉速度较快的阶段。

(3)减速变形阶段:到小导管注浆时,由于浆液已经凝固,且小导管注浆量较小,因此地面仍在隆起,拱顶仍在下沉,不过速度大大变慢。

WSS工法的前3排注浆扩散范围较大,浆液凝结时间相对较长,注浆量相对较大,差不多占总注浆量的40%~55%,但是注浆压力较小,因此,地面是缓慢隆起的,拱顶下沉也是缓慢的;待第4~6排注浆孔开始注浆时,注浆压力相对提高达到1MPa以上,浆液对土体进行了压密及置换,因此沉降变化较快。前6排孔的注浆量约占注浆总量的85%,后面两排的注浆,注浆量小,扩散范围也小,且属于近掌子面的注浆,虽然注浆压力能达到1.5MPa以上,但此段注浆量及注浆孔位都比较少,对整体来说,属于减速变形阶段。

WSS注浆完成隧道进行开挖后,地面及拱顶的沉降、隧道的收敛与过砂层段之前正线隧道开挖时的相关数据基本吻合,没有大的变化。

7 结语

珠~猎区间过砂层段为代表的动水砂层,常规的小导管注浆和旋喷桩处理失效,而效果较好的冷冻法则因为工艺复杂、设备复杂、成本较高等问题无法得到广泛应用。本工程通过采用WSS注浆技术,有效地解决了暗挖隧道穿越动水砂层段开挖的技术难题,保证了工程如期完工。

该工法已经成为加固动水砂层的有效施工方法之一,为广州轨道交通乃至国内其他地区同等地质条件下过动水砂层提供了宝贵的经验。WSS工法在广州轨道交通中首次应用,也是首次在洞内饱和动水砂层地质条件下对砂层进行了超前加固,拓宽了浅埋暗挖法的施工领域,具有广泛的应用前景。

轨道交通隧道过人行地下通道设计施工优化

马长涛　杨雨轩　王志海　王高敏　张岩玉

摘　要　深圳轨道交通3号线某人行地下通道位于水贝站至草铺站区间布吉路下,横跨布吉路,钢筋混凝土结构形式,长56m,宽7m,轨道交通隧道在地下通道下方垂直通过,前期设计采用在通道内六竖井跳仓明挖工法,施工难度大、安全隐患大、工期长、造价高,因此我部根据地下通道结构受力特点提出新做隧道穿过通道范围内钢筋混凝土底板替换原通道底板,并使其作为隧道拱顶初期支护,采取暗挖工法通过地下通道,优化的工法简化了施工工序、降低了安全风险、缩短了工期、降低了成本。为类似工程提供了成功的范例。

关键词　轨道交通隧道　人行通道　竖井　明挖　暗挖

1　工程概况

穿过既有地下通道是轨道交通隧道施工中遇到的复杂情况之一。期间既要保证轨道交通隧道的顺利施工,又要确保地下通道的结构安全和正常使用。一般针对不同工程实际情况,采取竖井开挖或在地下通道下方暗挖的方法。对既有地下通道的保护大多采取千斤顶加固措施或先拆除后重建的方法。

上述方法均完全将既有地下通道与隧道的结构视为两个独立结构体,未将两个独立结构体有机的相互利用。当轨道交通隧道从既有地下通道下方穿过时,假如轨道交通隧道支护的拱顶与地下通道的底板发生部分重叠关系,而轨道交通隧道的结构往往在强度上远大于地下通道的结构。因此,施工中应充分结合两个结构体的功能,在保证安全的前提下组织施工。

深圳轨道交通3号线某地下通道位于水贝站至草铺站区间布吉路下,横穿布吉路。轨道交通隧道过人行地道暗挖部分迄止里程为右线K13+19.205~K13+28.144(左线K13+030.5~K13+039.5),该地下通道为钢筋混凝土结构形式。长约56m,结构宽7.0m,底板厚700mm,侧墙厚500mm。受线路影响其底板与轨道交通隧道顶板部分重叠,如图1~图3。

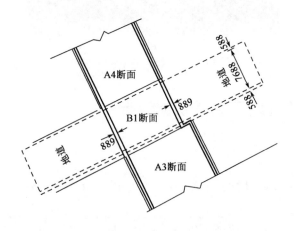

图1　人行地道与隧道结构平面位置图(尺寸单位:mm)

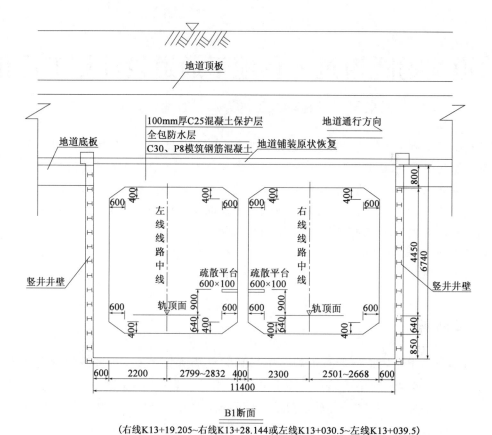

图2 人行地道与B1断面剖面示意图(尺寸单位:mm)

图3 人行地道位置照片

2 轨道交通隧道过地下通道初期设计

2.1 设计原则

本工程隧道安全等级为二级,计算岩土参数按《深圳市轨道交通3号线工程详勘阶段岩土工程勘察报告》采用。

地道保护应满足本身稳定及隧道安全的要求,结构本身不会产生倾覆、滑移和局部失稳;该保护本身还应保证轨道交通暗挖隧道安全、城市道路、地下各类管网不至于位移、应力过大而损坏。

从保护完成后二衬结构施工完毕止,在此期间必须保证轨道交通隧道及地下通道结构的安全正常使用。

2.2 地下通道保护设计

为确保地下通道在轨道交通隧道施工过程中的正常使用,工程原设计采用跳仓法竖井施工并结合型钢支撑的方式。下面详细介绍6个竖井的跳仓施工与型钢支撑。

采用六竖井开挖方法施工隧道过地下通道处。地道部分施工分为六个部分,每部分分别采用竖井施工,施工顺序按竖井编号进行,每个竖井的施工步骤如下:先采用型钢框架对要开挖竖井上的地道顶板进行支撑;再凿除竖井部分地道底板和侧墙,预留侧墙主钢筋,以便与隧道顶板钢筋焊接;开挖施工竖井;完成该竖井部分隧道衬砌动作。竖井采用逆作法开挖,每次开挖0.5m,及时安装钢架,喷射混凝土。钢支架之间用竖向钢筋连接。后期隧道倒边施工,凿除中隔壁。

避免地道施工中因凿除底板结构受到影响,开挖竖井前地道顶板采用3排型钢框架预先支撑(开挖①或②竖井时,①和②竖井上型钢框架同时支护;开挖③竖井前需架设③竖井型钢框架,可拆除①和②竖井型钢框架提供行人通行;同理开挖④、⑤和⑥竖井类似办理)。

在北侧地道侧墙上打设$\phi 108\text{mm}@400\text{mm}$钢管,长20m,起到凿断侧墙时支撑侧墙的作用和起暗挖施工超前管棚的作用。$\phi 108\text{mm}$钢管尾部如图与定位钢架焊接,定位钢架采用工45c型钢焊接而成,定位钢架柱底以钢板加膨胀螺栓方式固定于地道底板之上。

地道边墙与隧道顶板的连接,将侧墙预留主筋如图通过同规格的钢筋接长后,与隧道顶板主筋焊接,焊接必须满足规范要求;同时注意将地道边墙凿除的钢筋(包括纵筋、拉筋等)全部恢复,地道底板纵向筋与隧道顶板钢筋焊接连接。地道边墙与隧道顶板连接后,注意隧道顶板铺设防水层及砂浆保护层后,将隧道顶板之上采用素混凝土回填与周围地道底板平齐,并铺广场砖恢复至原状。

B_1断面与两端暗挖断面堵头墙位置设封闭的环框梁,主要用于承载地道侧墙荷载。

竖井采用分步开挖,架设型钢钢架支撑,钢架支撑竖向间距为0.5m。①、②和③号竖井断面大,施工时跨中必须架设临时横撑,临时支撑与竖井钢架之间采用卡槽连接;临时支撑竖向间距为1m。型钢钢架竖向以$\phi 22$连系筋沿钢架内外双层布置,环向间距为0.5m。钢架外侧保护层40mm,内侧保护层40mm。竖井平面、剖面及总装图见图4~图7。

3 初期设计的特点及难点

本段轨道交通隧道采用六竖井结合型钢支撑跳仓法施工穿过既有地下通道是深圳轨道交通3号线工程施工关键部位之一,其施工特点与难点主要包括:

(1)施工工序繁杂,受狭小场地限制,施工采用跳仓法,工期长;
(2)施工过程中数次开挖竖井,后期凿除竖井中隔墙,对通道结构影响大,变形将难以控制;
(3)隧道采用明挖分段开挖分阶段封闭施工,防水施工难度大。

此外,由于实际施工过程中,地下通道的保护设计与施工往往相脱节,造成施工成本增加。

4 优化设计方案

鉴于原设计方案施工难度大、竖井施工安全隐患多且不利于工程进度,项目经过反复调研、论证,提出了如下优化施工方案:根据地下通道的结构情况,结合施工现状,在施工前先分三块将原地道底板现有隧道顶板凿除,分块采用钢筋混凝土结构替换原有地道底板并作为隧道拱顶初期支护,形成初期支护支撑体系后,再凿除两侧地道底板,同样用钢筋混凝土封闭。然后隧道开挖根据现有A_3断面及B_1断面临时支撑将整个隧道分为四个断面,将主体结构分成4块,开挖完成后立即架设中间墙永久支撑,采用型钢支护。形成中柱支撑体系完成后,再施作洞室二衬,二衬施工过程中用于初期支护的型钢临时支撑体系不予拆除,直接浇筑在混凝土中,和二衬钢筋一起受力以保证地道的稳定。

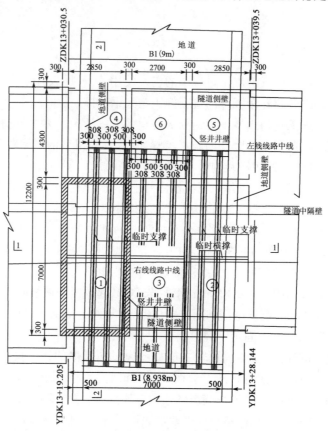

图4 六竖井平面图

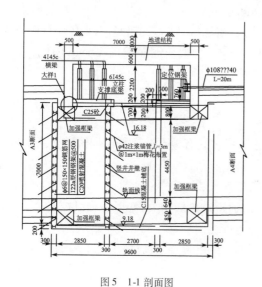

图5 1-1剖面图

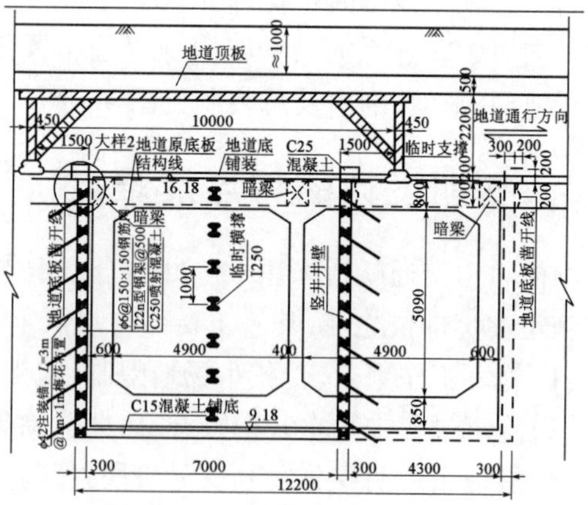

图6 2-2剖面图

4.1 技术可行性分析

穿过既有地下通道的轨道交通隧道施工总体分两步,隧道顶板施工和隧道开挖。其中,隧道顶板分三块将原地道底板现有隧道顶板凿除,分块采用钢筋混凝土结构替换原有地道底板并作为隧道拱顶初期支护,形成初期支护支撑体系后,再凿除两侧地道底板,同样用钢筋混凝土封闭。隧道顶板的施工以既有地下通道作为作业平台,并采取分块施工,即利于施工组织又保证了地下通道的正常使用。

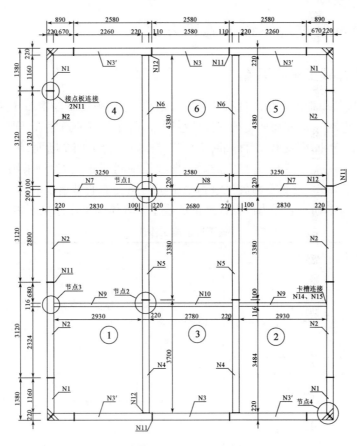

图 7　竖井钢架总装图

另一方面，隧道开挖是在隧道拱顶初期支护结构已经达到设计强度后进行，随开挖施工中间墙永久支撑，既保证了施工的安全性，又可加快工程进度。

总之，优化设计方案充分利用了地下通道与轨道交通隧道结构和不同工序的特点，技术可行。

4.2　设计优化的方法

本项目总体技术方案围绕合理设计用新施工底板分步骤托换原通道底板，保证通道结构及地面稳定。围绕这个中心，项目采取以下施工方法：

(1)暗挖施工前首先对人行通道两侧的土体，采用地表注浆的方式对人行通道两侧回填石粉层进行加固。注浆孔位布置于地道两侧垂直于隧道方向，每边布置两排，间距30cm。注浆完成后方可进行隧道的开挖。

(2)以替换后的人行通道结构底板混凝土为初支，先施作右导洞上半部导洞，洞室开挖完成后，采用I20型钢50cm间距密排格栅钢架，连接原地道底板预埋连接板，连接板周边焊接牢固，两侧采用锁脚锚杆锁死。然后安装纵向连接筋。形成支护体系。开挖下半部分后，同样采用I20型钢连接上半部型钢格栅拱架，两侧格栅拱架采用横向型钢螺栓连接形成封闭结构，支承原有地道边墙，形成门形框架结构受力。施工中架设临时竖撑，范围尽量小，以保证对通道的扰动尽量小。

(3)按同样施工顺序施工左侧导洞，最后整个断面形成完整的型钢支护体系。

(4)要求施工中为确保工程质量，在此部位设置质量控制关键点。

(5)为了控制施工过程中通道底板沉降，在地下通道开挖面两侧布设监测点。通过高精度徕卡全新TPS1200全站仪每一天进行一次监测，底板面沉降监测结果沉降最大为15mm。监测结果表明地下通道优化方案满足设计要求，十分成功。

5 轨道交通隧道过地下通道施工方案

5.1 过地下通道施工总体部署

在施工前先分三块将原地道底板既现有隧道顶板凿除,分块采用钢筋混凝土结构替换原有地道底板并作为隧道拱顶初期支护,形成初期支护支撑体系后,再凿除两侧地道底板,同样用钢筋混凝土封闭。然后隧道开挖根据现有 A_3 断面及 B_1 断面临时支撑将整个隧道分为四个断面,将主体结构分成4块,按下图所示顺序逐步开挖1~4号导洞,开挖完成后立即架设中间墙永久支撑,采用型钢支护。形成中柱支撑体系完成后,再施作洞室二衬,二衬施工过程中用于初期支护的型钢临时支撑体系不予拆除,直接浇筑在混凝土中,和二衬钢筋一起受力以保证地道的稳定。具体施工步序见下表1。

地下通道施工步序　　　　表1

序号	施工工序示意图	说　明
1	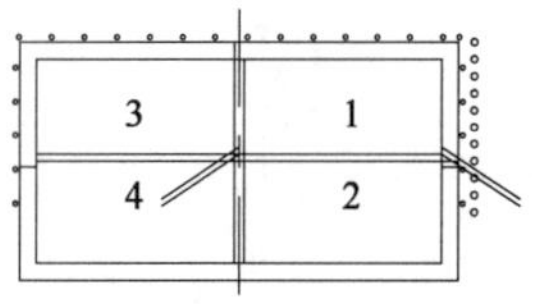	施工超前支护注浆小导管,洞室开挖,采用型钢格栅支撑、锁脚锚杆等措施的支护体系封闭1导洞
2	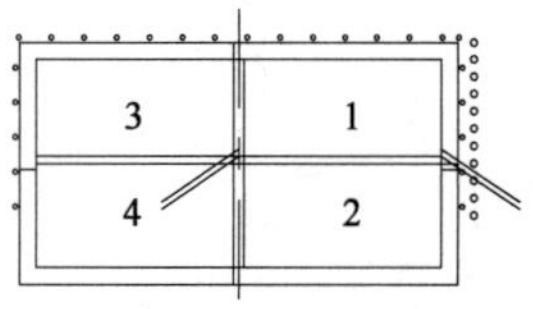	施工右侧超前支护注浆小导管,洞室开挖,采用型钢格栅支撑封闭2导洞
3	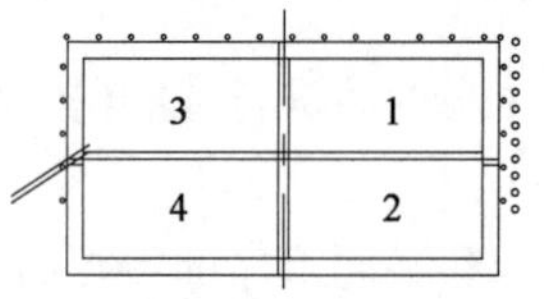	施工超前支护注浆小导管,洞室开挖,采用型钢格栅支撑、锁脚锚杆等措施的支护封闭3导洞
4	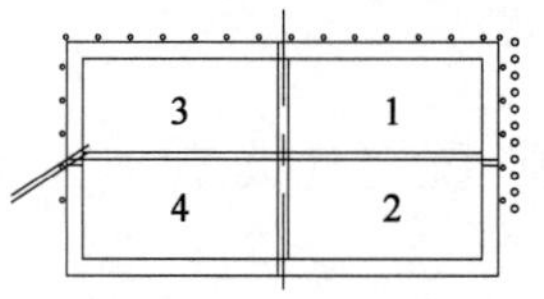	施工左侧超前支护注浆小导管,洞室开挖,采用型钢格栅支撑封闭4导洞
5	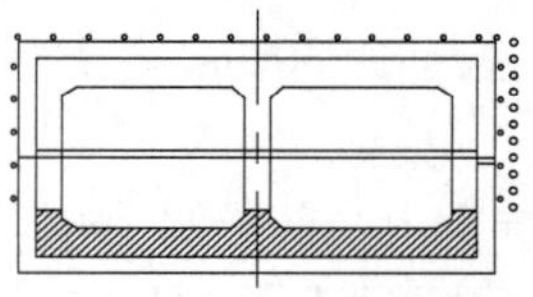	施工底板及边墙防水,钢筋绑扎,施工二衬结构底板
6	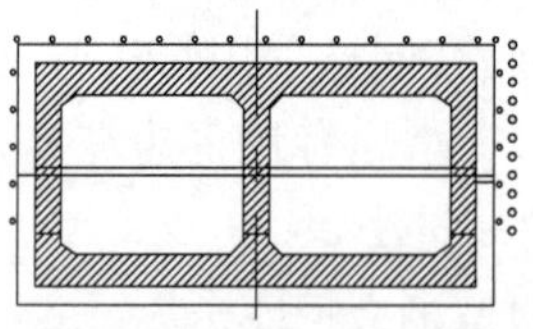	施工顶板及边墙防水,安装模板、支架,施工侧墙及顶板混凝土

5.2 开挖及支护

5.2.1 开挖前土体的加固

暗挖施工前首先对人行通道两侧的土体,采用地表注浆的方式对人行通道两侧回填石粉层进行加固。注浆孔位布置于地道两侧垂直于隧道方向，每边布置两排，间距30cm。注浆完成后方可进行隧道的开挖。

5.2.2 暗挖施工

（1）以替换后的人行通道结构底板混凝土为初支，先施作右导洞上半部既1导洞，洞室开挖完成后，采用Ⅰ20型钢50cm间距密排格栅钢架，连接原地道底板预埋连接板，连接板周边焊接牢固，两侧采用锁脚锚杆锁死。然后安装纵向连接筋。形成支护体系。开挖下半部分后，同样采用Ⅰ20型钢连接上半部型钢格栅拱架，两侧格栅拱架采用横向型钢螺栓连接形成封闭结构，支承原有地道边墙，形成门形框架结构受力。施工中架设临时竖撑，范围尽量小，以保证对通道的扰动尽量小。

（2）然后按同样施工顺序施工左侧导洞，最后整个断面形成完整的型钢支护体系。

5.2.3 隧道采用"环形台阶法"开挖及支护

（1）开挖方法

根据围岩的特性及复合式衬砌结构要求，采用上下断面分部中间留核心土法。为了便于施作初期支护及减少人工作业量，上台阶导坑以人工开挖为主，配以风镐等小型机械为辅。

（2）施工顺序

测量放线→右侧上台阶超前支护→上台阶开挖和初期支护→下台阶右侧开挖及支护→右侧仰拱开挖及初期支护→上台阶左侧开挖及支护→下台阶左侧开挖及支护→左侧仰拱开挖及初期支护。

①上台阶开挖及支护

上台阶采用人工站在核心土上手持风镐开挖，人工将渣土抛至下台阶，小型机械装运至轨排竖井，电动葫芦提升至地面，大型自卸汽车运至指定地方。核心土台阶长度为3～5m左右。弧形开挖一段距离后及时开挖中部核心土。当上台阶开挖完毕后，及时施作格栅拱架、锚杆、钢筋网、喷射混凝土等初期支护。

施工顺序参照"环形台阶法"施工工序图。其施工流程见图8。

②下台阶开挖及支护

下台阶分左右侧两步错开开挖，严禁左、右侧下部同时开挖。开挖方法小型机械为主，辅以人工修边，出碴同上台阶。当下台阶部开挖完毕后，及时施作格栅拱架、锚杆、钢筋网、喷射混凝土等初期支护。

③仰拱开挖

拱部开挖完后，进入下部土体开挖，及时施作钢拱架及仰拱，使整个隧道的初期支护闭合。

④出渣

出渣采用人工配合小挖机倒入农用运输车内，由农用运输车把渣料运至洞口轨排竖井，电动葫芦提升至地面，大型自卸汽车运至指定地方。

⑤各断面的开挖及支护

a. 左侧上部开挖及支护：先施工φ42超前小导管支护，开挖采用风镐、人工开挖为主，且每次进尺控制在0.5～1.0m内。当上部开挖完毕后，及时施作格栅拱架、上部临时竖撑及临时仰拱钢架、锚杆、钢筋网、喷射混凝土等初期支护及临时支护。

b. 左侧下部开挖及支护：当上部开挖5m左右，进行下部开挖，下部开挖完成后，挖开挖完毕后，及时施作格栅拱架、下部临时竖撑及仰拱钢架、锚杆、钢筋

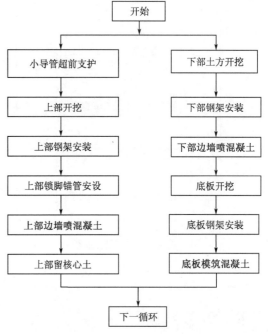

图8 环形台阶法施工流程

网、喷射混凝土等初期支护及临时支护。

c. 右侧上部开挖及支护：左、右侧开挖错开 10m 左右，先施工 φ42 超前小导管支护，开挖采用风镐、人工开挖为主，且每次进尺控制在 0.5～1.0m 内。当上部开挖完毕后，及时施作格栅拱架、临时仰拱钢架、锚杆、钢筋网、喷射混凝土等初期支护及临时支护。

d. 右侧下部开挖及支护：下部开挖完成后，挖开挖完毕后，及时施作格栅拱架、仰拱钢架、锚杆、钢筋网、喷射混凝土等初期支护及临时支护。

e. 出渣：出渣采用人工配合小挖机倒入农用运输车内，由农用运输车把渣料运至洞口轨排竖井，电动葫芦提升至地面，大型自卸汽车运至指定地方。

5.2.4 开挖保证措施

为确保区间隧道开挖的安全、顺利，特制定以下的施工措施：

(1) 区间隧道开挖前应制定应急预案，备好抢险物资，并在现场堆码整齐，专料专用。

(2) 区间隧道的开挖除采取超前支护和地层加固措施外，还应特别注意预加固、开挖和支护等作业工序的紧密衔接。

(3) 对将要停工时间较长的开挖作业面，不论地层好坏均应作网喷混凝土封闭。

(4) 下半断面采用单侧或双侧交错开挖，严禁上部结构同时悬空，杜绝多榀一次开挖。

(5) 区间隧道不得欠挖，对意外出现的超挖或塌方应采用喷混凝土回填密实，并及时进行回填注浆。

5.2.5 初期支护

暗挖隧道超前小导管预注浆加固，格栅全封闭钢架，C20P6 喷射混凝土作为初期支护。格栅钢架纵向间距 500mm，纵向用 φ20mm 钢筋连接，外层挂 φ8mm 钢筋网，网格间距为 150mm×150mm。

5.3 二次衬砌施工工艺流程

二次衬砌施工工艺流程见表 2。

二次衬砌施工工艺流程　　　　表 2

序号	施工工序示意图	说　明
1		施工底板及边墙防水，施工二衬结构底板
2		施工顶板及边墙防水，安装模板、支架，施工侧墙及顶板混凝土

6　方案对比

六竖井开挖与托换人行地道底板方案比选见表 3。

方案对比表　　　　　　　　　　　　　表3

	六竖井开挖方案	托换人行地道底板方案
施工条件	需在地下通道内开挖各个竖井,需开挖竖井的各种机械设备。施工占用场地大	托换人行地道底板方案直接在通道内托换底板,完成后即可在洞内进行作业,施工方便。占用场地小
工期	采用六竖井开挖方案,需分六个竖井开挖施工,并且后期破除工作量大,施工工期较长	托换人行地道底板方案,不需在通道内施工临时支撑结构,后期施工均在隧道内完成,施工简便,大大缩短施工工期
安全性	六竖井开挖方案需分六个竖井开挖作业,对地道结构扰动大。由于工期较长,施工监测工作始终要重抓	托换人行地道底板方案,托换底板、破除通道底板分三步进行,施工完成结构后开挖隧道,有效地保证了地道的安全
质量	六竖井开挖方案涉及的工序繁多,开挖竖井、临时支护、破除井壁等,很难保证各个工序质量均能达到要求	托换人行地道底板方案工序简单,不冲突,每步工序施工质量容易控制
施工工艺	六竖井开挖方案采用竖井开挖临时支护,通道顶板临时支护方法,施工工艺复杂,特别是钢结构框架施工要求精度高	托换人行地道底板方案施工工艺简单,不需要对通道顶板支护,隧道开挖采用导洞开挖亦是相当成熟的施工工艺

7 施工监控量测

在通道底板托换及暗挖施工过程中,分析地面的下沉可能会比较明显,设计要求本次观测重点是地道托换及暗挖施工过程中地面的沉降。随着施工的进程,地表沉降呈规律性的变化,最终沉降满足不超过30mm的设计要求。通过对比分析,我们发现数据变化分以下几个阶段:

(1)在地道底板托换阶段,由于隧道未开挖,地面沉降较小;
(2)在隧道暗挖过程中,地面沉降速率较大;
(3)随着隧道暗挖施工完成,地面最终沉降稳定在近15mm。

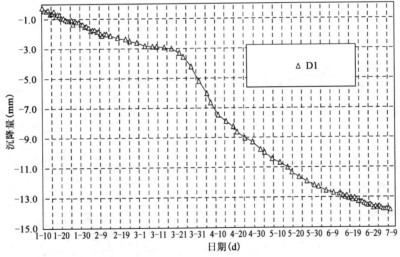

图9　地表沉降时程曲线图

8 结语

深圳轨道交通3号线地下通道采用合理的底板托换方案取代六竖井方案是一个大胆的创新,为类似隧道过地下通道施工提供了一个范例。原设计中的六竖井开挖施工方案,反复破除竖井初支有造成地面及通道沉降过大的风险。优化后取消竖井施工,隧道一次开挖成型,既控制了施工风险,亦降低了施工难度、缩短了施工工期、降低了施工成本。

深圳轨道交通 3 号线大断面分台阶导洞施工技术

马长涛　杨雨轩　刘玉龙　金大春

摘　要　随着城市建设规模不断扩大和地铁建设的迅速兴起,地铁大跨度暗挖隧道工程得到了迅猛发展。大跨度暗挖隧道工程优点之一在于不受地面管线及建筑物的影响,加快了施工进度。然而传统隧道施工方法有时也会制约工程的整体进度,为加快工程进度并保证工程质量,一些新的施工方法也随之产生,大跨度分台阶导洞顺序施工就是其中一种。

大跨度暗挖隧道施工使用的较为普遍的是眼镜法和中导洞法,但工期相对较长。而直接采用分台阶导洞顺序施工方法,充分克服传统做法的缺点,在工期要求紧的工程中尤为适用。实践证实:大跨度分台阶导洞顺序施工方法代替眼镜法或者中导洞法等常规施工方法,节约了工期,保证了施工质量。

关键词　地铁　大跨度暗挖隧道　分台阶导洞

1　工程特点

水～草区间 A_3 断面位于深圳交通主干道布吉路的正下方,并与道路平行前进,A_3 断面平面位置见图 1,布吉路交通流量大,大型载重车辆众多、车速快;A_3 断面施工采用设计"眼镜法"施工方式,需等双线隧道均到达 A_3 断面时才可进行,工期拖延时间较长,而且在曲线上最后拼装中洞格栅钢架,很难保证每榀格栅在一个平面上,有可能造成受力体系变化,出现不可预料的后果。而大跨度分台阶导洞顺序施工工法就避免了以上缺点,不受双线隧道施工进度的影响,格栅钢架连接质量好。

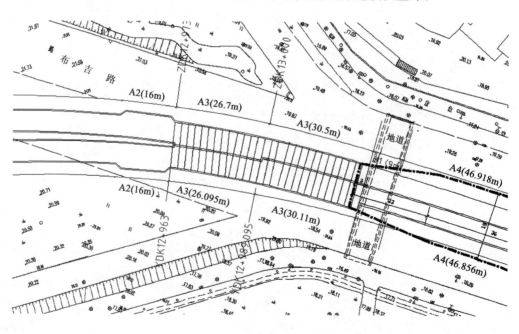

图 1　A_3 断面平面位置

2 适用范围

适用于城市高速快速路下暗挖隧道大跨度断面工程。

3 工艺原理

单线隧道一边首先到达 A_3 断面,此时可以直接开挖此侧导洞,不用等待另外一侧单线隧道施工至此位置,从一侧向另外一侧开挖施工,最后封闭成环。

此种方法每步格栅之间都有很好的连接,保证了施工进度、安全和质量。

4 工艺流程及操作要点

4.1 工艺流程

①打入左侧超前注浆小导管并注浆;②开挖左侧导洞上台阶;③架设格栅、临时中隔壁和临时横撑;④开挖左侧导洞下台阶;⑤架设侧墙格栅、底部格栅和临时中隔壁;⑥打锁脚锚杆和系统锚杆并注浆;⑦打入中部超前小导管并注浆;⑧开挖中导洞上台阶;⑨架设格栅、临时中隔壁和临时横撑;⑩开挖中导洞下台阶;⑪架设底部格栅和临时中隔壁;⑫打入右侧超前小导管并注浆;⑬开挖右侧导洞上台阶;⑭架设格栅和临时横撑;⑮开挖右侧导洞下台阶;⑯架设侧墙格栅和底部格栅;⑰打锁脚锚管和系统锚管并注浆。

4.2 操作要点

4.2.1 开挖方法

A3 拱形断面隧道断面大,围岩较差,开挖后极易坍塌,为保证施工安全,采用分台阶导洞法开挖。

分台阶导洞法施工顺序:施工顺序参照"图2 分台阶导洞法"工艺流程图。

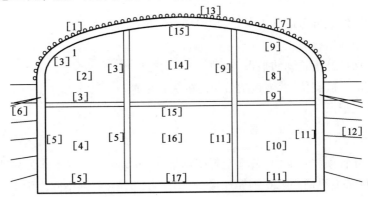

图2 "分台阶导洞顺序法"工艺流程图

(1)左侧壁导洞开挖:

①上导洞开挖:先施工 $\phi 42$ 超前小导管支护后开挖,上部开挖采用风镐、人工开挖为主,且每次进尺控制在 0.5~1.0m 内,尽量减少对围岩的扰动。当导洞上部开挖完毕后,施作格栅拱架、锁脚锚管及系统锚杆、钢筋网、喷射混凝土等初期支护及临时支护。

上导洞架设格栅钢架时应注意与中导洞钢架连接的部位,施工时应预埋一小段钢架至中导洞,并应回填土封闭此段钢架,确保此段钢架连接角钢螺栓孔未被喷射混凝土封堵。

②下导洞开挖:当导洞上下部掌子面距离在 5m 左右时,进行导洞下部开挖、支护施工。导洞下部开挖进尺与上部相同。

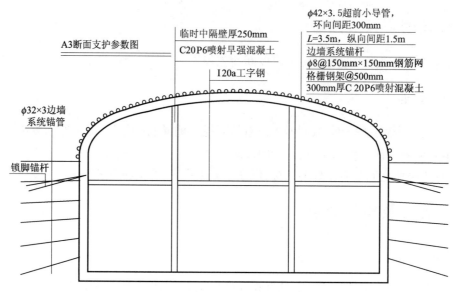

图 3 A_3 断面初支图

(2) 中导洞开挖：当左侧壁导洞开挖长度超过 15m 时，施工 ϕ42 超前小导管支护后，进行中上导洞开挖。开挖采用风镐、人工开挖为主，每次进尺控制在 0.5～1.0m 内。开挖后及时施作格栅拱架、锁脚锚管及系统锚杆、钢筋网、喷射混凝土等初期支护及临时支护，当中导洞上下部掌子面距离在 5m 左右时，进行导洞下部开挖、支护施工，导洞下部开挖进尺与上部相同。

(3) 右侧壁导洞开挖同左侧壁导洞开挖，待中导洞开挖长度超过 15m 时进行施工。

(4) 仰拱开挖：拱部开挖完后，进入下部土体开挖，及时施作钢拱架及仰拱，使整个隧道的初期支护闭合。

(5) 出渣：出渣采用人工配合小挖机倒入翻斗车内，由翻斗车把渣料运至洞口轨排竖井，电动葫芦提升至地面，大型自卸汽车运至指定地方。

施工中还应注意：

① 遵循"短进尺、强支护、勤量测、早封闭"的施工原则。
② 隧道开挖外轮廓线充分考虑施工误差、预留变形和超挖等因素的影响。
③ 隧道开挖过程中保留核心土。
④ 隧道开挖时应保持开挖轮廓的平直、圆顺。
⑤ 隧道开挖工作应一次到位，杜绝钢架就位时的欠挖处理。
⑥ 做好开挖的施工记录。

4.2.2 初期支护

暗挖隧道超前小导管预注浆加固，格栅全封闭钢架，C20P6 喷射混凝土作为初期支护，初支见图 3。格栅钢架纵向间距 500mm，纵向用 ϕ20 钢筋连接，外层挂 ϕ8 钢筋网，网格间距为 150mm×150mm。

(1) 超前注浆小导管施工

小导管采用 ϕ42mm 无缝钢管，壁厚 3.5mm，长 2.5m，环向间距 30cm，纵向间距为 1.0m，注浆材料采用水泥－水玻璃双液浆。

① 注浆材料及注浆参数

a. 浆液选择：按照设计要求，采用体积比 1:1 的超细水泥－水玻璃双液浆。

b. 注浆参数：根据常规的注浆经验，一般注浆参数初步确定如下：

注浆扩散半径：拱部为 0.5m，边墙及底部为 0.65m；注浆速度：30～50L/min；c 凝结时间：30″～5′；注浆终压：0.4～1.0MPa；配合比：1:1～1:0.3（水泥浆:水玻璃）；单孔注浆量：以现场试验为准，设计数量为参考。根据现场试验调整最终注浆参数。

②施工机(具)械设备配置

风钻、双液注浆泵 KBY-50/70、搅拌机 QV-300/50、Dg-25-Pg16 高压胶管。

③注浆加固施工工艺流程见图4

④主要施工技术措施及注意事项

a. 按照设计要求测量放线定出孔位。

b. 注浆管安制:注浆导管需预制,采用 $\phi 42mm$ 钢管,壁厚 $t=3.5mm$,长 2.5m 的钢管加工制作成注浆花管。

c. 钻孔:钻孔时利用已进行初期支护的喷射混凝土作为止浆墙,在止浆墙上用红油漆标出孔位及孔号,其误差小于 10mm。钻孔中作好钻孔记录,以利于注浆作业。

d. 注浆花管安设:注浆花管如出现坍孔安设困难,应采用风钻加垫板继续顶进,直至设计孔深位置。

e. 注浆施工中应通过现场试验对布孔方式、注浆参数及浆液配比作进一步试验调整,并在以后注浆施工中根据现场实际情况进行适当调整,以确保注浆效果。

f. 注浆施工中做好注浆记录,及时了解注浆压力和流量变化情况并进行综合分析,判断注浆效果是否满足设计要求。

g. 注浆时加强对周边环境及地下管线的巡视监测,防止意外情况发生。

h. 注浆结束标准:以现场试验为准,设计数量为参考。

(2)喷射混凝土

①集料要求

a. 粗集料:粒径不大于 16mm;

b. 细集料:中砂或粗砂,细度模数大于 2.5,含水率 5%~7%。

②喷混凝土方法及工艺流程

采用湿喷法,喷料由自动计量拌和站生产,混凝土搅拌车运输,湿喷机喷浆。喷射混凝土施工工艺图见图5。

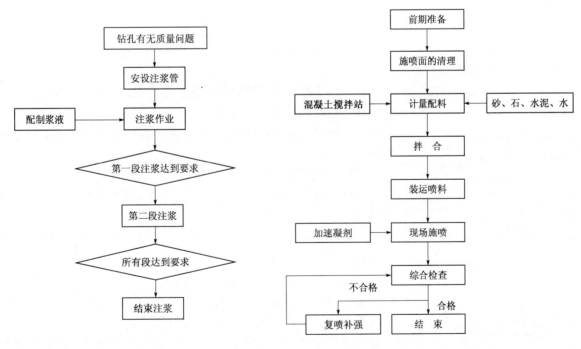

图4 注浆加固施工工艺流程　　图5 喷射混凝土施工工艺框图

③主要技术措施

a. 隧道开挖后应立即对岩面喷射混凝土,以防岩体发生松弛。

b. 喷射混凝土前应设置控制喷混凝土厚度的标志。

c. 施工机具布置在无危石的安全地带。

d. 喷射前处理危石,检查开挖断面净空尺寸。在不良地质地段,设专人随时观察围岩变化情况,当受喷面有涌水、淋水、集中出水点时,先进行引排水处理。

e. 用高压水冲洗受喷面,当受喷面遇水易泥化时,用高压风吹净岩面。

f. 保证始终最少拥有一台可正常操作的喷浆机组,经常检查电线路、设备和管路。

g. 按施工前试验所取得的方法与条件进行喷射混凝土作业,在喷射混凝土达到初凝后方能喷射下一层。首次喷射混凝土厚度应不小于50mm。

h. 喷射作业分段、分片、分层,由下而上顺序进行,有较大凹洼处,先喷射填平。

i. 喷嘴与受喷面保持垂直,距受喷面1.5~2.0m。

j. 掌握好风压与水压,减少回弹和粉尘,喷射压力0.15~0.2MPa,水压力0.3~0.4MPa。

k. 施工中经常检查出料弯头、输料管和管路接头,处理故障时断电、停风,发现堵管时立即停风关机。

l. 在已有混凝土面上进行喷射时,应清除剥离部分,以保证新老混凝土之间具有良好的黏结强度。

m. 新喷射的混凝土应按规定洒水养护。

n. 喷射混凝土的回弹物不得重复利用,所有的回弹混凝土应从工作面清除。

④厚度较大混凝土复喷次数及每次复喷厚度

本区间隧道喷射混凝土的厚度根据不同断面类别而不同,根据施工工艺,每次复喷厚度见表1。

不同厚度喷射混凝土施工参数表 表1

断面类别	设计喷射混凝土厚度(cm)	初喷厚度(cm)	复喷次数(次)	每层厚度(cm)
A1、A2(拱部)	30	5	3~4	7~10
A1、A2(边墙)	30	5	3~4	7~10
A3、A4(拱部)	35	5	5~6	5~6
A3、A4(边墙)	35	5	5~6	5~6

(3)系统锚杆、注浆锚管施作

系统锚杆及注浆锚管的布设详见断面类型及参数表。

①系统锚杆施工

a. 该隧道系统锚杆均为φ22mm砂浆锚杆。锚杆施工工艺见图6。

b. 施工工艺流程:

施工放样→钻孔→清孔→装锚固剂→插入锚杆→杆体固定→结束。

锚杆预先在洞外按设计要求加工制作,施工时锚杆钻孔位置及孔深必须精确,锚杆要除去油污、铁锈和杂质。开挖断面检查后,按设计要求在岩面上画出锚杆孔位。在核心土上人工手持风钻钻孔,高压风枪清孔。钻孔技术要求:孔径为φ38~45mm;锚杆孔距允许偏差为150mm;孔深比钻杆插入部分长5cm。钻孔符合要求后,用高压风清除孔内岩屑,插入锚杆并将锚杆与钢筋网焊为整体。待终凝后按规范要求抽样进行锚杆抗拔试验。

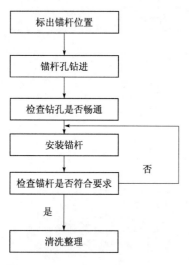

图6 锚杆施工工艺流程图

c. 锚杆施工方法:

在核心土上人工手持风钻钻孔在边墙范围安设φ22mm砂浆锚杆,锚杆孔内必须灌注砂浆应饱满密实。人工使用长棍将准备好的锚固剂推送至孔底。采用人工锤击方式,将杆体插入孔底处。插入时,杆体注意旋转,使药包充分搅拌。杆体插入后,要及时在孔口用楔子将杆体固定,控制杆体在水泥硬化前的滑落。

②注浆锚管施工

注浆锚管施工流程及工艺同注浆小导管施工。

(4)钢筋网的铺设

钢筋网用 $\phi 8mm$ 钢筋制作,网格间距为 $150mm \times 150mm$。网片在钢筋加工场地加工成型,现场人工安装,用电焊点焊或绑扎固定在格栅钢架上,网片间搭接长度 $\geqslant 20cm$。

钢筋质量和接头位置符合规范和设计要求;网片的绑扎和焊接质量符合规范要求;绑扎缺扣和松扣的数量不应超过绑扎总数的10%;网片漏焊、开焊不超过焊数的2%。

(5)钢(格栅)拱架的施工

采用格栅拱架支护,格栅拱架主筋为 $\phi 25mm$,纵向间距为 $500mm$。

采用高精度的冷弯机械加工模具和精细的工艺,严格管理,将钢架的加工误差及变形值控制在技术规定的范围之内。

每榀钢架安装时,准确测量定位,保证钢架的安装精度,以符合设计要求。拱脚标高不足时,不得用土、石回填,而设置钢板进行调整,必要时用混凝土加固基底。安装时,段与段之间的连接板接合对齐密贴。质量达不到要求的钢架严禁使用。每榀钢架安装好后在其拱脚处设置两根锁脚锚管来控制向隧道内方向的收缩变形。锁脚锚杆其尾部与钢架焊接牢固。主要技术措施如下:

①开挖及初喷混凝土后,应立即安设拱架。

②钢材质量和接头位置符合规范和设计要求。

③每榀钢架无漏焊、开焊。为保证钢架稳定和整体受力,设置纵向连接钢筋。

④钢架和围岩尽量靠近,留4cm左右间隙作保护层。当钢架和围岩的间隙大时用喷射混凝土充填密实;间隙过大时,可用钢楔或混凝土楔块顶紧,其点数单侧不少于8个,不得用木材、片石等物体塞填。

⑤喷射混凝土由两侧拱脚向上对称喷射,并将钢架覆盖。

⑥钢架安装允许误差见下表2。

钢架安装允许误差　　表2

方位	中线	高程	倾斜度	左、右拱脚高程	左、右钢架里程同步
允许误差	±3cm	+3cm,0	≤2°	±3cm	±50cm

(6)质量标准

①拌制混合料时,称量(按重量计)的允许偏差为:

水泥和速凝剂均为 ±2%;砂、石均为 ±3%。

②喷射混凝土不应出现滴水和淌水现象,当出现时应查找原因根治(例如可采取引排后补喷混凝土的办法)。

③喷射混凝土不应有大于0.5mm的贯通裂缝及大面积($\leqslant 400cm^2$)的空鼓现象,当出现时应凿除重喷或采用背后注浆补强。

④钢架背后喷射混凝土必须密实,不可留有孔洞,当出现时必须补喷密实。

⑤隧道喷射混凝土基面无遗留残渣堆积物。

⑥网喷支护隧道轮廓尺寸允许偏差应符合设计、规范要求。

⑦喷射混凝土平整度允许偏差为30mm。

⑧喷射混凝土厚度:每20m(双线10m)检查一个断面,每个断面从拱顶中线起,每2m凿孔检查一个点,断面检查点60%以上喷射厚度不小于设计厚度,最小值不小于设计厚度的1/3,厚度总平均值不小于设计厚度。

4.3 工法比较

A3 断面位于布吉路正下方,上覆致密的压实人工填土,厚度约 3.0m 左右。采用三维连续介质拉格朗日快速分析元 FLAC3D 分别按着以下三种施工方式进行模拟计算分析:"眼镜法"施工方式见图 7、中导洞施工方式见图 8、分台阶顺序开挖方式见图 9。

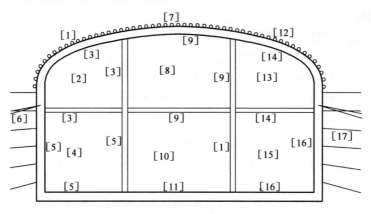

图 7 眼镜法施工图

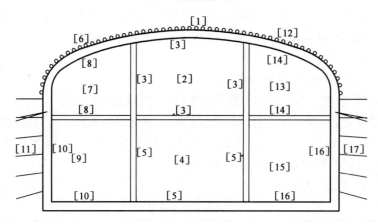

图 8 中导洞施工图

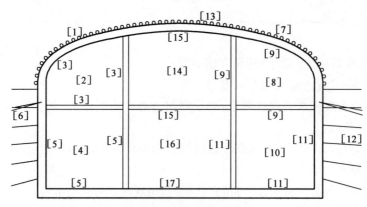

图 9 分台阶顺序施工图

4.3.1 施工方式

(1)眼镜法施工方式

①打入超前注浆小导管并注浆;

②开挖左侧导洞上部台阶;

③架设格栅,临时中隔壁和底部临时横撑;
④开挖左侧导洞下部台阶;
⑤架设中隔壁、侧墙格栅和底部格栅;
⑥打入锁脚锚管和系统锚管并注浆;
⑦打入右侧超前注浆小导管并注浆;
⑧开挖右侧导洞上部台阶;
⑨架设格栅、临时中隔壁和临时横撑;
⑩开挖右侧导洞下部台阶;
⑪架设临时中隔壁、右侧墙和底部格栅;
⑫打入锁脚锚管和系统锚管并注浆;
⑬打入中部超前注浆小导管并注浆;
⑭开挖中导洞上部台阶;
⑮架设格栅、底部零时横撑;
⑯开挖中导洞下部台阶;
⑰架设底部格栅。

(2) 中导洞施工方式
①打入中部超前小导管并注浆;
②开挖中导洞上部台阶;
③架设顶部格栅、临时中隔壁和临时横撑;
④开挖中导洞下台阶;
⑤架设底部格栅、临时中隔壁和临时横撑;
⑥打入左侧超前导管并注浆;
⑦开挖左侧导洞上台阶;
⑧架设格栅和临时横撑;
⑨开挖左侧导洞下台阶;
⑩架设侧墙格栅和底部格栅;
⑪打锁脚锚管和系统锚管并注浆;
⑫打入右侧超前小导管并注浆;
⑬开挖右侧导洞上台阶;
⑭架设格栅和临时横撑;
⑮开挖右侧导洞下台阶;
⑯架设侧墙格栅和底部格栅;
⑰打入锁脚锚管和系统锚管并注浆。

(3) 分台阶顺序施工方式
①打入左侧超前注浆小导管并注浆;
②开挖左侧导洞上台阶;
③架设格栅、临时中隔壁和临时横撑;
④开挖左侧导洞下台阶;
⑤架设侧墙格栅、底部格栅和临时中隔壁;
⑥打锁脚锚管和系统锚管并注浆;
⑦打入中部超前小导管并注浆;
⑧开挖中导洞上台阶;
⑨架设格栅、临时中隔壁和临时横撑;

⑩开挖中导洞下台阶;
⑪架设底部格栅和临时中隔壁;
⑫打入右侧超前小导管并注浆;
⑬开挖右侧导洞上台阶;
⑭架设格栅和临时横撑;
⑮开挖右侧导洞下台阶;
⑯架设侧墙格栅和底部格栅;
⑰打锁脚锚管和系统锚管并注浆。

4.3.2 计算模型和计算参数

计算中,隧道围岩为致密压实填土理学参数,计算分析力学模型采用莫尔—库伦模型;钢格栅计算分析的力学模型采用壳体的线弹性模型,计算参数为钢筋混凝土的力学参数;临时支撑I20a的工字钢采用杆、梁线弹性模型,计算参数为I20a工字钢的力学参数;临时中隔壁也采用杆、梁的线弹性力学模型,计算参数为钢筋混凝土的力学参数。

4.3.3 计算荷载

荷载主要为深圳主干道布吉路车流荷载,采用汽车超-20级荷载加上动荷载系数0.2施加在隧道拱顶上覆布吉路上进行计算,计算模型两侧边界选隧道直径的3倍,底部边界为隧道高度1.1倍,顶部边界取至自然地面。

4.3.4 计算结果分析

(1) 两侧导洞施工工序模拟计算分析

"眼镜法"施工就是首先施工A3断面的两侧导洞,然后再施工中间导洞,俗称"眼镜法"施工,通过数值模拟"眼镜法"施工过程,分析隧道临时支撑受力状态、地面沉降,计算结果如图10、图11所示。

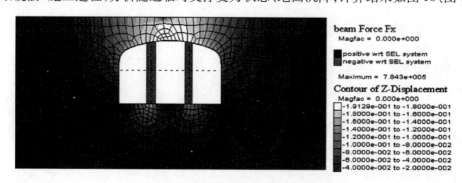

图10 眼镜法施工临时支撑轴力和地面沉降分布图

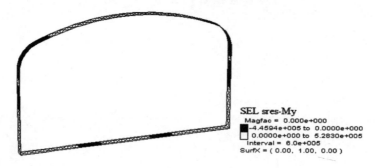

图11 眼镜法施工格栅弯矩图

根据计算,"眼镜法"施工的地面最大沉降14~16cm,I20a的竖直工字钢最大轴力784.3kN,换算截面应力$\sigma=220.4$MPa,格栅最大弯矩发生在拱顶为528kN·m。

(2)中导洞施工工序模拟计算分析

中导洞施工就是首先施工 A3 断面的中间导洞,然后再施工两侧导洞,通过数值模拟中导洞的施工过程,分析隧道临时支撑受力状态、地面沉降,计算结果如图12、图13所示。

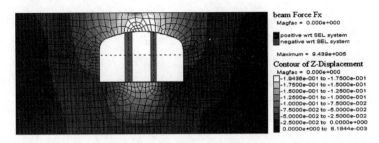

图12　中导洞施工临时支撑轴力和地面沉降分布图

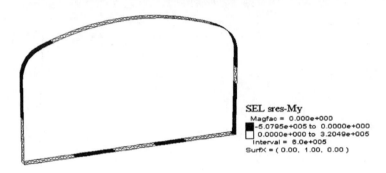

图13　中导洞施工格栅弯矩图

根据计算,中导洞施工的地面最大沉降 15～17cm,I20a 的竖直工字钢最大轴力 943.9kN,换算截面应力 $\sigma = 265.1$MPa,格栅最大弯矩发生在地板格栅与中隔壁连接部位为 508kN·m。

(3)分台阶施工工序模拟计算分析

分台阶施工就是将 A_3 断面的三个导洞各分成上下两个台阶,由上而下顺序施工,通过数值模拟该施工过程,分析隧道临时支撑受力状态、地面沉降,计算结果如图14、图15所示。

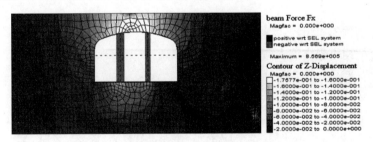

图14　分台阶施工临时支撑轴力和地面沉降分布图

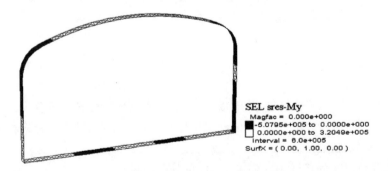

图15　分台阶施工格栅弯矩图

根据计算,分台阶施工的地面最大沉降16cm,I20a的竖直工字钢最大轴力850.9kN,换算截面应力$\sigma=240.9$MPa,格栅最大弯矩发生在左侧中隔壁与底部格栅连接处为688.8kN·m。

4.3.5 施工方案分析及筛选

通过以上比较分析,最优方案是采用眼镜法施工,临时中隔壁支撑I20a的截面应力220.4MPa,满足普通钢Q235的应力范围216~235MPa,临时横撑轴力以及弯矩都很小可忽略不考虑,地面沉降较大为14~16cm。由于"眼镜法"施工中钢格栅拼装难度巨大,为了方便施工采用分台阶导洞顺序开挖方式。然而采用此种施工方式,地面最大沉降14~16cm,I20a的竖直工字钢最大轴力850.9kN,换算截面应力$\sigma=240.9$MPa,因此临时支撑工作处于极限应力状态,地面沉降也很大。鉴于此,我们做以下处理措施:

(1)开挖前按着要求打入超前注浆小导管并注双液浆,加固上部土体,防止地面沉降过大。
(2)及时架设临时支撑,并挂网、喷混凝土、加厚临时中隔壁为30cm。
(3)加强监测,及时反馈。
(4)做好应急预案。

5 质量控制

5.1 施工质量控制措施

5.1.1 钢筋格栅、钢筋网加工及架设质量保证措施

(1)钢筋格栅和钢筋网在工厂加工。钢筋格栅第一榀制作好后试拼,经检验合格后方可进行批量生产。
(2)喷射混凝土原材料配合比、计量、搅拌、喷射必须符合施工规范要求。砂、石等材料分开堆放,每班须测定砂、石的含水率,及时调整配合比。
(3)喷射混凝土严格按《锚杆喷射混凝土支护技术规范》(GB 50086—2011)的要求顺序进行。
(4)喷射混凝土必须保证按配合比进行拌料,采用严格的计量手段。专人控制外加剂,尤其是速凝剂的掺量。
(5)喷射混凝土结构不得出现脱落和漏筋现象。
(6)喷射混凝土结构不得夹泥夹碴,严禁有夹层。
(7)喷射混凝土厚度必须符合设计要求。
(8)喷射混凝土必须保持合适的风压和水灰比。
(9)喷射完混凝土后必须经过质检工程师检查验收,不合格的部位必须立即整改。
(10)喷射混凝土质量标准:喷射混凝土应密实、平整、无裂缝、脱落、漏喷、漏筋、空鼓、渗漏水等现象。平整度允许偏差为30mm,且矢弦比不应大于1/6。

5.1.2 钢筋工程质量保证措施

(1)原材料质量保证措施
①钢筋订货时,先向监理工程师报验生产厂家及供货单位,监理工程师检查其资质和质量保证体系,符合要求再签订供货合同。
②钢筋的各种型号、规格、机械性能、化学成分、可焊性和其他指标必须符合规范和设计要求。
③重要材料进场必须进行复试,并将复试结果报监理工程师审核,经检查合格再进行使用。
(2)钢筋加工质量保证措施
①除比较长的钢筋,其余钢筋采用工厂加工,保证加工质量。
②钢筋加工前向监理工程师提交加工方案和加工料表,加工时钢筋保持平直,无翘曲无死弯。

③钢筋表面洁净,无损伤、油漆和锈蚀,钢筋直径、级别符合设计要求。
④在常温下进行钢筋弯曲成型,不进行热弯。
(3)钢筋焊接及连接质量保证措施
①电焊工持证上岗,焊机、焊剂符合规范要求。
②钢筋的焊接接头、焊接制品的机械性能必须符合钢筋焊接及验收的专门规定。
③钢筋焊接的焊缝长度、高度、宽度均应符合规范要求,焊缝应饱满、无气泡、夹碴等缺陷,主筋无烧伤。
④受力钢筋采用焊接接头时,设置在同一构件内的焊接接头相互错开,错开距离为钢筋直径的35d且不小于500mm,在该区段内有接头的受力钢筋截面面积占受力钢筋总截面面积的比例为:受拉区不超过50%,受压区不限制。
⑤焊接接头距钢筋弯曲处的距离应不小于10倍钢筋直径,也不位于构件的最大弯矩处。

5.1.3 浇筑混凝土质量保证措施

本工程隧洞初衬采用锚喷混凝土施工,二衬采用台模混凝土施工。
(1)浇筑混凝土的施工控制
①做好混凝土浇筑前的施工准备工作。
②混凝土浇筑前进行详细技术交底工作,对所有施工机械进行一次检查,备足、备齐各种施工用料。
③混凝土浇筑前,对模板、支架、钢筋和预埋件进行检查,清除模板内的杂物、泥土和钢筋上的油污等杂物,符合要求后进行浇注。
④混凝土分层浇筑,分层振捣,需要保持平衡受力的部位,严格对称浇筑。相邻两层浇注时间间隔尽量缩短,确保上、下层混凝土结合质量和整体强度,不形成施工缝。
⑤混凝土浇筑连续进行,不留或少留施工缝,因施工需要留设施工缝,按设计要求进行,并经监理工程师认可。
⑥混凝土采用机械振捣密实,振捣时间为10~30s,以混凝土表面泛浆和不冒气泡为准,避免漏振、欠振和超振。
⑦混凝土结构内部设置的各种钢筋或绑扎铁丝,不接触模板。固定模板用的螺栓穿过混凝土结构时,止水措施符合设计要求,无设计规定时,报经监理工程师同意。
⑧混凝土终凝后立即进行养护,养护时间不少于14d。混凝土养护达到规定的拆模强度后拆模。拆模时混凝土表面温度与环境不超过15℃,以防止混凝土表面产生裂缝。
(2)喷射混凝土的施工控制
①做好混凝土喷射前的施工准备工作。
②混凝土喷射前进行详细技术交底工作,对所有施工机械进行一次检查,备足、备齐各种施工用料。
③混凝土喷射前,对井内及洞内尺寸进行检查,清除杂物等杂物,符合要求后进行喷射。
④混凝土分层喷射,需要保持平衡受力的部位,严格对称均匀喷射。相邻两层喷射时间间隔尽量缩短,确保上、下层混凝土结合质量和整体强度,不形成施工缝。
⑤同段混凝土喷射连续进行,不留或少留施工缝,因施工需要留设施工缝,按设计要求进行,并经监理工程师认可。

6 应用实例

6.1 广州市轨道交通五号线【珠江新城站~猎德站区间】隧道

广州市轨道交通五号线【珠江新城站~猎德站区间】隧道,里程范围为K15+796.064~K16+527.8,右线全长731.736m,左线全长731.562m。本区间沿线属珠江三角洲平原,位于花城大道下,地形较为平坦,地面高程为6.82~10.78m。线路经过珠江大道与花城大道交叉路口、花城大道下沉广场、花城大道洗村路口地下人行通道(16号过街地道)后在花城大道猎德路口前到达猎德站。

根据本次设计左右线路之间关系及其他运营要求条件,本区间共设置A型~F型等12种结构断面,其中A型为单孔双线结构断面,B型为双孔双线结构断面,C型~F型为单孔单线结构断面,及推力风机房段结构断面和人防段结构断面。其中A4断面从K15+885.897~K15+904.062,共计18.16m。

本段工程自2006年5月10日开工,如按照传统"眼镜法"或中导洞法,在2006年6月10日进行施工,不能保证在2006年7月10日里程碑节点工期要求完工。为此,本段采用分台阶导洞顺序施工工法。如图16。在2006年7月5日提前5天完成里程碑节点。实践证明:工程在此段采用分台阶导洞顺序法施工工法,在保证安全的前提下,取得了很好的工期效果,质量和经济效果良好。

图16 A3断面分台阶导洞顺序法施工现场

6.2 深圳地铁龙岗线【水贝站~草埔站区间】隧道

深圳地铁龙岗线【水贝站~草埔站区间】隧道走向:自水贝站西端沿布心路北侧经过洪湖立交东北角向北,于布吉路中出地面,区间隧道全长503.2m(右线),其中单线隧道长384.2m,双跨结构隧道长119m。区间隧道除洞口段42m范围覆土较小采用明挖法施工外,其余均采用矿山法施工。区间隧道沿布心路北侧覆土较厚,矿山法施工对管线不会造成影响;下穿洪湖立交、布吉路中明挖段,现状管线很少,管线迁移量较小。其中A3断面从K12+963~K13+019共计56m。

本段工程自2008年12月20日开工,如果按照传统"眼镜法"或中导洞法,将在2009年1月30日方可进行施工,无法保证在2009年4月20日里程碑节点工期要求完工。为此,本段采用分台阶导洞顺序施工工法。在2009年4月15日提前5d完成里程碑节点。实践证明:工程在此段采用分台阶导洞顺序法施工工法,在保证安全的前提下,取得了很好的工期效果,质量和经济效果良好。

根据计算,"眼镜法"施工的地面最大沉降16cm,I20a的竖直工字钢最大轴力784.3kN,换算截面应力$\sigma=220.4$MPa,格栅最大弯矩发生在拱顶为528kN·m。

深圳轨道交通3号线马头门施工技术

黄克强　宋成辉　杨雨轩　王志海

摘　要　轨排井马头门是明暗挖接合点,受力复杂,是隧道施工的难点之一;马头门施工使竖井洞口处出现应力重分布,处置不当容易使该处围岩失稳,竖井坍塌。在实施中如何做到通过采取一系列措施,使设计合理、施工简便、安全快捷是技术人员应该进行分析和考虑的,最终安全顺利破马头门进入横通道或正洞。

关键词　马头门　基坑　围岩失稳　横通道

1　轨排井马头门概述

深圳轨道交通3号线水贝站~草埔站区间隧道轨排井位于洪湖立交东北角匝道绿化带内,勘查揭露下覆地层从上向下分别为:人工填土、中粗砂、卵石土、粉质黏土、全风化花岗片麻岩、强风化花岗片麻岩。地下水主要为孔隙水,埋深4m左右。该轨排井长32.2m,宽6.8m,深13.356~13.672m,施工时基坑围护结构采用钻孔灌注排桩+旋喷桩止水帷幕,支撑系统采用腰梁+预应力锚索和钢管内撑,见图1。轨排井先期作为区间隧道矿山法施工作业竖井,后期用于吊装轨排。基坑竖井与暗挖隧道交叉口处横通道以及正洞的马头门是明暗挖接合点,受力复杂,是隧道施工的难点之一;马头门施工过程中改变了整个基坑竖井中的受力形式,使洞口处出现应力重分布,操作不当容易使该处围岩失稳,见图2。

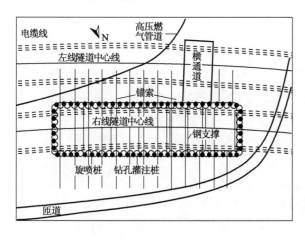

图1　轨排井围护布置平面图

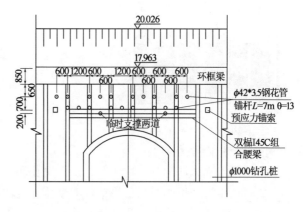

图2　马头门施工措施断面图(单位:mm,高程:m)

2　施工方法和步骤

本工程采取的开马头门是待所有土方开挖结束、垫层施工完毕后进行,测量定位需破除桩的轮廓线,保证线条圆顺;根据开挖轮廓线及施工要求搭设作业脚手架;测量确定钻孔孔位后,施工钢花管锚杆在马头门上方形成加固区,见图2;加固区完成后进行破桩施工,采用风镐沿开挖轮廓线凿出一个凹槽环,并保留桩外侧钢筋,在凹槽的钢筋之间打入小导管并注浆,在即将破除的马头门上方形成保护壳;进行并排3榀型钢钢架的架设及锚喷封闭形成部分环梁将桩相连。

2.1 破桩

破除马头门部位的基坑围护结构桩采用风镐进行,沿开挖轮廓线凿出一个凹槽环,深度为0.5m,高度约0.8m,并保留桩背土侧钢筋,见图3。

2.2 小导管施工

小导管施工过程:施工放样→钻孔→清孔→安装小导管→孔口封堵→注浆→拆除注浆系统。精确定位画出钻孔孔位后(图4),采用人工手持YT-28风钻按标记位置进行钻孔,钻孔直径为65mm,钻孔应由高孔位向低孔位进行,钻孔直径应比钢管直径大20~30mm,钻孔完成后,利用高压风、水将孔内残渣清除干净,再将钻杆换成自制套筒钎尾,通过风钻将 $\phi42\times3.5$mm 小导管送入孔中,钢管入孔长度不应小于管长的90%;钻孔的外插角允许偏差为5‰;注意保护钢管尾部不被损坏,以便与高压注浆管连接。再用自拌速凝混凝土将孔口与岩壁间隙堵塞严密。钢管尾端外露一定长度,以便与格栅钢架焊接。注浆材料采用水泥—水玻璃双液浆。双液浆应根据胶凝时间配制,水泥浆的水灰比一般为1.5∶1~0.8∶1;水玻璃模数2.4~2.8,浓度25~40波美度;水泥浆、水玻璃体积比为1∶1~1∶0.3,可通过调整浆液配合比或加入少量磷酸氢二钠的方法调节浆液初凝时间。根据不同的地质应调整注浆参数。注浆机具采用液压注浆泵,注浆压力为0.5~1.0MPa。注浆参数根据现场试验进行调整,并用定量注浆法或压力控制法控制注浆量,即当单孔注浆正常进行无渗漏现象、注浆终压达到设计终压、注浆量达到设计量时,即可结束该孔注浆。注浆结束后,将管口封堵,以防浆液倒流管外。

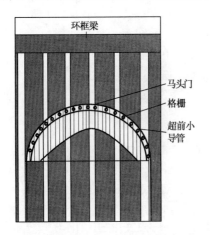

图3 破马头门示意图

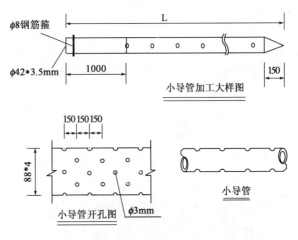

图4 小管加工示意图(尺寸单位:mm)

小导管注浆注意事项:

(1)钻孔结束后应掏孔检查,在确认无塌孔和探头石时,才可安设注浆管;

(2)为了减少塌孔的现象,每钻好1个孔,应及时安设注浆管;

(3)注浆顺序:先注内圈孔、后注外圈孔;先注无水孔,后注有水孔,从拱顶顺序向下进行;

(4)注浆过程中若发现注浆压力突然升高,则应立即停止注浆,改换注清水,待泵压正常时,再进行双液注浆;

(5)如遇窜浆或跑浆,则可间隔一孔或数孔灌注,并立即堵塞窜浆、跑浆孔。

2.3 开挖

先进行马头门处上半断面的开挖、支护,中间留核心土,开挖以小型机械为主,辅以人工修边,采用农用运输车出渣的方式,每次开挖长度视围岩情况严格控制在0.5~1.0m,注意做好超前小导管的注浆支护、架设格栅钢架和喷射混凝土。然后进行核心土和下台阶的开挖,支护下部台阶格栅钢架并做好锁脚锚杆安装,喷射混凝土,完成初支,形成全断面(图5)。

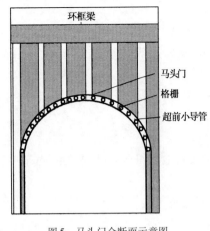

图 5 马头门全断面示意图

2.4 钢格栅施工

开挖后立即进行格栅钢架的架设,锚、网、喷支护。格栅钢架的加工在工地钢筋加工棚内进行,平整场地,平铺10mm厚钢板,由测量组在钢板上放出格栅的准确形状、尺寸,沿画出的尺寸线焊φ22mm短钢筋桩形成固定模具;格栅钢架第一榀制作好后,将整个隧道轮廓各节钢架进行整体试拼,以检查连接部位是否吻合,经检验合格后方可进行批量生产。格栅钢架加工误差应符合以下要求:沿隧道周边轮廓线的误差不大于±3cm,平面(翘曲)不大于±2cm,接头连接要求每榀之间可以互换;每榀钢架无漏焊、开焊,其焊接应符合设计要求及钢筋焊接标准的规定。

格栅安装:局部欠挖处理后,根据测量放样交底资料,由人工借助机具进行架立就位,垂直度、净空检查符合要求后,焊接纵向连接筋。拱脚必须架立在坚固的基岩上或原状土上,超挖较大部位加设混凝土预制块进行拱脚处理;钢架与围岩之间应尽量接近,留4cm间隙作为保护层;每榀钢架安装好后在其拱脚处每榀每侧设置两根 $\phi 42 \times 3.5 mm L = 3.5 m$ 锁脚锚管(施工工艺同超前小导管)来固定,以限制初支下沉,其尾部与钢架焊接牢固,同时将格栅与超前小导管焊接。格栅钢架安装允许误差如下表1所示。

钢架安装允许误差表　　　　　　　　　　　　　　　　表1

方　位	中　线	净空尺寸	垂直度	左、右拱脚标高	左、右钢架里程
允许误差	2cm	+4cm,0	3cm	+2cm,0	±3cm

格栅安装应该注意事项:

(1)在安设过程中当钢架与围岩之间有较大的间隙时,应设同等级预制混凝土垫块垫紧;

(2)施工过程中应注意保护好测量控制点;

(3)拱脚必须用锁脚锚干锁定;

(4)为了防止拱脚连接板螺栓孔被喷射混凝土堵塞,可在拱脚上用砂子埋住连接板;

(5)严格控制钢架的中线及高程尺寸;

(6)各节钢架连接板处必须密贴,螺栓采用扳手上紧;

(7)钢架架设完毕后,工班应先进行认真的自检,然后上报项目部质量员检查,待检查合格后方可进行喷射混凝土施工。

2.5 锚杆、钢筋网施工

采用 $\phi 22 mm$ 砂浆锚杆、$\phi 42 \times 3.5 mm$ 锁脚锚管;钢筋网采用 $\phi 8 mm$ 钢筋,网格间距为 $150 mm \times 150 mm$,单层设置。

(1)施工顺序:

钻孔→清孔→配制浆液→注浆→插入锚杆→安设垫板。

(2)施工方法:

钻孔:按设计要求在岩面上画出锚杆孔位,采用YT-28风钻钻孔,孔深达到设计、规范要求,通过高压水、高压风进行清除孔内岩屑。

注浆:注浆时应堵塞孔口,注浆管应插至距孔底5~10cm处,随水泥砂浆的注入缓慢匀速拔出,并始终保持注浆管口埋在砂浆内,注浆孔口的压力不得大于0.4MPa。

插入锚杆:注浆完成后,迅速将锚杆插入,锚杆杆体宜对中插入,插入后应在孔口进行安装垫板和锚固螺帽;若孔口无水泥砂浆溢出,应将杆体拔出重新注浆。

钢筋网用 φ8mm 钢筋制作,网格间距为 150mm×150mm,为便于施工操作本隧道采用网片大小为 0.6m×1.5m。网片在钢筋加工场地加工成型,现场人工安装,用电焊点焊或绑扎固定在格栅钢架上。

钢筋质量和接头位置符合规范和设计要求;网片的绑扎和焊接质量符合规范要求;绑扎缺扣和松扣的数量不应超过绑扎总数的 10%;网片漏焊、开焊不超过焊数的 2%。

(3)锚杆挂网施工注意事项:

①锚杆、钢筋网原材料规格符合设计要求,锚杆杆体不能有油污或其他不符合规范要求的缺陷;

②锚杆插入长度不得小于设计长度的 95%;

③锚杆孔距的允许偏差为 150mm;

④锚杆孔深允许偏差为 50mm;

⑤钻孔孔径应大于锚杆直径 15mm;

⑥锚杆应进行抗拔试验,同一批锚杆每 100 根应取一组试件,每组 3 根(不足 100 根也取 3 根),同一批试件抗拔力的平均值不得小于设计锚固力,且同一批试件抗拔力最低值不应小于设计锚固力的 90%;

⑦钢筋网片安装牢固,确保喷射混凝土时不会晃动;

⑧钢筋网片间搭接长度不小于 20cm。

2.6 喷射施工

喷射混凝土是利用高压空气,将掺有速凝剂的混凝土干拌混合料通过混凝土喷射机与高压水混合,经过喷枪嘴喷射到围岩上,并迅速凝固结成一层支护结构,从而对围岩起到支护的作用。喷射混凝土的原材料包括:水泥、石子、沙、水和外加剂(速凝剂)。

水泥采用 P.O32.5R 普通硅酸盐水泥;石子采用碎石,最大粒径不超过 15mm,并应确保级配连续;砂子细度模数宜大于 2.5;采用饮用水作为喷射用水;外加剂主要为速凝剂,采用 882-D 型速凝剂,初凝时间不大于 5min,终凝时间不大于 10min,掺量为水泥用量的 5%。

施工过程中应根据砂、石的不同含水率作相应的调整。采用强制式自动计量搅拌机拌料,拌料采用干拌的方式,搅拌时间规定为 2~3min,并严格按照配合比进行计量,采用小型装载机将搅拌好的料运送至各工作面,在喷浆机旁边应铺设薄板用于堆放喷浆料,搅拌好的料应在 2h 内用完,严禁受潮、变质的喷浆料重新搅拌利用,速凝剂采用现场掺加的方式。

喷射混凝土注意事项:

(1)喷射作业前应严格掌握规定的速凝剂掺量,添加均匀,喷射时,喷射手应严格控制水灰比,使喷层表面平整光滑,无干斑或滑移流淌现象。

(2)喷射前应先开高压风及高压水,做好调整使喷出来的水和高压风呈雾状,再开电动机,先进行空转,待喷机运转正常后开始投料。

(3)喷射应分段、分部、分块,分层,按先墙后拱,自下而上的顺序进行喷射。喷嘴应对受喷岩面作均匀的顺时针方向的螺旋转动,使混凝土喷射密实。

(4)喷射时应掌握好喷嘴与受喷岩面的距离和角度,一般为 0.8~1.2m,喷嘴与受喷面垂直,并稍微偏向刚喷射的部位(倾斜角不宜大于 10°),对于岩面凹陷处应先喷和多喷,而凸出处应后喷和少喷。

(5)喷射作业应分层进行。喷射厚度按照下表 2 操作。

(6)分层喷射的间隔时间应视喷射混凝土的终凝情况而定,一般为 5~10min。

(7)喷射混凝土应在其终凝 1~2h 后进行洒水养护,养护时间不小于 7d。

不同厚度喷射混凝土施工参数表　　　　　表2

断面类别	设计喷射混凝土厚度（cm）	初喷厚度（cm）	复喷次数（次）	每层复喷厚度（cm）
A1、A2（拱部）	30	5	4~5	5~6
A1、A2（边墙）	30	5	3~4	7~10
A3、A4（拱部）	35	5	5~6	5~6
A3、A4（边墙）	35	5	3~4	7~10

3　结语

马头门和隧道断面变换处是工程施工的一大难点，由于受力转换比较复杂，施工中易引起坍塌。通过采取以上施工措施，可以做到安全可靠，并且加快施工进度。

隧道衬砌模板台车施工技术在深圳轨道交通中的应用

马长涛　刘玉龙　黄克强　宋成辉

摘　要　随着隧道施工机械化程度的不断提高,隧道衬砌施工方法日趋先进,施工质量也在不断提高。近年来在轨道交通暗挖隧道施工中,特别是模板台车和混凝土输送泵配套使用,极大提高了隧道衬砌质量和速度,做到了内实外美,基本上克服了渗漏水质量通病。该方法越来越广泛地被应用于轨道交通及山体隧道施工中。

采用钢模衬砌台车施工,既可以满足隧道二次衬砌混凝土的高效率和高质量的要求,同时避免了隧道施工中的干扰,减少了人力物力,降低了隧道人工的劳动强度,提高了隧道施工的机械化程度。

关键词　暗挖隧道　模板台车　二次衬砌

深圳轨道交通龙岗线水贝站~草铺站区间自水贝站西端沿布心路北侧西行,在洪湖立交东北角右拐向北,沿布吉路中线北行,于布吉路中间分隔带出地面。暗挖隧道总长767.75m;单线隧道长664.689m,双线隧道长103.061m。

本区间暗挖隧道,二衬采用复合式衬砌,结构混凝土采用C30D8高性能混凝土。其中标准断面A1断面采用马蹄型断面,全长约410m,二衬厚度为300mm;二次衬砌采用衬砌模板台车进行二衬混凝土施工。A1断面见图1。

1　二次衬砌模板体系选择

A1标准断面根据现场施工实际情况和隧道的总衬砌长度、衬砌施工工期以及初定的相关配套设备,二次衬砌模板施工选用"衬砌模板台车"。

在确定满足工期的情况下选用最佳模板长度为9m,以求在满足施工要求的同时投资最小。

2　衬砌模板台车施工的特点

(1)衬砌模板台车是按照隧道的设计衬砌断面及混凝土浇筑速度等参数设计而成。

(2)台车通过液压系统调整水平、竖向及侧向油缸使模板中心与隧道中心相重合达到衬砌断面尺寸;利用锁紧机构将门架、上部结构及模板组成一个大的刚性整体,共同抵御混凝土的侧压力。

(3)模板台车的整体结构考虑了抗倾覆装置,并结合混凝土的浇注工艺,解决了模板台车在施工中的倾覆问题,大大降低了台车的重量,降低了成本、减少了加工费用。

(4)模板台车衬砌施工减轻了劳动强度,降低了施工费用,大大提高了施工速度。

(5)模板台车衬砌施工质量比较好。由于台车钢模表面平整、刚度好,不易变形;施工中一般不会发生"跑模"等质量事故。而且同一组模板在连续使用中,可以使接缝平整美观,表面质量较小模板衬砌好。

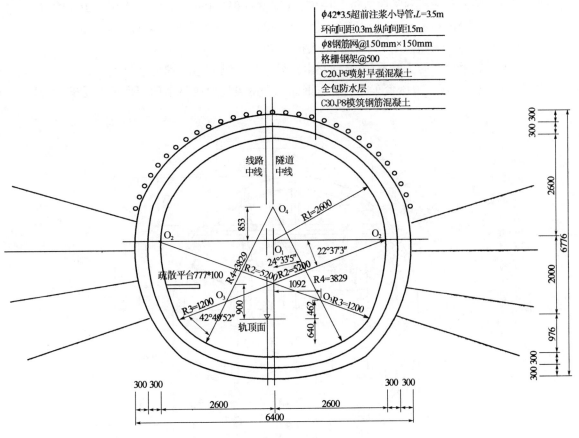

图 1　A1 断面复合衬砌设计图(尺寸单位:mm)

3　衬砌模板台车设计

3.1　衬砌模板台车概述

衬砌模板台车(简称台车),是以电动机驱动行走机构带动台车行走,利用液压油缸和螺旋千斤调整模到位及收模的隧道混凝土成型的机器。它具有成本较低、结构可靠、操作方便、衬砌速度快、隧道成型面好等优点。本工程台车衬砌一个循环动工作长度为9m。

模板衬砌台车外轮廓与隧道衬砌理论内轮廓面一致,通过封堵模板两端的开挖仓面,与已开挖(初支)面形成封闭的环形仓,然后浇筑混凝土而实现隧道的二次衬砌。模板台车可完成立收模及模板中心偏差的调整等动作;台车立模后,需要通过丝杠把模板与架体连成整体,以承受混凝土浇筑过程中的施工荷载。

3.2　衬砌模板台车的主要结构

衬砌模板台车由行走机构、台车架、钢模板、模板垂直升降和侧向伸缩机构、液压系统、电气控制系统6部分组成。见图2、图3。

3.2.1　行走机构

行走机构由主动、被动两部分组成,共4套装置,分别安装于台车架两端的门架立柱下端,整机行走由2套主动行走机构完成,即行走电动机带动减速器,通过链条传动,使主动轮驱动整机行走,被动轮随动。行走传动机构带有液压推杆制动器,以保证整机在坡道上仍能安全驻车。

平移机构前后4套油缸,支撑在门架边横梁上,平移滑座上的液压油缸(GE160/90)与托架纵梁连接,通过油缸的收缩调整模板的竖向定位及脱模,其调整行程200mm,额定工作压力16MPa,最大推力280kN,最大承载力500kN,水平方向上的油缸(GE90/50)用来调整模板的衬砌中心与隧道中心是否对中,左右可调行程200mm,工作压力16MPa,最大推力90kN。

门架:门架是整个台车的主要承载构件,它由横梁,立柱,纵梁通过螺栓连接而成,各横梁及立柱间通过连接梁及斜拉杆连接。液压台车的门架由钢板或型钢组焊而成整个门架保证有足够的强度、刚度和稳定性。

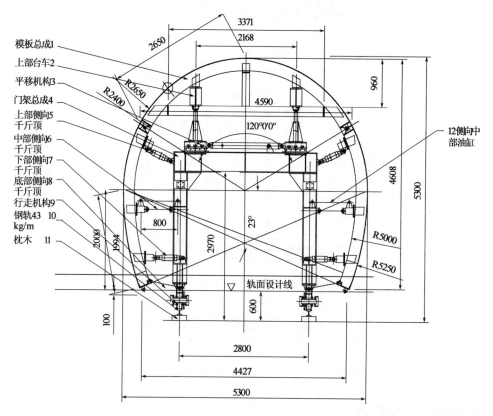

图2 衬砌模板台车横剖结构图(尺寸单位:mm)

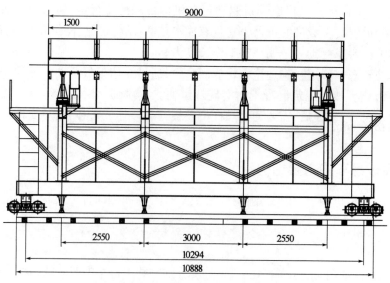

图3 衬砌模板台车纵剖结构图(尺寸单位:mm)

主从行走机构:液压台车的主从行走机构各两套,铰接在门架纵梁上。主从行走机构由Y系列电机驱动一级齿轮减速后,再通过两极链条传动减速,行走速度约8m/min,行走轮直径φ320mm。

侧向液压油缸：侧向液压油缸主要为模板脱模，同时起支撑模板的作用。侧向液压油缸最大推力110kN，最大拉力66kN，根据衬砌厚度选用4个液压油缸。

托架支撑千斤顶：它主要为改善浇筑混凝土浇筑时托架纵梁的受力条件，保证托架的可靠和稳定。

门架支撑千斤顶：它连接在门架纵梁下面，台车工作时，它顶在轨道面上，承受台车和混凝土的重量，改善门架纵梁的受力条件，保证台车工作时门架的稳定。

3.2.2 台车架

台车架由端门架、中间门架、上下纵梁、斜拉杆、支承杆等组成，各部分通过螺栓联为一体，两端门架支承于行走轮架上，中门架下端装有支承螺杆，衬砌施工时，混凝土载荷通过模板传递到4个门架上，并分别通过行走轮和支承丝杠传至轨道——地面。在行走状态下，螺杆应缩回，门架上部前段装有操作平台，放置液压及电气装置。

3.2.3 模板

模板是直接衬砌混凝土的工作部件，是由螺栓联为一体的数块顶模和侧模组成，顶模与侧模采用铰接，侧模可相对顶模绕销轴转动；支模时，顶部液压缸将顶模伸到位，再操纵侧向液压缸，将侧模伸到位，调整顶部、侧部支承丝杠、完成支模；收模时，按上述相反顺序实施。不需拆模板，采用衬砌台车提高了衬砌质量和施工效率，降低了劳动强度。另外，在顶模上安装有数台附着式振动器，供混凝土振捣用。模板上有品字型工作窗口，用于灌注混凝土。

3.2.4 液压系统

由电动机、液压泵、手动换向阀、垂直及侧向液压缸、液压锁、油箱及管路组成，其功用是快捷、方便地完成支收模、即顶模升降和支承侧模。手动换向阀分别控制模板垂直升降和两侧模的侧向伸缩，当液压缸将模板支承到位后，再调整支承丝杠到位，灌筑混凝土对模板产生的垂直和侧向载荷主要由液压缸和丝杠承载。

3.2.5 机械系统

台车行走采用两套机械传动装置，通过一级齿轮减速器和两极链条减速后驱动台车行走。为实现两套驱动装置同步，采用两台电机同时启动。为满足工况要求，电机可正反转运行。

3.2.6 电器系统

电器系统对油泵电机的起停机的正反转运行进行控制。行走电机设有正反转及过载保护。

3.3 衬砌模板台车主要技术参数

台车每模衬砌长度：9m；
净空尺寸：$B \times H = 5.3m \times 5.13m$；
台车行走速度：8m/min；
单边脱模量：400mm；
水平调整量：200mm；
液压系统工作压力：16MPa；
液压泵流量：10L/min；
油缸最大行程：竖向行程：400mm；侧向行程：400mm。

4 衬砌模板台车安装

4.1 模板台车的安装

台车的安装分洞内及洞外安装。洞内安装必须先在洞壁上先固定好起吊锚杆，利用手拉葫芦起吊台车部件;洞外安装则通过汽车液压起重机起吊部件,将台车安装好后,起动行走机构将台车开进洞内。

4.2 台车的安装步骤

4.2.1 确定安装的基准:

按总图要求,检查地面是否平整,如有坡度(一般为2%),检查坡度是否满足设计要求,以保证安装的基准。

4.2.2 铺设轨道

轨道选用43kg/m型钢轨,高度为140mm,支承在200mm高的枕木上。轨道必须固定;轨道中心距必须达到设计要求,误差不得大于10mm;轨道高程误差不得大于20mm;轨道中心与隧道中心误差不得大于20mm;枕木强度应满足承载要求,其横截面为200mm×150mm,长度为600mm,铺设间距为500mm。

4.2.3 门架的安装

安装门架时,横梁与立柱,立柱与门架纵梁及各连接梁和斜拉杆的连接必须牢固,各固定螺栓必须拧紧;行走轮中心应与轨道中心重合,误差不得大于5mm,整个门架安装好后,找准两根纵梁的中心线,其对角线长度误差不得大于20mm。

4.2.4 平移小车到位

两套平移小车支撑在门架两根边横梁上,调节油缸应调节在行程中位。

4.2.5 托架安装

先安装托架纵梁,两根纵梁支撑在平移小车上的液压油缸上,然后,依次安装边横梁,中横梁边立柱中立柱及各支撑螺旋千斤,注意纵梁中心线应与门架中心线平行。两根纵梁中心线的对角线长度误差不得大于20mm。

4.2.6 模板安装

模板的安装应先顶模,将全部顶模安装到位后,再挂左右边模,接着安装千斤连接梁及各侧向支撑千斤。

4.2.7 装液压系统及液压管道,配接电气线路

4.2.8 部件的检查

台车安装完毕后,全面检查各部件各部位螺栓连接是否有松动,各连接销子是否转动灵活,各螺旋千斤伸缩是否达到设计要求,有关液压件及管道是否有渗漏,电气接线是否安全绝缘等。

4.2.9 检查各设计尺寸

检查台车各重要尺寸是否符合设计要求:
(1)台车轨道面至模板最高处的高度。
(2)模板左右边缘的理论宽度。
(3)模板轨道中心距,如地基有坡度,检测左右轨面高度。
(4)模板左右边缘与地基度是否与设计尺寸吻合等。

5 衬砌模板台车施工

模板台车施工工艺流程见图4。

5.1 台车行走和就位

(1)台车安装完毕后,检测各部结构是否到位,检查各部位螺栓连接是否牢固,各连接销必须可靠且转动灵活,然后进行初步调试。要求各螺旋千斤动作可靠,各基本尺寸达到要求。

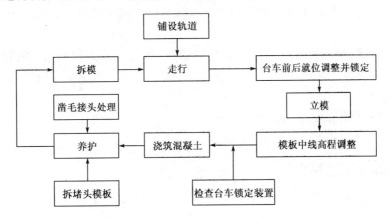

图4 模板台车浇筑混凝土工艺流程图

(2)确定台车工作位置的轨面标高正确后,保证轨道相对隧道中心线对称,轨面平整。

(3)检查和清除台车上妨碍操作的障碍物,拖动试车,确定各部分功能正常、位置准确等。

(4)待各项准备工作完成后,台车即可就位,就位前让液压系统工作。

(5)操作多路换向阀手柄,让侧向油缸收回,使下模总成回缩。

(6)收回竖向油缸,使上模总成下降,在油缸动作前,要缩回相应的托架支撑千斤为方便脱模,要在模板外侧涂抹脱模剂。

(7)旋回门架支撑千斤(基脚千斤),使其离开轨面。

(8)操作台车行走电器按钮,使台车在电机牵引下自动行走到工作位置。

(9)台车就位后,锁定行走轮,旋出基脚千斤撑紧钢轨,防止台车移动。

5.2 台车立模

(1)模板台车的电源开关,按下油泵电机启动按钮,让液压站工作,配合测量人员,操作多路换向阀手柄,通过调整,使模板外形达到施工要求。

(2)操作多路换向阀手柄,让平移油缸工作,左右调节,使模板外形中心线与隧道中线重合。

(3)操作多路换向阀手柄,让竖向油缸工作,升降调节,使上模总成外形达到施工要求。

(4)操作多路换向阀手柄,让侧向油缸工作,伸缩调节,使下模总成外形达到施工要求。

(5)注意事项:

①四个竖向油缸是由四个换向阀手柄控制,操作时一定要使四个油缸同步。

②下模总成两边的四个侧向油缸由两个换向阀控制,操作时注意每边两个油缸动作同步。

③台车模板拼装达到混凝土施工要求后,应将托架支撑千斤撑紧托架纵梁,把侧向千斤旋出,撑紧千斤连接梁,此时,上下模板总成结合密贴。

④关好台车前后周边模型板。

5.3 混凝土灌筑施工

(1)把混凝土输送泵的输送管接入台车,并利用混凝土搅拌机、混凝土运输车和混凝土输送泵配合作业,即可进行混凝土灌筑。

(2)通过工作舱先进行模板下部混凝土的灌筑和捣固,在灌筑过程中陆续关闭工作舱。

(3)最后将输送管与模板顶部的灌浆口对接,进行最后少量顶部空间的灌浆。完成后,将管中的多余混凝土掏掉,关闭灌浆口。

5.4 台车脱模

(1)当混凝土强度达到2.5MPa时,即可脱模。先撤除台车前后周边有关的模板,然后启动液压系统工作。
(2)收回侧向千斤顶,操作换向阀手柄,缩回侧向油缸,收回下模板,使其离开混凝土。
(3)收回竖向托架支撑千斤顶,操作换向阀手柄,缩回竖向油缸,脱下上模板,使其离开混凝土。
(4)停止油泵电机。
(5)清洗台车,除掉模板表面上粘接的混凝土。

以上为台车的一个工作循环,继续向前衬砌,则重复上面的步骤。

5.5 衬砌台车施工注意事项

(1)衬砌台车就位必须用仪器监测,要注意每一工作循环核对钢轨是否平直,钢轨中心距与衬砌中心距是否对齐。每一工作循环后检查各部位螺栓、销子的松紧状态;每一工作循环中卡轨器要夹紧钢轨。
(2)混凝土必须对称浇注,两侧混凝土面高差控制在0.3m,最大落度不能超过2m,台车前后混凝土高度差要求不超过0.6m,左右混凝土不超过0.5m。
(3)行走时注意油缸推进的速度必须小于8m/min,并要求保证两个油缸的同步性。
(4)浇筑到最后通过浇筑口封顶的后期,必须放慢浇注速度,并时刻注意浇筑口压力变化,避免因混凝土注满后强行注入而导致过大使模板变形。
(5)衬砌台车灌筑混凝土应防止单窗浇筑。如若将混凝土入口管摆放于中心窗,任混凝土自由流入到两边缘,造成混凝土集料堆积在中间,两侧骨料较少,从而引起混凝土强度不均,浇注窗口下出现蜂窝麻面。混凝土台车使用附着式振捣器。

5.6 衬砌模板台车施工质量标准

(1)隧道衬砌模板台车必须根据隧道内净空尺寸进行设计制造,钢结构及钢模必须具有足够的强度、刚度和稳定性,能承受所浇筑的混凝土的重力、侧压力及施工荷载。模板台车必须在验收合格后方可投入使用。
(2)模板安装必须稳固牢靠,接缝严密,不漏浆。模板与混凝土模接触面必须清理干净并涂刷隔离剂。浇注混凝土前,模板内积水和杂物应清理干净。
(3)拆除不承受外荷载的二次衬砌混凝土模板时,强度不低于2.5MPa。并保证表面及棱角不受损伤。
(4)模板台车整体尺寸验收标准见表1。
(5)模板安装允许偏差和检验方法应符合表2规定。

模板台车整体尺寸验收要求　　　　表1

序号	项目	标准(误差)
1	轮廓半径	±2mm
2	模板平整度	2mm/2m
3	模板错台	≤1mm
4	模板接缝间隙	≤1mm
5	表面粗糙度	抛光处理/无锈蚀
6	模板台车外轮廓纵向直线度误差	≤2mm/2m ≤5mm/10m ≤6mm/12m

续上表

序号	项 目	标准（误差）
7	工作窗面与模板面弧度一致，错台、间隙误差	≤1mm
8	模板台车前后端轮廓误差（测各高程弦长）	≤3mm

模板安装允许偏差和检验方法　　　　表 2

序号	项 目	允许偏差(mm)	检 验 方 法
1	边墙角	±15	尺量
2	起拱线	±10	尺量
3	拱顶	+10,0	水准测量
4	模板表面平整度	5	2m靠尺和塞尺
5	相临浇注段表面高低差	±10	尺量

（6）模板外形尺寸必须满足隧道断面要求，必须保证模板台车中心线与隧道中心线重合。

6　结语

衬砌模板台车在本工程中的应用，其具有加工简单、安装方便、移动灵活等特点，显著加快了施工进度，降低了工人的劳动强度。台车内部可以通行，满足了隧道多工序交叉作业的要求。隧道衬砌模板台车施工方法与传统施工方法相比，极大提高了隧道衬砌的外观质量和实体质量。

四、盾构法隧道施工专项技术

盾构隧道穿越大型工业园区技术措施

金大春　马长涛　彭志勇　王志海　张岩玉

摘　要　地铁施工中,盾构隧道穿越密集的建筑时,如何控制地面沉降、保证建筑物的安全,是施工技术的难点。本文结合深圳地铁3号线田贝站—水贝站盾构隧道施工,采用多种技术措施,保证了既有建(构)筑物和快速路的安全,为类似工程提供了可借鉴的经验。

关键词　盾构隧道　地面沉降　施工难点

1　工程概况

深圳3号地铁,在田水区间设计范围内,隧道自水贝站东侧端头向东南斜穿布心路,再下穿一幢6层的禾信奖品大楼(该楼为桩基基础,桩底至盾构隧道顶最近约2.5m),既而转向翠竹路,到达田贝站北端头。区间设计范围右线里程 K11+877.215~K12+429.441,全长552.226m;左线里程 K11+876.216~K12+430.006(含短链19.663m),全长534.127m。

区间曲线半径为350m,最大纵坡为17.62‰,结构底板埋深18.76~24.57m。区间不设联络通道。

2　工程地质概况

田贝站隧道洞身穿越地层统计如图1、图2所示。

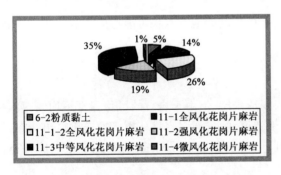

图1　区间左线隧道洞身穿越地层统计

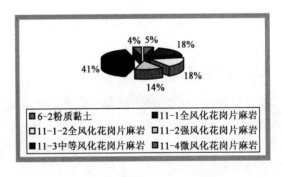

图2　区间右线隧道洞身穿越地层统计

地下水主要有两种类型:一是松散土层孔隙水,二是基岩裂隙水。

3　工程难点

3.1　盾构机长距离穿越致密坚硬岩石段的施工

区间隧道左右线在距离田贝站至禾信奖品楼房之间(左线在里程 K11+945.6~K12+200.1、右线在里程 K11+913.2~K12+160)段,隧道大部分穿越中风化花岗片麻岩,局部穿越微风化花岗片麻岩。连续穿越长度较大,强度高(最大饱和抗压强度达90.4MPa),盾构在此地层条件下直接掘进,刀具磨损会异常严重,掘进速度很慢,且易造成刀具非正常损坏。同时由于刀具的磨损,造成切割的岩体碎片组成比例和大小不合理,螺旋输送机排渣困难,使得整个掘进困难。

3.2 盾构机在黏性土(岩)层中掘进控制应防止产生("泥饼"现象)

区间隧道左右线始发和接收段均将穿越硬塑~坚硬土状全风化岩(11-1)、(11-1-2)地层,盾构在此类地层掘进时,刀盘中心区和土仓中心区容易形成"泥饼",产生堵仓现象,造成刀盘转动负荷加大,排土不畅,甚至停止转动,同时造成土仓内温度升高,影响主轴承密封的寿命,严重时会造成主轴承密封老化破坏,"泥饼"现象往往会堵塞滚刀,使滚刀发生偏磨。如果地下水较丰富,螺旋机由于排土不畅而无法形成土塞,排土口会产生喷涌,开挖面就会失稳,发生地层坍塌。

3.3 盾构机在上软下硬地层的掘进控制

在田贝站—水贝站区间隧道断面内,右线有3个典型的"上软下硬"段,左线有2个典型的"上软下硬"段,主要表现为隧道顶部穿越(11-1)、(11-2)层,隧道下部穿越(11-3),或顶部穿越(11-3),下部穿越(11-4)层。在"上软下硬"地层中掘进时,由于下部土体的抗压强度大,上部土体的抗压强度小,刀具对不同抗压强度的土层的切削效果和速度均不同,对抗压强度大的微风化岩的切削速度远远小于对黏土层的切削速度,在这种情况推进的话就会使盾构机产生向上抬移,破坏原有的盾构姿态。掘进过程中刀盘的转动速度是一样的,因而在掘进中就会对相对软弱地层会产生较大扰动,甚至由于土压的失衡会造成土方的大量亏方,造成地面较大的沉降或塌方。而在发生姿态超标的情况下进行纠偏则会更大的扰动软弱土层,造成地面沉降或塌方。

3.4 盾构穿越建(构)筑物基础的掘进控制

本区间盾构线路穿越的建筑物主要是翠竹跨线桥和1、3号禾信奖品楼,基础基本为承台桩基础,穿越的道路地下管线较多,交通流量大。如何有效控制地面沉降,保证建筑物的安全至关重要。

3.5 穿越富水地段的掘进控制

本区段盾构大部分穿越裂隙水丰富地段,大量的、不可预测的地下水很可能造成喷涌。在富水岩层掘进时,管片很容易产生上浮。

3.6 防喷涌技术措施

本区段通过的风化岩层,赋存基岩裂隙水,一般为弱透水层,但由于岩石的风化程度不均匀,裂隙发育的情况不一致,其富水性差异较大,局部承压,易发生隧道涌水,泥浆容易从螺旋输送机喷出。在刀盘黏附"泥饼"的情况下,切削效率降低,在螺旋输送机排土的同时,仓底易形成空洞,地下水迅速补充,易发生喷涌现象。

3.7 管片防上浮技术措施

本区段隧道经过的地层变化较快,且地下水较丰富,在盾构掘进过程中,隧道的成型较好,但由于盾构超挖,虽然也进行了同步注浆,但在隧道管片和围岩之间的注浆浆液还是属于软弱层,成形后隧道管片没有较大的刚性支撑,在推进过程中产生变形,超过隧道限界。由于本工程的地下水位较高,使得管片容易上浮。

4 盾构机主要技术参数

4.1 盾构机选型

根据田水区间地质勘查报告,综合分析盾构隧道经过的地层情况,本着经济性、合理性的原则,选用了德国海瑞克6.28复合式土压平衡盾构机。其主要性能参数见表1。

海瑞克盾构机主要性能参数　　　　　　　　　　　表1

项　目	名　称	技术参数	备　注
概貌	盾壳长度	7585mm	
	盾构形式	PPB	铰接式
盾体	外径	6250mm	前盾
		6240mm	中盾
		6230mm	盾尾
	总长	7565mm	中盾
	质量	31.4t	盾尾
		26t	
	盾尾密封形式	三排钢丝刷	
刀盘及驱动	旋转方向	左/右	
	开口率	28%~32%	
	开挖直径	6280mm	
	超挖刀	1把	
	最大扭矩	4346kN·m	
	脱困扭矩	5215kN·m	
	刀盘转速	0~2.5r/min	
	电机功率	630kW	
	主轴承外径	2600mm	
	刀盘质量	58t	
	主轴承使用寿命	10000h	
推进系统	千斤顶数量	32(16×2)	
	总推力	34210kN	
	工作压力	31.5MPa	
	最大推力	35920kN	
	千斤顶行程	2000mm	
铰接油缸	数量	14个	
	行程	150mm	
螺旋输送机	形式	中心轴式螺旋	
	外径	700mm	
	驱动功率	110kW	
	最大扭矩	190kN·m	
	转速	0~19r/min	无级调速
	最大出土能力	250m³/h	
	最大块径	300~400mm	

盾构机刀盘的驱动扭矩、总推力的大小是决定一台盾构机适合复杂多变地层的关键参数，另外，还有刀盘的刚度强度以及刀具的选配也是至关重要的。

4.2　盾构机工作原理

复合式土压平衡盾构机，其工作原理是：向掌子面土体注入泡沫剂和膨润土等流塑性材料与开挖面切削下来的土体经过充分搅拌，形成具有一定流塑性和透水性低的流塑体，同时通过控制盾构机推进千斤顶速度与螺旋输送机向外排土的速度相匹配,经舱内流塑体向开挖面传递设定的平衡压力,实现盾构机始终在保持动态平衡的条件下连续向前推进。

复合式土压平衡盾构机,可以根据不同地层的地质条件,设计和配制出与之相适应的泡沫剂等,从而适应各类复杂地层的施工条件,所以,它在地铁隧道工程中得到广泛的应用。

4.3 刀具配置

由于本区间隧道地层情况非常复杂,为避免在"上软下硬"地段换刀的风险,始发刀具采用双刃滚刀和撕裂刀结合的刀具配置,即边缘区配备8把双刃滚刀,正面区和中心区共配置14把撕裂刀。

盾构机的刀盘采用平面直角形式,中心区安装6把双刃滚刀、撕裂刀,边缘区安装5把双刃滚刀、撕裂刀,64把小刮刀以及32把边缘刮刀。

滚刀和小刮刀分别高出刀盘面板175mm和140mm,双刃滚刀的刀刃间距100mm,通过刀盘布局,中心区的刀间距为100mm,正面区的刀间距100mm,边缘区的刀间距30mm,因此边缘区的破岩能力是最强的,而中心区的破岩能力最弱。同时,由于在刀盘转动时,边缘区道具的线速度最大,所以刀具磨损也最快。

5 施工中的技术措施

在施工前,应对该区间进行了较为详细地质补勘,将勘探孔沿线路中心线布置,加密探孔布置(8～12m/个),认真分析了岩层在断面上的分布情况以及岩层特性,针对该区间的地层层岩较高、穿越许多建(构)筑物的特点,采取了多种有效的技术措施,盾构机安全顺利地完成了该区间的掘进。

5.1 掘进模式的优选

土压平衡盾构机具有敞开式、半敞开式和土压平模式三种掘进模式。根据区间的地质情况,结合不同的地层的特性,有针对性地选择不同的掘进模式。

(1)全断面岩层掘进:采用敞开式掘进模式,使用泡沫剂来改良渣土。

(2)软弱地层掘进:采用土压平衡模式,渣土改良主要采用泡沫和适量的膨润土。土仓压力不需要频繁调节,只需要保证土仓压力略大于掌子面的水土压力即可。

(3)"上软下硬"地层掘进:该地层比较复杂,断面上的土层差异很大。由于断面上部地层软弱,并局部有富水的沙层,容易引起上部塌方,所以也采用土压平衡模式掘进。但是,在该地层掘进时土压不易控制。

5.2 穿越建(物)筑物的沉降控制

该区间隧道穿越翠竹跨线桥和禾信奖品楼(1、3号楼一角),翠竹跨线桥交通流量大,禾信奖品楼为珠宝加工厂房,沉降控制要求高。隧道经过的地层,局部为"上软下硬"地层,地面沉降控制难度大。施工中为了安全起见,在反复论证方案的基础上,根据地层特点,对翠竹跨线桥采用三重管旋喷注浆预加固,对禾信奖品楼采用袖阀管静压注浆预加固。控制好水土压力快速掘进通过,取得了很好的效果。根据监测结果,建筑物的沉降量均不大于25mm,保证了建筑物的安全。

5.3 盾构机在黏性地层及泥质岩层中掘进

(1)刀盘的刀座设计,充分考虑了在不同的地质情况下,同一位置可安装与不同地层相适应的刀具,即可以将滚刀更换成撕裂刀(羊角刀),反之亦然。在施工过程中,通过更换中心滚刀为中心撕裂刀,增大中心区的开口率和切削效果,以此来改善对"泥饼"的破碎效果,避免"泥饼"的形成。

(2)在刀盘面板上设置了8个添加剂注入孔,配置了自动泡沫和添加剂注入系统,可根据需要向开挖面喷射水、泡沫和膨润土,改善渣土的流动性,减小开挖面泥饼生成的机会,也可在螺旋输送机内加入泡沫,以增加渣土的流动性,利于渣土排出。

(3) 刀盘上设有4根搅拌棒,可以随着刀盘一起转动,辅以仓壁上的固定搅拌棒可起到搅拌破碎渣土的功能。

(4) 设定的出土压力不宜超过主动土压,并且最好控制在10MPa以下,采用半敞开掘进模式。加强盾构掘进时的地质预测和泥土管理,密切注意开挖面的地质情况和刀盘的工作状态。

(5) 若地层稳定性较差,但隔气性较好时,宜采用辅助气压作业,掘进也宜采用半敞开掘进模式。

(6) 通过加水或泡沫,对切削下来的土体进行改良,改善土体的"和易性"和"塑性",防止黏性土附着在刀盘上。

(7) 严格控制温度,一方面可以通过向土仓适当加水降温;另一方面可通过调节冷却系统循环水的温度来提高降温速度。

(8) 加强操作控制管理,对各项施工参数进行优化,防止对土体的过分压缩而促进"泥饼"的形成;防止人为的集中出土或不均匀出土;防止土体中的固有水分过分流失;防止注浆浆液流入开挖面或土仓内,造成土体固结等。

(9) 施工过程中,根据参数特征定时或不定时进行洗仓,清除既有"泥饼",并防范大的"泥饼"产生。洗仓时宜采用肥皂水,因其能增加土体和易性及减少土颗粒之间的凝聚力;加水量应严格控制,若加水量过大则会污染工作面,而加水量过小又会加剧"泥饼"的形成;洗仓要经过若干次循环,既能消除"泥饼",又不会对正面土体造成大的扰动或破坏。

5.4 盾构穿越富水地段

通过地质勘察报告及补充勘察,掌握前方地质及地下水实际情况,在盾构掘进到该地段之前,对盾构机进行全面、系统地检查与维修,保证盾构机的性能良好。

当处于富含水的破碎带下面时,必须在闭合模式下掘进,开挖室里完全充满泥土。此时开挖洞室里保持受控土压以支撑刀盘前面和上面的地层。这样就可以防止水或泥土的流入,保持地层、地下水位等的稳定性。闭合模式是一种普通的工作模式,不需要特殊的程序。值得注意的是,开挖室里土压的作用如同塞子可阻止水流入。泡沫注射用来进一步减小开挖面的可渗透性。

在盾构快要进入破碎带地区之前,要求能尽量精确地预测不良地层,此时可使用超前钻机进行钻探,或使用雷达超前装置进行探测,然后根据探测的结果,再采取针对性的措施进行处理。当探测的结果反映盾构前方地层破碎严重、涌水量较大时,可注浆预先加固或往前方注入一定数量的聚合物进行止水,确保工程的安全。

如果是意外发现这些地质条件,必须立即停止转动螺旋输送机,关闭螺旋输送机的排渣闸门,并继续缓慢开挖直到开挖室里充满泥土,把工作模式切换为闭合模式。同时采用超前处理措施或保压泵碴装置进行处理。

5.5 防喷涌技术措施

本区段通过的风化岩层,赋存基岩裂隙水,一般为弱透水层,但由于岩石的风化程度不均匀,裂隙发育的情况不一致,其富水性差异较大,局部承压,易发生隧道涌水,泥浆容易从螺旋输送机喷出。在刀盘黏附"泥饼"的情况下,切削效率降低,在螺旋输送机排土的同时,仓底易形成空洞,地下水迅速补充,易发生喷涌现象。

(1) 在水量较大的地段掘进时,应采用螺旋输送机双闸门控制,加注泥浆或高效聚合物防喷涌、防涌水,必要时采用保压泵渣装置。同时,利用盾构机配套的二次注浆设备及时注浆,在管片外周形成连续的封闭环,防止管片周围的地下水串通,避免喷涌。

(2) 采用土压平衡模式掘进参数,严格控制盾构掘进方向和铰接油缸的行程差,以确保铰接密封效果。加强盾构机铰接密封检查,保证不漏水漏砂。

(3) 经常检查盾尾密封刷密封效果,经常添加油脂,确保密封刷状态良好。

(4) 若出现喷涌现象,立即关闭螺旋输送机的后门,适当向前掘进,使土仓内建立平衡,通过刀盘的转动,将土仓内的土体搅拌均匀。然后才将螺旋输送机的后门慢慢打开,开门度为30%,一边掘进一边出土,始终保持土仓内压力稳定。

(5) 严密监控螺旋机出土口的出土情况和土仓的压力变化情况,一旦发生喷涌现象,首先关闭螺旋机出土口处的闸门,然后在螺旋输送机出土口接驳保压泵碴系统,保证掘进,避免地下水、流砂或所添加泥浆的大量喷出,保持土仓内的土压稳定。

(6) 向土仓中加入膨润土或发泡剂,改善土仓内土质的和易性,使土体中的颗粒和泥浆成为一个整体,连续从螺旋输送机排出,避免喷涌。

(7) 在中、微风化岩地层中,如果管片背后注浆不充分,需通过管片进行双液二次注浆,以便尽快封堵隧道背后汇水通道。

5.6 管片防上浮技术措施

本区段隧道经过的地层变化较快,且地下水较丰富,在盾构掘进过程中,隧道的成形较好,但由于盾构超挖,虽然也进行了同步注浆,但在隧道管片和围岩之间的注浆浆液还是属于软弱层,成型后隧道管片没有较大的刚性支撑,在推进过程中产生变形,超过隧道限界。管片容易上浮。施工中采取了以下措施:

(1) 了解隧道所经过地段的地质情况,包括里程、土层分布、深度、强度、含水量,预先制定不同地段采取不同的掘进措施。在掘进过程中,及时调整掘进速度、刀盘润滑剂添加量、掘进模式等施工参数。

(2) 加强对盾构机姿态的控制,尤其在上、下坡地段必须注意千斤顶的作用分力对管片的影响,及时调整姿态及千斤顶行程差。避免超挖和蛇行,尽量使各组推进油缸推力适当均衡。

(3) 在变坡段一定要注意做好管片的选型及正确安装。

(4) 控制测量的精度和频率,要严格按要求建立起一套严密的人工测量和自动测量控制系统,严格控制测量的精度,合理布设洞内的测量控制点和导线,根据工程中的实际情况合理控制测量和复核的频率。根据测量的结果来调整盾构机的控制参数和管片的拼装等(如调整对称千斤顶的行程差,合理控制各区域千斤顶的行程,更合理使用铰接、超挖等设施,调整管片类型和拼装方式等)。

(5) 改变砂浆配比,提高水泥用量,降低浆液初凝时间,及时、足量注浆,提高固结效果。

(6) 加强管片姿态测量,一旦有上浮异常现象,立即启用二次注浆(在隧道顶部注双液浆),有效控制管片进一步上浮。

6 结语

通过综合运用以上各种措施,深圳3号地铁的田水区间隧道得以顺利完成,取得了较好的效果。根据工程实际情况,该复合式土压平衡盾构机的各项机械性能以及动力驱动指标是适应的,但是对局部单轴抗压强度超过80MPa的极硬岩来说,刀盘以及刀具的数量显得明显不足,尤其是局部微风化的花岗片麻岩,其强度已经远远大于刀盘的破岩能力,掘进非常困难,刀具磨损严重,今后遇到类似的工程,还要进一步优化刀盘和刀具的设计。

北京地区盾构始发反力架架设方案技术研究

孙宪春

摘 要 盾构常采用半环形式或整环形式的始发,半环始发和整环始发的本质区别在于盾构机反力结构的传力机制有所变化,整环始发通过整环管片将盾构始发反力传递给反力架;半环始发开始是通过下半环管片将盾构始发反力传递给反力架,当掘进一定距离后,采用横向支撑将整环拼装的反力传给反力架,但是无论哪种形式的始发,保证盾构掘进时反力结构的安全至关重要。本文通过具体的工程实例简要介绍了盾构始发掘进土力的计算、半环始发的结构形式及其各构件的简算方法,可为类似工程施工提供参考。整环始发可参照实施。

关键词 半环始发 盾构推力 反力架 水平横撑 八脚架

1 盾构整环或半环始发的典型布置方式概述

盾构常常采用在工作井内始发的方式,一般情况下工作井建于隧道正线结构上,多在明挖车站端头修建,这样即满足了区间隧道盾构施工需要,又可做车站结构的一部分,其结构形式可根据地质环境条件确定。盾构工作井的结构必须满足井壁支护,及盾构推进中支撑后座反力所需的强度和刚度要求,即盾构工作井结构除承受背后水土压力和地面动荷载外,还承受盾构向隧道内推进时的后座推力,盾构的后座推力通过反力结构传递到工作井结构上。反力结构的合理设计一直是保证盾构施工始发安全的重要环节。盾构始发一般分为半环始发或整环始发,半环始发是将负环管片拼装下半环,在开敞的管片上半环架设钢管撑,通过下半环管片和钢管撑的协同作用将盾构机掘进土体的力通过反力结构传递到工作井结构上;整环始发就是通过拼装的整环的负环管片将盾构掘进土体的力通过反力结构传递到工作井结构。由于在施工中半环始发处理起来更困难些,本文主要介绍半环始发。

2 盾构推力计算

2.1 地层情况简介

根据盾构施工需要所进行的地质勘查工作揭示的地层情况参见地层剖面参见图1。

人工填土层(Q_{ml})包括粉土填土①层;杂填土①$_1$层;该层层底高程为22.50~23.90m。

新近沉积层(Q_{42+3al})包括粉土②层;粉质黏土②$_1$层;黏土②$_2$层;该层层底高程为15.90~20.26m。第四纪全新世冲洪积层($Q_{41al+pl}$)包括粉土③层;粉质黏土③$_1$层;粉细砂③$_3$层;中粗砂③$_4$层;该层层底高程为10.12~12.69m。粉质黏土④层。地层特性参数见表1。

地 层 特 性 参 数   表1

岩层	岩土名称	深度(m)	天然密度 ρ(g/cm³)	静三轴(cu)(固结不排水剪)		静侧压力系数 K_0	衬砌摩擦系数
				黏聚力 C_{cu}(KPa)	内摩擦角 ϕ_{cu}(°)		
①	粉土填土	0.8	1.75	10	8	/	0.20
①$_1$	杂填土		1.65	0	8	/	0.20
②	粉土	3.9	1.96	20	25	0.50	0.30
②$_1$	粉质黏土	4.7	1.93	30	15	0.50	0.25

续上表

岩层	岩土名称	深度(m)	天然密度 ρ(g/cm³)	静三轴($_{cu}$)(固结不排水剪) 黏聚力 C_{cu}(KPa)	静三轴($_{cu}$)(固结不排水剪) 内摩擦角 ϕ_{cu}(°)	静侧压力系数 K_0	衬砌摩擦系数
②₂	黏土		1.85	30	10	0.50	0.25
②₃	粉细沙		1.95	0	20	0.45	0.30
③	粉土	4.0	2.06	20	25	0.35	0.30
③₁	粉质黏土		2.01	25	14	0.40	0.25
③₃	粉细沙		2.00	0	30	0.35	0.30
③₄	中粗沙		2.05	0	32	0.30	0.30
④	粉质黏土	1.0	2.01	28	15	0.45	0.25

注：始发端盾构顶面距地面约7.5m,盾构刀盘外径6.15m。

2.2 盾构外周和土体之间的摩擦阻力或前端阻力

盾构机正面的土为黏土及粉黏土,始发段隧道覆土厚度为7.5m,均在地下水位以上,盾构机迎土面的黏土及粉黏土的黏聚力 c、ρ、ϕ 参见表1,盾构机直径为6150mm。荷载分布示意图见图1。

$$F_1 = \pi D L \mu_1 \frac{P_{e1} + Q_{e1} + Q_{e2} + P_g}{4} \tag{1}$$

P_{e1} 为上方垂直土压力 MPa：

$$1.75 \times 0.8 + 1.96 \times 3.9 + 1.93 \times 2.8 = 14.45 \tag{2}$$

Q_{e1} 为顶部水平土压力 MPa：

$$19.35 \times 0.5 = 7.22 \tag{3}$$

Q_{e2} 为底部水平土压力 MPa：

$$7.22 + 5.15 \times 2.06 \times 0.35 + 1 \times 2.01 \times 0.45 = 11.84 \tag{4}$$

P_g 为土抗力 20.2MPa：

$$P_g = 279/(6.15 \times 8.43) = 5.38, Pg 为土抗力(盾构自重反力)(t/m^2) \tag{5}$$

μ_1 为土体与盾壳钢板之间的摩擦系数(一般采用0.3~0.5),取0.4。

其他符号取值均为零,侧向土压力用静止土压力计算：

$$F_1 = 3.14 \times 6.15 \times 8.43 \times 9.72 \times 0.45 = 7120.5 kN \tag{6}$$

2.3 盾构正面阻力

这一阻力就是作用于盾构正面的土压力和水压力,参见图2 土压力和水压力示意图。其计算式为：

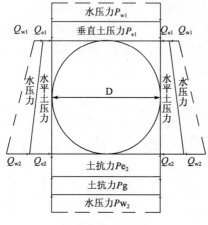

图1 荷载分布示意图

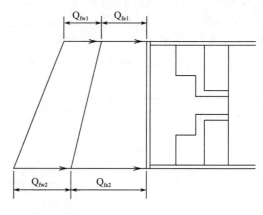

图2 土压力和水压力示意图

$$F_2 = \frac{\pi}{4}D^2 \frac{Q_{fe1} + Q_{fw1} + Q_{fe2} + Q_{fw2}}{2} \quad (7)$$

式中：Q_{fe1}——上部水平土压力取 7.22kPa；

Q_{fe2}——下部水平土压力取 118.4kPa；

Q_{fw1} 和 Q_{fw2}——均为零，用静止土压力计算侧向土压力。

于是：

$$F_2 \approx 3.14 \times 9.45 \times 9.53 = 2827.8 \text{kN} \quad (8)$$

2.4 管片和盾壳之间的摩擦阻力、台车摩擦力

根据经验对北京地层土压盾构可以估算：

$$F_3 = 500\text{kN} \quad (9)$$

2.5 总推力

$$F = F_1 + F_2 + F_3 = 1044.83\text{kN} \quad (10)$$

考虑不小于 1.1 的安全系数，本文取 1.15，故取为 12000kN 进行计算。

3 半环始发计算

3.1 半环始发传力机制简介

半环始发时，开始由下半环管片传力，推进盾构机掘进；在半环管片拼装长度 7.8m 时架设四根水平钢管支撑，传递上半环的管片受力，拼装整环管片进行整环掘进。因此，计算分为两种状态：第一种状态计算下半环管片的反力；第二种状态计算下半环管片和上半部四根水平钢管支撑的受力。半环始发反力结构见图 3～图 5。

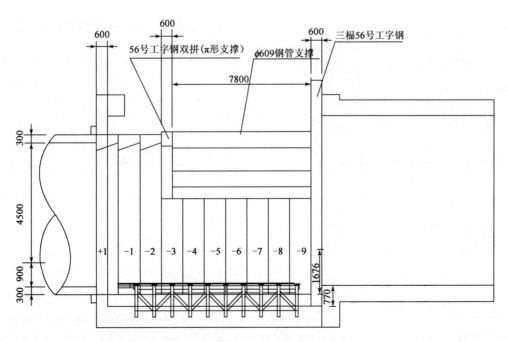

图 3　盾构半环始发布置示意图(尺寸单位：mm)

图4 半环始发反力架的支撑方式施工图

图5 半环始发八脚架的支撑方式施工图

3.2 第一种受力状态计算

盾构机推进时,通过千斤顶提供反力,在半环始发过程中,千斤顶的作用点不同,因此反力的传递方式不同,但是只是下部分千斤顶起作用,架设水平支撑后,千斤顶将在整环起作用。盾构千斤顶反力作用布设方式见图6。

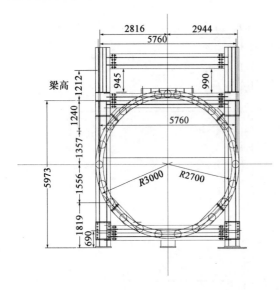

图6 盾构千斤顶反力作用布设方式(尺寸单位:mm)

3.3 半环始发第一种状态的计算

反力架按1200t的外力来考虑,作用点分布在下半环,反力架底部横梁全部与混凝土底板地反梁密贴,所以只计算立柱的受力。

3.3.1 基本信息

立柱上、下部支座简支,为焊接箱型钢组合梁,跨长5.250m,截面高$h=900$mm,截面宽$b=300$mm,梁上部和下部钢板厚均为$t_w=36$mm,腹板厚$t=20$mm,腹板共计四块。

3.3.2 截面几何特性

梁面积(cm^2) = 859.20,惯性矩I_x(cm^4) = 846353.55,抵抗矩W_{xA}(cm^3) = 18807.86,抵抗矩W_{xB}(cm^3) = 18807.86,回转半径i_x(cm) = 31.39,惯性矩I_y(cm^4) = 565081.37,抵抗矩W_{yA}(cm^3) = 18836.05,抵抗矩W_{yB}(cm^3) = 18836.05,回转半径i_y(cm) = 25.65,面积矩S_x(cm^3) = 11936.40,$\gamma_{x1}=1.05$,$\gamma_{x2}=1.05$。

注:W_{xA}——截面上部对 x 轴的抵抗矩;

W_{xB}——截面下部对 x 轴的抵抗矩;

W_{yA}——截面左侧对 y 轴的抵抗矩;

W_{yB}——截面右侧对 y 轴的抵抗矩;

γ_{x1}——截面上部的塑性发展系数;

γ_{x2}——截面下部的塑性发展系数。

3.3.3 材料特性见表2

材料特性见表2。

各跨材料特性　　表2

名　称	抗拉强度(N/mm²)	抗压强度(N/mm²)	抗弯强度(N/mm²)	抗剪强度(N/mm²)	屈服强度(N/mm²)	弹性模量(N/mm²)
力值	215.00	215.00	215.00	125.00	235.00	206000

3.3.4 受力计算简图

受力分配时将横梁的面力折算成传给立柱的集中荷载,立柱所受面力简化为线荷载,计算简图见图7。

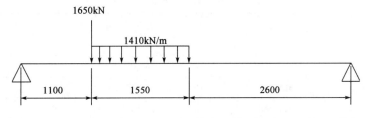

图7　立柱受力计算简图(尺寸单位:mm)

3.3.5 计算结果

立柱各截面的计算值见表3。

构件的计算力值　　表3

位置 力值	左	中	右
上部弯矩(kN·m)	0.0000	0.0000	0.0000
下部弯矩(kN·m)	0.0000	3420.0786	0.0000
剪力(kN)	2704.2991	-1084.6709	-1139.6609

3.3.6 安全状态确认

允许安全系数取值见表4,计算的安全系数取值见表5。

容许安全系数取值　　表4

名　称	侧向稳定性安全系数	抗弯强度安全系数	抗剪强度安全系数
取值	1	1	1

计算的安全系数　　表5

名　称	侧向稳定	抗弯强度	抗剪强度
安全系数	1.182	1.241	2.360

因为表5中的安全系数均大于1,所以结构安全。

3.4 半环始发第二种受力状态的计算

反力架按1200t的外力来考虑,作用点力沿整环分布,上部用4根水平钢管支撑,见图6。

3.4.1 立柱受力计算简图

将底部横梁的受力折算为集中荷载传递给立柱,立柱的面力简化为线荷载作用在立柱平面内,水平钢管支撑简化为集中力作用于立柱,受力计算简图见图8。

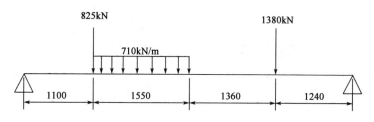

图8 立受力柱计算简图(尺寸单位:mm)

3.4.2 计算结果

构件受力计算值 表6

力值 \ 位置	左	中	右
上部弯矩(kN·m)	0.0000	0.0000	0.0000
下部弯矩(kN·m)	0.0000	1779.3567	0.0000
剪力(kN)	1389.5884	-544.9398	-678.1716

3.4.3 计算最小安全系数

构件计算最小安全系数取值见表7。

构件的计算力值 表7

名称	侧向稳定	抗弯强度	抗剪强度
安全系数	2.273	2.386	4.592

因为安全系数均大于1,所以结构安全。

3.5 反力架横梁可承受的拉力

按构件算:

$$(900 \times 18 \times 2 + 600 \times 20 \times 2) \times 205 = 11562 \text{kN} \tag{11}$$

按节点算普通螺栓连接:

$$N_v^b = n_v \frac{\pi d^2}{4} f_v^b = 2 \times 8 \times 3.14 \times 28 \times 28 \times \frac{140}{4} = 1378 \text{kN} \tag{12}$$

反力架横梁自身能承受的最大拉力138t。当外力沿理想平面外轴线作用时,横梁不受拉力或压力,本次始发外力沿着平面外非轴线作用 $138 \times \sin 10° = 24$t,由于138t>24t,横梁安全。

3.6 底部横梁弯曲应力计算

本次始发底部横梁与后边底板的地反梁可以密贴,不需要进行计算,当作为横梁构件计算受力时按平面假设计算,方法同立柱。

3.7 水平钢管承载力及其焊缝长度计算

钢管受到轴压力的作用,考虑压杆失稳计算最大轴压力:

$$i_x = 21.042 \text{cm}, A_x = 261.695 \text{cm}^2$$

$$\lambda_x = \frac{l_0}{i_x} = \frac{780}{21.042} = 37.069 \tag{13}$$

a 类,$\varphi = 0.948$:

$$N = 0.948 \times 215 \times 26169.5 = 5334 \text{kN} \tag{14}$$

满焊缝:

$$N = 215 \times 609 \times 3.14 \times 0.7 \times 14 = 3455 \text{kN} \quad (\text{受压,保守计算}) \tag{15}$$

4 个钢管提供的可靠反力最小为 13830kN,足以抵抗 12000kN 的反力,构件安全。

3.8 八脚支撑多拼槽钢的稳定性及其焊缝长验算

I56C 双拼成箱形截面,其两个表面焊接 10mm 厚钢板,平行腹板的两侧面焊接 20mm 钢板。梁跨度 =4.300m,具体尺寸见图 9~图 11。

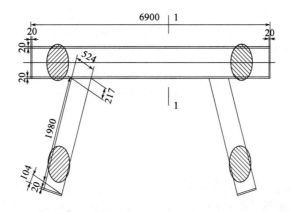

图 9　八脚架正立面图(尺寸单位:mm)

按照应力等强度传递原则:

$$N_1 = 15800 \times 205 = 323.9 \text{t} \tag{16}$$

计算焊缝长度:

$$l_w = \frac{N_1}{h_e f_v} = \frac{324 \times 10^4}{0.7 \times 10 \times 160} = 2892 \text{mm} \tag{17}$$

焊缝满焊,焊缝深 10mm,沿着梁长满含以备材料的循环利用。一般情况下,水平支撑是沿着八脚架密贴盾构管片的平面受力,可以不进行八脚架横梁的计算,当焊接钢管有端头钢板时或作用的集中力不是很大时可以不进行局部轴压计算。当水平支撑作用点不在管片平面内时要按梁的受力模式校核八脚架受力。

3.9 连接要求

各杆件的机械连接均采用 M30,长度 $L = 150$mm,强度等级为 10.9 的高强度螺栓进行等强度连接。箱形杆件在满足双面焊接的情况下必须进行双面焊接,在不能满足双面焊时,钢板的焊缝处应做成 30° 的斜口进行塞焊,焊缝的高度均不低于 20mm,有效的焊缝高度不得低于 10mm。

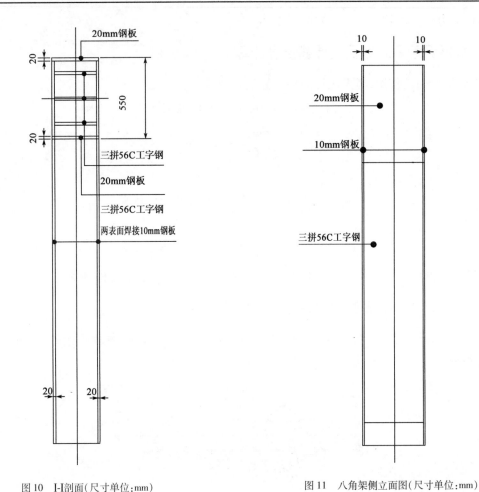

图10 I-I剖面(尺寸单位:mm)　　　　图11 八角架侧立面图(尺寸单位:mm)

4 结语

(1)盾构始发反力结构形式应当依据盾构井的尺寸、施工工艺、造价、工期要求等综合确定。

(2)反力结构各类构件的计算依据施工过程中实际形成的边界条件确定,进行结构和构件受力简化计算。

(3)反力架受力支撑点应根据跨中和支座处受力最小,并考虑可能不利的支撑情况进行优化,这样可以减少反力架结构的加固措施,节省成本。

盾构机关键系统大修改造综合技术

桂轶雄　张玉奇　刘　成　唐　虎

摘　要　目前，国内盾构机保有数量已达600余台，其中大部分直径为6m左右。采用定制模式设计制造的盾构机，具有对某类地层适应性强，但设备造价高。在经过一段时间使用，或掘进一定里程后，盾构机的性能有所降低，或部分技术性能参数不能满足新的工程需要时，对其必须进行大修和技术改造，以提高它的适应性能，确保工程施工顺利进行。通过对两台日立盾构机相关系统，尤其是关键系统的大修和改造技术研究，可以更加深入地掌握盾构机设计原理及构造；建立完善的设备技术档案；形成系统化的设备管理制度；培养经验丰富的机电技术团队；发挥盾构机设备的最优效能；降低盾构机管理及使用成本；保证安全高效完成盾构区间隧道工程任务；提升企业在盾构隧道施工技术领域的领先地位。

关键词　盾机构　刀盘　主驱动　挖进管理模式　大修　改造

1　盾构机基本情况概述

1.1　日立2号、华隧通H005盾构机基本情况

日立2号土压平衡盾构机，其掘进运行采用四轨双列管理模式，于2006年4月投入到北京轨道交通四号线10~11号标段3个单线盾构区间隧道掘进施工，总里程3.8km，盾构机始发与接收各四次。施工过程中，盾构机掘进参数基本正常，当掘进平安里站至新街口站区间右线，已累计掘进2.8km时，盾构机主驱动电机3号、4号、5号的减速机损坏，洞内拆除损坏的减速机，仅更换了3号、4号减速机后，就完成区间掘进施工。于2008年6月自四号线新街口站接收解体，运回基地进行维修保养，并进行刀盘和掘进管理模式的改造。2009年7月日立2号盾构机投入到北京轨道交通亦庄线BT工程12标，完成亦庄火车站至次渠至次渠南两个单线区间2.2km掘进，于2010年3月接收解体，运回基地维修时，发现10台主驱动减速机有6台出现严重磨损而至报废，盾构机主轴承大齿圈上有一处齿断裂，因此进行主驱动等部件大修更换。

H005土压平衡盾构机，于2010年4月投入到北京轨道交通10号线16标车道沟站至长春桥站区间隧道掘进施工，左右线里程共计1.5km，2010年12月隧洞贯通。运回基地整修，然后于2011年2月又投入到北京轨道交通9号线06标，即东钓鱼台站至白石桥南站区间1.05km隧道掘进施工，于2011年8月竣工。由于盾构主驱动密封返厂改造，因此进行主驱动解体大修，发现主驱动密封断裂，主轴承保持架严重磨损，最终在制造工厂对主驱动密封进行改造，并更换了主轴承。

1.2　日立2号、华隧通H005盾构机主要技术性能参数

两台盾构机的主要技术性能参数见表1：

日立2号、华隧通H005盾构机主要技术性能参数表　　　　表1

部　位	项　目	日立2号技术参数	华隧通H005技术参数
基本参数	隧道衬砌管片	外径φ6000mm，内径φ5400mm，厚度300mm，环宽1200/1500mm	

续上表

部　位	项　目	日立2号技术参数	华隧通H005技术参数
基本参数	开挖直径(mm)	6170	6180
	主机长度(m)	8.4	8.8
	盾构机总长	65m	74m
	装机总功率(kW)	约1100 kW	约1200 kW
	整机总重量(t)	约400	约400
刀盘及主驱动	支承方式	面板式、中间支承	辐条式、中间支承
	驱动方式	变频电机55×10=550 kW	变频电机75×8=600 kW
	刀盘开口率	38%	63%
	转速(rpm)	0~1.5	0~1.5
	额定扭矩(kN·m)	4850	5770
	脱困扭矩(kN·m)	6310	7500
	扭矩系数	20.6	24.4
	主轴承寿命	不小于7773 h	不小于10000 h
推进系统	千斤顶数量	22根	22根
	千斤顶行程	210° mm	2150 mm
	推进速度	0~80 mm/min	0~80 mm/min
	总推力(kN)	38500	38500
铰接系统	形式	主动式	主动式
	千斤顶数量	20根	20根
	总回缩力(kN)	15000	15000
螺旋输送机	结构	有轴式φ700mm	无轴式φ800mm
	驱动方式	液压马达	液压马达
	转速(rpm)	0~22	0~17.7
	排土能力(m³/h)	280	350
皮带运输机	长(m)×宽(m)	110×0.75	120×0.8
	皮带转速(m/min)	140	140
	驱动方式	电动	电动
	排土能力(m³/h)	280	450
管片拼装机	类型	盘式环形	盘式环形
	转速(rpm)	0.3/1.5	0.3/1.5
	提升能力(kN)	150	150
	旋转角度	210°(顺时针、逆时针)	220°(顺时针、逆时针)
渣土改良系统	泡沫发生器	300L/min	2200NL/min
	膨润土注入系统	30m³/h	240L/min×1.2MPa×3套
同步注浆系统	可注浆液类型	单液注浆	单、双液注浆
	注浆方式	手动、自动	手动、自动
盾尾密封	密封形式	注脂式三道钢丝刷	注脂式三道钢丝刷
	注油脂	自动注油电动泵(工压5MPa)	气动式注脂泵
挖掘数据管理	数据采集系统	演算工房ARiGATAYA Version3	演算工房ARiGATAYA Version3
测量系统	形式	棱镜式	棱镜式
	导向系统	演算工房ARiGATAYA Version3	演算工房ARiGATAYA Version3

2 盾构机大修改造工作的组织与管理

2.1 盾构机大修改造工作的原则和研究内容

2.1.1 盾构机大修改造工作原则

(1) 根据盾构机前期使用情况,以及整机解体后进行的全面检查情况,对盾构机进行状态评估,判定盾构机是否进入大修周期,需要实施大修或改造工作。

(2) 对需要大修改造的盾构机,必须针对各系统制定详细的可实施性大修改造方案。方案的主要内容包括:盾构机的使用情况和现状;大修工作的组织和部署;大修工作计划情况;各系统大修方案;针对后期工程的改造方案;大修改造工作的质量要求及保证措施等。

(3) 对盾构机大修要有侧重点,分清重点维修和一般维修项目,大修方案应分项进行细化,以指导维修工作。

(4) 盾构机大修改造应邀请盾构制造厂商和盾构设备专家进行方案论证,并根据专家论证评审意见适当调整大修改造方案。

(5) 盾构机大修所使用的零部件,原则采用原厂配置的规格型号,当采用替代品时,必须对其详细技术性能参数进行核实,替换后的零部件技术性能参数,必须等同或优于原配置。

(6) 大修改造后的盾构机各系统,应在工厂内进行无负载调试,确认各系统能够正常运转,设备整机联动调试正常。

2.1.2 盾构机大修改造研究内容

根据盾构机制造、使用及维修保养等工作状况,结合国内外盾构施工管理的先进模式,对现有掘进管理模式下的盾构机进行大修改造。其研究内容主要有:

(1) 收集盾构机的施工数据,建立盾构机运行档案。

收集日立盾构机已完成区间隧道施工的有关数据,结合施工情况对盾构机各系统的使用情况进行分析,并对盾构机的现有性能进行评估,建立盾构机运行档案。

(2) 编制盾构机大修技术方案,实施大修工作。

通过对盾构机性能的分析,确定日立盾构机各关键系统的大修方案,组织方案的实施工作,并在工厂进行无负载低压调试,恢复设备的完整使用功能。

(3) 分析盾构掘进施工管理模式,实施盾构机技术改造方案。

根据轨道交通盾构隧道工程施工实例,列举目前通用的两种盾构掘进施工管理模式的现状和对盾构机配置的要求,简析两种管理模式的优缺点,对现有较为复杂的掘进模式进行技术改造。

(4) 监测大修改造后盾构机的使用情况。

详细记录盾构机大修改造后的掘进施工参数,并与改造前的施工参数进行对比,分析大修改造后盾构机的技术、经济效益及推广应用前景,完善和丰富盾构掘进施工技术。

(5) 建立完善的盾构设备管理体系。

通过大修改造工作,逐步形成完善的盾构机使用、维修、保养管理体系,保证盾构机的正常高效运转,确保盾构工程的顺利施工。

2.2 盾构机大修改造工作的管理

2.2.1 盾构机大修改造人员配置

盾构机大修改造需配置的作业人员见表2。

大修改造作业人员配置表　　　　　　　　　　　　　　表2

序号	岗位	人数	备注
1	大修负责人	1	全面负责维修现场协调工作
2	电气工程师	1	负责电气系统维修
3	机械工程师	2	负责机械结构维修
4	液压工程师	1	负责液压系统维修
5	电工	1	负责现场安全用电
6	电焊工	3	负责焊接修复工作
7	机修工	6	辅助工程师进行设备修理
合计		15人	

2.2.2 盾构机大修改造所需设备及工具配置

在盾构机大修改造过程中,需配置以下主要设备及工具,见表3。

主要机具配置一览表　　　　　　　　　　　　　　表3

序号	设备名称	规格、型号	数量	备注
1	200t汽车吊	QY200	1台	场地内盾构组装
2	100t汽车吊	QY100	1台	场地内盾构组装
3	50t汽车吊	QY50	1台	维修吊装
4	发电机	800KVA	1台	低压调试
5	液压扭力扳手	HY-5MXT	1套	主驱动维修
6	螺栓拉伸器	TPT-M042-23-00	1套	主驱动维修
7	气动冲击扳手	最大扭矩1500Nm	1台	主驱动维修
8	100t千斤顶	带液压泵站	1套	主驱动维修
9	液压式千斤顶	50t	2台	
10	机械式千斤顶	32t	2台	
11	手拉葫芦	6t×6m	2台	
12	手扳葫芦	3t×6m	2台	
13	电焊机	BX500	3台	
14	气焊设备		2套	
15	开口扳手	8~50	2套	
16	活动扳手	300mm	2套	
17	内六角扳手	1.5~17mm	2套	
18	管钳	24"	3把	
19	钢丝钳	7"	3把	
20	卡簧钳	175mm	1套	
21	螺丝刀	3×80mm	6套	
22	热风机	2000w	1个	

2.2.3 盾构机大修作业流程

为确保盾构机大修工作顺利有序进行,应制定盾构机大修流程,并安排相关机电专业技术人员分工负责各项流程中的具体工作,见图1。

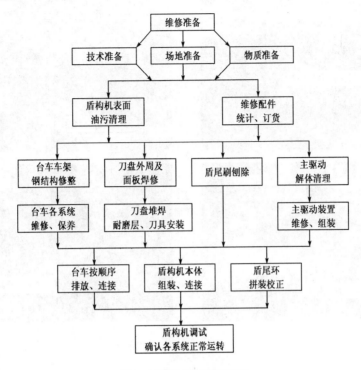

图1　盾构机大修工作流程图

3　盾构机关键系统大修技术

土压平衡式盾构机一般由刀盘、盾体及后配套台车组成,主要包含以下系统:刀盘刀具、主驱动装置、油脂润滑系统、推进系统、铰接系统、人闸系统、管片拼装系统、渣土改良系统、排渣系统、同步注浆系统、盾尾密封系统、液压动力系统、电力及控制系统、测量导向系统、车架结构及辅助设备等。下面主要对部分关键系统大修技术进行说明。

3.1　刀盘大修

盾构机刀盘刀具是正常掘进切削开挖面土体的重要保障。盾构机长距离掘进时,尤其在穿越石英含量高的砂卵石地层时,刀盘刀具磨损非常严重,有时甚至造成盾构无法继续掘进而停工进行地下修复。本次维修的日立盾构机,是在完成北京轨道交通4号线工程后,刀具已经全部磨损,刀盘磨损严重局部又有变形。根据刀盘的现状,制定刀盘大修项目及方案见表4。刀盘大修前后对比见图2。

盾构机刀盘大修项目及方案　　　　表4

序号	大修项目	大修方案
1	刀盘外周磨损严重、局部变形	已磨损变形的刀盘外周圈板全部切除,更换按原设计尺寸及材料新卷制的外周圈板;外面再贴焊碳化铬耐磨板条至刀盘外径设计尺寸
2	40mm厚的面板和背板局部磨损严重	视情况进行更换,并堆焊网状耐磨层
3	外周6把强化先行刀严重磨损	外周更换6把周边先行刀,加装24把周圈先行保护刀
4	其他刀具磨损严重	除部分刀具可以继续使用外,其余全部更换
5	部分齿刀刀座磨损	更换新刀座、加焊耐磨层
6	渣土改良注入口	更换单向阀、中心刀橡胶圈

图2 刀盘大修前后对比图片

3.2 主驱动大修

日立盾构机在北京轨道交通4号线完成了3.8km的隧道掘进,掘进过程中有三台主驱动电机减速器出现故障,因此必须将主驱动解体进行全面检修。主驱动大修项目及方案见表5。

盾构机主驱动大修项目及方案　　　　表5

序号	大修项目	大修方案
1	检查减速机齿轮油及滤芯	更换新的减速机齿轮油及滤芯
2	驱动电机及减速器	全部解体检查齿轮磨损情况,驱动电机保养
3	驱动大齿圈磨损情况	全部解体进行检查确认
4	主轴承	全部解体确认磨损情况,进行保养
5	内、外周密封圈磨损情况	根据检查情况确认是否需要更换
6	驱动中心隔板固定螺栓磨损严重	更换新螺栓,并加焊耐磨块
7	驱动外壳密封套结合面磨损严重	采用"表面再制造"技术进行修复

3.2.1 驱动外壳密封套"表面再制造"修复技术

主驱动壳体大修前后对比见图3。

(1)驱动外壳磨损情况分析

日立2号盾构机主驱动外圈直径约4m,其壳体磨损位置为3处,分别是外圈密封位磨损长度约30m,最深处磨损约7mm;内圈密封位磨损约20余米,最深处磨损约5mm。外圈密封位内侧和外圈有深度不等的划伤长约2m。密封位软性磨损间隙变大,轻者会出现润滑油消耗量增加,重者就会造成润滑油污染、摩擦力加大、影响运转甚至卡死。

根据盾构机制造厂提供的材质资料和现场勘察,确定磨损处结构为焊接成型,磨损处具备热焊修复性能。磨损位置虽然在制造时是焊接成型,但制造时焊接后有机械加工工序来消除焊接变形及应力,以及相应成套的加工后处理技术来保证几何尺寸精度。而修复后不能再进行二次整体机械加工,因此在修复过程中必须确保不能产生修复变形,一旦变形,修复零件将报废。

(2)修复难点及技术保障

①应力的控制与管理

修复过程中会有大量热输入,随之会产生大量内应力,内应力的产生会带来零件的变形和断裂等潜在隐患。特别是对盾构机主驱动这样受力大的结构件,这种影响就更不能忽视。内应力的产生与变化对修复件的使用寿命起着重要的影响。控制拉应力的大小,并科学的将拉应力适量转化为压应力,使修复位置提高使用性能,这是修复最为关键的技术。

②修复后尺寸精度的保证

根据密封圈的形状和硬度判断,如果修复后精度不高,即使磨损的沟槽修复起来了也起不到密封作用,因为如果修复后尺寸精度低,出现微观波浪形不平整现象,密封时就会出现间隙,盾构机土舱内的渣土就会在压力的作用下从间隙处被挤入内部并参与磨损,可能会带来更大损失。

③修补材料的选择与搭配

从修补材料的耐磨性、致密性、结合强度以及与壳体材质的匹配性等多方面选择修补材料。针对盾构机使用环境恶劣、复杂和不易在施工过程中进行再次修复等多种特性,确定选择复合材料进行修复。

图3 主驱动壳体大修前后对比图片

(3)表面再制造修复工艺

检测:对现有磨损状态进行检测,主要检测磨损量和修复位置是否有裂纹出现,此内容对是否能成功焊补起着重要作用。

试验室试验:在模拟基材上将确定的修复材料进行修复试验,确定最佳修复材料及工艺。

现场试验:先选择非工作面试验,再选择局部工作面试验。经检测、评审,最终确定修复材料及工艺,并将图片、文字资料存档备案。

工艺流程:清洗(物理、化学)→检测(裂纹、磨损量)→试验(材料、工艺)→补焊(多次熔焊、恢复尺寸)→应力(检测、消除)→粗磨(机械工装)→精研(模具工装)→检测(尺寸精度)→表面处理(应力转化、修复材质二次强化)。

(4)应力的监测与消除及转化

应力监测与消除:用应力检测仪器对在修复过程中产生的内应力进行科学检测与消除。

应力的转化:使用专用应力处理设备对工作面的残余应力进行拉应力与压应力的转化。

(5)修复过程中热输入量的控制

在修复过程中为了减少热影响区,使用专用散热材料进行涂覆,并根据热输入量控制每次的热输入时间,并在修复长度上分段进行。

(6)工装设计

盾构机主驱动密封主要靠壳体密封面,挤压唇型密封圈,以形成过盈变形,从而起到密封作用。修复后的尺寸修复工作量大、要求精度高。据现场情况将机械与手工相结合,设计专用工装卡具进行现场加工以保证修复尺寸,同时设计专用加工精研模具进行后期研磨,设计专用加工检测模具进行后期尺寸精度检测。

3.2.2 主驱动轴承更换安装技术

日立盾构机完成北京轨道交通亦庄线施工任务后,在解体检修时,发现主驱动轴承大齿圈有一个齿断裂,其他齿的齿根部位点蚀严重,因此需要更换主驱动轴承。详细更换安装技术如下。

(1) 组装前准备工作

①扭腿清理:扭腿上安装轴承的接合面进行除锈、除去原有粘胶等清理工作,有突起物的部分必须要进行打磨平滑处理。轴承组装的螺栓孔进行丝锥加工,然后除锈、除粘胶,用高压空气将螺栓孔清理干净。

②轴承座清理:对磨损的密封滑动面进行修复,将齿轮室以及周边清理干净。

③轴承:核对主轴承外形尺寸,确认淬火软区标志的正确位置。去除轴承组装面残留的油脂,并进行清洁。使用胶条封闭给油孔,以防进入异物或脏污。主轴承尺寸如图4。

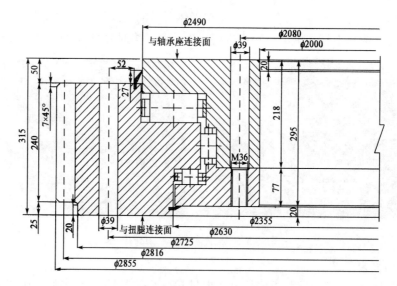

图4 主驱动轴承尺寸图(尺寸单位:mm)

(2) 扭腿和轴承的组装

将扭腿用托台垫高500mm左右,并将扭腿与主轴承的接合面找平。首先将主轴承进行试装,确认安装位置的嵌合度是否符合要求,并确认轴承的淬火软区标志部分以及给油孔的位置,确认后进行标记并将轴承取出。

在扭腿与主轴承的安装面上涂满黏胶(乐泰277号),将轴承水平吊起,按标记位置组装在扭腿上。先使用冲击式扳手按对角均衡方法将螺栓预紧,然后再使用扭矩扳手将螺栓按上述方法最终拧紧,螺栓拧紧力矩设定在3200~3500N·m。螺栓拧紧时不得一次完成,应分级重复数回将螺栓最终全部拧紧。安装示意图如下图5、图6。

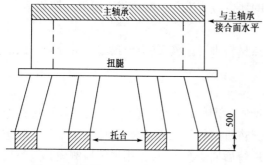

图5 扭腿和轴承组装示意图(尺寸单位:mm)

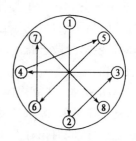

图6 螺栓拧紧顺序示意图

（3）扭腿与轴承座的组装

对扭腿的密封、轴承、轴承座部分进行彻底清洁工作。在密封、轴承的大齿圈上涂抹润滑油脂；在轴承与轴承座接合面上涂满黏胶。除去轴承给油孔上的胶带。将轴承座水平吊起，保持水平状态安装于扭腿上。

确认轴承的嵌合度、淬火软区标记的位置、螺栓孔的位置。将连接螺栓按上述方法重复数回拧紧。然后为轴承的18个给油孔配管。最后安装10台小减速机及驱动电机。

3.3 螺旋输送机大修

（1）螺杆的修复：检查螺杆外形直线度，有否弯曲，若有弯曲，则采取相应措施进行校正修复；叶片外圆和端面按原尺寸要求堆焊耐磨层。螺旋机螺杆叶片大修见图7。

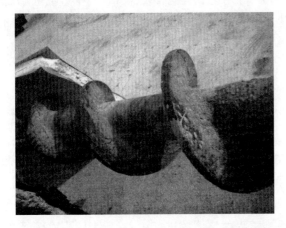

图7　螺旋机螺杆叶片大修前后对比图片

（2）螺旋机外筒体的修复：检查筒体内径磨损情况，进行堆焊修复；螺旋机下部进口处筒体内表面按要求堆焊耐磨层。

（3）出泥闸板的修复：检查闸板和滑槽的平面度和其他构件，采用校形、补焊、加工等修复或更换。

（4）驱动装置的保养：减速机常规保养；蓄能器进行压力检测，做充气修复，须有检测报告。

（5）螺旋机闸门油缸、螺旋机筒体伸缩油缸、螺旋机前闸门油缸的保养。以上各类油缸须进行伸缩动作和耐压试验（耐压压力为14MPa），各类密封圈不允许有破损或翻边现象，并做好液压软管保护工作。

3.4 液压系统维修保养

液压系统是盾构推进的动力源，是盾构的关键部分，其好坏将直接影响盾构的工作状况，是推进的基础。因此，在液压系统安装和调试中，必须严格按照工艺执行，确保液压系统的清洁和高质量。

（1）拆除软管后，管路接头处应采用钢制管堵头封口，防止杂质进入，发现硬管严重变形不能校正的应作更换；

（2）更换所有滤油器的滤芯，清洗油箱上的空气滤清器，损坏的予以更换；

（3）更换所有接口处的密封件；

（4）清洗油箱：

盾构机油箱位于第3节车架右侧，油箱的清洁工作按以下工序进行：首先放掉油箱中原有的液压油，检查油箱内壁是否有锈蚀等现象，如有，则应铲刮干净。对于颗粒杂质，则用湿面粉粘取，严禁用纤维布料擦拭。检查并更换滤网。其次，在油箱内壁，涂防锈油，以防杂质污染油箱，最后加注合格的液压油。

(5)所有硬管、软管在安装前必须经过投油处理,严禁在原系统中用原设备进行投油,一律拆下用专用投油机投油。管子的末端串联滤油精度为10μ的低压滤油器,油泵流量为大流量,管子可分批投油,每次投油时间不少于2h,在投油过程中,用锤子轻击管子外壁,每次投油后,应拆卸滤油器,检查滤网直到滤网上无肉眼可见的杂质,若投油后暂不安装,应及时采用钢制管堵头封口(严禁用纤维材料封堵)。

(6)对于原有的阀板,也要进行投油,对于重新加工更换的阀板,必须做好清洗工作。

(7)对油箱进行投油,直至回油滤芯中无肉眼可见的杂质,给油箱加油时,则应采用精细滤油机加油。

(8)安装所有液压元器件,按试车大纲进行试车,保证其符合设计的技术性能参数。

(9)推进、铰接油缸大修:对推进油缸作压力为33MPa的耐压试验检查及保养。对推进油缸靴板进行检查,更换已损坏的靴板。对推进油缸球铰、销轴进行保养,并加注润滑脂。对油缸有内泄漏现象的,需进行更换活塞密封组件等维修保养工作。

4 盾构机关键系统的技术改造

4.1 盾构机掘进管理模式改造

日立盾构机原厂配置的掘进管理模式采用四轨双列模式,即盾构机每掘进一环的渣土运输、浆液输送、管片输送由两列电机车装载完成,盾构机台车后部的运输轨道为四轨双列。该模式下盾构机的相关配套电机车编组设备造价较低,但钢轨枕架设高度较高,单根重量和用量较大,轨枕架设和隧道清理工作繁重。盾构每掘进一环两列车出渣的模式制约了盾构工程的整体掘进速度,近年来此模式已经逐渐淘汰。

现在通用的掘进管理模式为双轨单列模式,即盾构机每掘进一环的物料水平运输由一列重载电机车编组完成,盾构隧道内铺设高度较低的两根钢轨供电机车运行。当盾构区间隧道单向距离较长时,可适当增加整列电机车编组数量,并架设道岔进行编组调动。该模式虽然重载电机车设备造价较高,但大大提高了盾构隧道工程掘进效率,而被广泛采用。

为适应市场发展,增强盾构配套设备和周转材料的通用互换性能,根据日立盾构机原设计构造,对日立盾构机进行加宽台车钢结构间的净空尺寸,加高台车可拆卸式车轮高度等技术改造,使其适应双轨单列编组电机车的运输管理模式,可大幅度提升盾构掘进的整体效率。两种掘进管理模式盾构隧道断面见图8。

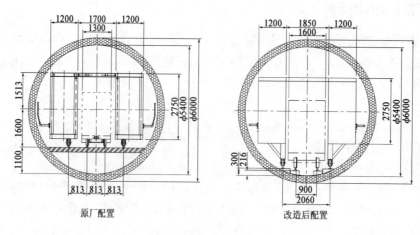

图8 两种掘进管理模式盾构隧道断面图(尺寸单位:mm)

4.2 盾构机主驱动密封改造技术

4.2.1 华隧通 H005 盾构机主驱动密封形式

H005 盾构机主驱动密封形式如图 9 所示。内周密封和外周密封,均由一道唇形密封和三道 VD 密封组成。唇形密封材料采用聚氨酯(TPU),安装方式为先用洛德 305 双组分环氧胶粘剂与金属安装面粘接后再使用压板螺栓进行紧固,安装完成后将螺栓的顶部与压板点焊固定防止螺栓松脱。VD 密封材料采用丁腈橡胶(NBR),安装采用洛德 305 双组分环氧胶粘剂与金属密封槽黏结。密封圈表面粗糙度 Ra 值为 $3.2\mu m$,与唇口接触的金属件表面粗糙度值 Ra 为 $1.6\mu m$。

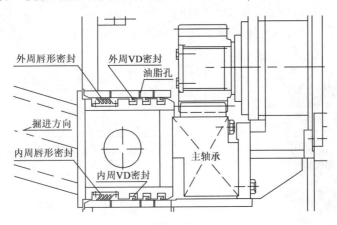

图 9 盾构机主驱动密封形式

在两道密封之间的空腔利用集中润滑设备注入 EP0 润滑油脂。设计注入量外周每腔为 20ml/min,内周每腔为 16ml/min。密封圈可以保持空腔内的润滑油脂产生一定的压力,超出一定压力范围时油脂向前一腔体外泄,并保证前一润滑腔体的油脂不会回流。油脂泵将带有一定压力的润滑油脂源源不断地注入主驱动与盾构机土舱交界面,防止外部泥砂在土压力的作用下进入主驱动密封内部,从而起到密封作用。

4.2.2 华隧通 H005 盾构机密封的磨损与失效

(1)密封及密封套的磨损

主驱动解体检查发现唇形密封和 VD 密封均有不同程度的非正常磨损,特别是唇形密封靠近土舱侧,由于直接与泥砂接触,润滑效果较差,密封磨损严重,甚至局部出现剥落现象。主驱动密封的唇口相对于密封外套壳体设计有 7mm 的压缩量,在密封和密封套之间形成压紧力,主驱动旋转时密封和密封套之间相对滑动,随着密封的磨损,土舱内泥砂的侵入,密封套与密封唇口对应的位置出现深浅不一的沟槽,进一步造成密封效果的下降。如图 10 所示。

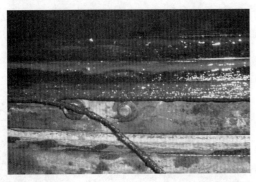

图 10 密封及密封套磨损图片

由于这种磨损槽痕间隙的存在,会降低主轴承密封唇口的密封性能,并加速密封唇口的磨损,虽然有不间断的润滑油脂填充,当磨损达到一定程度时,密封的压缩量无法对磨损量进行补偿,造成主轴承密封腔体内的润滑油脂无法建立一定的压力,而导致外部泥砂侵入,从而引发主驱动齿轮、主轴承滚柱、滚道以及保持架的损坏。如果不消除槽痕带来的危害性,即使是更换了新的密封,由于槽痕的不平整,唇口和衬套的配合间隙达不到设计要求,密封效果同样不理想,因此需要对密封套进行修复。

(2)VD密封断裂失效

由于VD密封的安装采用胶粘形式,局部的黏接强度不均匀,而密封与密封衬套相对旋转滑动时,密封套对密封产生沿圆周方向的切向拉伸力,密封黏接强度较低的部位在拉伸力的作用下,逐步造成密封开胶,然后形成应力集中,最终导致密封断裂,如图11。

VD密封断裂后,密封腔体内部润滑油脂由于失去密封的阻止而向大齿轮和轴承箱内泄漏,使润滑油脂消耗量加大。同时由于密封背部失去压力而前端存在土压力致使泥沙侵入,导致唇形密封磨损严重,如未及时处理最终将造成密封整体失效,泥沙进入大齿轮箱和主轴承,见图12,导致盾构机主驱动系统的严重故障。

图11　VD密封断裂图片

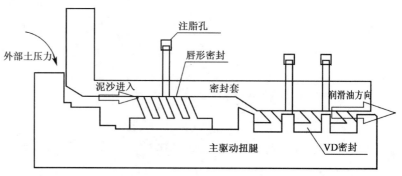

图12　密封断裂后泥砂侵入示意图

4.2.3　主驱动密封技术改造方案

为了减少密封非正常磨损及避免密封断裂的发生,必须对三道VD密封进行材质和安装形式的改进,以增强密封的可靠性。

(1)三道VD密封材质改进

由于三道VD密封靠近齿轮箱,当主驱动运转时其温度相对较高可达到50~60℃,在此工况下,密封易出现加速老化和粘接剂失效开胶现象。对比分析各类密封材料,氟橡胶具有较好的耐高温、耐腐蚀性能,因此将内、外周三道VD密封材料更换为含氟的合成橡胶。

(2)VD密封安装形式的改造

密封断裂多由于粘接效果不良、局部受力不均造成,将VD密封的安装形式由胶粘法改为压板法。将原扭腿进行立车加工,再根据设计螺栓孔位置钻孔、套丝。按照扭腿加工后的半径弧度加工压板,重新定做带有压接边缘的VD密封。密封压板安装后呈连续无间断的环形,使用螺栓有效固定。改造后效果见下图13。

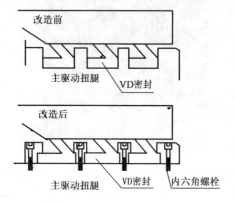

图13　密封改造后示意图及图片

5　盾构机大修改造技术要求与质量保证

5.1　盾构机大修改造技术要求

（1）盾构机刀盘刀具和钢结构件的焊接应符合《钢结构焊接规范》(GB 50661—2011)中的焊接质量标准要求。焊接件及刀盘本体焊后不平整度小于5mm，焊缝无夹渣、气孔等缺陷；焊缝均匀，无断焊。
（2）主驱动安装螺栓的拧紧力矩必须符合厂家图纸规定要求。
（3）盾构机零部件维修后的技术性能必须符合盾构机出厂图纸的质量和技术要求。
（4）盾构机改造后，台车间的空间通过尺寸必须符合单列运输管理模式的要求。

5.2　盾构机大修改造质量保证

盾构机结构复杂、各系统零部件的型号和种类繁多，需要维修的项目也较多，因此在盾构机解体维修过程中必须严格按操作规程的规定实施作业，确保维修工作质量，具体措施如下：
（1）对全体维修人员进行技术安全教育与培训，提高其对设备重视的意识。
（2）拆除零部件时必须有主管技术人员旁站指导，并做好所拆除部件的标记。
（3）设备清理过程中必须有现场管理人员在场，严禁电器设备上溅水等事项的出现。
（4）安装过程中必须对照出厂设计图纸的要求，确保零部件安装精度和质量，对于各部件的连接螺栓应按规定扭矩拧紧。
（5）重要部件维修需专业厂家和盾构制造厂家有关技术人员进行必要的技术指导。
（6）对于台车钢结构件的改造过程中，应保持台车的稳定。先对一节标准台车进行试验性改造，经过现场实测其空间通过性符合要求后，再将其余台车进行改造。

6　盾构机维修厂内组装与低压调试技术

6.1　盾构机维修厂内组装

日立盾构机完成各系统零部件修理工作后，将各部件按设备出厂设计标准和改造后的设计位置安装到位。盾壳和台车钢结构件修整完成后，在维修现场进行整机组装调试工作。在维修场地内，选择宽敞坚实的长条形组装场地，放置盾构机基座。然后使用200t和100t两台汽车吊配合，进行日立盾构机维修厂内组装，见图14。厂内组装流程图见图15。

图14　日立盾构机组装现场图片

6.2　盾构机低压调试与验收

由于维修场地内供配电条件为：交流380V、250kVA容量的动力电源和220V的照明电源，不具备盾构接入端为 10kV 电源的要求。因此须按照低压运转模式进行盾构机空载调试。

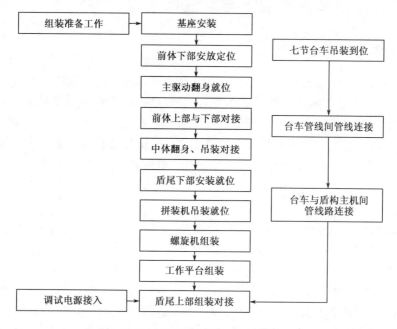

图 15　日立盾构机厂内组装流程图

图 16　日立盾构机现场调试图片

现场将盾构机的 10kV 一级变压器和后续设备控制箱及二级变压器之间接线完全断开后,采用 800kVA 柴油发电机发电,绕开盾构机一级变压器直接向用电设备控制箱供电,改变设备的整机运转模式,在操作程序上解开锁控制,进行单个设备独立运转的形式。部分 220V 的设备采用场地内的照明线路进行供电运转。盾构机上电后,分系统进行空载调试,测试每个系统的运行参数是否符合设计要求,对不符合的项目进行调节达到设计规定数值,最终使盾构机各个系统在空载状态下输入输出正常,安全平稳运行。

7　盾构机大修改造后使用效果分析

7.1　盾构机大修改造后的实际使用情况

日立盾构机大修改造完成后经厂内调试,各项技术性能参数均达到设计技术性能要求,该盾构机于 2009 年 8 月投入到北京轨道交通亦庄线 BT 工程 12 标进行两个单线盾构区间共计 2.1km 的掘进,经过两次组装和两次拆解于 2010 年 3 月底安全抵达接收车站,顺利完成施工任务。见图 17。改造前日立盾构机在北京轨道交通4号线施工时最大单日掘进长度为18环即21.6m,最大月掘进里程430m;而经过大修改造后,在北京轨道交通亦庄线施工过程中,最大单日掘进长度为31环即37.2m,最大月掘进里程达到810m,创造出了该盾构的最高掘进记录,也为亦庄线盾构区间隧道顺利贯通提供了保障。

图17　日立盾构完成亦庄线2.1km掘进后刀盘及主驱动壳体照片

华隧通H005盾构机维修改造后,投入到北京轨道交通9号线东白区间1.05km的掘进,经过连续对润滑油脂注入系统进行监测,油脂压力、消耗量均在设计要求范围以内。隧道贯通后,对主驱动密封再次拆解检查,内、外周VD密封均未出现断裂故障,同时检查密封压板没有松脱情况发生。含氟合成橡胶密封的粗糙度Ra值、弹性等各项性能均符合设计要求,密封套和密封唇口结合部位磨损量为0.6~0.8mm,润滑油脂单环使用量控制在2.2ml左右,达到了较好的使用效果,见图18。

图18　华隧通H005盾构掘进1.05km后主驱动密封图片

7.2　盾构机维修效果分析

通过对以上两台盾构机大修改造项目的技术研究,深入了解盾构机的构造原理,积累了对长距离掘进后的盾构机进行整体大修,尤其是驱动系统的解体维修的宝贵经验;通过对盾构机掘进管理模式的改进,探索出了更加高效快捷的盾构区间隧道施工管理技术;对完成较长距离掘进施工的盾构机整体性能评价积累了丰富经验。

通过对盾构机大修改造的技术研究,提高了盾构机的设备性能和适应性,为盾构机从制造到使用、维护保养的国产化进程提供了更多实践经验,也给工程施工带来了良好的社会及经济效益。

砂卵石地层盾构施工渣土改良技术

魏斌效 戈玮 仇伟

摘 要 本文以北京轨道交通9号线东钓鱼台~白石桥南站区间盾构施工情况为背景,对砂卵石地层土体改良技术进行研究。在加泥的基础上,探讨同时加泥和泡沫,对于土体的改良效果。结果表明,在加入泡沫后,不仅有利于建立和保持土压平衡,而且刀盘扭矩大幅降低,减少对于机械的损耗。

关键词 盾构施工 土压平衡 膨润土泥浆 泡沫

1 引言

土压平衡式盾构是指塑性流动的土体充满刀盘与隔板之间的土舱,施工中主要通过控制千斤顶推力、推进速度、螺旋机出土速度、出土闸门开口度等参数,建立和保持土舱内的土压,来抵抗开挖面的土压力和水压力,保持开挖工作面的稳定。基于此,为使盾构正常掘进,开挖切削的土体应具有良好的流塑性和低渗透性。实际工程当中土体往往不能满足要求,比如砂卵石地层,通常的方法是对切削下来的土体进行改良。

砂卵石地层是一种典型的力学不稳定地层,土体的流塑性差,开挖工作面土压平衡不易保持,无水砂卵石颗粒之间摩擦力大,对于刀盘、刀具和排渣系统的磨损严重。对于砂卵石地层,渣土改良的效果将直接影响盾构施工进度与成本。因此,如何有效地对地层进行改良对于盾构施工至关重要。

2 工程概况

北京轨道交通九号线东钓鱼台站~白石桥南站区间,右线隧道长403.859m,左线隧道长651.436m,全部采用盾构法施工。

区间隧道穿过的土层主要为第4大层、第5大层、第6大层、第7大层、第11大层。上述侧墙围岩类别属V级~VI级,自稳性较差,自稳时间短且易于坍塌。穿越地层主要为卵石-圆砾⑦层、卵石-圆砾⑤层,粒径主要在30~60mm之间,最大粒径为80mm,呈亚圆形,级配较好,含细砂约25%。

区间场区端勘探期间,于勘察深度范围内测到1层地下水:地下水类型为潜水,水位高程为24.04~37.19m(埋深15.80~28.30m),含水层为卵石、圆砾⑤层和卵石、圆砾⑦层,随着第三纪岩层顶板由南向北呈逐渐降低,水位标高也逐渐降低。但隧道范围内基本没有地下水。

工程采用6150mm型土压平衡盾构机进行隧道掘进施工。刀盘开口率为63%,采用双环六辐条结构,刀盘支撑形式为中间支撑。

3 砂卵石地层特性及盾构施工难点分析

砂卵石地层是一种典型的力学不稳定地层,颗粒之间间隙较大,黏聚力几乎为零,土体内部点对点传力,地层反应敏感。盾构掘进过程中,地层很容易打破原来的相对稳定状态,周围围岩扰动较大,容易造成开挖面失去稳定,甚至导致地表塌陷。在无水砂卵石地层中盾构掘进的难点主要在于:

(1)由于砂性土摩擦阻力大,造成渣土流动性差,因而刀盘扭矩和千斤顶推力较大且波动厉害。颗粒之间力的传递不均匀,设定压力无法连续地传递到开挖面,掌子面不稳定,地面沉降不易控制。

(2) 在掘进过程中，砂卵石地层对刀盘、刀具、渣土输送系统等部位磨损严重。

(3) 掘进过程中，周围土体中大颗粒移位或进入土舱，盾构机周围受力不均，姿态控制困难。

(4) 土体流塑性差，渣土改良不到位时，土舱内及刀盘易出现结泥饼现象，造成刀盘扭矩过大，甚至刀盘抱死。

(5) 砂卵石土在搅拌过程中变得松软，容易发生土石分离的现象，颗粒较大的卵石容易在下部沉积，而且影响出土效率，造成刀盘、螺旋机扭矩过大，油压升高，机器损耗加剧。

掘进过程中，对渣土进行改良能够有效地改善土体流塑性和止水性，保持连续均匀的出土，有效地建立土压平衡。不仅如此，渣土改良大大地降低了刀盘的扭矩，减小土体对刀具、刀盘和渣土输送系统的磨损，能够维持盾构机良好的状态。

4 渣土改良方法及原理

4.1 渣土改良剂的选择

在盾构施工中，常用的渣土改良剂主要有四种。

(1) 矿物类。向开挖土体中细颗粒材料，通过添加材料与水作用生成的胶体，改良土体的流动性和渗透性。通常，使用黏土、膨润土等作为添加材料制成泥浆进行补给。一般，这种改良剂需要使用制泥设备和贮泥槽等大规模的设备；另外，渣土由于呈泥状而必须将其作为工业废弃物进行处理。

(2) 高吸水性树脂类。由于高吸水性树脂可以吸收自身质量几百倍的地下水成为胶凝状态，所以对防止高水压地基的喷涌有很好的效果。在盐分浓度高的海水区域或含有大量铁、铜等金属离子的地基、强酸、强碱性地基和化学加固区间等地基，由于会发生一定的化学反应，其吸水能力会大大降低。

(3) 水溶性高分子类。它与树脂一样是高分子化合物构成的材料，具有可以使开挖土体的黏性增大的效果，泵送性好。在过去的盾构施工中很多情况下都使用 CMC，但有时由于渣土会成为泥糊状而需要作为工业废弃物来处理。

(4) 界面活性材料类。是目前比较先进的改善土体性质的方法，主要是注入用特殊发泡剂和压缩空气制作的气泡。不但能提高开挖土的流动性和不透水性，而且有防止开挖土黏附的效果；另外，渣土的处理也较为容易。

对于砂卵石层，借鉴以往的经验，通常采用的是膨润土泥浆或泡沫改良技术。

4.2 泡沫作用机理

泡沫剂主要是由空气、水、活性剂、聚合物等组成。其中活性剂有助于形成大量泡沫，在工程中起到改良土质、润滑冷却和减磨作用。聚合物有良好的润滑作用，可起到对刀具的润滑冷却作用。

泡沫加注系统由控制系统、泡沫剂浓缩液、水、储存罐、空气压缩机和各种管道、泵等所组成。通过控制系统将泡沫剂浓缩液和水混合并送到储存罐，打入压缩空气，形成泡沫并加注到工作区域。

4.3 膨润土作用机理

膨润土属于矿物类添加剂，主要原理是通过补充土体的微、细粒组分，使土体的内摩擦角变小，孔隙比减小，提高土体的流塑性和止水性。盾构施工的经验是开挖土体中微细颗粒的比例必须达到 30% ~ 35%。

膨润土主要是由蒙脱土组成的黏土，具有吸湿膨胀性、低渗透性、高吸附性和良好的自密闭性能。膨润土一般分为钠基和钙基膨润土，工程中常用的为钠基膨润土。膨润土颗粒能吸附大量的水，于土粒内部和土粒之间形成胶结体，挤占土颗粒之间的空隙，形成致密的不透水层，降低了土体的渗透性，同时也改变了舱内土体的和易性，提高了土体的流塑性。

以往的研究中对于分别使用膨润土或泡沫对土体进行改良的研究较多，而对于两者同时使用的研究则不多见。本文结合实际工程数据，重点探讨单独使用膨润土对于土体的改良效果和同时使用两种改良剂的改良效果的对比。

5 改良效果比较

5.1 膨润土配比确定

本工程中使用的为优质钠基膨润土,泥浆比重在 1.1~1.25,黏度控制在 16~25s,平均每环注入量在 4000~4500L 之间。泥浆的质量比配比为水:膨润土 = 5:1。

5.2 泡沫配比确定

在土压平衡式盾构施工中,泡沫改良技术利用了配置好的发泡剂,按一定比例与水混合得到泡沫剂溶液,这种溶液在发泡装置内,经压缩空气的作用,发出无数直径为 30~400μm 的气泡,同时被注入盾构机土舱内与开挖土混合,对开挖土体进行改良。

在盾构施工中,泡沫的作用是通过大量的小气泡组成的泡沫来完成的。泡沫是典型的气-液二相体系,其中 90% 以上是空气,不足 10% 为发泡剂溶液;而发泡剂溶液中 90%~99% 为水,其余为发泡剂。泡沫改良技术是一种从砂层到黏土层均适用的土压平衡式盾构土体改良技术,是目前所有解决开挖土体的性质不良所导致的施工难题最为先进和有效的方法之一。

泡沫剂的浓度、泡沫发泡率、泡沫注入比是泡沫系统的三个重要参数。泡沫的发泡率是指液体的流速与空气的流速之比,该值越大说明泡沫越"稀"或越"湿",一般取值在 1:6~1:15 之间。泡沫的注入比是指泡沫加注速率与土壤的开挖速率的百分比,一般取值在 40%~100% 之间。

(1)浓度

泡沫剂的流量根据泡沫注入系统、泡沫剂性能以及地层情况的差异而不同,但考虑的经济效益,一般控制在 1%~3% 之间。

(2)发泡率

表1为设定三个不同发泡率情况下,泡沫注入系统产生的泡沫表观感受的比较。

泡沫观感差异表　　表1

发泡率	表观感受	发泡率	表观感受
1:5	泡沫呈较明显的流动性	1:15	泡沫稠度较大,不易和土体混合
1:10	泡沫丰富,流动性适中,稠度适中		

本工程结合地层情况,泡沫发泡率选为 1:10。

(3)注入率

泡沫的注入率的大小与地层颗粒级配情况相关,一般在 40%~100% 之间,本工程中平均每环泡沫注入量在 4500L 左右。

5.3 改良效果对比

见图1、图2和图3。

从上图可以看出,只加膨润土泥浆时,千斤顶推力平均在 22000kN,同时使用两种改良剂后,将推力降低至 18000kN 附近,刀盘扭矩从 60% 降低至 48% 左右。说明盾构在无水砂卵石地层,同时加入膨润土和泡沫对土体进行改良,能显著降低千斤顶推力,减小刀盘扭矩,减轻砂卵石对盾构设备的磨损。

从上图可以看出,只加膨润土泥浆时,开挖面土压力波动大,呈忽高忽低的趋势,这是因为卵石颗粒较大,泥浆难以在全断面上使得土体具有良好的流塑性,仍不能很好地建立动态的土压平衡。加入泡沫之后,两者共同作用,使土体更容易搅拌均匀,有利于压力的传递,也便于连续顺畅地排土。

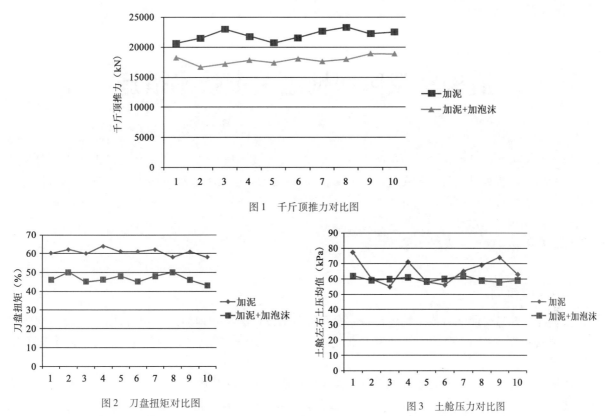

图1 千斤顶推力对比图

图2 刀盘扭矩对比图

图3 土舱压力对比图

由此,可以进一步分析膨润土加泡沫对于土体改良的共同作用。通过注入泥浆和泡沫,在刀盘前方形成了一层泥膜,建立起泥土压力,为土体结构提供水平推力有利于形成拱结构。泥浆和泡沫使开挖面土体的强度和刚度得到加强,提高了开挖面土体的竖向抗力,对开挖面土体起到了支护作用,减少了开挖面土体失稳的可能。

砂卵石地层颗粒松散,无黏聚力,颗粒之间的传力方式为点对点,向开挖面土体添加泥浆后,泥浆包围在颗粒周围,形成了一层泥膜,增加了颗粒之间的黏聚力,使得颗粒之间的传力得到扩散,改善了土体的受力状况,另外,泡沫的体积极小,混合后泡沫的泥浆扩散性得到增强,可以在刀盘的搅拌下迅速渗透到土层中,将砂卵石颗粒包裹起来,降低了土体的密实度,改善了土体的塑流性,利用泡沫优良的润滑性能,改善土体粒状构造,同时吸附在颗粒之间的气泡可以减少土体颗粒与刀盘系统的直接摩擦,降低土体的渗透性,又因其比重小,搅拌负荷轻,容易将土体搅拌均匀,从而做到既能平衡开挖面土压,又能连续向外顺畅排土,同时泡沫具有可压缩性,对土压的稳定也有积极作用。

6 结语

膨润土和泡沫两种添加材料是目前常用的渣土改良剂,本文针对无水砂卵石地层,探讨了两种改良剂的适用性,在此基础之上,重点研究了同时使用膨润土和泡沫两种改良剂的渣土改良效果。

同时使用两种改良剂对于无水砂卵石土体的改良效果明显,相比只加入膨润土,盾构推力和刀盘扭矩的减小显著。而且,两种改良剂同时使用,相互协调作用,更容易建立和保持动态土压平衡,减少对于周围影响土体的扰动。

盾构空载区间推进关键技术措施

魏斌效 戈玮 刘磊

摘 要 本文主要针对盾构过矿山法隧道施工工艺及相关技术进行研究,其中包括矿山法隧道封端处理与端头加固及盾构始发的处理措施、矿山法隧道导台施工与盾构机尺寸的匹配等。同时,进一步对盾构过矿山法隧道施工工艺的经济性进行了分析,表明该工法在技术、经济方面具有可行性和可推广性。

关键词 矿山法 盾构 施工工艺

1 工程背景

依据北京轨道交通9号线东钓鱼台站~白石桥南站设计图纸和地质勘查报告,以及综合前期施工暗挖隧道对地层的揭示,设计盾构始发井北侧有一定长度的砾岩层,穿越砾岩地层后,地层为卵石⑦地层。

盾构始发井往北盾构改暗挖段临近首师大6层东西走向砖混结构宿舍楼及6层南北走向砖混结构宿舍楼、第三项目管理中心6层砖混结构楼房及云建大厦11层钢筋混凝土结构楼房,四栋建筑物与区间左线水平净距为13m。且地面线路上方存在多条市政管线,分别为$\phi 600$污水、雨水管线以及一趟军缆。

该段地层对于盾构设备施工和选型有较大风险,在要求盾构设备需满足破岩能力的同时还需在卵石地层长距离顺利推进。综合考虑开挖砾岩与卵石的复合地层及长距离一次掘进的原因,确定从盾构始发井向北以暗挖方式先期开挖45m,将对盾构损耗最为严重的砾岩层顺利渡过后,再采用盾构法开挖剩余区间隧道。

因此采用"矿山法开挖、盾构法衬砌"的施工工艺。这样既可规避盾构在长距离硬岩段掘进刀具消耗大、掘进效率低的风险,又能保证在卵石地层正常推进的要求。

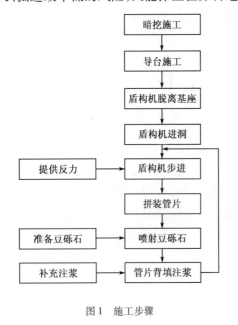

图1 施工步骤

2 盾构过矿山法隧道施工工艺

依据设计图纸和施工组织设计。整个工序分为2个阶段,一阶段为导台施工阶段;另一阶段为盾构施工阶段。施工步骤见图1。在导台施工阶段完成盾构导台的施工,施工过程中穿插盾构测量及盾构模型的验证,确保了矿山法隧道的尺寸满足盾构施工需要。通过技术手段解决暗挖端墙封端和满足盾构始发端头加固的矛盾,始发段端头加固与盾构始发工艺之间的矛盾。另一阶段为盾构45m暗挖隧洞,盾构进45m暗挖隧道、背后填充、步进、管片拼装、注浆、盾构出导台滑轨、盾构进暗挖掌子面、正常掘进等施工工序。结果证明,因为对施工方案进行了细致的讨论和研究,使各环节的准备工作做得比较充分,圆满完成了盾构过45m矿山法隧道的施工任务。

3 暗挖施工阶段

3.1 暗挖隧道与导台施工技术

隧道初期衬砌后直径为 6500mm 的马蹄形隧道,管片外径为 6000mm、内径为 5400m,管片宽度为 1200mm、厚度为 300mm,每环 6 块错缝拼装,衬砌环采用通用环组合形式。

盾构机盾体尺寸为 6150mm,后盾尺寸为 6400mm,在进行盾构机步进过程中,后盾与初支结构间隙每边各 50mm,因此矿山法隧道严禁欠挖,同时导台高度和轴线必须控制在设计允许的误差范围内。在实际施工中,为了最大限度地避免出现暗挖隧道侵入结构的现象,按照盾构机尺寸施做一个盾构断面模型,结合隧道断面测量成果对暗挖隧道进行验证,对矿山法区间隧道段进行修整。凡欠挖处一律凿除处理,超挖 80mm 以上、面积 $1m^2$ 以上,必须进行处理,特别是本台盾构的四个外置型注浆保护器的位置进行重点处理。盾构导台、盾构始发/接收洞门环梁施工完成后再进行一次联系测量,形成矿山法

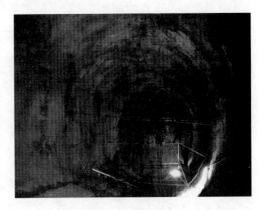

图 2　盾构模型检验

隧道竣工测量成果,为盾构正常通过提供依据。见下图 2 盾构模型检验。导台断面弧长与隧道中心夹角为 60°,以保证盾体与导台有足够的接触面;导台弧面施工必须满足设计要求,使盾体与导台保持均匀接触。具体见盾构导台图,图 3。

导台起点从洞门开始,一直至隧道端墙前方,导台与端墙之间预留 1m 长的缺口,使盾构机刀盘在缺口处顺利旋转并切入端墙。

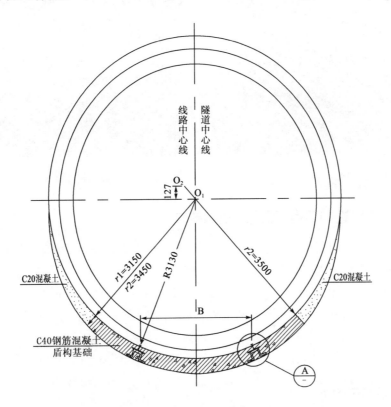

图 3　盾构导台图(尺寸单位:mm)

3.2 暗挖隧道端头封闭、水平端头加固与盾构始发端头的技术措施

按照设计图纸要求,为了保证矿山法隧道端墙的安全以及满足端头水平加固地层的注浆压力要求,隧道端墙采用工字钢加双层网片+30mm厚喷射混凝土的方式进行封堵。

端头水平土体加固见图4、图5、图6和图7。在端头水平加固完成后、为了满足盾构始发推进的要求,在推进前,按照暗挖施工工艺,对上半断面隧道开挖2m,下半断面将工字钢拆除,将下半断面按照1:0.2放坡,分别将上下端墙锚喷素混凝土200mm。

图4 端头水平土体加固前端头形式

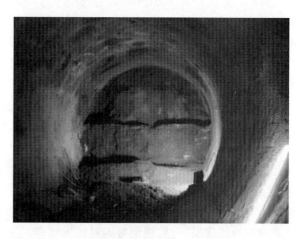

图5 始发前端头形式

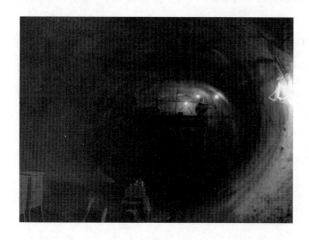

图6 端头水平土体加固

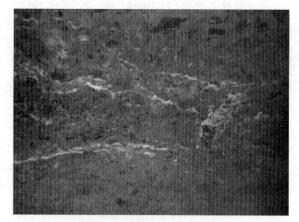

图7 端头水平土体加固效果

3.3 暗挖隧道推进中刀盘、刀具的技术要求

由于盾构机刀盘外径比盾体外径大,且外周刮刀比盾构机刀盘略大,在盾构机从始发托架上导台前,为了避免盾构机在导台上前进时将导台混凝土刮起破坏导台。在盾构机快进入导台前,将刀盘旋转约5°~8°,将外周边缘刀旋转至滑轨缺口处,待盾构机推进至滑轨尽头后,再开始旋转刀盘。盾构刀盘在矿山法隧道内见图8,盾构刀盘在基座上见图9。

4 盾构施工阶段

4.1 盾构机姿态控制

本45m暗挖隧道坡度为0.2%,平面线路为直线。由于盾构机在导台上前进阻力很小,且导台已经

确定了盾构机的前进方向,为了确保盾构机沿导台前进不偏离,并在导台上保持正确的姿态,在本段盾构推进中,使用下半部分千斤顶,上半段随动,使其缓慢往前推进。

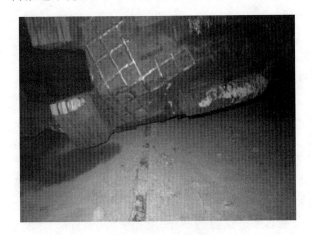

图8　盾构刀盘在矿山法隧道内

图9　盾构刀盘在基座上

盾构机推进过程中,通过测量复核盾构机轴线与导台轴线误差,并根据误差调整铰接油缸和推进油缸的行程差,保证盾构机在导台上姿态良好,使盾构机沿导台轴线前进。

4.2　管片错台及其上浮的控制

随管片拼装进行管片与矿山法初支间的背衬回填工作。背衬回填通过充填豆砾石和注浆实现。豆砾石采用锚喷机,通过刀盘前端进行喷射,原则从上部及其两腰喷射注入,但必须确保环向空歇填充饱满。管片与初支之间空隙充填豆砾石随着盾构推进在盾构隧道内进行,豆砾石粒径5~10mm。同时,利用盾构机上端2个注浆孔进行少量的同步注浆,浆液配比为水:膨润土:粉煤灰:细砂:水泥=520kg:100kg:430kg:510kg:270kg。将已填充的豆砾石密实固化,使衬砌管片与初期衬砌之间密贴,提高支护效果。在进行同步注浆时严格控制注浆量,否则浆液将通过盾体外的间隙流入土舱内。同步注浆完成后,盾构机继续往前进行下一环推进。

在盾体完全进入土体后,矿山法隧道初期衬砌与管片之间的空隙端头被完全封闭,一端被土体封闭,另一端被洞门压板和帘布封闭。因此从洞门第一环开始逐环对所有的管片进行二次注浆,将管片背后间隙再次填充密实。对管片进行注浆时,由于管片周围没有土体的约束,易发生管片上浮现象,为了控制管片上浮,注浆顺序为自上而下,少量多次进行注浆。双液浆胶凝时间控制在15~20s,浆液配比为水泥浆:水玻璃=1:1。二次注浆结束后,对注浆前后整个隧道的中心高程进行测量和比较,管片最大上浮量仅为1.5mm。管片块与块之间的最大错台量为3mm,环与环之间最大错台量为5mm;隧道的断面水平直径和垂直直径最大差值仅为8mm,椭圆度为2‰D(小于5‰D);隧道中心高程最大偏差为10mm,水平偏差最大7mm;隧道无漏水点,管片表面无湿渍,隧道防水等级达到二级标准,隧道质量达到优良。

4.3　盾构始发切入端墙施工控制

当盾构刀盘踞矿山法隧道始发端头2m左右时,暂停推进,开始拆除前端锚喷架子,检查前端土体情况及滑轨情况无误后,盾构继续推进,至刀盘出滑轨后,缓慢转动刀盘,让刀盘靠在端墙下端土体上。保持刀盘低速旋转,并不停地改变刀盘转动方向,让其慢慢地切入端墙,防止盾体旋转角度过大。当盾体全部进入土体后,因盾体被周围土体完全包裹,土体对盾体旋转产生较大的摩擦阻力,盾体转角明显减小,盾构机即处于正常掘进状态,以确保到达端墙的稳定和防止地层坍塌。

4.4　盾体自转的控制技术

按照现场实际情况,盾构前方土体为台阶状,为了克服盾构自转问题及保证盾构前端土体的稳定性,以小推力、小贯入量、低扭矩、低转速模式推进,同时通过左转、右转交替进行来减少自转幅度,达到将盾构自转角度控制在较小范围内的目的。

4.5 盾构机"磕头"措施

在刀盘切入端墙过程中,因盾构机自重等原因,盾构机容易出现"磕头"现象。为了防止"磕头"现象的产生,推进过程中应加强盾构姿态的控制,利用调整推进油缸的编组进行纠偏。

4.6 增大盾构机总推力压紧管片

在实际施工中,由于盾构机在导台上前进阻力很小,盾构机总推力很小,盾构最大推力约1000kN,在推进油缸不能有效地压紧管片,造成止水条压缩量不足,管片环向接缝容易漏水,不能满足盾构螺栓拧紧和管片胶条挤紧的要求。由于矿山法隧道总长只有45m,虽然管片背后已填充豆砾石,但管片在沿隧道轴向移动时阻力较小,所以须采用增大盾构机总推力来重新压紧管片。

在盾体全部进入土体后,转动刀盘,停止推进,加大所有推进油缸的油压,增加盾构机总推力,使其达到1800~2000t,压紧矿山法隧道内已拼装的管片。保持这个总推力再一次紧固所有的管片螺栓,防止因管片止水条压缩量不足而出现漏水现象。但在压紧过程中要注意观察每环管片受压情况,防止因盾构机总推力过大而将管片压损压裂。管片复紧完毕后,方可开始盾构再次掘进。

5 经济效益分析

按照45m矿山法+盾构过矿山法及45m全为盾构法考虑。经济效益分析见表1。

经 济 效 益 分 析 表1

项目	单位	矿 山 法 隧 道	盾 构 法
更换整盘刀具		0	200万元
矿山法每延米单价		45×3万元	45×6万元
空推盾构每延米单价		45×3万元	0
是否需要换刀		否	需要(20万元)
		270万元	490万元

(1)安全顺利地完成了盾构机空推过暗挖隧道施工任务。
(2)较少了地面道路导改、管线改移的任务量。
(3)确保了工程的施工安全。
(4)取得了良好的社会效益和经济效益,并为公司技术人员提供了完整的盾构机过矿山法隧道的施工经验,增强了盾构施工技术人员的信心,为后续盾构施工奠定了良好的基础。

6 结语

我国轨道交通建设规模越来越大,受施工现场条件、地面交通导流、管线改移、施工工期的影响、地质条件的制约,不可避免会多次使用盾构空推过矿山法隧道的工程实例。

相比全部采用盾构法,本工艺降低了工程成本、减小了工程风险、赢得了一定的社会效益。同时也能为我公司其他盾构区间或从事盾构施工的兄弟单位,在盾构过矿山法隧道施工方面,提供一定的借鉴,对类似条件的盾构过矿山法隧道施工具有一定的指导意义。

房山线卵石地层暗挖与盾构方案比选及应用

崔红军　金　奕　尚金涛

摘　要　北京轨道交通房山线世界公园站至郭公庄站浅埋暗挖地下区间原设计为盾构施工工艺,在地下结构条件无法满足盾构施工工艺及工期要求的情况下,经技术及经济对比研究,将原盾构工艺改为暗挖施工工艺,圆满完成施工任务,为将来类似工程施工提供了宝贵的经验借鉴。

关键词　轨道交通　盾构　暗挖　技术经济对比　工艺选择

1　工程概况

1.1　工程简介

近几年,全国各大城市陆续加快了城市轨道交通建设的步伐,北京和上海等一线城市的轨道交通建设延伸到了城市周边郊区。为了尽量不占用地上空间,多数郊区线路就由常规的地上高架转为地下暗挖。房山线轨道交通线路走向为出世界公园站之后,穿过丰葆路,线路折向东行穿越丰台区财会培训中心、规划万寿路南延后,线路折向北行,穿过郭公庄地块后进入郭公庄站。地下区间总长度为1379m,隧道净断面尺寸为4.9m×5.23m,隧道埋深5.5~25m,埋深小于10m段115m长,区间最小曲线半径400m;最大纵坡26‰。

区间原设计为盾构施工,原盾构平面示意图见图1,现计划经过经济及技术对比研究,得出将原盾构路线改为暗挖施工是否存在可行性。

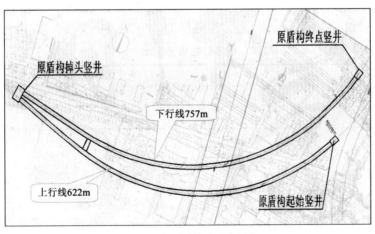

图1　现场原盾构平面示意图

1.2　工程地质和水文地质情况

1.2.1　工程地质情况

区间位于永定河冲洪积扇中部,永定河故道范围内。工程沿线地势基本平坦,局部稍有起伏,整体地势基本由东北向西南逐渐降低。自然地面以下至第三系基岩顶板之间的第四系地层,岩性为黏性土、粉土及砂土、卵砾石土层,地层土质在垂向分布上具有典型的粗细颗粒土多旋回沉积的特征,自然地面高程为 47.59 ~ 48.22m。

1.2.2 隧道穿越地层土质情况

现场地质情况见图 2。

a) 5~10m,细砂③1层,卵石④层　　b) 10~15m,卵石④层,卵石,圆砾④1层　　c) 14.6m 处漂石(粒径32cm)

d) 19.5m 处漂石(粒径30cm)　　e) 15.0~20.0m,卵石④层　　f) 20.0~22.6m,卵石⑥层

图 2　现场地质情况

卵石④层:挖探表明该层局部分布有少量漂石,最大直径约 32cm。

卵石⑥层:杂色,密实,湿~饱和,剪切波速 v_s 值 =554~666m/s,重型动力触探击数 $N_{63.5}$ =75~150,钻探揭露卵石部分 $D_大$ =12cm, $D_长$ =15cm, $D_{一般}$ =6~9cm,亚圆形,含中粗砂约 30%,局部分布有少量漂石,最大直径约 30cm,属低压缩性土。该大层层顶高程 23.12~24.44m。漂石分布情况统计见表 1。

漂石分布情况统计　　表 1

隧道穿越含漂石地层情况	漂石最大直径(cm)	地层高程范围(m)	隧道穿越长度(m)
卵石④层	32	19.5~20	200
卵石⑥层	30	23.12~24.44	150

1.2.3 工程水文情况

历年最高水位经查询、分析,工程场区近 3~5 年最高地下水位为:高程 24.40~23.40m(自西南向东北逐渐降低)。地勘资料显示:本工程场区内地下水(潜水)埋深较深,一般在地面 29.40~30.90m 左右,而隧道底板埋深约为 13.00~25.00m,处于场区潜水水位以上,在施工中只考虑最不利情况下采用局部施工降水。场区地下水埋深、分布见表 2。

场区地下水埋深、分布一览　　表 2

地下水性质	初勘水位埋深	3~5 年最高水位	含水层岩性特征
潜水	29.40~30.90	23.40~24.40m	第 6 大层卵石层

1.3　线路所穿越的建(构)筑物情况统计

拟电隧道有关的建构筑物、管线关系见表 3。

拟建隧道有关的建构筑物、管线关系表　　　表3

建(构)筑物管线名称	建(构)筑物结构、基础情况	与区间隧道关系	风险源现状	风险源等级
丰台区财政培训中心	A011、A013：地上3层，地下1层，筏板基础，基础埋深-8.5m	隧道顶距A013基础底板6.2m	人员已搬迁，完工后再利用	一级
	A010：地上2层，无地下室，条形基础，基础埋深-3.0m。A012、A014：地上3层，无地下室，条形基础，基础埋深-3.0m。采用夯扩水泥土桩复合地基，桩径420mm，共433根，处理深度在地面下约7.0m	隧道顶距A010、A012、A014基础底板13.5m		
郭公庄中学	办公楼、教学楼地上2层，无地下室，采用天然地基，条形基础，基础埋深-3.0m，主体结构形式为砖混	隧道顶距基础底板约15.3m	人员已搬迁，永久拆除	零
	食堂局部为地下1层，基础埋深-5.3m			
郭公庄黏合剂厂（原郭公庄模板厂）	地上3层，无地下室，为车间及办公用房，砖混结构，基础埋深-3.0m	隧道侧穿，隧道顶距基础底板约17.6m	正常办公	三级
民房（共4排，每排15间）	一般地上1层，无地下室，个别住宅为2层，采用天然地基	隧道下穿	居住	三级
水源热泵井（8个）	成井直径为800mm，水管直径为400mm，水泵深度36~40m	与隧道水平净距约2.7m	不使用	三级
水源热泵抽水井	水管直径为300mm，深度48~50m			
天然气井（2个）	深约8m	隧道上方约5m	使用中	三级

根据我单位的盾构暗挖技术经济对比说明，地质情况、地下水位情况，目前的现场风险源情况及9号线和房山线的总体施工进度要求情况等进行了认真分析，将区间盾构施工工艺改为暗挖工艺。风险源与线路关系见图3。

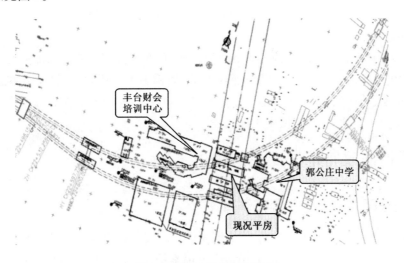

图3　风险源与线路关系示意图

2　原盾构方案施工的筹划及进度计划安排

2.1　盾构施工掘进安排

盾构施工掘进安排见图4。

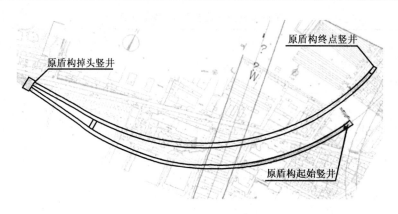

图 4　盾构施工掘进安排图

2.2　施工组织

具体施工部署为：盾构机从 9 号线郭公庄出入线段（明挖基坑）竖井始发，右线向世界公园站方向掘进的同时，进行盾构调头井施工，调头井施工不占用总体工期，如果有条件可与始发井等同时施工，盾构机掘进至世界公园东 268m 处设置的盾构机调头井后，盾构机调头向郭公庄方向推进的同时，完成接收竖井施工，并为盾构机接收做好各项准备工作。

2.3　盾构工期进度计划

根据工期进度计划，盾构法施工总工期为 556d，如 2010 年 8 月 1 日能够正式开工，则 2012 年 3 月 3 日可完工。如果始发井施工受 9 号线明挖基坑施工制约，工期将有可能受影响。

2.4　工期分析

地勘资料显示局部有漂石，隧道穿越漂石层的总长度（上下行）共计 700m，遇到大漂石的位置不能确定，如果遇到漂石则需要采取相应措施，如增加竖井、桩基破碎等，其位置的不确定性还有可能拆迁现况地面建（构）筑物。

穿越卵石地层采用盾构法施工，盾构机刀盘磨损较严重，在本区间应考虑增加换刀竖井及盾构机刀盘检修时间。盾构机调头占用总体工期，需增加约 45d。盾构施工过程中，联络通道不能与隧道同时施工，需要占用总体工期，约增加 65d。盾构法施工，工作竖井较大，根据设计要求需增加护坡桩、横支撑等，相对于矿山法采用逆作法施工竖井，则工期较长。

3　提出盾构法改暗挖法变更的理由

3.1　与 9 号线明挖基坑施工存在矛盾

房山线要求在 2011 年年底土建结构完工，为铺轨等设施安装提供作业条件。而 9 号线与房山线相接部位采用明挖基坑，基坑深度约为 25m，采用预应力锚索护坡，要求 2012 年同房山线连接通车，因此需要同期施工。造成盾构竖井与明挖基坑施工存在矛盾，工期相互影响。

3.2　工期要求

根据工期总体分析，盾构施工的总工期为 554d，难以满足 2011 年年底隧道贯通、结构完成的总体工期要求；如采用暗挖法施工则可根据拆迁范围调整竖井位置，总体工期可控。通过工期比对，采取暗挖施工工期最多可提前完成 5 个月。

3.3 目前现场情况制约

盾构法施工需要两侧明挖基坑先做，为盾构机施工作业提供条件，但由于世界公园明挖区间受管线改移影响，开始施工日期不明确，同时盾构调头井处有一条直径为200mm的天然气管线，改移困难；与9号线接头部位交叉作业，相互影响，所以工期受影响。

采用暗挖施工，通过在拆迁范围内竖井位置的调整，对两端明挖结构没有影响，同时可避开明挖段的管线改移的影响，总体工期可控。

3.4 地质情况影响

现况为永定河故道，地勘资料显示为砂卵石地层并含有少量大漂石。盾构法施工存在刀盘、刀具磨损以及刀具更换问题，如果遇到大漂石则还存在开仓破岩问题。

我单位根据地勘资料进行了盾构法施工调研，咨询有关盾构专家，结合有关盾构机生产厂商的建议，根据地质情况本区间盾构施工时每200m左右就应更换刀具，因此根据现场地面情况需设置换刀竖井，以便进行刀具更换和检修刀盘。砂卵石、漂石地层盾构机姿态控制和掘进是均存在对地面扰动问题。

暗挖法施工可在隧道掘进面处采取技术措施来及时、有效解决遇卵石及大粒径漂石等地层问题。

4 盾构与暗挖施工方案对比

4.1 工期对比

见表4。

工期对比　　　　　　　　　　　　　　　　表4

序号	施工方法	施工说明	工程量（m）	计划工期（d）	分析
1	盾构法施工	盾构施工必须按始发→调头→接收的顺序进行	1379	556	盾构机调头需增加约45d，盾构施工过程中，联络通道不能与隧道同时施工，需要占用工期，约65d
					始发井施工受9号线明挖基坑施工制约，调头井受管线改移制约，总体工期将有可能受影响
					如果遇到大的漂石则需要采取相应措施，如增加竖井、桩基破碎等
2	暗挖法施工	设置3座竖井，一个工作横通道，八个掌子面分别掘进	1379	415	目前拆迁基本完成，根据拆迁范围适当调整施工竖井位置，场地可具备开工条件，联络通道可与正线隧道同时施工，不占用总工期

4.2 安全对比

见表5。

安全对比　　　　　　　　　　　　　　　　表5

序号	施工方法	分析
1	盾构法	施工工艺成熟，安全可靠，但是卵石、漂石地层盾构机姿态控制和盾构掘进存在对地面扰动问题，对距离较近（2.7m）的水源热泵井影响较大
		联络通道的暗挖施工与盾构管片接口处理工艺复杂，稍有闪失，将会产生安全隐患，进而引起地面坍塌事故
2	暗挖法	施工工艺成熟，根据本段区间隧道地层情况，在穿越卵石层，隧道开挖进行小导管超前注浆，对拱顶、侧墙部位土体进行预加固，可以达到保证隧道施工安全
		在穿越建（构）筑物时，通过对地层提前预注浆加固、对隧道施工上方建筑物加强监控量测，通过严格的管理，精心施工同样能保证工程质量，保证地上建（构）筑物的安全可靠

4.3 质量对比

见表6。

质量对比　　　　表6

序号	施工方法	施工质量控制措施
1	盾构法	根据地勘资料、既有管线、建(构)筑物、地面环境及地表隆陷值等的控制要求,经过技术、经济等的比较后选用适宜的盾构设备
		建立完整的测量和监控量测系统,控制隧道位置,对地层及相关建(构)筑物进行监测,并及时反馈信息
		掘进过程中严格控制中线平面位置和高程,发现偏离逐步纠正
		预制管片现场验收合格后编号并进行防水处理等,通过管片试拼及安装过程质量监控,施工过程质量可控
2	暗挖法	地层超前支护及加固,根据地质和开挖断面采用短台阶法施工,逐榀架设喷锚,确保施工安全
		掘进过程中通过测量仪器严格控制中线平面位置和高程,发现偏离逐步纠正
		隧道掘进过程中,严格按质量标准及时完成初衬和后背注浆,根据工程进度情况施工防水及二衬
分析		盾构法和暗挖法的施工工艺均很成熟,如果采用暗挖法施工,通过施工过程中严格的监控量测及纠偏控制,隧道施工质量仍然可控

4.4 技术经济对比

见表7。

技术经济对比　　　　表7

序号	施工方法	经济分析
1	盾构法施工	不包括工作井结构施工,平均每延米费用约3.87万元
		工作井占地面积大,不但受拆迁进度制约,如果增加换刀竖井,则需要增加相应的拆迁、占地费用
		工作竖井大,须增加护坡桩、横支撑等围护结构
2	暗挖法施工	不包括工作井结构施工及技术措施费用,平均每延米费用约3.64万元,但工作井占地面积小,不增加征、占地费用

5 结语

北京轨道交通房山线世界公园站至郭公庄站地下区间原设计盾构施工工艺,在地下结构条件无法满足盾构施工工艺的情况下,积极采取相应措施,通过将盾构施工工艺与浅埋暗挖施工工艺经过技术经济对比等措施,改为浅埋暗挖施工工艺,圆满完成施工任务,为今后同类工程施工提供借鉴经验。

浅覆土盾构下穿机场停机坪施工技术

李润军　李乾斌　李润圣　薛英法

摘　要　针对浅覆土盾构下穿首都机场停机坪的工程技术难题,通过在进入停机坪前 50m 做模拟试验段,获取各种推进控制参数;优化土压控制技术、注浆控制技术,做到匀速、均衡地推进;加强监测,根据监测结果调整推力、扭矩、出土量、土压、注浆量与压力等参数;对沉降值达到预警部位,采取二次补浆及多次补浆技术;对沉降值超控制值部位,首次采用地下隧道深孔劈裂注浆技术,将沉降值调整到控制值范围内,最后安全顺利通过。

关键词　浅覆土盾构　机场停机坪　沉降控制　深孔注浆

1　引言

北京首都机场线 T2 支线盾构下穿首都机场停机,为特级风险源,一方面,为保证飞机滑行和停放安全,机场停机坪对地表的变形控制要求非常严格;另一方面,在软土地层中,浅埋盾构掘进对地表的扰动较大,地表变形控制的难度非常大;给施工带来了非常大的难度,必须采取有效的措施方能保证安全顺利地通过。

2　工程概况

2.1　设计概况

T2 支线地下段盾构区间工程,在到达 T2 航站楼前要下穿首都机场停机坪,穿越长度 376m,如图 1 所示,隧道覆土厚度 8.6~10.2m,线间距为 12m,盾构隧道内径 5400mm,厚度 300mm,宽度 1200m,采用错缝拼装。盾构机采用铰接式土压平衡盾构机。如图 2 所示,停机坪为 5m×5m、厚度为 38~42cm 的现浇混凝土方块,建于 20 世纪 60 年代,局部为 2003 年建。

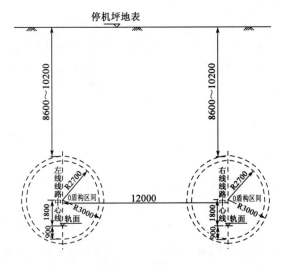

图 1　盾构隧道下穿停机坪剖面示意图(尺寸单位:mm)

图 2　首都机场 P3 停机坪现状图

2.2 地质与水文情况

盾构隧道主要穿越粉质黏土④、黏土④$_2$层,局部穿越粉细砂④$_3$层,属于软土地层。水文情况:盾构穿越所涉及两层水:一是上层滞水,水位埋深 3.46~3.80m;二是层间潜水水位埋深为 15.7~19.5m,其含水层主要为粉土④$_2$层、粉细砂④$_3$层,水量比较大。详见图3。

3 工程特点

(1)地层沉降控制严格,施工难度大。由于机场停机坪的特殊性,尤其是飞机滑行区域对地表沉降值要求非常高,机场管理部门给出的允许沉降控制标准为:地表允许最大沉降控制值为不超过20mm,这对于双线盾构隧道穿越,地表沉降的控制难度是非常大的。

(2)覆土浅,对地层的扰动大。

(3)地层以饱和粉质黏土为主,地下水位高。

(4)飞机停放区、滑行区地面(动)荷载较大,增加了地层中的附加应力,增大了地层变形量。

4 盾构开挖面土压管理技术

4.1 目标工作土压力的设定

目标土压力值,按"静止土压 + 水压 + 预留压力"来计算,但静止土压数值很难确定,一般情况之下,可以把盾构停止时开挖面上的土压计的测定值近似作为目标土压力设定值。

根据计算与初始掘进的调试,确定目标土压力设定值为 55~70kPa。

4.2 开挖面土压平衡的保持

为控制开挖面的稳定,必须通过目标土压力值的管理,使地层水土压力 P 和密封舱内泥土压力 P_0 保持动态平衡。这种平衡,通过调节与控制螺旋输送机的排土量来实现。

如图3所示,表示盾构机掘进时,开挖面压力差 $|P-P_0|$ 与螺旋输送机取土量之间的关系。由图可见,开挖面土压力的大小及其变化幅度是开挖面稳定的重要因素。为实现螺旋输送机正常排土,保证开挖面的土压平衡,目标土压力值的管理还涉及加泥量(含泥浆性能)、千斤顶推进速度、切削刀盘的转速控制等等。因此,目标工作压力的管理实际上是一项综合管理技术。

经过上述土压力调整,实现了土压力的稳定,如图4所示。

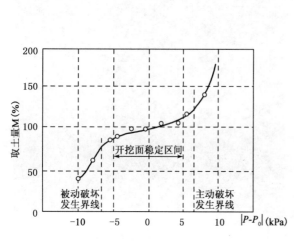

图3 开挖面压力的变化与取土量的关系

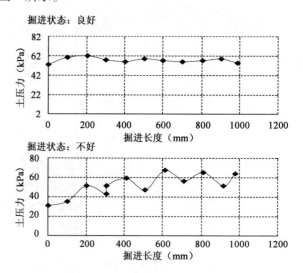

图4 掘进一环土室内土压力的不同变化曲线

4.3 开挖土量的管理

开挖土量与排土量的是否平衡对开挖面土压力有比较大的影响,如图5所示,为盾构掘进中某一环的开挖土量与排土量的关系,从图中可以看出,开挖土量、排土量与土压力的关系:若开挖土量大于排土量,则土压力有升高的趋势;若开挖土量小于排土量,则土压力有降低的趋势。

如图6所示,盾构开挖土量的管理要求是使挖掘的土量与排出的土量相等。在施工中通过调整刀盘油压和螺旋输送机的油压实现开挖土量与排土量的平衡。但实际上这些参数是随着盾构掘进不断变化的,因此,要做到开挖土量与排出的土量绝对相等是很难的,工程实际中,二者是有一定波动的。

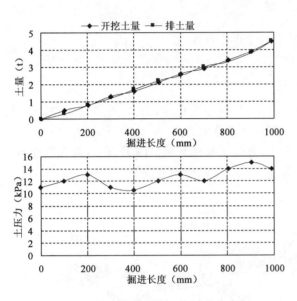

图5 开挖土量、排土量与土压力的关系

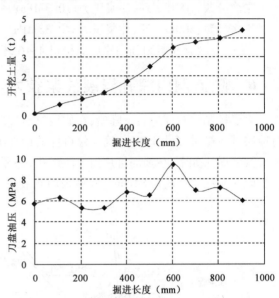

图6 开挖土量与刀盘油压的关系

5 同步注浆及多次补压浆技术

5.1 同步注浆

同步注浆采用双液(A、B)浆,当盾构推进100mm左右,通过台车上的两台注浆泵分别将A液、B液送出,在机头内混合管中充分混合后经盾构盾壳上的注浆管注出,开始进行同步注浆,如图7所示。当推完900mm时完成同步注浆。每次同步注浆完成后要通过机头内高压水管进行冲洗。

图7 同步注浆示意图

本工程中,同步注浆压入口的压力选取1.1~1.2倍的静止土压力,注浆压力≤0.28MPa;同步注浆量为理论间隙的140%左右,取1300L/环;同步注浆在衬砌脱出盾尾及盾构掘进时同步进行,并在推进一环的时间内完成。

5.2 二次(或多次)注浆

二次(或多次)注浆主要是弥补同步注浆的不足。因此浆液性能与同步注浆浆液有明显不同。要求浆材的细度更小,浆液的流动性更好,必须掺入缓凝剂来延长凝结时间。同时为了提高浆体强度,不掺膨润土。注浆压力应当小一些,注浆时间适当延长,即延时低压。

二次补浆:700L/2环,注浆压力≤0.3MPa;

三次补浆:500L/2环,注浆压力≤0.35MPa。

二次、三次补压浆则利用滞后盾构机4~6环管片上的注浆孔完成。

6 隧道洞内深孔劈裂注浆技术

为了控制停机坪地表沉降值,在盾构机通过后,引进深孔劈裂注浆技术,挤密、劈裂受扰动的土体,对地层进行微量顶升和加固,确保停机坪的最终沉降控制在允许范围之内。

具体做法如下:在顶部管片预留注浆孔,每环2~3个,方向基本向上,如图8所示,注浆深度在本工程中取6m;注浆孔内径84mm。浆液采用双液浆。注浆量与压力根据监测数据及时进行调整。

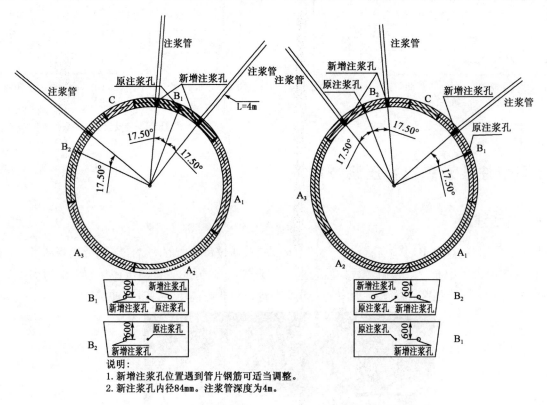

图8 深孔注浆示意图(尺寸单位:mm)

7 其他技术措施

(1)进入停机坪前50m作为过停机坪模拟段,完全模拟按照穿越停机坪时的盾构操作要求进行推进,加强监测,总结施工参数,为正式穿越停机提供施工依据。

(2)穿越前详细核实各控制点坐标及高程,特别是位于平曲线和竖曲线上,根据设计曲线偏移值和竖曲线修正值确定盾构掘进中线,并控制好盾构机的掘进姿态,以免引起偏差。

8 监测结果

通过对整个穿越过程中的数据分析,限于篇幅,选取后行通过右线的中线监测结果如图9所示。

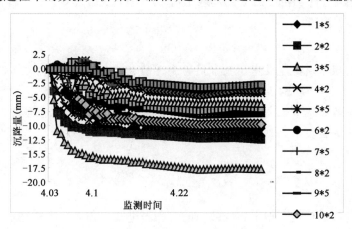

图9 右线隧道中线各监测点沉降曲线图

监测结果显示:右线最大沉降量18mm,说明采取这些有效的技术措施确保了盾构通过期间停机坪的安全使用。

9 结语

(1)对于在浅覆土及饱和的粉土、粉质黏土(局部砂层)中推进盾构,由于土体强度低,自稳性差,地层位移量增大,控制地表沉降难度大,而且机场管理部门要求的地表控制值非常严格,在施工过程中,通过优化盾构掘进参数,采取土压动态控制技术、二次注浆技术及深孔劈裂注浆技术,把沉降值控制在目标值以内,保证了盾构安全、快速地通过。

(2)由于机场停机坪的特殊性,为确保飞机滑行及停放的安全,加强施工监测,监测数据及时反馈作业面,保证了盾构通过期间停机坪的安全使用。

(3)盾构隧道下穿机场停机坪施工在国内是第一次,可为以后类似工程的设计与施工提供重要的参考价值。

盾构施工测量技术研究及应用

孙晓鹏　王忠华

摘　要　盾构法是目前城市地铁建设中比较常用的先进的施工工法,而盾构施工测量又是盾构法施工成败的关键,盾构测量决定了隧道能否正常掘进和成型隧道能否满足设计线路要求。本文从盾构施工测量各个环节论述了盾构施工测量控制的关键,为以后盾构施工测量提供借鉴。

关键词　盾构　测量　关键技术

1　前言

隧道盾构法施工是以盾构机在地下暗挖隧道的一种先进施工方法。盾构是一个既可以支承地层压力又可在地层中推进的机电一体化设备。盾构的前端设有支撑和开挖土体的装置,盾构的中段设有顶进所需的千斤顶,盾构尾部拼装预制的管片或现浇挤压混凝土衬砌环。近年来,在我国地下铁道施工中,盾构法已在北京、上海、广州等各大城市的地铁建设中得到广泛应用。与传统地铁施工方法(如明挖法、盖挖法、浅埋暗挖法等)相比较,盾构法的优点是安全、自动化程度高、劳动强度低、速度快、不影响地面交通、不受气候条件影响和适用于各种不同软硬程度的含水或不含水的不同地层(盾构可按不同地质、水文地质条件进行有针对性的专门设计),它是加速发展城市地下铁道的有效手段。而盾构法施工中的测量工作,是确保工程施工安全、质量、高效的一项重要的保障工作。

在盾构施工中,隧道一般距离较长、前方设备多,隧道内通视条件差,这就给测量工作带来了一定的困难。为确保盾构机能正确地沿着设计的线路进行掘进,准确地从接收车站预留洞门出洞,达到顺利贯通,并且隧道满足设计的限界要求,为此,在隧道施工前应做好控制测量的方案设计,并通过贯通误差的估算,判断所设计的方案是否合理并能满足贯通误差的要求。做到隧道贯通精度心中有数,既不应由于精度不够而造成工程损失,也不盲目追求高的精度,而增加测量工作量。

2　工程概况

北京地铁某工程包含两个盾构区间,全长分别为 1421.175m 和 1505.431m,设计双线隧道。地面多为市区房屋,线路平面曲线最小半径为 350m,最大坡度为 28‰。该工程采用土压平衡式盾构机分别进行区间隧道施工。

3　盾构区间的贯通测量误差分析

3.1　盾构区间贯通误差的相关要求

盾构区间隧道的贯通测量是在已建成的两个车站的隧道预留洞之间进行的测量。预留洞是一个预埋钢环,钢环半径比盾构半径大约大 10cm。盾构施工时,盾构是从一个车站的预留洞推进,按设计的线路方向和纵坡,再从另一个车站的预留洞中推出,这时盾构中心和预留洞中心的偏差值,就是贯通误差(包括测量误差和施工误差)。为了满足盾构掘进按设计要求贯通,就应满足贯通误差(含施工误差)的限值。根据《城市轨道交通测量规范》要求,横向贯通中误差必须小于 ±50mm,高程贯通中误差必须小于 ±25mm,即横向贯通测量允许误差应为 ±100mm,高程贯通测量允许误差应为 ±50mm。

3.2 贯通误差的来源和分析

地铁盾构区间隧道贯通误差主要来自以下几方面的测量工序:①地面控制测量误差;②联系测量误差;③地下导线测量误差。

3.3 盾构区间贯通误差预计

本工程中最大盾构区间长度为 1.5km(大多数区间隧道长度 1km 左右,长区间盾构可达到 3km 多,特殊情况下如贯通距离比较长,就需要制定特殊的测量技术方案),其中贯通误差中纵向误差对施工影响小,本文不做讨论,而只讨论各项测量工序中产生的横向贯通误差。

(1)贯通误差计算基本参数的确定

各阶段测量的误差计算参数均根据《城市轨道交通工程测量规范》中的要求和以往的实测资料分析求得,按本工程中最大区间贯通距离 1.5km 进行计算。

①地面精密导线和地下导线控制测量仪器误差:本工程使用 Leica TCRA1201+ 全站仪,仪器测角精度为 1″,测距精度为 1mm+1pm。

②联系测量误差:一般采用单井定向方法进行联系测量,地下起始边联系测量独立进行三次,按城市轨道交通工程测量规范,联系测量地下初始方位角中误差为 $m_{a0}=\pm 8″$。

③地下测角误差:按城市轨道交通工程测量规范要求精密导线测角中误差为 $m_\beta=\pm 2.5″$,使用 Leica TCRA1201+ 全站仪,并采取布设强制对中控制点、每站观测 4 测回。横向贯通误差主要由地面控制测量误差、定向误差和测角误差引起,受测边测距误差影响很小。

(2)地面控制测量误差引起贯通面 K 点在 x 方向(横向)上的误差

两车站间地面联测的平面控制测量可能方案有:GPS、精密导线网等方法。一般采用导线网,按城市轨道交通工程测量规范,精密导线网测量技术要求,测角中误差为 ±2.5″,按此区间(按区间长度为 1.5km 计算)每 350m 布一个导线点,共布 5 条边,则:

$$M_{上横} = \pm 2.5 \times 1500 \times \left(\frac{(5+3)}{12}\right)^{\frac{1}{2}} \frac{1}{206265} = \pm 0.015\text{m}$$

当区间长度为 1km 时,每 350m 布一个导线点,共布 4 条边,则:

$$M_{上横} = \pm 2.5 \times 1000 \times \left(\frac{(4+3)}{12}\right)^{\frac{1}{2}} \frac{1}{206265} = \pm 0.009\text{m}$$

(3)联系测量定向误差引起的贯通面 K 点在 x 方向上的误差

联系测量的误差集中反映在地下导线起始边的坐标方位角误差上,所以引起的 K 点在 x 方向的误差可用以下公式计算:

$$M_{a0} = \pm m_{a0} \times \frac{R_y}{206265}$$

式中:M_{a0}——井下导线起始边方位角的测量误差;

R_y——井下导线起始点与 K 点连线在 y 轴上的投影长度。

若地下导线不加测陀螺边,联系测量采用单井定向方法,这时联系测量后地下导线初始方位角误差引起的在 K 点的贯通误差为:

$$M_{a0} = \pm 8 \times \frac{1500}{206265} = \pm 0.058\text{m} \quad (按区间长度为 1.5km 计算)$$

通过计算,因联系测量误差导致地下导线初始坐标方位角误差而引起的贯通面的横向误差为 ±50mm,等于规范中规定的贯通中误差 ±50mm(当盾构区间长度为 1km 时,$M_{a0}=\pm 8 \times 1000/206265=\pm$

0.039m)。

(4)地下导线测角误差引起的 K 点在 x 方向上的误差

地下导线测角引起的贯通误差计算(按区间长度1.5km 计算):

$$M_\beta = \pm 2.5 \times \frac{1500}{206265} \times \left(\frac{(14+1.5)}{3}\right)^{1/2} = \pm 0.041\text{m}$$

地下导线测角引起的贯通面 K 点在 x 方向(横向)上的误差为 ±41mm{当区间长度为1km 时,$M_\beta = \pm 2.5 \times 1000/206265 \times [(9+1.5)/3]^{1/2} = \pm 0.023\text{m}$}。

(5)各阶段误差引起的贯通面 K 点在 x 方向(横向)上的总误差(按区间长度为1.5km 计算)

$$M_k = (15^2 + 58^2 + 41^2)^{1/2} = \pm 72.6\text{mm}$$

超出《城市轨道交通工程测量规范》中的贯通测量中误差 ±50mm 的要求。(当盾构区间长度为1km 时,$M_k = (9^2 + 39^2 + 23^2)^{1/2} = \pm 46.2\text{mm}$,满足《城市轨道交通工程测量规范》中的贯通测量中误差 ±50mm 的要求)。

经过上述对贯通测量误差的分析,在本工程盾构区间的施工测量中,为满足贯通要求,必须采取有效措施提高测量精度。结合工程实际,在无法利用区间风井进行投点或者吊钢丝进行两井定向的情况下,我们采用在地下增加陀螺定向、增加地下导线观测测回数等方法来提高井下导线的定向精度,以满足《城市轨道交通工程测量规范》中的贯通测量中误差 ±50mm 的要求。同时还将地下控制网布设为双导线,这样进一步提高了网型强度和测量精度,保证隧道顺利贯通。

4 控制测量

地铁施工领域里平面控制网分两级布设,首级为 GPS 控制网,二级为精密导线网。施工前业主会提供一定数量的 GPS 点和精密导线点以满足施工单位的需要。施工单位需要做的是在业主给定的平面控制点基础上加密地面精密导线点,然后是为了向洞内投点定向而做联系测量,最后是在洞内为了保证隧道的掘进而做施工控制导线测量。不管是地面精密导线还是洞内施工控制导线都属于精密导线测量,虽然边长不满足四等导线的要求,但是基本上是采用四等导线的技术要求施测,其中具体技术要求在《城市轨道交通工程测量规范》都有规定。

控制测量是盾构施工测量中的关键环节,一般情况下不难达到国家有关技术规定的贯通误差要求,但在特殊情况下,比如本工程中盾构区间贯通距离均较长,就需要制定特殊的测量技术方案。归结起来,影响隧道贯通的控制测量环节有:地面控制测量、竖井联系测量和地下控制测量。由于地面测量条件比较好,可采用的提高精度的测量方法也比较多,而影响提高测量精度的主要环节是后两项,即竖井联系测量和地下施工控制测量。下面分别对此进行探讨。

4.1 竖井联系测量

目前地铁竖井联系测量方法主要有以下几种:几何定向测量方法(联系三角形法或两井定向方法)、垂准仪(钢丝)和陀螺经纬仪组合的联合定向法、导线直接传递法和投点定向法。其中几何定向测量方法比较常用,现就本工程中采用的联系三角形定向方法和陀螺仪与垂准仪联合定向法加以介绍。

(1)联系三角形定向

联系三角形定向是传统定向测量方法,其最有利的形状一般应满足下列条件:

①两垂线间距离 c 应尽可能大;

②连接三角形尽量成直伸形,其锐角 γ 值(或 $\gamma1$)应小于 $2°$;

③a/c(或 a1/c)的值一般应不超过 1.5。

联系三角形定向精度可以按下列公式进行估算:

$$M_{a\theta} = \pm\sqrt{M_{上}^2 + M_{下}^2 + \theta^2}$$

上式中 $M_上$、$M_下$ 分别为地上、地下的连接误差，θ 为投向误差。根据《城市轨道交通工程测量规范》在地铁定向测量中限定的误差要求，

地上的连接误差：

$$M_上 = \pm\sqrt{m_{\alpha DC}^2 + m_\varphi^2 + m_\alpha^2}$$

一般为 5 秒；

地下的连接误差：

$$M_下 = \pm\sqrt{m_{\alpha 1}^2 + m_\psi^2 + m_{\delta 1}^2}$$

一般为 7 秒；

投向误差 $\theta = \pm e/c * \rho''$；当 c 为 5m，e 为 0.5mm 是，此时 θ 的中误差将达到 20.6″。因此，$M_{\alpha\theta} = \pm\sqrt{M_上^2 + M_下^2 + \theta^2} = \pm\sqrt{5^2 + 7^2 + 20.6^2} = \pm22.3$。

在上述总误差中，地上测量误差站 5%，地下测量误差占 10%，投向误差占 85%。很显然，若想提高定向精度，提高钢丝的投向误差是关键。为此，除满足上述联系三角形一般最有利的形状外，为减弱风流对悬吊钢丝的影响，沿隧道风流方向合理布设垂线位置不失为提高投向误差的主要方法。

（2）陀螺仪与垂准仪联合定向

定向测量若采用陀螺定向，其定向精度取决于陀螺本身的定向精度。该方法的特点是：陀螺定向以前的各个环节的测量误差不累计。尽管垂准仪投点误差比较大，但是其始终作为一个误差常量影响横向贯通精度。

目前陀螺仪与垂准仪联合定向采用双投点、双定向的作业方法，使用一次定向中误差为 20″ 的陀螺仪，一次定向中误差可以达到 14″。当然，如果采用定向精度比较高的陀螺仪进行定向，一次定向中误差可以达到 5″一下。另外，现在的陀螺定向已经实现全自动定向，在定向精度、定向时间、定向操作上都有了很大提高和改变，与传统定向测量相比有不可比拟的明显优势。

4.2 地下控制测量

地下控制测量以支导线形式居多，导线点的横向误差是制约盾构贯通的主要因素，按等边直伸形导线估算，其最远点横向误差可用下式计算：

$$M_q = \pm\frac{m_\beta}{\rho} \times L\sqrt{\frac{(n+1.5)}{3}}$$

式中：L——支导线长度；

n——支导线边数。

根据上式，按边长平均 150m，测角中误差为 5″计算，不难计算出地下控制导线任意一点横向误差。下表给出了不同长度和边数的导线最远点横向误差。

从下表 1 可以看出，当地下控制采用单一支导线形式，在一定导线长度和边数下，其精度很难大幅度提高。

不同导线边数和条数产生的测量误差　　　　表1

导线边数（条）	4	6	8	10	12	14
导线长度（m）	600	900	1200	1500	1800	2100
横向误差（mm）	11.3	19.9	29.9	41.1	53.4	66.8

本工程中区间隧道较长，必须提高地下控制测量精度，归纳起来可以从以下几个方面采取特殊措施和方法：

①地下控制测量布设形式可以采用导线网、线形锁等形式；

②在地下导线测量中,加测一定数量的陀螺方位角,可以限制测角误差的累计,提高定向精度。经相关研究,在直伸导线中,加测一个陀螺方位时,宜加测在导线全长三分之二处的边上,若加测两个以上的陀螺方位时,以按导线全长均匀分布最好;

③从地面向地下钻孔,增加地上与地下联系测量机会。

5 自动导向系统原理

本工程区间隧道采用两台盾构机同时施工。两台盾构机采用不同的导向系统:海瑞克盾构采用的是 VMT 公司的 SLS-T 系统,而日立盾构机则采用的是演算工坊(ENZAN)的 ROBOTEC 系统。自动导向系统是保障盾构机沿设计轴线顺利掘进的基础,因此在盾构施工中是一个关键的环节。下面就演算工坊的 ROBOTEC 系统做简单介绍。

1)演算工坊(ENZAN)自动导向系统的基本原理

演算工坊(ENZAN)自动导向系统通过全站仪测量设置在盾构中盾上方固定位置上的三个目标棱镜的绝对坐标(一般设置三个,其中一个备用),根据预先测定棱镜与盾构机切口和盾尾的相对位置关系以及盾构的俯仰角、滚动角推算出切口和盾尾的绝对坐标。然后将切口和盾尾的绝对坐标与设计轴线相比较得出盾构的偏离情况,即平面偏差和高程偏差。根据系统显示的轴线偏差和偏差趋势,以隧道设计轴线为目标,把偏差控制在设计要求范围内,从而达到通过控制盾构姿态来指导隧道掘进的目的。盾构导向系统原理如图 1 所示。

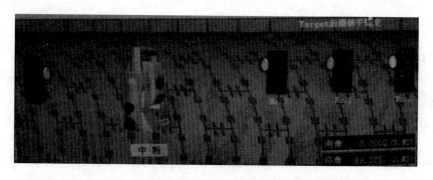

图 1 盾构导向系统原理示意图

2)演算工坊(ENZAN)自动导向系统的组成及其功能

日本演算工坊(ENZAN)的 ROBOTEC 自动测量系统主要由以下 4 个部分组成:

①具有自动照准目标功能的全自动马达全站仪,主要用于测量角度(水平角、垂直角)、距离和发射激光。

②高精度圆棱镜,主要用于接收、反射激光信号。

③计算机和隧道掘进软件,演算工坊(ENZAN)软件是自动测量系统的核心,它从全站仪等通信设备接收数据,并通过软件计算,把数据以数字和图形的形式显示在计算机上。

④通信电源箱,供给全站仪电源,保证全站仪和计算机之间的数据传输和通信。

3)演算工坊(ENZAN)自动导向系统调试方法

在盾构组装始发前都要对导向系统进行调试。始发前根据导线网人工测量出切口中心、盾尾中心、全站仪站点、后视点绝对坐标以及盾构机俯仰角、滚动角。将全站仪、后视点的三维坐标输入到计算机,机械校正盾构机俯仰角(头高为正)、滚动角(顺时为正)。

通过全站仪自动测量盾构机三个目标棱镜的绝对坐标。进入 TargetCalc.exe 程序,输入全站自动测量的三个目标棱镜、人工测量的切口中心、盾尾中心绝对坐标以及俯仰角、滚动角。程序会生成三个棱镜以切口中心为坐标原点建立的相对坐标系的坐标。如图 2。其中平移长度请输入 0 即可,都输入完成后单击计算(俯仰角和旋转角须确认和盾构上的已经调适到一样)。则棱镜几何坐标会出现计算结果,接着将结果输到如图3的测量系统的棱镜设定画面中,进行目标间确认,保证三个目标棱镜的相对误差小于10mm。

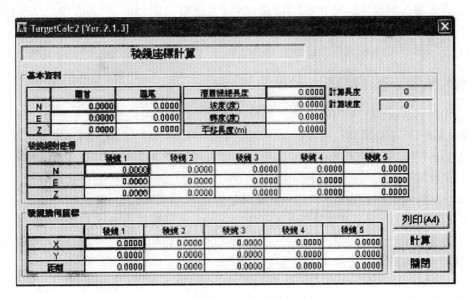

图2 相对坐标系坐标

根据设计图纸在CAD上画出隧道中线,在线形上每0.6m记录一个点,将数据导入Excel表格,进入senkei-ENG.exe程序(如图4),通过Excel表格生成一个线形文件,将线形文件拷贝到测量文件目录下,修改配置文件中线形显示的范围。

图3 棱镜设定画面

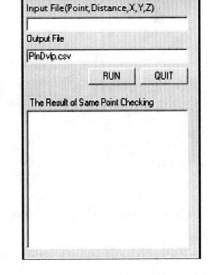

图4 senkei-ENG.exe程序

调试完成后在计算机上进行测量操作,即可显示盾构轴线相对隧道理论轴线的位置关系。当隧道掘进完成后需要将存储的数据备份起来,以便以后查询使用。

6 盾构机姿态测量

由于整个隧道由盾构机一次掘进完成,盾构机的轴线与设计隧道轴线的位置偏差就决定了隧道的偏差,所以控制好盾构机的姿态确保隧道按设计轴线掘进,尤为重要。盾构姿态测量主要是测量盾构机掘进瞬时位置是否符合设计要求,在测量中利用全站仪和其他辅助工具,测定根据不同盾构机的特点而在盾构机上设置的标志点,通过几何计算确定盾构机掘进瞬时位置的正确性,为盾构机操作人员提供操作校正参数。盾构姿态测量包括三个姿态角[巡航角(方位角)、俯仰角、滚动角]和空间位置[横向(水平)偏差、竖向(垂直)偏差及里程]。盾构机分为前体、铰接和后体,一般通过测量、计算前体的前点圆心(旋切面)和后点圆心的坐标来得出盾构机姿态。

6.1 盾构机初始姿态测量

本工程使用的两台盾构机采用不同的自动导向系统:日立盾构机采用的是演算工坊(ENZAN)的ROBOTEC导向系统,海瑞克盾构机采用的是VMT公司的SLS-T导向系统。两种导向系统中盾构初始姿态的测定方法有所不同。ENZAN系统中每次初始姿态测量都需先通过对盾构机体轴线和棱镜靶的测量来确定三个棱镜靶在盾构机局部坐标系中的三维坐标及几何关系,再通过这些参数及俯仰角与滚动角的数据解算出盾构机初始姿态。SLS-T系统则是通过对参考点(出厂前就已精确测定其在盾构局部坐标系中的相关参数)的测量来解算盾构机的初始姿态,测量精度可以达到毫米级。盾构机初始姿态测定是盾构隧道施工测量中关键的一步,直接影响到隧道贯通精度,因此应采用多种方法进行测定。下面就一些常用方法进行介绍。

(1)水平标尺法

水平标尺法是一种操作简单、计算快速的盾构机姿态的测量方法,其原理是测量水平放置在盾尾内壳的铝合金尺上贴片的三维坐标,通过铝合金尺与盾构机首、尾的距离关系来计算盾构机的盾首和盾尾三维坐标,该方法适合用于盾构机的初始定位和掘进过程中的姿态检测工作。测量前先制作一把长约5m的矩形铝合金标尺,并用钢卷尺精确量出铝合金尺的中心,并在中点左右对称标定L和R两点,见图5。

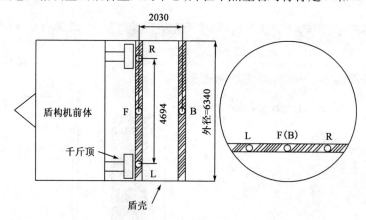

图5 水平标尺法示意图(尺寸单位:mm)

具体的测量步骤如下:

①外业测量

先将标尺水平置于盾构机铰接千斤顶面附近,标尺面与铰接面平行等距,并与盾壳内壁光滑接触,测量标尺中心F以及L、R的三维坐标;再将标尺水平置于盾构机盾尾处,标尺两端到盾尾距离相等,测出此时标尺中点B的三维坐标。

②坐标推算

根据F和B点的高程反算出盾构机的坡度即俯仰角,再根据前尺中心F与盾构机盾首、盾尾的距离关系计算出盾构机盾首、尾中心的高程。根据L、R的坐标反算出前尺的方位角,再根据F、B点的坐标反算出后尺中心到前尺中心的方位角β,由于L与R两点间距和前后尺间距都比较小,则会出现α≠β+90°的情况,在实际施工中,采用两个方位角的平均值作为计算方位角即盾构机的轴线方位角。根据前尺中心 F 与盾构机盾首、盾尾的距离关系通过坐标正算计算出盾构机盾首、尾的坐标。此法在测量过程中应注意标尺水平放置和定位要准确,可根据盾构机设计图纸在盾壳内壁作标尺永久放置位置的标记,并保证每次检核时标尺放置于同一位置。

实际测量中,为了减少误差并确保足够精度,L 与 R 的间距应大于 3m,前尺与后尺的间距应大于 1.5m。

(2)侧边法

①平面坐标测量

侧边法的操作原理是在靠近盾首和盾尾处分别悬挂一钢丝,钢丝下面系重物并置于油桶中,通过测量贴在钢丝上的反射片的坐标来计算盾构机首、尾的平面坐标,见图6。侧边法的操作需注意:盾首钢丝悬挂在靠近大刀盘和前体的拼缝处,盾尾钢丝悬挂在靠近盾尾且在注浆管外,钢丝到盾首盾尾的距离直接用钢尺量出,取多次量取距离的平均值作为最终计算依据。

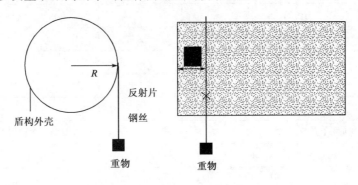

图6 侧边法操作示意图

这种方法所得到的盾构机盾首、盾尾的坐标精度比较高,如果条件可行的话,可在盾构机外壳两侧各吊两根钢丝,这两点应尽量选择在靠近盾首和盾尾处,且两侧钢丝位置应对称选择。测量贴在钢丝上的反射片的坐标后,在 CAD 中展点计算盾首和盾尾平面坐标,见图7。

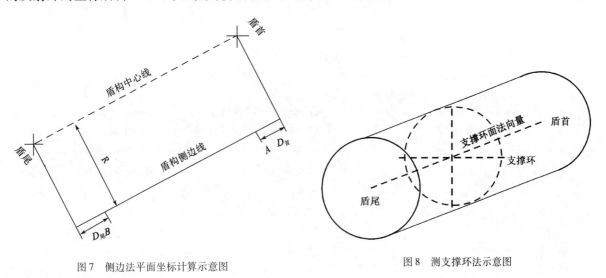

图7 侧边法平面坐标计算示意图　　图8 测支撑环法示意图

②高程测量

根据盾首、盾尾的平面坐标,利用全站仪在盾壳上直接放样出盾构机的轴线,然后利用水准仪直接测出盾构首、尾处的高程,通过反算得到盾构首、尾中心的高程。

(3)测支撑环法

测支撑环法的原理是测量支撑环上多个点的三维坐标,通过最小二乘法拟合空间圆。见图8。从拟合结果中可以得到支撑环的中心坐标(X_0,Y_0,Z_0)和支撑环面的法向量(m,n,P),然后根据盾构机的结构图纸计算出支撑环面到盾构机盾首、盾尾的距离,通过坐标正算得到盾构机盾首三维坐标$(X_首,Y$

首,Z首)和盾尾三维坐标(X尾,Y尾,Z尾),见表2,图9及表3。

经计算校核生成初始姿态数据 表2

刀头坐标		盾尾坐标	
X	290367.929	X	290363.330
Y	511012.584	Y	511005.549
Z	12.939	Z	12.887
后视吊篮坐标		测站吊篮坐标	
X	290307.661	X	290340.358
Y	510921.28	Y	510971.742
Z	14.469	Z	14.830
俯仰角	0.35	滚动角	0.07
计算偏差(刀头)		计算偏差(盾尾)	
水平	68	水平	93
垂直	28	垂直	37

ROBOTEC 测量 Hz-Bj-Jouken

环片 No. -7　08-14　10:34　ROBOTEC　距离 42940.672m 管理行程:1mm

	X	Y	Z	
后视点站	290307.661	510921.280	14.469	P001
	290340.358	510971.742	14.830	P002

	测角(D.MS)	仰角(D.MS)	斜距离(m)	X	Y	Z
目标号码3	180.1942	89.3643	44.097	290364.124	511008.885	15.129
目标号码1	179.4103	89.4946	37.178	290360.746	511002.831	14.941

	俯仰(deg)	回转(deg)	上下铰接	左右铰接	后筒体俯仰	后筒体回转
测量时	0.35	-0.07	0.00	0.00	0.35	-0.07

[计算结果]

←――后――→			←――中――→			←――前――→		
X	(m)	290363.330	X	(m)	290365.223	X	(m)	290367.929
Y	(m)	511005.549	Y	(m)	511008.445	Y	(m)	511012.584
Z	(m)	12.887	Z	(m)	12.908	Z	(m)	12.938
距离	(m)	42949.077	距离	(m)	42945.617	距离	(m)	42940.672
水平偏差	(m)	0.093	水平偏差	(m)	0.083	水平偏差	(m)	0.068
垂直偏差	(m)	0.037	垂直偏差	(m)	0.033	垂直偏差	(m)	0.028
方位	(deg)	56.823	实际方位偏差		-0.169	方位	(deg)	56.823

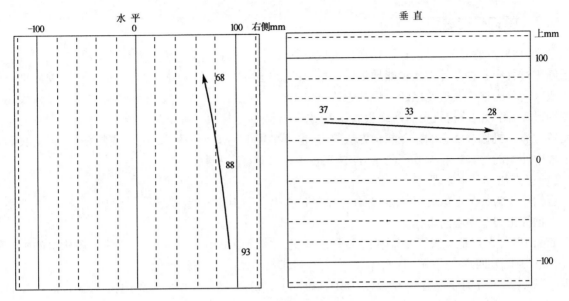

图9 自动导向系统内盾构机始发数据

区间自动导向数据初始化数据表（局部盾构机刀盘中心逐桩坐标、高程数据） 表3

里 程	X 坐 标	Y 坐 标	高 程
43000	290335.667	510962.795	12.486
42999	290336.212	510963.633	12.493
42998	290336.757	510964.472	12.500
42997	290337.301	510965.311	12.507
42996	290337.846	510966.149	12.514
42995	290338.391	510966.988	12.521
42994	290338.936	510967.826	12.529
42993	290339.480	510968.665	12.536
42992	290340.025	510969.503	12.543
42991	290340.570	510970.342	12.550
42990	290341.115	510971.181	12.557
42989	290341.659	510972.019	12.564
42988	290342.204	510972.858	12.572
42987	290342.749	510973.696	12.579
42986	290343.294	510974.535	12.586
42985	290343.838	510975.374	12.593
42984	290344.383	510976.212	12.600
42983	290344.928	510977.051	12.607
42982	290345.473	510977.889	12.614
42981	290346.017	510978.728	12.622
42980	290346.562	510979.567	12.629
42979	290347.107	510980.405	12.636
42978	290347.652	510981.244	12.643

6.2 盾构机掘进姿态复测

激光自动导向系统主要通过固定在隧道成形管片上的全自动激光经纬仪对盾构机姿态进行测量。由于施工过程中各种意外因素可能导致盾构机上的激光接收靶位置变化，同时盾构千斤顶向后推力的水平或竖向分力往往会迫使已经就位的管片产生偏移甚至扭转，影响安装在管片上的激光经纬仪的位置变动，使所测量的盾构机姿态产生很大误差，甚至导致隧道超限，为此必须定期对盾构机掘进姿态进行复核。盾构机掘进姿态的人工测量方法很多，也可采用上述的水平标尺法、测支撑环法，现就我们在本工程中使用的另一种盾构姿态测量方法（三点法）加以详细说明。

(1) 三点法的计算原理

盾构机作为一个近似的圆柱体，在开挖掘进过程中我们不能直接测量其刀盘的中心坐标，只能用间接法来推算出刀盘中心的坐标。

如图 10 中 A 点是盾构机刀盘中心，E 是盾构机中体断面的中心点，即 AE 连线为盾构机的中心轴线，由 A、B、C、D、四点构成一个四面体，测量出 B、C、D 三个角点的三维坐标(x_i, y_i, z_i)，根据三个点的三维坐标(x_i, y_i, z_i)分别计算出 $L_{AB}, L_{AC}, L_{AD}, L_{BC}, L_{BD}, L_{CD}$，四面体中的六条边长，作为以后计算的初始值，在盾构机掘进过程中 L_i 是不变的常量，通过对 B、C、D 三点的三维坐标测量来计算出 A 点的三维坐标。同理，B、C、D、E 四点也构成一个四面体，相应地求得 E 点的三维坐标。由 A、E 两点的三维坐标就能计算出盾构机刀盘中心的水平偏航，垂直偏航，由 B、C、D 三点的三维坐标就能确定盾构机的仰俯角和滚动角，从而达到检测盾构机姿态的目的。

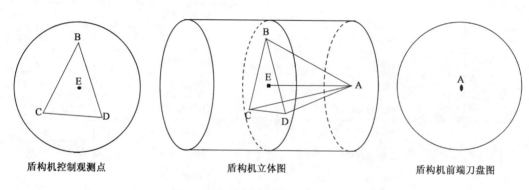

| 盾构机控制观测点 | 盾构机立体图 | 盾构机前端刀盘图 |

图 10　盾构姿态计算原理图

海瑞克盾构机可以通过测量盾构厂家设置的多个参考点中的任意三个来解算盾构机姿态。但测量时，应根据现场条件尽量使所选参考点之间连线距离大一些，以保证计算时的精度，最好保证左、中、右各测量一两个点，这样就可以提高测量计算的精度。日立盾构机上则需在初始化时设置盾构姿态人工测量参考点并测定其相关参数。参考点的制作可采用在盾构机刚性结构上粘贴反射片或焊接棱镜连接装置的方式。如图 11、图 12 所示。

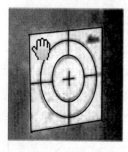   

图 11　反射贴片参考点示意图　　　　　图 12　棱镜连接装置参考点示意图

(2)盾构姿态的解算方法

盾构姿态计算可采用几何解算方法,但其缺点是在内业计算时,程序繁琐,计算工作量相当大,而且难免出错,因此我们是利用 AutoCAD 进行作图求解,相对于用几何方法解算,便于操作,而且速度也要快很多。其操作过程如下:

首先是把隧道中心线(三维坐标)通过建立 CAD 脚本文件输入 CAD 中,然后是把所测的三个参考点的坐标(三维)输入到 CAD 里面。分别以三个点为球心,以它们到前点的距离为半径画球,求三个球的交集。用鼠标左键点击交集后的体,就可以找到两个端点,这两个端点到三个参考点的距离就分别等于三个点到前点的距离。然后根据盾构掘进的方向,舍去其中一个点。同样方法把后点在 CAD 里画出来。由于后点通过求交集的方法求出的两个端点距离很近,通过盾构机的掘进方向很难判断,可以通过前点到后点的距离是 3.949m 来判断。画出前后点的位置后,通过前后点向隧道中线做垂线,通过测量垂线在水平和垂直方向上偏离值来求解盾构机前后点的姿态。盾构机的坡度 = $(Z_前 - Z_后)/L \times 100\%$ (L 为盾体前后参考点连线长度)。根据测量平差理论可知,实际测量时,需要观测至少 4 个点位以上,观测的参考点越多,多余观测就越多,因此计算的精度就越高。比较自动导向系统测得的盾构姿态值和人工检测的盾构姿态值,其精度基本上能达到 ±10mm 之内。

7 激光站迁站测量

当盾构推进了一定的距离后,全站仪所发出的激光已经不足以在激光标靶(棱镜靶)感光面上获得偏角数据,这时候就需要将全站仪以及后视棱镜前移至新的基座。另外,在曲线隧道中掘进的时候,随着盾构的偏转,激光与激光标靶的夹角不断增大,可能超出偏航角测量的最大限值,甚至于标靶被隧道边壁所遮挡,全站仪无法照准,这个时候也需要移动全站仪来重新对准标靶。

移动全站仪之前,需要在新基座上安装棱镜,通过全站仪测量新基座的坐标值,然后将全站仪安装在新基座上,后视棱镜也相应前移,与此同时更新全站仪与后视点的坐标参数。这一过程称之为移站。为了提高移站的工作效率,系统设置了"自动移站"的功能模块。相比人工移站需要繁杂的计算过程,自动移站除了搬运全站仪和后视棱镜需要人工操作外,其余计算功能全部自动完成。

由于移站需要重新确定全站仪和后视点的坐标,全站仪和后视点的坐标是测量计算的基准,必须非常准确。为了保证坐标的精确度,人工测量时是采用全站仪的正镜法和倒镜法经过多个测回(一个测回代表一次完整测量),取计算结果的平均值。这样得到的测量结果是十分精确的,基本可以忽略由移站测量引起的误差。自动移站功能全部实现了人工测量所采用的步骤,确保了移站计算的精度。由于全站仪要自动搜索新安装的基座棱镜,需要系统给出棱镜所在的大概角度方位。需要注意的是,一般来说前置的棱镜基座与标靶棱镜相对于全站仪来说处于大概相同的角度方位上,为了防止全站仪将标靶棱镜误判为前置棱镜,移站时需要将标靶棱镜遮住。

移站完成后,重新将全站仪对准后视进行定位,就可以开始新的测量了。

值得注意的是在小半径隧道施工(本工程中区间最小半径 350m)时,由于测量通视范围缩小,使得移站频率较高,导向系统的激光全站仪距掘进面较近。管片容易受掘进施工的振动影响以及注浆因素等发生位移,且在纵向不均力作用下管片会在一定推进距离内产生较大水平偏移等,易导致自动导向系统测站坐标发生变化,出现测量偏差、误导掘进,所以此时应增加人工复测次数,确保导向系统测站的正确性。

8 环片姿态测量

在盾构推进过程中环片姿态的测量频率是很高的,因此需要一种快速、简单、高精度的方法来测定管片中心三维坐标。现介绍本工程施工测量中所采用的标尺法,它所使用的工具与上述盾构姿态测量中的标尺法一样,不同的是其长度因管片和盾构机的内径的不同而有所差异,其长度应根据隧道内径、枕轨的高度以及隧道内的实际情况来确定。施工测量中我们所采用的标尺长度为4m，并在标尺中心粘贴一反射片。见图13，将铝合金标尺横在管片前沿环片两侧，并借助水准器使标杆置于水平位置，量取反射片至管片底的距离 L，测定反射片的三维坐标，那么反射片的平面坐标即为管片中心平面坐标，而管片中心高程 = 反射片高程 $-L+$ 隧道环片内半径(217m)。每次管环测量时，应重叠5环已经稳定了的管环，这样就可以消除测错的可能。

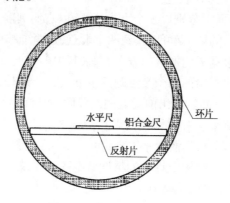

图13 环片姿态测量示意图

9 结语

在本工程两个区间段的实际应用中，由于采用了以上方法和措施，以及先进的自动导向系统指导推进，两区间隧道贯通后，在贯通测量中，经甲方检测，区间隧道中最大平面贯通中误差为 ±20mm，高程贯通中误差为 ±5mm；均满足《城市轨道交通工程测量规范》中横向贯通误差≤50mm，竖向贯通误差≤25mm 的要求。

GPS 在城市轨道交通工程中的应用

孙晓鹏 王忠华 杨 郡

摘 要 轨道交通工程施工测量的施测环境和条件复杂,施测精度要求高,测量工作量大,而 GPS 静态测量在大范围、长距离控制方面具有高精度的特点, GPS 实时测量在地面施测环境复杂条件困难的情况下具有速度快、测量方便的特点。本文结合现场工作实践,简述 GPS 在轨道交通工程建设中的应用。

关键词 GPS 轨道交通施工应用

1 GPS 发展历史及轨道交通施工应用现状

GPS 全球卫星定位系统是美国从 20 世纪 70 年代开始研制,历时 20 年,耗资 200 亿美元,于 1994 年全面建成,具有在海、陆、空,进行全方位实时三维导航与定位能力的新一代卫星导航与定位系统。

GPS 系统包括三大部分:空间部分——GPS 卫星星座;地面控制部分——地面监控系统;用户部分——GPS 接收机。

GPS 系统的空间部分由 21 颗工作卫星及 3 颗备用卫星组成,它们均匀分布在 6 个近似圆形轨道上。GPS 工作卫星的地面监控系统包括一个主控站、三个注入站和五个监测站。主控制站位于美国科罗拉多州春田市。地面控制站负责收集由卫星传回讯息,并计算卫星星历、相对距离、大气校正等数据。用户设备部分(GPS 接收机)其主要功能是能够捕获到按一定卫星截止角所选择的待测卫星,并跟踪这些卫星的运行。当接收机捕获到跟踪的卫星信号后,就可测量出接收天线至卫星的伪距离和距离的变化率,解调出卫星轨道参数等数据。根据这些数据,接收机中的微处理计算机就可按定位解算方法进行定位计算,计算出用户所在地理位置的经纬度、高度、速度、时间等信息。

GPS 卫星定位基本原理:卫星不间断地发送自身的星历参数和时间信息,用户接收到这些信息后,经过计算求出接收机的三维位置,三维方向以及运动速度和时间信息。实际上是将卫星作为动态空间已知点,利用距离交会的原理确定接收机的三维位置。

GPS 以全天候、高精度、自动化、高效益等显著特点,赢得广大测绘工作者的信赖,并成功地应用于大地测量、工程测量、航空摄影测量、地壳运动监测、工程变形监测、资源勘察、地球动力学等各种学科,从而给测绘领域带来一场深刻的技术革命。

GPS 测量在工程应用中渐渐普及,比如矿山测量,交通道路选线,轨道交通测量和城市建设等等,但是由于一开始 GPS 接收机价格昂贵,未被大范围应用到一般的土建和交通建设中,它只是作为提供控制用。主要是在工程建设开始阶段,交付几个 GPS 控制点,作为导线和三角网的基线,由它们向外扩展,用全站仪引出加密点或是作为静态的 GPS 基线,配合 RTK 来进行动态图籍测绘,但是在 20 世纪 90 年代以后,平面控制测量渐渐被 GPS 取代。

早在 1990 年 5 月,北京轨道交通复八线就采用 GPS 进行首级控制测量,控制网由 10 个点组成,布设成单三角锁形式,该网采用两台 WM100 单频接收机观测,异环闭合差为 1.73~2.89pm,边长中误差为 ±2.1mm,点位中误差为 ±3.5mm。

GPS 测量的主要特点:
(1)测站之间无须通视
GPS 测量不要求观测站之间相互通视,只需保持观测站上空开阔即可,因此可大量节省造标费用。

由于无须点位间通视,点位位置可根据需要灵活布设,这样就省去经典测量控制网中的传递点、过渡点的测量工作。

(2)定位精度高

GPS 定位技术的工程应用表明,其相对定位精度在 50km 以内时可达 10^{-6},在 $100\sim500$km 时精度可达 10^{-7},在 $300\sim1500$m 工程精密定位测量中,1h 以上的观测的解其平均平面误差小于 1mm。目前,GPS 在测量工程领域的各种应用足以满足工程实际对定位测量的精度要求。

(3)观测时间短

随着 GPS 系统的不断完善,软件与硬件的不断更新,目前,在 20km 以内的相对静态定位,观测时间仅需 120min;快速静态相对定位测量时,当每个流动站与基准站相距在 15km 以内时,流动站观测时间只需 $1\sim2$min,然后随即定位,每站观测时间仅需几秒钟。

(4)提供三维坐标

传统测量控制是将平面和高程采用不同的方法分别施测,而 GPS 测量在精确测定观测站的平面位置时,还可以精确测定观测站的大地高程。

(5)操作简便

GPS 测量的自动化程度非常高,操作员只需安装并开关仪器、量取仪器高度和监视仪器的工作状态,其他工作则由 GPS 接收机自动完成。可以极大地降低劳动作业强度,提高工作效率。

(6)全天候作业

GPS 定位观测可以在 1 天 24h 内的任何时间、任何地点连续进行,且不受天气状况的影响。

GPS 测量的局限性:在 GPS 定位工作中,由于邻近空中有树林遮挡或高大建筑物和其他建筑、宽阔水面等造成卫星信号被暂时阻挡或反射,或受到外界环境干扰影响,引起卫星跟踪的暂时中断,使 GPS 接收机无法正常接收卫星信号造成无法测量或测量结果误差大而无法使用 GPS 进行测量。

GPS 测量适用于视野开阔、障碍物较少的地区测量,在轨道交通工程建设中,地上局部建筑物密集、电磁信号干扰严重,且多为地下施工,在竖井和隧道内不能接收卫星信号,所以在轨道交通施工中,目前 GPS 测量只能用于地面测量,而不能为地下隧道开挖进行定向和点位控制测量。

2 GPS 在轨道交通施工中的主要应用

2.1 应用 GPS 静态测量建立新控制网

对于某轨道交通线路工程区域内,由于常规测量方法受横向通视和作业条件的限制,作业强度大,且效率低,耗时费力而且需要大量的财力,难以满足轨道交通长线路施工建设的需要。因此应该考虑选用 GPS 技术来建地面控制网。这样可以降低劳动作业强度,提高作业效率。

2.2 应用 GPS 静态测量检核和改善已有控制网

对于现有的控制网由于经典观测手段的限制,精度指标和点位分布不一定能满足施工的需要,但是考虑到原有的继承性,最经济、有效的方法就是利用高精度 GPS 技术对原有老网进行全面检核,合理布设 GPS 网点,并尽量与老网重合,再把 GPS 数据和经典控制网一并联合平差处理,从而达到对老的检核和改善的目的。

2.3 应用 GPS 静态测量对已有控制网进行加密

对于已有的控制网,除了本身点位密度不够,人为的破坏也相当严重,影响了工程测量的进度,常规控制测量如导线测量,要求点间通视,费工费时,且精度不均匀,可采用静态 GPS 技术对重点地区进行控制点加密。布设加密网时要尽量和本区域的高等级控制点重合,以便较好地把新网同老网匹配好,从而避免控制点误差的传递。

2.4 应用 GPS 动态测量进行用地测量

在轨道交通建设施工中,RTK 技术可实时地测定界桩位置,确定车站、区间及附属结构使用界限范围,计算用地面积。利用 RTK 技术进行勘测定界放样是坐标的直接放样,建设用地勘测定界中的面积量算,实际上由 GPS 软件包中的面积计算功能直接计算并进行检核。避免了常规的解析法放样的复杂性,简化了建设用地勘测定界的工作程序。

2.5 应用 GPS 动态测量进行轨道交通区间地面线路中线和车站红线放样

对于城市地面视线不通视的情况非常方便,放样工作一人即可完成,可快速根据中线确定拆迁线及周围影响建筑,以判定线路不同部位风险等级。将线路参数如线路起终点坐标、曲线转角、半径等输入 RTK 的操作手薄,即可放样。放样方法灵活,即能按桩号也可按坐标放样,并可以随时互换。放样时屏幕上有箭头指示偏移量和偏移方位,便于前后左右移动,直到误差小于设定的为止。

2.6 应用 GPS 动态测量进行轨道交通施工中高架桥梁结构物放样

利用 GPS 进行车站及附属结构物放样时,点与点之间不要求必须通视,两三分钟测一个点,简捷方便,精度高,大大提高了作业效率。

五、支护结构与地基处理专项技术

大粒径卵漂石复合地层全套管钻机施工技术

黄陆川　金奕　刘莎莎

摘　要　北京地铁9号线东钓鱼台站位于首体南路与阜成路丁字路口,处于城市主干道,施工区域地层下部含有大量的大粒径卵石和漂石,地下管网密集,管线种类繁多,周围建筑物数量和种类多,对围护桩的垂直度要求较高。本文通过总结全套筒冲击钻机的关键工序、在施工中遇到的问题及解决方法,为相似地层的围护结构桩施工提供了一种新方法。

关键词　围护桩　全套筒冲击钻机　大粒径漂石

1　工程概况

北京地铁9号线东钓鱼台站位于首体南路与阜成路交叉路口,处于城市主干道,周围有居民楼、学校、医院等建筑,地下管网密集,管线种类繁多,环境复杂。该车站为地下三层的换乘车站,采用明挖法施工,基坑深度为25m,采用桩+内支撑的围护结构形式。该车站位于砾岩隆起地段,工程范围内主要为砂卵石层和砾岩层,两层地层中均含有大量的大粒径卵漂石,最大粒径1.0m以上。

1.1　围护结构概况

车站主体总长度173.60m,总宽21.9m。共有围护结构桩293根,桩径均为1m,围护桩长度为27~31m,桩间距1.5m。围护桩具体参数如表1所示。

围护桩参数　　　　表1

序号	桩号	桩顶高程(m)	桩底高程(m)	桩长(m)	备注
1	ZA	50.96	21.83	29.13	自然地面高程 52.26~53.24m
2	ZB	49.47	22.25	27.12	
3	ZC	50.56	23.36	27.20	
4	ZD	50.70	23.40	27.30	
5	ZE	50.70	20.10	30.60	

1.2　工程地质及水文地质概况

(1)工程地质概况

地面高程为52.55~53.24m。

地层情况如下:

人工填土层杂填土①层,粉土填土①$_1$层,细砂填土①$_2$层(粉土填土①$_1$层,该层层底高程为46.81~51.85m);

第四纪全新世冲洪积层粉土③层,粉质黏土③$_1$层,粉土③$_2$层,黏土③$_3$层,粉砂、细砂③$_4$层,该层层底高程为42.81~48.48m;

细砂、粉砂④层、粉土④$_2$层,该层层底高程为37.71~42.87m;

卵石、圆砾⑤层,粉质黏土⑤$_1$层,细砂⑤$_2$层,该层层底高程为32.11~38.48m。

强风化砾岩层,强风化黏土岩层,高程32.11~38.48m。

砂卵石地层和砾岩地层中含有大量的大粒径卵石和漂石,最大粒径达1.0m以上,漂石强度较高,可见漂石已测出强度在124~187MPa之间。

(2)水文地质概况

本车站场区勘察深度范围内测到一层地下水:地下水类型为潜水,水位高程为39.06~40.39m(埋深12.20~13.60m),含水层为卵石、圆砾⑤层。

2 施工难点和特点

2.1 工程所处地质条件复杂,常规工艺成桩困难很大

根据本场区地层地质和地下水情况,施工区域地层下部含有大量的大粒径卵石和漂石,漂石强度较高,可见漂石已测出在124~187MPa之间,不排除有更高强度的漂石存在,这就给桩基施工造成很大困难,因此需要从桩基施工机械的适用性和该区域地层特点两方面综合考虑选择桩基施工方法。

2.2 地下管线距桩位较近,成桩时必须妥善保护

本工程车站和盾构井均位于城市主干路上,地下管网密集,管线种类繁多,归属不同的管理单位,个别管线紧贴桩位。施工前要详细调查地下管线情况,必要时挖探坑确认,临近管线的桩孔施工时,管底至地面的桩长部分可采用人工挖孔护壁或采用钢套管护壁,防止塌孔对地下管线造成影响,同时也防止上下水管线渗漏造成桩身塌孔。

2.3 采用常规机械成孔时震动和噪音等对城市环境影响大

本线路道路两侧有大量居民楼,特别是东钓鱼台站周围居民楼很多,最近的居民楼距桩位仅4m,常规机械成孔施工时产生的震动和噪声污染将严重扰民,且居民楼比较老旧,容易引起纠纷。施工时只能白天施工,将严重影响工程进度。同时桩基不能连续施工,否则容易造成塌孔等问题。同时采用旋挖、冲击钻等常规机械施工时将要建泥浆池,对现场的污染比较大,不环保,而且在狭小的施工空间内也比较困难。

2.4 地铁工程对成桩尺寸精度要求高,桩身不能侵入结构

如采用冲击钻成孔,扩孔率比较大,一般要大于桩身直径10%以上,特别是在砂卵石地层中,成桩的外形尺寸很不规则,桩内钢筋位移较大,开挖基坑后,将有很多桩身部位侵入结构内,二次剔凿的量很大,剔凿时有可能外露桩身钢筋,危害围护桩质量。

3 围护桩成孔施工工艺技术研究

围护桩按照开挖形式分为机械成孔和人工成孔;按照护壁方式分为泥浆护壁、钢护筒护壁、混凝土护壁等;按照成孔工艺分为干成孔和湿成孔。根据调研可用于本项工程的成孔方法主要有:回转全套管RT-150型钻机,宝峨全套管钻机,MZ100摇管式全套管钻机,潜孔锤钻机,冲击钻,宝峨大功率旋挖钻机,螺旋钻机,正反循环钻机,人工挖孔等。

根据调研和现场试验,各种成孔工艺的情况如下:

3.1 回转全套管RT-150型钻机

属于套管旋转挖掘式的全套管工法,适用于含有大卵石、漂石、旧的钢筋混凝土结构、旧桩、钢板桩和岩石地层,调研的RT-150型钻机,通过一台液压装置转动外套管,使套管端头的刀具切割地层,向下逐渐达到设计高度,配合冲抓工具将管内土石取出成孔。该套装置提供的扭矩和压力强大,使外套管切

削能力强大,配合不同的刀具,可切削坚硬的岩石甚至钢材。切断后的漂石通过中心抓斗直接抓出,钻孔深度达到130m,直径1.5m以内。由于采用切削方式,所以能在低噪声、低震动的状态下进行施工。

该钻机单价约500万元(不包含配套的履带吊车),单桩成孔时间约24h,目前国内上海海腾公司有进口的钻机,每个车站如果全部采用本设备,需要3~4台设备,配合其他钻机使用时效率较低,见图1。

该钻机具有以下功能:

(1)已确认能够对单轴抗压强度为137~206MPa的卵漂石或岩层进行切割。

(2)已确认在砂砾、软岩层等地层的挖掘深度可达62m,在淤泥、黏土层等的挖掘深度可达73m。

(3)已确认挖掘的垂直精度可达1/500。

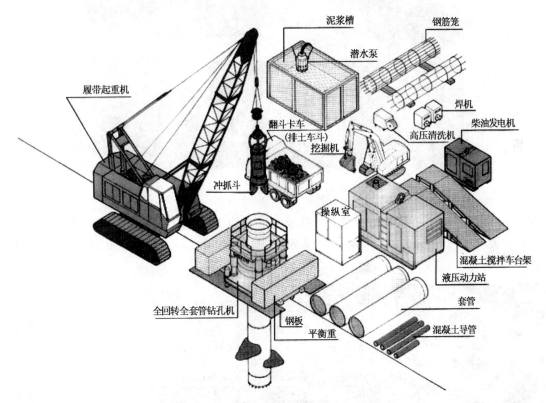

图1 回转全套管RT-150型钻机施工施工系统配置图

(4)已确认能够在有地下障碍物(现存的钢筋混凝土结构物、钢筋混凝土桩、钢桩等)的地层进行挖掘。

(5)已确认利用楔形夹紧机构能进一步提高套管加紧的可靠性,同时还由于在夹紧机构开闭时不需要进行软管的拆装,减少了作业时间。

(6)已确认通过自动控制套管的压入力,可以保持最合适切削对象的切削状态,以及防止切削钻头超负荷。

套管旋转时向下施加压力,利用套管端头的破岩刀具将卵漂石切断,利用抓斗抓出成孔,见图2、图3。该钻机参数和施工照片见图4。

优点:成孔能力强,无污染,噪声小。缺点:钻机移动困难、占地大、造价高。

3.2 SH22液压风动冲击钻机(潜孔锤)

该设备为液压风动冲击钻机,是一种以钻进基岩为主的新型桩基础施工设备。其工作原理是:以风动潜孔锤向基岩冲击使岩石局部压碎和剪切破碎进行基岩钻孔,采用伸缩式钻杆进行气举反循环、气举正循环排渣,或

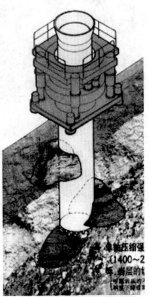

图2 切削卵漂石示意图

破碎后进行干式取土,能够实施对大断面硬岩的高效钻进。

图3 切断和抓出岩石

该设备克服了在 GPS 工程钻机上配置潜孔锤对硬岩施工所具有的局限性,如加接钻杆时工序复杂,潜孔锤检测不方便,钻杆的密封要求高,经常漏气、漏浆,造成实际工作效率低,劳动强度大,环境污染严重等,见图5。

图4 RT-150 全套管回转钻机施工照片 RT-150 全套管钻机性能参数　　　　图5 SH22 液压风动冲击钻机

该设备主要有以下几点创新:

(1)结合二十多年的潜孔锤研制经验,针对不同地质条件开发了多种钻头,有球齿式、滚刀式、破碎用的长钎头以及复合式等;

(2)根据地层情况可多种工艺方法组合使用;

(3)配备伸缩钻杆,很好地解决了加接钻杆时的工艺复杂性;

(4)可以很方便地在冲击和旋挖等工法中进行转换;

(5)大三角结构的应用,使得整机稳定性大大提高。

主要技术参数如下:

(1)额定功率为194kW;

(2) 钻孔最大深度为56m;

(3) 主卷扬机提升力为220kN;

(4) 动力头最大输出扭矩为100kN·m;

(5) 加减压油缸的最大行程为5700mm;

(6) 总重量约为70t(不带钻杆,其重量为12t)。

采用中空贯通式气动潜孔锤压缩空气驱动工作,以冲击的方式对岩石进行体积破碎。破碎后的岩屑以反循环的形式由中心管道迅速排出,极大地较少了重复破碎现象,成孔速度快,钻进效率高,成孔质量好,尤其是在中等硬度岩石以上具有巨大优势,施工效率较常规钻进方式有明显提高。各种钻头及破岩试验照片见图6～图9。

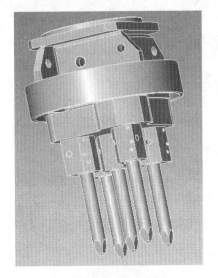

图6 用于破岩的潜孔锤

图7 破除卵漂石的潜孔锤

图8 标准钻头

图9 进行破岩试验的照片

优点:可与旋挖钻机配套使用、振动噪声较小、对场地没有要求。

缺点:造价较高、破岩时易塌方、垂直度控制存在缺陷。

3.3 MZ100摇管式全套管钻机

该工艺采用一台液压摇动式全套管灌注桩基,由磨桩机、钢套管、液压系统、冲抓头和牵引吊组成。磨桩机通过锁定油缸和定位油缸夹紧钢套管,收缩提升油缸使钢套管受到向下的压力,同时用摇动油缸摇动夹具,钢套管经反复扭动并受压向下深入土层,用冲抓头在钢套管中取土,从而达到成孔的目的,灌注混凝土的同时向上逐节拔出套管,完成桩的施工,见图10。

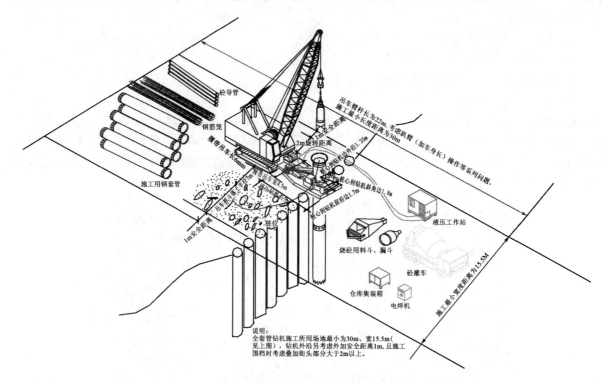

图 10 MZ100 摇管式全套管钻机施工示意图

为检验该钻机在本工程的适用情况,2009 年 4 月在东钓鱼台站工地进行了试钻,试钻情况如下所述。

3.3.1 试桩目的

通过本次试成桩施工达到以下目的:

(1)验证选用全套管钻机成孔施工工艺在本工程场地地质条件下的可行性;

(2)通过本次试验获得成桩施工所需技术参数,为后续正式施工提供依据;

(3)通过成孔钻进过程中所取土样与现有岩土工程勘察报告进行对比,进一步明确该场地岩土工程条件;

(4)通过试成桩施工发现该场地施工中存在和可能出现的问题,提出处理方法和意见。

3.3.2 成孔工艺试验要求

(1)1 捷程牌 MZ-3 型全套管钻机进行套管、冲抓(冲击)成孔工艺试验。

(2)设备组成:MZ100 型全套管钻机一台,功率 75kW;宇通 YTQU55t 履带式起重机一台;$\phi1000$ 外套管 40m;锥形冲锤一只,重 2t;环形冲锤一只,重 3t;十字冲锤一只,重 3t;活瓣冲抓一只,重 3t。

(3)成孔直径(套管外径)$\phi1000$mm。

(4)成孔孔深 30.5m。

(5)垂直度要求 ≤5‰。

(6)成孔时间 ≤36h(单孔)。

3.3.3 具体成孔过程和施工过程中采取措施

因 11m 以内是回填土及局部夹砂层,在地层 11m 以内保持套管刀头超前于开挖面或与开挖面保持相平,以防止土层塌孔增大充盈系数。在 11m 时进入砂砾石,12.5m 时进入强风化砾岩层,进入此层后施工难度加大。砾石分布密集且粒径较大、强度高,在施工中遇大粒径若在套管孔内直接用活瓣抓斗下孔取出,若遇个别砾岩较大且切在套管刀头锯齿处用圆形冲锤、十字冲锤冲击,击碎后用抓斗取;遇到管底有多块大粒径砾石采用锥形冲锤冲击,再用十字冲锤击碎后用抓斗取出,为减小振动影响,冲锤落距一般控制在5m以内,见图11。

通过对试桩成孔的试验,发现有工效时间和振动影响等问题,工效在以后施工熟练摸索经验过程中会有所提高,振动问题尽量减小冲锤落矩,并且夜间22:00时以后不采用冲锤施工。见图12,地质方面在24m以上与地质报告基本吻合,24m以下无详细资料,25.5~30.5m之间都接近于中风化砾岩层,施工难度大,机械损耗大。为防止相邻桩受影响,在后期主体围护施工中采取间隔2根桩施工,若施工相邻桩也必须待其超过24h后方可施工。

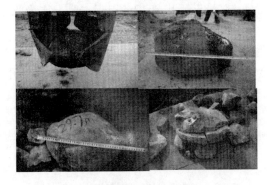

图11 抓斗抓出的漂石和破碎后抓出的岩石

本标段地下水埋深为12.2m,因在成桩(成孔、浇注混凝土)过程中全是钢套管护壁,起隔离封闭作用,地下水对成桩无明显影响。

从4月15日~4月17日累计钻进深度为30.5m,有效施工时间为30h30min,经验孔测得垂直度为4.5‰。

3.4 乌卡斯冲击钻

适用于各种土层,尤其是破碎有裂隙的坚硬岩土和大的卵砾石、漂石具有明显的优点,破碎效果好,在含有较大卵砾石层、漂砾石层中施工成孔效率较高。但冲击钻孔噪声较大,有震动,施工速度较慢,成孔质量相对于其他工法较差,特别是在管线密集的城市容易造成附近管线破坏。适合在第四纪晚更新世冲洪积层及其以下晚第三纪的砾岩层施工。施工情况见图13,钻进情况见表2。

图12 MZ100摇管式全套管钻机试钻施工情况

图13 乌卡斯钻机施工情况

钻机社会保有量很大,每延米成孔造价相对较低。

试钻钻进情况记录表 表2

高程(m)	钻孔深度(m)	时间(min)	地质情况	钻进及噪声情况
52.921	0	—	—	
50.921	2		杂填土	人工挖掘
47.921	5	15	粉质黏土	钻进较快5m内噪声70dB(旋挖钻成孔)
44.921	8	10	出现细砂	钻进较快5m内噪声70dB(旋挖钻成孔)
42.921	10	35	出现砂砾	钻进较快5m内噪声70dB(旋挖钻成孔)
40.621	12.3	37	19cm碎卵石	钻机出现强烈振动5m内噪声95dB(旋挖钻成孔)
39.061	13.86	351(5.8h)	碎卵石	地面有强烈振感,5m内噪声120dB(冲击钻成孔)
37.691	15.23	378(6.3h)	碎砾石	地面有强烈振感,5m内噪声120dB(冲击钻成孔)
36.561	16.36	360(6.0h)	碎砾石	地面有强烈振感,5m内噪声120dB(冲击钻成孔)

试钻结论:由于12m以上主要土质为黏土、粉土及砂卵层,采用旋挖钻机成孔较为顺利,12m以下旋挖钻无法成孔。由于12m以下主要土质为漂石及砾岩层,12m以下冲击成孔虽可进尺,但困难较大、进尺缓慢,平均进尺速度为4.8h进尺1m;且周围居民多次反映噪声太高,地面振动太大。钻进至16.5m后经多方协商后试桩结束,将此试钻孔改做成水位观测井。

(1) 每天上午9点—下午4点施工,共施工4天,每天进尺1m。

(2) 噪声和振动扰民严重,无法继续施工。

(3) 冲击钻施工间隔共进行了两次更换旋挖钻施工,无进尺。

(4) 钻进探明的地层情况与地质报告、补勘报告和前期地质调查的情况相符。

3.5 宝峨大功率旋挖钻机

3.5.1 宝峨钻机简介

BG25旋挖钻孔机最大的特点是动力头为双级扭矩输出,配置有两级重型减震器和万向接,当小扭矩输出时,最大钻进速度可达到60rpm,大大提高了施工效率。该机可配5种自锁式或摩擦式6键钻杆,长度58m,能适应坚硬复杂地层的钻进,耐用可靠。发动机额定功率仅为145kW,耗油量小,储备功率低,主要适于在平原施工。其二级变幅的结构形式较为特别,在转台上升起一横向支柱,变幅油缸安装在上面。这一设计可以加大变幅油缸安装距,增大钻桅的稳定性。但它也使转台的设计变得复杂,且升高了运输时的整车高度。另一个特点是主副卷扬都安装在钻桅上,节省了回转平台上的安装空间,便于转台的布置。这一结构使其整机外形较小,特别是回转平台与底盘显得小,外观上显得前重后轻,有一种不安全的感觉。但多年的使用经验证明此结构是可靠的,较小的机重有利于降低成本。

宝峨BG25旋挖钻机地层适应能力强,使用嵌岩钻头可钻进单轴抗压强度超过100MPa的岩石,在国内已多次钻进强度超过70MPa的岩石;可用动力头直接驱动套管进行长护筒施工,并在国内有大量施工实例;配置M6-L3-T5标准的重型卷扬机,在半载荷的情况下可达到卷扬机的全寿命。

3.5.2 德国宝峨(Bauer)公司:宝峨BG25旋挖钻机的主要参数

动力头扭矩245kN·m(在30MPa时);动力头最大转速:60r/min;钻桅高度:22.8m;整机重量:74t;最大钻孔直径:2000mm(钻孔中心到钻桅外缘距离为1m);最大钻孔深度:使用4节钻杆时可达58.8m;使用5节钻杆时可达70m;卷扬机最大拉力:17t(M6-L3-T5欧洲标准)。

3.5.3 宝峨BG25旋挖钻机破岩

宝峨旋挖钻机使用环形抓斗,安装牙轮可切削整块岩石或大块漂石,安装破岩头可以将岩石或漂石磨碎,但效率都较低,牙轮和破岩头磨损严重,需要经常更换,从而影响工程进度,并使工程造价升高,比较适用桩底少量嵌入岩层的桩的施工成孔,对需要经常破岩或漂石含量大的地层,适应性较差。见图14~图16。

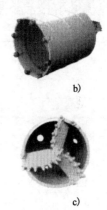

图14 宝峨钻机的破岩抓斗:安装牙轮的宝峨抓头和安装破岩头的宝峨抓头

图15 宝峨 BG25C 在郑武高铁孝感段钻出的岩石强度高达 105MPa

图16 宝峨 BG25C 在京沪高铁山东段钻出的岩石强度高达 80MPa

宝峨钻机还可配备全套管施工,采用动力头直接下套管和搭配液压摇管机两种方式操作,以便于处理极端地质情况。见图17。

图17 全套管钻机

优点:移位方便、设备保有量大、噪声震动小;缺点:遇到漂石较多时速度慢、造价高。

3.6 人工挖孔

东钓鱼台站附近海军总医院医疗大楼基坑工程经验表明:人工挖孔桩施工工艺在该区域施工可行,但该工艺本身易造成人员伤亡事故,施工管理上存在一定难度。

该区段人工挖孔桩开挖至砾岩层后,由于有地下界面水,且砾岩层有一定的强度,加上有大量大漂石的影响,地下作业空间有限,导致开挖比较困难。

工地周边人工挖孔情况:

(1)海军医院基坑围护桩,200多根,桩长20~23m。
(2)海军医院塔吊基础,8根,桩长20m。
(3)东钓鱼台站施工补勘,2根,深度24m。

人工挖孔桩在施工过程中应在孔口进行防护,孔口周围防水,防触电,起重机具的双重保护,渣土、施工材料、机具的垂直运输,人员上下井、防止物品坠落,防止冒水、孔壁坍塌,洞内通风、有害气体监测,围护结构的质量保证等方面制定详细的施工方案和措施,并制定相应的应急预案,加强巡时管理,防止安全事故发生。

北京市城区内,由于地下情况复杂,上级有关部门出于安全的考虑,一般不允许进行人工挖孔桩施工。见图18。

优点:无污染、可多个孔同时开挖速度较快、成本较低。缺点:安全风险大,尤其是有地下水、成孔较深的城市环境下,安全控制比较困难。

3.7 螺旋钻机和正反循环钻机

由于12m以上主要土质为黏土、粉土及砂卵层,采用反循环钻机成孔较为顺利,12m以下遇到大漂石和进入砾岩层后无法钻进。

优点:设备丰富,造价低廉;缺点:钻进能力有限,遇到大漂石施工困难,需要泥浆池,对环境影响较大。

图18 人工挖孔情况

3.8 各种成孔工艺对比

各种成孔工艺对比见表3。

成孔工艺选择对比汇总表　　表3

序号	成孔工艺（设备）	成孔难易程度	安全风险	工效	护壁难易程度	噪声和振动影响	泥浆等环境影响	施工占地	成孔成本
1	回转全套管RT-100型钻机	容易	低	一般	容易	较小	无	很大	很高
2	宝峨全套管钻机	较易	低	一般	容易	较小	无	小	较高
3	MZ100摇管式全套管钻机	较易	低	较高	容易	一般	无	较小	较高
4	液压风动潜孔锤钻机	较易	一般	一般	较难	一般	较大	较小	较高
5	冲击钻机	较易	一般	低	较大	很大	很大	很大	较高
6	宝峨大功率旋挖钻机	较易	低	一般	较大	较小	较小	较小	很高
7	人工挖孔	一般	高	较高	容易	很小	无	小	一般
8	螺旋钻机	困难	一般	低	较小	较小	较大	较大	较小
9	正反循环钻机	困难	一般	低	一般	较小	较大	较大	较小
10	板桩工艺	较易	一般	一般	一般	较大	有	较大	较高

鉴于该车站处于城市主干路首体南路上,周边是居民楼、学校、办公楼、医院等,对噪音、振动、环境的要求很高,综合造价、占地、环境、安全、质量、进度等方面的要求,经过试钻孔最终选择造价适当、占地较小、对环境影响不大、噪声和振动相对较小、质量控制容易、安全风险小的MZ100摇管式全套管钻机进行成孔施工。

4 摇管式全套管钻机施工工艺及关键技术研究

4.1 设备组成

4.1.1 主要设备机具

见表4。

全套筒钻机主要机具表   表4

序 号	机具设备名称	型号及规格	备 注
1	液压摇动式全套筒钻机	MZ系列	固定和摇动套管
2	履带吊车	50T	钻孔取土、钢筋笼吊放、混凝土浇筑
3	空气压缩机	VY-12/7	清孔及障碍物破除

4.1.2 每套MZ桩机的组成

见图19。

①50t履带吊车；②抓土斗；③钻机主机；④套管；⑤液压站。

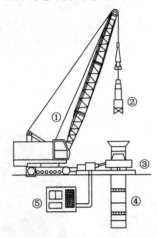

图19 全套管钻机套工作示意图

4.1.3 MZ系列摇动式全套管钻机主要技术参数

见表5。

表5 MZ系列摇动式全套管钻机主要技术参数   表5

序号	名 称	参 数	序号	名 称	参 数
1	压管行程(mm)	650	7	钳口高度(mm)	550
2	摇动推力(kN)	1255	8	功率(kW)	75
3	摇动扭矩(ND·M)	1470	9	油缸工作压力(MPa)	35
4	提升力(kN)	1353	10	尺寸长×宽×高(mm)	5500×2500×1540
5	夹紧力(kN)	1960	11	主机质量(kg)	18000
6	摇动角度(°)	27	12	锤式抓斗(kN)	25~35

4.2 施工工艺

4.2.1 成桩施工工艺流程

平整场地→测放桩位→硬化井圈→钻机就位对准桩位→吊装安放第一节套管→测控垂直度→压入第一节套管→校对垂直度→抓斗取土，接第二、三……节套管→测量孔深→清除虚土→吊放钢筋笼→放入混凝土注浆导管→灌注混凝土，提升导管，逐次拔套管→测定混凝土面→桩机移位

4.2.2 硬化井圈

因钻机自重较大，且拔管时对地面有反作用力，为保证钻机正常施工，故对地面承载力有相应要求。

根据场地情况,对于处于机动车道的桩位无须进行地面加固处理,对于处于绿化带等区域的桩位需进行井圈加固处理。沿桩位内外两侧各做截面为300mm×300mm一道暗梁,暗梁距桩位外皮为400mm,每个相邻桩位之间做截面为300mm×300mm的暗梁一道,其他部位内配$\phi 8@150$双层双向的钢筋网片。见图20。

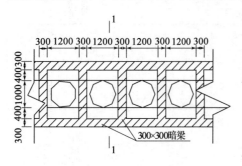

图20 井圈硬化平面图(尺寸单位:mm)

4.2.3 钻机钻孔工艺

钻机水平就位后,将第一节套管(每节套管长度为7~8m)立于桩位处,在自重力、夹持机构回转力及夹持机构压力的复合作用下,将第一节套管压入土中,压入深度为2.5~3m,然后用抓斗从套管中取土,一边抓土,一边下压套管。在土边连接第二节套管。第一、二节套管的垂直度对整个桩孔垂直度起着决定性的作用,只要头一节套管成垂直状态,以后的挖掘方法及套管连接方法又适当,后续套管自然成垂直状态,随着套管的下沉,不断连接套管,直至钻到孔底高程。见图21、图22。

图21 全套管钻机施工图片

图22 定位情况

4.3 关键技术研究

4.3.1 套管的顺直度校正

钻孔桩施工前在平整地面上进行套管顺直度的检查和校正,首先检查和校正单节套管的顺直度,然后将按照桩长配置的套管全部连接起来(确定好连接方向),套管顺直度偏差控制在1/1000以内。

4.3.2 纠偏

成孔过程中,如发现垂直度偏差过大,必须及时进行纠偏调整,纠偏的常用方法有以下两种:

(1)利用钻机油缸进行纠偏:如果偏差不大或套管入土不深(5m以下),可直接利用钻机的两个顶升油缸和两个推拉油缸调节套管的垂直度,即可达到纠偏的目的。

(2)如果钻孔桩在入土5m以下发生较大偏移,可先利用钻机油缸直接纠偏,如达不到要求,可向套管内填砂或黏土,一边填土一边拔起套管,直至将套管提升到上一次检查合格的地方,然后调直套管,检查其垂直度合格后再重新下压。

4.3.3 遇地下障碍物的处理方法

(1)坚硬土层的处理

钻机施工过程中,遇到坚硬土层,抓斗无法抓土时,可使用四脚冲锤或斜冲锤将坚硬土层冲击松软后,使用抓斗取土,如图23、图24所示。

图 23 四脚冲锤

图 24 斜冲锤

(2)孤石的处理

孤石与套管的位置关系主要有下列几种情况:孤石位于套管范围内、孤石位于套管边缘、孤石较大超出套管范围,如图 25 所示。

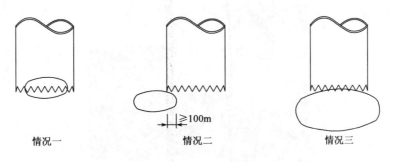

情况一　　　　情况二　　　　情况三

图 25 孤石与套筒位置关系

主要处理方法如下:

①情况一:孤石位于套管范围内。直接用十字冲锤将孤石冲碎后,使用抓斗抓出。

②情况二:孤石位于套管边缘且大于 100mm,用圆形冲锤将孤石冲碎后,使用抓斗抓出。

③情况三:孤石较大超出套管范围

用"一字型"冲锤(图 26)配合圆形冲锤(图 27)及十字冲锤(图 28)将孤石冲碎后,使用抓斗抓出。

图 26 一字冲锤

图 27 圆形冲锤

图 28 十字冲锤

(3)其他情况:孤石位于套管边缘且小于 100mm 时,采用偏心锤反复冲击,击碎后再用抓斗取出。各种冲锤种类及作用见表 6。

冲击锤种类及作用汇总表　　　　表6

序 号	冲击锤名称	适用情况	作 用	锤重(t)	备 注
1	四脚冲锤	坚硬土质	冲击松动土层	3	如图23
2	斜冲锤	坚硬土质	冲击松动土层	3
如图24
3	十字冲锤	位于套管范围内的孤石	破碎孤石	3	如图26
4	圆形冲锤	位于套管边缘且大于100mm的孤石	破碎孤石	3	如图27
5	"一字型"冲锤	位于套管范围内的孤石	破碎孤石	3	如图28

4.3.4 特殊情况的处理

当各种冲锤冲击后仍无法出渣时，说明漂石可能外露很少，各型的冲击锤都不适用或遇到其他不明情况时，先向套筒内输送新鲜空气(遇水时，先抽干套管内积水)，然后吊放作业人员进入套管内进行探查拍照，确定障碍情况后，采用相应的工具、设备将其清除即可。人工进行清除作业时，需二人一组，一人在套管内作业，一人负责在套管顶部观察套管内情况并指挥吊车作业(如图29)。

图29　工人进入套筒内情况

5　结语

通过选用全套筒冲抓钻机进行围护桩施工，解决了以下技术难题：

(1)施工区域地层下部含有大量的大粒径卵石和漂石；

(2)地下管网密集，管线种类繁多；

(3)周围建筑物数量和种类多；

(4)对围护桩的垂直度要求较高。

本工程同时将施工成本、施工工期控制在合理范围内，圆满地完成了本工程的围护结构施工任务，也为今后同类工程提供了借鉴。

小直径超长桩在车辆段施工中的应用

王慧斌　董明祥　肖　勇　单镏新

摘　要　北京轨道交通8号线平西府车辆段与综合基地承担8号线、10号线车辆的架修,以及8号线配属车辆的定/临修、月检、停车列检等任务。考虑到车辆段运用库的土质及水文情况,决定采用桩基础进行施工。本文介绍了小直径超长桩施工中的难点及重点,并提出施工控制要点及防治措施。

关键词　车辆段　小直径　超长桩　施工

1　工程概况

北京轨道交通8号线二期工程平西府车辆段与综合基地位于8号线线路北端终点,与二期工程线路终点站回龙观东大街站接轨。车辆段包括运用库、检修主厂房、物资库、综合维修办公楼、公安派出所等16个单体。由于运用库、检修主厂房、物资库及轨行区土质较差,另根据调查和收集区域地质资料,拟建场地历年最高水位曾接近自然地表,绝对高程为39.00m,近3~5年最高地下水位绝对高程在36.00m左右,现场钻探期间地下水稳定水位高程在31.30~33.50m,考虑到土质及水文情况,决定采用桩基础进行施工。运用库上部规划有22层和11层的多栋住宅楼,考虑住宅荷载要求,设计桩基础采用小直径超长桩,分别为桩长60m(桩径800mm),桩长50m(桩径1000mm)。

本工程桩位多且密,测量人员持证上岗,测量仪器为全站仪,使用极坐标计算数据,在钻机开钻前,应对即将施工的桩位进行复核。在小直径超长桩施工中,测量定位、钻孔、清孔及钢筋笼的吊装是工作重点,灌注水下混凝土是难点,需严格按照方案进行施工。

2　钢护筒的制作与下沉

孔口护筒由厚10mm钢板加工而成,内径大于设计桩径200~300mm,长度为2.0~3.0m,埋设时高出地面0.1m。钢护筒埋设工作是旋挖钻机施工的开端,钢护筒平面位置与垂直度应准确,护筒中心与桩位中心的偏差不得大于50mm。钢护筒周围和护筒底口应紧密,不透水。埋设钢护筒时应通过定位的控制桩放样,把钻机钻孔的位置标于孔底。再把钢护筒吊放进孔内,找出钢护筒的圆心位置,用十字线在钢护筒顶部或底部,然后移动钢护筒,使钢护筒中心与钻机钻孔中心位置重合。同时用水平尺或垂球检查,使钢护筒垂直。然后在钢护筒周围对称、均匀地回填最佳含水率的黏土,要分层夯实,达到最佳密实度,以保证其垂直度及防止泥浆流失及位移、掉落。如果护筒底土层不是黏性土,应挖深或换土,在孔底回填夯实300~500mm厚度的黏土后,再安放护筒,以免护筒底口处渗漏塌方,夯填时要防止钢护筒偏斜。护筒上口应绑扎木方对称吊紧,防止下窜。

3　钻孔

桩基础的主要作用就是通过摩擦力和底部承载力加大地基承载力,质量完全影响这2个重要因素,所以钻孔成为重要的开始。

(1)钻机就位时保持底座平稳,不发生倾斜移位。钻头中心采用桩定位器对准桩位。利用双向调节标尺或线坠调整钻杆垂直。

(2)成孔过程中认真做好每段土体层的施工原始记录,参照地勘报告对各地层特性对比,掌握各地层变化情况,以便与成孔质量检测结果对比。

(3)旋挖成孔是通过动力头转动底门镶嵌斗齿的桶式钻斗切削岩土,并将原状岩土装入钻斗内,然后再由钻机卷扬机和伸缩钻杆将钻斗提出孔外卸土,这样循环往复,不断地取土卸土,直至钻至设计深度。

(4)开孔时做到稳、准、慢,钻进速度根据土层类别、孔径大小、钻孔深度及供浆量确定。钻进过程中,经常测试泥浆指标变化情况,并注意调整钻孔内泥浆浓度。本工程地下水位埋深在10m左右,泥浆压力超过水压力,可满足施工规范要求(图1)。

(5)钻至设计深度时,要会同监理工程师以及建设单位有关技术人员共同判断进入持力层厚度,并准确测定孔深,以此作为终孔高程的依据。

图1 钻孔

4 清孔

(1)钻孔灌注桩在混凝土灌注之前,必须满足孔底沉渣厚度≤100mm,因此需对孔底沉渣进行测定。孔底沉渣计算底起点位置,应以孔底锥体1/2高度处起算。

(2)孔底沉渣厚度测定采用带圆锥形测锤的标准测绳进行,终孔孔深通过钻具总长和机上余尺控制,与标准测绳作比较后计算沉渣厚度。沉渣厚度测定由质检员进行。

(3)沉渣厚度满足不了设计要求,需采用清孔方式予以解决,直至满足要求。

(4)清孔是在下放钢筋笼以及灌注导管孔内安装完毕后,利用导管连接3PN泵进行的。清孔验收满足孔底沉渣厚度≤100mm,泥浆比重小于1.20。

(5)清孔时应保持钻孔内泥浆面高于护筒底口1.0m以上,防止塌孔。清孔达到要求,由监理工程师再次验收孔深、泥浆和沉渣厚度,确认合格后方可进入下道工序。

5 钢筋笼制作、下放

钢筋笼在施工中最易出现的问题是钢筋笼上浮、钢筋笼(非全长配筋)下放过程中坠落、钢筋笼定位不准、钢筋笼变形和声测管堵管等,所以钢筋笼的制作与下放成为重要的施工环节,应引起足够重视。

(1)制作。钢筋笼规格及配筋严格按设计图纸进行,按图纸技术要求制作;进场钢筋规格符合要求,并附有厂家的材质证明,现场取样送试验室进行原材及焊接试验检验;主筋配筋时,满足每个断面接头数不超过主筋总数的50%,错开连接、断面间距不小于1m。

本工程主筋连接采用直螺纹机械连接,配筋时,满足每个断面接头数不超过主筋总数的50%,错开连接、断面间距不小于1m。主筋与加强筋间点焊焊接,施工时操作人员严格执行工艺参数,施工员、质量员对焊接参数、接头质量随机抽样,确保焊接过程监控到位。箍筋与主筋进行绑扎,对箍筋的间距、箍筋的弯钩长度、方向、箍筋的规格大小严把质量关,满足设计要求。笼子成型后,经过监理验收合格后方可使用;钢筋笼制作质量控制如下:主筋间距±10mm,箍筋间距±20mm,笼径±10mm,笼长±50mm(图2)。

(2)下放。钢筋笼制作时在钢筋上用油漆标明钢筋笼在下放时的上下位置点;钢筋笼吊放时值班工长、质检人员、安全员及机台班长必须在场,并由值班工长统一协调指挥;钢筋笼用吊车应保证整体平直起吊入孔,且采用吊筋保证桩的位置及方向的正确;笼子吊离地面后,利用重心偏移原理,通过起吊钢丝绳在吊车钩上的滑运并稍加人力控制,实现平直起吊转化为垂直起吊,以便入孔(图3);吊放钢筋笼入孔时,应对准孔位轻放慢放入孔,遇阻碍要查明原因,进行处理,不得强行下放。

图 2　已制作好的钢筋笼

图 3　钢筋笼吊放

6　灌注水下混凝土

施工时应严防导管漏水造成断桩现象,若发生这种故障,后果非常严重。如在灌注水下混凝土出现进水情况,会导致混凝土形成松散层次或囊体,出现浮浆夹层,严重影响混凝土质量,最终导致废桩重做,故灌注水下混凝土是成桩最为关键的环节。

6.1　水下灌注混凝土的性能参数

(1)混凝土原料。细集料选用良好的中至粗砂,混凝土拌和物中的砂率控制在 40%～50%。粗集料选用粒径小于 40mm 的卵石或碎石,石子含泥量小于 2%,以提高混凝土的流动性,防止堵管。

(2)混凝土初凝时间。一般混凝土初凝时间仅 3～5h,为保证成桩质量,本工程要求商品混凝土的初凝时间不得低于 6h,施工期间应视回龙观地区的交通运输情况对商品混凝土的初凝时间做适当调整以满足施工要求。

(3)坍落度选择。为了保持良好的和易性,其配合比通过试验确定,坍落度应控制在 180～220mm 之间。

6.2　准备工作

(1)根据桩径、桩长和灌注混凝土量选择导管及起吊运输设备,本工程灌注导管直径选择 $\phi250$mm 和 $\phi300$mm 两种。

(2)钢筋笼就位后,检查孔底沉淀厚度,超出规定的重新清孔。

(3)导管吊放时,确保导管密封良好,位置居中,防止跑管。导管按技术要求加工,并在使用前作试拼试压,进行闭水试验,密封合格的导管方可使用。灌注前在导管内放入高压球胆作为隔水塞。

(4)安装好排浆泵,以回收泥浆。

6.3　施工顺序及方法

(1)水下灌注混凝土施工顺序为:吊放钢筋笼—安设导管—放入球胆(隔水栓)—连续灌注混凝土直至桩顶—拔出导管—拔出护筒。

(2)开始灌注时,保证混凝土足够的初灌量,使导管埋深不小于 2m,随着混凝土上升,适时提升和拆卸导管,导管底端埋深保持在 2～4m 之间,避免把导管底端提出混凝土面造成断桩。在混凝土灌注过程中,专人负责测量导管埋深及混凝土面上升高度;提升导管时避免碰撞钢筋笼,防止钢筋笼被混凝土导管拉挂上升,混凝土灌注高度应高出设计高程 0.6～1.0m,以便在基坑开挖时将桩顶浮浆凿除,保证桩顶质量符合设计要求。

6.4 混凝土灌注操作技术

(1)混凝土灌注。灌注过程中导管埋入混凝土深为 2~4m,严禁将导管提出混凝土面。设专人测量导管埋深,并填写混凝土的浇注记录。

(2)后续混凝土灌注。当出现非连续性灌注时,漏斗中的混凝土下落后,应当牵动导管,并观察孔口返浆情况,直至孔口不再返浆,再向漏斗中加入混凝土。上下活动导管的作用如下:①有利于后续混凝土的顺利下落,否则混凝土在导管中存留时间稍长,其流动性能变差,与导管间摩擦阻力随之增强,造成水泥浆缓缓流坠,而集料都滞留在导管中,使混凝土与管壁摩擦阻力增强,灌注混凝土下落困难,导致断桩。同时,由于粗集料间有大量空隙,后续混凝土加入后形成的高压气囊,可能会挤破导管各节间的密封胶垫而导致漏水。②上下活动导管增强混凝土向周边扩散,加强桩身与周边地层的有效结合,增大桩体摩擦阻力,同时加大混凝土与钢筋笼的结合力,从而提高桩基承载力。

(3)后期混凝土的灌注。在混凝土灌注后期,由于孔内压力较小,往往上部混凝土不如下部密实,这时应稍提漏斗增大落差,以提高其密实度。

6.5 混凝土灌注速度

在控制混凝土初凝时间的同时,必须合理地加快灌注速度,这对提高混凝土的灌注质量十分重要,因此应做好灌注前的各项准备工作,以及灌注过程中各道工序的密切配合工作。

7 超长钻孔桩施工控制要点及防治措施

钻孔灌注桩施工过程复杂,工序繁多,包括钢筋加工、钻孔、灌注、排浆、清渣等,必须做好各工序间的协调,才能提高施工效率,保证工期。

(1)由于旋挖钻机施工效率高,每天成桩数量多,所以钢筋加工工作应提前进行。钻机正式开钻前,应提前做好一批合格的钢筋笼,以免出现因钢筋笼供应不上而影响正常施工的情况。

(2)成孔与灌注配合。成孔后必须及时下放钢筋笼,并及时进行混凝土水下灌注。在成孔即将结束时,应提前通知吊车和混凝土灌注队,事先将钢笼、导管转移至孔口附近,并及时通知供混凝土单位搅制混凝土。

(3)施工顺序安排。合理安排整体施工顺序,做到流水施工,即每一道施工工序不间断,使钻机在施工完一个钻孔后,立即转入下一个钻孔施工,并不影响其后序工作施工。合理安排成桩施工,使钻孔、下笼、灌注等工序连接紧凑,从而保证整个成桩过程一气呵成。

(4)桩基施工时采取跳跃式施工方式,即第一根灌注桩施工完后,下一根桩间隔进行施工,避免对刚灌注完的桩造成扰动。

8 结语

平西府车辆段与综合基地桩基础工程规模大、技术难度大、施工周期长,直接影响着整体工程的竣工时间,是能否保证轨道交通 8 号线二期如期贯通运营的关键节点。通过采用小直径超长桩,解决了地基条件比较差,地表以下存在着厚度很大的软土或中等强度的黏土层,不能直接承受由高层建筑所传来的压力问题。

城市过街桥桩基托换技术

马长涛 刘玉龙 李文科 金大春 韩 爽

摘 要 穿过既有桥梁基础的加固施工成为地下工程尤其是地铁施工中关键技术问题和施工难点,也越来越受到业内的重视。深圳地铁龙岗线3102标段穿过洪湖人行天桥,如何确保地铁施工顺利穿过天桥桥梁基础而不影响天桥的正常使用是该地铁施工的一个难点。合理设计地面注浆加固及钢管支撑,使其替代原天桥支撑。

整个优化方案施工中,对桥梁原有结构与基础不产生扰动,也充分保证了原有结构的整体性和稳定性。通过优化,解除了施工中的巨大安全隐患,简化了施工,方便了机械的运转,大大缩短了工期,节省了大量资金。

关键词 过街天桥 桩基托换 加固

1 引言

近年来,隧道及地下工程的施工风险研究已经引起了人们的高度重视。随着国内各大中型城市地铁的不断发展,新建的地铁不可避免地要从市政桥梁的基础侧面或下方穿过。当地铁工程需要在既有市政桥梁区域附近施工时,引起的地层变形和移动,可能导致邻近(在地铁施工影响范围内)的桥梁基础发生沉降和承受附加应力。

然而,业内对于这类穿过既有桥梁基础的施工理论、方法和施工措施仍不成体系且针对性不强,也很少有针对这类施工的指导措施与建议,难以对实际施工形成明确的指导作用。实际上,穿过既有桥梁基础的地铁施工势必对桥梁基础的原有状态产生影响。如果桥梁基础的沉降或附加应力超过了一定的水平,将可能使桥梁出现损伤,或使已经存在的损伤加剧,影响桥梁的正常使用甚至出现安全问题,因此,为确保邻近桥梁使用安全和地铁工程施工安全,需要根据地铁施工对邻近桥梁影响程度的差异,采取相应的施工对策。

深圳地铁龙岗线工程洪湖人行天桥基础加固工程实践,从原设计的加固措施分析入手,从设计方案优化、理论支撑和工程实践等全过程进行地铁穿过既有桥梁基础的施工技术研究。

2 工程概况

2.1 工程简介

深圳地铁龙岗线工程洪湖人行天桥位于水贝站至草铺站区间靠近水贝站一侧(图1)。区间隧道采用浅埋暗挖法施工,主体结构采用复合式衬砌。

洪湖人行天桥横跨布心路,长约64m,共采用四跨钢筋混凝土结构设计。其中跨主车道段采用双跨连续梁结构,单跨跨距约为17m,辅道采用单跨简支梁,桥体宽5m的钢筋混凝土结构。结构伸缩缝共设两道,分别位于两侧边跨支柱上。

区间隧道下穿洪湖天桥北侧,隧道中线与天桥支柱中线距离为3.5m,支柱扩大基础底部距拱顶4.6m。

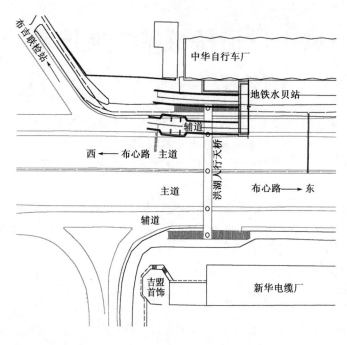

图1 洪湖人行天桥地理位置示意图

2.2 区域地质背景

勘查揭露下覆地层从上向下分别为素填土层、冲洪积淤泥层、冲洪积中砂层、可塑状或稍密状残积土层、硬塑状或中密状残积土层、云开群全风化花岗石片麻岩层、云开群强风化花岗石片麻岩层,见图2。地下水位在地面以下4.5m左右。

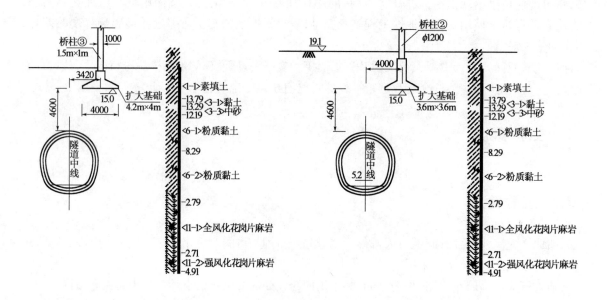

图2 洪湖人行天桥地层发育分布图(尺寸单位:mm;m)

3 人行天桥保护初期设计

3.1 设计原则

(1) 本工程隧道安全等级为二级;计算岩土参数按业主提供的《深圳市地铁3号线工程详勘阶段岩土工程勘察报告》采用。

(2) 天桥保护应满足本身稳定及隧道安全的要求,结构本身不会产生倾覆、滑移和局部失稳,桥桩底部不产生变形,不发生强度破坏;该保护本身还应保证地铁暗挖隧道安全,保证城市道路、地下各类管网不至于位移、应力过大而损坏。

(3) 从保护完成后至二衬结构施工完毕止,在此期间必须保证地铁隧道及天桥的安全和正常使用。

3.2 设计方案

采用钻孔桩+托换梁的方式将原洪湖天桥桩柱进行托换。分别在隧道两侧施工钻孔桩,每根桥柱设两根 $\phi1200mm$ 钻孔桩作为托换柱,桩底嵌入中风化层不小于1m,单根钻孔桩长度为40m,共需钻孔桩4根,顶部设 $2m \times 2m \times 1m$ 承台。承台与原桥桩柱采用托换梁相连,托换梁断面尺寸为 $2m \times 1m$,见图3、图4。

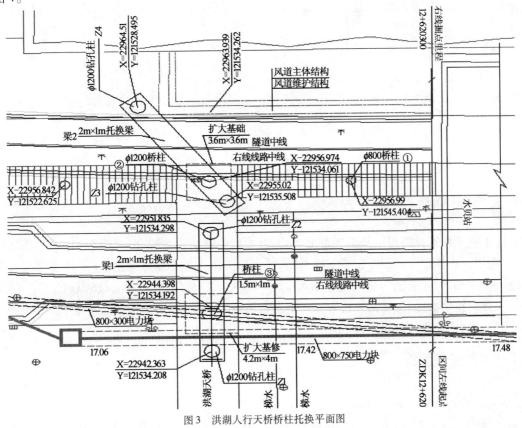

图3 洪湖人行天桥桥柱托换平面图

3.3 工程难点

施工现场平面布置调查发现,采用灌注桩+托换梁的柱梁支撑方式施工存在以下明显不足:

(1) 托换桩与托换梁施工期间有可能扰动桥柱周围土体,容易造成桥体结构变形,施工期间变形将难以控制;同时,托换梁钢筋需穿透桥柱基础,钢筋密度大,对桥柱结构影响大,安全性低,将无法保证天桥在施工期间正常使用,甚至有可能危及天桥结构的稳定性和安全性。

(2)灌注桩需采用钻孔桩机施工,必然连续占用布心路主干道 1~2 周,施工与交通产生明显矛盾,施工组织难度大。

此外,由于天桥的保护设计与现场施工条件和实际施工存在一定脱节,也必然造成安全风险的存在和施工成本的增加,为此,必须结合施工现状对灌注桩+托换梁的柱梁支撑方式进行设计优化。

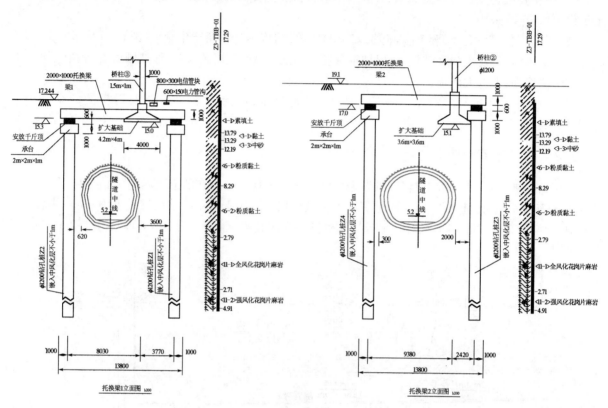

图 4　洪湖人行天桥桥柱托换剖面图(尺寸单位:mm)

4　人行天桥桥墩保护方案

鉴于以上施工中安全隐患以及施工难度大,结合人行天桥结构情况和施工现状提出了如下明确优化方案:合理设计地面注浆加固及钢管支撑,使其替代原天桥支撑。具体来讲,先对隧道拱顶及桥柱周边土层进行注浆加固,并施工钢筋混凝土结构底座。地上部分采用 $\phi 609\text{mm} \times 16\text{mm}$ 的钢管和 I20a 型钢框架梁支撑天桥梁板,临时托换天桥墩柱。型钢梁下设千斤顶,在隧道施工过程中,根据地面沉降情况,动态调整型钢梁高程,以保持天桥结构稳定。

4.1　地表注浆加固

4.1.1　地表注浆加固地层

在墩柱四周 4~6m 范围内,采用地表注浆加固。以公路路面层为止浆墙,采用 $\phi 42\text{mm} \times 3.5\text{mm}$,$h=6 \sim 10\text{m}$(至地铁隧道初期支护处)进行注浆加固。见图 5。

4.1.2　压力注浆采取发散-约束方式

先进行内、外两排孔注浆,分别跳孔施工,待这两排孔注浆封闭后再进行中间一排孔的注浆,注浆顺序见图 6 所示。

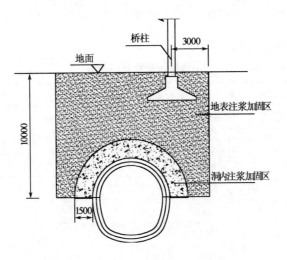

图 5　注浆加固断面示意图(尺寸单位:mm)

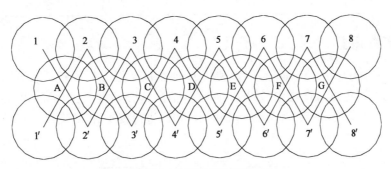

图 6　地表注浆平面顺序示意图

(注:注浆顺序:一序 1-2'-3-4'-5-6'-7-8';二序 1'-2-3'-4-5'-6-7'-8;三序 A-C-E-G;四序 B-D-F)

4.1.3　注浆工艺

(1)打孔布管:注浆管在打管前,按照图6要求放样出注浆管的位置。

(2)封面:以原道路路面做为止浆墙封面。

(3)注浆:用 KBY-50/70 注浆泵进行注浆,采用注浆量和注浆压力双控原则进行注浆时间的控制。

(4)水泥-水玻璃双液浆:水泥采用 32.5R 普通硅酸盐水泥,水玻璃为 35°Be'。水泥浆液水灰比为 1:1;水泥浆液与水玻璃体积比为 1:0.8,采用双液注浆泵注浆。

注浆工艺见图7。

具体参数可根据现场实际情况调整。

注浆数量:

注浆管注浆量可按照下式计算:

$$Q = \pi \cdot R^2 \cdot L \cdot n \cdot K$$

式中:R——浆液扩散半径,可按 0.3m 考虑;
　　　L——小导管长度;
　　　n——岩体孔隙率;
　　　K——充填系数,为 0.3~0.5。根据不同地质条件取值。

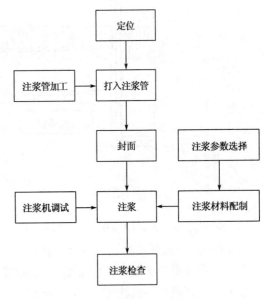

图 7　小导管注浆工艺流程图

4.1.4 注浆机具

小导管注浆机具设备表见下表1。

小导管注浆机具设备表　　　　　　　　　　　　　表1

序　号	设备名称	规格型号
1	钻机	
2	双液注浆泵	KBY-50/70
3	输浆胶管	$\phi 25$
4	闸阀	Q11SA-16Dg-25
5	压力表	0-4MPa
6	储浆桶	自制
7	配浆桶	自制
8	孔口封闭器	自制

4.2 地上支撑施工

地上部分拟采用 $\phi 609\text{mm} \times 16\text{mm}$ 的钢管和I20a型钢框架梁支撑天桥梁板,临时托换天桥墩柱。型钢梁下设千斤顶,在隧道施工过程中,根据地面沉降情况,动态调整型钢梁高程,以保持天桥结构稳定。待隧道衬砌施工完成,地面趋于稳定后,对原天桥钢柱进行校正,拆除支撑。其支撑、注浆设计示意图见图8、图9。

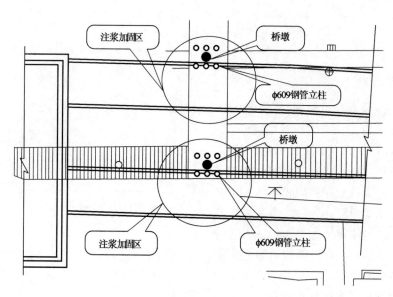

图8　洪湖人行天桥临时支撑平面示意图

施工要点:

用 $\phi 609\text{mm} \times 16\text{mm}$ 钢管做立柱,每柱墩设 $2 \times 3 = 6$(根),底设托板+I20a钢梁+千斤顶,顶设工40a型钢框架梁+硬质木垫块,支托两端梁头。见图10。

用千斤顶将型钢梁顶紧桥面梁板,支垫稳妥,使原天桥墩柱不承载梁体。

隧道开挖超前小导管注浆,0.5m/环开挖稳妥施工。

施工过程中加强沉降观测,及时反馈信息,如有下沉变形,用平行楔加固,使托柱均匀受力,保证天桥梁体水平位置。

当隧道二衬衬砌后,原天桥墩下沉变形在允许范围内,变形终止,落梁校正,千斤顶调整加设钢梁板达标准要求。如有沉降,经检查验收,天桥恢复原位交付。见图 11。

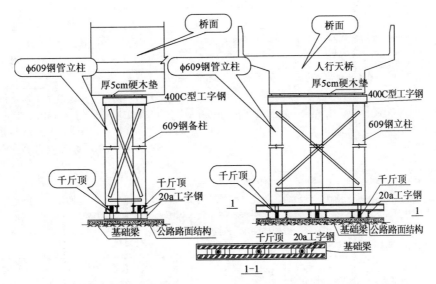

图 9　洪湖人行天桥钢管支撑立面图

图 10　洪湖人行天桥桥墩支护照片

图 11　洪湖人行天桥桥墩支护完成后照片

4.3　施工质量控制措施

为确保工程质量,建立了完善的质量控制体系,严把材料关,狠抓工序质量。隐蔽工程的检查验收坚持自检、互检、专检的"三检制"。凡不符合质量标准的,坚决予以返工处理,直至再次验收合格。

5　人行天桥保护方案对比

人行天桥保护的备选方案对比见表 2

人行天桥保护方案对比　　　　　　　　表 2

	天桥桥墩保护方案	天桥桥墩托换方案
施工条件	采用桥柱保护方案,无须大型机械进场施工,施工范围控制在红线内,无须再占用布心路,施工用场地小	采用桥柱桩基托换方案,需钻孔桩机进场施工,且施工期间需占用布心路主道部分路面,区间隧道沉降基本稳定前,路面无法回填,占道时间长,占用场地较大

续上表

	天桥桥墩保护方案	天桥桥墩托换方案
工期	采用桥柱保护方案，无须地下管线探测及占道申报，地表注浆亦为地层加固预注浆对工期不造成影响，钢管支撑随沉降随支顶，从开始施工到达到桥柱保护条件时间较短，基本不影响隧道施工，满足节点工期要求	采用桥柱桩基托换方案，需进行施工占道申请，托换桩及托换梁施工周期长，达到托换条件时间长，严重影响隧道施工进度，不能满足节点工期要求
安全性	采用桥柱保护方案，无须扰动桥柱周围土体，不破坏桥柱结构，且对桥柱周围土体进行加固处理，安全性较高	采用桥柱桩基托换方案，需钻孔桩机进场施工，托换桩及托换梁施工期间扰动桥柱周围土体，且工期时间长，若施工期间桥体出现较大变形无法及时调整。托换梁钢筋需穿透桥柱基础，钢筋密度大，对桥柱结构影响大，安全性低
质量	桥柱保护方案，通过地表注浆及隧道内径向注浆，对桥柱及隧道主体进行加固，使隧道周围土体与桥柱周围土体形成整体受力。隧道开挖过程中，通过加设φ609钢管支撑，时适监测，对天桥桥体变形及时进行调整，确保人行天桥控制在要求范围内	桥柱桩基托换方案，托换桩及托换梁施工期间扰动桥柱周围土体，期间容易造成桥体结构变形，施工期间变形难以控制
施工工艺	注浆及钢管支撑工艺技术成熟，工艺简单，容易操作，施工期间较易控制，后期处理简单	托换桩及托换梁施工工艺复杂，钢筋穿透桥柱密度较大，施工操作难度大，后期处理复杂

6 施工监控量测

在隧道正常开挖施工时，地面及拱顶的下沉都比较小，而注浆过程中地面隆起较大，钢管支撑架设后引起天桥变形。因此，本次观测重点分析注浆过程以及钢管支撑架设后天桥的沉降。主要监测项目为：地表沉降量测、人行天桥沉降监测。

6.1 地表及人行天桥沉降

地面沉降见图12。

6.2 I20aI字钢压力变化曲线图

I字钢压力变化曲线见图13。

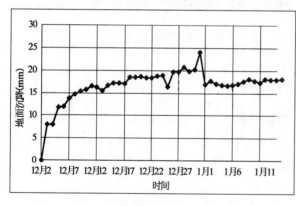

图12 隧道开挖造成的地面沉降图

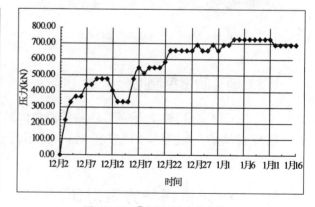

图13 I20aI字钢压力变化曲线图

从以上监测情况可以看出，地面沉降最大未超过25mm，在规范允许的范围内；20aI字钢压力变化至700kN时趋于稳定。

6.3 数据分析与处理

随着施工的进程，地表沉降和钢支撑压力呈规律性的变化，通过对比分析，我们发现数据变化分以下几个阶段：

初始加压阶段:此时隧道对已有桩基进行凿除,钢管支撑受力,地表沉降和支撑压力变化均较大。

趋于稳定阶段:随着洞内结构施工完成,地面沉降和支撑压力均趋于稳定。

7 主要技术经济成果

第一,深圳地铁龙岗线洪湖人行天桥加固设计"合理的地面注浆配合钢支撑支护保护方案"取代"钻孔桩+托换柱支护保护方案"是一个大胆的创新,为国内同行隧道过人行天桥保护提供一个成功典范。

第二,采取注浆加固及钢管支撑的施工方法保证了桥梁原有结构的完成性,可最大程度利用桥梁原有结构;也避免了桩基托换过程中有可能造成桥面沉降过大的风险。

第三,采取注浆加固及钢管支撑的施工方法有利于现场组织,解决了大型施工机械占场地和市政交通运行的施工与交通运行之间的矛盾。

第四,节省造价约25万元。

8 结语

城市地铁正在大力兴建,地下隧道穿越人行天桥的情况时有发生,人行天桥均处于交通繁忙的主干道,施工场地狭小。人行天桥保护的成功优化能够节省大量人力物力,方便了施工,缩短了工期,顺利、安全完成了施工,为暗挖隧道的顺利进行提供了安全保障。人行天桥的成功设计优化将为地铁隧道穿越人行天桥施工提供成功的范例。

深圳轨道交通水贝站地下连续墙续接技术

马长涛　杨雨轩　彭志勇　张学武

摘　要　深圳地铁3号线水贝站位于山脚下,根据地质勘查资料提供岩石强度达120MPa以上,我部选择了国内最先进的成槽设备——液压双轮铣槽机,不能将连续墙施工至设计标高,经过与建设单位、设计、监理研究在不改变设计的连续墙与二衬结构墙叠合理念的前提下,采用续接连续墙作为一种补救措施,施工安全可靠,相对缩短了工期。

关键词　液压双轮铣槽机　叠合结构　连续墙续接

1　水贝站连续墙概况

水贝站位于布心片区洪湖立交与翠竹路之间的布心路上,呈东西向布置,交通繁忙。地面东西向高差较大,地面高程为17.03~22.08m。根据钻探揭示,本站线路经过地段,覆土表层为第四系人工填筑的素填土、杂填土,其下为冲洪积黏性土、砂层,残积黏性土,下伏基岩为花岗片麻岩。结构底板埋深19m,部分连续墙处于中风化岩层及微风化岩层中连续墙成槽困难。站内地下水主要有两种类型:一是松散土层孔隙水,二是基岩裂隙水。基坑开挖时受基坑外地下水影响相对较小。

车站共有29幅地下连续墙无法一次性顺筑完成,其中南侧5幅,北侧24幅,主要集中在基坑南侧中部和北侧东半部;有11幅终孔在第三、四道钢支撑之间、结构中板以下;基坑对称面均需接墙的有4幅。

2　设计方案选定

本工程围护结构计算按《建筑基坑支护技术规程》(JGJ 120)附录B弹性支点法,同时采用大型有限元软件Ansys和《理正深基坑辅助设计软件F-SPW5.3》模拟各施工工况挖土、加撑、结构施工、回填等全部工序,按增量法原理进行计算与验算,完成了连续墙的入土深度、稳定性、位移、受力及配筋计算,并计算了使用阶段的受力,从而保证所采用的施工方案满足已有建(构)筑物、管线等对位移的要求。

基坑安全等级为一级,结构计算考虑的主要荷载有水土压力、地面超载、施工荷载等。水土压力取值原则为:地下水位以上土体采用天然容重,地下水位以下土体,本站为岩石层采用水土分算。为保守起见C、φ值不作调整仍按勘查资料记取,计算结果表明,本工程设计的围护结构满足强度、稳定性及变形要求。

经过计算,设计采用800mm厚地下连续墙作为围护结构,墙体对称配筋,主筋φ25mm@150mm,分布筋φ22mm@150mm。

但在实际成槽中微风化岩石强度远高于地勘报告,施工中采用了液压抓斗、双轮铣槽机及1.5t冲锤联合操作的形式,尚不能将连续墙施工至设计标高,有些连续墙施工至中板下即第三道内支撑的位置就无法继续向下成槽,全站共有1/3的墙体没有进入底板达到设计深度。

根据以往工程经验,遇此情况可采用人工挖孔方案。但对于岩石地层,人工挖孔需要工期较长;同时长时间的成槽工作对周边地表沉降控制不利。因此,经多方研究论证,结合现场情况及工期、成本等因素,决定采用地下连续墙局部逆作法的方案,并按照以下原则施工。

(1)地下连续墙第三道支撑以下部分采用逆作法续接施工,即连续墙一次施工至第三道钢支撑处,以下墙体采用模筑混凝土进行续结。

(2)对于成片微风化岩石，连续墙嵌入深度改为1m。

3 施工方案选定

由于地下连续墙不能一次施工到位，局部需进行逆作续接，因此土方开挖必须分段分层，利用基坑空间效应减小土体及围护结构的变形。

经研究确定逆作续接连续墙段基坑开挖采用从东向西按结构施工流水段划分。续接连续墙段拉槽台背土顶标高控制在墙底以上1.0~1.5m，顶部宽不小于3.0m，拉槽边坡不大于1:0.3；横向掏槽必须间隔跳做，掏槽宽度不大于3.0m，边坡根据岩性可采用垂直放坡到1:0.3坡度。

现场实际操作中6m左右及以上幅宽的连续墙分三期续接，闭合槽段分二期续接，即宽幅中间3.0m为一期续接，两侧及相邻闭合槽段的1/2幅宽分别为二期和三期。在所有需要续接的地下连续墙中，有11幅尚未达到第四道钢支撑，故此11幅连续墙分两次进行，即第一次续接到第四道钢支撑下1.5m（底部1m为连续墙嵌固深度），并按设计要求进行第四道钢支撑的安装、预加轴力。接墙主筋下端预留接驳器，在石方爆破到底板垫层下1.0m后，进行下部地下连续墙续接施工。结构施工流水段内连续墙续接完毕后，及时封闭结构底板。

土石方开挖、接墙施工过程中，加强测量监测工作，根据监测结果及时指导施工。当连续墙整体或局部位移接近警戒值或钢支撑轴力接近设计值时，及时增设临时钢支撑加强支护。

4 主要施工方法

4.1 续接连续墙部位土石方开挖

地下连续墙部位土石方开挖需结合基坑整体土石方、主体结构流水段划分进行。续接连续墙将主要影响8个流水段的主体结构施工，且每个结构施工流水段内待续接连续墙及与相邻连续墙的具体情况各有不同，故此8个主体流水段内的土石方开挖亦需结合待续接连续墙的实际情况进行。总体接墙顺序为：宽幅槽段先进行中间3.0m宽的顺接，再进行两侧及相邻短槽1/2幅宽的顺接作业。参见"图1地下连续墙续接平面示意图"，"图2地下连续墙续接断面示意图"，当连续墙尚未成孔到第四道钢支撑时，需先顺接到第四道钢支撑下1.0m并架设钢支撑后，再向下顺接。石方爆破时间炮眼设置按照接墙循环进行。爆破采用中间掏槽、光面预裂方式。

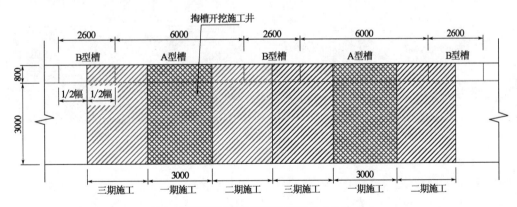

图1 地下连续墙续接平面示意图（尺寸单位：mm）

施工步序（以A51~B47槽段为例）：

第一段土石方开挖：A51~B47槽段，该段内A51、A49、A48、B47幅连续墙需分两次续接，故土石方开挖需分两次进行开挖。首先，基坑北侧土石方一次性开挖到第三道钢支撑下2.0m（遵循先撑后挖原则),之后预留台背土,中间拉槽深度至基坑底标高。基坑南侧台背土顶标高为第四道钢支撑下 1.0m。台背土顶宽不小于 3.0m,拉槽边坡不小于 1:0.3,其中基坑北侧在第四道钢支撑下 0.5m 开始留设第二道台背土,顶宽不小于 2.0m。开挖断面参见图 3。在每个结构流水段内第一次土石方开挖完毕后,进行续接连续墙处土石方开挖:分别降低 A51、A49 槽段中间 3.0m 宽台背土,挖至第四道钢支撑下 0.5m,墙底掏槽挖至第四道钢支撑下 1.5m,底部 1.0m 为嵌固,续接连续墙至第四道钢支撑下 1.5m。开挖断面参见图 4。待续接部位混凝土达到设计允许强度后,开挖 A51、A49 槽两侧台背土石方至第四道钢支撑下 0.5m 后,墙底掏槽挖至第四道钢支撑下 1.5m,底部 1.0m 为嵌固,续接连续墙至第四道钢支撑下 1.5m。待续接部位混凝土达到设计允许强度后,及时架设第四道钢支撑,如围檩牛腿不能施作,采用人工挖坑掏槽安装。之后跳槽开挖下部土石方、续接地下连续墙。开挖仍采用掏槽跳作方式。开挖断面参见图 5。

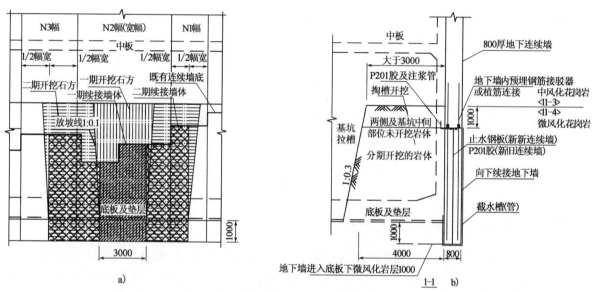

图 2　地下连续墙续接断面示意图(尺寸单位:mm)

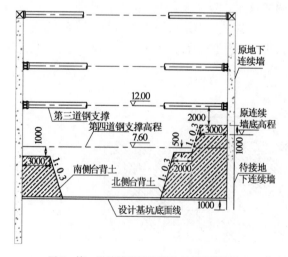

图 3　第一段续接连续墙部位土方开挖断面
(尺寸单位:mm,高程:m)

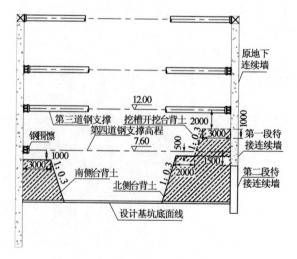

图 4　第一段续接连续墙部位土方开挖断面
(上部续接)(尺寸单位:mm,高程:m)

4.2　地下连续墙钢筋续接

根据爆破后的侧墙岩面情况对侧墙进行处理:

(1)用风镐等机具、设备将岩面修平顺,必要时采用 C20 喷射混凝土挂网支护或 1:2.5 水泥砂浆找平,做到基面平顺、不侵限。

(2)若连续墙墙底渗水严重或渗水含大量砂时,先在渗水面及周边1m范围内进行花管注浆,水泥净浆注浆止水,在止水达到预期效果后进行钢筋连接及绑扎。

(3)续接连续墙钢筋:①人工将原地下连续墙墙底的预留接驳器凿出,检查接驳器质量,不合格的将连续墙钢筋凿出后与下接钢筋焊结;②在进行连续墙续接前,将相邻已成槽的连续墙及第一期续接连续墙侧壁凿毛;③续接连续墙的钢筋配置与原设计地下连续墙钢筋配置相同,连接方式可采用铁丝绑扎或点焊焊接;④当续接尚未到达第四道钢支撑的连续墙时,钢筋底端设置接驳器,预留后续续接接口。钢筋下料长度根据石方爆破所能提供的工作面确定,总体原则为:对于尚未到达第四道钢支撑的连续墙,整体分为两次续接到底板垫层下1m;原成槽已到达第四道钢支撑以下的连续墙,一次性续接到位;

(4)在钢筋绑扎完毕后,在与原连续墙接口部位预埋注浆管,用来处理因模注混凝土后期收缩而产生的裂缝、渗水等。注浆管深度至连续墙与岩面接触部位。

(5)在底板相应标高部位设置主体结构底板接驳器。

4.3 模筑混凝土

模板采用15mm厚多层竹胶板。模板主龙骨采用100mm×100mm顺直方木,间距不大于600mm;次龙骨采用50mm×100mm顺直方木,间距不大于300mm。支撑采用φ48钢管,在主龙骨上的着力点间距不大于600mm×600mm。每层钢管斜撑(或横撑)每两延长m设置钢管十字剪刀撑,并在各层间用钢管垂直连通。支撑末端着力在基坑中间预留的支撑土体上,着力面需夯实并垫5cm以上厚度的木板。模板顶部50cm高度内向外敞口,敞口宽度为50cm,作为混凝土浇筑过程中人工振捣操作口,在拆模后,立即将振捣口范围的混凝土剔凿,避免影响内衬结构施工。模筑混凝土施工按相关混凝土操作规范执行,并确保振捣质量。模板体系参见图6。

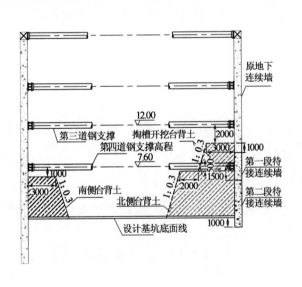

图5 第一段续接连续墙部位土方开挖断面
(下部续接)(尺寸单位:mm,高程:m)

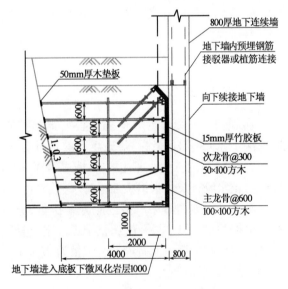

图6 模板及支撑体系示意图
(尺寸单位:mm)

5 施工重点工序控制措施

5.1 基坑侧向变形控制措施

(1)调整首道支撑位置:首道支撑及时架设极为重要,在地下连续墙顶圈梁处设置第一道钢支撑,由于第一道钢支撑是在基坑尚未开挖状态下施工的,所以对控制基坑开挖后的初始变形起到了极其重要的作用。

(2) 基坑分层、分段开挖,对称留土,施工中做到快挖快撑,在限定的时间和空间内完成土方开挖及支撑,能够有效地控制基坑变形。

(3) 加强观测:在本站施工过程中采用了地下水位观察孔、地下连续墙测斜仪、钢支撑轴力仪,并在基坑边设置沉降观察点等,通过收集到的实测数据分析基坑变形及水位变化情况。

5.2 基底管涌控制措施

根据地质勘查报告,车站所处地层基本为岩石层,松散土层较少,同时岩石裂隙水含量不大,因此造成基底管涌可能性不大。但应采取相应措施:

(1) 做好应急材料准备:准备发电车、水泵、沙袋及注浆材料等以预防突发事件发生。

(2) 加强坑内降水措施,降低基坑内外水头差。

(3) 在连续墙接茬部位设置引水管(后期兼做注浆管),将岩石裂隙水引至坑内明排水沟,并用水泵抽出基坑外。

5.3 连续墙续接部位防水处理

地下工程防水处理至关重要,地下连续墙采用逆作法续接,增加了施工缝,增大了渗漏水的可能性。因此,此部位防水处理采用如下措施:

(1) 混凝土采用 C30 模筑混凝土,抗渗等级 P8。

(2) 主体结构内衬墙施工缝留置位置避开连续墙的竖向施工缝,延长渗水路径。

(3) 原地下连续墙与后接的模筑连续墙之间的接缝需做特殊处理,视渗漏水情况,可预先进行压浆固化止水;设置引流管,后期兼注浆管,采用压浆方式填充止水。

(4) 在新旧连续墙之间墙厚度中间部位设置防水胶条并埋设注浆管;在模筑混凝土接缝之间设置止水钢板,以增强其防水效果。

(5) 及时对渗漏点进行注浆封堵。

6 结语

(1) 在地下连续墙逆作施工过程中,严格控制了爆破工序,有效控制了炮眼布置、起爆顺序及装药量,确保了光面爆破的效果,爆破震动没有对支撑及周边环境造成影响;

(2) 接缝部位防水处理,因连续墙成槽深度基本入微风化岩层 1m 以上,墙底岩石裂隙不发育,通过导流管、止水胶条及止水钢板加强防水,效果良好;

(3) 土方开挖过程中严格按照方案执行,分段开挖,及时架设支撑;同时,按设计要求加强基坑监测,并根据测量监测结果及时调整施工方案,包括增设临时钢支撑。

经实测,施工期间地面最大沉降量为 22mm,基坑水平位移最大值为 10mm,均小于规范规定对一级基坑的允许变形值要求。

杭州轨道交通滨江站软弱地层地下连续墙节点处理技术

王振玲

摘　要　本文以杭州轨道交通滨江站实际工程为例,总结了软弱地层中地下连续墙施工节点及其相关问题的处理措施,对类似地层连续墙的施工具有指导作用。

关键词　深基坑　软弱地层　地下连续墙　施工节点处理

1　工程概况

1.1　设计概况

杭州轨道交通1号线工程滨江站沿江陵路下穿与江南大道相交叉处的江陵路下,主体沿江陵路偏西跨江南大道设置,大致呈南北走向,南接滨和路站,北接富春路站,东南向有一条建河。本车站总长472.5m,最大净宽20.3m,顶板覆土3.1m,底板埋深16.73m,主体建筑面积为16233m^2。滨江站标准段基坑开挖深度为23.74m,端头井基坑开挖深度为19.29m。主体围护结构采用800mm厚地下连续墙(C30、S8)围护结构,该结构兼作永久结构考虑,车站标准段地下连续墙墙深32.70m,墙趾插入⑫$_1$层粉细砂中,插入比0.83,端头井地下连续墙墙深33.70m,墙趾插入⑫$_1$层粉细砂中,插入比0.83。主体基坑标准段设四道支撑,端头井设五道支撑。支撑采用ϕ609(t=16mm)钢管支撑体系,钢管为Q235级,钢支撑的水平间距3m。

1.2　地质水文情况

1.2.1　地质

车站拟建场地属钱塘江河口相冲海积堆积的粉性土及砂性土地区。地面至车站底板土层依次为填土与杂填土、黏质粉土夹粉质黏土、砂质粉土、黏质粉土夹粉砂、黏质粉土、淤泥质粉质黏土。车站结构持力层为淤泥质粉质黏土,其下卧土层依次为淤泥质粉质黏土、灰色粉质黏土夹粉砂、粉细砂、圆砾。

1.2.2　水文

本场地地下水分布为两个主要含水层,即浅层潜水和深层承压水。浅层地下水属潜水类型,主要赋存于上部填土层及粉土、砂土层中,补给来源主要为大气降水及地表水,并随季节而变化,其静止水位埋深一般在0.3~2.4m,水位高程3.99~5.01m,场地地下潜水对混凝土结构无腐蚀性,对钢筋混凝土中钢筋具有弱腐蚀性,对钢结构具有弱腐蚀性。第二层为承压水主要分布于深部的①$_2$粉细砂及①$_4$圆砾层中,隔水顶板为其上部的黏性土层,承压水头高程-4~-6m。

1.3　场区环境

车站周围建筑见表1。

车站周围建筑一览表　　　　表1

序号	项目 建筑物名称	方位	概况
1	滨兴花园	西南侧	桩基,有地下车库,高层住宅楼群,距基坑边30m
2	武警医院	西北侧	高层、桩基、有裙房,距基坑边45m
3	建设河	东南侧	河道宽20m,距基坑边20m
4	星民村	东北侧	村民房屋距基坑较远,相对空旷

2 工程重点和难点

(1)工程地质条件复杂,地下水丰富,施工难度大,施工对周边地下管线、河道、地上建筑及道路影响大,施工期间要加强监控量测等信息化施工措施。

(2)车站基坑采用地下连续墙+钢支撑作为围护体系,基坑内降水,地下连续墙围护结构的质量至关重要,必须加强控制。

(3)车站为地下工程,车站东侧紧靠建设河,地下水位高,连续墙接头质量控制是关键。

3 地下连续墙施工节点处理措施

3.1 施工工艺流程

地下连续墙施工流程图见图1。

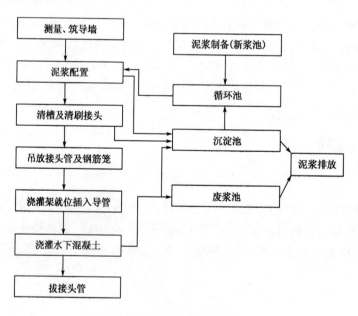

图1　地下连续墙施工流程图

3.2 导墙修筑

导墙是地下连续墙施工的第一步,它的作用是挡土墙,建造地下连续墙施工测量的基准、储存泥浆,它对挖槽起重大作用。

3.2.1 导墙设计

根据施工区域地质情况,导墙做成"┐┌"形现浇钢筋混凝土结构,内侧净宽度比连续墙宽40mm,

导墙各转角处需向外延伸,以满足最小开挖槽段需要。导墙剖面及拐角示意图见图2。

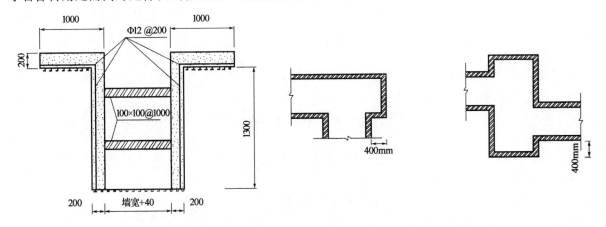

图 2　导墙剖面及拐角示意图(尺寸单位:mm)

3.2.2　导墙施工分项控制点

导墙施工分项控制点表见表2。

导墙施工分项控制点表　　　　　　　　　　　　　　　　表2

序号	项目 分项控制点	序号	项目 分项控制点
1	导槽开挖深度,宽度及轴线	5	导墙中线与地连墙轴线偏差
2	导槽基底土质	6	导墙外侧填土夯实
3	支模质量及轴线控制	7	导墙顶面高程及平整度
4	导墙内外间距	8	导墙内壁平整度及垂直度

3.3　泥浆配置

泥浆主要是在地连墙挖槽过程中起护壁作用,泥浆护壁技术是地下连续墙工程基础技术之一,其质量好坏直接影响到地墙的质量与安全。其性能指标合格的泥浆有效防止塌方,减少了槽底淤积物的形成;有很好的携渣能力,减少和延迟了混凝土面淤积物的形成;减少了对混凝土流动的阻力,大大减少了夹泥现象。

3.3.1　泥浆配合比

根据软弱地层地质条件,泥浆采用膨润土泥浆,针对松散层及砂砾层的透水性及稳定情况,泥浆配合比如下:膨润土70kg,纯碱1.8kg,水1000kg,CMC0.8kg(每立方米泥浆材料用量kg)。上述配合比在施工中根据试验槽段及实际情况再适当调整。

制备泥浆的性能指标表见表3。

制备泥浆的性能指标表　　　　　　　　　　　　　　　　表3

泥浆性能	新配制	循环泥浆	废弃泥浆	检验方法
比重(g/cm^3)	1.06~1.08	<1.15	>1.35	比重法
黏度(s)	25~30	<35	>60	漏斗法
含砂率(%)	<4	<7	>11	洗砂瓶
pH值	8~9	>8	>14	pH试纸

3.3.2　泥浆配置

选用黏度大、失水量小,形成护壁泥皮薄而韧性强的优质泥浆,是确保槽段在成槽机反复上下运动过程中土壁稳定的关键,同时应根据本工程的特点可适当提高泥浆的比重和黏度,提高泥浆的护壁能力。成槽机抓斗提出槽内时,应及时进行补浆,减少泥浆液面的落差,始终维持稳定的液位高度,保证泥浆液面比地下水位高。

(1)泥浆池设计

泥浆池容量设计(以每一台成槽机挖6m槽段设计)

该工程地下墙的标准槽段挖土量:

$$V_1 = 6 \times 35 \times 0.8 = 168 \text{m}^3$$

新浆储备量:

$$V_2 = V_1 \times 80\% = 135 \text{m}^3$$

泥浆循环再生处理池容量:

$$V_3 = V_1 \times 1.5 = 252 \text{m}^3$$

混凝土灌注产生废浆量:

$$V_4 = 6 \times 4 \times 0.8 = 19.2 \text{m}^3$$

泥浆池总容量:

$$V \geqslant V_3 + V_4 = 271.2 \text{m}^3$$

(2)泥浆制备

泥浆搅拌采用2台2L-400型高速回转式搅拌机。制浆顺序为:

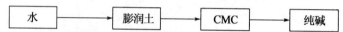

具体配制细节:先配制CMC溶液静置5h,按配合比在搅拌筒内加水,加膨润土,搅拌3min后,再加入CMC溶液。搅拌10min,再加入纯碱,搅拌均匀后,放入储浆池内,待24h后,膨润土颗粒充分水化膨胀,即可泵入循环池,以备使用。

(3)泥浆循环

①在挖槽过程中,泥浆由循环池注入开挖槽段,边开挖边注入,保持泥浆液面距离导墙面0.2m左右,并高于地下水位1m以上。

②清槽过程中,采用泵吸反循环,泥浆由循环池泵入槽内,槽内泥浆抽到沉淀池,以物理处理后,返回循环池。

③混凝土灌注过程中,上部泥浆返回沉淀池,而混凝土顶面以上4m内的泥浆排到废浆池,原则上废弃不用。

(4)泥浆质量管理

①泥浆制作所用原料符合技术性能要求,制备时符合制备的配合比。

②泥浆制作中每班进行二次质量指标检测,新拌泥浆应存放24h后方可使用,补充泥浆时须不断用泥浆泵搅拌。

③混凝土置换出的泥浆,应进行净化调整到需要的指标,与新鲜泥浆混合循环使用,不可调净的泥浆排放到废浆池,用泥浆罐车运输出场。泥浆调整、再生及废弃标准见表4。

泥浆调整、再生及废弃标准表 表4

泥浆的试验项目	需要调整	调整后可使用	废弃泥浆
密度	1.13以上	1.1以下	1.15以上
含砂率	8%以上	6%以下	10%以上
黏度	35	24~35	40
失水量	25以上	25以下	35以上
泥皮厚度	3.5以上	3.0以下	4.0以上
pH值	10.75以上	8~10.5	7.0以下或11.0以上

注:表内数字为参考数,实际应根据开挖后的土质情况而定。

④泥浆检测频率见表5。

泥浆检验时间、位置及试验项目表 表5

序号	泥浆		取样时间和次数	取样位置	试验项目
1	新鲜泥浆		搅拌泥浆达100m³时取样一次,分为搅拌时和放24h后各取一次	搅拌机内及新鲜泥浆池内	稳定性、密度、黏度、含砂率、pH值
2	供给到槽内的泥浆		在向槽段内供浆前	优质泥浆池内泥浆送入泵吸入口	稳定性、密度、黏度、含砂率、pH值、(含盐量)
3	槽段内泥浆		每挖一个槽段,挖至中间深度和接近挖槽完了时,各取样一次	在槽内泥浆的上部受供泥浆影响之处	稳定性、密度、黏度、含砂率、pH值、(含盐量)
			在成槽后,钢筋笼放入后,混凝土浇灌前取样	槽内泥浆的上、中、下三个位置	稳定性、密度、黏度、含砂率、pH值、(含盐量)
4	混凝土置换出泥浆	判断置换泥浆能否使用	开始浇混凝土时和混凝土浇灌数米内	向槽内送浆泵吸入口	pH值、黏度、密度、含砂率
		再生处理	处理前、处理后	再生处理槽	pH值、黏度、密度、含砂率
		再生调制的泥浆	调制前、调制后	调制前、调制后	pH值、黏度、密度、含砂率

3.4 成槽施工

地下连续墙成槽是控制质量、工期的关键,其主要内容为单元槽段划分,成槽机械的选择,成槽工艺控制及预防槽壁坍塌的措施。

3.4.1 成槽顺序

合理安排一个槽段中的挖槽顺序,用抓斗挖槽时,要使槽孔垂直,最关键的一条是要使抓斗在吃土阻力均衡的状态下挖槽,要么抓斗两边的斗齿都吃在实土中,要么抓斗两边的斗齿都落在空洞中,切忌抓斗斗齿一边吃在实土中,一边落在空洞中,根据这个原则,单元槽段的挖掘顺序为:直线幅槽段先挖两边后挖中间,转角幅槽段有长边和短边之分,必须先挖短边再挖长边,这就能使抓斗在挖单孔时吃力均衡,可以有效地纠偏,保证成槽垂直度。使抓斗两侧的阻力均匀。

成槽施工过程中,抓斗掘进应遵循一定原则,即:慢提慢放、严禁满抓。特别是在开槽时,必须做到稳、慢,严格控制好垂直度;每次下斗挖土时须通过垂直度显示仪和自动纠偏装置来控制槽壁的垂直度,直至斗体全部入槽后。槽段划分采用设计图纸的划分方式,但在各转角处考虑成槽机的开口宽度,另外划分一部分非标准槽段。

3.4.2 成槽施工

(1)成槽机械的选择

根据车站区域的地质情况,本工程开挖土质下层粉砂土、粉黏土,局部夹有淤泥质黏性土。连续墙单元槽段主要分三步进行,开挖先后采用3台BH-12挖槽机进行挖槽。

(2)成槽工艺控制

连续墙施工采用跳槽法,根据槽段长度与成槽机的开口宽度,确定出首开幅和闭合幅,保证成槽机切土时两侧邻界条件的均衡性,以确保槽壁垂直,部分槽段采取两钻一抓。成槽后以超声波检测仪检查成槽质量。在遇到粉土层、含砂粉土层时,应适当提高泥浆的黏度。基坑一侧邻近城市河道,地下连续墙在该段成槽时,需特别注意。当在该段施工时,由于地下水含量丰富,成槽时将造成时大量的地下水涌入,稀释槽段内护壁泥浆,危及槽壁安全。因此,在成槽过程中,导杆应垂直槽段,抓斗张开入槽抓土,严禁迅速下斗,快速提升,以防破坏槽壁和坍塌。向导槽内输入新鲜的泥浆,并提高泥浆黏度和密度,并备堵漏材料,及时补浆和堵漏,使槽内泥浆保持正常液面,泥浆比重控制在,并可适当加入加重剂,防止槽壁坍塌。

(3)连续墙槽段开挖技术要求

①根据设计进行单元槽段划分,按抓斗张开2.5m进行适当调整,基本单元槽段长6m。

②根据已调整的单元槽段长度、编号进行测量放线,标注在导墙顶面上。

③槽段划分考虑设备的施工能力,本着槽段数最少的原则。但由于场地限制,在施工过程中可根据现场情况进行调整。

④将组装好的BH-12地下连续墙液压抓斗就位,就位前要求场地处理平整坚实,以满足施工垂直度要求,吊车履带与导墙轴线平行,抓斗对准导墙中心位置,对首开槽段应采取先两端后中间的顺序挖槽。

⑤边开挖边向导墙内泵送泥浆,保持液面在导墙顶面下30~60cm处。

⑥挖槽过程中随着墙深向下延伸,要随时向槽内补浆,使泥浆面始终位于泥浆面标志处,直至槽底挖完。

⑦测定泥浆面下1.0m及槽底以上0.5m处的泥浆比重,如比重大于1.2时,则进行清底,置换泥浆。成槽1h后槽底泥渣厚不得大于100mm,浇筑混凝土前(吊装钢筋网片、导管)槽底沉渣厚度不得大于100mm。

⑧每挖掘一抓斗宽,测量一次槽壁垂直度,抓完一槽段进行槽深测量,以便计算混凝土总方量。成槽后退出BH-12液压抓斗进行下一槽段开挖。

(4)清槽

成槽以后,先用抓斗抓起槽底余土及沉渣,再用泵举反循环吸取孔底沉渣,并用刷壁器清除已浇墙段混凝土接头处的凝胶物,在灌注混凝土前,利用导管采取泵吸反循环进行二次清底并不断置换泥浆,清槽后测定槽底以上0.2~1.0m处的泥浆比重应小于1.2,含砂率不大于8%,黏度不大于28S,槽底沉渣厚度小于100mm。

3.4.3 防止槽壁坍塌措施

成槽过程中,软土层和厚砂层易产生坍塌,针对此地质条件,制定以下措施:

(1)减轻地表荷载:槽壁附近堆载不超过$20kN/m^2$,起吊设备及载重汽车的轮缘距离槽壁不小于3.5m。

(2)控制机械操作:成槽机械操作要平稳,不能猛起猛落,防止槽内形成负压区,产生槽坍。构筑吊机道路,减少槽孔周边附加荷载;加强导墙结构,采用"┐ ┌"型结构。

(3)强化泥浆工艺:采用优质膨润土制备泥浆,并配以CMC增粘剂形成致密而有韧性的泥浆止水护壁,并以重晶石适当提高泥浆比重,保持好槽内泥浆水头高度,并高于地下水位1m以上。

(4)缩短裸槽时间:抓好工序间的衔接。槽段成孔清孔后,紧接着放钢筋笼并浇注混凝土,尽量减少停置时间;缩短单元槽段的长度;使成槽至浇灌完混凝土时间控制在24h以内。

(5)对于"Z"、"T"、"L"型槽段易塌的阴角部位,采用旋喷桩土体加固处理。

(6)在施工中,一旦出现塌孔后,要及时填入砂土,用抓斗在回填过程中压实,并在槽内和槽外(离槽壁1m处)进行注浆处理,待密实后再进行挖槽。

(7)加强泥浆管理,调整配合比;加大成槽时泥浆的比重和黏度,及时补浆,提高泥浆水头,并使泥浆排出与补给量平衡;在竖向节理发育的软弱土层或流砂层减慢进尺速度。

3.5 钢筋笼施工

钢筋笼采用整体制作、整体吊装入槽,缩短工序时间。

3.5.1 钢筋笼制作

(1) 现场设置钢筋笼加工平台，平台具有足够的刚度和稳定性，并保持水平。

(2) 钢筋加工符合设计图纸和施工规范要求，钢筋加工按以下顺序：先铺设横筋，再铺设纵向筋，并焊接牢固，焊接底层保护垫块，然后焊接中间桁架，再焊接上层纵向筋中间联结筋和面层横向筋，然后焊接锁边筋、吊筋，最后焊接预埋件（同时焊接中间预埋件定位水平筋）及保护垫块。

(3) 除图纸设计纵向桁架外，还应增设水平桁架（每隔3m设置一道），并增设钢筋笼面层剪力筋，避免横向变形。对"┐"型"┬"型，"Z"型钢筋笼外侧每隔2m加2道水平剪力筋，入槽时打掉。

(4) 钢筋笼制作过程中，预埋件、测量元件位置要准确，并留出导管位置（对影响导管下放的预埋筋、接驳器等适当挪动位置），钢筋保护层定位块用4mm厚钢板，作成"⌐ ⌐"状，焊于水平筋上，起吊点满焊加强。

(5) 由于接驳器及预埋筋位置要求精度高，在钢筋笼制作过程中，根据吊筋位置，测出吊筋处导墙高程，确定出吊筋长度，以此作为基点，控制预埋件位置。在接驳筋后焊一道水平筋，以便固定接驳筋，水平筋与主筋间通过短筋连接。接驳器或预埋筋处钢筋笼的水平筋及中间加设的固定水平筋按3%坡度设置，以确保接驳器及预埋筋的预埋精度。

3.5.2 钢筋笼吊装

钢筋笼起吊采用80T履带吊作为主吊，50T汽车吊做副吊（行车路线离槽边不小于3.5m），直立后由80T吊车吊入槽内，如图。在入槽过程中，缓缓放入，不得高起猛落，强行放入，并在导墙上严格控制下放位置，确保预埋件位置准确。

钢筋笼入槽后，用槽钢卡住吊筋，横担于导墙上，防止钢筋笼下沉，并用四组（8根）$\phi 50$钢管分别插入锚固筋上，与灌注架焊接，防止上浮。

3.6 水下混凝土灌注

混凝土采用商品混凝土，设计强度为C30，S8。在"一"型和"┐"型槽段设置2套导管，在"Z"型和大于6m长的槽段设置3套导管，两套导管间距不宜大于3m，导管距槽端头不宜大于1.5m，导管提离槽底25~30cm。导管在钢筋笼内要上下活动顺畅，灌注前利用导管进行泵吸反循环二次清底换浆，并在槽口上设置挡板，以免混凝土落入槽内而污染泥浆。

灌注混凝土时，以充气球胆作为隔水栓，混凝土罐车直接把混凝土送到导管上的漏斗内，浇灌速度控制在3~5m/h。灌注时各导管处要同步进行，保持混凝土面呈水平状态上升，其混凝土面高差不得大于300mm。灌注过程中，要勤测量混凝土面上升高度，控制导管埋深在2~4m之间，灌注过程要连续进行，中断时间不得超过30min，灌到墙顶位置要超灌0.3~0.5m。

3.7 墙体密实节点控制

保证混凝土的质量，严格控制混凝土水灰比、坍落度，做好抗渗、抗压试验。

保证浇灌连续和速度均匀，槽段内混凝土面上升速度>2m/h，高低差<0.3m，中途因故停顿时间<30min。

保证有足够埋管深度，并控制在2~4m的范围，控制首批入槽时混凝土埋管深度>0.5m，首批入槽混凝土量≥5m³。

混凝土导管分布位置必须合理，混凝土导管距离槽端小于1.5m，两管距离小于3m，保证接头处的混凝土面均匀上升，不至于夹泥。

按规定要求控制泥浆指标，保证泥浆质量。

成孔后必须用专用的钢丝刷或压缩空气将已施工槽段接头处的夹泥清刷干净，直至没有泥块为止。

3.8 墙接头防漏水的节点处理措施

3.8.1 接头施工

根据我单位施工经验,采用锁口管接头形式是保证接缝质量的成熟方法。接头缝预留注浆孔,必要时采用旋喷桩处理。施工中要做好锁口管吊装、防绕流和拔出工作。采用锁口管接头的形式保证接缝质量,并作好锁口管吊装、防绕流和拔出工作。

3.8.2 槽段接头清刷

浇筑混凝土前清刷连续墙接头,用挖槽机抓斗清槽底沉渣。用吊车吊住刷壁器对槽段接头混凝土壁进行上下刷动,以清除混凝土壁上的杂物,把接头刷干净,不含泥。刷壁时每次刷壁器提上来以后必须把刷壁器上的淤泥清理干净后再继续刷,直到刷壁器上无泥为止。在已施工的地下连续墙的侧面往往有许多泥土粘在上面,刷壁就成了必不可少的工作。刷壁要求在铁刷上没有泥才可停止,确保接头面的新老混凝土接合紧密,可实际情况往往刷壁的次数达不到要求,这就有可能造成两幅墙之间夹有泥土,首先会产生严重的渗漏,其次对地下连续墙的整体性有很大影响。

3.8.3 锁口管接头处理

锁口管接头质量控制尤为重要。严格控制槽壁垂直度,在钢筋笼上设置保护垫板,纵向间距3m,横向设置2~3块,避免造成锁口管位置的偏移。锁口管的固定包括上端固定和下端固定:下端固定主要通过吊机提起锁口管一段高度使其自由下落插入土中使其固定。上端固定是通过锁口管与导墙之间的缝隙之间打入导木枕,并用槽钢斜撑来解决,确保锁口管固定稳固,避免造成锁口管倾斜。

3.9 墙开挖后节点处理措施

3.9.1 墙开挖节点处理

基坑开挖前作好降水工作是保证开挖质量和安全的关键。基坑土方开挖严格遵循"开槽支撑,先撑后挖、分层开挖、严禁超挖"的原则,结合现场实际情况,考虑到围护结构的稳定,分层开挖厚度不超过3.5m,分段长度不超过6~8m,支撑随挖随撑,支撑要本着对称平衡的原则。

3.9.2 墙支撑安装节点处理措施

钢支撑架设与基坑土方开挖是深基坑施工密不可分的两道关键工序,支撑架设要有时间性和协调性,支撑架设的时间、位置及预加力的大小直接关系到深基坑稳定的成败。支撑架设必须严格满足设计工况要求。

3.9.3 墙接缝处节点漏水处理措施

(1)小面积渗水

发生小面积渗水时,先用小块的棉纱塞住漏洞,使漏水从预留管中流出。再用快硬水泥将漏洞封住,水泥强度达到一定强度后,水管向孔内注胶,将漏点完全堵住。

(2)流砂及管涌

如果发生流砂或管涌,可采取注浆止水措施。在已开挖的墙体外侧连续墙接缝位置采用旋喷注浆浆加固、止水,减少重型机械等对墙体的扰动,注浆过程中合理控制减小注浆压力。同时为预防流砂和管涌再次发生,在未开挖的连续墙墙体外侧连续墙接缝处采用三重高压旋喷桩施工的止水措施,在接缝处增加三根旋喷桩。

3.9.4 监测

作好施工监测,重点监测钢支撑轴力、围护结构水平位移和竖向位移、立柱变形、基坑周围地表沉降、围护结构侧土压力、孔隙水压力、基坑周围建筑物沉降与倾斜、基坑土体回弹、地下水位、围护结构变形、基坑周围地下管线位移等项目。密切监测连续墙变形,对变形超过警戒值、渗水和露筋比较严重的连续墙,可抽条预先开挖变形较大处,使预埋钢板外露,提前进行此处钢支撑安装,然后挖掉撑间余土,再继续下挖。每道支撑下面的土方按照设计要求采取抽条开挖措施。开挖与支撑加轴力的间隔时间严格控制在16h以内。对变形较大的连续墙处的土方开挖,可抽条开挖,提前进行此处围檩和钢支撑的施工,然后再用小型挖土机械挖掉余土。

4 结语

本工程在连续墙施工过程中保证了质量,在基坑开挖的过程中没有涌水、涌砂现象的发生。因此,在软弱地层中施工,保证导墙施工质量,合理配置泥浆浓度、控制基底泥浆厚度,保证钢筋笼焊接、安装质量及开槽施工质量的同时,特别要重点处理好连续墙接口、开挖过程中各节点、钢支撑及时架设和测量监测等工作,避免连续墙出现较大变形和流沙及管涌等现象,才能确保施工质量。

永定河大堤基础加固及深埋承台施工专项技术

李润军　韩学武　崔红军　李润圣　安文明

摘　要　北京轨道交通房山线高架区间跨永定河右堤现浇连续梁支撑体系采用满堂红支架,跨度大、地基承载力要求高;同时承台埋深较大,河道内地质条件差,给基础加固方式及承台围护形式的选择带来了新的挑战。在总结不同地质条件下施工经验的基础上,针对永定河道内的地质特点,通过把控基础加固及深埋承台关键技术,圆满完成了加固及深埋承台施工任务。

关键词　基础加固　深埋承台施工技术

1　工程概述

北京轨道交通房山线起于良乡组团西南部的长虹路与苏庄大街相交处,线路全长约24.79km,其中高架线约21.45km,地下线约2.79km,过渡段约0.55km,地下线路位于世界公园站至郭公庄站;沿线设车站10座,其中高架车站9座,地面站1座。全线设一处车辆段,选址于东阁村,占地约23公顷,接轨于苏庄大街站。

2　地基处理及深埋承台关键技术

2.1　地基处理

2.1.1　综合分析

(1)在地质较好地段,采用基本段的处理方法:挖除表土60cm,压路机压实,压实度达到93%以上。基础采用底部30cm级配砂石,上部为30cm厚C20混凝土扩大基础。两侧设置50cm×50cm砖砌排水沟。遇有特殊地段,再作相应的处理。

(2)遇有建筑垃圾和河塘等地质条件较差的地段,要求挖至老土,采用换填土的方式进行地基处理,第一层压实度按90%控制,逐层提高,到达地面时的压实度要求达到93%以上,基础采用底部30cm级配砂石,上部为30cm厚C20混凝土扩大基础,中间向两侧设置2%的横坡。两侧设置50cm×50cm砖砌排水沟,以封住及导流地表水及雨水,保持场内无积水并提高表面承载力。

(3)地基处理前进行必要的物探,遇有地下管线等要及时上报,防止对地下管线等产生不利影响。

(4)由于永定河右堤、中堤护坡处于现浇箱梁下部,施工中必须采用满堂红支架,该处土层全部为新近沉积层,但管理单位不允许破坏护坡。为此我单位制定如下措施处理排架基础。护坡首先进行土体注浆,其次坡面浇筑混凝土保护层,再次混凝土修筑台阶,最后进行施工预压。

2.1.2　护坡土体注浆

1)注浆目的

(1)减小地基的不均匀变形,改善基础底5~10m范围内地基的均匀性;

(2)提高地基承载力,使局部的粉砂、细砂、粉质黏土层的地基承载力特征值达到250kPa以上;

(3)使基础底5~10m范围内的地基密实度大幅度提高,起到止水防侧滑的目的。

2)注浆范围

本工程注浆需同时考虑提高地基承载力和达到止水效果,选用高强度注浆。根据本工程的地质特点和工程对注浆质量的要求,参照以往类似工程的施工经验,注浆采用素水泥浆,注浆范围顺桥向为右堤护坡从顶到底,横桥向范围比满布式支架两侧各宽出2m,注浆管采用10m长φ50钢管,钢管上开孔,孔径φ10mm,间距0.2m,前后左右错开梅花布置。

(1)注浆孔距

对护坡的粉质黏土、粉土、粉细砂层,将坡堤设置成7块条形钢筋混凝土基础。基础长度为11m宽度为2.8m底部设置双层φ14钢筋@20cm,混凝土浇筑厚度40cm。

(2)浆液配合比设计

水灰比:第一轮注浆水灰比为1.0;第二轮注浆水灰比为0.9;第三轮注浆水灰比为0.8。

(3)注浆量

水泥用量按平均水灰比0.90计算。局部的粉质黏土、粉土、粉细砂层每米孔深注浆量:粉土层的孔隙比为0.65,平均孔隙率为$0.65/(1+0.65)=0.39$。

$$Q = 1000vn\beta\alpha$$
$$= 1000 \times 0.525 \times 0.39 \times 0.45 \times 1.2$$
$$= 110.6 \text{L/m}$$

浆液注入率为$110.6/525=0.21=21\%$。

水泥用量$t = 110.6 \times 0.818 = 90.5 \text{kg/m}$

式中:Q——每米注浆量(L);

v——加固土体积(m^3);

n——土的孔隙率;

β——浆液填充系数,粉土取0.45;

α——浆液损耗系数,一般取1.15~1.30。

土层每m孔深水泥注入量取值为91kg/m。

(4)注浆压力

本工程注浆以控制注浆量为主,注浆压力只作为参考。注浆压力以水泥浆液能顺利注入为原则,在注入率大于10L/min的情况下,尽可能采用较小的注浆压力,减小地面冒浆的可能性。因此,注浆压力可按0.5~2.0MPa控制。

2.1.3 坡面浇筑钢筋混凝土台阶基础

(1)浇筑混凝土目的

①提高护坡地基承载力。

②防止雨水冲刷护坡。

③便于下一步施工台阶。

(2)浇筑混凝土方法

①混凝土采用商品混凝土,强度等级C20,浇筑厚度25cm。浇筑范围顺桥向为右堤护坡从顶到底,横桥向范围比满布式支架两侧各宽出2m。混凝土底部φ16mm钢筋@150mm设钢筋网片,预留台阶钢筋。由于斜坡浇筑混凝土,水灰比适当降低,控制混凝土的流动性;模板保证和护坡坡度一致,顶面坡度合适;混凝土的表面处置,用滚筒处理两遍以上。混凝土浇筑分块进行,5m设置变形缝。浇筑时采用泵车,不得在同一处连续布料,布料管应在2~3m范围内水平移动布料。混凝土初凝前从坡底开始到护坡中间的平台和护坡中间的平台到坡顶按照水平间距2.7m平均分配16段,底部插入1m的φ25钢筋,作为下一步修筑台阶的预留钢筋。浇筑后的混凝土要及时采用麻袋片覆盖并撒水湿润养护。

②修筑混凝土台阶。保护层混凝土凝固后,在右堤浇筑C30商品混凝土。混凝土分成16级台阶,模板根据预留钢筋位置安装,台阶高度0.62m。浇筑振捣工作设专人负责,定人、定岗、定位、定责。混

凝土浇筑分块进行,5m 设置变形缝。底板浇筑时采用泵车,不得在同一处连续布料,布料管应在 2～3m 范围内水平移动布料,浇筑时避开台阶的预留钢筋。浇筑后的混凝土要及时采用麻袋片覆盖并洒水湿润养护。

永定河右堤地基处理剖面图见图1;永定河右堤排架地基处理平面图见图2。

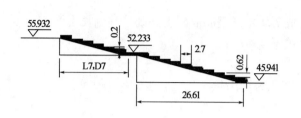

图1 永定河右堤地基处理剖面图(尺寸单位:m)

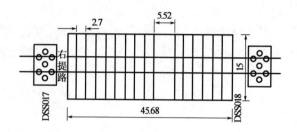

图2 永定河右堤排架地基处理平面图(尺寸单位:m)

2.2 深埋承台围护结构设计情况

2.2.1 设计原则

根据基坑所处的环境条件、地质条件、承台尺寸及深度、施工使用的要求,本段承台基坑结构设计采用圆形基坑及喷锚支护。开挖深度大于 10m 的基坑支护结构安全等级为一级,其结构重要性系数为 $r_0 = 1.1$;开挖深度小于 10m 的基坑支护结构安全等级为二级,其结构重要性系数为 $r_0 = 1.0$;基坑支护结构采用锚喷及格栅钢架支护。基坑为临时辅助施工竖井,待承台施工完成后分步拆除支护结构并回填土,恢复原地貌。变形控制标准为基坑支护最大侧移为 30mm,基坑 10m 范围内堆载不大于 $20kN/m^2$。

2.2.2 基坑结构设计

A 型基坑外包尺寸为 11.1m,最深有 14.004m;B 型基坑外包尺寸为 12.7m,最深处有 13.966m。基坑支护结构采用锚喷及格栅钢架支护。

2.2.3 建筑材料

锁口圈梁:C25 钢筋混凝土。

井身初衬:C25 喷射混凝土。

注浆锚管:$\phi25$ 壁厚 2.75mm 热轧钢花管,$\phi42$ 壁厚 3.5mm 热轧钢花管(尽量采用自进式锚管)。

钢筋:采用 HPB235、HRB335 钢筋,材质分别符合现行国家标准《钢筋混凝土用热轧带肋钢筋》及《钢筋混凝土热轧光园钢筋》的要求;HPB235 筋端头须设 180 度弯钩。

焊条:用电弧焊接 Q235B 型材和 HPB235 钢筋时采用 E43 焊条,焊接 HRB335 钢筋时采用 E50 焊条,焊接容敷金属化学成分和力学性能应满足(GB/T 5117—1995)和(GB/T 5118—1995)的规定。

深埋承台围护结构成型后实景图见图3。

2.2.4 施工难点及对策

(1)难点一:竖井在河道内施工土质稳定性很差。

对策:竖井深在河道内施工土质稳定性很差,开挖分层 0.5～1m,不能过深,挖土要快。钢筋格栅提前加工好,安装快,喷射混凝土注浆要快,防止土方坍塌。

(2)难点二:竖井直径大,出土运料用提升架困难施工速度慢,工期长,不易抢工期。

对策:竖井直径大,挖土采用机械开挖,运料采用吊车下料,提升架不安装。

(3)难点三:施工用电、用水困难

对策:竖井承台与承台相距 33～40m,施工用水采用集水罐存水,全线供电架线未完成前,采用移动发电机供电。

2.3 基坑土体加固注浆施工

2.3.1 土体支护

（1）承台基坑地质很差，无支护能力，设计要求各种承台基坑外围 3.0m 土体加固支护，支护深度大于基坑深 0.5m。支护方法采用旋喷桩，旋喷桩直径为 $\phi 800$ 环向相互切割 200mm。3.0m 土体设计为四排，基坑外 0.5m 为第一排环型喷桩中线与第二排，第三节四排径向间距为 0.6m，径向相互切割 200mm。形成一个围绕承台基坑外 3 排密实稳定的土体墙，防止土体坍塌和滑坡。

（2）土体加固方法很多，结合本工程地理位置，地质情况选择深孔注浆设计要求注浆渗透半径为 600mm，能满足 600mm 的钻孔注浆机械不多。

a. 旋喷注浆加固：对土质砂质效果为佳，对砾石层很差。

b. 双管注浆加固，对土质、砂质砾石层效果为佳，就是速度慢，注浆渗透半径 300~400mm。

c. 三管注浆加固对土质，砂质砾石层为佳。注浆渗透半径 600~750mm，速度快效果佳，就是费用贵。

2.3.2 布孔原则

孔位布置：孔间距为 600mm，孔口两侧各按 600mm 距离搭接。若灌注桩与深层搅拌桩之间有障碍而导致高压旋喷桩无法施工时，可将高压旋喷桩孔位移到深层搅拌桩外面。布孔的整体原则是必须形成完整的帷幕。土体加固实景图见图 4。

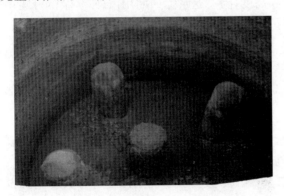

图3 深埋承台围护结构成型后实景图

图4 土体加固实景图

2.3.3 工程地质条件

0~2.5m，杂填土

2.5~3.7m，粉砂

3.7~16.4m，细砂、中砂、砾石层

2.3.4 施工前的准备工作

施工前做到三通一平，电量不小于 150kW，水量不少于 20t。高喷孔位的测量放线与甲方监理协商后进行布孔，孔位偏差不大于 5cm。

高喷施工，施工工艺参数：

根据设计要求及地质情况，采用如下施工参数：

孔　距	0.6m	气压	0.4~0.6MPa
高压水泵压力	30~32MPa	高压水泵流量	75L/min
提升速度	13~15cm/min	旋转速度	8~14min

泥浆泵流量	60~80L/min	泥浆泵压力	0~0.5MPa
水灰比	1:1	水泥浆比重	>1.50
水泥掺量	350~400kg/m		

2.3.5 高压旋喷施工工艺流程

定孔位→铺设钻机平台→导孔钻机就位、调平→导孔钻进→高喷钻机就位、调平、定向→钻具下放至设计深度→开高压泵试压、搅拌水泥浆→高压旋喷、提升→清洗泵、管路及钻具→注浆液配制→高喷钻机移位→摆旋喷孔回填及夯实

(1)定孔位:根据给定基准点测量放线,定出设计位,用木桩做标记,并给出地面或平台高程。

(2)铺设钻机平台:定出孔位后,沿孔位线铺设木,架上轻型钢轨,以便导孔钻进和高喷施工。

(3)导孔钻进:钻机钻进前要用水平尺调平,偏斜度控制在1%以内,孔位复测误差要小于5cm,然后钻进设计深度。

(4)高喷钻进就位:导孔完成后,高喷钻机移至旋喷孔位,调平后下放至设计深度。

(5)开泵试压:钻具下放至设计深度后,开高压泵用清水试压。

(6)高喷成墙:试压正常后,搅拌水泥浆,开始正式旋喷,孔口返浆后开始提升,提升速度要符合设计要求。卸换钻杆时,搭接长度不小于100mm,至设计留顶位置后,停止喷射,提出钻具,清洗钻具管路,钻机移至下一孔位。砂卵石层中喷射时可能出现不返浆现象,要及时停止提升,进行补浆,严重时要加入水玻璃速凝剂。

(7)回灌:摆喷墙体在凝固过程中要出现析水收缩,造成墙顶回落,达不到设计高度,故在每个孔施工完24h后必须用返浆对其进行回灌,保证墙体质量和高度,高喷返浆除回灌用以外,多余部分集中后移于指定地方。浆液制备要严格按照设计水灰比进行,每孔高喷时最少要检查一次浆液,做好记录,水泥浆要随搅随用,搅拌时间不宜超过2h。

2.3.6 质量保证

(1)对全体施工人员进行宣传教育,充分认识该工程的重大意义,牢固树立"质量第一"的思想。

(2)钻机要按设计孔位准确定位,保证孔位偏差<5cm,钻机安装必须作水平校正和垂直校正,保证"三点一线",立轴中心和孔口中心处于同一垂直线上,保证偏斜度小于1%。

(3)钻进导孔采用地质钻机钻进,保证钻孔垂直度,并做好钻孔记录。

(4)高喷时应严格控制工艺参数,特别是高压泵泵压、提升速度、水泥浆浓度等参数要达到设计要求。

(5)对施工用水泥材料要用材料出厂一个月的新鲜水泥,需检查出厂合格证,每批水泥要有出厂质检单,并做一次样品复检。

(6)水泥浆搅拌时要定量加水、水泥,并定期测量浆液比重,检查浆液质量,浆液搅拌要迅速、均匀、有效,保证在工作状态下连续不断地供应灰浆。

(7)每个孔施工完24h后,要用返进行2次回灌,必要时用0.8:1的浓浆回灌。高喷时要严格观察高压泵的压力,发生异常变化时要及时检查并停止旋喷,故障排除后才可继续高喷。

(8)拆卸钻杆时,高喷搭接长度不小于100mm,以保证固结体的整体性。

(9)施工时设专人做好记录,如实记录造孔、灌浆所出现的各种异常(特殊)现象,以及各项施工参数,记录按设计要求,真实完整,每日一报。

(10)技术人员要24h在工地值班,及时解决施工中出现的问题。

(11)加强工程质量管理,建立日报制度,控制工程质量。

(12)砂卵石层中喷射时可能出现返浆现象,要及时停止提升,进行灌浆,严重时要加入水玻璃速凝剂。

(13)为了保证导孔的完整性,防止导孔被高压水射流破坏,施工时可根据现场的实际情况进行跳

孔施工,相邻孔的间隔时间不宜超过24h。

3　结语

　　河道内基础加固及深埋承台施工技术是一项集地基与基础加固及围护结构研究与设计、混凝土施工和项目管理等为一体的集成技术,通过采取一系列措施使基础及围护结构安全达到要求。在本次高架桥施工过程中,我们针对支架基础及围护结构安全进行了技术研究,并制定了相关的技术措施,做到全过程质量控制和管理,保证了施工安全,通过过程中的监控测量,各项指标均满足规范允许的位移要求,受到甲方、监理和相关单位的一致好评。该高架区间桥梁的顺利完成,为今后类似高架桥梁施工提供了可借鉴经验。

深圳轨道交通 3 号线轨排井设计施工优化

宋成辉　马长涛　金大春

摘　要　如果按着前期的设计，在深圳轨道交通 3 号线轨排井基坑，施工南侧的第一道预应力锚索存在巨大安全隐患，同时设计的钢花管施工难度较大，再加上设计的第二道支撑影响基坑大型开挖机械的运转，另外在基坑护坡桩施工中发现揭露地层情况很好。鉴于以上原因，因此结合实际揭露地层利用有限差分析程序 FLAC3D 进行优化设计分析，分析结果表明优化后基坑围护结构各项性能指标均满足设计要求。事实胜于雄辩，优化后轨排井顺利安全施工，节省大量人力物力，方便了施工，缩短了工期。

关键词　轨道交通　轨排井　基坑　桩　预应力锚索

1　工程简介

拟建轨道交通 3 号线水贝站～草埔站区间隧道轨排井位于水贝站西端沿布心路北侧经过洪湖立交东北角向北，于布吉路中出地面。轨排井下料口长 32.2m，宽 6.8m，深 13.356～13.672m，轨排下料口先期作为区间隧道矿山法施工作业井，后期用于下沉轨排。洪湖立交北侧匝道内绿地先期作为区间隧道施工场地，后期作为轨排吊装场地。勘查揭露下覆地层从上向下分别为：人工填土、中粗砂、卵石土、粉质黏土、全风化花岗片麻岩、强风化花岗片麻岩。勘查发现地下水主要为孔隙水，埋深 4m 左右。基坑开挖后发现地下水主要为上层滞水。

2　基坑围护结构初期设计

2.1　设计原则

（1）本工程围护结构安全等级为二级，基坑侧壁重要性系数 $\gamma = 1.0$；计算岩土参数按业主提供的《深圳市轨道交通 3 号线工程详勘阶段岩土工程勘察报告》采用。

（2）围护结构应满足基坑稳定及位移要求，结构本身不会产生倾覆、滑移和局部失稳，基坑底部不产生管涌、隆起，支撑系统不失稳，围护结构各构件不发生强度破坏；围护体系应保证周边建（构）筑物、城市道路、地下各类管网不至于位移、应力过大而损坏。

（3）从基坑开挖、轨排井下沉作业到轨排井内隧道衬砌结构施工完毕，在此期间必须保证基坑安全正常使用。

（4）应有可靠的隔、防水设计，以满足施工与使用期间的隔、防水要求。

2.2　围护结构设计

本工程围护结构采用钻孔灌注排桩+旋喷桩止水帷幕，支撑系统采用预应力锚索、钢花管锚杆、角撑和钢管内撑（图 1、图 2）。

2.2.1　钻孔灌注桩、旋喷桩设计

钻孔灌注桩桩径 1000mm，间距 1200mm。旋喷桩的桩径 600mm，间距 1200mm，共设计 66 根钻孔桩与钻孔灌注桩咬合。经计算，钻孔灌注桩嵌入深度约 9.8m，桩长 22.8m 左右。旋喷桩必须进入基坑底

以下不小于 3.0m,且进入相对不透水层不小于 1.5m,水泥浆喷射压力不小于 25MPa,1:1 水泥净浆,水泥 P.042.5 旋喷桩强度不小于 1.0MPa,正式施工之前应进行现场试喷试验,以修正初拟旋喷施工工艺和参数。

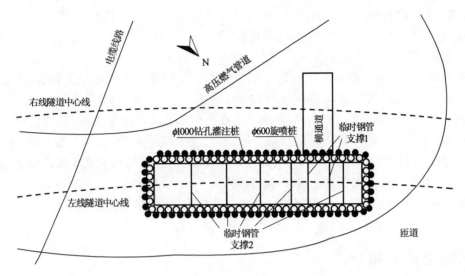

图 1　轨排井围护布置平面图(尺寸单位:mm)

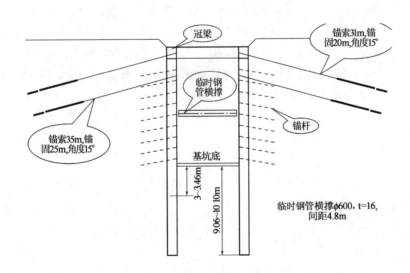

图 2　轨排井围护布置横剖面图(尺寸单位:mm)

2.2.2　基坑壁面维护

基坑壁面采用挂网喷射混凝土,桩上厚度 100mm,桩间厚度 200mm,挂 $\phi 8@150mm \times 150mm$ 钢筋网;桩间设置 $\phi 20$ 土钉,角度 $10° \sim 15°$,长度 4m,间距 $1.2m \times 1.2m$,孔径 110,M30 水泥净浆,与钢筋网连接。

2.2.3　支撑体系设计

围护结构支撑体系主要由环框梁、预应力锚索、钢花管、和临时钢管支撑组成。

(1)环框梁。为避免锚索对地下天然气管道和给水管道的干扰,在灌注桩顶设环框梁(厚 1m,梁高 1m)。环框梁在基坑平面形成一个中空、四周封闭的矩形框架,C25 混凝土现浇,灌注桩钢筋锚入环梁内。

(2)预应力锚索。基坑南侧预应力锚索采用两道 5 束 $\phi 15.24$ 高强低松弛钢绞线(公称强度

1860MPa),锚具 OVM-5 型号,成套配置。锚索孔径 200mm,自由段长度 10.5m,锚固段长度 19m,锚索孔倾角 13°,第一道锚索位于环框梁中间,第二道锚索位于第一道锚索下部 3m 位置施工(图 2),南侧单孔锚索设计承载力 $N = 688$kN。基坑北侧也施工两道预应力锚索,第一道锚索位置在环框梁中间,在第一道锚索下部 7m 的位置施工第二道锚索,采用 7 束 ϕ15.24mm 高强低松弛钢绞线(极限抗拉强度 1860MPa),锚具 OVM-5 型号,成套配置,锚索孔径 200mm,自由段长度 7.5m,锚固段长度 20.5m,锚索孔倾角 25°注浆体强度 M30,北侧单孔锚索设计承载力 $N = 906$kN。

(3)钢花管锚杆。在基坑壁面护坡桩上施工 ϕ42 钢花管,壁厚 $t = 3.5$mm,锚管孔倾角 13°,间距 0.6×0.6m,长 4~7m,注浆体强度 M30,注浆压力 1MPa,锚杆孔径 90mm,抗拔力 110kN/m。

(4)支撑。基坑开挖内部设计两道横撑,第一道横撑在基坑开挖深度 2.0m 位置(横通道马头门上方)架设两根横撑;第二道横撑在基坑开挖到 3.5m 架设 5 根第二道横撑,横撑采用 ϕ600,壁厚 $t = 16$mm 钢管内支撑。钢管支撑横向间距为 4.8m(横通道处不设)。钢管支撑设活动端头以便施加预压力,预加压力为 150kN,该横撑在坑底板浇注后,下轨排前撤除。

(5)腰梁。在预应力锚索处采用双榀I28a 组合工字钢梁,钢管横撑处采用双榀I45c 组合工字钢腰梁,用膨胀螺栓锚固于钻孔桩内,设置斜托,间距 2.4m。

3 优化设计分析计算

施工期间发现场地地下水分布仅为上层滞水。场地表层为杂填土,厚 0.5m 左右,下部为坚硬的硬塑黏性土,基坑底部为强风化岩。另外在基坑南侧分布高压天然气管线,东侧为通讯电缆线路,如果第一道应力锚索施工意外打穿南侧高压天然气管道或者打断东侧电缆都将造成不可估计后果以及损失;设计基坑底部第二道临时支撑影响基坑开挖机械的运转;另外,设计中钢花管施工难度大,在钻孔灌注桩上很难成孔,如果钢花管施工在钻孔桩之间,容易破坏旋喷桩,可能导致破坏止水帷幕。鉴于以上施工中安全隐患以及施工难度大,结合揭露地层新情况决定进行优化。优化构想是取消环框梁上两道预应力锚索,取消钢花管和第二道支撑;为了保证基坑稳定加强环框梁宽度和厚度,为充分发挥环框梁整体性支撑作用,承受主动土压力,将环框梁下移,下移深度依据主动土压力起始点位置(z_0)。

$$z_0 = \frac{2c}{\gamma \sqrt{k_a}} = \frac{2 \times 12}{19.4 \times \tan\left(45 - \frac{18}{2}\right)} = 2.5\text{m}$$

式中:c——土的黏聚力(kPa);

γ——土的重度(kN/m³);$k_a = \tan^2(45 - \varphi/2)$ 主动土压力系数;

φ——土内摩擦角(度)。

通过以上计算大致确定环框梁下移 2.5m,环框梁宽 4m 厚 1.5m。通过这样优化构想(优化计算模型图 3),调整地层信息,进一步评价各项围护措施整体作用的综合效果,采用目前国内外通用的强大的岩土计算软件,美国 Itasca 公司出品的三维连续介质拉格朗日快速分析元 FLAC^{3D}进行整体性验算分析。模拟过程分三步:第一部打入护坡桩、施工环框梁开挖基坑 4.5m;第二步在南侧基坑 3.5m 位置加设腰梁、施工预应力锚索、基坑开挖到 9.0m;第三步在基坑北侧 7.0m 位置加设腰梁、施工预应力锚索、基坑开挖到 13.5m。通过以上三步模拟施工,计算护坡桩弯矩、位移以及地面沉降,预应力锚索最大轴力。

3.1 环框梁模拟分析

轨排井环框梁模拟计算中采用 BeamSel 单元,为两节点直线有限单元,BeamSel 单元坐标系如下图 4,中性轴作为 x 轴,y 轴所在平面的法向为 x 轴正向。梁单元每个节点有 6 个自由度:3 个平移分量和 3 个转动分量;梁的力学模型为线弹性,主要用来模拟抵抗弯曲变形特征的支撑结构。

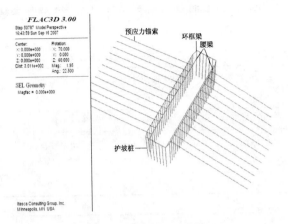

图3 轨排井围护结构计算模型

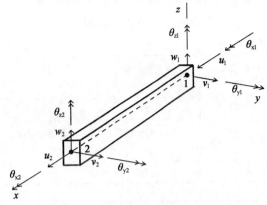

图4 梁单元坐标系统和12个自由度示意图

其中，w_1、w_2——分别表示1、2节点的弯矩；
u_1、u_2——分别表示1、2节点的位移；
v_1、v_2——分别表示1、2节点的速度；
θ_x、θ_y、θ_z——分别表示对 x、y、z 轴的转角，
第二下标表示1，2两个节点。

环框梁横截面参数 $h=4$，$b=1.5$。根据 $I_z = \dfrac{bh^3}{12} = 8.0$；$I_y = \dfrac{hb^3}{12} = 1.125$；$I = I_z + I_y = 9.125$。轨排井环框梁计算参数如下表1；计算环框梁弯矩图5，轴力图6。

环框梁力学参数表 表1

弹性模量 E（GPa）	波松比 μ	横截面积 A（m²）	对 z 轴惯性矩 I_z（m⁴）	对 y 轴惯性矩 I_y（m⁴）	极惯性矩 I（m⁴）
217	0.25	6.0	8.0	1.125	9.125

计算结果发现环框梁南北两侧长边最大弯矩 34320kN·m 小于设计最大跨端弯矩 36233kN·m；最大轴力 1385kN 小于设计 2678.1kN。

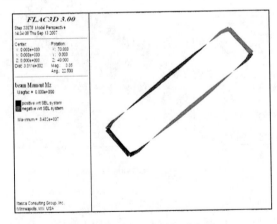

图5 轨排井环框梁弯矩分布图

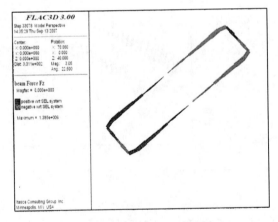

图6 轨排井环框梁轴力分布图

3.2 护坡桩模拟分析

护坡桩模拟分析采用 PileSel 单元，为两节点直线有限单元，PileSel 单元坐标系统设置与 BeamSel 单元相同，PileSel 单元与 BeamSel 单元一样，每节点有6个自由度。桩单元（PileSel）混合了梁单元（BeamSel）和锚索单元（CableSel）共同特征，桩（PileSel）和土体之间通过法向和切向耦合弹簧相连接，用弹簧和滑动连接器来转换桩土之间应力和运动，耦合弹簧非线性。剪切弹簧主要用来模拟泥浆与土之间摩

擦剪切效应;法向耦合弹簧用来模拟桩转动过程中桩土裂隙效应。通过以上桩单元设置(桩设置参数见表2),模拟轨排井护坡桩围护效应。模拟分析结果见图7~图10。

桩力学参数表 表2

弹性模量 E(GPa)	波松比 μ	横截面积 A (m^2)	对 z 轴惯性矩 I_z(m^4)	对 y 轴惯性矩 I_y(m^4)	极惯性矩 I(m^4)
217	0.25	0.785	0.05	0.05	0.1
桩周长(m)	法向耦合刚度(Gpa)	切向耦合刚度(Gpa)	切向摩擦角(度)	切向耦合弹簧黏聚力(kpa)	切向耦合弹簧黏聚力(kpa)
3.14	1300	1300	18	0	0

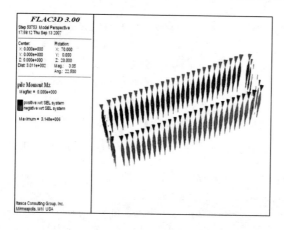

图7 轨排井护坡桩弯矩分布图

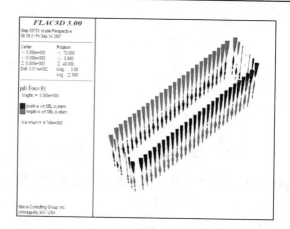

图8 护坡桩侧压力分布图

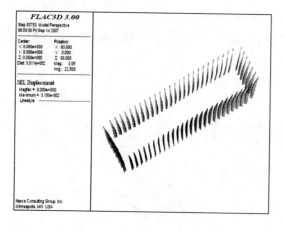

图9 护坡桩位移分布图

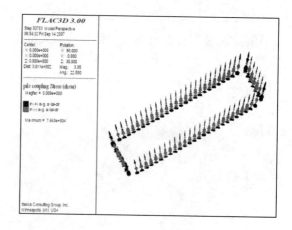

图10 护坡桩桩身受到摩擦力分布图

护坡桩最大弯矩3148kN·m小于设计桩最大弯矩36233kN·m;基坑护坡桩受到土体最大侧压力876.8kN/m^2;护坡桩最大位移3.15cm小于设计5cm;桩身最大摩擦力76.6kN/m^2;从以上分析看出优化后桩受力分析均满足设计要求。

3.3 预应力锚索模拟分析

预应力锚索模拟分析采用CableSel单元,为两节点直线有限单元,CableSel单元坐标系统设置与BeamSel单元相同,CableSel是延轴向平移的单自由度结构,能够承受抗拉和抗压,不能抗弯。轨排井基坑南侧预应力锚索采用5φ15.24mm高强低松弛钢绞线（极限抗拉强度1860MPa），北侧预应力锚索采用7φ15.24mm高强低松弛钢绞线（极限抗拉强度1860MPa）。南北两侧预应力锚索设置参数见表3，计算锚索轴力分布见图11，预应力锚索锚固段泥浆摩擦力分布见图12。

南北两侧预应力锚索设置参数　　　　　表3

锚索弹模 E(GPa)	抗拉强度 T(MPa)	南/北横截面积 A(m²)	泥浆黏聚强度 C(kN/m)	泥浆刚度 K(GPa)	泥浆孔周长 (m)	南/北预应力 (kN)
210	1860	0.000912/0.00128	200	200	0.0314	461.5/591.5

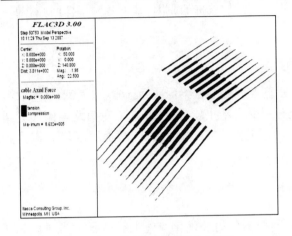

图11　轨排井预应力锚索轴力分布图

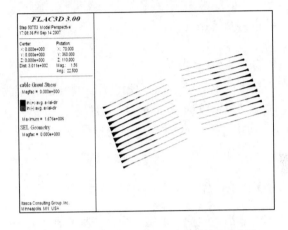

图12　轨排井预应力锚索锚固泥浆摩擦力分布图

从上图显示基坑北侧锚索最大轴力863kN·m小于设计单孔锚索设计承载力$N=906$kN。计算南侧锚索最大轴力229.5kN·m小于单孔锚索设计承载力$N=688$kN。锚固段承受最大摩擦阻力1.67MPa。

3.4　基坑沉降计算

轨排井基坑共揭露7层地层，岩土计算采用莫尔-库伦力学模型，计算参数见表4。地下水按埋深4m，基坑内部按照基坑底部以下0.5m计算，采用水土合算。分三步模拟开挖施工对岩体扰动，计算主要考虑地表沉降（图13）和基坑收敛（图14）。

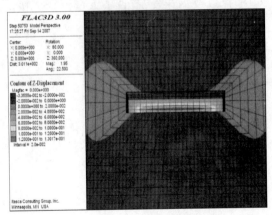

图13　轨排井基坑地面沉降分布图

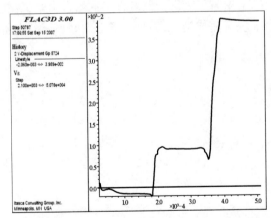

图14　轨排井南北两侧收敛变

轨排井土层力学参数表　　　　　表4

土类别	密度(kg/m³)	压缩模量(MPa)	波松比 μ	黏聚力(kPa)	抗拉强度(kPa)	内摩擦角(度)
填土	1940	18	0.35	12	0.5	18
砂石土	2600	8.0	0.35	7	0.1	25
粉质黏土	1800	6.0	0.4	15.4	1.5	16

续上表

土类别	密度(kg/m³)	压缩模量(MPa)	波松比 μ	黏聚力(kPa)	抗拉强度(kPa)	内摩擦角(度)
全风化岩	1950	16	0.35	21	0.5	21
强风化岩	2000	25	0.35	25	10	21
中风化岩	2500	60	0.25	1100	150	42

从图13可以看出轨排井最大沉降主要位于南北两侧长边桩后面,最大沉降3.35cm小于设计允许值5.0cm。从图14看到基坑分三次开挖,第一次开挖由于打入护坡桩的原因,基坑两侧土体回弹,随着开挖进行基坑南北两长边最大收敛3.96cm。

3.5 优化结果

经过以上分析,决定优化设计。优化的方案为:取消南北两侧环框梁预应力锚索,取消钢花管,取消基坑第二道钢管横撑,同时为了加强护坡桩整体性,充分承受主动土压力,将环框梁在南北两侧加宽到4.0m,加厚到1.5m,并将环框梁整体下移到主动土压力起始点2.5m,这样也同时加固了横通道马头们,起到一箭双雕作用。

4 结语

轨排井基坑护坡桩施工中由于揭露地下水和地层条件很好,另外优化前施工对高压天然气管道以及电缆线构成威胁。通过以上分析对轨排井进行设计优化,优化计算环框梁南北两侧长边最大弯矩34320kN·m小于设计最大跨端弯矩36233kN·m;最大轴力1385kN小于设计2678.1kN。护坡桩最大弯矩3148kN·m小于设计桩最大弯矩2261kN·m;基坑护坡桩受到土体最大侧压力876.8kN/m²;护坡桩最大位移3.15cm小于设计5cm;桩身最大摩擦力76.6kN/m²。基坑北侧锚索最大轴力863kN·m小于设计单孔锚索设计承载力 $N=906$kN。计算南侧锚索最大轴力229.5kN·m小于单孔锚索设计承载力 $N=688$kN。锚固段承受最大摩擦阻力1.67MPa。轨排井最大沉降主要位于南北两侧长边桩后面,最大沉降3.35cm小于设计允许值5.0cm;基坑南北两长边最大收敛3.96cm。优化计算围护结构均满足设计要求,通过以上优化,解除了施工中的巨大安全隐患,简化了施工,方便大型机械的运转,大大缩短了工期,节省了南北两侧环框梁的两道锚索,优化了第二道横撑以及钢花管,节省了大量资金。轨排井顺利、安全完成施工,为暗挖隧道做好了充分准备。

双轮铣在深圳轨道交通水贝站连续墙施工中的应用

金大春　马长涛　彭志勇　张学武

摘　要　地下连续墙具有防渗、截水、承重、挡土等功能,在轨道交通车站围护结构中运用越来越广泛。文章结合深圳市轨道交通三号线水贝站地下连续墙的施工,介绍在硬岩地质条件下地下连续墙的施工工艺和在施工过程中出现的问题及解决方案,可为类似工程提供借鉴。

关键词　地下连续墙　硬岩地质　双轮铣

1　工程概况

深圳轨道交通3号线水贝站位于布心路北侧,呈东西向布置,车站长192.05m,标准段宽度19.9m,总建筑面积9189.026m^2,车站为两层三跨框架结构,岛式站台。建筑场地为布心路北侧两条主路、北辅路及沿路绿化地,地形东西高差较大,地面高程为21.90～17.79m。车站主体采用明挖法施工,围护结构采用800mm厚地下连续墙,天众塑胶厂钢便桥以西设三道钢支撑,ϕ609mm($t=12$mm),ϕ609mm($t=16$mm);钢便桥以东设四道道钢支撑。地下连续墙与300mm厚内衬墙共同叠合形成1100mm厚车站结构外墙。基坑深度东端头18.77m,西端头16.7m,中部17.2m。

2　工程地质概况

本站线路经过地段,覆土表层为第四系人工填筑的素填土、杂填土,其下为冲洪积黏性土、砂层,残积粘性土,下伏基岩为花岗片麻岩。

3　基坑围护结构设计

根据场地工程地质条件、场地条件、基坑四周环境条件和邻近深基坑工程施工经验,经过技术、安全、经济、工期等多方面比较,选定本工程基坑围护结构类型为地下连续墙。

采用地下连续墙来支挡水土压力,利用地下连续墙良好的整体性及防渗性来有效控制地面沉降及变形;并将地下连续墙与内衬墙叠合,形成叠合墙,作为车站外墙,既经济合理又安全可靠。

采用ϕ609钢管作为水平支撑,以有效控制围护结构的水平位移。

(1)本工程地下连续墙厚800mm,竖向受力钢筋迎土侧保护层厚度为70mm,背土侧保护层厚度为50mm。地下连续墙成槽施工机具设备采用双轮铣槽机,接头采用套铣接头,墙幅宽度考虑施工工艺、及车站相邻建筑物与车站的距离,连续墙墙幅宽度采用2.6～6.9m不等的A、B型槽段,A型槽为首开槽,B型槽为闭合槽,连续墙施工严格按照先A型后B型的顺序组织施工。

(2)钢管支撑采用ϕ609,壁厚12mm和16mm,基坑内设置钢腰梁。在基坑设置四道支撑时,从上至下各道支撑的预加力分别为:300kN、300kN、800kN和500kN;在基坑设置三道支撑时,从上至下各道支撑的预加力分别为:300kN、800kN和500kN。

(3)钢筋采用HRB335和HPB235。

(4)地下连续墙嵌入坑底深度:中风化岩层不小于2.5m,全风化岩层不小于5m。

(5)主体结构内衬墙厚300mm。

(6)腰梁采用45C工字钢,Q235钢材,加强板、连接板、垫板采用Q235钢材。

(7)地下连续墙与梁板连接采用预埋钢筋接驳器,施工时必须凿除保护层以便加强与墙的连接。

(8)地下连续墙主筋必须锚入冠梁内,锚固长度应满足有关规范要求。

4 工程特点

(1)该工程由于征地拆迁、绿化迁改、管线改移和交通疏解滞后,致使围护结构工期紧张,要求三个月完成车站的地下连续墙施工;

(2)车站连续墙70%处于强风化至微风化花岗片麻岩中,岩石大部分单轴无侧限抗压强度60~90MPa,局部最大达到117MPa,成槽难度大;

(3)车站处于深圳老城区—水贝工业区,文明施工要求高。

5 工法的选择

地下连续墙成槽通常有三种机械,分别是冲击钻机、液压抓斗机和液压双轮铣槽机。三种机械的适用范围、工作机理和优缺点如表1和表2。

冲击钻机、液压抓斗机和液压双轮铣槽机适用范围   表1

设 备	适应地层	成槽宽度(cm)	成槽深度(m)
冲击钻机	各类土层、局部岩层	80~200	80
液压抓斗机	广泛用于较软弱的冲积地层	30~150	20~60
液压双轮铣	各类土层和岩层(能在100MPa硬岩中成槽)	50~350	20~100

冲击钻机、液压抓斗机和液压双轮铣槽机工作机理和优缺点   表2

设 备	工作机理	优 点	缺 点
冲击钻机	电机带动冲击钻头上下往复冲击,将槽中土石劈裂、砸碎,其部分被挤入槽壁,采用泥浆悬浮出渣方式,使钻头每次都能冲击到新的土层或岩层	施工工艺简单、易操作、成本低	效率低
液压抓斗机	利用卷扬机使液压抓斗上下往复运动,并通过液压抓斗自重及液压传动使抓斗张开和闭合,切削土层,达到槽段开挖的效果	结构简单,易于操作维修,运转费用低,广泛用于较软弱的冲积地层	当土层的标准贯入度大于40时,效率很低
液压双轮铣	铣削单元带有液压和电器控制系统的钢制框架,下部安装了3个液压马达,水平向排列,两边的马达分别驱动2个分别装有铣齿的铣轮,铣槽时2个铣轮低速转动,方向相反,铣齿将围岩铣削破碎,中间的液压马达驱动泥浆泵,通过铣轮中间的吸砂口将切削的岩渣和泥浆混合物排到地面泥浆站进行集中分离处理,然后将分离后的泥浆返回到槽段内,如此循环往复,直至终孔成槽。(反循环法)	最先进,功效高,适用于不同地质条件,包括岩层	设备昂贵、成本高,漂石、大孤石、极硬岩石地层成槽效率较差

根据该工程的特点,选用德国宝峨BC36型液压双轮铣槽机进行地下连续墙的施工。BC36双轮铣槽机主要技术参数如下:

整机总重量(t)   178
发动机型号   HS83
功率(kW)   605
铣削最大深度(m)   80
铣削宽度(mm)   800~1800
单孔铣削长度(mm)   2800

铣削头重量(t)	36
铣轮最大扭矩(kN·m)	81
泥浆泵排量(m³/h)	450
泥浆泵动力(kW)	83
软弱土质进给速度(cm/min)	25~35
较硬土质岩层进给速度(cm/min)	10~15

6 铣槽机工作原理

铣刀架是一个高12m、重36t带有液压和电气控制系统的钢制框架,下部安装3个液压马达,水平向排列,两边马达分别驱动两个装有铣齿的铣轮。见图1。铣槽时,两个铣轮低速转动,方向相反,其铣齿将地层围岩铣削破碎,中间液压马达驱动泥浆泵,通过铣轮中间的吸砂口将钻掘出的岩渣与泥浆混合物排到地面泥浆站进行集中除砂处理、然后将净化后的泥浆返回槽段内,如此往复循环,直至终孔成槽。

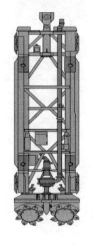
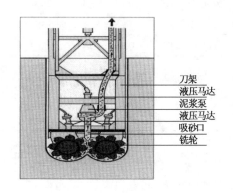
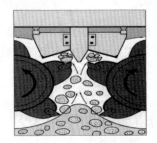

图1 铣轮工作示意图

7 施工工艺

7.1 导墙施工

导墙采用"┐ ┌"型整体式钢筋混凝土结构,深度约1.5m,并且导墙底端低于连续墙顶10cm,配筋采用竖向配筋为φ12mm@200mm,水平配筋为φ12mm@200mm,导墙厚200mm,详见图2导墙剖面图。

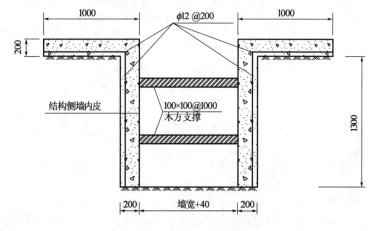

图2 导墙剖面图(尺寸单位:mm)

7.2 护壁泥浆的制备及使用

7.2.1 泥浆制备

(1)泥浆材料的选择:采用膨润土泥浆护壁。使用主要材料为:膨润土,外加剂的用量可根据具体情况适当选择。制备泥浆的投料顺序一般为:水,膨润土,纤维素,分散剂,其他外加剂。

(2)泥浆的拌制:使用泥浆搅拌器进行泥浆拌制。投料顺序为:水、膨润土等。拟定护壁泥浆配合比见表3。

泥浆拌制参数表　　　　　　　　　表3

材料名称		膨润土	水	纯碱	纤维素
一般槽段用新配置泥浆	配合比(%)	7	100	0.4~0.5	0.05~0.08
	每立方米用量(kg/m³)	70	1000	4~5	0.5~0.8
使用后再生泥浆	配合比(%)	—	100	1.5	0.2
	每立方米用量(kg/m³)	—	1000	15	2
特殊情况使用泥浆	配合比(%)	14	100	1.5	0.2
	每立方米用量(kg/m³)	140	1000	15	2

通过试配,达到规定的性能指标后,再进行泥浆拌制。搅拌均匀的泥浆放入储浆罐或储浆池,静置24h后使用。泥浆的性能指标见表4。

泥浆指标参数表　　　　　　　　　表4

指标名称	新制备泥浆	使用后循环泥浆	检测方法
相对密度	<1.05	<1.2	泥浆比重称
黏度(s)	19~21	19~25	500/700ml漏斗法
pH值	8~9	<11	pH试纸
稳定性	100%	—	
失水量	<10ml/30min	<20ml/30min	泥浆失水量测定仪
泥皮厚度	<1mm	<2.5mm	

7.2.2 泥浆循环使用及处理

(1)护壁泥浆必须循环使用,并及时检测其性能指标,使之满足施工要求。见图3泥浆循环系统图。

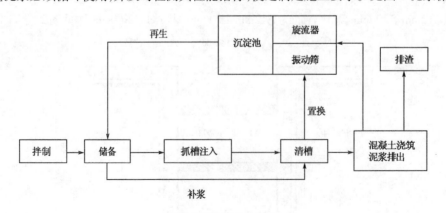

图3　泥浆循环系统图

(2)使用后的泥浆回收时,如达不到规定的性能指标,可经过振动筛和旋流器处理后,流入沉淀池,经沉淀处理后,检测其性能指标,必要时再补充掺入材料再生。再生后的泥浆放入储浆罐中待用。

7.2.3 泥浆的技术及操作要求

(1) 在测定泥浆材料性能的基础上,及时试配泥浆的最佳配合比。

(2) 及时提取泥浆样品进行性能指标测试,新制备的泥浆使用前进行一次测试,挖槽过程中每班测一次,挖槽结束时,在槽内泥浆面下 1m 处及距槽底 0.5m 处各取样测一次,置换泥浆后测一次,回收泥浆后测一次,以此类推。若达不到标准规定,要及时调整泥浆性能。

(3) 新配置的泥浆在储存罐中要储存 24h 后,测试合格方可使用。

(4) 储存时每 8h 用空压机搅动一次。

(5) 在使用泥浆过程中,随时注意泥浆液面,发现漏失及黏度下降,应及时补浆和堵漏,抓斗提升出地面时要及时补浆,使槽内泥浆保持正常液面。

(6) 每次测试或搅拌泥浆,必须做好原始记录。

(7) 施工期间,槽内泥浆面不应低于导墙顶面 0.5m。

7.2.4 泥浆系统的布置

安装 1 台 $3m^3$ 立式高速泥浆搅拌机,并配备六台泵将新鲜泥浆送到施工槽孔,用输浆管沿导墙附近送浆。泥浆池为现场制作,设置在基坑中部南侧,容积 $210m^3$。槽段排出的泥浆经净化处理返回泥浆池。

7.3 成槽工艺

地下连续墙槽段之划分有两种形式:A 槽段、B 槽段,挖掘的长度在 2.6m(一个闭合刀)和 6.9m(三刀)之间,槽段交错施工。参见图 4。

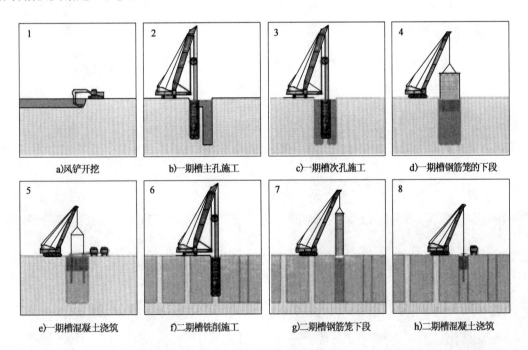

图 4 地连墙工艺流程图

(1) 先挖掘 A 槽段,工序为:有规则的三刀挖掘;两端各留 1000mm 的预挖区;回填碎石;安装锁口管以减少混凝土的外逸,同时形成搭接头,以便相邻的双雄槽段或雌雄槽段的钢筋笼,能够吊放至槽中进行重叠,如图 5。

(2) 最后施工 B 槽段,在 B 槽段相邻两侧已浇筑混凝土的槽段采用套铣头连接,如图 6、图 7、图 8。

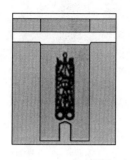 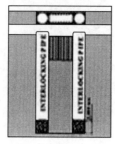 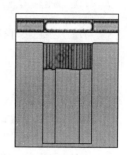

图5　A 槽段施工图　　　　　　　　图6　B 槽段施工图

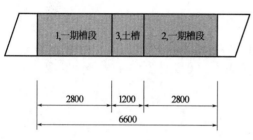

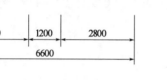

图7　开挖顺序　　　　　　　　　　图8　标准二期槽段

7.4　接头的清理

因为竖向的接头浸没在泥浆中,同时也偶有外逸的混凝土,这样接头的表面就无可避免地受到污染及粘上杂物,在浇筑混凝土之前必须使用装有钢丝刷的接头刷来清理干净,如图9。

7.5　自动纠偏系统

双轮铣有先进的双电脑控制系统。成槽精度高,孔形规则,对铣削过程进行全电脑跟踪,随时对 X 方向及 Y 方向进行纠正。

成槽垂直精度可控制在3‰。纠偏示意见图10。

 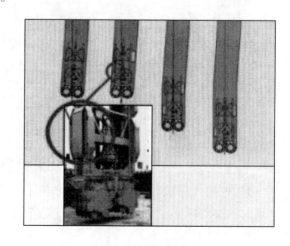

图9　接头清理工具　　　　　　　　图10　垂直纠偏示意图

7.6 钢筋笼吊装

因钢筋笼重量较大,为确保其在吊运过程中安全无变形,需在成型后的钢筋笼上布置一定数量的桁架筋和稳定骨架钢筋,确保制作精度和起吊刚度。吊点钢筋采用 $\phi 20$ "U"型筋搭接焊于主筋上。现场根据各槽钢筋笼宽度和有无钢板具体详细计算吊点位置,保证笼子吊起后保持平稳。

钢筋笼采用 1 台主吊(80t 履带吊)和 1 台副吊起吊(25t 履带吊),主钩起吊钢筋笼顶部,副钩起吊钢筋笼中部,多组葫芦主副钩同时工作,使钢筋笼缓慢吊离地面约 1.0m 高,并改变笼子的角度逐渐使之垂直,后撤掉副吊。履带吊车将钢筋笼移到槽段边缘,对准槽段按设计要求位置缓缓入槽并控制其标高。吊筋采用 $\phi 20mm$ 钢筋。钢筋笼起吊方法见图 11。

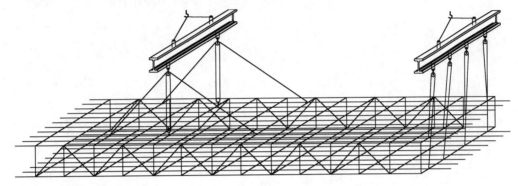

图 11 钢筋笼起吊示意图

根据要求,在钢筋笼吊放前要再次复核导墙上 4 个支点的标高,精确计算吊筋长度,确保误差在允许范围 ±2cm 内。

吊放钢筋笼必须垂直对准槽中心,吊放速度要慢,不得强行压入槽内,发现震阻及时吊起经处理后重新吊放。将网片固定后,下导管,进行混凝土灌注。同时在外侧吊装封缝钢板,并填碎石槽底,堵住缝隙,防止混凝土绕流。

7.7 混凝土灌注

本工程混凝土采用 C30 混凝土,抗渗等级 S8,为了保证混凝土的强度,按照水下混凝土配比要求生产商供应混凝土,地下连续墙水下灌注混凝土的坍落度为 200±20mm。混凝土不能离析,并且和易性好,扩散度符合规范要求。

水下混凝土浇筑采用导管法施工,混凝土导管选用 $D = 250mm$ 的圆形螺旋快速接头型。

吊装钢筋笼后应立即灌注混凝土,导管下口与槽底距离一般要大于隔水栓长 100~200mm,一般取 $0.4D$(D 为导管直径)。混凝土面上升速度不小于 2m/h。根据槽段长度采用两根导管同时灌注,两导管之间距不大于 3m,导管距槽端不大于 1.5m。两导管第一次灌注时必须同时进行,各混凝土面高差不宜大于 0.3m,直到灌注到墙顶标高。

首灌量的确定:根据下口埋入混凝土深度不小于 1.5m 来确定。设专人经常测定混凝土面高,并记录混凝土灌注量。要及时测混凝土面高度来确定拔管长度,埋管深不得少于 1.5m,一般控制在 2~4m 为宜,导管埋深最大不超过 6m。

单元槽段必须连续灌注,不得中断。浇灌全槽时间不得超过混凝土初凝时间。

8 施工中出现的问题和解决方案

(1)施工中有 20 幅连续墙进入中、微风化花岗片麻岩,岩石强度达到 70~90MPa,液压双轮铣成槽速度较慢,施工中采用冲击钻机辅助冲孔,提高了成槽效率;

(2)施工中有 17 幅连续墙进入微风化花岗片麻岩,岩石强度达到 90MPa 以上,液压双轮铣成槽困难,铣齿磨损大,无法成槽,双轮铣铣槽到极硬岩石,无法进尺时停止铣槽,直接浇筑连续墙,在基坑土石方开挖过程中采用爆破法开挖,再续接连续墙。

9 结语

液压双轮铣是目前比较先进的地下连续墙成槽设备,成槽效率高,绿色施工好。在施工过程中一定要结合地层特点选择使用。其在岩石强度小于70MPa的情况下使用效率较高;在岩石强度大于70MPa小于90MPa的情况下,局限性比较明显,成槽效率低,使用成本高,有针对性地结合冲击钻机成槽,能起到事半功倍的效果;在岩石强度大于90MPa的情况下是不宜选用的。

六、轨道交通预制梁、预制构件制作专项技术

房山线 40m 跨预制箱梁施工关键技术

李润军　韩学武　崔红军　李润圣　安文明

摘　要　北京轨道交通房山线工程第三标段箱梁预制工程中,箱型截面轨道梁结构设计为40m跨度大截面预制箱梁,给施工带来了新的难题。在总结预制箱梁构件已有预制经验的基础上,针对轨道梁的空腔结构特征,通过研究大跨度预制箱梁预制关键技术,圆满完成了预制任务。

关键词　房山线　40m跨　预制箱梁　关键技术

1　工程背景概述

近几年,全国各大城市陆续加快了城市轨道交通建设的步伐,北京和上海等一线城市的轨道交通建设延伸到了城市周边郊区。为了节省投资,多数郊区线路出城市主干道后就由地下转为地上高架,如北京轨道交通房山线、顺义线和亦庄线等都是如此。轨道交通房山线第三标段高架线路采用40m预制箱梁施工。

为了提升40m预制箱梁预制质量,保证高架桥的使用年限,预制梁的外观、尺寸偏差及其他质量要求应符合要求见表1。

预制梁的外观、尺寸偏差及其他质量要求　　表1

项次	项　目		要　求	
1	梁体外观		表面平整、色泽均匀。阴阳角线条清晰顺直。无接缝、错茬、蜂窝、麻面、掉角等缺陷。外露螺栓垂直梁体,丝扣完整,戴帽戴扣并清洁涂油。泄水孔位置正确,安装牢固,管盖齐全	
2	梁体表面裂纹		非预应力部分	宽度≤0.2mm
			预应力部分	不允许出现裂纹(梁体表面收缩裂纹除外)
3	梁体外形尺寸	梁全长	±20mm	
		梁跨度	±20mm	
		腹板厚度	+15mm,0mm	
		底板宽度	+20mm,0mm	
		桥面内外侧偏离设计位置	LP≤16m,+10　-5mm LP>16m,+20　-10mm	
		梁高	+20mm,-5mm	
		梁上拱	L/1000(终张拉/放张30天)	
		顶、底板厚	+15mm,0mm	
		挡碴墙厚度	+20mm,0mm	
		表面垂直度	≤4mm/m	
		底板顶面不平整度	≤5mm/m	

续上表

项次	项目		要求	
3	梁体外形尺寸	支座板	每块边缘高差	≤1mm
			支座中心线偏离设计位置	≤3mm
			螺栓孔垂直度	不垂直度≤1mm
			螺栓中心偏差	≤2mm
			外露底面	平整无损、无飞边、防锈处理
4	挡碴墙、电缆槽竖墙、伸缩装置、接触网支架座、声屏障、轨道等预留钢筋			齐全设置、位置正确

2 大跨度预制箱梁的特点

2.1 设计标准高、质量要求高

本工程项目设计速度为100km/h、使用寿命100年;箱梁梁体重291t,箱梁断面底宽1.8m、顶宽4.4m、梁高2.3m、翼板宽1.45m,箱梁混凝土为C50。

采用双线大断面箱梁、线上无碴轨道结构;高标准的设计对箱梁预制质量提出了很高的要求。

2.2 施工投入大

本梁场梁制梁需要的运吊设备大多是新型大型设备,设备购置费用高,梁场占地46500m²,建设规模大,施工投入很大。

2.3 管理风险高

轨道交通双线整体箱梁,设计断面大、梁体重量大、梁体平顺线形要求高,采用新型技术,厂房式生产,施工人员数量大,相对集中,施工管理的重要性和高风险性突出经过认真分析,本工程40m跨预制箱梁制应在以下几个关键点制订严密有效的技术措施,以保证其结构性能和质量:

(1) 选择好箱梁空腔成孔方式,制订完善的成孔施工工艺,并严格控制成孔质量;

(2) 加强箱梁钢筋骨架成型质量控制;

(3) 配制性能优良的混凝土,制订合理的混凝土施工工艺,保障混凝土结构质量。

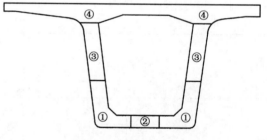

图1 预制箱梁横截面图(浇筑顺序)

预制箱梁横截面图(浇筑顺序)见图1。

3 大跨度预制箱梁预制关键技术

3.1 高性能混凝土控制

3.1.1 原材料控制

水泥:比表面积≤350m²/kg、碱含量≤0.6%、水泥中不得掺加窑灰。

粉煤灰:级别不应低于Ⅱ级,且粉煤灰的需水量比应不大于100%,烧失量应小于5%,严禁采用C类粉煤灰和Ⅱ级以下级别的粉煤灰。

矿粉：比表面积应小于450m²/kg、流动度比应大于95%、28d活性指数不宜小于95%。

砂：细度模数2.3~3.0、含泥量≤3.0%、氯离子含量≤0.02%。

碎石：压碎指标≤8%、含泥量≤1.0%、针片颗粒含量≤10%。

外加剂：碱含量、氯离子含量均不大于生产厂控制值、含气量为3.0%~6.0%、减水率≥25%。（以上全部按照《轨道交通工程结构混凝土裂缝控制与耐久性技术规程》JQB-196—2008）

为保证混凝土颜色符合要求，水泥、粉煤灰等材料要保证同一厂家、同一品种，货源稳定。

3.1.2 配合比选定

（1）混凝土的配合必须根据原材料品质、混凝土设计强度等级、混凝土耐久性以及施工工艺对工作性的要求，通过计算、试配、调整等步骤选定。配制的混凝土拌和物须满足施工要求、设计强度要求、耐久性质量要求。

（2）混凝土中须适量掺加优质的粉煤灰、矿渣粉等掺合料以提高混凝土的耐久性，改善混凝土的施工性能和抗裂性能。

（3）混凝土中要掺加多功能复合外加剂，其最大水胶比和最小胶凝材料须满足设计要求。

3.1.3 混凝土施工过程控制

（1）混凝土原材料须严格按照施工配合比要求进行准确称量，胶凝材料、外加剂允许偏差为±1%、骨料±2%、拌和用水±1%。

（2）拌制混凝土的设备必须采用电子计量系统，搅拌投料顺序为：先投入水泥、掺合料、细骨料和外加剂，搅拌均匀后再加入水；最后投入粗骨料搅拌均匀。

（3）拌和站到施工作业面运输混凝土的道路要畅通，保证混凝土在运输过程中不发生分层、离析、漏浆现象，并具有要求的坍落度和含气量等工作性能。

（4）施工现场混凝土入模温度控制在5~30℃，布料分层厚度控制在40~60cm之间，振捣间距要均匀，每点振捣以混凝土表面不泛浆、不冒大气泡为准。

（5）箱梁混凝土浇筑完成后，先进行蒸汽养护，按静停、升温、恒温、降温四个阶段进行，升、降温速度不大于10℃/h，最后进行保湿自然养护。

3.2 箱梁徐变上拱控制

箱梁徐变上拱的限制是为了保证高速铁路线路的高平顺性、旅客的高舒适度及高速列车的行车安全而要求的，技术条件中规定徐变上拱值在线路铺设后，无砟桥面梁控制在10mm以内。对混凝土的试验研究指出，预应力混凝土箱梁的最终徐变变形量可达到初始变形量的2~3倍。桥上无砟轨道设备在铺就后，其扣件的调整量有限，过量的收缩徐变上拱会严重影响轨道的平顺性、旅客的舒适性，甚至行车安全性，对于预制箱梁的徐变上拱的控制就成为无砟轨道预应力混凝土箱梁设计和预制的关键。

3.2.1 混凝土配制

（1）选择强度和弹模较高的骨料

骨料在混凝土中主要是对水泥浆体徐变起约束作用，其程度取决于骨料的弹性模量和体积含量，因此施工时应强调选用弹性模量较高的岩石和适宜的级配。试验表明：采用石灰石碎石骨料有助于降低混凝土的徐变变形。

（2）严格控制箱梁混凝土施工配合比

混凝土的徐变主要由水泥浆的徐变引起的，在相同水灰比情况下，徐变变形随水泥用量增多而变大；当水泥用量一定时，又会随水灰比的增大而增加。因此，水灰比和水泥用量是影响徐变上拱的重要因素。提高混凝土的和易性不宜采用加大砂率和水泥的方法，严格控制水泥用量以确保其弹性模量不低于设计值等措施，强度不宜配制过高。试配时应做静抗压弹性模量试验，以满足验算的参数要求。从实践经验看,混凝土中不应使用加气剂。

3.2.2 混凝土拌制、运输、浇筑

每次混凝土运输到现场检查是否在运输过程中出现和易性差、泌水等不良现象。若运到现场的混凝土发生泌水或离析现象,应返回拌和站进行二次搅拌。

混凝土梁体较高,混凝土的方量较大,应采用附着式和插入式振捣器共同进行振捣,同批梁的混凝土拌和一定要均匀,配合比控制准确,混凝土运输时间要相近,振捣要密实、全面。否则会由于梁与梁之间混凝土差异较大,使梁体张拉后上拱值亦差异很大。

3.2.3 预应力张拉

严格控制预应力张拉时间以及二期恒载施加期限是保证无碴轨道预应力箱梁残余徐变上拱度值控制于限值之内的关键。根据线性徐变理论,徐变上拱的大小取决于施加预应力时梁体的弹性上拱量,偏低的弹性模量会引起较大的徐变上拱。因此,在施加预应力前,除了检验混凝土强度外,还应同时检测其弹性模量,在两者均满足设计要求后,再予以施加预应力。

(1)现场对预筋的管道摩阻进行实测并对其张拉应力进行修正。

(2)严格按设计规定的方式张拉,同一批梁最好在同一强度时进行预加应力。施工中不能随意更改梁体张拉次序、批次。

(3)施加预应力要严格实行"双控",严禁超张拉,以确保满足预应力徐变上拱限值的要求。

(4)预应力张拉完毕后应及时压浆(24h以内),管道压浆要求密实。

3.2.4 养护

(1)养生期内保证混凝土处于潮湿状态,减少日照引起的温度应力弯曲。

(2)试验证明,采用蒸汽养护工艺可降低混凝土的徐变变形。

(3)湿润的环境可以扼制混凝土徐变变形,因此梁体存放期内要保持75%以上的湿度,避免过份干燥。

(4)根据工期合理安排生产,减少存梁期,及时架梁。

3.3 箱梁混凝土裂缝控制

预应力混凝土箱梁成型后,在早期抗拉强度尚未充分形成以前,由于干燥等原因产生了收缩,受约束的箱梁往往会产生裂缝。裂缝不仅影响混凝土箱梁承受荷载能力,而且还会严重损害混凝土箱梁的耐久性。

如果采取一定的设计和施工措施,裂缝是可以克服和控制的。根据多年的实践经验,提出了以下预防裂缝隐患的措施,避免出现梁体混凝土裂缝。

3.3.1 优选原材料

(1)选择适宜的水泥品种。水泥的收缩主要与水泥中的矿物成分含量有关,水泥中的熟料成分越多,收缩就越大。水泥按收缩值从大到小排列,硅酸盐水泥>普通水泥>矿渣水泥。

(2)粗骨料选用粒径均匀、级配良好、碱活性小、质地坚硬、级配良好的石灰岩、花岗岩、辉绿岩等碎石;不同集料对混凝土的收缩有不同影响,其收缩率大小顺序如下:砂岩>砾石>玄武岩>石灰岩>花岗岩>石英岩。细骨料选用级配良好、碱活性小、细度模数在2.6~3.0的纯净中砂。

3.3.2 优选配合比

认真进行配合比设计,用改善骨料级配、降低水灰比、掺加混合材料、掺加外加剂等方法,在满足设计强度和施工的前提下,尽量减少水泥和水的用量,选择品质好的集料,增加集料数量,以改善混凝土的干缩。

(1)掺入缓凝型减水剂减少单位用水量

在混凝土中，水泥与水通过水化反应而生成凝胶，凝胶吸水则膨胀，干燥则收缩。干燥收缩大部分是由水泥凝胶的收缩而引起的。单位用水量愈少，干燥收缩愈小。采用减水剂，减少单位用水量可显著改善混凝土的干缩，避免出现裂缝。另外，掺入缓凝型减水剂，使混凝土延缓凝固，推迟水化热峰值的出现，使升温期延长，有足够的时间让混凝土强度增长，提高混凝土表面的抗拉强度，减少裂纹的产生。具体掺量应由试验确定。

必须注意的是，在泵送混凝土所用的外加剂中，泵送剂是多种组分的复合剂，常含有缓凝、引气、早强、减水等组分。外加剂减水率高，可以降低水灰比，减少混凝土收缩，但引气、缓凝或早强等组分，又加大了混凝土收缩开裂的机会，需要在试验和实践中不断总结数据和经验，优选既能满足使用要求、保水性能好，且收缩又小的外加剂。

(2)掺入粉煤灰减少水泥用量

对硅酸盐水泥来说，每100g水泥的减缩总量为：7~9ml，每方混凝土中水泥用量越多，体积收缩越大，如水泥用量400kg时，每方混凝土体积减小量为30L左右，水泥用量500kg时，则减少40L左右，在满足设计、施工要求条件下，尽量减少水泥用量。掺入粉煤灰是大体积混凝土常用的防裂措施。用粉煤灰代替部分水泥，以减少水泥用量，大大降低水化热，改善混凝土的可塑性、可泵性，减小混凝土的干燥收缩值。具体掺量由试验确定。

3.3.3 优选施工工艺

(1)降低混凝土原材料的初始温度。夏天（或高温）时采用低温水（如地下水、降温水等）冲凉骨料，砂、石料避免直接在阳光下曝晒，设置遮挡阳光措施，在泵送管道上覆盖草袋等隔热材料。

(2)控制混凝土搅拌时间，如时间过长将使水分蒸发过多，引起混凝土坍落度过低，使得在混凝土体积上出现不规则的收缩裂缝。

(3)采用薄层浇筑或分层分块浇筑，加快混凝土内部热量的散发。

(4)控制混凝土灌注速度，保证混凝土硬化前后沉实均匀，避免产生混凝土不规则收缩裂缝。

(5)监控混凝土的水化热。混凝土浇筑中，应利用自动蒸养系统的温度检测设备，记录各浇筑层的温度变化，从而合理调整混凝土的浇筑顺序。

(6)合理控制振捣的时机。过振的混凝土，会在竖向混凝土构件的表面形成水渠，造成砂石下沉、水泥浆上浮，在梁体表面产生塑性收缩，容易在梁体表面产生裂纹。

(7)避免混凝土保护层过厚，或乱踩已绑扎的上层钢筋，使承受负弯矩的受力筋保护层加厚，导致构件的有效高度减小，形成与受力钢筋垂直方向的裂缝。

(8)避开温差较高时段灌注混凝土。夏天，不在中午等高温时段进行混凝土灌注施工，宜在晚间或凉爽时段进行；在冬天不在夜间等低温时段进行混凝土灌注施工，在中午或暖和时段进行。

(9)采用严格的蒸汽养护工艺。普通蒸汽养护可以减少混凝土的收缩，120d的收缩值比标准养护混凝土的收缩约降低20%左右。因此，采用计算机自动控制养护温度，实施多点控制，严格控制混凝土升、降温速度及梁体混凝土内外温差。模板拆除后，及时进行覆盖，一定按规定的天数和洒水次数进行混凝土养护，使混凝土表面保持潮湿状态和一定温度。冬天施工采用搭棚烧火炉，混凝土表面覆盖草带或包裹塑料薄膜等进行保温保水。

(10)拆模时间不宜过早，特别是昼夜温差较大或冬季施工更应注意。在箱梁混凝土强度达到60%设计强度时，拆除侧模和内模，以免拆模过早。

(11)采用坚实的制梁台座和存梁台座，避免箱梁在生产和存放过程中产生不均匀下沉，导致混凝土出现裂缝。

梁场存梁实景图见图2。

(12)采用大刚度模板，避免在浇筑混凝土时，由于侧向压力的作用使得模板变形，产生与模板变形一致的裂缝。

(13)箱梁运输、吊装过程中,严格控制支撑和吊点位置,避免产生较大的振动或荷载冲击,出现事故性裂纹。

图 2　梁场存梁实景图

4　结语

房山线 40m 跨预制箱梁施工技术是一项集混凝土构件结构研究与混凝土施工和项目管理等为一体的集成技术,通过采取一系列措施使混凝土构件养护后达到了表 1 所述标准。该批 40m 跨预制箱梁预制施工的顺利完成,可为今后类似预制构件施工所借鉴。

清水混凝土盾构管片预制关键技术

蔡亚宁　黄清杰　魏荣军　王志斌　孟英姿

摘　要　本文介绍了高精度高性能清水混凝土轨道交通盾构管片的设计特点和技术质量要求,提出了预制技术路线,总结了管片模具验收、钢筋质量控制、高性能混凝土设计及施工、成品流转过程的质量控制和修补等预制过程中的关键技术。

关键词　清水混凝土　盾构管片　预制

1　盾构管片设计特点

北京轨道交通盾构法施工区间使用的钢筋混凝土衬砌管环是不同的管片经连接拼装而成,无论管环直径大小,通常只有三种类型的管片:标准块、邻接块和封顶块,也有人把标准块称为 A 块,邻接块称为 B 块,封顶块称为 C 块(或称 K 块、楔形块)。同环管片之间接头形成的纵缝采用弯螺栓连接,不同管环的管片间则采用错缝拼装方式形成环缝,同样采用弯螺栓连接。每块管片的四侧均为平面式,环向和纵向接触面皆不设榫槽,但在其四侧距离外弧面 35mm 处对留有上口宽度为 50mm、下底宽为 42mm 和深度为 9mm 的沟槽,用以粘贴防水密封条。

1.1　管片设计技术参数

北京轨道交通工程中最常用的预制混凝土盾构管环主要技术参数如下:
(1)外径 6000mm,内径 5400mm,环宽 1200mm,厚度 300mm。
(2)混凝土强度等级 C50,抗渗等级为 P10 或 P12。
(3)钢筋采用 HPB235 或 HPB300、HRB335 级或 HRB400 级,纵向受力钢筋拉屈比不小于 1.25,屈强比不大于 1.30,最大拉力下的总伸长率实测值不小于 9%;钢筋骨架采用焊接成型。
(4)设计给定的钢筋混凝土管片最大裂缝宽度允许值为 0.2mm。
(5)每环管片内每条纵缝设置 2 个弯螺栓,共计 12 根弯螺栓;沿每条环缝圆周均匀设置 16 根弯螺栓。

1.2　管片质量要求

钢筋混凝土盾构管片要求采取可靠技术措施确保结构设计使用年限达到 100 年的耐久性设计目标,表观质量达到清水效果。

(1)结构耐久性

使用符合设计和规范要求的原材料,严格控制钢筋保护层,保证计量搅拌质量、振捣成型质量和混凝土强度等级要求,使结构性能满足规范要求;控制单方混凝土碱含量≤3kg 和氯离子含量≤0.06%,以满足设计及规范的耐久性要求。

(2)管片表观质量

管片成品混凝土要求见表 1。

管片成品混凝土表观质量要求　　　　表1

序　号	项　目	项目现象描述	质量要求
1	露筋	管片内钢筋未被混凝土包裹而外露	不应有
2	蜂窝	混凝土表面缺少水泥砂浆而形成石子外露	不应有

续上表

序号	项目	项目现象描述	质量要求
3	孔洞	混凝土内孔穴深度和长度均超过保护层厚度	不应有
4	夹渣	混凝土内夹有杂物且深度超过保护层厚度	不应有
5	疏松	混凝土中局部不密实	不应有
6	裂缝	可见贯穿裂缝	不应有
7		拼接面裂缝	拼接面上裂缝长度不超过密封槽且宽度不大于0.20mm
8		非贯穿性干缩裂缝	内表面不允许有裂缝,外表面裂缝宽度不大于0.20mm
9	外形	缺棱掉角、棱角不直、翘曲不平或飞边等	不宜有,允许修补
10	外表	密封槽部位在长度500mm的范围内,存在直径大于5mm、深度大于5mm的气泡超过15个以上	不应有
11		管片表面麻面、掉皮、起砂、存在少量气泡等	总面积不应大于5%,允许修补
12		表皮脱落、破损	不宜有,允许修补
13	连接部位	灌浆螺旋管和螺栓弯管松动、位置歪斜、塌陷不平等	内部畅通、内圆面平整,不得塌陷

(3) 管片外形及拼装尺寸要求

管片外形及拼装尺寸要求见表2。

管片外形及拼装尺寸允许偏差要求 表2

序号	项 目	允许偏差(mm)	检验方法	检查数量
1	管片宽度	±1.0	卡尺	日成产每15环应抽取1环,每项3点
2	管片弧弦长	±1.0	样板塞尺	
3	管片厚度	+3,-1	钢卷尺	
4	环向缝间隙	2	塞尺	每环测6点
5	纵向缝间隙	2	塞尺	每条缝测2点
6	成环后内径	±2	钢卷尺	测4条(不放衬垫)
7	成环后外径	+6,-2	钢卷尺	测4条(不放衬垫)

2 管片预制技术管理路线

对管片上述预制质量要求分析后可知,管片预制的高质量目标实现应视为一个系统工程,并对影响该系统工程的人、机、料、法、环五个方面,特别是对影响和决定裂缝产生、清水效果和耐久性的所有过程逐一进行分析和归纳后,采用"高质量的模具+高精度的钢筋加工+科学配制和混凝土施工+管片成品保护+精心有限的缺陷修补相结合"进行解决和控制,具体的技术管理措施是:

(1)成立专门的技术攻关、生产指挥协调和后勤保障小组并明确职责。加强参施人员岗位培训并落实,各关键工序实行专人负责制度,组织好生产,避免出现由于管理或操作失误导致的质量问题,确保每个程序的操作质量。

(2)在确定工艺设计和布置及配模方案等系统的问题上,以采取流水作业为手段,以实现批量生产更利于保证质量和工期为目的。

(3)在设计具体模具时以满足各项尺寸质量指标为前提,满足整体和细部清水要求为导向,方便操作和增加周转次数为基础,实现在确保质量的情况下最大限度地降低成本。

(4)选用与生产工艺和模板体系相匹配的优质脱模剂,实现便于脱模和能提升模板成型面表观质量等综合功能。

（5）采取科学方法确保钢筋骨架加工精度满足设计要求。

（6）混凝土配合比设计应在满足设计要求的强度、抗渗等耐久性指标及结构承载要求的前提下，便于施工操作，且成本较低。

（7）对于表观质量存在微小的可修复表观质量缺陷，采取技术措施进行修复并确保处理质量满足清水要求。

限于篇幅，下面仅对模具质量控制、混凝土配合比研究和施工、成品流转控制、缺陷修补等四方面关键技术进行论述和总结。

3 管片预制关键技术

3.1 模具质量的高精度控制

钢筋混凝土管片模具是决定管片外形尺寸精度、混凝土成型质量和安装质量的关键因素，同时对生产工艺和进度会产生显著影响。

根据图纸和有关标准，管片模具合模后的尺寸要求见表3。对于如此高精度的模具，必须通过数控设备加工结合三维定位的组装技术方能实现，因此，管片模具通常是由专业的厂家生产，管片生产企业采购，图1为管片模具的示意图、图2为性能良好的管片混凝土。

管片模具尺寸允许偏差、检查数量及检验方法 表3

序 号	项 目	允许偏差（mm）	检验方法	检查数量
1	宽度	±0.4	卡尺	4点/片
2	弧弦长	±0.4	钢卷尺、刻度放大镜	4点/片
3	边模夹角	≤0.2	靠尺塞尺	4点/片
4	对角线	±0.8	钢卷尺、刻度放大镜	4点/片
5	内腔高度	-1～+2	深度卡尺	4点/片

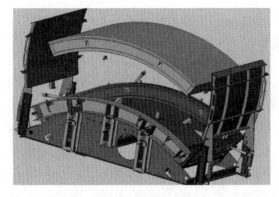

图1 管片钢模具示意图

图2 施工性能良好的管片混凝土

高精度的模具是确保管片结构尺寸准确的基础，模具的稳定性是保证管片质量的最重要的环节，模具是否稳定在高精度上就需要通过检验来验证。因此，模具检验就是一项十分重要且需要重复性的工作，是保证模具质量符合设计和使用要求的最重要环节。为此，必须做好以下质量检验工作。

3.1.1 管片模具进场检验

管片厂家对采购的模具质量验收的过程，应按照程序认真进行，检验验收内容和注意事项有：检查是否具备完善的技术文件，模具材料应符合质量要求；模具外观检验：油漆状况、各种零件是否齐全、焊缝、底部密封质量；模板开合检验：侧板、端板和盖板要进行开合检验，合模后型腔精度检验包括检测模具的宽度、弧长、深度、对角线长、端模夹角、侧模和底模垂直度等内容;底部振动器及控制装置是否齐全完好;模具安装后须进行初验,符合设计要求后可试生产;在试生产的管片中,随机抽取3环进行水平拼装检验,合格后方可正式验收;模具的最终验收合格以三环拼装为依据;模具制造厂家应提供检测工具,出厂检测原始数据,即模具档案资料,便于用户在使用过程中定期检查对照。

3.1.2 模具使用过程中的质量检验

模具使用过程中的质量检验除了一般的构配易损件的检验和定期更换外,主要是模具尺寸精度的检验。每个管片模具每生产100片后,必须进行系统检验并留有记录,其允许偏差必须符合表3的要求。一旦出现了超差,就必须认真查找问题,在必要时需要请模具厂家到场进行维护校核,确保合格后方可继续使用。

3.1.3 水平拼装实验

模具每周转使用200次应随机抽取3环进行一次水平拼装试验,通过对形成的管环的拼装环缝、纵缝尺寸进行检查,确保模具不存在扭翘等质量问题。

3.2 钢筋骨架成型质量控制方法

高精度管片不仅要求使用高精度模具生产,而且其钢筋施工也必须通过严格的质量控制,方能实现骨架尺寸高精度要求,保证钢筋保护层,确保管片整体受力性能和耐久性能。管片主要受力钢筋和钢筋骨架为弧形,弧形钢筋加工和成型存在弧度易回弹、不易成型、尺寸不易控制等特点。管片钢筋加工和骨架成型质量控制方法如下。

3.2.1 钢筋加工

钢筋原材质量除了进场检验外,在加工时确保喂料的钢筋应平直、无损伤,表面不得有裂纹、油污、划伤、锤痕、颗粒状或片状老锈等缺陷;各型号钢筋下料剪切保证切口质量,切断刀口平齐,两端头不应弯曲,按工作台班检测钢筋下料剪切误差确保符合标准要求。

主筋弯弧操作是确保管片钢筋加工高精度的重要一环。钢筋进料时应轻送,喂料位置要准确,保持进入弯弧机时平衡、匀速,成型后表面不得有裂纹或平面翘曲;出料口操作用双手往靠身处压送,每次弯弧钢筋以2~3根为宜,且同时弯弧的钢筋要上下对齐,确保每根钢筋弯弧一致。弯好的钢筋逐根在靠模上校核弧度,合格后方可使用,弧度不合适必须重新弯制。钢筋弯制过程中,如发现钢材脆断、太硬、回弹或对焊处开裂等现象应及时找出原因并正确处理。

经调直、切断、弯曲及弯折后的管片钢筋半成品材料按规定整齐叠放在指定的位置,当在地面上存放时应设垫木,按工程分类堆放,并挂上标识,避免在组装骨架特别是B1、B2和C型骨架时因没有注意到钢筋长度的渐变性而错用主筋或分布筋。

3.2.2 钢筋骨架成型

管片钢筋骨架采用惰性气体(CO_2)保护焊接机在骨架成型胎具上进行焊接成型。胎具是骨架各钢筋定位的模具和操作平台,其作用是为了保证钢筋位置精度、焊接质量和稳定性,提高焊接成型效率。胎具上每个半成品钢筋的位置都应有明确的定位标志,且各部位间距和位置应符合图纸要求。箍筋使用卡槽定位,卡槽位置根据设计位置预先确定;胎具弧型顶端设定位挡板以保证成型钢筋弧度一致、端头整齐,确保钢筋小梁尺寸符合要求;弯螺栓孔位置、骨架宽度和长度定位点也应在胎具上做明显标志,确保焊接时各钢筋定位准确。

按照先小梁后整体的顺序完成管片钢筋骨架制作。首先点焊箍筋与内弧面主筋,确定箍筋位置,然后将外弧面主筋按照图纸标明的位置依次穿入箍筋内,将有定位挡板一端的上下主筋点焊牢固。主筋与箍筋应从中间位置依次分别向两端进行焊接,直到内外弧主筋另一端焊牢为止;在胎具所示的相应位置放置其他钢筋,确保主筋对齐、箍筋与主筋四角结合自然缝隙小以及分布筋和各主筋能贴合;箍筋弯钩沿受力筋方向错开放置,弯钩应放在受压区。

钢筋骨架组成的钢筋表面不得有裂纹、折叠、结疤、凹坑、油污及其他影响使用的缺陷,焊点的位置要准确,焊口要牢固,焊缝表面应平整,不得有凹陷和气孔,不允许咬肉、夹渣或者焊伤钢筋,焊接后焊渣清除干净,每件骨架的焊点脱落、漏焊数量不得超过焊点总数的4%,且相邻两焊点不得有漏焊及脱落。每件骨架合格后贴上标签,标明焊工姓名、骨架型号,以及质检员,做到质量可追溯。骨架的运输码放不得超过6层,以防下层骨架受压变形。同时,在存放时还要做好防油污或锈蚀等成品保护工作。

3.3 高性能混凝土设计和施工

3.3.1 管片高性能混凝土主要性能

预制构件用混凝土的要求走过了一条起初重点强调内在结构强度,到努力追求混凝土内在高性能化,再到外观清水和内在高性能相结合的发展道路[4-5]。混凝土性能是决定构件清水高性能质量效果的内在因素和前提条件,根据生产高性能混凝土构件经验,结合管片预制生产工艺特点,管片高性能混凝土主要性能有以下四个方面:

(1)工作性能:新拌混凝土出机坍落度为80~100mm,20min内应无明显损失,含气量控制在$(3.0 \pm 1.0)\%$内;混凝土粘聚性适中且保水性良好,富有光泽感,呈现均匀、饱满和发散(黏性不强)状态;易于自卸式料斗下料振捣,振捣触变性能佳,保证在高频振动条件下混凝土的匀质性。

(2)抹面性能:振捣完成后在管片弧形面上无流淌现象,利于快速抹面和收面。

(3)力学性能:蒸汽养护6小时的早期强度达到20MPa,经蒸汽养护后期强度正常增长,满足C50高性能混凝土配制强度60.0MPa要求。

(4)耐久性能:混凝土氯离子含量小于0.06%,单方混凝土碱含量不大于3.0kg;硬化混凝土电通量<1000(C),体积稳定性好收缩小,达到结构自防水抗渗等级P12要求,耐久性能良好。

3.3.2 精心挑选原材料

配制高性能混凝土,选用的水泥应该质量颜色稳定、碱含量小于0.6%。

减水剂的使用对混凝土施工性能和后期质量影响非常显著,目前技术性能最好的减水剂是聚羧酸盐类高性能减水剂。该类减水剂具有掺量低、减水率高、拌和物工作性优良且保坍性能良好、增强减缩效果显著、与水泥适应性好、碱含量低、氯离子含量低、硫酸盐含量低等优良的物理化学性能和绿色环保优势。

优质掺合料也是配制高性能混凝土的重要组成材料,在预制构件蒸养混凝土中适量掺用优质粉煤灰以降低水泥用量,可改善新拌混凝土的作性,降低水化热,提高混凝土密实度,减少硬化混凝土收缩,且有利于混凝土的体积稳定和减少混凝土出现表面裂缝,进而达到提高混凝土耐久性的目的。

粗细骨料的粒型和级配、碱活性、氯离子含量、含泥(块)量以及洁净程度是骨料质量好坏的重要指标,其中骨料含泥量对聚羧酸盐系减水剂性能影响较大,需要严格控制。在北京地区骨料氯离子含量通常可忽略不计。

3.3.3 设计配合比

采用掺加优质矿物掺合料降低水泥用量,掺加聚羧酸高性能减水剂配制低水胶比混凝土,以达到降低水泥水化热,并防止混凝土产生干缩裂缝的目的。根据材料本身性质、现行规范并结合经验,经过对水灰比为0.30、0.32和0.34;胶凝材料总量为420kg/m³、450kg/m³和480kg/m³;粉煤灰掺量为8%、12%和15%进行正交试验,砂率根据工作性能调整,调整减水剂用量使坍落度保持在80~100mm,并监测损失情况。综合考虑各项性能,最后优选出水灰比0.32,胶凝材料总量为450kg/m³,粉煤灰掺量为12%,砂率35%的管片理论配合比,表4是经配合比设计验证后的管片用混凝土理论配合比。

管片用混凝土理论配合比　　　　　　　　　表4

坍落度(mm)	水泥(kg)	水(kg)	砂(kg)	石(kg)	掺合料(kg)	外加剂(kg)
80~100	399	141	636	1175	54	5.45

3.3.4 混凝土浇筑成型

管片清水高性能混凝土需要更为严格地控制混凝土施工质量，选派经验丰富、责任心强的搅拌司机负责搅拌混凝土，确保计量准确，保证混凝土坍落度80~100mm。

采用气动附着式振动器振捣成型，严格控制混凝土振捣时间以避免过振或漏振，当混凝土表面停止沉落或沉落不明显、混凝土表面气泡不再显著发生或已泛出灰浆时停止振捣，确保振捣密实，避免弧型制品出现蜂窝麻面、大气泡等外观质量问题。

每环混凝土浇筑时间宜控制在30min左右，浇筑时间过快和混凝土坍落度过大与成品质量有直接关系。当混凝土由于黏性太大或坍落度较小或模具振捣力不足时，可以采用插入式振捣棒辅助振捣，但应特别避免插入式振捣棒接触钢筋和各预埋件、更不得触碰模板的成型面。

3.3.5 收面

收面是对浇筑后的混凝土表面进行修整，一般在浇筑完成后1~2小时内开始。当打开模具上盖，混凝土不再流淌变形即可开始收面。收面时先用刮扛沿侧模表面刮除自由面多余混凝土，然后用木抹子提浆，铁抹子压光2~4次，以管片外弧面搓平压实、光滑平整且无石子影印为准。收面时不得洒水或水泥，否则管片外弧面容易爆裂。特别需要注意的是管片浇筑面的边界必须抹平，否则会影响吸盘在此位置与管片的吸附力进而造成安全隐患；最后清洁模具盖子并喷涂机油(脱模剂)，整理、清扫模具及现场。

收面完成后加盖防水塑料薄膜，如果在靠近车间门口或受风影响大的模位需要在浇筑后即行覆盖，以防止表面失水造成外弧面出现裂纹，同时可防止蒸养冷凝水滴落在外弧面上影响感观。

在收面期间另有一项将弯管芯棒拔出混凝土的工作。弯管芯棒应在混凝土初凝前预先转动，但最终应在混凝土终凝前和蒸汽养护前拔出，不能抽拔太早或太晚，太早会导致坍孔或弯管发生位移和变形，太晚会导致抽拔困难，甚至会损坏弯管。

3.3.6 蒸汽养护制度确定

蒸汽养护是混凝土制品生产过程中不可缺少的一道重要工序，制定科学合理的养护工艺是提高混凝土强度和质量的技术保障，而严格执行养护工艺则是确保混凝土制品内在质量的制度保障。多少年来混凝土制品生产过程中蒸汽养护工序没有先进的专用设备，一般都是靠人工手动操作来实现的。由于普通仪表显示精度低，手动开关阀门不精确，因而养护工艺是很难真正实现的，该种生产模式已不适应当今的社会发展需要。

为了适应管片的高质量，研发了计算机自动控制蒸养系统，其质量可靠、性能稳定。其工作原理是计算机系统在运行过程中高速不间断地分别对每一路独立的温度进行检测，然后分别对照事先选定的养护工艺参数进行计算比较，根据计算比较的结果，分别对每一路电动调节阀进行实时控制。通过对拟定蒸养制度的试验结果中混凝土强度发展、表面是否存在微裂缝、混凝土后期强度发展和成品色泽等指标的综合对比，确定如下的蒸养原则：

(1)预养护时间不得低于2h，否则会导致表层混凝土失水过快，进而产生干缩裂缝；

(2)根据实测的混凝土表面温度确定升温时间，但需控制升温速率不大于每小时25℃；

(3)实行低温养护，最高温度不超过55℃，因为低温养护可以有效地减少混凝土的温差裂缝，并且为调整总时长提供了保证；

(4)恒温养护的时间可以根据进度需要调整，但如果要达到翻番的生产需要，恒温养护的时间不宜少于4~5h；

(5)调整降温阶段；一般因管片混凝土成型车间温度较高，故将主要降温阶段调整到管片在车间存放期间;当管片表面温度与室外温度不超过15℃方可运至存储场,否则容易产生温差裂缝。

3.4 管片成品流转过程成品保护

管片成品流转过程质量控制涉及的生产工序有管片脱模、吊装吊运、成品码放以及管片运输四个过程,期间共同的工作内容是成品保护。

当采用真空吸盘脱模时,需控制管片强度满足脱模强度达到设计强度值的40%;如果使用螺栓孔起吊,则脱模强度不得低于设计强度75%。管片出模后仍然需要在车间降温,冬季应适当延长以利于强度增长;降温期间可进行外观质量和尺寸偏差检测、修补和成品标识等工序,为管片运出车间做好一切准备。管片在车间内码放宜采取单层立式码放方式,当采用平式码放(内弧面向上)超过3层时,不便于检测和标识操作。左右转环由于管片宽度不一致,故不宜采用立式码放方式,宜平式单独存放,以防混淆。图3给出了管片脱模后翻转的照片,图4是对脱模后的管片降温、检测与标识,图5是即将运出车间的照片,图6是吊运存放时使用垫木和布垫的照片,图7、图8是不同存放形式的照片。

图3 管片脱模后翻转的照片

图4 对脱模后的管片降温、检测与标识

图5 即将运出车间的照片

图6 管片间放置垫木和布垫

图7 管片内弧面朝上码放图

图8 管片单片侧立码放图

运输管片时,每层之间放置支垫且必须稳固,同时在管片之间使用软体物件防止管片间以及管片与其他硬物碰撞损伤。

3.5 管片缺陷修补技术

在实际生产中,尽管在生产前后均进行了精心的准备和施工,但要使成千上万块管片块块在出模后能达到清水要求是不可能的,也就是说,习惯认为清水混凝土构件不能外加任何人为的修补是极难做到的。

3.5.1 管片外观质量缺陷等级

钢筋混凝土管片成品外观质量缺陷等级应按照下表5确定,出厂管片成品外观质量不应有严重缺陷,管片成品外观存在一般缺陷时应及时修补并重新验收。修补应在拆除模板后的第一时间组织经验丰富的外观修饰的操作工人,严格按照既定的修补方案对出现的缺陷进行及时、有限和精心地修补或修饰,以保证表面的清水效果。同时,也可减少不必要的浪费,并将该措施跟踪进行到管片拼装之后。

管片成品混凝土外观质量缺陷等级　　　　表5

序 号	缺 陷	缺 陷 描 述	等 级	处 理
1	露筋	管片内钢筋未被混凝土包裹而外露	严重缺陷	报废处理
2	蜂窝	混凝土表面缺少水泥砂浆而形成石子外露	严重缺陷	
3	孔洞	混凝土内孔穴深度和长度均超过保护层厚度	严重缺陷	
4	夹渣	混凝土内夹有杂物且深度超过保护层厚度	严重缺陷	
5	疏松	混凝土中局部不密实	严重缺陷	
6	裂缝	可见贯穿裂缝	严重缺陷	
7		长度超过密封槽、宽度大于0.2mm,且深度大于2mm的裂缝	严重缺陷	
8		非贯穿性干缩裂缝	一般缺陷	修补处理
9	外形	缺棱掉角,飞边等等	一般缺陷	
10		密封槽部位在长度500mm的范围内存在直径大于5mm、深度大于5mm的气泡超过15个以上	严重缺陷	报废处理
11	外表	管片表面麻面、掉皮、起砂、存在少量气泡等	一般缺陷	修补处理
12		表皮脱落、破损	一般缺陷	修补处理
13		玷污	一般缺陷	清除痕迹
14	连接部位	灌浆螺旋管、螺栓弯管松动、塌陷等	严重缺陷	报废处理
15	防水材料	橡胶止水带、缓冲垫缺损、开裂、粘贴不牢等	一般缺陷	粘贴修补

3.5.2 缺陷修补方法

经过多年的实践摸索,总结得到如下缺陷修补技术:

(1)麻面、掉皮、起砂、气泡以及非贯穿性裂缝的修补方法

修补材料及配合比:使用与生产管片的混凝土相同的P.O42.5普通硅酸盐水泥:白水泥:胶结剂=2:2:1调制成腻子状态。为了与管片外观颜色一致,此配比可做适当调整,还可用适量钛白粉取代白水泥。

修补程序:(除裂缝外)用金属刷刷除混凝土表面浮灰层,将被水泥浆覆盖的暗气泡暴露出来;用棉丝或海绵蘸清水将需修补部位冲刷干净;如修补气泡,先用小刮刀等将配好的修补材料(腻子状)将气泡填平压实,待达到一定强度后再用砂纸打磨平整;如修补麻面、掉皮或起砂等,用泡沫材料(如苯板)或海绵蘸上修补材料(腻子状)反复搓搽直至修补处平整,待达到一定强度后再用砂纸将其打磨平整光

洁;如修补裂缝,先用毛刷将裂缝内灰尘清理干净,再用海绵蘸工业酒精沿裂缝方向擦拭,后用刮刀将修补材料(腻子状)填实于裂缝处直至完全覆盖裂缝并突出表面1mm以上,待达到一定强度后再用砂纸将其打磨平整光洁。

(2)缺棱掉角、表面破损的修补方法

修补材料:使用与生产管片的混凝土相同的P.O42.5普通硅酸盐水泥、白水泥、中砂或细砂(洁净、细度模数为1.6~2.8)以及外加剂调制成腻子状态的M50修补砂浆,其28天标准养护强度不低于50MPa。为了与管片外观颜色一致,此配比可做适当调整,也可用钛白粉调整颜色。

修补程序:用毛刷或铁刷清除破损界面面积内的松动层和浮灰,并使用洁净水冲洗干净;待界面干燥后,用抹子或刮刀将修补材料抹于缺陷修补处,修补至与管片外观形状一致,棱角分明;用棉布或帆布覆盖湿热养护,待达到一定强度后再用砂纸将修补处打磨平整光洁。

(3)管片拼装时破损修补

管片现场拼装发生的混凝土外观质量破损最常见的损坏是管片四角处挤压破损,该种破损可等同于棱角磕碰带来的缺棱掉角、表面破损;当缺棱掉角较大时应采用以下修补方案:先进行表面处理,清除杂物和虚连部分,适量喷水,静置片刻;刮涂专用修补界面剂(黏接强度不小于2.5MPa),保证新旧混凝土黏结强度;制备M50修补砂浆(不再掺界面胶结剂),28d标准养护强度不低于50MPa。

3.5.3 修补注意事项

为了确保修补后的颜色与管片整体颜色一致,应确保修补材料正确储存,避免使用过期或受潮的原材料进行修补;配合比应计量准确、搅拌均匀;且应在材料初凝前使用。另外,修补时需要注意调整色差,重新修补的部位和界面达到胶结强度前,应采取措施防止修补部位暴晒或被雨水冲淋;条件允许时还需采取蒸汽养护措施,保证修补强度和修补部位颜色与整体的一致性和耐久性。

4 成品管片的全面性能试验及结果

经自行检测、见证试验、外委试验和十多年的生产实践表明,管片混凝土强度和抗渗等级能够满足设计要求的C50P10或C50P12、控制钢筋实测保护层偏差在设计和标准的±5mm内并不困难。管片成品的其余试验结果如下:

4.1 管片吊装孔埋件拉拔试验

管片吊装孔埋件拉拔试验在监理见证下进行。试验结果表明:吊装孔埋件的抗拉拔破坏力可达到37t左右,远远大于设计给定的拉拔力不小于26t的要求。

4.2 管片的抗弯试验

委托北方交通大学对2片A型管片进行受弯试验,开裂弯矩拉应变分别为60、40微应变,压应变各为40、40微应变;屈服弯矩拉应变分别为200、200微应变,压应变各为178、190微应变;极限承载力拉应变分别为235、250微应变,压应变各为250、255微应变。以上结果均达到设计要求。

4.3 局部承压试验和接头刚度试验

委托北京交通大学进行局部承压试验和接头刚度试验,局部承载后靠端部最先出现裂纹,出现裂纹压力为300~350t,破坏压力超过800t(受压力机最大荷载限制)。接头刚度试验利用正、负弯矩两种加载方式,根据弯矩不同得到了相应的方程式,为设计在今后的管片配筋优化奠定了基础。

4.4 单片管片尺寸精度

经过对管片宽度、内弧弦长尺寸测量,误差均可达到±0.8mm的精度水平,优于规范规定的±1.0mm。

4.5 三环管片整环拼装试验

模具每周转使用 200 次进行一次,目前已累计进行的百余次的测试结果表明,管片拼装环缝、纵缝和成环后内径误差均在 2.0mm 内,成环后外径误差均在 -1~4.0mm 内,满足表 2 的精度要求。

5 结语

清水混凝土技术是一项系统集成技术。在管片预制中,通过加强对高精度模具的检验来保证管片外形尺寸的高精度,钢筋骨架成型的模式化在提高钢筋骨架质量稳定性的同时,还能精确地控制混凝土保护层,通过高性能混凝土设计和精心施工实现管片混凝土结构内在优良的耐久性和外观清水的美观效果,并在蒸汽养护和成品储存等方面加强控制力度,最后辅以成品管片缺陷精心修补技术,实现了稳定地控制管片质量满足设计要求的目标。

轨道交通高架车站清水混凝土轨道梁预制技术

蔡亚宁 陈 新 孟英姿 焦涵之 黄清杰

摘 要 北京轨道交通亦庄线高架区间车站采用了预应力清水混凝土箱型截面轨道梁结构设计,该批轨道梁内部为空腔的结构特征,给预制过程带来了新的挑战。在总结不同清水混凝土构件预制经验的基础上,针对轨道梁的空腔结构特征,通过把控清水混凝土轨道梁预制关键技术,圆满完成了预制任务。

关键词 轨道交通 清水混凝土 轨道梁 预制

1 工程概况

北京轨道交通亦庄线是连接北京市中心和亦庄经济技术开发区的唯一一条轨道交通线路,同时连接京津城际铁路亦庄火车站及宋家庄公交枢纽等多个大型客流集散点。工程正线全长23.23km,其中高架区间线路为13.95km,约占线路总长度的2/3。工程共设14座车站,两端为地下线路,中间为高架线路。高架线路上共设有8座车站,车站上部结构为8m×4.5m预应力混凝土箱型截面轨道梁,共210片。

为了提升轨道梁预制质量,体现高架区间线路美观,轨道梁预制工程定位为清水混凝土结构,要求梁体表面呈现清水混凝土效果。根据北京市地方标准,结合轨道梁设计特征和要求,其表观质量效果应满足表1要求。

清水混凝土轨道梁表观质量要求 表1

项 次	表观质量缺陷	质量要求表述
1	露筋、蜂窝、孔洞、夹渣和疏松	成品表面不应有
2	裂缝	不应有存在影响使用功能或距离清水面2m肉眼可见裂缝,非清水面存在的裂缝不影响使用功能且缝宽小于0.2mm
3	连接部位缺陷	不应影响结构传力性能,且距离表面2m肉眼不可见
4	外形缺陷	不影响使用功能且不得在清水面上存在
5	外表缺陷	不得在清水面上存在
6	气泡	距离清水面2m肉眼不可见
7	颜色偏差	清水面颜色均匀一致、表现混凝土自然色,距离清水面2m肉眼观察无明显颜色偏差

2 清水混凝土轨道梁的特点

该批轨道梁与以往清水混凝土构件最大的不同之处在于内部为空腔结构,详见图1。此腔式结构不仅在预制工艺上增加了芯模成孔,导致支模和拆模更加复杂和繁琐;而且给混凝土施工和钢筋骨架成型等工序增添了难度。

其次,轨道箱梁使用的钢筋数量规格型号比较多,钢筋骨架成品的稳固性不好,加之钢筋骨架不能一次性绑扎完成。因此,箱梁的模板周转慢,生产进度受到一定的影响。

另外,由于芯模与底模及与侧模之间的空间很小,浇筑混凝土时会引起芯模上浮或变形,且对混凝土和易性要求高,因此,混凝土浇筑质量是轨道梁施工控制的关键点。

经过认真分析,轨道梁预制应在以下几个关键点制订严密有效的技术措施,以保证其结构性能和清水表观质量效果:

(1)选择好轨道梁空腔成孔方式,制订完善的成孔施工工艺,并严格控制成孔质量;
(2)加强轨道梁钢筋骨架成型质量控制;
(3)配制性能优良的混凝土,使之满足轨道梁结构混凝土浇筑和外观清水效果需要;
(4)制订合理的混凝土施工工艺,保障混凝土结构质量和表观清水效果。

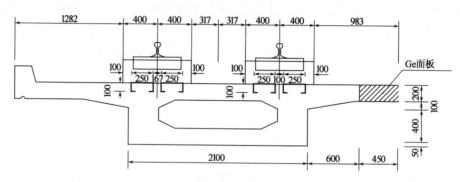

图 1　轨道梁横截面图(尺寸单位:cm)

3　清水混凝土轨道梁预制技术

3.1　抽拔钢芯模成孔技术

轨道梁采取内部空腔设计,目的是降低轨道梁自重,增强其刚度,但空腔成孔也为整个预制带来很大难度。一般混凝土构件内部成孔方法有充气橡胶囊和钢芯模两种方法,前者在浇筑混凝土前充足气,拆模后放气撤出气囊;后者需要制作空腔芯模,在混凝土完全硬化之前抽拔出来。

上述两种方法相比较,充气橡胶气囊不需要在中途抽出芯模,但由于橡胶气囊在施工中容易被钢筋划破或橡胶材质老化导致体积变化,致使空腔成孔质量较难保证绝对规则。考虑到该批轨道梁空腔两侧即是钢绞线孔道,一旦空腔发生变形,将直接影响到预应力成孔,加之橡胶气囊需要找厂家订制,成本昂贵且工期长,因此决定采取抽拔钢芯模成孔。

为了保证空腔尺寸,钢芯模采取在端模上卡位、与底模用螺栓连接以及上面用压杠与侧模牢固连接3种方式固定在模板上,防止芯模在浇筑混凝土时上浮和移动。为了方便钢芯模抽拔,在制作钢芯模时,通过设计变更沿其长度方向上制作了2‰的拱度。

抽拔钢芯模成孔技术中,芯模抽拔是关键所在。由于芯模在结构混凝土内部被混凝土包裹,混凝土强度越高越难抽拔,但抽拔过早、混凝土强度太低时易形成塌孔,因此,必须在混凝土达到抽拔强度后尽快抽拔出来。根据理论计算和现场反复试验,按照蒸汽养护通气2h后,当混凝土达到4～6MPa强度时抽拔芯模,不易塌孔,也不会因为强度过高而不易抽拔或抽拔不出来。同时结合现场施工经验,以用手在混凝土表面摁压不留痕进行强度校核。

3.2　钢筋骨架成型质量控制

相比一般T型桥梁构件,轨道梁面板钢筋更长,组成骨架的钢筋规格型号较多,给钢筋骨架成型增加了一定的难度。由于结构空腔的存在,轨道梁钢筋骨架不能一次性绑扎完成,必须先绑好底板筋和侧面筋,吊入底模中,等钢芯模固定好后再绑扎面板筋。

轨道梁宽度较大但腔体外混凝土较薄,因此轨道梁的骨架稳固性不佳,在钢筋骨架绑扎和混凝土浇筑过程中很容易变形。为此,在钢筋骨架成型过程中增加了钢筋马凳和保护层垫块,提高钢筋骨架的稳固性,取得了较好效果,图2、图3为骨架实体照片。

图2 轨道梁面板钢筋成型实体图

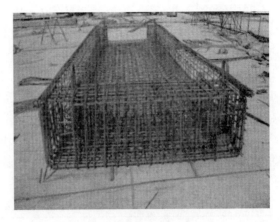

图3 钢筋骨架实体图

3.3 C50高性能混凝土的配制

混凝土自身性能是决定构件清水质量效果的内在因素,清水混凝土构件需要配制高性能混凝土,空腔薄壁结构更要求混凝土具有良好的施工性能。为了保证高性能混凝土具有优良的耐久性、良好的施工性能以及清水的外观,需要精心选择原材料和合理设计配合比。

3.3.1 原材料的选择

(1)水泥:配制清水高性能混凝土,首选质量、颜色稳定,碱含量小于0.6%,C_3A含量、游离的CaO和MgO量最低的水泥,以利于减少混凝土的自收缩和后期膨胀裂缝,提高混凝土的延伸性和控制混凝土的碱含量。在此基础上,选用强度富余系数较大、活性好、标准稠度用水量小,且与外加剂适应性良好的水泥,以便于控制混凝土的质量。在本工程中,选用了金隅牌P.O42.5水泥。该水泥性能稳定,构件成品颜色亮白,稳定地使用该种水泥可以减少混凝土的外观色差。

(2)减水剂:减水剂的使用对混凝土施工性能和后期质量影响显著,它是混凝土各组分中最具可调整性的成分。减水剂选用时,要求与水泥的适应好、适宜配置高性能混凝土、适合混凝土的蒸汽养护工艺、引气量和含碱量小以及能减小混凝土后期收缩等。聚羧酸盐类高性能减水剂具有掺量低、减水率高、拌和物和易性优良且保持性能良好、增强减缩效果显著、碱含量低、氯离子含量低、水泥适应性好和绿色环保等优势。该批清水高性能混凝土轨道梁选用了西卡公司生产的聚羧酸系高性能减水剂,含碱量2.3%,有效浓度20%,减水率大于30%,与选用的水泥适应性良好。

(3)掺和料:优质掺和料是配制高性能混凝土的重要组成材料,在预制构件蒸养混凝土中,可以适量掺用优质粉煤灰以降低水泥用量,改善新拌混凝土的工作性能。但由于该批轨道梁预制工期紧,如果掺加粉煤灰后,轨道梁的出池时间要延后2~3h,为了保证生产效率及后期及时张拉,故没有掺加粉煤灰。

(4)粗、细骨料:粗细骨料的粒型和级配、碱活性能、含泥(块)量以及洁净程度是骨料质量好坏的重要指标,对混凝土拌和物的工作性、硬化混凝土强度与耐久性具有重要影响。

本工程选用了低碱活性的5~20mm三河碎石,含泥量不大于1.0%,泥块含量不大于0.5%,空隙率小于45%,针、片状颗粒不大于10%,压碎指标值小于12%。选用的河北涿州中砂,含泥量不超过2%,细度模数为2.6~3.1且级配良好。

3.3.2 混凝土配比设计

混凝土配合比设计基本思路为:根据设计要求和生产工艺确定合适的混凝土施工及后期性能,再以混凝土性能为目标进行混凝土各组分配合比设计和试验,最后确定适宜的混凝土施工配合比和生产机械使用注意事项。

不同构件混凝土坍落度要求不一样,它与构件结构形式和混凝土施工工艺有关。根据以往混凝土施工经验,分别对120~140mm、140~160mm和160~180mm坍落度进行了试验,对比轨道梁施工情况和成品质量,确定了适宜的坍落度为140~160mm。

配合比确定依据有关标准进行计算和试验,综合考虑混凝土配合比对新拌混凝土工作性能、硬化强度和耐久性能,以及轨道梁成型抹面性能和拆模后的外观清水效果,发现水灰比、基准用水量(总胶凝材料用量)以及外加剂掺量是影响混凝土各项性能的主要因素。通过对水灰比0.33、0.35、0.37和基准用水量150、160、170kg进行正交试验,外加剂依据坍落度要求掺加,砂率在试验中调整,确定了水灰比0.35、基准用水量160kg、外加剂掺量为1.0%、砂率为40%时混凝土饱满光亮,黏聚性和保水性优良,各项性能指标满足要求,技术经济效果良好。清水轨道梁C50高性能混凝土配合比见表2。

清水轨道梁C50高性能混凝土配合比　　　表2

水灰比	砂率/%	水泥/kg	水/kg	砂/kg	石/kg	20HE/kg
0.35	40	457	160	733	1100	4.57
		1	0.35	1.60	2.41	0.010

3.4　混凝土施工质量控制

混凝土施工控制是影响构件清水效果的又一关键,在成功配制了性能优越的混凝土的条件下,通过严格的混凝土施工过程控制才能取得预期效果。

3.4.1　计量搅拌

混凝土的计量与搅拌过程在混凝土搅拌楼进行,为了保证混凝土拌和物能够完全均匀一致,要求计量准确、搅拌均匀。通过电子秤计量的原材料有水泥、减水剂和水,精度严格控制在±1%,骨料每盘的计量偏差不大于±2%;电子秤和台秤定期校验以保证满足计量精度要求。由于现场采用无搅拌器料斗运输混凝土,原材料在搅拌机内的净搅拌时间不宜少于120s,每次使用搅拌机前先开动空车运转,运转正常后加料搅拌。搅拌第1盘混凝土时按施工配合比多加入10%的水泥、水和细骨料或减少10%的粗骨料用量,使富裕的浆体能布满搅拌机内壁和叶片,通过检测坍落度、观测其黏聚性与均匀性符合设计和使用要求后方可运送到施工现场。

另外,搅拌机操作手要经过严格的技术培训,具有一定的混凝土搅拌经验;作业时要严格执行混凝土开盘搅拌制度,确保混凝土搅拌质量的稳定。

3.4.2　浇筑和振捣

浇筑振捣工序是确保轨道梁成型内在质量和外观质量的关键环节,由于芯模与底模及侧模之间的空间皆很小,轨道梁混凝土浇筑质量较其他类型构件更难控制。

根据轨道梁结构特点和工艺要求,混凝土浇筑采用附着式振捣+手工插入式振捣棒密实成型方式。混凝土浇筑时,按照"一个坡度、薄层浇筑、顺序推进"的原则,即竖向上遵循先空腔底部后两壁最后面板的顺序,每层浇筑厚度控制20~30cm内,沿长度方向从一端以同样的坡度向另一端渐进浇筑。混凝土浇筑时,先用附着式振捣器振捣,然后用插入式振捣器加强。插入式振捣与侧模应留5~10cm的距离,并插入下层混凝土5~10cm以保证混凝土振捣充分。

严格控制振捣时间,少振或漏振容易引起混凝土不密实,尤其是在芯模下面极易形成狗洞等混凝土质量问题;过振不仅会使混凝土离析导致水花纹影响清水表观效果,还会引起芯模上浮或变形,给拆模增加难度,使箱梁的几何尺寸偏离图纸要求。振捣时间一般控制在20~30s内,以混凝土不再显著下沉,不再泛气泡,表面泛出灰浆为密实标准。

3.4.3 蒸汽养护

轨道梁采取带模常压蒸汽湿热养护，使混凝土成型后快速达到起吊强度，剩余的强度增长留待自然养护或二次蒸汽养护，以加速模板周转进而提高生产率。蒸汽管道的布置对养护效率有较大影响，整个养护体内均匀设置测温点控制各路气源，保证混凝土强度均匀增长。

轨道梁预养护时间不少于3h，以15℃/h慢速均匀升温避免早期塑性收缩和干燥收缩过于集中，恒温温度不超过50℃，降温速度不超过10℃/h，同时轨道梁出池时表面温度与环境温度之差控制在20℃之内，以减少出现温差裂纹的可能。

此外，通过正确把握拆模时间避免拆模过早引起粘模，拆模过晚损伤构件表面，以保证清水效果。梁体脱模后尽快张拉以抵消由于温差产生的裂缝，能够起到预防温度裂缝的作用。

3.4.4 预应力张拉工艺

在本工序中，按照设计要求，对本批轨道梁采用后张法的张拉工艺，两端张拉，二次张拉。

在张拉过程中，全部采用双控工艺，当混凝土强度达到80%时进行初张拉，初张拉至40%后锚固，图4为完成初张拉的轨道梁。当混凝土强度达到100%，且弹性模量达到设计要求后，终张拉到100%，图5为施工完成的轨道梁。

图4 完成初张拉的轨道梁

图5 轨道梁质量效果图

4 轨道梁成品的外观效果及性能

在2009年该批210根轨道梁已成功应用于北京亦庄线，梁外观光滑平整、色泽均匀亮白，气泡少，无缺棱掉角现象。每根梁外观检测均能满足清水混凝土的标准：距梁2m看不到色差；气泡直径无大于5mm、深度无大于2mm且数量很少；无可见裂缝出现；表面平整度达到高级抹灰标准。通过检测硬化混凝土的有关指标表明：该批混凝土的性能满足高性能混凝土对体积稳定性和耐久性等要求，对随机选取的一根轨道梁进行的静载试验也证明其结构完全满足设计要求。

4.1 强度

经过对标准试件进行28天抗压试验，其抗压强度满足设计要求。

4.2 混凝土的抗碱集料反应性能

混凝土发生碱集料反应必须具备以下三个条件：(1)混凝土使用的集料为碱活性集料；(2)混凝土单方含碱量达到一定数值；(3)混凝土处于潮湿环境中，或有水存在。根据《北京地区预防混凝土工程碱集料反应技术管理规定》，混凝土的碱含量 $A = AC + Aca + Ama + Aa\omega$，经计算，所采用的配合比中，混凝土单方碱含量为2.75kg/m³，不利于碱集料反应的发生。

4.3 轨道梁的静载试验结果

对 2009 年 4 月 16 日生产的用于荣昌东街站的 3-4 梁 2 依据《混凝土结构试验方法标准》(GB 50152—2012)进行了试验检测。试验箱梁支点采用橡胶支座并以均布荷载的方式加载。检测结论为：轨道梁外观良好，在静载试验前及试验过程中，梁体各部位未见裂缝出现；轨道梁 3-4 梁 2 在试验控制弯矩作用下，跨中产生的弯曲变形(挠度)小于设计值，实测跨中最大挠度值小于轨道梁允许挠度值的 1/2000。

5 结语

清水混凝土构件预制技术是一项集混凝土构件结构研究与模板设计、混凝土施工和项目管理等为一体的集成技术，通过采取一系列措施使混凝土构件硬化后达到了表 1 所述标准。在该批清水混凝土轨道梁预制过程中，针对其空腔结构特征带来的预制困难进行了技术研究，并制定了相关的生产操作标准和质量验收标准，做到全过程质量控制和管理，加强了成品保护和维护，生产的 210 片清水混凝土轨道梁外观光滑平整、色泽均匀亮白，气泡少，无缺棱掉角现象，外观检测均能满足清水混凝土的标准；通过内在质量检测，该批混凝土的性能满足高性能混凝土稳定性和耐久性等要求，图 5 为成品实体照片；通过静载实验证明其结构完全满足设计要求，受到甲方、监理和施工单位的一致好评。该批清水混凝土轨道梁预制的顺利完成，为今后类似中空结构的清水混凝土构件预制提供了借鉴。

轨道交通专用清水混凝土板类构件预制技术

蔡亚宁　黄清杰　陈　新　焦涵之　魏荣军

摘　要　本文以北京轨道交通亦庄线高架线路两侧架设的清水混凝土多功能防护挡板预制工程为例，介绍了北京轨道交通用清水混凝土板类构件特点，提出了预制技术的重点和难点，针对工艺选择、模板设计制作、预埋件精确定位、混凝土配合比设计以及构件外观清水质量效果等关键技术开展研究，并在预制过程中严把质量关，成功解决了板类构件模板设计制作和预留预埋定位难度大，钢筋骨架加工精度和混凝土质量要求高等难题。

关键词　轨道交通　清水混凝土　板类构件　预制技术

1　前言

预制混凝土板类构件是水平和竖向使用的平面板型预制构件的统称，在北京轨道交通工程中，曾经使用过的混凝土构件有盾构管片、轨枕、预应力梁、高架桥挡板以及安全通道的疏散平台板等板类构件。轨道交通工程质量要求高决定了其所用混凝土预制构件都要求尺寸精度高和外观达到清水混凝土质量效果。相比清水混凝土管片、短轨枕和轨道梁等为C50强度等级混凝土结构受力构件，混凝土强度等级为C30~C40的清水混凝土板类构件的特征是外形复杂、尺寸多变和预留预埋众多。本文以北京轨道交通亦庄线高架线路两侧架设的多功能防护挡板预制工程为例，介绍轨道交通专用板类构件预制技术。

清水混凝土多功能防护挡板体现了"结构安全、线路美观和工程维护造价低"三位一体的设计理念，防护挡板不但要起到美化线路和防护作用，还要承担线路动力荷载、风荷载和安装声屏障及吸音板等荷载，充分体现了其多功能特点。挡板混凝土设计强度等级C40，总数量为11204块，混凝土总方量约为7000m³。挡板根据架设位置和尺寸不同分为两类：一类是标准排列的A板，另一类是用于A板两侧的异形B板。异形B板尺寸需要根据A板安装完成后现场实测得到，工程最终使用的规格多达1462种。清水混凝土挡板上述多功能化要求和B板尺寸的多变，均为预制带来了挑战。

2　预制技术重点和难点

2.1　外形复杂尺寸多变，模板设计制作难度大

标准A板的外侧面由2段弧面、3段斜面、3段(63+114.4)×50mm的瓦楞面(凸面)和4段平面组成，共有19条棱线。上顶面为向内倾斜10mm的斜面，下底面呈L形状，内侧面有2个848mm×900mm×151.8mm向内50mm起坡的矩形凹槽，详见图1。B型板在标准板的基础上只进行长度上的变化。

挡板模板设计必须采取合理的结构形式，即要求模板不但适合于整个工艺流程设计，还要求在操作上有利于挡板外观清水效果和高精度质量目标的实现，而且在高强度周转时模板体系质量稳定，同时还要兼顾模板成本投入。

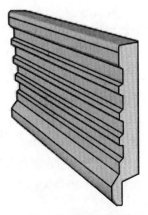

图1　标准挡板立体图

在整体模板设计时,实现挡板外露面瓦楞状装饰线条的凹凸效果和相互之间的精度要求,确保挡板外观清水效果是难点之一,难点之二是1462多种长度变化的B板只能依靠逐一改动模板来实现。

2.2 预埋件和预留孔多、定位难度大

挡板标准A板上共设有22个预埋件和10个预留孔。其中,顶部1个声屏障埋件、3个避雷支持卡和2个M22的预留套筒;侧立面有4个$D=20mm$预埋PVC定位套管;内侧面竖肋上共有12个电缆预埋螺栓和10个$D=15mm$的吸声预留孔;图2为标准挡板平面预埋预留布置图。

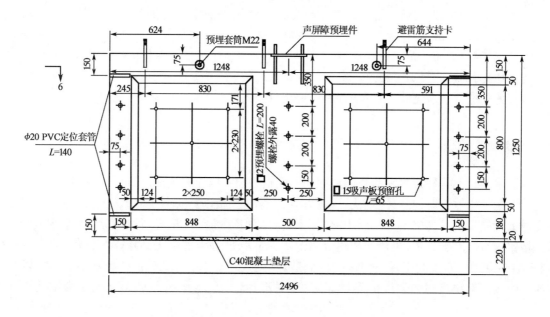

图2 标准挡板平面预埋布置图(尺寸单位:mm)

采取何种方式确保多达32个预留孔和预埋件的准确定位以及在混凝土成型过程中不发生位置变化,也是实现挡板结构功能和高精度质量控制的关键。

2.3 钢筋骨架外形复杂、含钢量大,加工困难

挡板钢筋有6个规格、13种钢筋大样,每种钢筋的形状各不相同,分别有弧形、矩形、U型和L型,而且所有钢筋的端部皆有角度不同的弯钩。另外,一般构件每m^3含钢量大多在120~140kg,而挡板含钢量每m^3超过320kg。

挡板外形复杂必然带来钢筋骨架异型,加之混凝土含钢量大,给骨架加工制作和成型带来挑战。另外钢筋尺寸需要严格控制其偏差才能精确地控制挡板成品混凝土保护层,保证挡板成品的耐久性。

2.4 混凝土设计和施工

挡板厚度最小处只有12cm,加之内侧面凹槽设计,需要设计和配制性能优良、适合挡板预制的混凝土,并采取合理的施工过程控制方式,才能确保混凝土施工质量达到清水效果。

2.5 表观质量效果要求高

从设计要求可知,本批挡板表观质量效果和尺寸精度要求高,必须从生产全过程严格控制质量,才能保证11204块挡板外表面为清水效果,以及挡板安装后整体弧面和棱线自然顺畅。

3 主要解决措施

3.1 确定适宜的生产组织方式

在决定采用何种工艺方式之前,经过对混凝土构件不同生产工艺进行细致研究和对比分析,其各自的特点总结详见表1。

预制构件不同生产工艺对比表 表1

项 目	固定台座法	机组流水法	流水传送法
运行特点	以固定的模板为中心,桥式吊车为主要运输工具的生产流水系统	以固定的振动台为中心,桥式吊车为主要运输工具的生产流水系统	以固定的振动台为中心,采用自动化传输线为主要运输方式的生产流水系统
设备组成	模板+吊车+振捣和养护设施	振动台+模板+吊车+养护设施	振动台+模板+自动化传输线+吊车和养护设施
成型方法	附着式振捣、手动插入式振捣	振动台、手动插入式振捣	振动台
优缺点	优点:模位静态有利于质量控制,工艺简单 缺点:分散布置模位增大了占地面积,人工振捣会影响产品质量稳定性	优点:工艺简单且紧凑,可集中养护增加蒸养效率 缺点:带模起吊增加吊车负荷,模具移动频繁易发生变形	优点:生产组织自动化程度高 缺点:产品质量和生产效率受传输线影响较大
适用对象	适用于可以采用附着式或插入式振捣的各种项目	适用于不带附着式振捣器的模板,尤其适合于构件体积不太大,生产场地有限的一次性项目	适用于生产规模大、运行周期长和要求专业化生产的项目
经济分析	一次性投资少,建设期短	一次性投资少,建设期短。	一次性投资较大,建设期较长
应用实例	看台板、管片以及各类桥梁构件	轨枕等小型构件、标准构件	住宅产业化构件和管片

经过对表1中三种方式的对比分析,结合挡板工程特点和现场实际条件,确定"机组流水法"是本批混凝土防护挡板预制的最佳工艺方式。首先,挡板属于外形尺寸不大的中小构件,不适宜采用手工插入式振捣器振捣成型,因此振动台成型方法最佳;其次,挡板数量多,在工期紧张的条件下需要制作大量的模板来保证生产进度,如果采用"固定台座法"则需要很大的生产区,而且也需要同样等比例的附着式振捣器投入;第三,至于"流水传送法",对于迫在眉睫的工期和非标构件生产项目而言是不宜考虑的;最后,"机组流水法"虽然要求带模板运输,但由于挡板体积较小(最重的1.5t),加上模板总重一般超不过3t,普通的吊车都可以满足要求。至于模板变形问题,则必须在模板设计和制作时提前考虑并解决。

确定了"机组流水法"只是工艺设计的第一步,明确了需要设计和制造振动台来成型混凝土,以及施工组织是带模板运输的动态工艺过程。另一关键问题是混凝土浇筑成型方式和码放方式,该问题需要结合工艺方式,针对构件不同构造以设计合理的模板形式来确定。在本批挡板预制中,通过对比"正立、倒立和水平反打"的优缺点,确定了混凝土浇筑成型方式为水平反打式,且采用水平反打方式挡板出池后不需要翻转过程,运输、码放和储存皆采用反面朝上方式。

3.2 确保模板设计与制作高质量且操作简便

不同于其他预制构件,如鸟巢的看台板和桥梁梁板等构件均采用四个侧模和一个平面底模组成"槽形"的模板结构,本批挡板背面有3道竖肋,其上和下各有1道通长的水平横肋,构成了2个低于肋高152mm的矩形框架板面,因此,顶部没有任何模板的槽形结构设计显然不能满足挡板的板肋式结构的实际需要,而必须设计带有顶模板的箱形结构。

挡板正面设置的3条瓦楞形装饰槽和2个弧面是挡板实现清水效果的重中之重,这就意味着箱形模板的底模设计是模板结构设计的核心。箱四周的结构形式对于模板使用和四周埋件固定是否方便起着决定性的作用。箱形模板的顶盖设计又对混凝土施工的便利与否和背面埋件的定位有影响。因此,"箱形钢模板"主体结构设计必须解决底模设计、箱周设计和上盖设计三个难题。

3.2.1 底模设计和制作

对于底模带有装饰槽和弧面的结构,一般可以通过数控压力机一次冲压成型或采用多次焊接的方法成型或采用折压的方法成型,但限于长度尚没有吨位如此大的数控机床可供一次冲压成型。如果全部采用焊接,每块料的下料精度要求高,且对焊接质量要求很高,要想保证数十套模具间的精度基本一致,其难度可想而知。

经过反复讨论和多次试验,最终确定采用3次折压成型再焊接的方法解决了底模制作这一难题。具体为:(1)上、下弧面的成型:按图纸尺寸下长方形的钢板1和3,用卷板机将板1和板3卷成弧形,其弧度必须满足设计要求,然后在弧形板的两边用折弯机折两刀,分别形成上下弧面。(2)中间瓦楞型装饰槽成型:根据图纸尺寸裁出成长方形板2,再根据各个槽的宽度划出11条控制线,偏差控制在2mm以内,然后根据控制线进行折压,进而形成中间的装饰槽线。(3)将板1、板2和板3在胎具上拼装焊接,使之形成完整的板面。

3.2.2 箱周设计和上盖设计

由于箱底的不平整结构,要想加工底包梆或底与部分侧梆一体已无可能,因此只能采用梆包底的形式,即用四周的侧模包住底模,且该种结构更利于保障板面几何尺寸的准确性。具体为:首先将控制长度的两个侧模通过10个M16的螺栓与底模组合在一起;其次在宽度方向是两个可以活动组合的小模板分别与板1和板3螺栓连接形成。最后组合成的箱体侧模必须与底模垂直,平面不能扭翘,如此一个完整的箱体就形成了。

前文已述及,该批挡板背面为加强肋的肋板结构,顶部没有任何模板的槽形结构设计显然不能满足挡板的板肋式结构的实际需要。但是如果顶模为三道竖肋和2道横肋组成,混凝土从2块板内浇筑,由于肋高出板面152mm,不易保证肋处混凝土的饱满和密实,因此为了形成肋结构,需要在顶盖的上部做两个矩形的盒子一起下沉到箱体的内部才能形成,混凝土浇筑时从各道肋进入,即形成"沉盖箱形结构"。

3.2.3 模板细节设计

由于该模板的底部为瓦楞状,凹凸不平,为了保证模板的刚度、平整度以及增加其刚度进而提高周转次数,设计了一个带有底板的骨架,具体为:底板骨架用120mm的槽钢按模板大小焊接成封闭的矩形,中间按不大于750mm的间距形成井字结构,骨架上面四周用5mm厚的钢板封闭。

多年的生产实践经验表明,模板的支拆量和修改量越小、质量越容易保证且生产效率就越高,也能节约成本,因此在模板细节进行了进一步优化。充分利用设计允许的梢度将形成箱体的四个侧模中的一个与底模固定,在生产时只需要将其他3个侧模打开就可以确保挡板脱模。由于异性B板在结构形式上类似A板,因此上面的模板结构形式在B板模板上也可采用,但要方便B板在底模、沉盖和侧梆上不断缩短的变化。处理方法是将B板模板的沉盖设计成"推拉式伸缩钢模板",并取消了单梆固定联结。该种推拉伸缩性很好地避免了改造B板模板本来需要的大量割开钢板再施焊的繁琐,在保证质量的同时提高了预制生产速度。根据最后设计制作成功的高精度模板特征将该批挡板的模板命名为:托盘式单梆固定(可推拉伸缩型)沉盖箱形钢模板,其实体见图3,锥形埋件见图4。

图3 模板实体图

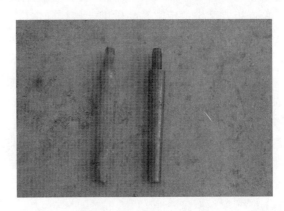

图4 侧向连接成孔的锥形埋件

对于挡板正面的清水效果，折压后焊接的焊缝位置设置也至关重要：既不能因为焊缝的存在影响成型后的整体效果，也不能将焊缝设置在不易于打磨部位，综合以上因素确定将焊缝设置在中间瓦楞板的最外侧。

3.2.4 制订方便牢靠的埋件定位方式

由于起连接和固定作用的预留预埋件直接决定了构件的安装质量，因此，预留预埋件在构件中的精确定位和方便准确的安装一直都是预制构件生产技术中的一个关键。构件外观尺寸精度要求越高，对预留预埋件位置的允许偏差也越小。该批挡板的预埋件大体可以分为两类：一是预留孔，可以分为用于安装的侧面预留孔和固定隔音板的预留孔；二是预埋件，主要有预埋钢板、预埋扁铁和预留螺栓。制订方便牢靠的埋件定位方式，是高精度轨道交通构件生产的重要内容。

（1）预埋孔形成

挡板的预留孔有侧向连接校准孔和吸音板预留孔两种，成孔位置精度均要求为±2.0mm内，在生产中根据其要求和特点需要采用不同的成孔方式。

①侧向连接校准孔

每块挡板的两侧各设2个锥形孔，孔的$D_{max}=25mm$，$D_{min}=20mm$，$L=140mm$。该孔主要用于连接相邻挡板，以增加安装后挡板体系稳定性，同时还兼具校核相邻挡板制作和安装偏差的作用。为了精确定位其位置，首先在每套模板的两个侧模上用点冲准确定位其水平和垂直位置，并将误差控制在±1.0mm以内，然后再用磁力钻钻出$D=16mm$的圆孔；再机加工一个带有螺栓$D_{max}=25mm$、$D_{min}=20mm$和$L=140mm$圆形锥体。生产时用螺母将带螺栓的锥体固定在侧模上，浇筑完混凝土后，在确保不塌孔的情况下，用专用工具将带有螺栓锥体拔出即可成孔，成孔的锥形埋件和挡板上的校准连接孔见图4和图5。

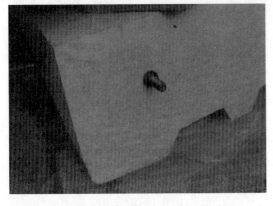

图5 挡板上的校准连接孔

图6 沉盖上吸音板预留孔

②吸音板安装定位预留孔

吸音板安装定位预留孔的作用就是精确定位和连接吸音板,该孔成型精度直接影响着吸音板的安装质量。在每块挡板背面的每个沉槽内各有5个吸音板安装定位预留孔,每块挡板合计有10个,孔尺寸$D=14mm, L=65mm$。吸音板预留孔定位方法为首先在沉盖底面和顶面精确定位并用磁力钻打出$D=14mm$的圆孔,然后在沉盖底面的每个圆孔里侧焊接直径为10mm的同心钢管,并要突出沉盖的顶面,生产时在直径为14mm的钢管中插入圆钢就可以准确成孔,如图6所示。

(2)预埋件定位

挡板共有声屏障预埋件、避雷支持卡埋件、预埋套筒和电缆预留螺栓等四种埋件,所有埋件均有防锈和防腐蚀要求,且预埋的位置偏差不得大于2mm,声屏障预埋件、避雷支持卡埋件和电缆预留螺栓还要保证埋件的外露长度误差±2mm之内。

①声屏障预镀锌埋件

每块挡板顶端预埋1个声屏障预镀锌埋件,用于连接固定其上安装的声屏障。定位时首先将其绑扎在钢筋骨架里,再将其上的4个外露螺栓插入预先在端模上精确形成的4个M18的圆孔内,最后用螺母紧固。图7、图8分别为声屏障预镀锌埋件及预埋后效果。

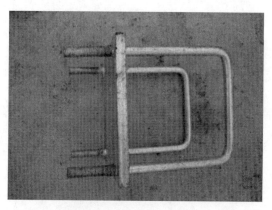

图7 声屏障埋镀锌件图

图8 声屏障预埋外露

②避雷支持卡镀锌埋件

在挡板的顶部均要求预埋3个$H=2mm$、$L=190mm$的避雷支持卡镀锌埋件。其定位的方法是:首先在端(顶)模上铣出3个矩形扁槽,待模板组装完毕后从模板里侧将卡子通过扁槽露在外面,需控制其外露长度并与钢筋骨架焊接牢固。避雷支持卡镀锌埋件及预埋后的照片见图9、图10。

图9 避雷支持卡镀锌埋件

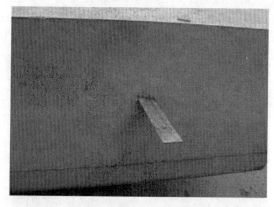

图10 避雷支持卡预埋外露

③预埋套筒

预埋套筒设在挡板背部的顶肋中部,其$\phi=60mm$、$L=100mm$,作用是连接固定安装用的临时支撑。其定位方法为:首先在模板上精确打孔,然后将定位板固定在模板上,最后将预埋套筒用M22的螺栓固定在定位板上,拆模时卸掉螺母即可。预埋套筒及预埋后的照片见图11、图12。

图11 套筒 M22 预埋件

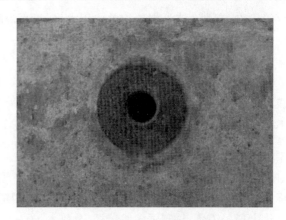
图12 套筒预埋外露

④电缆预留螺栓镀锌埋件

电缆预留螺栓镀锌埋件的 $D=12mm$，$L=200mm$，外露 40mm，作用是固定线路上的电缆。其成型方法是：根据设计要求在木制定位尺上刻出豁口位置，混凝土浇筑完毕后用橡胶锤将电缆预留螺栓埋件通过木尺上的豁口砸入混凝土内，并确保其外露螺栓长度为 40mm；为了进一步控制其位置的准确性，再用打有定位孔的钢板套住螺栓固定。电缆预留螺栓镀锌埋件及固定照片见图13、图14。

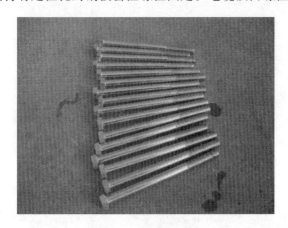
图13 预埋电缆螺栓

图14 电缆螺栓固定

3.3 配制性能适宜的混凝土

混凝土性能设计和施工控制是影响构件质量效果的又一关键，本批防护挡板属中小型构件，要求混凝土性能优越，施工过程控制严格才能取得预期效果。

3.3.1 原材料技术质量要求

选用混合材掺量相对较少的 P.O42.5 普通硅酸盐水泥，C_3A 含量、游离的 CaO 和 MgO 量低将有利于减少混凝土自生变形和后期膨胀裂缝，水泥的抗折强度高但碱含量小于 0.6% 将有利于提高混凝土的延伸性和控制混凝土的碱含量，水泥还要求与外加剂的适应性好、构件成品颜色亮白，稳定地使用同一种水泥可以减少混凝土的外观色差。

混凝土中掺入粉煤灰可以发挥其火山灰、润滑和填充的三重功效，取代部分水泥能改善混凝土施工性能和密实性能，提高混凝土耐久性能；选用高品质的Ⅰ级粉煤灰以便保证混凝土性能的稳定，粉煤灰的掺量宜为 10%~20%，准确掺量通过试验确定。

减水剂的使用对混凝土施工性能和后期质量影响非常显著，它也是混凝土各组分中最具可调整性的成分。减水剂要求对水泥的适应好、适宜配置高性能混凝土、适合混凝土的蒸汽养护工艺、引气量和含碱量小以及能减小混凝土后期收缩等。聚羧酸减水剂具有减水率高、掺量低、有害物质少和减缩效果显著等优点,有利于降低混凝土单位用水量、提高混凝土密实度和减少混凝土裂缝,因此成为轨道交通预制构件混凝土使用减水剂的首选。

砂和石子作为骨料对混凝土拌和物的工作性、硬化混凝土强度与耐久性具有显著影响。砂石耐久性方面都要求为低碱活性骨料,进场后做到专料专用。砂要求含泥量不超过2%,细度模数为2.6~3.1且级配良好;石要求含泥量不大于1.0%,泥块含量不大于0.5%,空隙率小于45%,针、片状颗粒不大于10%,压碎指标值小于12%。

3.3.2 混凝土配合比设计

混凝土设计基本思路为:根据设计要求和生产工艺确定混凝土施工及后期性能,再以混凝土性能为目标进行混凝土各组分配合比设计和试验,最后确定适宜的混凝土施工配合比和注意事项。

作者通过摸索,试制了多块挡板,分别对60~80mm、80~100mm和100~120mm坍落度进行了检测,对比挡板试验品的成品质量和施工情况,确定了适宜的坍落度为80~100mm。

综合考虑混凝土施工性能、硬化性能以及耐久性能,配合比确定采用粉煤灰掺和料+聚羧酸高性能减水剂的设计方法。通过对比拌和物的和易性、施工性能和试件强度与外观,确定了适宜的水胶比为0.42,粉煤灰掺量为15%和合理砂率为41%。挡板C40混凝土配合比见表2。

挡板C40混凝土配合比　　　表2

水胶比	砂率	水泥	水	砂	石	粉煤灰	聚羧酸减水剂
0.42	41%	303	150	797	1146	60	3.57
		1	0.50	2.63	3.78	0.20	0.012

4 把控工艺流程及过程质量控制要点

4.1 钢筋

为严格控制挡板成品混凝土保护层以提高耐久性,骨架外形和内部各尺寸都要求非常精确地控制在设计偏差范围之内。另外,还需要采取合理的骨架成型方法和手段,以利于加快骨架制作的速度,适应挡板生产进度的需要。我们在实践中总结出了挡板钢筋骨架成型"三步走"工艺:先板网片成型、后肋骨架成型和再立体组装,方便快捷、高标准地完成了钢筋骨架成型任务。图15~图17分别为"三步走"钢筋工艺的实体照片。

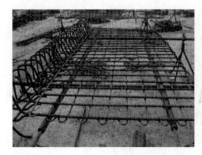
图15 挡板钢筋网片成型

图16 挡板钢筋肋骨架成型

图17 挡板钢筋立体组装

4.2 模板

模板设计制作完成后的质量情况需要通过严格的检验来控制,模板首次使用之前或拆模后要对模板各部分特征尺寸进行复核和测量,检查是否存在模板变形、螺丝松动和表面损伤情况;如存在质量问题则及时安排人员进行修理,并经质检员检验合格才能投入使用。不同尺寸的验收方法如下:

（1）用鱼线十字交叉测量交叉处的间隙（注意上下线的互换，以防压线）来检测扭翘，间隙控制在1mm以内。

（2）装饰线条的宽度和中心间距用板尺检查，偏差控制在2mm以内；平整度用3m靠尺逐个检查，偏差小于2mm；宽度用渔线和方尺配合检查。

（3）长宽高和对角线等几何尺寸采用钢卷尺和方尺配合检查。需要对模板进行长度等方面构件型号尺寸修改时，则安排专业模板修改人员依据技术交底进行。当需要在模板上新开孔时应采用机加工方式，尽量避免使用电气焊；修改后的模板重新进行质量检验，并对各部分特征尺寸进行复核、测量和检查，合格后才能投入使用。

模板安装固定顺序是先下后上、先主要结构后附属部分、先连接稳定后微调方位，并应对称同步进行。在模板固定梆板的接缝处贴好密封条，先依据长度尺寸安装好两端模板、再安装活动侧模，在模板安装过程中注意密封条不被损坏。

4.3 混凝土施工

浇筑振捣工序是决定挡板成型内在质量和外观质量的重要环节。根据挡板结构特点和工艺要求，本研究中确定采用振捣台密实成型方式。浇筑混凝土时，遵循先中间后两边的顺序，即先在模板中间500mm的中肋处、后在其他肋中布入混凝土，边振捣边布料直至放满振平为止，注意布料时先布中间后两边，严禁空模振动。

4.4 蒸汽养护

挡板采取分组带模常压蒸汽湿热养护，使混凝土成型后快速达到脱模强度，剩余的强度增长留待自然养护或二次蒸汽养护，以加速模板周转进而提高生产率。

养护制度决定了养护质量，挡板预养护时间不少于3h，以15℃/h慢速均匀升温避免塑性收缩过于集中，恒温温度不超过50℃，降温速度不超过10℃/h，同时挡板出池时表面温度与环境温度之差控制在20℃之内，以减少出现温差裂纹的可能。

蒸汽管道布置也对养护效率有较大影响，整个养体内均匀设置测温点控制各路气源，保证混凝土强度均匀增长。根据养护线的尺寸以及模具形状，蒸汽管道使用2条间距1.5m直径20mm的钢管，出气孔向上均匀布置，最大限度地保证了每组模具包含在充足均匀的蒸汽内。

4.5 确保压面质量

在挡板声屏障埋件的后面有一个300mm×300mm×20mm的混凝土凸台，它的主要作用是保护声屏障埋件，使其有足够的保护层。当混凝土浇筑完毕后，先支上矩形小模板，再用人工添加混凝土然后拍实形成凸台。压面分为粗抹、中抹和精抹，当浇筑完后，首先用木抹子进行粗抹，搓出浆体；静停2个h后再用铁抹子进行中抹，使混凝土表面基本平整；此后用自制的压光器进行最后的精抹，最终要达到表面平整光滑。

4.6 运输和码放

本批挡板数量大，每天都需将生产的近100块成品从生产区运输到储存区，在挡板开始交付后更要大批量地将其运输到安装工地现场，因此挡板的码放问题不容忽视。一旦码放过程中出问题，那就前功尽弃。由于生产时是水平反打，立放就需要对挡板进行翻转增加生产工序，且容易带来棱角磕碰现象。因此，决定在码放和运输中都采用水平码放的形式。由于水平码放的底面为挡板正面，为了减少污染采用塑料薄膜将垫木包裹起来；根据挡板底部有密集的出肋钢筋，正好可以用作一侧支撑，另一侧通过支上与出肋钢筋等高的垫木来完成。如此互相交叉、多层码放的运输方法，取得了很好的效果。码放和运输见图18、图19。

图18 挡板码放

图19 挡板运输

5 质量效果

经计算单方混凝土碱含量为2.23kg,氯离子含量0.00647%,混凝土满足耐久性要求;挡板外观光滑细腻、棱角分明、气泡少,外露面表面光滑,无蜂窝、麻面或可见裂纹;除锚固钢筋外无钢筋外露现象,满足清水表观质量要求;外形尺寸:长、宽和高偏差均在±1.5mm、瓦楞装饰槽尺寸均在±1.0mm之内,明显高于规范要求,见图20、图21。

图20 挡板现场安装

图21 挡板安装后质量效果

预制完成的1463个型号共11204块清水混凝土多功能挡板在出厂前进行了拼装试验,拼装后尺寸偏差小,清水效果良好;安装过程中未出现因挡板质量引发的施工问题,安装后的挡板整体颜色均匀,板面中的弧面、瓦楞槽和棱线自然流畅,相邻挡板竖向接缝宽度及直线度、横向瓦楞槽和棱线高差和直线度、挡板标高和纵向位置偏差完全符合标准要求,挡板背面和顶面预埋件(孔)设置整齐、定位准确和安装牢固,挡板使用功能和清水效果完全达到了设计要求。挡板成品现场安装见图20,安装后整体质量效果见图21,线路建成后安装质量效果见图22、图23。

图22 防护挡板线路外侧面

图23 防护挡板线路内侧面

6 结语

通过对轨道交通板类构件预制过程重点和难点的认真分析和把握,采用水平反打式机组流水法预制工艺,托盘式单梆固定,可推拉伸缩型的沉盖箱形钢模板设计,先板后肋再立体组装的三步走钢筋成型方法,牢固可靠、操作便利的埋件精确定位设计,成功配制低坍高性能混凝土,加强混凝土施工和养护控制、压面控制、运输和码放方法管理,圆满地实现了清水混凝土挡板既定的质量和工期目标。安装后的清水混凝土多功能挡板整体颜色均匀,板面中的弧面和棱线自然流畅,清水效果和使用功能完全达到了设计要求,实现了轨道交通高架区间用混凝土挡板预制质量和功能品质。通过混凝土挡板预制实践总结提炼的"清水混凝土多功能挡板施工工法"被评为北京市工法(BJGF10—236),为类似的板类构件预制提供了有益借鉴。

高精度清水混凝土预制短轨枕模板研究与应用

蔡亚宁　陈　新　王志斌　李海兵　黄清杰

摘　要　在传统的"全人工单模位"模板设计不能保证目前轨道交通工程混凝土短轨枕产品高精度和清水效果高质量要求的现实背景下,文中针对轨枕小体积、多型号、大数量、多面坡、套管位置各异且底部均有数对钢筋钩伸出等特点,提出了模板设计必须在结构和成型质量上满足短轨枕成品高精度和清水的5条全新总体设计思路,并确定了模板设计"反打"和"组合"的两条具体原则。通过单个侧底模板整体成型+创新的弹性固定端模技术+焊接成型的满足承载力的槽钢骨架,形成了全新的双排"弹性间隔式成组联模"模板的主体结构;通过巧妙制作"凸台"+研制的新型弹性支座固定联结套管技术,实现了对其预埋位置的精准定位;通过细化设计从技术上保证了蒸养效率和产品质量并方便了生产操作。无论是模板刚度验算、产品质量检测,还是多达1500次生产周转实践均表明:本文研究设计的新型"弹性间隔式成组联模"模板在实际的短轨枕生产中克服了传统的"全人工单模位"模板的缺点,从根本上保证了轨道交通短轨枕预制的高精度和清水表面要求,并具有简化生产程序、降低成本和缩短工期等优点。同时,该设计还可推广应用于类似小构件的生产,具有明显的经济和社会效益。

关键词　高精度　清水混凝土　短轨枕　模板

1　研究背景及工程概况

1.1　研究背景

随着全国范围内掀起轨道交通建设的高潮,作为轨道交通线路基础组件短轨枕的需求日益增长。以北京为例,至2012年地下交通达到560km,需求的短轨枕数量约为450万块,总价值超过3.3亿元。在全国范围内,新开和增开的轨道交通线路长达数千公里,需用短轨枕量达数千万块,总价值更是高达数十亿元。由于短轨枕在轨道走向、道床美观和列车运行安全性等方面都起着决定性的作用,且随着轨道交通设计时速的提高,对轨枕的要求也越来越高,如在外观上要求为清水和在尺寸上要求为高精度。鉴于此,传统的"全人工单模位"模板设计由于质量不稳定、生产工期长和损耗高等缺点,已不能满足现阶段轨枕的高质量和大规模的需求,已经成为轨道交通短轨枕预制生产的瓶颈。因此,本文以轨道交通10号线一期工程的短轨枕预制任务为依托,开展了短轨枕生产技术的系统研究。鉴于篇幅,本文主要针对轨道交通高精度清水混凝土预制短轨枕的模板技术进行介绍。

1.2　北京轨道交通10号线一期工程概况

北京轨道交通10号线是北京轨道交通路网中一条由西北至东南的轨道交通半环线,线路经过海淀、朝阳和丰台三个行政区,连接现有和即将建设的轨道交通线有4号线、5号线、13号线、复八线,是继轨道交通环线之后的又一条城市半环线,分两期建设。一期工程是2008年北京夏季奥运会的重要基础设施建设项目之一,计划2008年3月建成并投入试运营。全长约32.9km,其中地下线路长32.05km,路堑和地面线路0.85km,车站总共28座。

本期工程采用DTVI2型扣件、轨道减震器扣件、检查坑扣件、DJK5-1型扣件和道岔用五种类别共35种型号的钢筋混凝土短轨枕,总计轨枕数量185203块,混凝土总方量3965m³;混凝土设计强度等级除接触轨用混凝土底座用C40外,其余为C50,总的预制工期为6个月;其特征和数量详见表1。

六、轨道交通预制梁、预制构件制作专项技术

轨枕型号、数量和特征统计及模具配置情况表　　表1

序号	类型	规格（mm）	数量（块）	单体体积（m³）	套管数量（个） DTB-15	套管数量（个） DTB-14	特点	模具设计形式	模具配置方案
1	DTVI2 普通型	450×170×250	136634	0.019	4		体积小，数量多	2×11	
2	DTVI2 加长型	720×250×170	11300	0.030	2		承轨面1:40斜坡	2×8	与A型组在一起总长为6250
3	Ⅱ加长型	640×250×170	71	0.024		2	体积小，四面坡度	1×2	与序号7做在一起，长度5676
4	Ⅱ普通型	318×250×170	758	0.013		4	承轨面1:40斜坡，3面坡度	2×2	由序号4改
5	Ⅲ普通型	520×350×155	19910	0.026		2		2×10	与序号B做在一起总长为5580
6	Ⅲ加长型	755×350×155	1708	0.037		6	承轨面1:40斜坡，单侧端面坡	2×10	与序号3做在一起，长度5676
7	DJK5-1 普通型	310×250×170	8934	0.013		2	承轨面1:40斜坡，双侧端面坡	2×14	
8	DJK5-1 加长型	640×250×170	998	0.027		4	承轨面1:40斜坡，四面有坡度	2×2	与序号2做在一起总长为6250
9	混凝土底座	200×260×100	1140	0.009				2×2	
10	A型125-3	400×250×170	250	0.017	2			2×7	与序号6做在一起总长为5580
11	B型101-3	670×250×170	1262	0.030	2		轨枕外形尺寸和特征都相同，但套管位置不同导致模板也随之改变		
12	B型103-3	670×250×170	632	0.030	2				
13	B型105-3	670×250×170	134	0.030	2				
14	B型109-3	670×250×170	86	0.030	2				
15	E型304-3	1000×250×170	24	0.042	2		轨枕外形尺寸或数量不同导致模板也随之改变	2×1	与F型及D型组成一套
16	E型308-3	1000×250×170	24	0.042	2				
17	E型310-3	1000×250×170	12	0.042	3				
18	E型312-3	1000×250×170	12	0.042	3				与E型及D型做成一套模具
19	F型301-3	1250-250×170	12	0.052	3				

续上表

序号	类型	规格(mm)	数量(块)	单体体积(m³)	套管数量(个) DTB-15	套管数量(个) DTB-14	特点	模具设计形式	模具配置方案
20	C型111-3	780×250×170	68	0.033	2		轨枕外形尺寸和特征都相同,但套管位置数量或数量不同导致模板也随之改变	2×1	所有的C型设计在一套模具上,左右不对称结构。应保证其长度方向的对称性
21	C型113-3	780×250×170	86	0.033	2			2×1	
22	C型115-3	780×250×170	86	0.033	2			2×2	
23	C型117-3	780×250×170	86	0.033	3			2×1	
24	C型119-3	780×250×170	86	0.033	3			2×1	
25	C型201-3	780×250×170	272	0.033	2			2×1	
26	C型202-3	780×250×170	134	0.033	2			2×1	
27	C型203-3	780×250×170	74	0.033	3			2×1	
28	C型402-3	780×250×170	12	0.033	2			2×1	
29	C型403-3	780×250×170	12	0.033	3			2×1	
30	D型121-3	880×250×170	74	0.037	3		轨枕外形尺寸和特征都相同,但套管位置数量或数量不同导致模板也随之改变	2×1	所有的D型与E,F型设计为一套模具,不对称结构
31	D型123-3	880×250×170	86	0.037	3			2×1	
32	D型204-3	880×250×170	86	0.037	3			2×1	
33	D型302-3	880×250×170	12	0.037	2			2×1	
34	D型303-3	880×250×170	36	0.037	3			2×1	
35	D型401-3	880×250×170	6	0.037	3			2×1	
合计 35			185203				所有短轨枕底面均为双面坡,且埋件突出顶面		

由表1可见,轨道交通高精度清水混凝土预制短轨枕的主要特点是:型号和数量多;单体体积小,体积最小的仅为0.009m³,最大0.042m³,数量最多型号的轨枕体积为0.042m³;单个轨枕多个面存在坡度;各轨枕的下端均有数对钢筋钩伸出;不同轨枕其套管型号和位置不同;且大多数套管突出顶面。图1~图3分别给出了轨枕横截面图、两个型号的轨枕套管布置图。

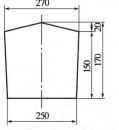

图1 轨枕横断面图(尺寸单位:mm)

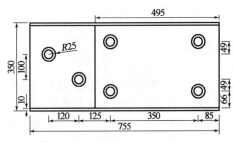

图2 套管布置图(一)(尺寸单位:mm)

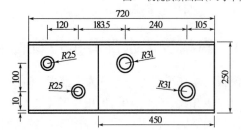

图3 套管布置图(二)(尺寸单位:mm)

2 轨枕的质量要求

2.1 基本要求

使用符合设计和规范要求的原材料,严格控制钢筋保护层不小于15mm,保证搅拌、振捣成型质量和C50混凝土强度等级要求,使轨枕的结构性能满足规范要求;确保单方混凝土碱含量≤3kg和氯离子含量≤0.06%,以满足设计及规范的耐久性要求。

2.2 外观质量要求

短轨枕外观质量要求　　　　　　　　　　　　　　　　　　　表2

序号	项目	要求
1	短轨枕承轨台表面	光滑,不允许有长度大于10mm、深度大于3mm的气孔和黏皮、麻面等缺陷
2	承轨台以外表面	不允许有长度大于10mm、深度大于5mm的干灰堆垒和夹杂物
3	短轨枕整体	不得有肉眼可见裂纹
4	钢筋外露	除锚固钢筋外,其余钢筋不得外露
5	表面色差	单块:距离2m不得有明显色差; 整体:各轨枕块间不得出现明显色差

2.3 外形尺寸要求

外形尺寸公差短轨枕　　　　　　　　　　　　　　　　　　　表3

序号	外形	公差	序号	外形	公差
1	尼龙套管中心间距	±1mm	3	承轨面凸凹	±1mm
2	短轨枕长、宽、高度	±2mm			

3 高精度清水混凝土短轨枕预制的模板设计总体思路

上文所述高精度清水混凝土地铁短轨枕的小体积、多型号、大数量、多面坡、套管位置各异且底部均有数对的钢筋钩伸出等特点,给模板设计及制作、混凝土施工和质量管理均带来了诸多困难,而且轨枕的外观质量和外形尺寸要求高,表观上要求不得有肉眼可见裂缝。如果采用传统的"全人工单模位"模板,受约于工期紧张,按照每天2番共生产1000块轨枕计算,至少需要制作500套模板、近100个振动台和将近200多人的施工队伍,这不但会给预制工作的管理带来很大难度,更重要的是受限于操作工人素质、混凝土浇筑间隔时间较长和振捣时间有差异、养护温度的不一致和工人间操作水平差异导致的成品轨枕质量根本无法满足轨枕预制的清水和结构稳定均匀的质量要求。针对上述问题,确定了模板设计的总体思路是:(1)模板体系必须满足反复周转和改造以及蒸汽养护不变形的特点;(2)在结构上必须适合"机组流水法"的工艺流程设计和外形尺寸;(3)套管在底模上的位置要精确;(4)在连接处和细部设计上要克服普通预制构件由于模板设计原因导致的最常见的接缝处漏浆或砂面、棱角处易开裂以及线条不顺畅等质量通病,确保轨枕外观清水效果和高精度质量目标的实现;(5)在满足质量和工期目标的同时,尽量降低模板成本投入。

4 高精度清水混凝土短轨枕的模板具体设计

模板体系在材料上一般分为钢模板、木模板、钢木模板以及玻璃钢模板体系,虽然木模板和钢木模板与钢质模板相比,成本较低,但由于其不适合反复蒸养且不易于保证接缝处轨枕的清水质量要求,而玻璃钢模板与钢结构模板相比,不但制作成本较高而且不适合反复修改。综合以上情况,确定采用钢模板体系预制,可在保证轨枕外观质量和生产操作周转次数的同时,成本相对较低,即综合技术和经济成本最低。

4.1 轨枕模板设计的两个基本点

在前文所述5条总体思路的指导下,经过认真研究分析,确定了模板设计的以下2个基本点:

首先,应采取将轨枕倒过来预制的"反打"方式来设计模板。这样不但能满足轨枕设计中对其承轨台表面的清水和平整度质量要求,而且便于尼龙套管的精确定位和轨枕的V型底部成型。

其次,应采用不同于传统单模位设计的组合式模板,即采用型号相同甚至相近的轨枕多块组合进行模板设计,一套模板可以一次生产数块轨枕。该种成组联模的设计,完全摒弃了落后的传统的全人工手工作业,取而代之的是机械化流水作业工艺,可以将人工对预制轨枕各个工序的影响降到最低,确保成品轨枕所要求的高质量。

4.2 模板主体结构设计

在遵循上述模板设计的原则下,模板设计的主要任务就是要确定底模、侧模和端模相互之间的联结形式,以确保模板体系的整体稳定性、方便操作的支拆特性和预制出轨枕的各项质量要求。

4.2.1 确定了双排"单个侧底一体"加工方式

侧模与底模的联结形式可分为"侧包底"、"底包侧"和"侧底一体"的方式。如果采用"侧包底"或"底包侧"形式,侧模和底模之间可采用活动螺栓联结,拆模时松动螺栓打开侧模即可。该种设计对于侧面较高的预制构件非常实用,侧模和底模两间的密封能基本满足要求,且相对加工成本较低。但是对于高度仅有300mm的短轨枕,侧模和底模之间的缝隙很难避免出现漏浆和棱角不齐等质量问题,传统的"全人工单模位"的模板设计就是采用了此种形式。为了克服上述缺点,充分利用轨枕长度方向两侧的坡度和钢材的弹性进行设计,选择采用了双排"侧底一体"形式加工模板,此种形式只需松动和紧固定位侧模的螺丝,减少了支拆模工序,从根本上杜绝由于侧模和底模之间的缝隙导致的外观质量问题。

"侧底一体"既可以是同排侧模和底模共用一块钢板、用折弯机一次加工成型即"单排侧底一体",也可以是单块侧模和底模共用一块钢板、用折弯机一次加工成型然后通过底部支撑连接在一起的"单块侧底一体"形式。如果采用"单排侧底一体"的形式,端模与侧模间的连接必须通过洗槽才能做到密封;如果采用后者则只需要保证2个内端模之间的间隔适当且方便端模的放置,因此通过采用"单块侧底一体"的形式,不但能实现预制出高精度的清水混凝土短轨枕的目标,而且加工制作成本相对较低,同时还方便更换个别变形的模板,技术和经济上的综合成本也最低。在实际模板制作中,为了使模板满足在整体长度和宽度上尺寸较为均衡、满足人工和机械的最合理利用和确保质量等综合因素,对数量最多的DTVI2普通型采用2排、每排11个模板组模的模板体系,见图4实体照片。其他型号轨枕的模板设计组合情况见表1。

4.2.2 确定了内端模间采用"弹性间隔"方式

在确定采用"单块侧底一体"的基本形式后,同排间的端模能否共用就成了焦点问题。如果同排模板除端头两个模板外,中间相邻的模板共用一个端模(一块足够强度钢板),拆模时只需将共用的端模提起,轨枕就可出模,如图5所示。图4和图6采用同排模板在每个隔断处采用两个端模(2块钢板)分开相隔即不共用端模的形式,拆模时也是将端模提起即可。

图4 模具和成品实体照片

图5 共用端模形式

图6 弹性间隔式端模

对比上述两种端模设计方式不难看出,共用端模的形式具有制作思路清晰、操作简单易行和成本较低等优点,但要求放置共用端模的位置必须严丝合缝,否则一方面无法保证轨枕的长度尺寸的精度,另一方面在混凝土浇筑时不可避免会有水泥浆流入缝隙,进而导致出模的轨枕成品端面出现棱角缺失、漏浆或暴砂等表观质量问题。而采用间隔式端模,只要保证两块端模钢板垂直和固定稳定,就可以完全克服共用端模的所有缺点,改善轨枕端头的面和棱线的质量。在实际生产中,两块端模钢板之间采用的自行研制的弹性钢筋专有技术将侧模和底模间以及端模与端模之间联结并固定。

4.2.3 "弹性间隔式成组联模"的骨架形成

采用焊接方式将完成折弯的单个侧底一体式面板间隔焊接在已经成型的槽钢架子上,就完成了弹性间隔式成组联模的基本结构形式的设计。该模板体系被直观命名为"弹性间隔式成组联模",如图4和图6的实体照片。

4.3 尼龙套管定位

在完成模板的主体结构和优化细部设计后,预制短轨枕质量控制另一个重点就是确保预埋尼龙套管的位置定位精确、保证其在生产过程中不被扰动且方便成品脱膜和出模,上述要求必须在设计模板时充分考虑。

4.3.1 套管位置形成

传统的全人工单模生产方法在模板设计时,采用在底模上冼孔的方法,这种设计虽然可以保证定位准确,但要求底模的厚度必须在8mm以上,否则很难控制套管高出顶面4mm。为了克服此缺点,通过精心设计,采用在6mm板上开圆孔后,用三点焊接经铣床精确加工而成的截面形状像汉字"凸"的"凸台"来达成深度要求,100%地保证了成孔深度,而且还减少了制作成本和孔位变形。

4.3.2 套管的垂直定位

传统的全人工单模生产方法采用先将模板侧立在支架上、然后用道钉固定进行套管的垂直定位。该法在确保成孔和道钉的密封完好的情况下,能很好保证套管垂直定位也能保证混凝土浇筑振捣中不被扰动;其最大的缺点就是实际操作时,钢制道钉的安装和拆卸需要将模板侧立起来,不但需要加工专门的工具显然会耗费太多的时间,增加施工难度和制约工程进度,更重要的是不易于出模时的成品保护。

为了尽可能地简化人工操作步骤,在"凸台"中心加工 $\phi 10mm$ 的螺栓孔,用以固定下面带有与螺栓孔丝扣完全匹配的支座,如图7和图8所示,支座外部的丝扣和套管内部的丝扣必须配套。在生产时,只要将支座固定在"凸台"上之后,再将套管拧在支座上即可。这样的平面操作既方便快捷,也能安全且切实保证套管的垂直定位。

图7 橡胶支座

图8 橡胶支座安装后

4.3.3 套管支拆联结

(1)套管的刚性联结

套管的支拆联结方便与否,会直接影响成品套管埋件的周边混凝土外观质量和套管与混凝土结合是否紧密的内在结构质量。前文已提及传统的全人工单模位生产工艺是采用了道钉固定套管埋件,在成品出模前需要提前卸去,称为"刚性联结"。其优点是道钉的螺纹与套管的螺纹本来就是匹配的,钢质道钉对套管固定作用非常稳固,而且不易损坏,在用于生产完轨枕后还可以用于轨枕安装,但其操作繁琐且存在不易于成品质量控制等缺点。

(2)套管的柔性联结

"柔性联结"的创意来源于套管的橡胶材质,采用兼具刚性和柔性的橡胶制作支座来固定套管,在遇冷的时候,该支座有足够的刚性强度保证套管的垂直定位,而在长时间遇热后其具有的柔性恰好可以使产品在出模前省去卸掉支座的操作,直接将成品从模具中拔出。

经过分析,只要证明橡胶支座在浇筑和蒸汽养护中不损坏,此种联结就可以实现。于是在多个橡胶厂家的配合下,经过多次调整原材比例和添加助剂,终于研制出了满足要求的刚柔相济且周转次数可达50余次的支座。其突出优点完全解决了使用刚性联结存在的问题,即成品出模时直接从橡胶支座上"硬生生"拔出而套管周边的混凝土却相安无事,而且能精确控制套管位置偏差$\leq 0.8mm$,满足轨枕对套管位置偏差$\leq 1mm$的设计要求。

4.4 "弹性间隔式成组联模"模板的细部设计

模板的细部设计对预制各工序如在蒸养时如何保证蒸汽养护质量和效率、长度较短的单个轨枕边侧模的定位是否方便、模板起吊的吊环设计是否合理等一系列问题有直接的影响。为了提高蒸汽的养护效果和效率以及减少作业空间,在蒸养时应根据模板整体的受力设计,将数套模板垂直码放。但由于成型后的轨枕顶面起坡且有钢筋钩伸出,无法直接无间隔重叠。经计算,需要在每套模具上每间隔800mm焊接高度为450mm的型钢支柱,如此就能在保证充分利用蒸养空间的同时,各套模具也能独立的形成循环蒸汽。为了减少侧模变形和反复精确定位单个模板的边侧模,采用每间隔一定距离设置双向顶丝的方法;而顶丝的设置位置要与型钢支柱和经计算确定的吊环的位置错开,并且要方便操作。图9为研究设计并生产使用的模板实体照片。

图9 模板实体照片

4.5 "弹性间隔式成组联模"模板的检验和效果

4.5.1 刚度验算

"弹性间隔式成组联模"的基本结构形式为槽钢和钢板组合而成钢模板,面板采用5mm钢板,横肋及立柱采用槽钢。经验算面板刚度和纵、横肋刚度,项目中模板选用5mm面板、6.3号槽钢为底模纵向肋、底模面板在纵向每隔500mm加设钢板加劲肋固定及14号槽钢为横向肋的设计完全能够满足使用要求。

4.5.2 轨枕成品质量效果

采用"弹性间隔式成组联模"模板完成了北京轨道交通10号线一期全部18万余块轨枕的生产加工,通过近6个月最多为1500次的周转实践证明:"弹性间隔式成组联模"模板体系的稳定性和变形性能满足正常生产要求。利用其生产出的成品轨枕无论是表观质量还是尺寸控制精度达到或超过了表2和表3的要求;混凝土与套管黏结的结构质量经铁科院专家的现场实体抽检,拉拔力为12t,超过了设计大于5t的要求;混凝土质量经过见证取样检验满足设计要求C50;道床试拼装中也一次通过。图10和图11分别为轨枕存放与现场拼装的照片。

图10 轨枕存放

图11 轨枕现场拼装

4.5.3 经济和社会效益

与传统的"全人工单模位"的模具设计相比,采用"弹性间隔式成组联模"模板设计,具有批量预制从而最大程度减少人为因素对产品质量的影响,有利于保证产品质量;还具有缩短工期、简化操作、节省人工和降低生产成本,产生了良好的经济效益和社会效益。基于该技术编写的《地铁非预应力高精度清水短轨枕施工工法》(BJGF 08-62—143)被评为北京市级工法。在此后应用于2010年北京亦庄线、2012年北京地铁10号线二期、六号线一期以及2013年的地铁14号线的短轨枕生产。目前国内的90%以上的轨枕生产单位均采用了该模板技术。

5 总结

本文首先根据高精度清水混凝土短轨枕的特点,针对传统的全人工单模位模板设计的种种不利于保证产品质量和工期的缺点,提出了对轨枕模板满足技术上保证生产出的轨枕成品在结构和质量上满足要求的全新的5条总体设计思路。为贯彻模板设计的总体思路制定了"反打"和"成组"的两条具体设计原则。在此基础上,通过单个侧底模整体成型+创新的自制弹簧固定端模的专有技术+焊接成型的满足承载力要求的槽钢骨架,形成了创新的双排"弹性间隔式成组联模"模板的主体结构;通过巧妙制作"凸台"+自行研制的新型弹性支座固定联结套管的专有技术,实现了套管的精确定位;通过细化设计从技术上保证了蒸养效率和方便生产操作。无论是模板验算,产品质量检测,还是最多达1500次生产周转实际的检验都证明了:"弹性间隔式成组联模"模板克服了传统的"全人工单模位"模板的缺点,从根本上提升了产品质量和生产效率,还可推广应用于类似小构件的生产,具有明显的经济和社会效益。

七、跨越道路、河流及支架专项技术

房山线跨越五环路整体式钢桁架支架设计及应用

李润军 金奕 韩学武 李润圣 安文明

摘 要 北京轨道交通房山线高架区间跨越西五环路,结构形式为变截面斜腹板预应力混凝土现浇连续梁,给支架选择带来了新的挑战。在总结不同跨线施工经验的基础上,针对本工程特点难点,通过控制支架设计及应用关键技术,圆满完成了跨线施工任务。

关键词 跨越西五环路 整体式钢桁架 支架设计及应用

1 工程概述

北京轨道交通房山线跨越既有西五环路,桥梁上部结构形式为(45+75+45)m变截面斜腹板预应力混凝土连续梁。工程范围为K16+664.737~K19+829.737,桥长165m。既有西五环路外环路面宽11.5m,内环路面宽13.5m,中央分隔带宽2.5m,一侧为挡墙,另一侧为路基边坡,西五环路断面及与房山线纵向相对关系图见图1。

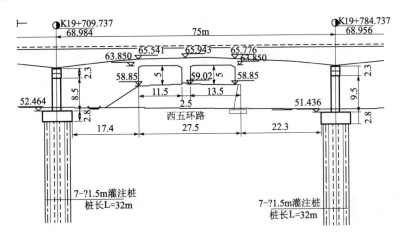

图1 西五环路断面及与房山线纵向相对关系图(尺寸单位:m)

桥梁上部结构形式为(45+75+45)m变截面斜腹板预应力混凝土连续梁,中支点梁高4.8m,腹板厚0.65m,顶板厚0.28m,底板厚0.7m;边支点及跨中梁高2.5m,腹板厚0.45m,顶板厚0.28m,底板厚0.3m。上下部结构均采用现场浇筑的施工方法。上部结构典型断面图见图2、图3。桥面宽9.4m,底板宽5.30m,断面面积为6.8m²。

2 工程特点

首先,桥梁上部结构形式为(45+75+45)m变截面斜腹板预应力混凝土现浇连续梁,施工周期较长。

其次,现况西五环路车流量较大,箱梁施工时不得阻断交通,同时需保证施工安全及交通安全,支架安装及拆除施工时需进行临时交通导行。

再次,由于设计梁底与现况路面净空间可利用最小净高只有1.691m,同时支架上部荷载较大,使得支架选择难度增加。

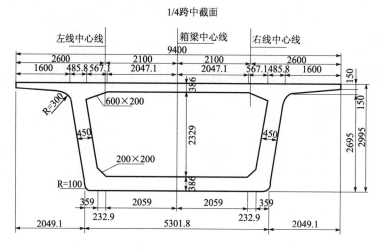

图 2　上部结构典型断面图(尺寸单位:mm)

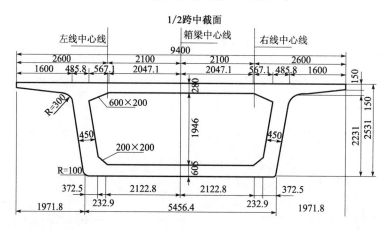

图 3　上部结构典型断面图(尺寸单位:mm)

经过认真分析,我们认为支架设计及应用应在以下几个关键点制订严密有效的技术措施,以保证其安全性能和使用性能:

(1)选择满足施工空间高度要求、结构性能安全稳定的支架体系;
(2)做好临时支撑体系主梁、墩柱及基础的设计及计算;
(3)加强主梁、墩柱加工成型质量控制;
(4)做好支架体系安装质量控制。

3　工字钢梁支架关键技术

3.1　支架设计

依据《钢结构设计规范》(GB 50017—2003),在预留五环净空 5.0m 的条件下,轻轨梁体梁底设计线与公路净空上缘可利用最小净高为 65.541 - 63.850 = 1.691m,考虑梁底曲线及五环路路面横坡的影响,既有六四式军用梁及贝雷梁等制式器材难以应用,故本桥现浇支架采用工字钢钢梁跨越既有五环路。现浇支架立面及断面布置图见图 4、图 5:

3.1.1　临时支架计算

计算参数的选取:

(1)施工人员,施工料具荷载取 2.5kN/m²;

(2)组合钢模板产生的荷载取 $0.75kN/m^2$;

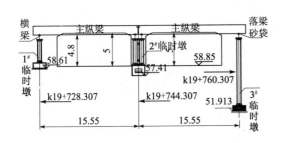

图4 支架立面图(尺寸单位:m)

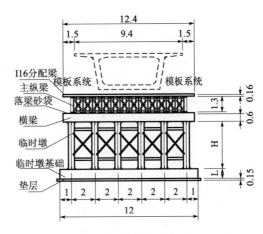

图5 断面图(尺寸单位:m)

(3)方木的容重 $\gamma=8kN/m^3$,方木考虑满铺设置,厚度考虑变高梁调高影响,按照 0.6m 计算,荷载折合数值为 $4.8kN/m^2$;

以上合计:

$2.5+0.75+4.8=8.05kN/m^2$

(4)钢筋混凝土容重 $\gamma=26kN/m^3$;

(5)支架两侧预留马道、人群活载按照 $4kN/m^2$。

本支架设计按照支架现浇范围内最大梁高 3.15m 处断面面积计算,根据梁体腹板及翼缘板位置,换算梁体现浇混凝土荷载图见图6 结构计算模型见图7。

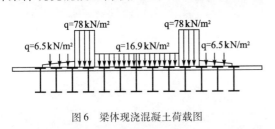

图6 梁体现浇混凝土荷载图

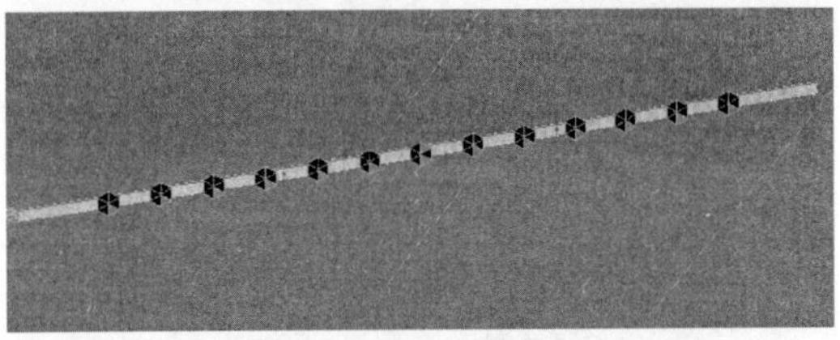

图7 结构计算模型

3.1.2 各片梁体分配计算

采用 midas 建立梁单元模型,考虑施工混凝土湿重及各种施工荷载,计算简图、荷载示意图及反力图见图8、图9:

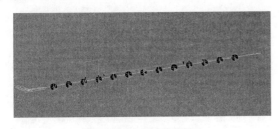

图8 混凝土湿重荷载图示

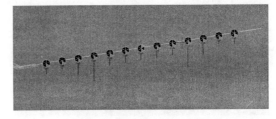

图9 各梁片处支点反力(KN)

梁片分配的最大反力值为 64.2kN,主梁设计按照 64.2kN 计算。

3.1.3 主梁计算

主梁采用工字型截面,梁高取 1.3m,断面图见图10;

主梁采用2孔 17.5m 长简支梁,支点跨度为 15.55m,用 midas 建立结构分析模型,计算简图、荷载示意图及计算结果见图11~图16:

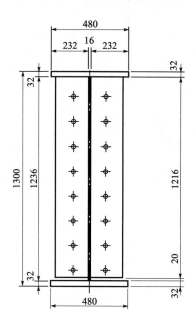

图 10　主梁横断面图(尺寸单位:mm)

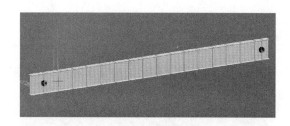

图 11　计算图示

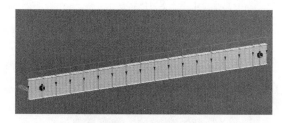

图 12　计算荷载图示(kN/m)

图 13　结构计算变形(mm)最大挠度 =17.9mm

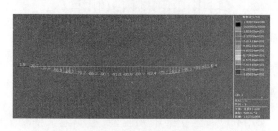

图 14　结构上缘应力(MPa)最大压应力 =91.0MPa

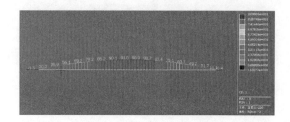

图 15　结构下缘应力(MPa)最大拉应力 =91.0MPa

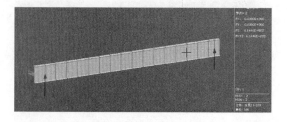

图 16　支点反力边墩为 614.5kN,中墩为 576.1kN

由以上结果可知,主梁挠跨比为 17.9/15550 = 1/866,满足规范对支架刚度 1/400 的要求,梁体最大应力 91.0MPa < $[\sigma_w]$ =140MPa,满足规范要求,安全系数为 140/91.0 = 1.528。

3.1.4　横梁检算:

计算结果见图 17 ~ 图 22。

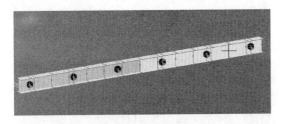
图17 计算图示

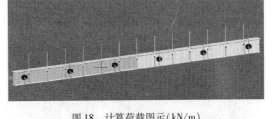
图18 计算荷载图示(kN/m)

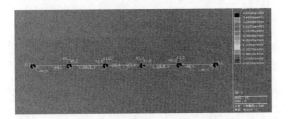
图19 结构上缘应力(MPa)最大拉应力
45.2MPa,最大压应力46.5MPa

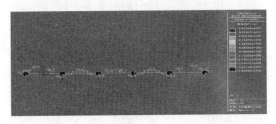
图20 结构下缘应力(MPa)最大拉应力
46.5MPa,最大压应力45.2MPa

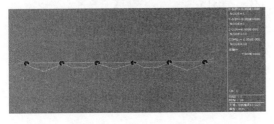
图21 结构计算变形(mm)最大挠度=0.69mm

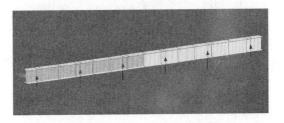
图22 支点反力,最大为1687kN

墩柱采用直径630mm,壁厚14mm钢管,面积为270.9cm², I_x = 21.78cm。墩柱自由长度按照12.55m计算,长细比计算: $\lambda = \dfrac{l_0}{i} = 1255/21.78 = 57.6$,折减系数 ϕ 查表得为0.77。钢管墩柱轴心受压应力为 $N/A = 1687/0.02709/1000 = 62.3$MPa $< 0.77 \times 140 = 107.8$MPa。架体立杆稳定性满足要求。

3.1.5 边墩基础计算

(1)1#墩:横向布置13片工字钢梁,墩身采用直径630mm壁厚14mm的圆管,墩高4.63m,纵桥向边墩布置1根,横桥向布置6根,间距2.0m。基础横向长12m,宽2.0m,厚0.8m,垫层厚0.15m。断面布置图见图23。

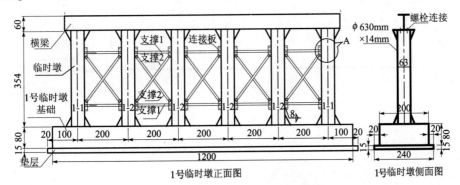
图23 1号墩断面布置图(尺寸单位:mm)

基础应力计算: $N/A = (1775.95 + 116.064) \times 1.5/(12.0 \times 2.0) = 118.25$kPa。

(2)3#墩:横向布置13片工字钢梁,墩身采用直径630mm壁厚14mm的圆管,墩高12.55m,纵桥向边墩布置1根,横桥向布置6根,间距2.0m。基础横向长12m,宽2.0m,厚0.8m,垫层厚0.15m。断面布置图见图24。

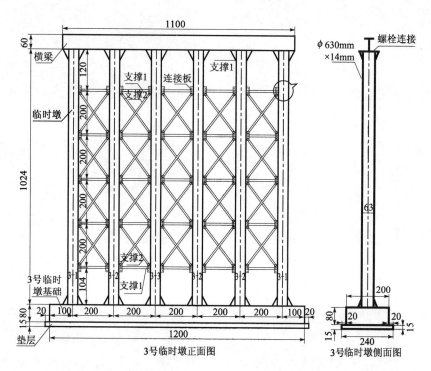

图24　3号墩断面布置图(尺寸单位:mm)

基础应力计算:$N/A = (1859.76 + 116.064) \times 1.5/(12.0 \times 2.0) = 123.49 \text{kPa}$。

3.1.6　中墩基础计算

横向布置13片工字钢梁,墩身采用直径630mm壁厚14mm的圆管,墩高5.16m,纵桥向边墩布置2根,纵向间距1.0m,横桥向布置6根,间距2.0m。基础横向长12m,宽2.0m,厚1.5m。断面布置图见图25。

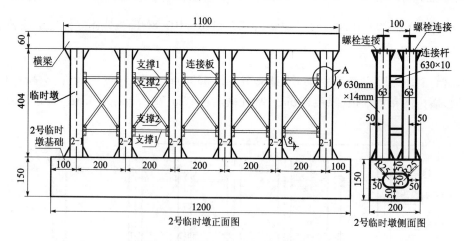

图25　中墩断面布置图(尺寸单位:mm)

基础应力计算:$N/A = 3564.40 \times 1.5/(12.0 \times 2.0) = 222.775 \text{kPa}$。

3.1.7　基础地基承载力应满足上计算

中墩在中央分隔带处,应对地基承载力进行评估,满足计算要求,保证工程安全。

3.1.8　中墩空心基础配筋计算

中墩基础中间空心,方便管线通过,结构简图见图26。

中墩反力为 576.1kN,墩身重量为 212.7×5×1.2=1276.2kg,合计 576.1+12.76=588.9kN,按照墩中心作用位置加载。简图见图 27。

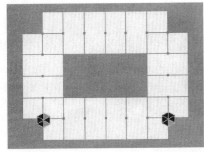

图 26　结构简图

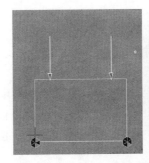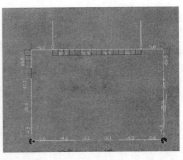

图 27　截面弯矩图,最大弯矩 70.5kN·m

基础布置直径 12mm 钢筋,间距 10cm。

(1)截面强度检算如下:

承载能力极限状态荷载组合 I 强度验算结果。

a. 最大轴力强度验算

截面受力性质:下拉受弯

内力描述:$N_j=0.0\text{kN}, Q_j=0.0\text{kN}, M_j=70.5\text{kN}\cdot\text{m}$

截面抗力:$M_R=139\text{kN}\cdot\text{m}>=M_j=70.5\text{kN}\cdot\text{m}$(满足)

b. 最小轴力强度验算

截面受力性质:下拉受弯

内力描述:$N_j=0.0\text{kN}, Q_j=0.0\text{kN}, M_j=70.5\text{kN}\cdot\text{m}$

截面抗力:$M_R=139\text{kN}\cdot\text{m}>=M_j=70.5\text{kN}\cdot\text{m}$(满足)

c. 最大弯矩强度验算

截面受力性质:下拉受弯

内力描述:$N_j=0.0\text{kN}, Q_j=0.0\text{kN}, M_j=84.6\text{kN}\cdot\text{m}$

截面抗力:$M_R=139\text{kN}\cdot\text{m}>=M_j=84.6\text{kN}\cdot\text{m}$(满足)

d. 最小弯矩强度验算

截面受力性质:下拉受弯

内力描述:$N_j=0.0\text{kN}, Q_j=0.0\text{kN}, M_j=70.5\text{kN}\cdot\text{m}$

截面抗力:$M_R=139\text{kN}\cdot\text{m}>=M_j=70.5\text{kN}\cdot\text{m}$(满足)

(2)截面裂缝检算如下:

正常使用极限状态荷载组合 I 抗裂性验算。

a. 上缘:

长期荷载弯矩:$M=70.5\text{kN}\cdot\text{m}$

全部使用荷载弯矩:$M_o=70.5\text{kN}\cdot\text{m}$

长期荷载裂缝宽度:$df=0.0\text{mm}$

容许裂缝宽度:$d\cdot f_o=0.2\text{mm}$

上缘抗裂性验算满足。

b. 下缘:

长期荷载弯矩:$M=70.5\text{kN}\cdot\text{m}$

全部使用荷载弯矩:$M_o=70.5\text{kN}\cdot\text{m}$

长期荷载裂缝宽度:$d\cdot f=0.17\text{mm}$

容许裂缝宽度:$d\cdot f_o=0.2\text{mm}$

下缘抗裂性验算满足。

综上可知结构强度及裂缝均满足规范要求。

3.2 支架施工

由于支架体系安装及拆除需临时占用现况道路,因此合理安排安装工序,制定科学、可行的交通导行方案是本次施工的前提。

门架纵梁吊装(拆除)时,均采用分幅进行。先临时断外环交通,将交通车辆引向内环,并进行外环纵梁吊装(拆除)。外环纵梁吊装(拆除)完成后,进行临时断内环交通,将交通车辆引向外环,并进行内环纵梁吊装(拆除)。内、外环分别用三个夜间,每个夜间用6h,完成交通导行。

立柱安装完成后效果图见图28。

图28　立柱安装完成后效果图

4　支架外观效果及性能

支架钢结构构件加工时严格控制成品质量,确保满足设计及规范要求。

安装过程中精心测量,认真调整,确保各构件位置准确。满足《钢结构工程施工质量验收规范》(GB 50205—2001)要求。

支架安装完成后效果图见图29。

4.1　强度

经过重量为恒载110%的支架体系预压试验,支架强度满足设计要求。

4.2　支架使用效果

支架安装完成后,在其顶部模板、支撑体系及现浇箱梁施工过程中,既确保了现况道路的正常通行,又满足了不间断施工的要求,保证了整体工期及工程质量。箱梁施工完成后效果图见图30。

图29　支架安装完成后效果图

图30　箱梁施工完成后效果图

5　结语

工字钢梁支架技术是一项集钢结构支撑体系研究与设计、钢结构施工和项目管理等为一体的集成技术,通过采取一系列措施使支架体系满足施工要求及保证道路车辆正常通行。在本次现浇连续梁跨线施工过程中,针对跨线施工支架体系设计的困难进行了技术研究,并制定了相关的生产操作标准和质量验收标准,做到全过程质量控制和管理,加强了设计阶段及施工阶段的全过程跟踪控制,保证了在不影响现况道路正常通行情况下的跨线施工中的安全要求,保证了工期和工程质量。该跨越西五环路现浇梁的顺利完成,为今后类似跨线施工提供了可借鉴经验。

一种新型支架在房山线高架桥施工中的应用

李润军　金奕　韩学武　李润圣　裴宝权

摘　要　北京轨道交通房山线三标段高架桥采用了现浇混凝土施工的方法,由于工期紧难度大,给施工过程带来了新的挑战。经过对脚手架的搭设、桥梁与京良路斜交,需设置门洞、脚手架的拆除认真研究,我们采用了一种新型支架—ADG模块式脚手架,圆满完成了任务。

关键词　轨道交通　ADG　脚手架　高架桥　搭设

1　工程概况

近几年,全国各大城市陆续加快了城市轨道交通建设的步伐,北京和上海等一线城市的轨道交通建设延伸到了城市周边郊区。为了节省投资,多数郊区线路出城市主干道后就由地下转为地上高架,如北京轨道交通房山线、顺义线和亦庄线等都是如此。北京轨道交通房山线三标桥梁工程为双幅单线变截面混凝土连续箱梁。单幅宽度为5.3m,梁高为3.5~1.8m变化,跨径为35m+48.3m+35m,架体搭设最大高度约为15m左右。顶板厚度25cm,腹板厚度为50~45cm,底板厚度为40~25cm。

为了提升高架桥梁施工进度和质量,施工中采用了一种新型支架—ADG模块式脚手架,桥梁支架横断面图及纵断面图见图1、图2。

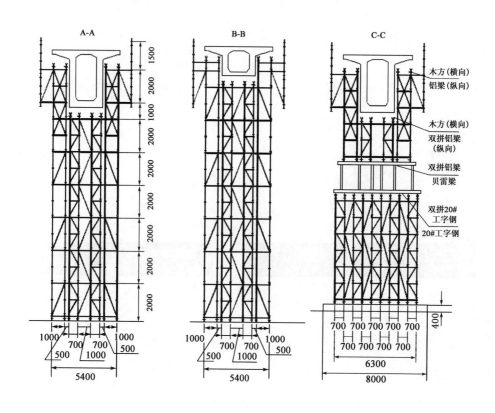

图1　桥梁支架横断面图(尺寸单位:mm)

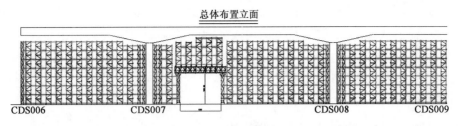

图 2　桥梁纵断面图

2　ADG 模块式脚手架的特点

2.1　ADG 模块式脚手架在本工程中的应用

ADG 模块式脚手架 60 系列为主要承重结构,架体高度约为 15m,跨路位置采用 700 塔架及军用梁设置门洞并配合 ADG 脚手架为承重结构;边跨采用普通满堂架形式为支撑。

该桥纵断面为变截面箱梁,根据其荷载特点支架在荷载较大的位置进行顺桥向加密处理,全桥横断面支架布置形式不变。该桥存在一定平面曲线,需根据桥平面曲线将支架分段搭设,每段长度不得大于 15m。该支架主龙骨为双拼铝梁,顺桥向置于顶托,次龙骨为 10cm×10cm 木方,横桥向铺设于工字钢上(靠近墩柱位置要求满铺,其他位置要求间距不大于 30cm)。

2.2　ADG 系列支撑脚手架主要构件

可调底座:结构主要构件之一,用于调整架体结构的水平高度保证一致,使立杆保持垂直承载;分散立杆的集中荷载到基础上。在看台日常维护中,通过调节螺母保持各立杆受力均匀,补偿地基变形影响。

立杆:结构主要承重构件之一,垂直荷载的主要传递者;由 $\phi 48.3mm \times 2.7mm$ 材质 Q345B 的钢管和 $\phi 40mm \times 3mm$ 的连接套管构成主体,其上每间隔 0.5m 焊接有一组 U 形卡,用于与横杆、斜杆连接。

横杆:结构主要构件之一,水平荷载的主要传递者;由 $\phi 48.3mm \times 2.7mm$ 材质 Q345B 的钢管和经冲压成型的 C 形卡焊接而成,在 C 形卡内安装有可自动旋转的楔形扣件。

斜杆:结构主要构件之一,通过安装该件将横立杆构成的矩形非稳定结构分割成稳定的三角形结构,保持连接节点在该立面内的稳定;由 $\phi 38mm \times 3mm$ 的钢管和安装在端部的 T 型锁销、垫圈及楔形扣件构成。

水平斜杆:保持架体在水平面内的稳定;由 $\phi 38mm \times 3mm$ 的钢管和焊接在端部的 48 扣件构成。

连接螺栓:防止立杆松脱,立杆受拉力时,由其承受剪力,确保结构成为一个整体。

横、立、斜杆连接节图见图 3。

图 3　横、立、斜杆连接节图

连接节点:横、立、斜杆交汇连接处,由立杆上焊接的U形卡与横杆上焊接的C形卡相套,通过挂在横杆上的楔形扣件栓销楔紧,形成横、立杆之间的连接;由挂在斜杆上的T形锁销穿入焊在立杆上的U形卡蝶形孔内旋转90°钩住立杆,再将T形锁销尾部穿挂着的楔形扣件楔紧形成立杆与斜杆的连接。该结构节点连接受人为因素影响小,连接紧凑、可靠,横立杆连接完全在平面内,立杆与斜杆连接偏心极小,节点计算模型误差小。

2.3 ADG脚手架的质量要求及验收标准

(1) ADG脚手架杆件要求:

产品所用主要配件为U形卡和C形卡,其材料用WL510,机械性能指标:屈服强度355~475N/mm^2、抗拉强度为420~560N/mm^2、延伸率最小值为24%。

楔形扣件、锁销材质采用45$^\#$钢,通过热模锻压成型。

本产品件材料采用的是低碳合金钢(Q345B),具体机械能指标,屈服强度≥345N/mm^2,延伸率≥21%。杆件表面质量:产品外表要求光洁,不准许有裂缝、焊渣飞溅物等妨碍使用的明显缺陷。

(2) 焊接要求:目测合格率要达到100%,焊缝高度不低于4mm,焊入卡内侧2mm,两侧焊缝高度不小于3mm。

(3) 镀锌要求:插口内无锌瘤、锌皮。

ADG脚手架的质量要求及验收标准表见表1。

ADG脚手架的质量要求及验收标准表　　　　　　　　　　　　表1

项	目	允许偏差(mm)
垂直度	每步架 ϕ48系列	±2.0
垂直度	脚手架整体 ϕ48系列	H/1000 及 ±50
水平度	一跨内水平架两端高差 ϕ48系列	±l/600 及 ±3.0
水平度	脚手架整体	±L/600 及 ±50

注:h-步距;H-脚手架高度;l-跨度;L-脚手架长度。

3 ADG模块式脚手架施工关键技术

3.1 ADG脚手架的搭设

受地基承载力的限制必须将荷载平均分散到较大范围的地基上,在地面上施工钢筋混凝土基础。

(1) 脚手架搭设前应在现场对杆件、配件再次进行检查,禁止使用不合格的杆件、配件进行安装。

(2) 脚手架安装前必须进行技术、安全交底方可施工。统一指挥,并严格按照脚手架的搭设程序进行安装。

(3) 在架体搭设前必须对搭设基础进行检查,基础周围要求铺设木板或木方,对基础不符合安全施工的部位坚决不准许施工。待基础处理合格后方可施工。

(4) 先放线定位,然后按放线位置准确地确立摆放地脚的位置,将扫地杆,第一步横杆和斜杆锁定在立杆上,保持其稳定;再用水平尺或水平仪调整整个基础部分的水平和垂直,挂线调整纵、横排立杆是否在一条直线上,用钢卷尺检查每个方格的方正;检验合格后再进行上部标准层架体的搭设。在施工中随着架体的升高随时检查和校正架体的垂直度(控制在3‰内)。锁销一定要打紧。

(5) 搭设根据工程进度灵活调整,随着脚手架的搭设随时进行校正。

(6) 在搭设过程中不得随意改变原设计、减少材料使用量、配件使用量或卸载。节点搭设方式不得混乱、颠倒。现场确实需要改变搭设方式时,必须经项目负责人或脚手架设计人员同意签字后方可改变搭设。

3.2 桥梁与京良路斜交,需设置门洞

门洞高度约7m,跨径为13m(门洞净跨为12m),采用贝雷梁为主梁,ADG承重700塔架为墩柱设置。

具体方案如下:

每段架体的定位主要是依靠已经存在的桥墩为定位基准,进行放线定位。

箱梁荷载主要由平面尺寸为1.5m×1.5m和1.5m×0.7m的60塔架或立杆支承,在每段内,塔架沿纵、横向等间距1.5m布置,并布置一定数量的斜杆;在桥面梁高度范围内,架体两侧通过悬挑提供1m宽的马道,见图4。

架体底部采用可调底座,以调节基础平面高差,底座下铺设30cm宽度、5cm厚的通长木垫板,见图5、图6;

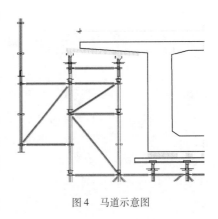

图4 马道示意图

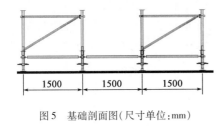

图5 基础剖面图(尺寸单位:mm)

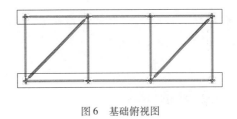

图6 基础俯视图

架体顶部设置顶托,在顶托顺桥向上铺设双拼铝梁,工字钢上铺设100mm×100mm木方及施工模板。

3.3 ADG脚手架拆除

(1)脚手架拆除前应派专人检查脚手架上的材料、杂物是否清理干净,脚手架拆除前必须划出安全区,并设置警示标志。派专人进行警戒,架体拆除时下方不得有其他人员作业。

(2)脚手架拆除顺序与安装顺序相反。遵循后搭设的先拆,先搭设的后拆的原则。

(3)拆除的脚手架杆件及配件用安全的方式逐层拆除、分类、打包、运输装车,并保护现场物品安全。在拆除时做好协调、配合工作,禁止单人拆除较重杆件、配件。严禁向下抛掷脚手架杆件、配件。

(4)脚手架拆除时,为使架体保持稳定,拆除的最小留置区段的高宽比不大于2∶1,拆除的每根杆件都用安全绳和安全钩放置地面,决不能抛掷。在每个步距内要先拆除斜杆,其次是横杆,最后将立杆拆除以此类推。

4 结语

ADG模块式脚手架技术是一项新型技术,通过采取一系列措施使ADG模块式脚手架搭设达到了表2-1所述标准。在该ADG模块式脚手架施工过程中,对脚手架的搭设、拆除及斜交门洞、脚手架的技术研究,并制定了相关的生产操作标准和质量验收标准,做到全过程质量控制和管理,加强了成品保护和维护,搭设的脚手架通过实验证明其结构完全满足设计要求,满足了桥梁施工需要。ADG模块式脚手架技术为今后类似工程提供了可借鉴经验。

房山线跨永定河 40m 预制箱梁运架施工技术研究

李润军　韩学武　李润圣　安文明　崔红军

摘　要　北京轨道交通房山线跨永定河 40m 预制箱梁施工时，由于该批箱梁跨度长自重大，给运输和架设过程带来了新的挑战。在总结 40m 预制箱梁运架施工经验的基础上，通过对架运设备技术研究，采用了新型的架运设备，圆满完成了任务。

关键词　预制箱梁　门式起重机　轮胎式运梁车　架桥机

1　工程概述

北京轨道交通房山线 03 标需架设 40m 箱梁 142 片，每片重量 285t，双幅桥每孔 2 片箱梁。为了提升施工进度和施工质量，采用了 LYC300 型轮胎式运梁车、MDSX200-24-26 门式起重机、JH320-40 型架桥机等架桥设备，经过精心设计组织施工，顺利完了施工任务。

2　架运设备特点

2.1　LYC300 型轮胎式运梁车

LYC300 型轮胎式运梁车，主要适用于架桥工地，预制梁场与架桥工地较远、不适合铺轨或铺轨费用较高的场合。整车分为车头、车身以及车头与车身连接部分。运梁时，在梁场，由于整车长度大于门式起重机的跨度，应首先计算好运梁车的停站位置，把运梁车开到梁场移梁的门式起重机下，支起千斤顶，卸下车头，然后把车头开走，然后门式起重机吊起预制箱梁放在运梁车上，门式起重机离开此位置后，把运梁车的车头开过来与运梁车连接在一起，卸下千斤顶，开动运梁车驶向架桥工地大约有 2km，在运行过程中，稻田站西侧有一段 3% 的坡，运梁随时注意运梁的行驶状态，出现问题及时用铁鞋或枕木支好车轮防止下滑。LYC300 型轮胎式运梁车图见图 1。LYC300 技术参数表见表 1。

LYC300 技术参数表　　表 1

项　目	规　格	项　目	规　格
牵引机型号	ND4253B34J	转弯半径	100m
牵引发动机型号/功率	WP12.480/351kW	转向柴油机型号	BZZ-250/FK
转向油缸	缸径 φ110	车速	5km/h
轮胎规格	12.00R20	牵引力	793400kg
适应坡度	横坡:2%　纵坡:3%		

2.2　MDSX200-24-26 门式起重机

本门式起重机主梁为 A 型桁架梁，支腿为双刚配置，以增加整机的稳定性。大车走行机构共有 16 个车轮，整机轮压较小(220kN)，因此对大车运行轨道及轨道梁要求较低，成本较少。

因施工现场有弯道，在大车走行机构中增加轮箱转向机构及电机变频装置，可平稳顺利通过弯道。MDSX200-24-26 门式起重机图见图 2。

图 1 LYC300 型轮胎式运梁车图

图 2 MDSX200-24-26 门式起重机

2.3 JH320-40 型架桥机

JH320-40 型架桥机适用于城市轻轨预制混凝土梁的安装架设,对斜桥、曲线桥也有广泛的适应性。本标段需架设 40m 箱梁 154 片,每片重量 285t,全长 3080m,双幅桥每孔 2 片箱梁。JH320-40 型架桥机见图 3。

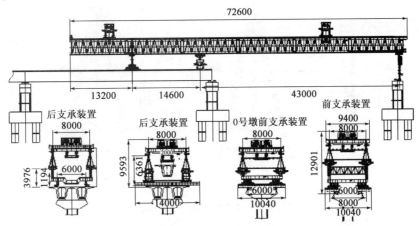
图 3 JH320-40 型架桥机图(尺寸单位:mm)

(1)本桥机利用中支承反托轮及后支承驱动桥梁过孔,轨距依据梁端面尺寸设计,使桥机纵移行走机构走箱梁的腹板上,箱梁翼板不至于被压坏,确保梁体结构。桥机纵移机构采用轮轨式,可大幅提高架桥机的过孔效率。

(2)桥机过孔的支承点为中支承机构,在桥机过孔时,先把桥机调正即左右横移量均为零;过曲线桥时,桥机在过孔时可以通过中支承的横移机构沿横移轨道随时调整桥机的过孔方向。

(3)通过调整前后支承液压机构,可适应于坡度小于 2% 的桥梁架设。

(4)增加后支承及其车轮组,因而增加了上坡时的驱动力及下坡时的制动力,使桥机在使用过程中更加安全。

(5)前支承下主梁上、下拉杆及后上横梁宽度均可调整,且保证架梁宽度不变,因此可以架设 45° 及其以下的桥梁。

3 40m 预制箱梁运架施工关键技术

3.1 门式起重机提梁技术

地面运梁车将预制箱梁运到门式起重机跨度内,两台门式起重机抬直运梁车上的箱梁同时起升,吊运到桥面运梁上。

第一步骤:运梁车把梁运到门式起重机下,落下吊具并把吊装钢丝绳绕过预制箱梁挂在吊具上,松开绑扎预制梁的钢丝绳等物。见图4。

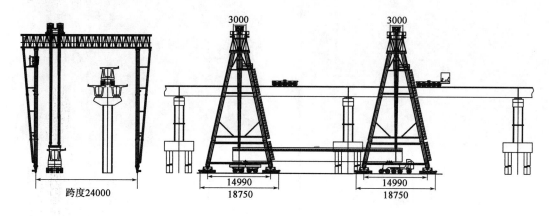

图4 第一步骤图(尺寸单位:mm)

第二步骤:两台门式起重机的起重小车同时吊起预制箱梁离开运梁车。见图5。

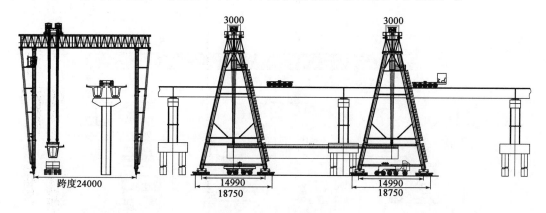

图5 第二步骤图(尺寸单位:mm)

第三步骤:起重小车继续起升,待吊起的预制箱梁的底面超过桥面上的运梁车一定距离停止起升,两台小车同时横移至桥面运梁车上方停止。见图6。

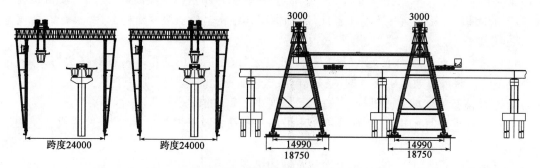

图6 第三步骤图(尺寸单位:mm)

第四步骤:两台起升小车同时下降,把预制箱梁放在桥面上的运梁车,去掉吊装钢丝绳,起升吊具,开动大车移到一侧等待起吊下一片梁。见图7。

3.2 架桥机架梁技术

桥梁架设施工方案:预制箱梁在制梁区采用一台双吊点门式起重机装上运梁车,运梁车将其运至上桥处的两台 MDSX200-24-26 门式起重机下,由这两台门式起重机吊运到桥面上的运梁车上,桥面运梁车将梁运送到 JH320-40 型架桥机下,由架桥机将预制箱梁吊运安装到位。

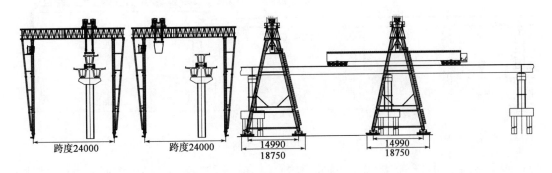

图7 第四步骤图(尺寸单位:mm)

预制箱梁架设工艺流程:架桥机过孔后,运梁车将梁运至架桥机尾部→安装预制箱梁底座→在准备放梁的两个桥墩垫石外侧各放两个临时沙箱→用仪器测量高低并调平→1号天车吊起预制箱梁的前端→-运梁车与1号天车同步喂梁至1/3跨度→2号天车吊起预制箱梁的后部与1号天车同步向前纵移→1号、2号天车同步落梁距墩顶10cm位置→两天车同时横移距离为1000mm,整机横移224mm→两天车同时下落,使预制箱梁底座上的四条螺栓对准桥墩垫石上的四个预留孔→预制箱梁落在临时沙箱上就位→重复以上动作架梁另一片梁→桥机及天车均横移动中心线上准备纵移过孔,进行下一跨梁体的架设。

(1)1号天车起吊预制箱梁的前端,见图8。

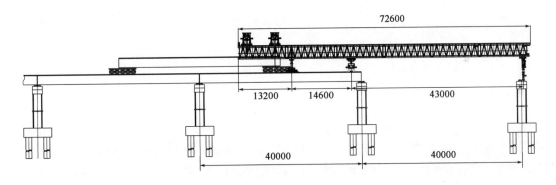

图8 第一步骤图(尺寸单位:mm)

(2)1号天车与运梁车同步将预制箱梁吊运至1/3位置时,2号天车吊预制箱梁的后端,见图2。

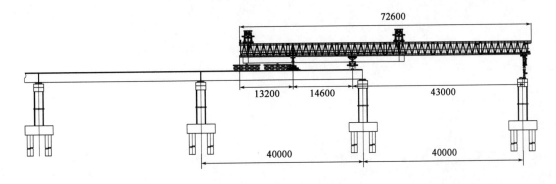

图9 第二步骤图(尺寸单位:mm)

(3)1号、2号天车同步将梁吊运至安放位置,1号、2号天车同步下落,至梁底距梁顶面10~15cm时停止下落。见图10。

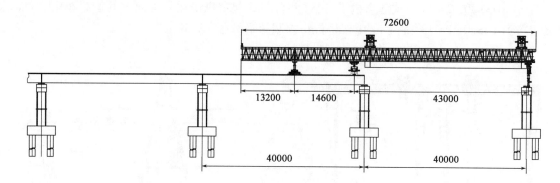

图10 第三步骤图(尺寸单位:mm)

(4)1号、2号天车同时横移1000mm停止,桥机整体横移224mm后,两天车同时下落,使预制箱梁就位。到此桥梁安装完毕。见图11。

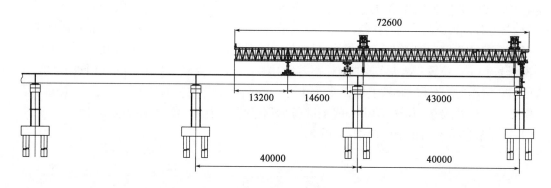

图11 第四步骤图(尺寸单位:mm)

4 结语

在40m预制箱梁运架施工中,LYC300型轮胎式运梁车、MDSX200-24-26门式起重机、JH320-40型架桥机发挥了重要作用,该架梁技术是一项新型技术,通过采取一系列措施使40m预制箱梁运架施工达到了设计规范要求。在施工过程中,经过精心设计组织施工,顺利完了施工任务,满足了桥梁施工需要,架梁技术为今后类似工程提供了可借鉴经验。

天津轨道交通 3 号线跨津沧高速公路现浇预应力箱梁施工技术

辛玉升　刘奎生

摘　要　天津轨道交通 3 号线上跨津沧高速公路处采用现浇变截面预应力连续箱梁施工,工艺复杂,影响工程质量的因素繁多,施工进度又制约铺轨节点工期目标的实现,同时预应力工程作为现浇箱梁的重中之重,从预留孔道的布设、锚垫板的安装、锚下混凝土的振捣以及张拉和压浆操作均不容忽视。本文介绍现浇梁施工中相关施工技术、施工工艺及各环节的控制要点。

关键词　变截面连续箱梁　预应力　施工技术

1　工程概况

天津轨道交通三号线在 K1+204(对应津沧高速公路里程为 2+790)处上跨津沧高速公路,根据津沧高速公路远景规划,上跨桥梁采取一跨跨越高速公路,高速公路中间隔离带内不设墩柱。桥梁上部结构跨径为 40+56+40m,跨越高速公路主跨为 56m。

桥梁下部结构为础桩采用灌注桩,采用矩形承台、矩形墩柱;上部结构形式设计采用变截面预应力混凝土连续箱梁,采用支架现浇施工工艺。现况津沧高速公路为双向四车道,路基全宽 25.5m(2.0+0.5×2+3.75×4+3.0×2+0.75×2)。

2　主要工程数量

主要工程数量见表 1。

主要工程数量表　　　　　　　　　　表1

序　号	主要工程项目	工　程　量	备　注
1	桩基础	36 个	—
2	承台	4 个	—
3	墩柱	4 根	—
4	现浇箱梁	3 跨(40+56+40)	—
5	土方回填	1000m³	高速公路两侧边坡上

3　桩基施工技术

本标段高架桥桩基采用 $\phi1.0$m 钻孔灌注桩,设计桩长均为 45m,根据工程地质情况,采用旋挖钻机和循环钻机钻孔、泥浆护壁、水下混凝土灌注成桩工艺。在桩基正式施工前,根据要求做试验桩,进行单桩检验。

工艺流程:场地平整→桩位放样→制备护壁泥浆→护筒埋设→钻机就位→复验桩位→钻孔→成孔至设计高程→提钻→清孔→桩底检查→钢筋笼隐检→吊放钢筋笼→下导管→水下灌注混凝土并回收护壁泥浆→拔除护筒。

3.1　搭设工作平台

施工前,对施工场地进行清理,清除桩位周围各种杂物,整平夯实,便于施工机械出入,便于钻进作业。

3.2 测量放样

利用复核后的导线点、水准点,用全站仪精确定出桥桩的中线位置,然后分别沿顺桥向和横桥向设置牢固的控制桩。桥梁桩位必须反复校核,护筒埋置后,再次进行校核,确认无误后进行"米"字拴桩,为钻头找中、钢筋骨架找中等后续工作创造条件。

3.3 埋设护筒

护筒采用厚10mm钢板制作,护筒内径比设计孔径大30cm,每节长1.5~2.0m,纵向焊接接长。护筒埋入原状土深度不小于1.5m,护筒顶端高出地表30cm,护筒平面位置允许偏差≤50mm,倾斜度偏差≤1%。

3.4 泥浆制备

根据工程地质情况,桩基范围内以黏土及粉砂土为主,桩孔钻进过程中采用膨润土悬浮泥浆作为护壁泥浆,泥浆制作配比膨润土3%~10%加水拌制而成,储备拌制好的泥浆每6~8h用空压机搅动一次,每次搅拌泥浆或测试必须作好原始记录,新鲜泥浆超过24h后必须经测试合格后方可使用,制备泥浆比重控制在1.10~1.20之间,泥浆比重用泥浆比重计测试;黏度控制在19~28s,用500/700cc漏斗法测试;新鲜泥浆的含砂量控制在小于4%,用含砂量仪测试,泥浆胶体率不应小于95%,pH值不大于6.5。钻进时,保持护壁泥浆始终高出孔外水位1.0~1.5m,以保证在钻进过程中不塌孔。

3.5 钻孔

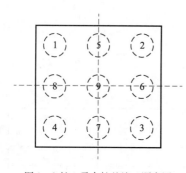

图1 9桩1承台桩基施工顺序图

根据桥区地质特点,选用旋挖钻机成孔。就位后的钻机底座保持平稳,不发生倾斜和位移;钻头中心采用桩定位器对中,定位允许偏差≤20mm。

钻进不得干扰相邻桩混凝土强度的增长,9桩1承台桩基采取对角线施工顺序,先钻1号桩,然后对角线钻2号桩,直至8号桩灌注完成24小时候钻9号桩,如图1所示。钻机开钻后保持连续作业,钻进过程中经常检查桩径、中心位置、垂直度和泥浆比重。如有偏差,及时采取措施进行调整,保证桩基施工质量。桩基施工顺序见图1。

3.6 清孔

钻孔达到设计深度且成孔质量符合要求后,采用换浆法清孔。清孔时,孔内水位保持足够的水头,以防塌孔。清孔后,孔底沉淀物厚度根据不超过设计要求的沉淀值。在钻孔终了和清孔后,对孔径、孔深和倾斜度用专用仪器测定。

3.7 钢筋笼的制作与安装

钢筋笼要求在固定平台上制作成型,制作误差要求如下:

主筋间距:±5mm　　箍筋间距:0,20mm
钢筋笼直径:±5mm　　钢筋笼长度:+5mm,－10mm

钢筋骨架分节制作,运至现场后吊装连接。钢筋骨架在吊装下孔前,在骨架周径上绑扎弧型垫块,以保证钢筋保护层厚度;垫块间距沿桩长不超过2m,横向圆周不少于4块。放入钢筋骨架时用四根钢管作导向,保证钢筋骨架尽量对中,不伤孔壁并保证保护层厚度。钢筋骨架采取四点固定,防止掉笼或上浮。

3.8 灌注水下混凝土

采用导管灌注水下混凝土。导管直径300mm,壁厚4mm,每节长2m,采用法兰连接,导管底端至钻孔底空隙约为25~40cm。孔深、孔底经验收合格且钢筋骨架安放后,立即灌注混凝土,混凝土连续浇筑不得间断。灌注首批混凝土后,导管埋入混凝土中的深度不小于1m,在浇筑过程中始终保持导管在混凝土中埋置不小于2m。灌注的桩顶高程高出设计高程0.5~1m,以保证桩身混凝土强度;多余的部分在承台施工前凿除。每根桩留置不少于3组混凝土试件。

3.9 成桩检测

成桩后,对基桩进行频率为100%的无破损检测,检测采用小应变检测和超声波检测方法。

4 承台施工技术

4.1 测量放样

利用复核后的导线点、水准点,用全站仪精确定出桥梁承台的中心线位置,然后分别沿顺桥向和横桥向设置牢固的控制桩。按照设计图纸,准确放出承台的边线,边线测设完毕进行反复校核,保证基础位置准确。

4.2 基坑开挖

先由测量放出开槽上口线。对于有现况地下管线经过的地段需先进行地下管线调查。由人工挖探坑,确定现况地下管线位置、高程,与承台位置没有冲突才可进行开槽施工。开槽采用人工配合机械开挖,每边开挖宽度比基础尺寸大60cm,以便于模板支撑。开挖后的基坑边坡根据土质情况采取1:0.5或1:0.33而定,基底平整,并在基坑一角留积水坑,做好基坑内的排水与防水工作,防止基底浸水软化。开挖后的基坑尽快浇注垫层混凝土,防止基底渗水或进水泡槽。

4.3 钢筋绑扎与模板支撑

基坑开挖后,浇注垫层混凝土,垫层混凝土在最后成活时,用木抹赶压平整、密实,防止裂缝发生。垫层混凝土强度达到1.2MPa时,进行承台钢筋绑扎。

按设计图纸绑扎承台钢筋,承台模板采用定型钢模板拼装而成,模板拼装时,在钢筋与模板间绑扎砂浆垫块,保证钢筋与模板间的保护层厚度符合设计要求。模板采用顶丝与黑钢管配合支撑,顶丝一端支撑于模板体系,另一端支撑在基坑四壁,保证模板稳固可靠,如图2所示。

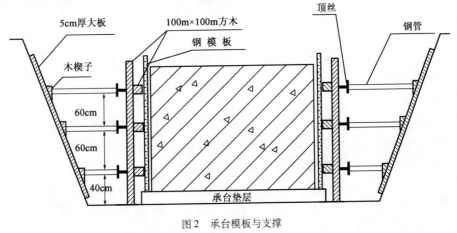

图2 承台模板与支撑

4.4 混凝土浇筑

沟槽内混凝土浇筑使用滑槽(高差不大于3m)。如高差在3m以上或混凝土罐车无法靠近的情况下,要使用混凝土泵车进行混凝土浇筑。严禁在高差过大或距离较远的情况下使混凝土依靠重力下落进入模板,避免混凝土出现材料离析现象。滑槽在使用前要用水湿润。

混凝土分层浇筑。每层厚度不大于30cm,浇筑间隔时间不大于20min。承台四周要同时进行混凝土浇筑,以免承台模板承受过大的不均匀侧压力。

混凝土使用插入式振捣棒振捣。插入式振捣器按梅花形均匀布置振捣,间距40cm。插入下一层混凝土中5~10cm并停留3~5s。当混凝土表面无明显气泡泛起与下落,证明混凝土已经振捣密实。不得过振、漏振。在振捣混凝土过程中应随时对模板与支撑进行检查,如发现有漏浆或支撑松动现象要及时加固。

承台混凝土浇筑完在初凝后进行收面,使用木抹子至少压实三遍,用铁抹子赶光。

4.5 基坑回填

承台施工完毕后,在两侧对称回填,回填采用砂进行分层填筑并逐层振压密实。

5 墩柱施工技术

5.1 墩柱钢筋

墩柱钢筋单独进行绑扎,绑扎前搭设施工平台,要求平台牢固、可靠、易于施工。

先将柱内加强箍筋和柱中4~6根主筋点焊成形,检查钢筋笼外形、尺寸无误后才能继续进行剩余主筋的焊接。主筋安装完毕后,先在主筋上用粉笔标出箍筋间距,并从一端开始绑扎箍筋。箍筋搭接按规范不小于45d。

与承台钢筋进行组装时,先在承台垫层、上层钢筋上分别定出墩柱中心,调整墩柱钢筋使其三点中心成一直线后,将墩柱钢筋与承台钢筋进行固定。

5.2 墩柱模板

本标段桥梁墩柱均采用预制定型大块钢模板,由厂家加工成形后运至现场。在使用前需进行除锈。模板接缝错茬高差小于1mm。模板需打磨至露出金属光泽为止,在使用前均匀涂抹脱模剂。

模板拼装时在接缝处加模板条,墩柱钢模板底部用水泥砂浆抹三角防止漏浆。钢模板使用吊车就位,顶部4~6根风绳拉紧加固。四周用垂球控制模板垂直度。墩柱钢筋使用塑料垫块控制墩柱混凝土保护层厚度。在墩柱四周搭设施工用临时脚手架平台,顶部加防护网,满铺大板,边侧设爬梯,如图3所示。

5.3 墩柱混凝土

由于墩柱混凝土方量不大,为保证墩柱混凝土浇筑的连续性,同时进行两个墩柱混凝土施工,合理利用机械,减少等待时间。

墩柱使用吊车加料斗浇筑混凝土。料斗下安装串筒,混凝土经串筒落入墩柱模板中,料斗距混凝土面高差不大于50cm。混凝土分层浇筑。每层厚度不大于30cm,浇筑间隔时间不大于20min。

混凝土使用插入式振捣棒振捣。先振捣柱中位置,然后在靠近模板10cm位置依次按圆形振捣。振捣棒要快插慢拔,振捣棒须垂直或略有倾斜插入混凝土中,使棒头全部没入混凝土中,并应插入下一层混凝土中5~10cm并停留3~5s。

墩柱混凝土浇至设计高程以上2cm左右,多余部分在施工盖梁时将表面水泥浆凿除至露出石子,以保证墩柱与盖梁混凝土结合面质量。

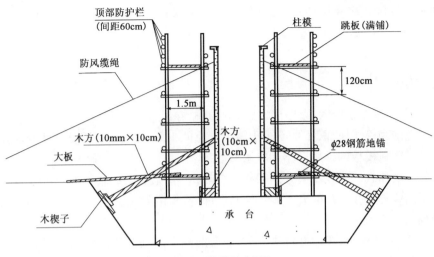

图 3 墩柱模板示意图

墩柱混凝土强度达到要求后方可拆模。拆模时使用25t吊车配合，起钩要匀速进行，防止模板与墩柱表面发生磕碰。

6 现浇箱梁施工技术

跨高速变截面现浇箱梁支架采用 φ600 钢管支架。钢管支架上搭设工字钢，工字钢上搭设纵横方木，箱梁底模板采用厚1.5cm的高强度竹胶板，侧模采用预制钢模板，箱室内模采用木模板。箱梁混凝土浇筑采用二次浇筑法，第一次浇筑至腹板与翼缘板连接处，第二次浇筑顶板，待箱梁混凝土强度达到100%时进行预应力张拉。

6.1 支架搭设

跨津沧高速公路变截面箱梁为3跨整体施工，采用 φ600 钢管进行支撑。跨津沧高速公路处，为了确保津沧高速公路通车要求，计划在津沧高速公路上架设门洞通行，门洞宽度为8.5m，行车净空5.0m，保留双向四车道通行条件（单侧0.5+3.75×2+0.5）。采用12m长55#工字钢进行门洞搭设。在门洞前方10m处设置，龙门架，龙门架尺寸与门洞尺寸相同，龙门架采用9.0m工字钢搭设。计划占用高速公路中央隔离带和两侧土路肩及部分紧急停车带，搭设钢管支架。采用多根 φ600 钢管组成一个临时支撑墩，在计划放置临时支撑墩的位置，浇筑50cm厚C30钢筋混凝土扩大基础，确保基底承载力，见图4。

图 4 临时支撑墩

图 5 混凝土养护

6.2 纵横梁安装

顶托标高调整完毕后，在其上安放 10cm×15cm 的方木纵梁，在纵梁上间距 30cm 安放 10cm×10cm

的方木横梁,横梁长度随桥梁宽度而定,比顶板一边各宽出至少50cm,以支撑外模支架及检查人员行走。安装纵横方木时,应注意横向方木的接头位置与纵向方木的接头错开,且在任何相邻两根横向方木接头不在同一平面上。

6.3 支架预压

为减少支架变形及地基沉降对现浇箱梁线形的影响,在纵横梁安装完毕后进行支架预压施工。预压采用砂袋,预压范围为箱梁底部,重量不小于箱梁总重的1.2倍。因悬臂板本身重量较轻,可根据实测的预压结果,对悬臂板模板的预拱度作相应调整。

加载顺序:分三级加载,第一、二次分别加载总重的30%,第三次加载总重的40%。

预压观测:观测位置设在每跨的$L/2$,$L/4$处及墩部处,每组分左、中、右三个点。在点位处固定观测杆,以便于沉降观测。

采用水准仪进行沉降观测,布设好观测杆后,加载前测定出其杆顶高程。沉降观测过程中,每一次观测均找测量监理工程师抽检,并将观测结果报监理工程师认可同意。第一次加载后,每2h观测一次,连续两次观测沉降量不超过3mm,且沉降量为零时,进行第二次加载,按此步骤,直至第三次加载完毕。第三次加载沉降稳定后,可进行卸载。

卸载:人工配合吊车吊运砂袋均匀卸载,卸载的同时继续观测。卸载完成后记录好观测值以便计算支架及地基综合变形。根据观测记录,整理出预压沉降结果,调整碗扣支架顶托的高程来控制箱梁底板及悬臂的预拱高度。

6.4 钢筋加工安装

(1)钢筋安装顺序

安装绑扎箱梁底板下层钢筋网→安装腹板钢筋骨架和钢筋→安装横隔板钢筋骨架和钢筋→安装和绑扎箱梁底板上层钢筋网及侧角钢筋→第一次浇筑混凝土→待混凝土强度达到要求后,安装和绑扎顶板上下层钢筋网、侧角钢筋和护栏、伸缩缝等预埋件。

(2)钢筋加工及安装

钢筋加工时,应按照设计要求尺寸进行下料、成型,钢筋安装时控制好间距、位置及数量。要求绑扎的要绑扎牢固,要求焊接的钢筋,可事先焊接的应提前成批次焊接,以提高工效。焊缝长度、饱满度等方面应满足规范要求。

6.5 模板安装

6.5.1 底模板

底模板采用1.5cm厚高强度竹胶板,模板在安装之前进行全面的涂刷脱模剂。底板横坡按设计图纸规定的2%横坡,横向宽度要大于梁底宽度,梁底两侧模板要各超出梁底边线不小于5cm,以利于在底模上支立侧模。模板之间连接部位采用海绵胶条以防漏浆,模板之间的错台不超过1mm。模板拼接缝要纵横成线,避免出现错缝现象。

底模板铺设完毕后,进行平面放样,全面测量底板纵横向高程,纵横向间隔5m检测一点,根据测量结果将底模板调整到设计高程。底板高程调整完毕后,再次检测高程,若高程不符合要求进行二次调整。

6.5.2 侧模板和翼缘板模板

侧模板和翼缘板模板采用预制钢模板,根据测量放样定出箱梁底板边缘线,在底模板上弹上墨线,然后安装侧模板。侧模板与底模板接缝处粘贴海绵胶条防止漏浆。将侧模板外侧背肋,用钢管及扣件与支架连接,用以支撑固定侧模板。

翼缘板底模板安装与箱梁底板模板安装相同，外侧挡板安装与侧模板安装相同。模板安装完毕后，全面检测高程和线型，确保翼缘板线型美观。

6.5.3 箱室模板

由于箱梁混凝土分两次浇筑，箱室模板分两次安装。第一次用钢模板做内模板，用方木做横撑，同时用定位筋进行定位固定，并拉通线校正钢模板的位置和整体线型。当第一次混凝土达到一定强度后拆除内模，再用方木搭设小排架，在排架上铺设2cm厚的木板，然后在木板上铺一层油毛毡，油毛毡接头相互搭接5cm，用一排铁钉钉牢，防止漏浆。在浇筑混凝土过程中派专人检查内模的位置变化情况。为方便内模的拆除，在每孔的设计位置布设人孔。

6.6 混凝土浇筑

混凝土采用商品混凝土。箱梁混凝土分两次浇筑，第一次浇筑底板和腹板，浇筑至肋板顶部，第二次浇筑顶板和翼板，两次浇筑接缝按施工缝处理。混凝土浇筑从一端向另一端呈梯状分层连续浇筑，上层与下层前后浇筑距离保持2m左右，在下层混凝土初凝前浇筑完成上层混凝土。混凝土养护见图5。

6.7 预应力工程

预应力工程作为现浇箱梁的重中之重，从预留孔道的布设、锚垫板的安装、锚下混凝土的振捣以及张拉和压浆操作均不容忽视。一旦某一环节出现问题，就会造成质量问题。

预应力工程分孔道成型、下料编束、穿索、张拉和压浆五个步骤。

6.7.1 孔道成型

预应力管道成型采用PVC管，在使用前要逐根检查，不得使用沾有油污、泥土或有撞击、压痕，裂口的管。在安放时，根据管道坐标值，按设计图纸要求设置定位筋，并用绑丝绑扎牢固，曲线部分采用U型定位环与定位筋绑扎，卡牢管道。在管道接头部位及其与锚垫板喇叭接头处，用宽胶带粘绕紧密，保证其密封，不漏浆。

6.7.2 下料编束

首先检查钢绞线质量是否符合设计要求，保证钢绞线表面无裂纹毛刺，机械损伤，氧化铁皮或油迹。钢绞线下料长度经计算确定，$L=$（两锚头间的设计长度）$+2$（锚具厚度+限位板厚度+千斤顶长度+预留长度）。钢绞线切割用砂轮机切割后编束，编束时保持每根钢绞线之间平行，不缠绕，每隔$1\sim1.5$m绑扎一道铅丝，铅丝扣向里，绑好的钢绞线束编号挂牌堆放，离开地面，以保持干燥，并遮盖防止雨淋。

6.7.3 穿束

箱梁钢绞线采用钢套牵引法，穿束时钢绞线头缠胶带，防止钢绞线头被挂住。

6.7.4 张拉

（1）张拉设备的选型

根据张拉力需要，采用两台400t的液压千斤顶进行张拉施工。

（2）设备的校验

油压千斤顶的作用力一般用油压表来测定和控制，为了正确控制张拉力，因此需对油压表和千斤顶配套进行标定。然后选用大吨位的砝码加载万能试验机进行加载试验，对千斤顶和油泵组成的系统进行标定，标定合格后方可用于施工中。

（3）预应力筋张拉

预应力筋按技术规范和设计图纸进行张拉。张拉时，边张拉边测量伸长值，采用应力、应变双控制，实际伸长值与理论伸长值相比误差控制在±6%以内,如发现伸长值异常则暂停张拉,及时整理张拉现场记录。各批钢束按设计顺序张拉。

张拉过程中统一指挥,两端张拉速度尽可一致。出现的响动或异常现象立即停止施工,进行检查,查明原因后再行张拉。

6.7.5 孔道压浆

压浆前为使孔道压浆流畅,并使浆液与孔壁结合良好,压浆前用高压水冲洗孔道,然后用无油脂压缩空气吹干。采用真空灌浆工艺及时灌浆,压浆时采用边拌和边压浆的方式连续进行,直至出口冒出新鲜水泥浆,其稠度与压注的浆液相同时即可停止。压浆施工完毕后,立即进行封锚混凝土施工。

6.8 卸架

预应力工程施工完毕后,开始进行卸架,卸架时应按先跨中、后两边的顺序均匀拆除,严禁野蛮施工,卸架后的支架应堆放整齐,以方便以后施工。

八、监测专项技术

轨道交通桥梁支座更换监测技术及应用

白韶红　吴晓军　韩继锋　陈荣昌　江　瀑

摘　要　随着北京轨道交通运营时间的推移,13号线、八通线运营已经超过10年,桥梁支座陆续出现劣化现象。自2008年开始,在每年的春、秋季对劣化等级达到AA、A1级别的桥梁支座进行更换,以北京轨道交通亦庄线L-RT33桥RT-33号桥墩4号支座更换工程为例,支座更换监测技术包括更换前、后的轨面高程测量、更换过程的实时监测和更换后连续5天的支座和梁体测量技术以及相关仪器设备校准、安装、调试等技术。

关键词　轨道交通　桥梁　支座更换　实时监测　变形监测

1　引言

近年来,北京市轨道交通发展迅速,截止到2013年运营线路达17条,长度456km,已经成为国内轨道交通运营里程最长的城市之一。在投入运营的17条线路中,5号线、13号线、15号线、八通线、机场线、亦庄线、昌平线、房山线等8条线路拥有约133km长的高架桥线路,高架线路约占运营总里程的29%;高架车站50余座(见表1),约占车站总数的20%。这些高架线路的桥梁普遍采用橡胶板式支座和盆式支座,其中亦庄线还采用了双曲面球型减隔震支座。

北京市轨道交通高架线路统计表　　表1

序　号	开通时间	线路名称	起　讫　点	高架桥线路长度(km)	高架车站数量
1	2003年	八通线	四惠东—土桥	11.05	9
2	2007年	5号线	宋家庄—天通苑北	10.70	7
3	2003年	13号线	东直门—西直门	12.51	5
4	2011年	15号线	望京西—俸伯	13.70	4
5	2008年	机场线	东直门—首都机场	28.10	4
6	2010年	亦庄线	宋家庄—亦庄火车站	13.95	8
7	2010年	昌平线一期	南邵—西二旗	21.50	6
8	2011年	房山线	苏庄—郭公庄	21.45	9
合计				132.96	52

随着轨道交通运营时间的推移,桥梁支座陆续出现劣化现象,板式橡胶支座常见劣化类型有:裂纹、钢板外露、不均匀鼓凸与脱胶、脱空、剪切超限和支座位置串动。盆式支座常见劣化类型有:钢件裂纹和变形、钢件脱焊、锈蚀、聚四氟乙烯板磨损、支座位移超限、支座转角超限和锚栓剪断等。

按照《铁路桥隧建筑物劣化评定标准—支座》,将支座的劣化程度分为AA(极严重)、A1(严重)、B(较重)、C(中等)、D(较轻)等5个等级。自2008年开始,在每年的春、秋季,对例行检测中发现的AA级、A1级支座有计划地进行更换,截至2013年12月,共进行了52项支座更换工程(见表2)。总体上看,桥梁的服役年限与支座的更换数量成正比;但也有因北京重大活动频繁,暂时采取临时养护措施推迟桥梁劣化支座更换时间的现象,例如2008、2009年桥梁支座更换数量较少。此外,支座更换的数量还与施工质量有关,例如轨道交通5号线。

历年更换桥梁支座工程数量统计表　　　　表2

序号	年份	13号线	八通线	5号线	机场线	亦庄线	房山线	合计
1	2007	1						1
2	2008	7						7
3	2009	6						6
4	2010	5	3	5				13
5	2011	6	1	1	1			9
6	2012	3		3	2	2	1	11
7	2013	2		2		1		5
合计		30	4	11	3	3	1	52

轨道交通桥梁支座更换技术通常包括桥梁顶升施工技术、线路轨道防护技术和桥梁、线路、轨道监测技术等内容。桥梁顶升技术主要内容包括采用油压千斤顶在支座更换期间,将桥梁梁体顶起,取出劣化支座,放入新支座技术;支座的选型、安装与养护技术。轨道防护技术主要包括提前加装轨距拉杆、护轨;在适当温度下,解锁和锁定轨道;控制顶升前、后线路几何形位变化;必要时进行道岔或波导管保护等内容。监测技术主要包括更换前、后的轨面高程测量、更换过程的轨道、桥梁实时监测和更换后连续5天的梁体和支座人工测量技术。

为了掌握线路轨道在桥梁更换支座前、后高程变化情况,采用精密水准法测量轨面高程。为了实现专家组在更换过程中远程实时指挥施工过程,采用位移传感器测量钢轨的爬行、梁体的纵向、横向和竖向位移;采用应变传感器测量钢轨应力、梁体纵向、横向应力;采用温度传感器测量钢轨温度;采用岩土型数据采集仪与无线数据终端,实现监测数据与过程的远距离实时传送与监控。为了解支座更换完成后5d桥梁与支座的稳定情况,采用百分表、卡规和钢直尺测量梁体位移和支座变形。

下面以轨道交通亦庄线荣昌东街站—同济南路站RT-33号墩支座更换工程例,介绍轨道交通桥梁支座更换工程的简要过程和监测技术原理与应用。

2　工程概述

2.1　桥梁情况

北京轨道交通亦庄线L-RT33号桥位于荣昌东街站—同济南路站区间,RT-33号墩中心里程为K14+554.000,大里程为亦庄火车站方向。RT-33号墩东西两侧均为30m预应力混凝土简支梁,桥梁位于直线上,纵坡为1.5‰。桥上铺设无缝线路整体道床,轨道固定区。东西两侧30m简支梁均为双线单箱单室箱梁,RT-33号墩上设有2个支座,支座型号均为QKPZ-Ⅲ-2500-GD盆式固定支座,支座总高145mm。箱梁高为1.8m,箱梁底宽3.9m,顶宽9m。桥墩为矩形独柱墩,尺寸为2.4m×1.6m,墩顶有盖梁,盖梁高0.6m,纵向宽2.2m,横向宽3.9m,详见图1RT-33号墩支座布置示意图。

2.2　支座劣化状态

根据《北京轨道交通亦庄线专项检查报告》,RT-33-4支座主要病害为纵向倾斜量过大(见图2);病害类型:临时连接未解锁,支座倾斜将橡胶承压板挤出;支座纵向倾斜,两侧竖向净距差值42mm,支座倾斜0.087rad,支座倾斜超出设计转角336%。由于支座倾斜过大,钢盆内橡胶承压板局部被挤出钢盆。支座劣化的原因可能是由于主梁吊装过程中支座下钢板发生倾斜或落梁时支座下垫石砂浆强度不够所致。根据《铁路桥隧建筑物劣化评定标准—支座》,RT-33-4号支座劣化等级为AA级,需要尽快采取措施进行处理,支座更换前采取了临时保护措施,在桥墩顶部劣化支座旁放置了一块矩形橡胶板,以便在劣化支座受力失稳后充当支承点。

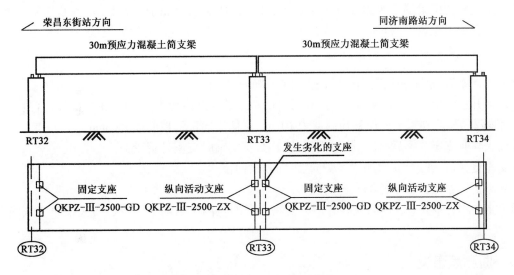

图 1　RT-33 号墩支座布置示意图

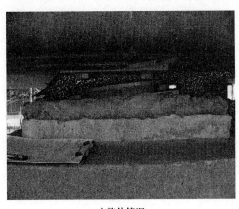

a) 整体情况

b) 纵向倾斜

图 2　RT-33-4 支座劣化情况

2.3　支座修复方案

根据《北京轨道交通亦庄线支座更换荣昌东街站～同济南路站 RT-33 号墩工程设计》和相关专家的评审意见，RT-33-4 号支座更换方案是：

(1) 采用主梁顶升方式，更换 RT-33-4 号支座的橡胶板和下钢板，凿除并重新浇筑支座基础垫石，重新安放墩顶预埋套筒。

(2) 支座更换的施工步骤是：施工前准备→松扣件→分步顶梁→取出劣化支座→放入临时支座（新支座）→分步落梁→紧扣件→轨道车轧道→恢复线路。支座更换在夜间列车停运期间 2～3h 内进行。

(3) 桥梁采取单端顶升方式，在梁体腹板下设 4 个顶点，4 台油压千斤顶放置在强力柱上，作用于 RT-33 号墩上支座的顶升总力为 2980kN。

2.4　监测内容、范围和控制值

2.4.1　轨道监测

(1) 扣件松开及拧紧时，监测并记录轨温，同时进行轨道爬行位移观测，控制值为 10mm。

(2) 顶升梁体时，对钢轨的应力进行监测，监测点设置在桥梁顶升处及两端各 5m、10m 处及顶升梁非顶升端梁顶轨道的轨腰处，控制值为 5MPa。

(3) 更换支座的桥梁端部两侧各 10m 范围内,在桥梁作业前及完毕后,对轨面高程进行监测,控制值为 10mm。若施工作业后的轨面几何状态不符合《工务维修规则》中的相关规定,应对轨道进行调整。

2.4.2 桥梁监测

(1) 更换支座时,桥梁的顶起高度严格控制在 10mm 以内。

(2) 在顶升过程中,监测梁体的竖向位移、纵向(顺桥向)位移和横向(横桥向)位移,监测点布置在被顶升梁底板。梁体竖向、纵向位移控制值为 10mm,梁体横向位移控制值为 2mm。

(3) 放入临时支座落梁后,监测临时支座的应力,核实临时支座是否受力。

(4) 支座更换后,连续 5d 监测梁体竖向、纵向和横向位移。

(5) 支座更换后,连续 5d 监测支座的变形。

支座更换后,梁体竖向、纵向和横向位移、支座变形的监测次数均为 15 次,每天按早、中、晚分别监测 3 次。

2.5 监测点布设

监测点的布设见图 3,在 1~20 点位置布设位移传感器,监测钢轨的爬移;同时布设沉降观测点,监测钢轨轨面高程。在 1~24 点位置布设应变传感器,监测钢轨的应力。在 9~12 点位置布设温度传感器,监测钢轨温度。在 31、32 点位置布设应变传感器,分别测量两个临时支座的应力。在 41~44 点位置布设位移传感器,监测桥梁的顶升竖向位移;在 60、62 和 61、63 点位置分别布设位移传感器,监测桥梁顶升时的纵向和横向位移。

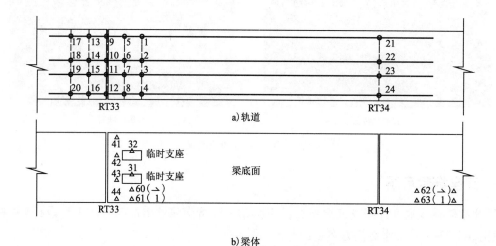

图 3 RT-33 号墩支座更换工程监测点布设图

3 实时监测技术

3.1 更换支座过程概述

3.1.1 施工过程

荣昌东街站—同济南路站区间 RT-33 号墩支座更换工程耗时两个工作日,第一天施工过程是,首先松开钢轨扣件,然后分步将桥梁一端用油压千斤顶顶起,将发生劣化的支座取出,清理桥墩顶面并修复混凝土基座,同时在邻近位置放入临时支座,然后将被顶起的桥梁落下,拧紧钢轨扣件,轨道车轧道恢复线路。第二天施工过程与第一天相同,在将梁体顶起后,取出临时支座,放入调整好的新支座,然后按照落梁→紧扣件→轨道车轧道等程序恢复线路。

3.1.2 顶升系统

支座更换顶升机械、液压系统由一个控制总站(KZZ)、一个子站(KLZZF)和一个分泵(ZE4440SE)及4个油缸(CLRG1506)组成,系统最大顶升力为6000kN,由4台千斤顶分担。顶升控制系统由4个位移传感器、4个压力传感器、控制阀、换向阀、数据总线以及计算机控制系统软件等部分组成。

3.1.3 实时监测系统

支座更换实时监测系统见图4,由本地计算机数据采集控制系统(下位机)、远程计算机控制系统(上位机)和无线数据传输系统组成。本地计算机对安装在施工现场线路、轨道和桥梁梁体上的位移传感器、应变传感器和温度传感器的输出信号,进行实时采集、分析、处理、记录,并通过无线网络传送至位于现场指挥部的远程控制计算机系统。远程控制系统通过无线数据终端将收到的监测数据,通过投影仪和打印机向工程指挥部和专家组提供实时的监测数据、曲线、图像和文本文件。

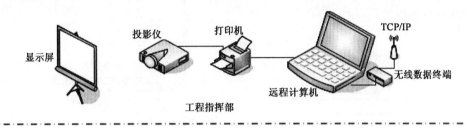

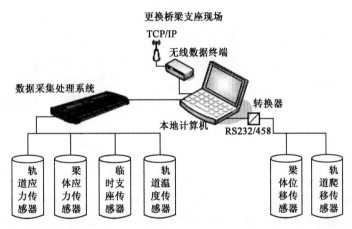

图4 支座更换实时监测系统

3.1.4 监测与仪器确定方法

(1)依据设计文件确定的梁体、轨道监测项目和相关规范提出的监测精度要求,结合类似工程案例和国内外监测仪器的最新成果,选择监测方法,确定监测仪器的形式和规格型号。

(2)根据《测量不确定度评定与表示》提供的评定方法,对确定的监测方法和仪器进行了测量不确定度评定,证明采用这些方法和仪器获得的监测结果能够满足规范要求。

3.1.5 监测数据分析方法

(1)在支座更换期间,梁体位移、轨道爬移等监测项目的采样频率设定为4s,两天监测采样分别为1200、2100余次。梁体应力、轨道应力、临时支座应力、轨道温度等监测项目的采样频率设定为30s,两天监测采样分别为400、340余次。

(2)系统软件实时对采集到的数据进行分析处理,剔除异常值,自动分析、计算、存储并显示各监测项目的最大值、最小值,同时生成时程曲线,判断监测数据是否超过控制值。

(3)实时监测完成后,汇总各项监测数据、变形时程曲线,对照控制值得出监测结论,形成监测总结报告。

限于篇幅在下面的数据分析中,仅给出了具有代表性的梁体顶升位移、轨道温度的时程曲线,其他项目时程曲线与此类似。

3.2 梁体位移和钢轨爬行位移监测

3.2.1 测试仪器

在顶升期间,采用数码位移传感器、数据采集仪及扩展模块监测梁体的竖向、纵向和横向位移以及钢轨爬移。数码位移传感器的内部结构见图 5,它包括固定和移动两部分,右图是固定部分,由尺架、凸型尺头、磁敏元件(霍尔元件)和内置信号检测识别电路组成;左图是活动部分,由尺架、凹型尺槽和等距安装的圆柱形永磁体等部分组成;永磁体和磁敏元件不等间距排列。传感器的主要技术指标:准确度:0.1 级;分辨率:0.01mm;供电电源:10V±2V;输出:RS485 串行接口;信号传输距离:不小于 1000m;采样频率:20Hz;环境温度: -20 ~ +60℃。

图 5 数码位移传感器内部结构

数据采集仪主要技术指标:供电电源:直流 10~30V;充电电源:直流 12V、1A;对传感器供电输出电压:直流 12V,最大工作电流:150mA,最大采样速率:25Hz;主机通道:16 个模拟通道,每个通道可以接 1 只通道扩展模块;测量精度:0.5%。

通道扩展模块主要技术指标:供电电压:直流 12V;采样能耗:0.36W(12V,30mA);具有 20 个模拟通道,传输最大距离 100m。

3.2.2 测点布设及测量原理

梁体竖向位移监测是将传感器安装在桥墩顶部,传感器活动杆与梁底面接触;梁体的纵向、横向位移监测是将传感器安装在桥墩顶部,传感器活动杆与粘贴在梁体侧面的挡板接触。钢轨爬移监测是将传感器安装在道床上,将位移挡板安装在轨腰上,传感器活动杆与钢轨轨腰处的挡板接触。本工程在道床及钢轨轨腰上安装了 20 个钢轨爬行位移传感器;在梁底安装了 4 个竖向位移传感器,2 个横向位移传感器,2 个纵向位移传感器。

位移传感器的工作原理是,当梁体、钢轨受力发生位移时,使传感器测杆移动,带动活动尺身随之运动而改变原磁场的分布与强度,固定尺身上的磁敏元件将与位移量大小相关的磁场强度转换为不同的电压值;经多路模拟开关及 A/D 转换器变换为多组数字信号;再经微处理器解码得到数字化位移值,以 RS485 串行信号输出,通过信号转换器转换为 RS232 串行信号,直接与计算机连接。

3.2.3 数据分析

(1)梁体顶升(竖向)位移

图 6、图 7 分别是更换 RT-33 墩支座,第一天、第二天梁体顶升位移时程曲线,第一天为能较方便取出旧支座,分三步将梁体顶起约 9mm,取出旧支座,修理支座底板并放入临时支座后落梁,此期间又短时再次顶起梁体调整临时支座,整个过程持续近 2 个小时。第二天分两步将梁体顶起约 6mm,取出临时支座,放入新支座后落梁,整个过程持续约 1h。在整个顶升过程中,梁体升高的最大值第一天为8.71mm,第二天为5.85mm,施工结束后剩余位移最终值第一天为0.93mm。第二天为0.66mm,梁体基本回落至原始状态,最大值、最终值均小于控制值10mm。

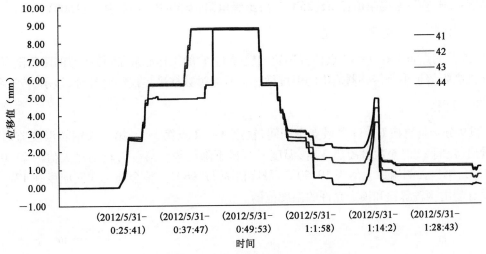

图6　RT-33号墩第一天梁体顶升位移时程曲线

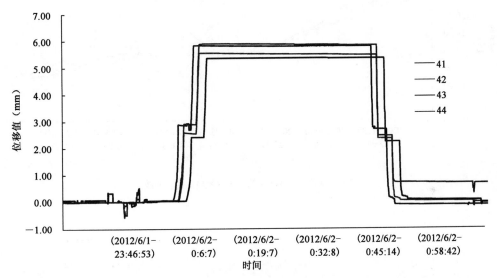

图7　RT-33号墩第二天梁体顶升位移时程曲线

(2) 梁体纵向、横向位移

根据更换RT-33号墩支座期间,第一天、第二天梁体纵向、横向位移的监测数据和时程曲线,梁体的纵向、横向位移数值均较小。第一天纵向位移最大值为1.01mm,横向位移最大值为1.06mm;第二天纵向位移最大值为 - 0.86mm,横向位移最大值为 - 0.16mm。施工结束后,梁体的纵向位移最终值为 - 0.04mm,横向位移最终值为 - 0.05mm,基本回到初始状态,最大值、最终值分别小于控制值10mm和2mm。

(3) 钢轨爬行位移

根据更换RT-33号墩支座期间,第一天、第二天钢轨爬行位移监测数据和时程曲线,施工期间20个监测点的轨道爬移数值均较小,第一天测试最大值为0.45mm;第二天测试最大值为0.25mm。施工结束后的轨道爬移,第一天测试最终值为0.20mm,第二天测试最终值为0.17mm,基本回到初始状态,最大值、最终值均小于控制值10mm。

3.3　钢轨温度监测

3.3.1　测试仪器

采用热电阻传感器、数据采集仪测量轨道温度,温度传感器的主要技术指标:测量范围: - 30 ~

+70℃;精度:±0.5℃;常温阻值:3kΩ(25℃时);绝缘电阻:≥50MΩ;绝缘强度:1500V。

3.3.2 测点布设及测量原理

钢轨温度监测点布设在9~12点位置钢轨的轨腰上,它的工作原理是,传感器的阻值随温度变化而变化,温度越高阻值越小。传感器输出的温度敏感信号通过数据采集仪实时处理、显示、传送和存储。

3.3.3 数据分析

图8、图9分别是更换RT-33号墩支座期间,轨道9~12点第一天、第二天钢轨温度监测的时程曲线,可以看出,夜间22时至次日凌晨2时,温度呈缓慢下降趋势。第一天轨温最大值为21.01℃,最终值为17.73℃;第二天测温最大值为19.50℃,最终值为17.96℃。整个施工期间温度在17~21范围内变化,没有超出钢轨解锁和锁定允许的温度范围。

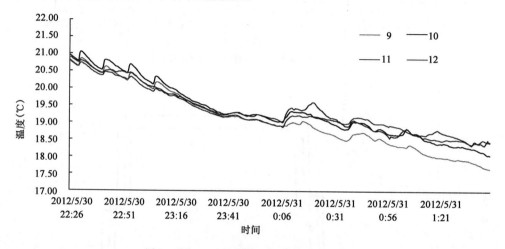

图8 顶升RT-33号墩第一天钢轨轨温时程曲线

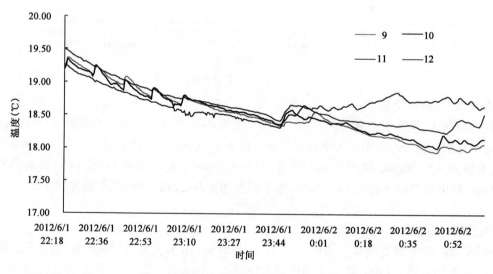

图9 顶升RT-33号墩第二天钢轨轨温时程曲线

3.4 钢轨应力监测

3.4.1 测试仪器

采用振弦式表面应变传感器和数据采集仪测量钢轨应力,应变传感器的主要技术指标:量程:3000με;灵敏度:1με;工作温度: -20~+80℃;标距:150mm;综合误差:≤0.1% F.S。

3.4.2 测点布设及测量原理

钢轨应力监测点布设在1~24点位置钢轨的轨腰上,它的工作原理是,传感器的敏感元件钢弦受力后其振动频率将发生改变,传感器的输出频率与受力大小成反比,受力越大输出频率越低。

3.4.3 数据分析

根据更换RT-33号墩支座期间,轨道1~24点第一天、第二天钢轨应力的监测数据和时程曲线,第一天测试的最大值为1.37MPa,第二天测试的最大值为1.05MPa,24个监测点的轨道应力均较小,小于控制值5MPa,施工结束梁体落下后,轨道应力值均基本回到原始状态。

3.5 临时支座应力监测

3.5.1 测试仪器

采用电阻应变片和数据采集仪测量临时支座的应力,电阻应变片的主要技术指标:电阻阻值:120.4±0.4Ω;应变片温度系数:+0.008/℃;应变片长度:5mm;应变系数:2.08+1.0%;乙烯基覆层2芯扁电缆引线,长度1m;工作温度范围:-10~80℃。

3.5.2 测点布设及测量原理

临时支座应力监测点布设在31、32号点位置支座的侧面,它的工作原理是,作为敏感元件的应变片的阻值随其受力大小而改变,从而改变检测桥路的输出电压,经数据采集仪采集处理并计入材料弹性模量后,获得临时支座的应力变化值。

3.5.3 数据分析

根据更换RT-33号墩支座期间,临时支座应变监测数据和时程曲线,列车运营期间临时支座被压缩,其应变有所增加并为负值,符合应变传感器受拉伸为正值、压缩为负值的规律。临时支座第一天应变最大值为-11.60με,最终值为-12.88με;第二天应变最大值为-16.27με,最终值为-17.83με。

4 人工观测技术

4.1 钢轨轨面高程监测

4.1.1 测试仪器

采用数字水准仪、铟钢尺测量钢轨轨面高程。数字水准仪主要技术指标:测量范围1.5~100m;补偿精度:0.2″;补偿范围:15′;往返水准测量标准偏差:0.3mm/km;;最小显示单位:0.01mm;测量时间:3s;工作温度范围:-20~+50℃。

4.1.2 测点布设及测量原理

钢轨轨面高程监测点布设在1~20点位置上,它的监测方法是,在线路变形影响区外设置一组高程控制点作为基准点,采用精密水准方法,在施工前、第一天施工后、施工完成后,分别测量轨面高程并将其直接附和或闭合到高程控制点上。

4.1.3 数据分析

图10是更换支座第一天施工后和施工完成后,两次轨面高程测量的变形曲线,以施工前测量数据作为基准数据,轨面高程最终变化最大值为1.86mm,最小值为-1.53mm,最终值为1.23mm,均在控制值10mm范围内。

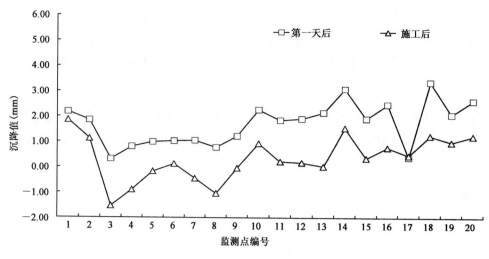

图 10 钢轨轨面高程变形曲线

4.2 落梁后梁体位移监测

4.2.1 测试仪器

采用百分表监测支座更换后 5d 桥梁梁体的变形情况,百分表的主要技术指标:量程:0~10mm;分度值:0.01mm;最大允许误差:0.02mm;回程误差:0.002mm。

4.2.2 测点布设及测量原理

梁体竖向位移监测点的布设是将一只百分表安装在桥墩顶部,其活动杆与梁体底部接触;梁体纵向位移监测点是将一只百分表安装在桥墩顺桥方向,其活动杆与梁体纵向位置接触;梁体横向位移监测点是将一只百分表安装在桥墩侧面,其活动杆与梁体横向位置接触。它们的测量方法是,通过观看百分表指针读数,直接获得梁体竖向、纵向和横向位移值。

4.2.3 数据分析

表 3 是施工结束后连续 5d,每天 3 次对梁体的竖向、纵向和横向位移进行观测的数据表,可以看出,与初始值比较竖向位移 5d 中最大变化量为 0.08mm;纵向位移 5 天中最大变化量为 0.07mm;横向位移 5d 中最大变化量为 0.04mm;各项数值均小于控制值 10mm、2mm。

梁体位移监测数据表　　　　表 3

序 号	日 期	竖向位移(mm)	纵向位移(mm)	横向位移(mm)
1	2012-06-02 9:00	0.00	0.00	0.00
2	2012-06-02 14:00	0.00	0.00	0.00
3	2012-06-02 16:00	0.00	0.00	0.00
4	2012-06-03 9:00	0.02	0.01	0.02
5	2012-06-03 14:00	0.02	0.01	0.02
6	2012-06-03 16:00	0.02	0.01	0.02
7	2012-06-04 9:00	0.05	0.03	0.04
8	2012-06-04 14:00	0.05	0.03	0.04
9	2012-06-04 16:00	0.05	0.03	0.04
10	2012-06-05 9:00	0.05	0.05	0.02
11	2012-06-05 14:00	0.06	0.05	0.02

续上表

序 号	日 期	竖向位移(mm)	纵向位移(mm)	横向位移(mm)
12	2012-06-05 16:00	0.06	0.05	0.02
13	2012-06-06 9:00	0.08	0.07	0.03
14	2012-06-06 14:00	0.08	0.07	0.03
15	2012-06-06 16:00	0.08	0.07	0.03

4.3 落梁后支座变形监测

4.3.1 测试仪器

采用卡规和钢直尺测量支座更换后5d新支座的压缩变形。卡规的主要技术指标：型号：100~300mm；量程：300mm。钢直尺主要技术指标：量程：150mm；分度值：0.1mm。

4.3.2 测点布设及测量原理

新支座变形监测点布设在新支座的四个角，采用卡规测量出新支座四个角上、下钢板之间的距离，然后在钢直尺上读取支座压缩变形数据。

4.3.3 数据分析

表4是施工结束后连续5d，每天3次对支座变形进行观测的数据表，可以看出，新支座A、B、C、D等四个角的压缩变形量最大值为0.70mm，均在控制值范围内。

支座变形监测数据表　　　表4

序号	日 期	A(mm)	B(mm)	C(mm)	D(mm)
1	2012-06-02 9:00	24.7	24.4	24.4	24.5
2	2012-06-02 14:00	24.7	24.9	24.7	24.8
3	2012-06-02 16:00	24.9	24.9	24.7	24.8
4	2012-06-03 9:00	24.9	24.9	24.7	24.8
5	2012-06-03 14:00	24.9	24.9	24.8	25.0
6	2012-06-03 16:00	25.1	24.9	24.8	25.0
7	2012-06-04 9:00	25.1	24.9	24.8	25.0
8	2012-06-04 14:00	25.1	24.9	24.9	25.1
9	2012-06-04 16:00	25.1	24.8	24.9	25.1
10	2012-06-05 9:00	25.1	24.8	24.9	25.1
11	2012-06-05 14:00	25.1	24.8	24.8	25.2
12	2012-06-05 16:00	25.2	25.0	24.8	25.2
13	2012-06-06 9:00	25.2	25.0	24.8	25.2
14	2012-06-06 14:00	25.2	25.1	24.7	25.2
15	2012-06-06 16:00	25.1	24.7	24.7	25.1

注：表中A、B、C、D为新支座四个角的编号。

由于轨道交通桥梁形式不同（例如简支梁、连续梁），桥梁跨度、长度不同，支座劣化类型不同，需要更换支座的数量也不同。因此更换支座时传感器的布设数量、位置、施工天数、控制值也将略有不同，但是基本方法和过程是相同的。

5 仪器设备安装技术

5.1 仪器校准

(1)各种传感器、采集仪和软件系统使用前,应按照有关规范或规程进行检定、校准或测试。调校传感器、采集仪的标准仪器应经计量机构检定合格并在有效期内使用。

(2)位移传感器、百分表的校准可采用百分表校验仪和计算机系统进行,主要进行示值误差、示值变动性校准。示值误差校准方法是:将传感器固定在仪器支座上,测杆与测微器接触,传感器输出端与计算机系统相连,转动测微器0.01mm,在计算机显示屏上读取传感器实际位移值,从而计算出传感器的读数误差,以此方法校准传感器全量程。示值变动性校准方法是,用手按住测杆至最大值然后松手,记录计算机显示的读数,连续进行5次,示值变动性误差不应超过允许误差。百分表校准时,直接从表盘指针上读取数据计算误差。

(3)数据采集仪、温度传感器的校准采用精密可变电阻器箱和数字万用表进行,将精密电阻箱与数据采集仪相连,按照温度传感器分度值表,拨动电阻箱手柄将其输出端设定为某一温度时的电阻值,从计算机显示屏读取温度值,计算示值与标称值之差获得采集仪的示值误差。采用精密数字万用表测量传感器的阻值与测量环境温度对应的分度表阻值比较,确定温度计在该点的示值误差。有条件的也可采用标准恒温箱等设备与数字万用表配合对温度传感器进行校准。

(4)应变传感器的校准采用数字频率表,在标准环境温度(20~25)℃下,测量应变传感器的频率初始值,并与其出厂产品标定表对比确定零点误差。传感器安装时要注意检查无载情况下频率输出值,调整应变传感器固定螺栓使其接近零点值。此外,也可利用计算机软件功能,在正式采集数据前进行电气调零。

(5)应变片的校准采用数字万用表和兆欧表,在应变片粘贴前,采用万用表测量电阻阻值,检查示值与其标称值是否相等,是否超差。应变片粘贴完成后,采用万用表再次检查电阻阻值;采用兆欧表检查其对地绝缘电阻是否符合要求。

5.2 仪器安装

(1)传感器、采集仪等设备的安装首先要征得轨道交通运营部门的同意,不得侵入线路、结构限界。

(2)为测量钢轨应力要将传感器安装在轨腰上,由于钢轨上不允许焊接安装,通常采用环氧树脂粘贴方式,为此要注意粘贴前将钢轨打磨清洁干净;在环境温度较低(10℃以下)时,环氧树脂凝固较慢,也可采用其他高效黏合剂。

(3)测量梁体位移的传感器宜采用磁吸座支架,为了减少磁吸座对传感器的影响,安装传感器时,宜先将磁吸座开关接通固定好后,再安装传感器;拆除时顺序相反。

(4)测量钢轨爬移的位移传感器安装在道床上,位移挡板固定在轨腰上,需要特别注意传感器信号电缆的固定和防水保护。

(5)为了保证系统的可靠运行,要保证传感器、采集仪、接口转换盒、通信接口以及电源变压器的接线端子、插头、插座等连接牢固,必要时采取粘贴或捆绑等辅助固定措施。

5.3 系统调试

(1)由于城市轨道交通工程的特殊性,在工程实施前要对监测系统进行模拟试验,即将全部传感器与相应数据采集仪、下位机相连并进行模拟运行试验,检查传感器采集存储数据情况,系统运行情况。传感器、监测系统运行正常后方可进行现场安装。

(2)现场安装可分为线路内、线路外、系统三部分,在分别完成线路内、线路外仪器设备安装和分系统安装调试后,在现场进行下位机与上位机数据无线传输试验。由于区域不同干扰情况各异,宜选用高性能数据终端。

(3)现场系统调试完成后,在工程指挥部进行上位机与下位机、投影仪、打印机等终端仪器设备的最终调试,工程开始两小时前,应再次进行上述试验。

(4)为确保工程的可靠性,要准备适当数量的位移传感器、仪用电源变压器、专用信号电缆等备件,保证在异常情况下监测系统能够正常工作。

6 结语

经过数十次轨道交通桥梁支座更换工程的实践,轨道交通桥梁支座更换技术已经趋于成熟,北京市交通委等部门颁布的《城市轨道交通桥梁支座更换技术规程》为工程的规范化提供了依据。对于监测技术而言,还可以在传感器可靠性和专用化、系统故障自动切换、更换过程监测系统仿真等方面进一步完善。

北京轨道交通桥梁安全监控设施及应用

韩继锋　江　瀑

摘　要　北京轨道交通房山线、亦庄线已经建成通车,其土建部分主要由地下线、高架线组成,其中高架桥梁占有比例较大。桥梁支座是连接桥梁上部结构和下部结构的重要组成部件,桥梁支座直接关系到桥梁结构安全,一旦损坏,将严重影响桥梁的承载能力和使用寿命,甚至引起坍塌事故。为保证已建成线路的运营安全,采取先进的监控手段,对梁体及支座存在的病害及隐患进行监控十分必要。通过对主要病害及隐患处的实时监控,实现时实预警、监测,确保线路安全运营,为下一步的病害治理,奠定基础。

关键词　轨道交通　桥梁　安全　监控设施

1　工程概况

北京轨道交通亦庄线于 2008 年 10 月 16 日开工建设,于 2010 年 12 月 30 日建成通车。亦庄线线路全长约 23.3km,其中高架线约 8.732km,地下线约 16.875km。亦庄线跨丰台、朝阳、通州区、大兴区四个区,沿线设车站 14 座。

北京轨道交通房山线于 2009 年 4 月 1 日开工建设,于 2010 年 12 月 30 日建成通车。房山线线路全长约 24.8km,其中高架线约 21.3km,地下线约 2.9km,过渡段约 0.55km。房山线跨丰台、房山两个区,沿线设车站 11 座,在房山区东阎村附近设车辆段 1 座。

经对桥梁设施进行了多次普查和检测,发现两条线路的大量支座均存在不同程度的病害。并且存在多处一联连续梁或一片简支梁下有多个劣化等级较高支座的情况。

为提高运营保障水平,有必要采取更先进的手段,消除安全隐患,为地铁日常保障及维修提供基础信息,实时预警,实时监测,确保线路安全运营。

在关键部位的梁体裂缝及病害支座和梁体结构安装专用监测仪器,监测梁体裂缝及病害支座和梁体结构的变化,监控各种病害的发展情况,为下一步的病害治理提供数据保障。

2　主要危害及隐患

2.1　支座病害

桥梁支座是连接桥梁上部结构和下部结构的重要组成部件,它能够将上部构造恒载和活载可靠地传递给墩台,同时承受由荷载引起的结构端部水平位移、转角等变形,适应由于温度、湿度等环境变化引起的结构胀缩变形阻抗风力、地震波等引起的结构平移,减轻震动对桥梁结构的不利影响。

房山线 1963 个支座全部为盆式橡胶支座。劣化等级为 A1 级支座 84 个,B 级支座 17 个,D 级支座 1862 个。发生 A1 级病害的 84 个,占总数的 4.3%。

亦庄线共有 1631 个支座主要有盆式橡胶支座及双曲面球型减隔震支座两种类型。劣化等级 A1 级支座 53 个,B 级支座 22 个,C 级支座 92 个,D 级支座 997 个。发生 A1 级病害的 53 个,占总数的 3.27%。

主要病害如下:

(1)上、下钢板脱空为局部脱空。
(2)上、下钢板倾斜不水平。
(3)支座转角值达到和超过设计允许值。
(4)产生位移但在设计允许值范围内。
(5)支座位移值达到和超过设计设计值。
(6)锚栓松动,锚栓缺失。
(7)垫石存在破损。

2.2 梁体病害

梁体裂缝是梁体的主要病害,放任裂缝的发展会影响桥梁耐久性严重会降低桥梁承载力。梁体裂缝大致分为:连续箱梁跨中、支点截面及附近梁体结构受力裂缝;沿预应力管道方向的裂缝;箱梁底板纵向裂缝;梁锚固区放射状裂缝。

2.3 主要隐患

随着轨道交通运营时间增长和交通量加大,桥梁支座在使用过程中出现的支座位移超限、剪切超限、位置串动、脱空、老化龟裂、支座外鼓、螺栓松动、钢板外露等问题被不断发现,同时,混凝土裂缝也在不断地增加。

3 监控目的

随着城市轨道交通快速发展,轨道桥梁数量不断攀升,桥梁受外界因素产生的病害不断发生,特别是支座位移超限、脱空、剪切变形,防撞架被撞,梁体裂缝等都给轨道交通的安全运营带来极大的挑战。因支座及梁体病害会导致列车运行颠簸、震动,也可能导致列车脱轨事件的发生,严重影响到轨道交通的安全运营。

为了掌握桥梁结构的工作状态及时了解损伤情况,尽早发现桥梁结构面临的危险状况,对桥梁设施运营期间的结构健康和安全使用状态进行有效监控和评估,可最大限度地延长桥梁的使用年限。对桥梁关键部位及重点病害实时监测,对可能发生危及桥梁安全的病害进行提前预警,能及时提示养护人员采取相应的养护措施,避免安全事故的发生。桥梁实时安全监测系统的建设,能够积累桥梁关键部分的相关数据,为梁体及支座病害的研究提供技术支持,为今后更大范围地推广,发挥更大的作用。

4 监控内容

4.1 监测项目

(1)支座的三向位移(横桥向位移、顺桥向位移、竖向位移)、转角监测;
(2)墩顶梁体位移(顺桥向位移)监测;
(3)墩顶位移(横桥向位移和顺桥向位移)监测;
(4)梁体应力(跨中梁底顺桥向正应力、中支点梁底正应力和腹板侧面主应力)监测;
(5)环境温度监测;
(6)活载挠度(中跨跨中挠度)监测;
(7)防撞架视频监控。

4.2 监测控制值

监测控制指标见表1。

监测控制指标　　　　　　　表1

序号	监测项目		监测控制值
1	支座位移	横桥向位移	2mm
		顺桥向位移	20mm(ZX型支座)
			2mm(GDX型支座)
		竖向位移	2mm
		转角	0.02rad
2	梁体位移	顺桥向位移	20mm
3	墩顶位移	横桥向位移	21mm
		顺桥向位移	27mm
4	应力	跨中梁底应力	5MPa
		腹板侧面应力	1.2MPa
		中支点梁底应力	3MPa
5	环境温度		-20℃ ~ +60℃
6	腹板裂缝	梁体 长度	30mm
		宽度	0.1mm
7	防撞架视频监控		

4.3 监测频率

按照不同监测项目的要求,各项监测频率分别如下:

(1)实时监测(支座的三向位移、支座转角、墩顶梁体位移、墩顶位移、梁体应力和环境温度)频率为连续长期监测;

(2)人工监测(活载挠度)频率为人工定期观测;

(3)防撞架视频监控,上传撞击图片,现场循环存储录像。

4.4 监测方式

本项目的监测方式分为自动化监测和人工监测。

自动化监测部分,通过数据采集仪采集各监测点数据,再通过无线数据传输终端,将监测数据实时传输至互联网。

人工监测部分,采用全站仪梁端及跨中高程进行测量,再通过管理平台进行信息录入。

5 监控系统

本系统主要由前端设备的现场采集系统、内业部分的软件管理系统两个部分组成。见图1。

5.1 现场采集系统

监测设备分别安装在梁体、支座和桥墩顶部,部分传感器通过连接导线直接与主机采集设备连接,部分传感器通过连接导线与扩展采集设备连接,主机按照内设的采样频率,实时采集监测数据,并对扩展采集设备进行控制,主机通过相连的无线数据传输终端实现数据实时无线传输。见图2。

5.2 软件管理系统

前端现场采集系统进行实时测量,通过无线数据传输终端连接到Internet,并将数据上传至中心平台。该模块负责与各监控设备进行通信,实现各采集仪设备动态IP的通信。

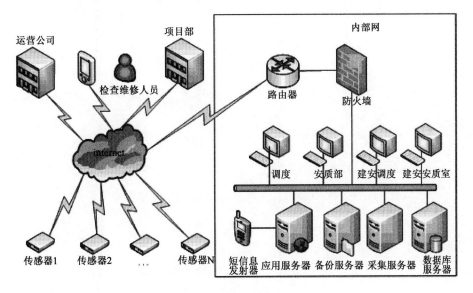

图 1 安全监控系统物理拓图

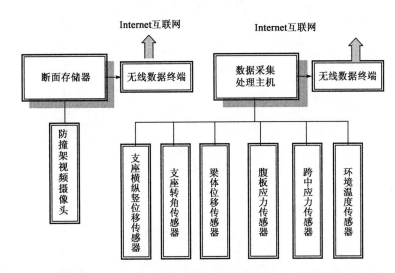

图 2 现场监测设备构成图

软件管理系统的数据采集子系统,通过将现场采集系统上传的数据包进行数据分析、适配,交由对应的采集仪适配器进行详细的数据解析,并为驱动准备各种参数、公式系数、初值等计算处理所需的所有信息,调用对应传感器驱动进行处理、计算,最后进行数据发布。

6 结语

目前,安全监控系统已经正式投入使用,轨道交通养护单位通过远程监控链路,对系统运行状况进行监控,通过监控模块查看所有安装在桥梁设施上的前端监测仪器的工作状态,每天由专人通过报表系统掌握梁体应力和位移、墩顶位移、支座监测参数(包括位移、转角)、环境温度随时间变化的情况。通过直观的察看监控测点的变化曲线及叠加曲线,掌握监控测点变化的规律。

通过对主要的病害及隐患处的实时监控,实现实时预警、实时监测,确保轨道交通线路安全运营。为下一步更好地进行病害治理,奠定了基础。

九、车辆段及控制管理中心施工专项技术

车辆段大体积混凝土基础施工技术

贺永跃　徐　谦　王慧斌　邢兆泳

摘　要　在工程施工中,基础施工经常涉及大体积混凝土基础处理,大体积混凝土的施工技术要求比较高,容易产生因水泥水化热引起的温度差而产生温度应力裂缝。大体积混凝土施工技术严格,需要在材料选择、技术设施方面准备充分才能保证工程顺利进行。本文通过叙述大体积混凝土的施工材料、针对问题的技术措施以及施工后的养护分析大体积混凝土的施工技术。

关键词　大体量混凝土　水化热　裂缝防治

1　工程概况

北京轨道交通8号线二期工程土建施工07标段为平西府车辆基地,位于8号线线路北端终点。车辆段运用库,建筑面积58317.6m², 1层(局部2层),为劲性结构,建筑高度9.3m,建筑物抗震设防烈度为8度,耐火等级二级,防水等级二级。运用库上部有一层汽车库及九栋11~22层的住宅楼,运用库首、二层为框架—剪力墙结构体系,其上11层与22层住宅为剪力墙结构体系。11层结构剪力墙全不落地,在二层顶采用隔震技术与主体分隔;22层住宅在首层顶进行结构体系转换,部分剪力墙落地。

运用库工程,共两层,无地下室,基础为桩基础,主体结构形式为框架剪力墙结构。首层为运用库,层高9.4m;二层为小汽车库,层高4.95m,建筑檐高16.5m。其中B、C、G、H、P、Q、R轴为劲性钢骨框架结构,混凝土框架梁截面尺寸为1000mm×2000mm,内含1600mm×600mm×50mm×50mm劲性H型钢,施工总吨位约16000t。

2　本工程施工重点

运用库P轴、R轴承台宽6.8m、高4.3m、长270m,混凝土方量为7895m³,一次性浇筑混凝土量大;承台混凝土属大体积混凝土,对于大体积混凝土施工阶段来说,在混凝土浇筑初期,水泥产生大量的水化热,使混凝土温度很快上升。而大体积混凝土的截面尺寸很大,上表面散热条件好,热量可向大气迅速散发;而混凝土内部由于散热条件较差,水化热聚集在内部不易散失,因此产生内部温度差,形成内约束。导致混凝土内部产生压应力,表面产生拉应力,当拉应力超过混凝土该龄期的抗拉强度时,混凝土表面就产生裂缝。对这种有害裂缝,在本工程混凝土施工中严格加以控制,确保承台混凝土质量。

水泥选用优质低热普通硅酸盐水泥,选用距施工现场近的混凝土搅拌站(运距3km),保障混凝土的供应。依据混凝土运距、供应速度、施工工艺等实际情况,将混凝土的初凝及终凝时间分别控制在16h和20h左右,同时在混凝土的振动界限以前对混凝土进行二次振捣、二次抹压,以保证上下层混凝土的结合密实。加强浇筑后的早期养护,能提高混凝土早期或相应龄期的抗拉强度和弹性模量,既是混凝土强度增长及后期强度发展的需要,更是保障大体积混凝土不产生结构裂缝和干缩裂缝的关键环节。

3　裂缝产生原因分析

产生裂缝的主要原因有以下几方面。

3.1　水泥水化热

水泥在水化过程中要释放出一定的热量,而大体积混凝土结构断面较厚,表面系数相对较小,所以水泥发生的热量聚集在结构内部不易散失。这样混凝土内部的水化热无法及时散发出去,以至于越积越高,使内外温差增大。单位时间混凝土释放的水泥水化热,与混凝土单位体积中水泥用量和水泥品种有关,并随混凝土的龄期而增长。由于混凝土结构表面可以自然散热,实际上内部的最高温度,多数发生在浇筑后的最初 3~5d。

3.2 外界气温变化

大体积混凝土在施工阶段,它的浇筑温度随着外界气温变化而变化。特别是气温骤降,会大大增加内外层混凝土温差,这对大体积混凝土是极为不利的。

温度应力是由于温差引起温度变形造成的;温差愈大,温度应力也愈大。同时,在高温条件下,大体积混凝土不易散热,混凝土内部的最高温度一般可达 60~65℃,并且有较长的延续时间。因此,应采取温度控制措施,防止混凝土内外温差引起的温度应力。

3.3 混凝土的收缩

混凝土中约20%的水分是水泥硬化所必需的,而约80%的水分要蒸发。多余水分的蒸发会引起混凝土体积的收缩。混凝土收缩的主要原因是内部水蒸发引起混凝土收缩。如果混凝土收缩后,再处于水饱和状态,还可以恢复膨胀并几乎达到原有的体积。干湿交替会引起混凝土体积的交替变化,这对混凝土是很不利的。影响混凝土收缩,主要是水泥品种、混凝土配合比、外加剂和掺合料的品种以及施工工艺(特别是养护条件)等。

4 材料选择

大体量混凝土所选用的原材料应注意以下几点:粗骨料宜采用连续级配,细骨料宜采用中砂。外加剂宜采用缓凝剂、减水剂;掺合料宜采用粉煤灰、矿渣粉。

大体积混凝土在保证混凝土强度及坍落度要求的前提下,应提高掺和料及骨料的含量,以降低单方混凝土的水泥用量。

水泥应尽量选用水化热低、凝结时间长的水泥,优先采用中热硅酸盐水泥、低热矿渣硅酸盐水泥、大坝水泥、矿渣硅酸盐水泥、粉煤灰硅酸盐水泥、火山灰质硅酸盐水泥等。但是水化热低的矿渣水泥的析水性比其他水泥大,在浇筑层表面有大量水析出。这种泌水现象不仅影响施工速度,同时影响施工质量。因析出的水聚集在上下两浇筑层表面间,使混凝土水灰比改变,而在掏水时又带走了一些砂浆,这样便形成了一层含水量多的夹层,破坏了混凝土的黏结力和整体性。混凝土泌水性的大小与用水量有关,用水量多,泌水性大;且与温度高低有关,水完全析出的时间随温度的提高而缩短;此外,还与水泥的成分和细度有关。所以,在选用矿渣水泥时应尽量选择泌水性的品种,并应在混凝土中掺入减水剂,以降低用水量。在施工中,应及时排出析水或拌制一些干硬性混凝土均匀浇筑在析水处,用振捣器振实后,再继续浇筑上一层混凝土。

5 本工程采取的具体措施

5.1 混凝土保温、保湿的养护方法

在混凝土开始初凝后可以覆盖塑料薄膜,塑料薄膜上覆盖阻燃草被,即采取"单膜单被"和"单膜双被"的方法,如图1。

5.2 加强对大体积混凝土的测温

做好大体积混凝土内部温度与表面温度的测控记录。采取保温、保湿等养护措施控制好混凝土的底部和中心温差、中心和表面温差、表面和大气温差控制在25℃范围内。

图 1　混凝土保温

6　混凝土的测温与养护

6.1　混凝土的测温

培训专职测温人员进行安全交底，备齐测温计、测温管及标志旗，测温管长 0.26~1.6m，标志旗 100 个。测温点的布置详图。浇筑混凝土时要根据段位插测温管，测温管应与钢筋绑牢，以免浇筑时位移或漏孔位。保温及测温工作要持续到混凝土温度与大气平均温度差在 15℃ 以内，混凝土强度达设计强度的 85% 以上，并经技术部门同意方可终止。

6.2　混凝土的养护

对混凝土温度应预先计算，为保温措施的确定和材料的准备提供理论依据。经计算，一层 5cm 厚岩棉被即可满足保温要求。因此在每步每段浇筑的混凝土达到能上人的强度后应及时覆盖保温。为避免岩棉被因吸水而影响保温效果，在混凝土表面先覆盖一层塑料薄膜。墙体插筋处的保温措施不可忽视，其外侧用岩棉被堆角，并用 40cm 宽的岩棉条铺在钢筋中间。

7　结语

经过有效措施的实施，大体量混凝土成型质量较佳，有效控制了大体量混凝土的裂缝产生。大体积混凝土基础也将会随着轨道交通工程体量的增大而越来越广泛地应用，系统的总结、积累和分享科学的施工方法和好的施工经验，必将会对工程建设起到积极的作用。

喷涂高弹性橡胶沥青防水涂料施工工艺

邢兆泳　汪令宏　徐　谦　于英杰

摘　要　随着科技迅速发展现代建筑屋面的形式越来越多样化,给防水工程带来了新的技术难题,特别是防水材料方面,须采用性能更高效的新型防水材料及施工工艺来满足各项防水要求。喷涂高弹橡胶沥青防水涂料作为新一代应用技术和产品在防水工程中得到了广泛应用。
　　喷涂高弹橡胶沥青防水涂料施工技术,通过北京轨道交通 8 号线二期平西府车辆段与综合基地运用库屋面、咽喉区屋面、汽车库地面防水工程的应用,形成了一套完整可靠的施工工艺,取得了良好的经济效益和社会效益。目前在国内还较少应用,非常具有研究推广和应用价值。

关键词　喷涂高弹橡胶沥青　防水　无纺布　涂膜

1　特点

(1)适用于任何建筑设计模式,多种防水防渗防护问题一次性解决;

(2)具有超强的化学惰性,具有一般防水产品达不到的抗酸、抗碱、耐菌、防霉能力(抗各种化学介质腐蚀 500h 无开裂、剥落),具有耐腐蚀性,可抵抗大气环境的腐蚀;

(3)施工准备工作简单:冷制冷喷,快速成型(喷涂后 3s 上人行走,6h 表干,24h 实干),整体无缝;

(4)超高的抗穿刺性和柔韧自愈性(300mm 抗刺破,0.3MPa,120min 不透水),特别适用于地下混凝土收缩及徐变影响产生的结构变形、异形及形状复杂的场所;

(5)优良的耐候稳定性能和优异的耐久性(适应 -20℃ ~110℃ 环境),可满足地下结构 50 年使用年限的要求;

(6)超强的延展性和柔韧的自愈性(最大可延伸自身 16 倍,抗应力疲劳);

(7)胶膜与任何基面结合后不窜水、不剥离(能与任何材料粘接和潮湿基面黏结,与后浇混凝土剥离强度保持率 96%),是真正实现一种"皮肤式"防水材料;

(8)具有良好的稳定性,自熄阻燃,可避免施工过程火灾危险;

(9)环保、无毒、无刺激性,无任何废料污染和有害气体散发,符合国家环保标准。

2　适用范围

(1)本工法适用所有屋面防水工程、大面积楼地面防水及地下工程防水。
(2)适用于混凝土、钢结构、各种面板(板材)等基层。

3　工艺原理

(1)喷涂高弹橡胶沥青防水涂料是以超细悬浮阴离子微乳型改性乳化沥青和合成高分子聚合物与特种固化物反应生成高弹性防水、防腐材料。

(2)喷涂弹橡胶沥青防水涂料通过专用喷涂设备,使双组分材料在喷枪口外扇形交叉,充分混合后,瞬间到达基面时破乳、固化,形成致密、连续、完整的类似橡胶的涂膜,见图 1。

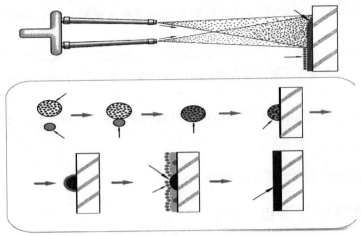

图 1 涂膜形成原理及过程

4 材料与设备

4.1 外观

喷涂高弹防水涂料(A 组分)搅拌均匀后为黑色或褐色乳液(允许有少量析出物)。B 组分为白色颗粒结晶。

4.2 喷涂高弹防水涂料性能指标应符合各项标准及设计要求

喷涂高弹防水涂料性能指标见表1。

喷涂高弹防水涂料性能指标　　　表1

序　号	检 验 项 目	标 准 要 求
1	固体含量(%)	≥55
2	表干时间(h)	≤6
3	实干时间(h)	≤24
4	黏结强度(MPa)	≥0.50
5	不透水性(0.30MPa,30min)	无渗水
6	断裂延伸率(标准条件)(%)	≥1000
7	低温柔度(标准条件)(℃)	-20℃无裂纹

(1)喷涂高弹防水涂料不应对人体、生物、与环境造成有害的影响,所涉及与使用有关的安全与环保要求,应符合我国相关国家标准和规范的规定。

(2)喷涂高弹防水涂料 A 料在喷涂施工前需使用专用搅拌设备进行充分搅拌,搅拌时间应不少于30min。

4.3 喷涂高弹防水涂料储存应符合如下要求：

(1)在 5~40℃环境温度的范围内储存,低于5℃应采取保温措施。

(2)本产品为难燃材料,可按一般货物运输。在储存、运输过程中,密封包装,严禁日光暴晒、雨水灌入、受冻、避免挤压、碰撞,保持产品包装完好无损。保质期为生产之日起12个月。

4.4 辅助材料

喷涂高弹防水涂料在喷涂时,需配合 B 组分共同使用。根据防水设计要求在需要特殊处理的位置,应配合其他辅助材料使用。喷涂高弹防水涂料所使用的辅助材料应符合下列规定：

(1)喷涂高弹防水涂料 B 组分:B 组分为镭纳喷涂高弹防水涂料 - A 组分的固体催化剂。应按使用说明配比使用。

(2)喷涂高弹防水涂料涂刷料(RTG):它是以超细悬浮微乳型改性乳化沥青和合成高分子聚合物为主要原材料,并添加多种高分子聚合物合成而成。该产品可单独使用,并可以被应用于喷涂部位需要修补的位置。

(3)喷涂高弹防水涂料加强层:宜采用≥80g 的单面热压丙纶无纺布或其他适用材料。

4.5 设备

进口双管冷喷专用喷涂机及高压软管和喷枪等。

5 工艺流程及操作要点

5.1 工艺流程

喷涂施工流程见图 2。

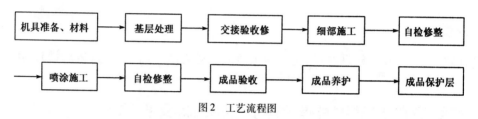

图 2 工艺流程图

5.2 施工准备

5.2.1 施工材料准备

(1)主料:喷涂高弹橡胶沥青防水涂料、涂刷型 RTG 单组分液体橡胶。

(2)辅料:专用接缝密封胶、膨胀止水胶条、无纺布增强层等。

5.2.2 施工设备与机器准备

(1)机器设备:进口双管冷喷专用喷涂机及高压软管和喷枪。

(2)设备机具:搅拌器、配料桶、过滤网、汽油桶、汽油、机油、温湿度计、浓度计、水泥枪、照明灯、电源线、大功力吸尘器、工具箱及备件。

(3)施工机具:电镐、钢丝刷、锤子、錾子、刮板、毛刷、腻子刀、剪刀、扫帚、塑料桶、手提强光灯等。

(4)防护准备:安全帽、防护服、安全带、安全绳、乳胶手套、风镜、工作靴、雨靴、雨衣、对讲机等。

5.3 作业条件

基面按喷涂标准验收合格,严重麻面用水泥胶拌水泥刮平,灰尘用大功力吸尘器吸干净。

喷涂设备动力检查,该设备油箱需汽油 3L,可连续工作 6h。

5.3.1 喷涂设备调试

(1)启动前连接高压软管和喷枪,并检查汽油、机油是否达到规定的油面,泵体阀门开关是否在关闭状态;

(2)启动发动机并置于怠速状态,检查发动机工作是否正常,各连接装置有无渗漏;

(3)调整工作压力,A 料泵达到 2.5kg,B 料泵达到 1.5kg;

(4)开启阀门开关,在调试桶内调试喷枪喷涂流量,检查有无堵塞和不畅;

(5)一切正常开始喷涂施工;
(6)若三日内不再开机,应进行喷涂设备清洗,确认清洗干净后按照相反顺序关机。

5.3.2 操作要点

(1)喷涂机按 A、B 两组份的比例,将料送到喷枪,同时混合雾化后喷出;
(2)喷涂施工宜分区完成,500~1000m² 为一区域进行施工,施工时需连续喷涂至设计厚度。每一遍的喷涂厚度为 0.25~0.50mm 厚,交替改变喷涂方向,下一遍覆盖上一遍一半宽度,以保证涂层厚度均匀,无漏喷。

5.4 养护要点

(1)喷涂成膜后,根据周围环境温度、湿度的不同,应进行不少于 24h 的养护。养护期间涂层上不得上人踩踏或进行下一工序施工。养护期间胶膜发生排气、排水鼓泡现象属于正常现象。在气温高、气候干燥、通风条件好的情况下,成膜养护 12h 后,经检测确认,可进行下一步工序的施工。
(2)检查修补:防水层完工后应做外观质量检查。并重点检查细部构造部位,发现问题应及时修补,确保涂膜防水层厚度均匀无渗漏。
(3)防水层施工完成后应按设计要求进行保护层施工,保护层施工时,应采取无纺布覆盖的保护措施。

5.5 重点细部构造

5.5.1 变形缝部位防水施工

(1)材料选用:50mm×50mm 遇水膨胀止水条(执行 GB/T 18173.3 标准),该产品具有弹性接缝止水材料的密封作用,当接缝两面侧距离加大到弹性材料的弹性复原率以外时,由于该材料具有遇水膨胀的特性,在材料膨胀范围以内仍能起止水作用,膨胀体仍具有橡胶性质、更耐水、耐酸、耐碱。广泛用于地下铁路、隧道以及混凝土工程的变形缝、施工缝处。
(2)凹槽处理:人工剔凿清理变形缝至凹槽底部,然后将凹槽里砂浆层打掉,直到凹槽里浮尘用吸尘器清理干净。
(3)涂刷喷涂高弹橡胶沥青防水涂料密封胶:密封胶使用之前,需搅拌均匀方可使用。在清理干净的变形缝凹槽内,涂刷密封材料,涂刷厚度 1mm,分别涂在凹槽两侧和底部。涂刷应均匀,不漏底,不堆积,并完全粘合于底部预制预喷胶膜,养护 1h。
(4)镶嵌膨胀止水条:在变形缝凹槽底部用 50mm×50mm 遇水膨胀止水条嵌底。并与凹槽内镭纳密封材料粘实。镶嵌平整后再用镭纳密封材料按要求涂刷密封。如图 3。

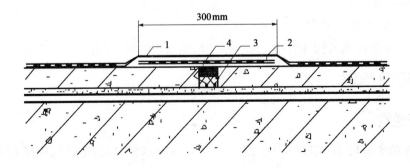

图 3　防水变形缝处理
1-喷涂弹橡胶沥青防水涂料防水层;2-双层喷涂弹橡胶沥青防水涂料增强层(每层内 120g 无纺布作胎基);3-喷涂弹橡胶沥青防水涂料密封材料;4-衬垫材料

5.5.2 穿透防水层管道根部防水处理

防水管道穿墙处理图见图4。

(1)延穿透防水层管道根部周圈剔凿宽30mm,深40mm的V型槽,清除所有松动砂粒,锈蚀部位用钢丝刷或电动刷打磨干净;用吸尘器吸净浮尘,确保作业面干净,无杂物裸露。

(2)在干净的环形槽内填充高黏度密封胶封闭,填充均匀,深度不少于20mm,作为第一道防水层。

(3)然后填充速凝粉,对密封胶封闭加强层,加强层密实、圆滑,加强层外边缘收口处用单组分液体橡胶涂刷覆盖,覆盖宽度50mm进行养护,作为第二道防水层。

(4)速凝粉养护后,涂刷单组分密封胶,重点封闭收口,修复裂缝,涂刷厚度1mm进行养护,作为第三道防水层。

(5)经检查满足喷涂条件,开始喷涂工艺,喷涂厚度2mm,无缝全包管道根部。

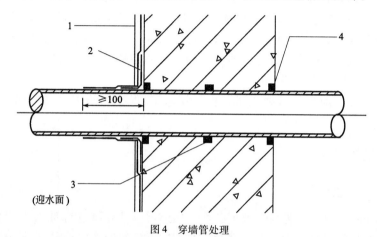

图4 穿墙管处理

1-喷涂弹橡胶沥青防水涂料防水层;2-喷涂弹橡胶沥青防水涂料增强层(每层内120g无纺布作胎基);3-遇水膨胀橡胶条;4-喷涂弹橡胶沥青防水涂料密封材料

5.5.3 施工缝防水处理

(1)确认施工缝位置并清理干净基面,清理范围以施工缝为中心线,总宽度300mm。

(2)延施工缝中心线两侧涂刷喷涂弹橡胶沥青防水涂料手刷料,涂刷厚度1mm,涂刷宽度300mm。提高该部位防水能力的构造层次。

(3)裁剪200mm宽无纺布增强层,延施工缝中心线粘贴在涂刷好的密封材料上。粘贴平整,不褶皱、不翘边。

(4)达到喷涂条件后,按喷涂工艺喷涂弹橡胶沥青防水涂料,喷涂厚度2mm。总宽度300mm。

施工缝防水处理见图5。

5.5.4 其他细部构造图

图6~图11分别为层面天沟、檐口、泛水、变形缝、落水口的细部构造图。

6 质量控制措施

6.1 质量检验

(1)喷涂高弹防水涂料、涂刷料(RTG)、无纺布等所选防水材料质量、性能应符合设计和本规程规定要求。

检验方法:检查出厂合格证、质量检验报告和现场抽样复查报告。

(2)喷涂高弹防水涂料防水层喷涂时应与基层粘接牢固,无露胎体和翘边等缺陷。

检验方法:观察检查。

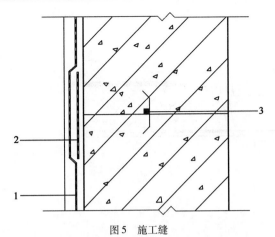

图5 施工缝

1-喷涂弹橡胶沥青防水涂料防水层;2-喷涂弹橡胶沥青防水涂料增强层;3-遇水膨胀像胶条

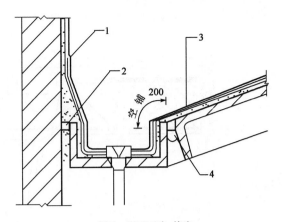

图6 屋面天沟、檐沟

1-喷涂弹橡胶沥青防水涂料防水层;2-密封材料;3-喷涂弹橡胶沥青防水涂料加强层;4-背衬材料

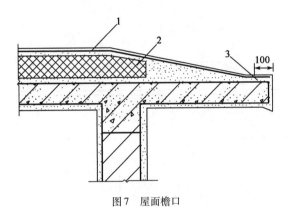

图7 屋面檐口

1-喷涂弹橡胶沥青防水涂料防水层;2-保温层;3-密封材料

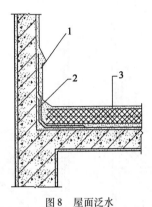

图8 屋面泛水

1-喷涂弹橡胶沥青防水涂料防水层;2-喷涂弹橡胶沥青防水涂料加强层;3-水泥砂浆保护层

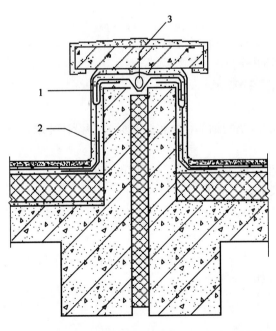

图9 屋面变形缝

1-喷涂弹橡胶沥青防水涂料防水层;2-喷涂弹橡胶沥青防水涂料—加强层;3-衬垫材料

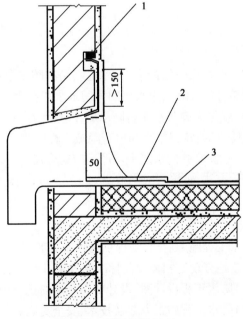

图10 屋面水落口(一)

1-密封材料;2-喷涂弹橡胶沥青防水涂料加强层;3-喷涂弹橡胶沥青防水涂料防水层

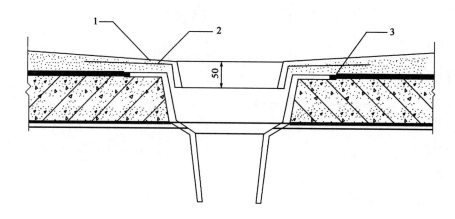

图 11 屋面水落口(二)
1-喷涂弹橡胶沥青防水涂料防水层;2-喷涂弹橡胶沥青防水涂料加强层;3-密封

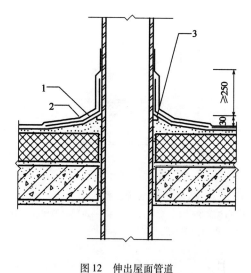

图 12 伸出屋面管道
1-喷涂弹橡胶沥青防水涂料加强层;2-喷涂弹橡胶沥青防水涂料防水层;3-密封材料

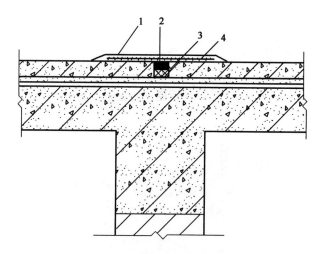

图 13 刚性防水屋面分格缝
1-喷涂弹橡胶沥青防水涂料防水层;2-密封材料;3-衬垫材料;4-喷涂弹橡胶沥青防水涂料加强层

(3)已完工的喷涂高弹防水涂料防护防水层不得有渗漏现象。

检验方法:屋面、用水房间采用淋水或蓄水检验。

(4)喷涂高弹防水涂料防水层在屋面、地下工程中所涉及的细部构造做法均须符合设计要求。

检验方法:观察检查和检查隐蔽工程验收记录。

(5)喷涂高弹防水层平均厚度应符合设计要求,最小厚度不得小于设计厚度的80%。

检验方法:针测法或割取 20mm×20mm 实样用卡尺测量。

6.2 质量验收

防水工程施工后,必须提供各种有关的报表、文字等技术资料,技术资料应及时在施工中形成。按照国家或地方现行相关规范标准的规定进行验收。应有如下资料:

(1)防水工程设计图,设计变更及洽商记录等。

(2)防水工程施工方案及技术、安全交底。

(3)材料质量报告,包括:出厂合格证、准用证、性能检验报告及抽样复试报告等。

(4)施工检查记录,检验记录,隐蔽工程验收记录,验评报告等。

7 应用实例

北京平西府车辆段与综合基地位于轨道交通 8 号线北端终点,承担 8 号线、10 号线车辆的架修任务,以及 8 号线配属车辆的定/临修、月检、停车列检等任务。防水等级为一级,其中一道防水为 2.0mm 厚喷涂高弹橡胶沥青防水涂料。施工范围包括咽喉区屋面、运用库屋面及汽车库地面、汽车坡道等工程,防水工程 18 万 m^2,采用喷涂高弹橡胶沥青防水涂料约 700t,成功地解决了各项防水问题,保证了防水工程的质量,获得了良好的经济效益和社会效益。

型钢混凝土组合结构在平西府车辆段工程中的应用

徐 谦 王慧斌 汪令宏 贺永跃

摘 要 平西府车辆段与综合基地工程位于8号线线路北端终点,与一期工程线路终点站回龙观东大街站接轨,随二期工程建成。整个结构形式为型钢混凝土结构,包括有型钢混凝土柱、型钢混凝土梁;特点为梁柱截面大,钢筋多,钢骨柱、钢骨梁截面大,钢筋排布难度大。混凝土结构与型钢结构的结合、钢构件需预留灌浆孔、穿筋孔的施工工艺成为重点,本文将对重点工艺进行经验总结。

关键词 平西府车辆段与综合基地 型钢 穿筋孔 混凝土浇筑

1 工程概况

平西府车辆段与综合基地工程位于8号线线路北端终点,与一期工程线路终点站回龙观东大街站接轨,随二期工程建成。承担8号线、10号线车辆的架修任务,以及8号线配属车辆的定/临修、月检、停车列检等任务。平西府车辆基地运用库全部位于地上,共两层,无地下室,用地范围为200m×300m,主要柱网尺寸为15.9m×7.2m、12.6m×8.6m;首层为运用库,层高9.4m;二层为小汽车库,层高4.5m;二层顶板上自南向北建有三排住宅,其中南侧两排为盖上12层住宅,檐口高度47.5m;北侧一排为23层住宅,檐口高度78.9m,住宅墙体位置与下部柱网对齐。总建筑面积共28万 m^2。

本工程结构特点:

(1)整个结构形式为型钢混凝土结构,包括有型钢混凝土柱、型钢混凝土梁。

(2)梁柱截面大,钢筋多,钢骨柱、钢骨梁截面大,钢筋排布难度大;考虑到混凝土结构与型钢结构的结合,钢构件需预留灌浆孔、穿筋孔及施工工艺需要的孔洞。

(3)梁柱连接节点部位由于钢筋多,钢筋截面大,如何合理地排布钢筋,合理地处理混凝土结构与型钢结构的连接节点是控制工程施工质量的关键。

2 研究背景

本工程结构形式为钢混凝土结构,合计钢结构用量16000t,其中14000t为劲性钢结构,其余2000t为钢支撑。梁柱连接节点方式多样,包括了劲性柱与劲性梁的连接、劲性柱与混凝土梁的连接、劲性柱与悬挑梁的连接;且钢构件截面形式多样,包括十字型钢骨柱、箱型钢骨柱、H型钢骨柱。

3 型钢混凝土结构构造节点做法

本工程中型钢混凝土柱主要包括十字型钢骨柱、工字型钢骨柱及箱型钢骨柱。

3.1 柱身在如下位置分布有预留孔

(1)加劲板部位与纵向筋冲突部位;

(2)考虑到混凝土柱身模板安装工艺,在钢骨柱柱身上开设固定模板的拉结筋孔;

(3)加劲板部位开设灌浆孔。

3.2 型钢混凝土柱工艺要求

(1)型钢混凝土结构构件中,纵向受力钢筋直径不宜小于16mm,型钢混凝土柱纵筋间净间距不小于50mm,且不小于粗骨料最大粒径的1.5倍及钢筋直径的1.5倍;纵筋与型钢净间距不小于30mm,且不小于粗骨料最大粒径的1.5倍;其纵筋的最小锚固长度、搭接长度应符合国家标准《混凝土结构设计规范》GB 50010要求;

(2)考虑地震作用的组合型钢混凝土结构构件宜采用封闭箍筋,箍筋末端宜做成135°弯角,弯头长度不小于箍筋直径的10倍;

(3)型钢混凝土柱的纵向受力钢筋的保护层的厚度不小于350mm;

(4)为了保证型钢混凝土柱的浇筑质量,应在型钢柱的工艺板、加劲板增加灌浆孔,孔径应满足混凝土振捣棒的施工需要;大截面构件应相应加大灌浆孔的直径及数量;

(5)型钢混凝土柱考虑到施工工艺的要求,如型钢混凝土柱柱身模板的固定措施,往往需要拉设通长的拉筋固定模板,所以在钢骨柱的相应部位应适当地增加工艺孔;

(6)为满足结构要求,钢骨柱上需要开设穿筋孔,穿筋孔的截面积不大于型钢截面的25%,孔径如表1所示;

常用钢筋穿孔的孔径值(mm)　　　　　　　表1

钢筋直径	10	12	14	16	18	20
穿孔孔径	15	18	20~22	20~24	22~26	25~28
钢筋直径	22	25	28	32	36	40
穿孔孔径	26~30	30~32	36	40	44	48

(7)穿筋孔的位置应远离焊口,避免应力集中,影响构件加工质量。

3.3 钢骨柱抗震设计构造

(1)箍筋的加密区应设置抗剪栓钉,栓钉的长度不宜小于栓钉直径的4倍,间距不宜大于220mm,也不宜小于栓钉直径的7.5倍,且栓钉至型钢边缘的距离不应小于50mm;

(2)纵向钢筋应贯通,在与型钢冲突部位应增设穿筋孔,并应合理地排布钢筋,穿筋孔的截面不应大于型钢截面的25%,对于大于25%的应对型钢做必要的补强处理;

(3)有抗震要求并采用封闭式箍筋的,如箍筋穿过型钢柱难度较大的,应将箍筋做成"L"型、"U"型,现场施工时分别穿过型钢后再焊接成封闭式箍筋。

3.4 型钢混凝土梁构造做法

(1)在如下位置分布有预留孔

①钢梁上有型钢混凝土柱的,应开设混凝土柱纵向钢筋穿筋孔;

②腹板部位应在加工厂预留箍筋、拉结筋孔;

③其他必要的设备孔洞,如穿管线、管道的预留孔洞等。

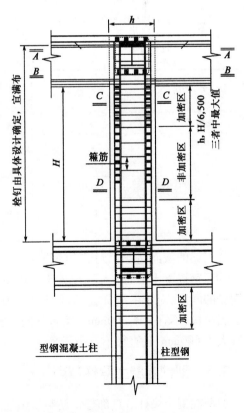

图1　型钢混凝土柱构造大样图

(2)型钢混凝土梁工艺要求

①型钢梁的翼缘,宜将一侧翼缘设置在型钢混凝土梁的受压侧,另一侧翼缘设在型钢混凝土梁的受拉侧;

②型钢混凝土梁中的纵向受力钢筋不宜超过两排,施工过程中应合理排布钢筋,其配筋率不应小于0.3%,直径为16~25mm;

③型钢混凝土梁部位受到较大的集中荷载及受力较大的节点部位应相应地加设加劲板;

④型钢混凝土梁的宽度不宜小于300mm,截面的高度与宽度的比值不宜大于4;

⑤型钢混凝土梁的开孔位置宜设置在剪力较小的部位,开的孔应为圆孔,当孔洞位于离支座1/4跨度以外时,圆形孔的直径不大于0.4倍的梁高,且不大于型钢截面高度的0.7倍;当孔洞位于离支座1/4跨度以内时,圆形孔的直径不大于0.3倍的梁高,且不大于型钢截面高度的0.5倍。

(3)钢骨梁抗震设计构造如图2所示

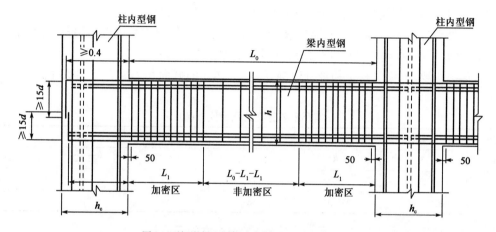

图2 型钢混凝土梁构造大样图(尺寸单位:mm)

①对于有抗震要求的型钢混凝土框架梁,梁端应设置箍筋加密区,加密区的长度、箍筋最大间距及箍筋最小直径应符合表2要求。

梁中箍筋直径、间距和加密区长度的要求　　　　　　　表2

抗震等级	箍筋直径	非加密区箍筋最大间距 (取较小值)(mm)	加密区箍筋最大间距 (取较小值)(mm)	箍筋加密区长度
非抗震	≥8	$h_0/2$,≤250	—	—
四级	≥8	$h_0/2$,≤250	$h_0/4$,$6d$,≤150	$1.5h_0$
三级	≥10	$h_0/2$,≤250	$h_0/4$,$6d$,≤150	$1.5h_0$
二级	≥10	$h_0/2$,≤200	$h_0/4$,$6d$,≤100	$1.5h_0$
一级	≥10	$h_0/2$,≤200	$h_0/4$,$6d$,≤100	$2h_0$
特一级	≥10	$h_0/2$,≤200	$h_0/4$,$6d$,≤100	$2h_0$

②当梁的截面高度h大于梁的跨度1/4时,梁全跨的箍筋应按加密区的要求设置。

③型钢混凝土梁的腹板高度大于450mm时,在梁的两侧应沿高度方向设置纵向构造钢筋。纵向构造钢筋的间距,对于一级抗震,不宜大于200mm;对于二、三级抗震,不宜大于250mm;对于四级抗震和非抗震结构,不宜大于300mm。梁箍筋的加密区范围内,宜在两侧纵向构造钢筋之间设置拉结筋,间距不宜大于600mm,且直径不宜小于8mm。

3.5 型钢混凝土梁柱节点

型钢混凝土梁柱节点部位钢筋与型钢柱、梁连接做法主要分为以下几种形式:

(1)钢筋与型钢之间通过牛腿或增加搭接焊板搭接焊;牛腿或搭接焊板的长度应满足单面焊≥

10d,双面焊≥5d。

（2）在型钢相应部位开设穿筋孔；型钢截面损失率大于25%时，应对型钢进行补强；圆形孔洞可通过焊接钢套筒补强，如图3所示；当型钢必须开设矩形孔洞时，应将矩形四个角开设成圆弧形，并加设纵横向加劲肋，如图4所示。

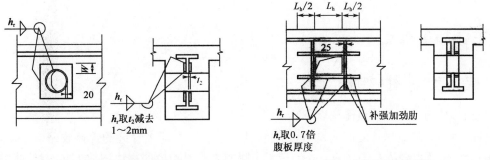

图3　圆形孔加强示意图　　　　图4　矩形孔加强示意图

（3）钢筋通过套筒与型钢连接固定；套筒与型钢混凝土柱内型钢焊接的连接焊缝应与所连接的梁内钢筋等强，且在柱型钢内套筒水平位置处设置加劲肋。

（4）对于部分混凝土梁的梁筋在梁柱节点部位可做弯锚处理。

具体的节点做法如图5、图6所示。

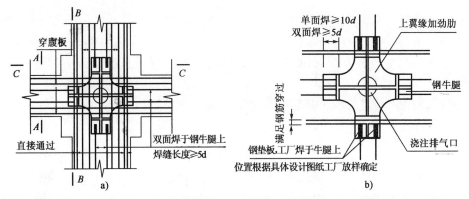

图5　钢筋穿腹板、搭接焊节点做法

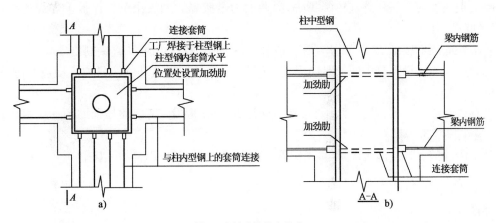

图6　套筒连接节点做法

3.6　型钢梁柱节点的混凝土浇筑

型钢梁柱节点的混凝土浇筑除严格按传统工艺施工外，还应注意：

（1）混凝土技术要求：由于型钢截面尺寸大、配筋率大，因此混凝土要求具有较好的和易性，混凝土的坍落度控制在 180~200mm 之间;混凝土粗骨料宜采用 5~20mm 的小粒径石子。

(2)在钢筋绑扎过程中控制好主筋的间距和排距不小于钢筋直径,保障主筋间距均匀。

(3)型钢柱的横向工艺隔板利用工艺孔做下灰孔、排气孔,对于大截面型钢柱、梁节点处应经设计单位核算、采取加强措施后再将工艺孔加大,作为振捣棒插孔及排气孔,保障梁柱节点处的混凝土密实。

4 主要加工难点

4.1 超大型箱形柱的制作

超大型箱形柱的制作要重点注意以下几点:

箱形柱的翼板和腹板总长度加放 30mm 余量,其中沿长度方向主焊缝的焊接收缩余量半熔透焊缝为 0.5mm/m,全熔透焊缝为 0.7mm/m;外侧带梁牛腿的电渣焊隔板处每块加放 1mm 焊接收缩余量;底板全熔透焊缝处加放 1mm 焊接收缩余量;柱身环板处加放 1mm 焊接收缩余量;柱顶部和底部须加工的磨光顶紧面每处加放 4mm 加工余量。

箱形柱翼板宽度加 1mm 焊接收缩余量,腹板宽度加 2mm 焊接收缩余量。

箱形柱柱体制作完成时(大组立前),留出钢筋搭板和底板处的焊接收缩余量后,从下端部切除余量。

箱形柱翼板和腹板的宽度不得拼接,长度需要拼接时,应先拼接,后下料。对接错边 $t/10$,且不大于 2mm。用埋弧焊焊接,背面用碳弧汽刨清根。拼接长度、焊缝布置的位置应满足设计要求,设计未提出具体要求时,按 GB 50205 和 JGJ 99 标准相应条款的要求执行。翼板和腹板的拼接焊缝必须错开,距离应大于 200mm。

拼接后的翼板和腹板应进行校平及超声波检查,合格后方可进行组立装配。

4.1.1 下料切割

(1) -40 厚度的腹板用多头切割机下料。下料后在焊道处用半自动气割机开出焊接坡口,注意区分全熔透坡口和非全熔透坡口。采用角磨机在切割边打磨,清除毛刺。

(2) -50 厚度的翼板宽度逐渐变截面(由 1600mm 逐渐变为 800mm 宽),采用数控气割机下料。

(3)隔堵板两面为二氧化碳气体保护焊,另两面为电渣焊。二氧化碳气体保护焊焊道处用半自动气割开焊接坡口。

(4)箱形柱底座板按施工图尺寸用数控气割机下料并将 32 个预埋孔直接割出。

(5)加劲板隔板及箱型柱中间的纵向隔板,气割下料后呆用半自动气割机加工周边坡口,对角线允差为 ±1mm。

(6)现场拼接用的连接板用气割下料,然后转抛丸除锈,待用;箱型柱与钢筋的连接板用自动切割机下料,铲除毛刺后进行抛丸,待用。

(7)其余零件的下料按施工图尺寸制作原寸资料,用气割下料,用普通钻床制孔。

4.1.2 超大型箱形柱的组装

(1)部件装配

焊接区域应打磨,清除加工毛刺、表面氧化皮、油污及垃圾。加劲隔板表面应平整,无扭曲,对角线长度误差≤2mm,贴合面直线度误差≤1mm。

(2)超大型箱型柱的组装

组装下翼板与柱身内隔板→装两侧翼板→箱形柱铣钢柱顶端→装柱底板和钢筋搭板→栓钉焊接→标识。

根据施工图和原寸要求,在箱形柱两端距端面1000mm处,用钢印打出标识,包括装配方向、构件号、中心位置和对中点。做标识部位应先打磨,清除表面氧化皮和垃圾。钢印应清晰,钢印深度应大于0.5mm。

4.2 H钢柱的制作

4.2.1 H钢柱制作要领

切板、细焊图见图7~图9。

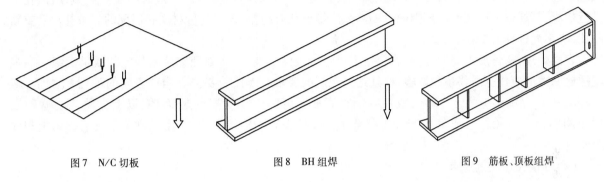

图7 N/C切板　　　　图8 BH组焊　　　　图9 筋板、顶板组焊

4.2.2 注意事项

(1)钢柱的上、下翼缘板在跨中1/3跨长的范围内应尽量避免拼接。上、下翼缘板的拼接应采用加引弧板的对接焊缝,并保证焊透。三者的对接焊缝不应设置在同一截面上,应相互错开200mm以上,与加劲肋也应错开200mm以上。

(2)钢柱的贴角焊缝表面应做成直线型,焊接中应避免弧坑、气孔等缺陷,焊接加劲肋的贴角焊缝的始末端应采用回焊的措施避免弧坑,回焊长度不少于3倍贴角焊缝的厚度。

(3)钢柱的下翼缘板不得焊接悬挂设备的零件,并不宜打火或焊接夹具。

(4)钢柱的上、下翼缘板对接焊缝的上表面及所有引弧板割去处均应用机械加工矫正,使之与主体金属平整。

(5)有些钢柱按照设计要求:钢柱的翼板与腹板的焊缝必须保证焊透,并按图纸标准达到加固高度,工厂100%超声检查。

(6)钢柱的端部加劲板应上下两端与翼板磨光顶紧,达到0.3塞尺70%以上不能进入方可焊接。

(7)钢柱不得扭曲、变形。

(8)钢柱两端有底座板和顶板时,其长度要求应为0~+5mm。为此在组成工字焊接完主焊缝后,应在大型铣头机上进行端铣。端铣的长度控制在±1.0mm,焊完加劲板,火焰矫正后达到±0.5mm的标准。

4.2.3 加工精度制度

(1)装配、焊接的要求。

放样:按制作详图以1:1的大样放出各节点,并根据实样制作样板、样杆,样板的制作应考虑加工余量。加工边一般要留加工余量4~5mm。

下料:焊接十字钢柱下料首先将切割区域的铁锈、污物等清除干净,划出号料线,然后对线切割。号料时预留出切槽宽度。切割后其尺寸偏差应控制在允许偏差范围内。

拼接:因钢板受到供货规格的限制,需对其进行拼接,拼接时严格按照相关规范规定,采用标准接头等强拼接。

首先组对工字和丁字,分别在自动焊机上进行焊接。

矫正:焊接十字钢柱后要进行矫正。主要针对构件的垂直度,矫正设备采用型钢矫正机,矫正后的垂直度控制在允许偏差范围内。H型钢垂直度允许偏差≤2mm。

为了保证焊接质量以及装配的准确性,组对十字柱时要将工艺板装在十字柱内,以便保证十字柱断面的几何尺寸。并且要将组对的十字钢柱底面加工成平面,以便保证钢柱的垂直度。端面加工需采用专用设备,端部加工后的构件其偏差应控制在允许偏差范围内。

连接板焊接时应定位夹具使表面顶紧贴紧,连接板下端开坡口,由两侧对称施焊,要求全熔透焊缝。

预拼接:对十字钢柱每节要进行预拼装。预拼装在拼装平台上进行。拼装平台应先进行超检找平,不能有弯曲、翘曲。预拼装平台的面积应能保证构件尺寸的需要,拼装前应先在平台上放好构件的位置线,根据拼装平台上构件的位置,制作拼装定位夹具,点焊上定位板和定位卡兰。预拼装时,必须在自然状态下进行。要将预拼装的允许偏差控制在允许范围内。对高强度螺栓连接的两层叠板,采用试孔器进行检查,其通过率应在允许范围内。如高强度螺栓孔有超差,采用与母材质相匹配的焊条补焊后重新制孔,决不允许任意扩孔。

表面处理:构件加工完后,经验收合格方可进行表面处理,表面处理应达到规定的质量等级。高强度螺栓摩擦面应作抗滑移系数试验,使其达到规定的要求。焊接前要去除构件表面的油污和油脂,施工环境相对湿度不应大于85%,或控制钢材表面湿度高于空气零点温度3℃以上。抛丸或喷砂处理使用的材料必须符合质量标准和工艺要求。经处理后的构件表面,应用毛刷等工具清扫锈尘和残余磨料。

(2)焊接技术质量要求。

钢板及十字形钢柱的拼接:若受钢材规格的限制,型钢、钢板需拼接时,其接头方式及接头布置应严格执行《建筑钢结构的设计、制作及安装规范》的有关规定,进行焊接。拼接缝应错开200mm以上。

坡口加工:钢板对接采用X型坡口形式。其坡口尺寸严格执行《建筑钢结构焊接规程》(JGJ 81)有关规定。加工坡口面应符合相关规范要求。一旦出现超过规定值,应加以修理。

焊接:焊前对坡口及两侧各50mm范围内,用角向磨光机清除气割氧化皮及铁锈等影响焊接质量的杂物,打磨至露出金属光泽,用丙酮、有机溶剂擦除油污。接头两端装配引弧板和引出板,引弧板和引出板的材质应与母材相同。引弧板和引出板的长度一般为50~100mm,厚度10~60mm。

每焊完一道焊缝应由专业检查员进行检查,对坡口母材边缘已形成的深凹槽,用砂轮打磨至覆盖焊道能充分熔化焊透为止。若发现咬边、夹渣等缺陷,必须清除和修复。

焊接后十字形钢柱的焊接变形要采用加热矫正的方法进行。加热矫正时最高加热温度不能超过上限,加热宽度、温度分布要均匀,加热后要缓慢冷却。

钢板的对接焊缝应对焊缝外观进行检查。

焊缝检出缺陷后必须明确标定缺陷位置、性质、尺寸、深度部位。制定相应的焊缝返修方案,对焊缝内部缺陷应用碳弧气刨去除缺陷,并经砂轮打磨后施焊,同一条焊缝一般允许返修补焊3次,重要焊缝允许返修2次。补焊返修后的焊缝应重新探伤。

(3)钢结构的制作工艺程序、加工质量和预拼装组装质量及规格尺寸允许偏差应控制在规范允许偏差值的范围内。

(4)焊缝应外形均匀、成形良好、焊接过渡平滑,焊缝的长度、厚度和焊脚符合规范及设计要求。且不得有裂纹、焊瘤、气孔、夹渣、咬边、弧坑、焊渣和飞溅物等缺陷。

5 实施效果及研究成果

5.1 经济效益分析

北京轨道交通8号线二期平西府车辆段与综合基地运用库型钢混凝土组合结构采用研究的构造节点后,共新增利润145.2万元,共节支总额500.9万元,见表3。

经济效益分析表　　　　　　　　　　　　　表3

年　份	新增利润	节支总额
2010年	95.2万元	310.9万元
2011年	50万元	190万元
累计	145.2万元	500.9万元

5.2 社会效益

目前大量的轨道交通工程要兴建,而型钢混凝土结构以其良好的性能,可靠的施工安全性、合理的经济效益指标,必将在工程建设中获得广泛的应用,取得良好的社会效益。

5.3 结语

型钢混凝土结构由于需要同土建单位配合施工,施工难度大,而且质量要求高;通过本工程施工,完善了型钢混凝土结构的施工经验,为以后的相类似工程提供一些技术经验。

水泥搅拌桩在郑州地铁车辆段工程中的应用

赵建武　石丛军

摘　要　水泥搅拌桩施工技术因具有操作简便，无噪声、对环境污染小、施工速度快、成桩质量好、造价低等优点而在全国得到较快的推广，取得了良好的经济与社会效益。结合郑州轨道交通1号线郑东车辆段与综合基地工程，详细阐述了水泥搅拌桩的施工工艺，保证了工程的质量并且大大地缩短了工期。

关键词　轨道交通　车辆段与综合基地　水泥搅拌桩　施工工艺

1　工程概况

郑州轨道交通1号线车辆段与综合基地用地南北长约1350m，东西宽约217～323m，占地面积约525亩，场坪设计标高平均约84.4m。场地填筑厚度平均约为1.4m，整个场地均为耕地，地形相对平坦，地貌单元为黄河冲积平原。对于车辆段与综合基地软土地基设计采用操作简便、无噪音、对环境污染小、施工速度快、成桩质量好、造价低的水泥搅拌桩处理一般场地加固。

2　施工准备

（1）对施工区域内地表水、地下水及施工用水水质进行取样复测。经复测现场分区域进行地表水、地下水结果与设计相符，无侵蚀性可作为施工用水。

（2）水泥搅拌桩施工前清除处理范围内地表耕植土，并将施工现场利用推土机及平地机进行场地平整。如遇到水塘和孔洞、沟槽等应将其开挖重新进行分层回填，分层碾压，进行压实度试验。水泥搅拌桩处理区域平整至83.0m高程（不包括U形槽）。

（3）室内配比试验：采集车辆段与综合基地每个加固区各层土样，进行室内配比试验，测定水泥试块不同龄期、不同水泥掺入量、不同外加剂的抗压强度，寻求满足设计要求的最佳水泥配比、水泥掺入量及外加剂掺入量及外加剂品种、掺量。90d龄期桩身无侧限抗压强度不小于2MPa。

（4）成桩工艺试验：利用室内水泥土配比实验结果进行现场成桩试验每个区的试验桩数不少于3根，根据设计要求现场共划分30个施工区域。现场成桩试验结合地层中的地下水埋藏深度、有机质含量、可溶岩含量和烧碱矢量、水质分析中的酸碱度、硫酸盐含量，选择主固化剂、外加剂，确定最佳配合比和掺灰量，确定成桩工艺和施工参数，从而保证成桩质量。

（5）本工程选用具有自动记录及自动打印功能的ZGZ-A型号桩机（45kW）10台、PH-5A型号桩机（45kW）10台；GF-120kW发电机26台；ZD160-3推土机5辆；卡特-320D挖掘机2辆；LSS2501压路机2辆；QW65-25潜水泵30台；NTS-352REL全站仪2台；DSZ3-A32水准仪4台。

（6）施工段的四周人工开挖50cm×50cm的排水沟，做好临时排水设施。现场水泥堆放必须做好防雨防潮措施，堆放场地必须平整夯实并高于原地面20cm左右，用10cm×10cm方木支垫，其上铺一层2cm厚的木板和彩布条。检查水泥浆搅拌桩机、压浆机是否运转正常，检查各种材料是否准备到位，开挖集浆坑，放入集浆桶（1.5m³），待桩机就位后，开始按配合比制浆。

3　水泥搅拌桩施工部署

（1）本次水泥搅拌桩在K0+312～K1+620段的试车线、出入段线及站场路基，分三十个施工区域，共有水泥搅拌桩 91580 根,水泥搅拌桩桩径为 0.5m,桩间距为 1.2m,呈正三角形布置,桩顶高程 82.5m(挡土墙位置桩顶高程 81.7m),水泥搅拌桩桩长 7.0~11.5m。

(2)水泥搅拌桩施工工期安排:

施工准备:2011 年 5 月 5 日~2011 年 8 月 15 日

施工时间:2011 年 8 月 16 日~2011 年 11 月 15 日

(3)工程工期十分紧迫,安排 20 台桩机,六个区同时展开施工。

4 水泥搅拌桩施工工艺流程

桩定位→桩机就位→灰浆制备→预搅拌下沉→喷浆搅拌提升→二次搅拌下沉→二次注浆搅拌提升→剔凿桩头→桩检测。

5 水泥搅拌桩施工方法

5.1 桩定位

(1)根据控制点进行施放水泥搅拌桩的控制轴线,根据水泥搅拌桩平面布置图,采用全站仪放出定位桩。在桩位打入竹片桩做好桩位标识进行系统编号。

(2)标定桩位,并作好放线记录以便复核。

(3)桩位定位偏差不得大于 50mm,通过钢尺测量。

5.2 桩机就位

(1)桩位复核无误后方能就位,桩机就位由机长统一指挥,移动要看清左右及前后各方面情况,发现有阻力及时排除。

(2)移动结束后检查定位情况,保证桩机的基座平稳、周正,并用水平尺校正基座水平,钻杆垂直度偏差≤1.5%,通过经纬仪测量,在桩机旁的机架侧面用红油漆做好钻孔深度的水准标高标志,在钻杆上捆绑钻进深度标志(带颜色的尼龙绳等),钻到该标志与水准标志相平,即已达深度。填写施工标识并挂在桩机上。

(3)动力头、搅拌头、桩位线三点一线。

(4)桩机就位后先进行空转,以检验桩机是否运转正常。

5.3 灰浆制备

(1)通过采集车辆段与综合基地不同加固区域的分层土样进行室内配比试验,选用 P.O42.5 水泥,得出最佳水泥掺入量为 16%,水灰比为 0.45~0.55。

(2)在制备灰浆前,应检查水泥是否受潮、结块、变质,严禁使用未经复试或复试不合格的水泥。

(3)在搅拌头预拌下沉的同时,严格按设计配合比制作灰浆,水灰比严格控制在 0.45~0.55 之间,灰浆搅拌时间不得小于 2min,以便浆液充分拌和。

(4)搅拌好的水泥浆液通过 20 号过滤网注入储浆筒,以防水泥块或杂质堵塞注浆管道。

5.4 预搅拌下沉

桩机就位准备工作就绪,经检查符合要求后,利用钻具自重缓慢平衡搅拌下沉,控制下沉速度在 0.3~0.5m/min,直至设计桩底标高,在下沉搅拌过程中,要密切观察操作台上电机工作负荷的电流指数,以防烧坏电机。搅拌机预搅下沉时,不宜冲水;当遇到较硬土层下沉太慢时,方可适量冲水,同时考虑到冲水成桩对桩身强度的影响。

5.5 喷浆搅拌提升

搅拌头喷浆搅拌下沉至桩底标高后,搅拌头在桩底原位喷浆搅拌 20~30s 后,以 0.3~0.5m/min 的提升速度喷浆搅拌提升,直到设计桩顶标高以上 500mm,水泥搅拌桩桩顶标高通过水准仪测量,允许偏差 -50mm,+100mm,水泥搅拌桩桩底偏差通过测量钻头深度控制,允许偏差为 +200mm。如果搅拌机在喷浆过程中因故停浆,应将搅拌头下沉至停浆点以下 0.5m 处,待恢复供浆时再喷浆搅拌提升,若停机超过 3h,应在原桩位旁边进行补桩处理。

5.6 二次搅拌下沉

注浆搅拌提升至设计桩顶高程以上 500mm 后,再次搅拌下沉至设计桩底高程,并控制好下沉速度。

5.7 二次注浆搅拌提升

第二次搅拌下沉至设计底高程后,首先在原位搅拌 20~30s,然后喷浆搅拌提升至设计桩顶标高以上 500mm,再采用原位注浆 15~30s 以确保桩头强度。

成桩结束后,清理好钻杆和压浆管道,进行移架移位,每班认真、真实进行成桩记录。每天作业完毕,用水清洗储料罐、砂浆泵、搅拌机及相应管道,以备再用。

5.8 剔凿桩头

在成桩 28d 后,做地基承载力试验,试验合格后,请符合资质要求的有关单位进行验收,验收合格后开始剔凿桩头,凿至设计高程,桩顶设计高程为 82.5m(挡土墙部位为 81.7m),桩头采用人工剔凿,预留 300mm 厚采用人工清土。

5.9 水泥搅拌桩质量检验

(1)水泥搅拌桩在成桩后 3d,用轻便触探器钻取桩身加固土体,观察搅拌均匀程度,同时根据轻便触探击数判断桩身强度。检查桩的数量为每个分区施工桩总数的 1%,且不少于 3 根;经触探检验对桩身强度有怀疑时,选取一定数量的桩体进行开挖,检查加固桩体的外观质量、整体性等。

(2)水泥搅拌桩在成桩后 7d 后,采用浅部开挖桩头,深度超过停浆面下 0.5m,观察搅拌均匀程度,测量成桩直径,桩径偏差要小于 $0.04D(D=500mm)$,检查数量为总桩数的 2‰,且不少于 3 根。

(3)在水泥搅拌桩成桩 28d 后,采用双管单动取样器在桩径方向 1/4 处、桩长范围内垂直钻孔取芯,观察桩体完整性、均匀性,取不同深度的不少于 3 个试样做无侧限抗压强度试验。检验数量为施工总桩数的 2‰,且不少于 3 根。钻芯后的孔洞采用水泥砂浆灌注封闭。

(4)每一水泥搅拌桩加固区复合地基载荷试验和单桩试验检验数量为桩总数的 2‰,且不少于 3 个点。

①搅拌桩复合地基静载荷试验,在 28d 龄期后进行,复合地基载荷试验的压板(方形或圆形)的面积为一根桩径承担的处理面积;多桩复合地基载荷试验的压板(方形或矩形),尺寸按实际桩数承担的处理面积确定。

②压板底高程与软基处理顶面设计高程相同,压板下设中粗砂层。

③加荷等级分 8~12 级,总加载量不小于设计值得 2.0 倍,本工程复合地基最大加载压力均为 304kPa。

④复合地基承载力满足设计的复合地基容许承载力 150kPa。

6 结语

水泥搅拌桩施工工艺在郑州轨道交通 1 号线郑东车辆段与综合基地中的应用,不但保证了工程质量而且大大缩短了工期。

郑东车辆段运用库大跨度网架施工技术

李高峰　石从军

摘　要　大跨度平面钢网架广泛应用于体育馆、展览馆、大型厂房车间、候车厅等建筑的屋盖结构中。对一个大跨度平面钢网架而言,有多种施工方法,每种施工方法都有其独特的自身特点和适用范围,施工方法选择的合理与否将直接影响到工程质量、施工进度、施工成本等经济技术指标。郑东车辆段运用库屋面钢网架结构,采用整体吊装和高空拼装的组合形式进行施工。本文主要介绍整体吊装和高空拼装相结合的施工方法和控制要点。

关键词　钢网架　大跨度　整体吊装和高空拼装　施工技术

1　工程概况

郑东车辆段位于郑州市轨道交通1号线一期线路的东端终点,西邻京港澳高速,南邻郑开大道。车辆段是地铁车辆维修、停放的基地,段内共包含16个建筑单体,总建筑面积约82020m²。运用库建筑面积最大为25042.71m²,其中包含运转综合楼3524.95m²(两层、钢筋混凝土框架结构),运用库21517.76m²(单层、钢筋混凝土排架结构+网架结构)。

运用库南北长264.2m,东西宽89.7m。运用库钢结构屋盖,主要施工内容包括杆件 $\phi159mm \times 6mm$、$\phi140mm \times 4mm$、$\phi114mm \times 4mm$、$\phi88.5mm \times 4mm$、$\phi60mm \times 3.5mm$;螺栓球M120、M130、M150、M180、M200;螺栓、螺母、支座、支托、垫板的连接和焊接。网架最大单跨长度为36.4m,宽度为12m。运用库主要为地铁停运后为列车停放场所,共包含16股道,能停放29辆列车。图1~图3为网架图。

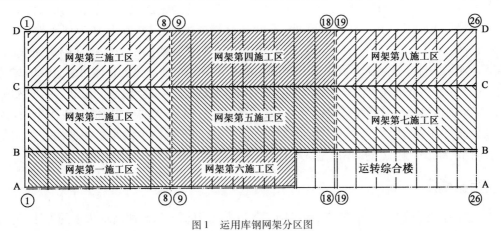

图1　运用库钢网架分区图

图2　运用库钢网架立面图

2　工程特点及重点、难点分析

2.1　网架跨度大

本工程的桁架单榀最大跨度为36.4m,桁架上表面坡度为5%,桁架中心高度1.91m,边跨高度

1.0m,桁架中心与边跨高度落差为0.91m。

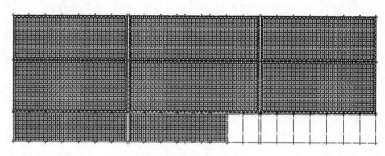

图3 运用库钢网架平面图

2.2 工期紧,施工条件差

本工程受地铁开通时间限制,为满足其他专业施工的要求,须一个月完成网架的安装。网架安装期间,运用库1~14轴的检查坑也需要施工,与网架安装存在立体交叉作业,防高空坠物是施工中的安全隐患。

2.3 构件重量大、整体吊装困难

本工程因A-D/1-14轴为柱式检查坑,14-26/B-D为平整区,可进行整体吊装。其中整体吊装构件最大重量为17t,且有一台汽车吊需在围墙外作业,吊车司机需要盲吊,配合对讲机、指挥人员对吊车进行操作,给现场吊装增加了难度。

3 钢网架施工部署

3.1 方案分析

本工程因A-D/1-14轴为柱式检查坑,且局部需进行检查坑的钢筋混凝土施工,该部位的网架安装与下部的钢筋混凝土施工存在立体交叉作业,不能进行整体吊装。14-26/B-D为列车停放区,地面平整,适合地面拼装后再进行整体吊装。现场1轴、26轴、A轴、D轴四面围墙已全部砌筑完成,大范围整体吊装不适合现场条件。现场7、8区由26轴向19轴安装,25-26轴部位为整体吊装,19-25轴为高空拼装的形式。1、2、3区由1轴向8轴安装,1-2轴为整体吊装,2-8轴为高空拼装的形式。4、5区由18轴向9轴安装,17-18轴为整体吊装,9-17轴为高空拼装的形式。6区由9轴向18轴安装,9-10轴为整体吊装,10-18轴为高空拼装的形式。每区先施工整体吊装部位,能有效减少汽车吊的使用。采用整体吊装和高空拼装的组合形式,避免了搭设满堂红整体架,减少钢管架的使用。

3.2 方案确定

结合本工程的实际情况和工程特点,确定网架的安装采用整体吊装加高空拼装的方法,能有效地增加工程进度,减少施工安全隐患,减少施工机具的使用。

4 施工方法及质量控制

4.1 施工工艺

构件进场检验→柱顶支座放线、验线→地面拼装下弦、上弦杆→螺栓球紧固检查→整体吊装超柱顶标高0.5m→空中移位→连接四角支座处螺栓球及杆件→按轴线放置四角支座→落架→焊支座→人工地面拼装四角锥→起吊→人工高空连接→紧固螺栓球和杆件→测量。

4.2 施工准备

(1)网架构配件进场后由现场质量工程师对进场材料数量、型号、材质证明文件、合格证、形检报告进行核查,并检查构件的外观质量。对杆件和螺栓球送检,合格后再进行安装。

(2)因工期仅有一个月,故现场施工采用2个班组同时施工。采用整体和高空拼装相结合的安装方法,前期需要4台25t汽车吊,待整体吊装完成后,高空拼装阶段需要1台QY20G汽车吊,两台QY8B.5汽车吊。

(3)对现场操作的班组人员进行安全、技术交底,明确施工注意事项。对吊装司机何信号工进行安全技术交底,明确吊装注意事项。加强现场测量放线人员的教育,由测量工程师对测量成果进行复核。

4.3 安装方法

(1)由现场测量工程师对柱顶高程,柱顶轴线进行测量复核,并在柱身设置控制标高线,柱顶预埋钢板高程不满足要求的要提前进行钢板垫高。通长复合轴线尺寸,并在柱顶标注支座的位置。

(2)本工程采用整体吊装和高空拼装的组合方式(图4)。第一跨安装采用地面拼装,整体吊装的方法,第二跨开始采用高空拼装的形式。在地面先拼装第一跨的下弦杆、螺栓球、腹杆和上弦杆和螺栓球。下弦有起拱要求的在下弦杆下部垫支撑,确保起拱的坡度。为确保整体吊装过程中杆件与四角柱子相互无影响,地面拼装过程中四个支座处的杆件不拼装,待整体吊装超过柱顶标高后再进行人工拼装。

(3)地面拼装完成后由质量工程师对螺栓球和杆件进行检查,用力矩扳手检查杆件和螺栓球的紧固度,不满足要求的要重新紧固。

(4)整体吊装受场地条件限制,整体吊装单品网架最重为17t,为满足吊装需要,现场采用两台25t汽车吊同时作业。其中一台在场区内侧,一台在围墙外侧,需要盲操作,由信号工用对讲机对吊车司机进行引导。

(5)吊装高度超过柱顶高程50cm后吊车限位,由信号工指挥吊车缓慢移动,人工用绑在网架角端的绳索控制方向,避免网架空中移动时碰到周边墙壁。

(6)网架吊装至四角柱顶位置后停止,人工安装四角的杆件和螺栓球,并用扳手紧固杆件和螺栓球。

(7)按柱顶轴线和支座位置设置四角的支座,并对支座和柱顶的预埋钢板进行点焊。

(8)指挥外侧汽车吊调整角度,对准支座后落吊。缓慢移动内侧汽车吊,对准支座后落吊。

(9)人工焊接支座和柱顶预埋件钢板,支座和预埋件钢板进行满焊。焊接支座和螺栓球,焊接牢固。

(10)人工地面拼装前对场区构件进行编号,并分区堆放,放置指定位置,便于人工拼装材料的拿取。人工地面拼装四角锥,并进行编号。

(11)采用一台QY8B.5汽车吊按编号对四角锥进行吊装,吊装至网架同高度位置后缓慢靠近网架,地面一人用绳索控制四角锥方向。

(12)网架上的四人高空各拼接一个螺栓球,并用力矩扳手紧固。高空作业的四人须佩戴安全带,并在网架的东西两端悬挂钢丝绳,安全带挂在钢丝绳上。

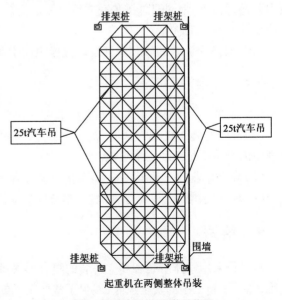

图4 起重机在两侧整体吊装图

(13) 人工高空检查螺栓球与杆件的紧固度,不满足要求的需要重新紧固,确保螺栓球与杆件连接牢固。由于网架长度为12m,人工高空拼装应有一部分为悬挑结构,为防止悬挑部分发生倾覆,人工高空拼接完成后应在地面与网架部加设钢立柱支撑。

(14) 安装完成后对整个网架进行轴线位置、支座位置、高程、拼接单位的误差,以及挠度进行测量。安装后的网架见图5。

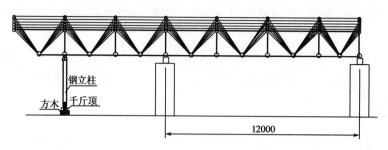

图5 安装后的网架(尺寸单位:mm)

4.4 质量控制措施

(1) 对进场的杆件进行检查,检查材质证明文件、合格证明文件及检验报告。并对杆件直径进行测量,是否满足规范允许偏差。

(2) 高强六角螺栓检查产品的质量合格证明文件、检验报告。对高强六角螺栓送检,查看检验报告。

(3) 螺栓球的质量合格证明文件和检验报告,取样送检是否有过烧、裂纹及褶皱现象。

(4) 钢结构防火涂料产品的质量合格证明文件、检验报告。查看取样送检的复试报告。

(5) 进场构件分区编号堆放,并对拼装好的小拼单元进行编号,避免吊装错误,缩短工期。

(6) 对排架柱顶平面的轴线、高程进行测量放线,并在柱顶标注轴线位置和网架支座的位置,在柱身上标注高程控制线,对标高较低的要用钢板进行垫高。

(7) 网架安装过程中要注意是否有起拱要求,有起拱要求的要控制好杆件安装的坡度。

(8) 高强六角螺栓连接完成1h后48h小时内进行终拧扭矩检查,并进行高强螺栓连接摩擦面的抗滑移系数试验和复验。

(9) 钢网架安装完成后对安装成果进行检测,检查支座定位轴线位置,支座规格和型号。对支座的标高、水平度及支座锚栓位置允许偏差进行检查,并对焊接支座的焊缝进行探伤检查。对拼装单元的安装误差进行检查,钢网架总拼装完成后及屋面安装完成后分别对挠度值进行测量,所测挠度值不应超过相应设计值的1.15倍。

(10) 对防火涂装的涂装厚度及耐火极限做实验室现场检测。

4.5 安全控制措施

(1) 对进场安装的班组进行安全技术交底,明确施工注意事项。

(2) 加强对施工机具的管理,做到常检查,常保养和维护。现场选用有经验的吊装司机,避免吊装过程中因经验不足出现安全事故。

(3) 高空作业的工人佩戴安全带,因网架作业期间存在交叉作业,严禁高空扔物和防止高空坠物。

(4) 现场使用的电缆要经常检查,有破损的缆线要及时更换。

5 结语

本工程采用整体吊装和高空拼装的组合形式进行钢网架的安装,有效地减少了施工机械和材料的使用,降低了施工中的安全风险,减少了整体架子的搭设,确保了施工工期和工程质量。

北京轨道交通管理中心工程多结构体系施工技术

邵永欣　肖　舰　董延军　王慧斌　李旭光

摘　要　多结构体系施工综合技术是目前城市公共建设采用的较先进的是施工工法。本文从路网指挥中心施工全过程的角度叙述了多结构施工的总体安排，并简单的阐述了多结构体系施工各阶段需要注意的要点。目的是为今后类似工程提供借鉴经验。

关键词　多结构体系　型钢混凝土组合结构　穿筋孔　钢结构

1　工程概述

北京市轨道交通指挥中心二期工程位于北京市朝阳区北部小营北路6号，为北京未来19条轨道交通线路的指挥中心，兼有配套的倒班休息室、安防中心、物业管理、餐饮、地下停车场等功能为一体的综合性建筑。主要负责对轨道交通线路进行监控，现已有18条正在运营的轨道交通线路纳入实时监控范围。包含线网规划后续19条线路的控制中心、线路中心、乘客信息系统信息中心、路网信息中心。

本工程为多结构组合形式的应用：主要包括框架结构、剪力墙结构、钢结构、型钢混凝土组合结构、钢支撑、防屈曲支撑等，多结构形式给施工带来很大的难度。

(1)现场作业面小；
(2)施工作业队伍多；
(3)各专业施工交汇点多。

梁柱连接节点方式多样，包括了型钢混凝土组合柱与型钢混凝土组合梁的连接、型钢混凝土组合柱与混凝土梁的连接、型钢混凝土组合柱与型钢支撑的连接等，钢构件截面形式多样，包括以十字型钢骨柱、H型钢骨柱为主的多种变形截面。

地上部分采用对称式布局，由东西两栋主楼和东西两栋辅楼共同形成一个U型建筑平面格局，地下2层，主楼地上11层，辅楼地上7层，总建筑面积73385m^2，其中地上建筑面积46637m^2，地下建筑面积26748m^2。首层地面±0.000相当于绝对高程41.10m，主楼屋顶女儿墙顶高程49.8m，室内外高差为0.30m、0.45m。地下一层层高4.8m，局部5.95m、7.05m，地下二层层高4.5m，地上首至八层4.5m，九层设备转换层层高2.15m，十层指挥大厅层高11.2m，局部十一层层高4.2m。

本工程设计结构体系类别为超限复杂高层，使用年限为50年，耐久性设计100年，抗震等级按不同部位分为二级、一级及特一级，耐火等级为一级，防水等级屋面Ⅰ级、地下室一级，人防等级为甲类核6级人防，防化等级为丁级。平时功能为汽车库和库房。

2　工程特点、难点

2.1　结构特点

本工程主要结构整体上可分为地下结构、主楼地上结构、配楼地上结构三个部分。其中地下结构为地下两层，局部为设备夹层，结构形式为钢筋混凝土框架剪力墙结构，结构平面呈L形，L形长边长193m宽56.5m，短边长115.8m宽43m，结构不设缝，基础为梁板式筏板基础，基础底高程为-13.250m和-14.150m；主楼地上部分和配楼之间设缝分开，配楼为7层框架剪力墙结构，主楼由东西两个对称结构通过中间刚性连体连成一个整体,为11层钢筋混凝土框架—钢支撑结构(含两个设备夹层,下部设备夹层位于高程-2.150~±0.000m,上部夹层位于高程36.000~38.150m)超限结构主要指主楼主体结构部分。主楼地上抗侧力体系共由10个钢支撑单元组成,从中间往外两边对称分布;顶部指挥大厅周边为钢框架钢支撑结构,指挥大厅屋盖采用平面型钢桁架结构。主楼结构平面见图1,主楼结构剖面见图2。

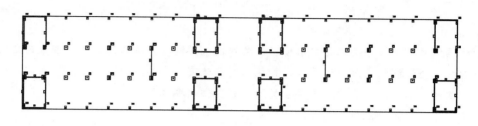

图1 主楼结构平面图

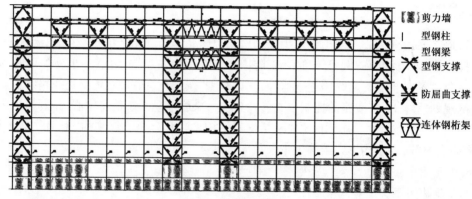

图2 主楼结构剖面图

2.2 施工难点及特点

2.2.1 钢结构和型钢混凝土组合结构

本工程为大跨度公共建筑,结构形式为多结构体系结构,包括剪力墙结构、框架结构、型钢混凝土组合结构、型钢支撑结构、防屈曲支撑结构、钢桁架结构等。

设计有大量型钢混凝土组合梁、组合柱。型钢柱重量大,需要分节制作和吊装焊接,型钢柱最重一节达10t。同时在八层以上通过钢结构将两个相对独立的单体建筑连为一体,10层为高大空间指挥大厅,顶部为型钢桁架结构,大厅顶部钢结构支撑结构为型钢框架钢支撑体系。因此钢构件、型钢柱的分节制作精度和安装质量的控制是本工程的重点之上。再加上型钢柱外包钢筋混凝土,设计钢筋较为密集,使混凝土的浇筑比普通柱的混凝土浇筑难度增大。

2.2.2 结构设计有大量后浇带

本工程为减少混凝土温度收缩裂缝,设计了大量伸缩后浇带。后浇带的施工质量控制是混凝土结构施工的重点之一。

2.2.3 工程规模大、工期紧

本工程地下结构东西最长约211m(含西侧汽车坡道部分),南北最宽约151m,地下单层建筑面积13400m²,属大型工程。现场场地狭小,施工跨越冬雨期施工,施工受外界影响因素多。

(1)抗震墙的布置受指挥中心工艺布局很大制约,工艺要求功能房间空间通透和方便设备之间的有机连接,因此结构墙的位置只能在满足工艺需要的情况下进行有限的布置和调节。

(2)设备管线多,结构截面空间紧张。设备管线、建筑净空和结构安全截面之间的需求关系相互制约,框架梁的截面高度相对偏低。

(3)荷载大。楼面设备房间多,荷载大,电源室房间的荷载达到16kN;荷载分布不均匀。

(4)结构超长。东西两主楼若通过连体连成整体,结构总长达到168m,宽25.2m,结构长宽比超出《高层建筑混凝土结构技术规程》不大于5:1的要求。

(5)中间连体结构的连接方式。东西两主体结构强连接连体(第八层和设备层均采用型钢桁架连接),型钢桁架上下弦杆两端固定,桁架水平网格之间设水平支撑,形成具有较强水平刚度和竖向刚度的刚性空间连接体。

(6)顶层指挥大厅不能设结构缝。设缝后指挥大厅的保温、隔热、冷桥、防水、区域变形协调均需要妥善解决,考虑到指挥大厅使用期间的安全运营,在地震作用下连接体区域对变形控制要求,因此本工程主楼在连体结构部位不设缝。

(7)竖向构件不连续。顶层指挥大厅跨层设置,且厅中间框架柱不连续,刚度突变。

(8)指挥大厅连体部位设夹层。指挥大厅的连体区域设有打印室和多功能会议室并附带观光走廊,这些功能房间的设置增加了连体的复杂性。

3 主要设计思路和技术措施

3.1 采用钢筋混凝土框架—钢支撑的混合结构体系

采用框架钢支撑的混合抗侧力体系,通过钢支撑来减轻结构自身重量,通过支撑截面来调节整体刚度并控制结构扭转。计算结果表明,钢支撑组合有效控制了整体结构的扭转,扭转周期比和楼层节点位移比均在规范许可的范围内。这对于超长结构尤为重要。

3.2 连体钢结构与东西楼体刚性连接

连体结构刚柔度对结构的地震反应状态有很大影响,鉴于本工程顶部指挥厅等上部结构在纵向的连续性要求,连体后的结构超长,连体采用钢结构形式,在连体的钢梁和钢桁架水平向加水平钢支撑,不考虑连体部位的楼板水平刚度。为改善连体的结构的连接效应,在8层增加2榀连接桁架,通过这样的设置,结构整体振型和参与系数均达到了比较合理的标准,连体后的不利影响降到了很低的水平。

3.3 顶部结构采用钢结构

顶部结构在本工程中指设备层以上的部分,主要是指挥大厅及附属功能房间的区域,此部分结构设计为钢框架-支撑结构体系,钢结构具有比较强的变形能力,对抵抗本工程超长和变形(温度作用)有明显的效果。

3.4 部位钢支撑采用防屈曲支撑耗能

顶部钢结构中部为指挥大厅大空间,屋盖屋面采用混凝土屋面(考虑上人),屋盖下弦吊挂大量的设备管线,因此顶部结构具有荷载大、柱网大、层高高、刚度不均衡等特征,在地震作用下变形比较大,能量相对集中在钢支撑部位,因此在部分钢支撑部位设防屈曲支撑,通过防屈曲支撑来控制结构顶部钢结构变形和耗散地震能量,通过计算表明,防屈曲支撑设置能显著降低大震下地震作用,减轻结构的地震反应。

3.5 周边框架柱和剪力墙筒角柱采用型钢混凝土柱

周边柱采用的型钢混凝土组合柱截面形式主要基于这样的考虑:增加整体结构的延性,提高变形协调能力;结构超长后有一定的扭转放大效应,型钢混凝土柱较普通混凝土柱要合适,中震和大震分析也证明了设型钢柱的必要性。结构分析模型见图3。

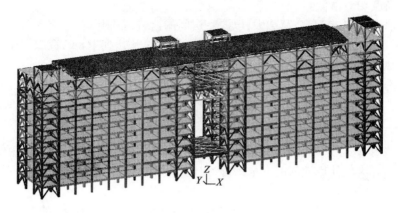

图3 结构分析模型

4 主要施工工艺

根据本工程多种结构形式的特点,施工部署采用独立、交叉施工等两种形式。地下结构施工划分为东西两个区,西区划分为四个流水段,东区划分为五个流水段;主体结构施工划分为东西两个区,西区划分为三个流水段,东区划分为四个流水段,组织流水施工。

4.1 钢筋施工

4.1.1 钢筋机械连接形式

本工程钢筋直径≥22mm 时,应采用机械连接接头。其余采用绑扎搭接。型钢混凝土组柱、型钢混凝土组梁钢筋接头等级为Ⅰ级,其他部位为Ⅱ级。

4.1.2 钢筋翻样

由于型钢混凝土组合结构中型钢柱、型钢梁与钢筋交叉布置,给钢筋深化工作带来很大难度,为避免钢筋布置与型钢构件冲突的情况,进行了整体及细部图纸会审,对钢筋的位置进行详细分析排布,利用计算机辅助技术精确定位每一根钢筋,对于钢筋必须穿越型钢的情况,提供穿筋孔位置,最终确保与型钢无矛盾后方下料加工。

4.1.3 钢筋的安装

钢筋的安装过程中难点主要是柱的纵筋、梁柱箍筋受钢牛腿、钢梁的影响无法正常就位。虽然在钢牛腿及钢梁的腹板上开有穿筋孔,但柱纵筋长度相对安装距离不够,对此情况采用提前搭设柱筋安装脚手架,对于长度过大的柱筋采用塔吊吊装就位;同时柱、梁箍筋原为闭合箍筋,受截面形式的影响亦无法正常穿越型钢安装,通过将箍筋加工成分体式的两段,穿过型钢腹板后再焊接形成封闭箍筋的方法进行解决。做法见图4。

边缘梁纵筋受型钢影响无法正常锚固及安装,解决办法为钢筋穿越型钢后在型钢翼板后背加设垫板,钢筋外端加设套筒的方法,满足了钢筋的锚固及安装要求。节点做法见图5。

4.2 钢构件施工

4.2.1 钢构件的图纸深化

本工程中型钢截面主要包括十字型和 H 型两种,钢支撑主要为人字及 Y 形支撑。钢结构深化采用计算机辅助制图技术,根据设计图纸、加工环境、运输条件及安装要求等进行各部件细化制图,达到工厂加工条件,并通过严格的审核程序后,方下发至班组进行加工制作。

图4　梁柱节点处钢筋做法

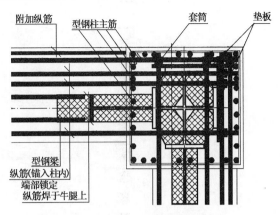

图5　边缘钢筋穿腹板锚固节点做法

型钢混凝土组合结构的型钢构件在深化过程中,技术人员根据钢筋翻样人员提供钢筋位置及施工工艺要求在不同部位设置了穿筋孔和工艺孔,具体设置位置如下,同时严格控制型钢翼缘穿筋孔的截面不大于型钢截面的25%。穿筋孔见图6。

图6　型钢穿筋孔

①钢筋穿越型钢柱、型钢柱的翼缘板及腹板上时,设置穿筋孔;
②钢筋穿越钢牛腿的翼缘板及腹板上时,设置穿筋孔;
③钢筋穿越钢支撑的翼缘板及腹板上,设置穿筋孔;
④管线、管道穿越型钢腹板时,设置工艺孔;
⑤为保证混凝土浇筑时下料及混凝土的振捣,在加劲板部位开设工艺孔。

4.2.2　钢构件的加工

本工程钢构件全部在专业加工厂加工完成,板材均采用Q345B,地脚锚栓采用Q235B级圆钢,焊接主要以CO_2气体保护焊为主,CO_2气体保护焊采用实心焊丝为ER50系列。板件拼接、对接焊缝和其他全熔透焊缝为一级焊缝。

焊接工艺和顺序:焊接时采用对称焊法,使焊接变形和收缩量最小;收缩量大的部分先焊,收缩量小的部分后焊;应使焊接过程中加热量平衡。型钢柱加工顺序见图7。

4.2.3　钢构件运输及吊装

钢构件按计划分批采用平板车运输相继进场,进场后用16t汽车卸车,安装时主要以塔吊进行场区内的水平和垂直运输,特殊部位的吊装采用200t汽车吊。

①钢柱吊点设置在预先焊好的吊耳连接件处,吊耳采用普通的板式吊耳,在钢柱的两侧对称设置,

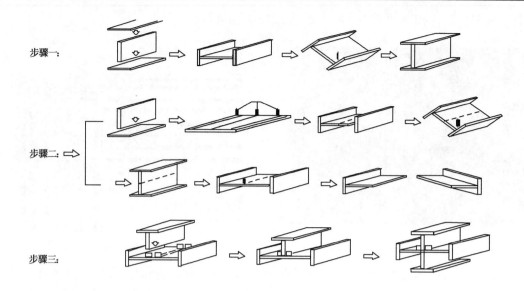

图7 型钢柱加工顺序图

板式吊耳大样如图8。

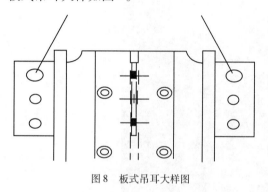

图8 板式吊耳大样图

计算如下:吊耳与钢柱(钢梁)焊缝质量等级为一级,查《钢结构设计规范》知 E50 型焊条的 $f_{tw} = 295 \text{N}/\text{mm}^2$,Q345 钢的 $f = 295 \text{N}/\text{mm}^2$,两者相同,焊缝与钢板等强。

其强度应满足 $\sigma = N/L_{wt} \leq f_{tw}$($N = 5\text{kN}$),$5000/500 \times 12 = 120 \leq 295$,焊缝强度能够满足。

钢柱的起吊方法,采用单机回转法起吊。起吊前,钢柱应横放在垫木上;钢柱起吊时必须距地面高度 2m 以上才开始回转,如图9。

②钢柱就位及临时固定。

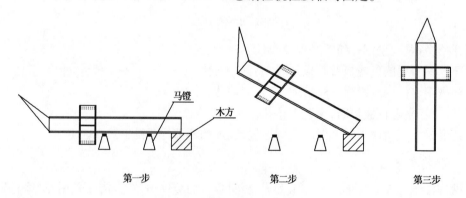

图9 钢柱吊装示意图

吊装时,当钢柱吊至就位上方 200mm 时,应停机稳定,对准螺栓孔和十字线后,缓慢下落,下落中应避免磕碰地脚螺栓丝扣,当柱脚刚与基础接触后应停止下落,检查钢柱四边中心线与基础十字轴线对准情况(四边要兼顾)和柱脚下的钢垫板位置、数量是否正确,如有不符应立即调整。调整时需三人操作,一人移动钢柱、一人协助稳固,另一人进行检测,经调整钢柱的就位偏差在 3mm 以内后,再下落钢柱,使之落实,收紧四个方向的缆风绳,拧紧地脚螺栓的锁紧螺母,临时固定。

③钢柱的校正。

钢柱就位后,先调整高程,再调整位移,最后调整垂直度和倾斜度。如图9。校正方法采用:千斤顶与钢楔校正法;倒链与钢丝绳校正法;单柱缆风绳校正法;综合校正法等。钢柱校正见图10。

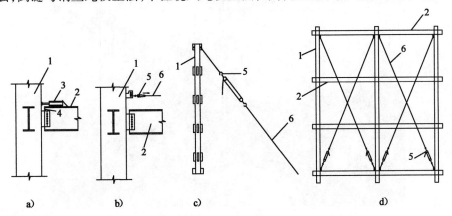

图10　钢柱校正
1-钢柱;2-钢梁;3-液压千斤顶;4-钢楔;5–2t倒链;6-钢拉绳(4个方向)

④在第一节钢柱安装、校正、螺栓紧固后,即进行底层钢柱灌浆,做法见图11。

图11　底层钢柱二次灌浆方法
1-钢柱;2-环形垫板;3-钢柱底版;4-模板;5-砂浆灌入口

4.2.4　钢梁、斜支撑安装

①钢梁安装的施工工艺

起吊→就位→临时固定→调节水平、竖向调节丝杆→校正轴线垂直度、标高→焊接固定点→焊接腹板侧边→焊接翼缘抗剪连接件→焊缝处理→焊接外观检验→超声波探伤检验→合格进行下道工序。

安装前对梁的型号、长度、截面尺寸和牛腿位置、高程以及柱距进行检查。装上安全扶手和扶手绳(就位后拴在两端柱上)。

吊装用塔吊进行就位。主梁吊点选取两个,起吊钢丝绳的沿线在钢梁跨度的1/3处部位。为确保吊装安全,防止钢梁锐边割断钢丝绳,要对钢丝绳进行防护,吊索角度控制在45′~60′。

安装型钢梁时,要根据焊缝收缩量预留焊缝变形量。当一节钢框架吊装完毕,即需对已吊装的柱梁进行误差再次检查和校正。钢梁就位时用普通螺栓进行临时连接,校正完毕用高强度螺栓固定,再进行柱校正,紧固连接高强螺栓,焊接柱节点和梁节点,进行超声波检验。

吊装固定钢梁时,要进行测量监控,保证梁水平度调整。梁与连接板的贴合方向一致;高强螺栓的穿入方向一致;按吊装分区顺序进行吊装,先吊主梁,再吊次梁;钢梁安装时孔位偏差的处理,只能采用机具绞孔扩大,梁两端各安上不得少于该节点螺栓总数30%临时螺栓后才可脱钩。

高强螺栓拧紧后,开始焊接翼板,翼板均为全熔透焊缝,背面加衬板,焊接采用CO_2气体保护焊,焊接完成24h后,及时进行超声波探伤检测。

②斜撑安装的施工工艺

钢梁及钢支撑的安装完成后实体见图12。

图 12　钢梁及斜支撑

4.2.5　连体钢结构的吊装

连体框架分布在两个部位:二层和七～九层,由于施工塔吊已经定位,无法吊装较大构件,并且HJ-1整榀重量达24t,汽车吊站位太远,无法满足吊装需求。因此,此部分采用高空散装的方法安装就位。

首先吊装底层大梁,主梁长15m,重约5t,在塔吊性能允许范围内,采用整根吊装,牛腿处处搭设脚手架操作平台,以便高强螺栓安装及焊接使用。中间次梁安装时刻采用焊接吊篮方式安装次梁,竖向支撑待平面安装完成后可采用倒链安装,减少吊车吊装次数,提高安装效率。施工顺序见图13～图16。

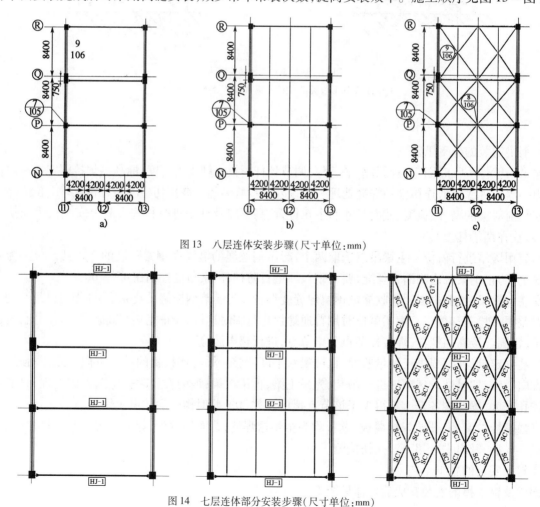

图 13　八层连体安装步骤(尺寸单位:mm)

图 14　七层连体部分安装步骤(尺寸单位:mm)

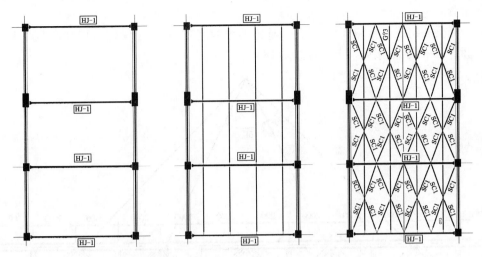

图 15 九层连体部分安装步骤(尺寸单位:mm)

图 16 连体框架安装

4.2.6 屋面桁架的吊装

本工程屋面采用空间钢桁架结构,由 10 榀纵向主桁架和 10 榀次桁架,以及桁架间连梁组成,主桁架最大跨度 25200mm。屋面桁架及连梁均采用焊接 H 型钢,支撑采用钢管。

①吊装方法

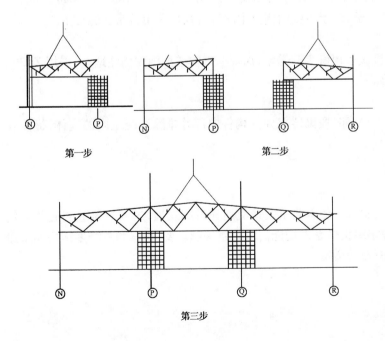

图 17 屋面桁架吊装步骤

主桁架吊装:采用分段吊装、设临时支撑、空中对接的方法。

在两个半榀桁架对接接头位置用碗扣式脚手架搭设立杆间距为 600mm 的临时支撑架,截面尺寸为 3600mm×3600mm,成为三榀主桁架对接安装的位置。

用塔吊按施工顺序进行主桁架吊装,将与混凝土柱连接的两段桁架吊装就位后,一端与混凝土柱的支座连接,另一端设置在临时支撑架上,就位后用两道揽风绳临时固定,再将第三段桁架吊装就位,设置在临时支撑架上,然后将三段桁架再临时支撑架上调整到安装位置,并临时固定后进行校正后焊接。屋面桁架吊装步骤见图 17。

②吊点设置

本工程桁架梁的组成杆件截面相对较小,整体的线刚度较小,为了保证吊装过程不产生永久变形,采用 4 吊点翻身和吊装,桁架梁吊点位置如图 18。

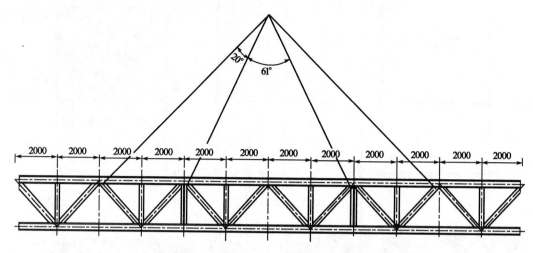

图 18　桁架梁吊点位置图(尺寸单位:mm)

③桁架梁翻身

由于桁架梁是卧拼,所以吊装前首先要进行构件翻身。起吊前确保整榀桁架梁已经与胎架彻底分离,在桁架梁下弦与"马凳"接触处铺保护垫,防止翻身时损坏构件。

4.3　型钢混凝土组合结构的混凝土施工

本工程型钢混凝土组合结构中混凝土的施工受型钢及钢筋直径、数量的影响,混凝土的下料及振捣均较困难,尤其在主楼两侧及中间位置型钢较大且有大量钢支撑,配筋相对较多。针对此情况,采用措施如下保证混凝土的施工质量。

①材料要求

混凝土全部采用预拌混凝土,要求混凝土具有较好的和易性,坍落度控制在 180~200mm 之间;混凝土的粗骨料采用 5~20mm 的小粒径石子,对于主楼两侧及中间位置构件采用自密实混凝土。

②机械选择

场区内混凝土的垂直及水平运输机械采用汽车输送泵,保证一次输送至构件浇注地点,采用 ZX30、ZX50 两种型号插入式振捣器配合振捣。

③钢构件的要求

为保证混凝土浇筑时下料及混凝土振捣时振捣器能插入构件内部并排除混凝土内的气体,提前要求型钢柱在加劲板位置开设工艺孔。

5　结语

轨道交通指挥中心工程已通过竣工验收。随着北京轨道交通建设的发展,未来的轨道交通及其他办公大楼均为多结构体系,有效地发挥多结构体系的功能需求将越来越重要,积累和总结多结构体系建筑的施工技术可为后续类似工程提供有益的借鉴。

车辆段钢骨架轻型板施工技术

王 涛　林思进

摘　要　地铁大兴线车辆段的所有库房的外墙和屋面板均采用新型材料钢骨架轻型板,通过现场施工实践,结合以前类似工程的经验,从现场施工中对厂家加工板的质量控制措施、吊装方法、安装工艺、焊接要求、质量要求等方面着手,分别对屋面板和墙板钢骨架轻型板施工方法和技术进行了全面和具体的阐述了,同时对现场质量关键点的控制方法进行了经验介绍。

关键词　钢骨架轻型板　施工　技术

1　前言

钢骨架轻型板施工工艺,是德国引进的技术,钢骨架轻型板在建筑领域属于新型建筑材料,无机轻质芯材与轻骨料混凝土的组合结构,强度高,抗冲击能力强,自重轻,防火,耐久性好,隔音好,防水、节能,厂内加工。与钢结构配套使用优势明显,可实现与钢梁平接,降低层高,装饰效果好。施工时简便快捷,不受季节影响,缩短了施工周期,尤其适用于大兴线车辆段这样工期紧迫的工程,是目前国内比较新的建筑工艺工法,适应了当前低碳环保、推广绿色建筑、绿色施工的社会需要。随着此项技术应用逐渐的推广,设备和材料正在国产化,必将广泛使用在重点工程项目中。

图 1　大兴线车辆段钢骨架轻型板结构

2　工程概况

北京地铁大兴线 08 标段南兆路车辆段采用钢骨架轻型板施工总体特点为建筑面积大(约为 4.2 万 m^2),分为四个单体库房。墙体及屋面板同时采用钢骨架轻型板,现场安装量大(扣除门窗洞口板的总用量达 5.6 万 m^2)。与门式刚架主体结构结合使用。具体建设规模见表 1:

车辆段建设规模　　　　表1

建筑物名称	建筑面积(m^2)	檐高(m)	轻型板面积(m^2)		板厚(mm)	合计
			屋面	墙体		
停车库	26557.55	11.8	29020	5641	150	34661
联合检修库	12495.25	12.93	14900	2654		17554

续上表

建筑物名称	建筑面积（m²）	檐高（m）	轻型板面积（m²）		板厚（mm）	合计
			屋面	墙体		
工程车库/公务料棚	1471.36	11.10	1615	313	150	1928
物资总库	1845.25	11.45	1980	392		2372
合计	42369.41					56515

3 钢骨架轻型板加工

3.1 加工主要规格

屋面板主要规格：7.5m×1.5m。
墙板主要规格：7.5m×1.5m，7.5m×0.9m，7.5m×1.2m。

3.2 板材加工工艺流程

材料进场→刷油漆→钢框焊接→制板→做防水层、刮腻子→码板入库。

3.3 工艺流程的质量控制

(1)材料进场：原材料进场首先由专职质检人员和保管员进行检查，做到材料验收合格入库。
(2)首先对C型钢表面进行清理把表面粘有碳粉和杂物清理干净，把第一遍防锈漆要刷均匀，不要有流淌和漏刷现象。
(3)刷漆。
刷油漆前一定要清洁钢框，调好油漆，涂刷均匀，无流淌和麻面现象。
(4)制板。
钢框焊接成型，焊缝表面不得有裂纹、焊瘤等缺陷，各焊接点达到规范要求，底模平整，塑料模铺平，检查钢框是否合格，将不合格钢框选出修理。钢框铺放整齐，按要求控制水灰比，浇筑完混凝土表面须抹平，无砂眼无抹印，四周钢框灰擦干净。
(5)装饰阶段。
防水层：板面在刮抗渗封闭涂层时一定按配合比要求去做，砂浆要求刮得均匀，无抹印，钢框四周要干净。
刮腻子：板面在刮腻子前一定把板面和两侧有不平处找平，按要求两遍成活，一定把表面压实无抹印，钢框擦拭干净。

4 质量控制措施

钢骨架轻型板主要由水泥、C型钢、带钢、角钢、焊条（焊接用）、防锈漆、珍珠岩等原材料组成。项目部从源头进行质量控制，到厂家对生产原材料质量进行把关，主要进行了外观和原材试验检验报告的检查。

5 钢骨架轻型板施工

5.1 屋面板安装施工

5.1.1 材料准备

钢骨架轻型板进场时须经过出厂检验，由厂家出具合格证、抽样试验和承载力检验报告。膨胀珍珠岩及低碱度硫铝酸盐水泥均有出厂合格证和出厂检验报告。

5.1.2 吊装方法

(1)吊装工程的前期准备。

①在构件吊装前,要平整好场地,修好道路,按照构件吊装的方法要求,确定预制构件进场的排放顺序和位置,争取做到最安全、最快捷、最小回转半径一次吊装就位。

②吊装前应将弹好的构件中心线、定位线,作为安装时校正的标志。

(2)吊装时,屋面板按照安装线一次放好部位,使两端搭接长度和空隙均匀,支撑处如有空隙,用铁片垫塞后,再用焊接来固定,每块板与屋架上弦至少有三点焊接(端头部分焊接不少于2点),焊缝长度不小于60mm,以保证屋面板的纵向稳定。现场吊装见图2～图4。

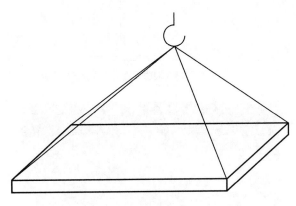

图2 屋面板吊装示意图

图3 现场吊装

5.1.3 屋面板安装工艺

(1)屋面板安装工艺流程

安装流程见图4。

图4 屋面板安装工艺流程图

(2)施工操作

①放线

待与上道工序的交接完成后,根据排板图,放出板边位置,同时校核排板图与现场结构是否交圈。

②安装

用起重设备将屋面板就近轻放至钢架上。吊车不能直接就位时,将屋面板吊至特制屋面运板车上,再平移至安装位置。

③调整板缝距离

依据《钢骨架轻型板试用图集》(京05SG3)要求,把板缝调整至允许偏差范围内,板缝宽度偏差不得大于10mm。

④焊接

安装就位后,根据《钢骨架轻型板试用图集》(京05SG3)关于钢骨架轻型板屋面板的连接要求,将板与钢屋架焊接连接。

⑤嵌缝

将配好的 BAS 轻质芯材浇筑在板缝中,浇筑时用钢筋将砂浆插实。见图 5~图 7。

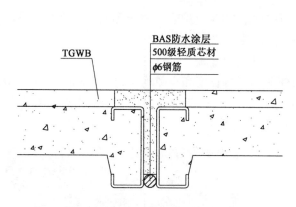

图 5　GWB 主肋拼缝做法

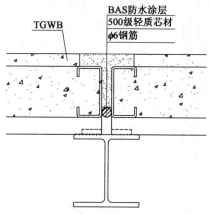

图 6　GWB 端肋拼缝做法与钢梁连接做法

图 7　现场嵌缝后照片

⑥涂刷防水涂料

将 BAS 高分子涂料按使用要求调好后涂刷在 BAS 芯材面上,分两遍涂刷,待其成膜即可。

⑦验收

焊接完成后,自检合格,申请监理工程师验收。

5.1.4　焊接要求

(1)副肋与肋连接焊接为单面 L 形围焊角焊缝,焊缝尺寸不小于 4mm。

(2)端肋与主肋采用全焊透坡口焊。

5.1.5　验收质量要求

(1)原材料必须有合格证或出厂检验报告。

(2)砂浆浇注在板缝中,浇筑时必须将砂浆插实。

(3)允许偏差:板缝宽度:±10mm;板轴线偏移:±5mm。

(4)高分子防水涂料品种必须符合设计要求和有关标准规定。

(5)嵌缝填充密实,轻质芯材与屋面板上表面的平整度可误差 1cm。

5.2　墙板安装施工

5.2.1　墙板安装工艺流程图

墙板安装流程见图 8。

图 8　墙板安装工艺流程图

5.2.2　施工操作

(1)放线

待与上道工序的交接完成后,根据墙板施工图,放出板边位置,同时校核排板图与现场结构是否相符。

(2)墙板就位安装

用起重设备将墙板就近轻放至上,依据定位线调整墙板位置。

(3)调整板缝距离和垂直度

依据《钢骨架轻型板试用图集》(京 05SG3)要求,把板缝调整至允许偏差范围内,板缝宽度偏差不得大于 10mm,垂直度偏差不得大于 20mm。

(4)焊接

安装就位后,根据《钢骨架轻型板试用图集》(京 05SG3)关于墙板的连接要求将板与钢屋架焊接连接。

(5)嵌缝

嵌缝做法见图 9、图 10。

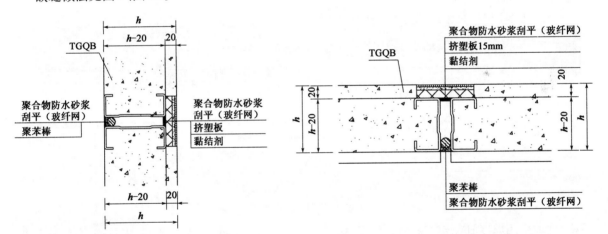

图 9　GQB 水平拼缝做法(尺寸单位:cm)　　　　图 10　GQB 竖直拼缝做法(尺寸单位:cm)

(6)验收

焊接完成后,自检合格后,申请验收。

5.2.3　质量要求

(1)原材料必须有合格证或出厂检验报告。

(2)嵌缝依据拼缝详图施工。

(3)允许偏差:板缝宽度:≤10mm,垂直度:≤20mm。

6　结语

钢骨架轻型板施工工艺,构件采用工厂化生产,施工时简便快捷,不受季节影响,能与主体结构以钢结构为主的构件很好结合。板材自身有保温功能,减少了一道保温施工工序,提高施工速度,缩短施工工期。在同等规模和施工条件下,对比普通钢筋混凝土框架结构施工工期可缩短一半。

临时停车场钢结构吊装施工技术

段劲松　田永进　翟志民　单镏新

摘　要　地铁8号线停车场主框架采用单层钢结构两跨双坡刚架体系,构件数量多,单根构件长度大,现场吊装有一定难度。通过方案比选,确定了对主要钢构件分段加工、现场组拼、高空吊装栓接的基本思路,本文主要对钢构件吊装顺序、吊装方法、质量控制关键点进行了阐述。

关键词　钢结构　组拼　吊装

1　工程概况及难点

北京地铁8号线二期工程临时停车场长264.1m、宽41.1m,建筑面积13142.36m²,檐口高度6.80m,柱网尺寸6m×22.2m、6m×18.9m,采用单层钢结构两跨双坡刚架体系,横向钢架梁和柱顶刚接,纵向柱列之间采用柱间支撑或其他纵向构件(系杆)相连。停车场剖面见图1。

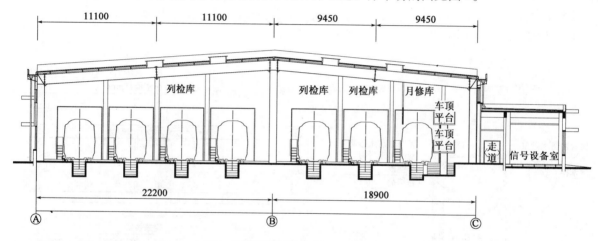

图1　临时停车场横剖面图(尺寸单位:mm)

梁、柱均采用焊接H型钢,钢柱截面H700×350×10×20(mm),最大高度11.95m;钢梁截面H900×300×10×16(mm),最大跨度22.20m。停车场钢结构施工见图2。

图2　停车场钢结构施工

工程难点:构件数量多,单根构件长度大,特别是屋面钢梁跨度大,增加了安装、运输的施工难度,因此施工难点在于安装过程中吊装方法的选用,运输过程的构件防变形的措施。

2 吊装前的准备

安装前应对基础轴线和高程,预埋螺栓位置、预埋件与混凝土粘贴性进行检查,检测和办理交接手续,其基础混凝土强度达应到设计强度的80%以上,基础的轴线标志和高程基准点准确、齐全。

对超出规定偏差预埋螺栓,在吊装之前应设法消除,构件制作允许偏差应符合规范要求。

所有构件重量都在10t以下,所以采用20t汽车吊吊装。

3 钢架吊装施工

3.1 钢柱吊装及钢梁吊装流程

钢柱吊装流程见图3。

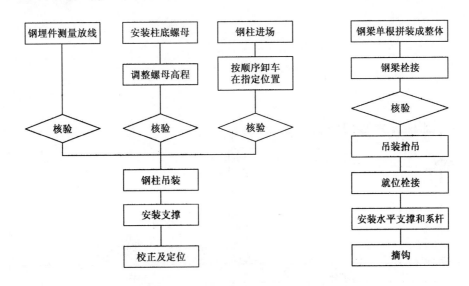

图3 吊装流程图

3.2 吊装步骤及方法

第一步:将钢柱按轴线位置摆放在基础边上;

第二步:将钢梁按轴线位置摆放在基础边上,在钢柱吊装同时将钢梁按《构件吊装重量示意图》中所分段进行拼装(拼装施工见图4);

第三步:将1/A轴钢柱吊装就位,调正并用四根缆风绳临时固定;

第四步:将2/A轴钢柱吊装就位,并将其与2/A钢柱用柱间支撑连接调正,钢柱朝B轴和A轴外方向用缆风绳固定;

第五步:将1/B轴钢柱吊装就位,调正并用四根缆风绳临时固定;

第六步:将2/B轴钢柱吊装就位,并将其与1/B钢柱用柱间支撑连接调正,钢柱朝C轴和A轴方向用缆风绳固定(见图5);

第七步:将已拼好的1轴第一吊装段钢梁安装就位(见图6),吊装时将摆放升降平台一侧的缆风绳

拆除(升降平台位置见附图),由于钢柱已做固定,同时柱梁结合处用8条高强螺栓连接,所以钢梁吊装就位不用再做临时固定;

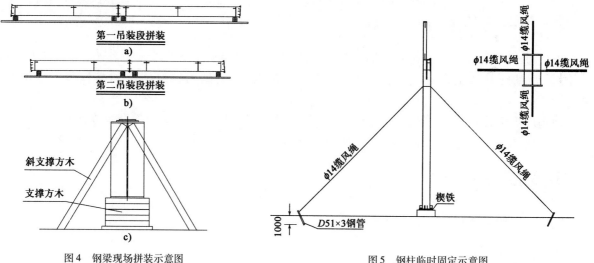

图4 钢梁现场拼装示意图　　　　图5 钢柱临时固定示意图

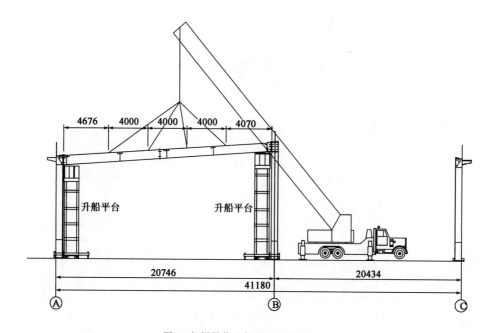

图6 钢梁吊装示意图(尺寸单位:mm)

第八步:将已拼好的2轴第一吊装段钢梁安装就位,用屋面钢管支撑将其与已安装好的1轴钢梁进行连接,使其在2-1轴/A-B轴之间形成一个稳固的框架;

第九步:以装好的框架为基础按照跨度方向从A到C,长度方向从1到49轴的顺序将所有钢架安装完毕,安装时必须将新安装的钢架与已形成框架的钢架之间用部分支撑进行连接,保证构件安装过程中的稳定;

第十步:在钢架安装过程中将未安装上的支撑,安装就位,安装过程中钢柱安装、柱间支撑安装、钢梁拼接、钢梁安装、屋面支撑安装可以在上道工序调正完毕后马上进行安装,穿插进行,即钢柱安装的同时可以将钢梁按吊装段在地下进行拼装,等钢柱安装形成一个框架后开始吊装钢梁,等安装2榀以上钢架后可以开始安装支撑,;

第十一步:等所有构件安装调正完毕后,对构件表面进行清理,对运输和安装过程中损坏的油漆进行修补,涂刷最后一遍面漆。

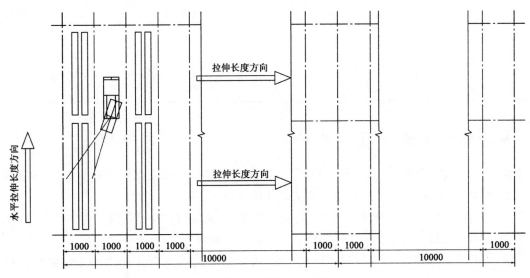

图7 安装方向示意图(尺寸单位:mm)

4 质量检验标准

钢柱吊装质量检验标准　　表1

项　目	允许偏差(mm)		图　例
柱脚底板底板中心线对柱子定位轴线的偏移	5.0		
钢柱垂直度	1. 柱高≤10m 允许偏差 $h/1000$ 2. 柱高大于10m 允许偏差 $h/000$ 且≥25.0		
弯曲矢高	$H/1200$,且应不大于15.0		
柱基准点高程	有吊车梁的柱	+3.0　-5.0	—
	无吊车梁的柱	+5.0　-8.0	

钢梁吊装质量检验标准　　表2

项　目	允许偏差(mm)	图　例	检验方法
梁的跨中垂直度	$H/500$		用吊线和钢尺检查

续上表

项　目	允许偏差(mm)	图　例	检验方法
侧向弯曲矢高	1/1500 且应不大于 10.0		用拉线和钢尺
垂直上拱矢高	10.0		

5　高强螺栓连接

每道接口,先用定位销临时固定,等构件调正后更换高强螺栓,高强螺栓应自由穿入,不得强行敲入,不得用气割扩孔,穿入方向应一致,应注意垫圈使用方向。

高强螺栓应按顺序施拧,由螺栓群中央顺序向外拧紧,每到接口应在当天终拧完毕。

安装高强螺栓时,摩擦面应保持干燥清洁不得在雨中作业。

拧紧采用扭矩法施拧,分为初拧和终拧完成,初拧扭矩为终拧扭矩的50%,高强螺栓终拧扭矩如表3:

高强螺栓终拧扭矩　　　表3

序号	名　称	规　格(mm)	级　别	终拧扭矩(N·m)
1	高强螺栓	M24×90	10.9	758

高强螺栓施拧采用的电动扭矩扳手,检查采用的手动扭矩扳手,在每班作业前,均应进行校正,其扭矩误差应分别为使用扭矩的±3%。

高强螺栓扭矩检查应在终拧1h后,24h以内完成,扭矩检查时,应将螺母退回60°左右,再拧至原来测定扭矩,该扭矩与检查扭矩的偏差应在检查扭矩的±10%以内。高强螺栓施工流程见图8。

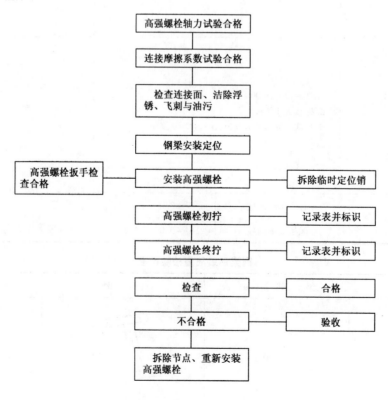

图8　高强螺栓施工流程图

6 结语

(1)本工程钢结构构件均采用工厂化生产,施工过程中简单快捷,不受季节影响,能与混凝土基础为主的构件很好结合(螺栓连接)。在同等规模和施工条件下对比钢筋混凝土框架结构的施工工期可缩短一半,此工艺尤其适用工期紧张的地铁工程。

(2)钢骨架施工效率高,另外可简化脚手架搭设、钢筋绑扎、模板之立、浇筑混凝土等繁杂的施工过程,缩短结构施工工期。同时在 30m 跨度左右的梁板体系性价比高,产生了良好的经济效益和社会效益。

十、施工组织与管理

BT 项目模式下城市轨道交通工程设计技术管理

王东清　何　刚　刘月明

摘　要　BT 管理模式在国外较为普遍,但在我国仍属探索和试行阶段,没有成熟的经验可以借鉴,更没有相关的法律规定和政府文件可以遵循。地铁亦庄线工程是目前北京市最大的一项以 BT 模式运作的地铁建设项目,通过对工程 BT 模式下地铁亦庄线工程的设计技术管理,针对不同模式下对问题的处理方式进行分析和比选,总结出 BT 模式的优点和不足,并提出相应的解决方案,希望能为 BT 模式的推广起到积极的作用。

关键词　轨道交通　BT 项目　设计　技术

1　BT 模式概述

BT 管理模式是 BOT 的一种变换形式,BT 即 Build—Transfer(建设—转让)形式的简称,是指一个项目,由具有独立法人的项目管理公司通过对项目的投资和建设,最终向业主移交一个完整工程的一种模式。涵盖房屋拆迁外所有与工程相关的工作内容,包括影响工程的现况建筑物的拆除和保护、三通一平、绿化赔偿、商业补偿、管线保护或改移、临时占地、交通导改及恢复、设计委托和管理、工程各证件的办理、工程施工建设和移交等工作内容,可以说 BT 模式是真正意义上的设计、施工总承包模式,是一种彻底的"交钥匙工程"。

2　BT 模式的管理优势

BT 管理模式对缩短建设工期、降低工程造价及提高建筑企业的市场竞争力具有较大优势和积极的作用,BT 模式的优越性和先进性,势必将成为我国建设工程领域的发展方向。本文针对 BT 模式的设计技术管理,对比一般的工程管理模式,通过总结,主要有六大优点势:

2.1　设计施工一体化,管理责任更为明确

BT 模式的承包合同为投资建设合同,含对工程投资、建设和移交,以及相关的设计、施工管理,从性质上完全可以定义为彻底的设计、施工一体化的工程总承包。这种模式避免了设计与施工在管理上的脱节,使工程无论是在施工过程中还是竣工移交后,无论出现质量事故还是安全事故,都不必再去追究是设计图纸原因还是施工的原因,而可以直接去找负责投资建设的单位,这样使管理责任更为直接,对工程的责任也更为彻底。

2.2　设计施工统筹兼顾,使工程管理更为合理有序

对于一般工程,设计委托和对设计的管理直接由业主单位负责,因业主单位对工程的统筹安排不如施工单位专业,常常造成设计、施工管理上的脱节。如施工单位认为很难的施工部位设计未给予充分考虑,设计认为该先施工的部位却因条件制约无法展开等。在 BT 管理模式下,BT 项目公司具有足够的、高水平的施工技术人员配合设计人员进行协调,设计单位也能把自己的意见与施工单位充分沟通后,权衡利弊,统筹兼顾,综合考虑,更好地,更为专业地、系统地做出设计。如地铁亦庄线在设计阶段,BT 项目公司就根据现场情况、施工统筹安排向设计单位提交了各段图纸需求计划表,设计单位按计划安排设计和提供

图纸,从而满足了各工区各专业的队伍按顺序招标、进场和施工,使施工管理更为有序和合理。

2.3 设计服务施工,提高解决问题的效率

在工程施工过程中,常常出现一些小的问题需设计解决,某个结构偏差较大影响装修施工,或现场各专业施工位置冲突需要设计协调解决等。在BT模式下,设计、施工虽然各有分工,但总体上归BT项目公司一家管理,在设计配合阶段,对设计强调的是服务。对于现场的设计技术问题施工协调,由BT项目公司专人负责组织协调和处理。对于现场的实际问题,设计也会权衡利弊,综合考虑现场质量、设计规范和工期等影响,提出更为合理和具有可操作性的处理方案。在地铁亦庄线工程中,设计单位基本做到了一般小问题随时处理,重大问题不超24h给予处理,相比一般的工程管理模式,大大提高了解决问题的效率,为工程的顺利进行提供了技术保障。

2.4 进一步优化设计方案,提高工程的性价比

BT公司的设计技术管理人员来自设计和施工单位,专业齐全,施工经验丰富,可以在技术方案优化中发挥优势,能够利用"价值工程理论"对设计方案和施工方案进行价值组合,从比选中获得最大的经济效益,达到为项目节约成本的目的。如地铁亦庄线工程的架桥施工,原设计筹划为两个预制梁场,两套架桥设备。BT公司进场后,考虑到现场梁场的征地、建设、架桥设备的租赁及其他现浇节点桥和车站的实施条件,经过认真比选,决定采用一个预制梁场,一套架桥设备,既能满足工程需求,又能节约成本,仅此一项,节约成本上千万元。

2.5 用设计管理控制成本,杜绝施工上的浪费

一般模式工程施工过程中,施工单位为增加利润,往往在设计变更和洽商上下功夫,设计单位又不完全熟悉现场情况,使一些不必要的设计变更或洽商成为事实。或遇到一些现场问题,设计单位因经验不足提出的方案现场可操作性不强,从而造成不必要的浪费。在BT模式下,所有的设计变更或洽商均在BT公司的管理控制范围内,充分利用了施工总承包管理这一经验优势,切实做到了从工程实际需要出发,减少了不必要变更或洽商发生,有效地控制了施工成本。如亦庄线某一施工单位,高架车站桩基施工过程中,遇到杂填土,桩基施工困难,施工单位提出了全部换填的施工方案,换填量约为2.4万立方。经过BT公司技术人员的认真分析,研讨对比施工方案,最后给施工单位提出了合理的泥浆堵漏施工方案,较好地解决了这一问题,避免了土方换填,节约了施工成本,加快了工期,还减少了土方挖运对环境带来的影响。

2.6 设计施工相互促进,提高工程管理的专业化水平

对于一个工程,设计与施工其实是密不可分的。但在我国的建筑市场中,设计单位和施工单位往往是脱离的,设计只管设计,施工只顾施工局面。在BT模式下,BT项目公司的设计技术管理人员都具有丰富设计理论知识和多年现场施工实践经验的复合人才,对设计的全过程控制会更加完善,使设计工作与施工的结合达到最佳状态,使设计和施工成为一个互相促进、相互联系的整体,减少推诿、扯皮现象,提高了工程领域的专业化水平,为我国建设工程管理水平的提高起到了推动的作用。

3 现有BT模式的不足

BT管理模式虽然有六大优势,但BT模式也不是万能的,也有其不足之处,尤其是在目前相关法律还未出台,各方面还不健全的情况下就更显得突出,主要有下面几种情况:

3.1 合同条款相对简单,界面划分有待完善

业主单位与BT项目公司为投资建设合同关系,合同更多强调投资、建设和移交,在目前BT模式尚

在探索和试行阶段,对工程界面划分还有不明确的地方。如对现况桥梁、水闸的拆除,因相关管理部门要求易地重建,费用较高,合同中又没有详细的相关条款,从而造成责任上的不清晰。

3.2 BT模式的成熟度有限,需待进一步完善

有些工程在BT模式运作前,业主单位已经完成的前期部分事项的决策和委托工作,然后再交给BT项目公司代其进行过程管理。实际上,对过程管理的控制权还在业主单位,使BT项目公司的管理存在局限性。还有些业主单位为控制工程的质量或增加效益,直接参与工程的管理,自主招标确定了一些材料或设备。出发点虽好,但容易被BT项目公司误解,从而导致现场把关不严格,忽视了这部分的质量,在工程统筹安排上也缺乏一致性,容易对工程造成影响,难以体现BT模式在管理上的优势。这种不彻底的BT模式自然会造成责、权的不对等,从而导致扯皮现象的发生。

3.3 设计与技术管理的水平有待进一步提高

因目前BT模式的不彻底性,对BT项目公司的合理要求也无法全面得到满足,从而导致BT公司对设计的管理重视程度不够,选派的设计技术管理人员水平也有局限,无法全面起到对设计的指导作用。

4 BT模式的实施需注意的几点建议

通过对BT模式的实践和分析,提出几点建议:

4.1 踏勘现场,细化合同内容

在签订投资建设合同前,应组织详细的现场踏勘,仔细调查现场情况,尤其对穿越铁路、河流、电力设施及拆、改、移项目要格外注意。在签订合同时要做到范围准确、责任清晰、风险评估合理,为合同的顺利履约创造条件。

4.2 BT模式彻底化

BT模式的实施基础是设计管理的彻底化,只有设计的委托权或管理权在BT项目公司,才可以由BT项目公司在满足工程需求功能的前提条件下兼顾美观开展设计,才可以顺利进行设计方案的优化,给BT项目公司和设计更大的发挥空间,进一步提高工程的性价比,实现BT模式运作的初衷。

4.3 进一步提高BT项目公司设计技术管理的专业化水平

BT项目公司的设计技术管理人员,不但要有丰富的专业知识,较强的协调能力,对现场熟知,对设计内容熟知,同时还要了解该领域或该专业发展状态和目前情况,能对设计能起到协调和指导的作用。这样就要求BT项目公司的设计技术管理人员是有设计人员、施工技术人员及各专业的专家顾问组成的综合性管理团队。只有进一步提高设计技术管理的专业化水平,才能满足不断完善的BT模式的管理需求。

4.4 提前与接工程接收管理的单位接洽,满足工程的接收条件

BT模式下,BT项目公司除接受各行政单位监督外,主要面对两个大部门,一个是工程的回购单位,即政府,一个是接收工程的管理单位。提前与工程的接收管理单位接洽,可以尽早了解其对工程的需求,时间设计的一次到位,避免后期返工,从而达到功能、质量和成本控制的最佳统一。

BIM 技术在 PBA 暗挖车站施工中的应用

廖秋林 李润军 张鹏飞 裴宝权 王 亮

摘 要 针对建设规模庞大、周围环境风险程度高、施工工艺复杂的地铁车站工程,研究建筑信息模型技术在其施工管理方面的实现机制与作用模式,探索构建地铁车站建筑信息模型的有效技术途径,并依托实际在建的北京地铁 7 号线达官营地铁车站 PBA 工法,研制开发了基于建筑信息模型的智能交互式 4D(四维)施工仿真管理系统。该系统将传统的二维静态设计图纸与文字方案转化为虚拟的计算机操控程序,通过该系统平台能有效整合达观营站工程项目的施工信息,实现真实尺寸的三维(3D)施工方法模拟与交互式的施工形象进度展示有机结合(即构成 4D),并有助于正确显示各类复杂的施工信息并指导施工安全通过环境风险源,充分发挥了信息模型的作用。

关键词 地铁 建筑信息模型(BIM) PBA 工法 达官营站

1 工程概述

北京地铁 7 号线达官营车站为地下二层三跨岛式站台车站,地下一层为站厅层,地下二层为站台层。车站全长 235.800m,标准段宽度 22.9m,高度 16.5m。中心里程覆土约 9.17m。顶拱位于圆砾、卵石层,底板位于卵石层中。达官营站结构横断面见图 1。

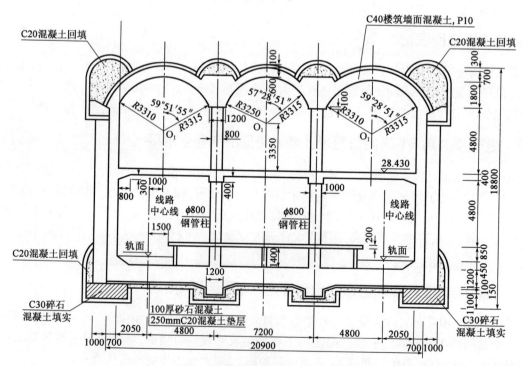

图 1 达官营站断面图(尺寸单位:mm)

车站采用洞桩法(PBA 法)施工,即首先开挖竖井和横通道,然后通过横通道开挖平行车站的小导洞,接着在小导洞内施作桩、梁、拱,一旦扣拱完成,即全面形成纵向框架空间支撑体系,在此支撑体系保护下自上而下开挖站厅层和站台层并完成结构施工。为加快工程进度,结合周边环境及场地条件,整个车站共分为三个施工区域(区段)平行施工。车站施工范围内风险源众多,包括:下穿 $\phi800mm$ 污水管、$\phi1600mm$ 雨水管、$\phi1600mm \times 1800mm$ 电力方沟、$\phi400mm$ 污水管、$\phi300mm$ 的燃气管与热力方沟等管线;下穿人行过街天桥一座,主体暗挖结构顶与人行天桥基础底距离约 4.3m;1 号风道下穿莲花河。

近年来,计算机仿真技术与工程建设的结合日益紧密,尤其关于建筑信息模型(Building Information Modeling,简称 BIM)的研究已成为国内外土木工程领域的热点与亮点。通过技术攻关研究建筑信息模型在城市地铁工程施工管理方面的实现机制与作用模式,并探索构建地铁车站建筑信息模型的有效技术途径,为体现良好的示范性,本项目选择周围环境风险复杂、工艺复杂的浅埋暗挖法中的洞桩法(PBA法)为范例,依托在建的北京地铁 7 号线达官营车站工程,探索 BIM 在复杂地铁工程结构施工与指导穿越环境风险领域中的应用途径与实现机理。

2 BIM 在地铁车站施工管理中实施的模式与技术途径

BIM 在施工中管理中的应用模式包括虚拟建造和 4D 模拟。按照上述两种应用模式,分为两个阶段探索在地铁车站 PBA 法施工管理中实现 BIM 的技术途径。根据当前建筑信息模型应用领域各种设计软件的特性及功能,选择使用的软件工具为 3D-SMAX 和 Quest 3D。首先利用 3D-SMAX 把原先的 CAD 图纸转化为三维的模型,再通过 Quest3D,将模型发布为可执行应用程序,以实现 BIM 的功能。

2.1 虚拟建造

首先进行探索实现虚拟建造的功能。虚拟建造的主导思想是"先试后建",即在施工之前,通过数字化的模型和信息,模拟出复杂结构或节点的虚拟造型,深入到虚拟的施工环境中进行观察,并任意转动、缩放,甚至剖切与分解,让施工管理人员和操作工人都可以非常清楚地明白其构造,直观地了解将要建成的项目的情况,在脑海中已经形成非常清晰的概念,在实际施工中就可以清楚地知道施工的准确与错误。这里首先模拟地铁车站洞桩法施工的主要步序,演示效果见图 2。

a)导洞施工

b)条基、边桩冠梁施工

c)底纵梁、钢管柱、顶梁施工

d)扣拱及跨顶二衬施工

e)站厅层结构施工

f)站台层结构施工

图 2 洞桩法施工主要步序模拟效果

2.2 4D模拟

在原有的3D模型的基础上,增加一个时间维度,实现4D施工模拟。4D理论由美国斯坦福大学的CIFE(Center for Integrated Facility Engineering)于1996年首先提出,十多年来,其研究和应用得到了长足的发展。

根据地铁车站结构施工的特点,这里着重解决三维建模与施工形象进度交互操作智能控制的关键技术。即以车站施工工序的3D模型为基础,将工程进展形象的展现出来,形成动态的建造过程可控模型,用以辅助施工计划管理。由于Quest3D由于提供了信息交互的接口,方便快捷地在用户与系统之间建立起桥梁,能在实时编辑环境中与对象互动,因此在其中进行开发,实现了图形用户界面,即通过菜单输入参数,任意调用施工工序,以及反映任意阶段的施工进度的功能,见图3。

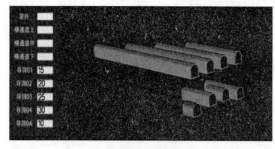
a) 导洞施工形象进度

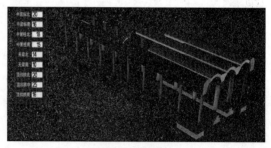
b) 结构施工形象进度

图3 参数化交互控制演示效果

2.3 PBA法地铁车站施工三维仿真管理系统设计

该模型包括整个车站(总长度236m,扣除3个横通道约是220m),共分为三个施工区段,自西向东分别是第一施工区段(负责车站长度约40m),第二施工区段(负责车站长度向东约80m,向西约50m),第三施工区段(负责车站长度约50m)。尽管各施工区段相互独立,但需全部集成在一起,将来电脑操作时实现可以任意选择任何模块,任何视角,演示任何区段的任意施工工序。

(1)每个施工区段都首先进行各自竖井(分别为1号、2号、3号竖井)施工、横通道施工,然后方正式进行PBA法车站施工(如第一次demo模型演示的那些就是PBA法示意);3个竖井向下开挖均分为3步进行,其中2号竖井(又称为临时竖井)目前正在修改设计图纸,将原来上下两层横通道也要分为上、中、下三层。竖井及横通道主要顺序为:竖井开挖第一步→上层横通道施工→竖井开挖第二步→中层横通道施工→竖井开挖第三步→下层横通道施工。

(2)整个车站从西向东看,横断面上自南向北依次是上导洞1、2、3、4和下导洞A、B、C、D,需要注意2号竖井横通道完成后,分别有东、西两个方向(即东段与西段)都要进行施工,不同视角导洞的方向不要混淆。

(3)各施工区段主要施工工序的列项及演示效果控制最小单位划分情况见下表示,其主要工序基本相同,差别主要在于每段工程体量有差异,但第二施工区段的横通道贯通后,需要分别向东、西两个方向施工。需注意:演示效果中要求各工序均按不同长度(进度)划分为若干基本单位,且都要单独设置一个按钮"完毕",以演示该工序彻底完成时的情形。

3 基于BIM的达官营车站洞桩法施工4D仿真管理系统

3.1 系统设计原则与设计目标

3.1.1 系统设计目标

达官营车站洞桩法施工4D仿真管理系统(以下简称本系统)的设计目标为:

（1）所构建的三维模型应全面、准确反映车站工程本体、各主要施工工序及周围地层信息，并满足穿越环境风险领域的评估需要；

（2）基于此模型开发出的四维仿真管理系统实现三维模型中的各施工工序与进度控制的密切结合，满足人机智能交互操作的灵活性。

3.1.2 系统设计原则

本系统设计所依据的原则如下：

（1）系统功能设计本着简洁、实用的原则，运行于 Windows 环境，具有友好的用户界面，便于在目标用户群中广泛使用；

（2）遵循系统需求分析、总体设计、详细设计、程序编制、系统集成、系统集成与调试等流程开展本系统研制；

（3）满足该地铁车站工程施工管理的需求，使本系统在地铁工程数字化施工管理领域具有典型的代表性和示范性。

3.2 系统开发工具的选择

Quest 3D 是一个基于 Direct X 的三维仿真平台，比起其他的可视化的建构工具，如网页、动画、图形编辑工具来说，Quest3D 由于提供了信息交互的接口，能在实时编辑环境中与对象互动。通过图形用户界面，实现方便灵活、快捷稳定的人机友好交互。鉴于此，选择 Quest 3D 作为开发工具，能够符合系统设计目标和原则。

3.3 系统集成及功能设计

本系统平台包括图形界面化系统、三维模型显示系统、菜单控制系统、施工区段模型生长控制系统以及背景控制系统等，见图4。

3.3.1 图形交互界面系统

图形交互界面系统以二维界面的形式设置了各种操作按钮并显示有关信息。开启本系统后进入欢迎界面并点击右箭头，车站施工区域的俯视照片向右侧滑动，并由灰色变为彩色。操作者通过图形交互界面进入主页面后，为控制模型的生长效果，必须借助本系统所构建出的施工区段划分及工序展示菜单框架中的按钮进行操控。

3.3.2 三维模型显示系统

是用于向操作者直观展示施工车站施工效果的系统。

在这套系统中，通过三维建模软件所构建出的模型被附加逻辑关系，进行从属性设置，位置绑定，自发光，漫反射，以及对应烘焙贴图的处理。使操作者通过亮度、阴影、颜色、前后位置关系将所见到的图像在头脑中转化为三维的实体模型。

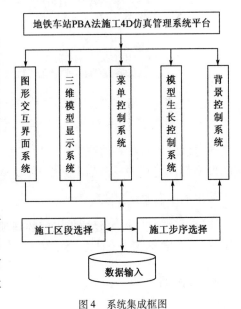

图4 系统集成框图

3.3.3 菜单控制系统

菜单控制系统是真正通过输入各种数据，向菜单发送控制命令的系统，也是整个系统平台的核心部分。菜单的控制包括输入信息、记录信息、逻辑判定、控制模型显示等几个步骤。

按照本工程施工部署，分为三个施工区段，每个施工区段包括的主要工序有：竖井开挖及初支、横通道开挖及初支、导洞开挖及初支、条基施工、边桩施工、边导洞冠梁施工、中导洞底纵梁施工、钢管柱施工、顶纵梁施工、中洞及边洞扣拱施工、车站上层土方开挖、车站中层板施工、站厅侧墙施工、站台层土方开挖、车站底板施工以及站台侧墙施工等,各施工步序均单独控制。

分别针对各施工区段的不同施工工序,随机输入有关数据后可得到相应的形象进度模型显示,其演示示例分别见图5、图6。

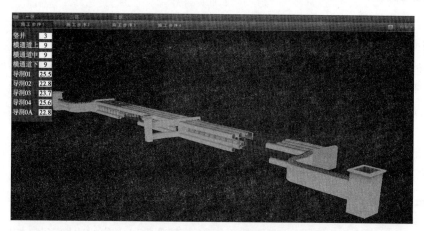

图5 第一、二、三施工区段4D演示

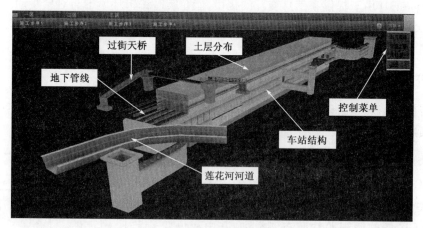

图6 背景控制系统要素展示

3.3.4 施工区段模型生长控制系统

通过该系统将收到的逻辑解析后的信息,通过值域选择在模型上体现。本套系统将每一步施工区域的模型都设定相关逻辑判定关系,涉及模型数量近千余件。

3.3.5 背景控制系统

通过该系统可以分别控制显示站体结构模型、地层分布以及周边风险源等项目,并可嵌入车站本体模型,将各要素集成为整体系统。站体结构模型及背景控制系统要素展示分别见图6。

4 结语

本文依托实际在建的北京地铁7号线达官营地铁车站PBA工法,研制开发了基于建筑信息模型的智能交互式4D(四维)施工仿真管理系统。该系统将传统的二维静态设计图纸与文字方案转化为虚拟的计算机操控程序,通过该系统平台能有效整合达观营站工程项目的施工信息,实现真实尺寸的三维(3D)施工方法模拟与交互式的施工形象进度展示有机结合(即构成4D),并有助于正确显示各类复杂的施工信息并指导施工安全通过环境风险源,充分发挥了信息模型的作用。

车站装修施工组织与管理

李 琨　康 健　罗华丽

摘　要　针对轨道交通车站工程装修施工的自身特点和难点,本文以北京地铁6号线与9号线的换乘车站白石桥南站为例,研究总结车站装修施工如何以工期、质量安全为目标,以工序流程安排、深化设计、施工精细管理、搞好同其他专业单位的施工协调等为重点,提出各项可操作性的组织措施与管理技术措施,以安全、保质、高效完成车站的装修施工任务。

关键词　车站装修　施工组织筹划　装修技术　深化设计　协调配合

1　序言

近年随着城市地铁建设规模的不断扩大,地铁交叉换乘线路愈来愈多。以北京地铁9号线为例,全线共设换乘车站9座,达车站总数的70%。一般地铁车站的装修施工技术、进度、质量安全控制与普通地下空间公共装修无异,但换乘车站由于换乘空间的存在,其装修施工的组织与管理有自身的特点和难点。本文以北京地铁6号线与9号线的换乘车站白石桥南站为例,来探讨地铁换乘车站如何以工期、质量安全为目标,以工序流程安排、深化设计、施工精细管理、施工协调等为重点,做好装修施工组织与管理,充分发挥工程效益和基本建设的投资效益。

2　换乘车站工程概况

2.1　车站总体工程概况

白石桥南站位于首体南路与车公庄大街相交的十字路口西北角,是地铁6、9号线的换乘车站。其中9号线车站沿南北向布置于首体南路西侧非机动车道及绿化带上。6号线车站沿东西向布置于车公庄大街北侧的非机动车道及绿化带上,两线车站呈"L"型节点换乘,9号线车站在上,6号线车站在下。该车站为明挖岛式车站,9号线部分计算为站台宽14m,长118m。车站长度:231.1m 主体建筑面积:28944.8m² 车站标准段总宽:22.70m。6号线部分计算为站台宽14m,长158m。车站长度:192.428m,主体建筑面积:27874.5m²,车站标准段总宽:22.90m。

车站共设置3条出入口通道,5个地面出入口,两个安全疏散出口,3组地面风亭及两个地面无障碍电梯。其中9号线部分设置为2条出入口通道,3个地面出入口,1个安全疏散出口及1个地面无障碍电梯。6号线部分设1条出入口通道,2个地面出入口,1个安全疏散出口、1个地面无障碍电梯(其中3号出入口为远期预留)。具体布置见图1、图2。

2.2　车站装修设计概况

白石桥南站的特色装饰以格子与框架结构为主,传统书法临摹的九宫格,演绎轨道交通的通达性,强调现代化工业科技与简约文明,营造注重功能的轨道交通空间氛围。

车站精装修工程地面主要采用:玻化砖、瓷质玻化砖、防滑玻化砖、花岗岩、盲道砖、水泥砂浆楼地面、细石混凝土楼地面、防滑砖、耐酸砖、防静电地板、预制水磨石、彩色水泥自流平等。

墙面主要采用:干挂瓷砖、干挂石材、干挂搪瓷钢板、干挂铝板、湿挂石材、湿贴瓷砖、乳胶漆墙面抹灰、乳胶漆墙面、釉面砖、矿棉吸声板等。顶面主要采用：铝合金方板、铝合金条板、乳胶漆、板底刮腻子喷涂等。

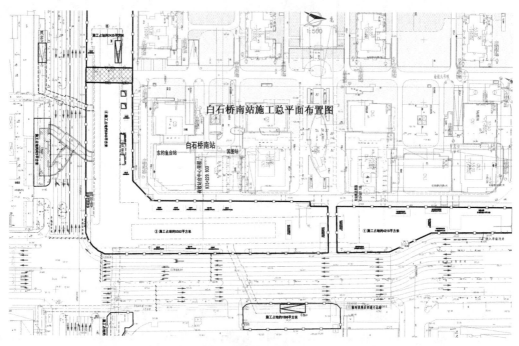

图 1　车站施工总平面图

图 2　车站透视效果图

门窗包括：钢质防火门、防火观察窗、钢质防火防盗门、普通钢板门、钢质防火隔音门、特级防火卷帘门、钢质防火密闭门、推拉门等。

其他部分包括：变形缝地面伸缩材料、隔墙、厕浴隔断间、小便器隔板、成品售票室、石材洗漱台、残疾人用扶手、卫生间镜子、五金、台面等。

3　换乘车站装修施工的特点与难点

3.1　装修施工特点

3.1.1　车站公共区精装修工艺要求高，工程以竣工达到鲁班奖为标准

（1）顶棚铝板、条板及铝网板，采用钩搭式栓接固定，主要是提高安全系数并便于检修，安装方便，

顶棚采用铝板加工期短，装饰美观并确保防火要求。

（2）地面采用新白花花岗石，柱中轴采用蓝宝石花岗石分色，确保排板分格效果整体美观，变形缝及收缩缝采用不锈钢定加工，用止水带及胶条带便于结构收缩装饰面不会变。

（3）墙面采用钢结构栓接式固定，干挂米白色瓷砖。由于地铁火车来回震动较大，所以钢结构栓接干挂瓷砖不会因震动而造成脱落等原因。

3.1.2 施工图设计深度不够

根据车站现场已完结构实际尺寸情况，地面、顶棚和柱面排版进行技术深化设计。

3.1.3 施工工期紧

受车站结构完工时间的制约，装修施工在2011年11月中旬进场，而全线试运营时间为2012年9月30日，车站及其附属建筑装修实际施工时间仅为8~9个月。

3.2 装修施工难点

根据精装修工程合同段文件和现场实地勘察情况，白石桥南车站精装修施工期间，同时存在着与建设单位的配合、与监理公司的配合、与设计单位的配合、与总承包方的配合、与相关专业的协调配合。多方的协调配合工作无疑会对施工进度造成一定的影响，协调配合措施不利，甚至会阻碍施工的有序和顺利进行。而合理、科学的协调配合措施，不但会杜绝拆改、返工的现象发生，更能顺利地按照进度计划展开施工，从而保证工程质量。

在车站精装修工程施工中，尤为突出的是站台层地面垫层与安全门绝缘层的交叉施工、站台层和站厅层脚手架的搭设、吊顶施工、墙面施工与机电专业、地铁设施安装建设等协调配合。

根据施工进度计划和现场实际情况，各专业施工基本与装修同时进行，在站厅层、站台层及车站附属出入口通道施工时，首先进行的是地面垫层的施工，而地面垫层施工的最主要先决条件是各专业管线必须预埋完毕，相邻工程的地面高程必须统一。

同时为便于吊顶、墙面工程的进行，势必要搭设能够满足施工要求的满堂红脚手架，且在吊顶和墙面的面层施工前各相关专业在吊顶和墙面面层以内的各种管线设备必须施工完毕并通过验收，因此合理地与土建、专业单位及相邻工程施工单位协调是至关重要的。

4 合理筹划施工组织方式

4.1 施工区段的规划

为便于科学有序地组织施工，降低施工成本，确保工程质量和工期，确保文明施工，科学合理地进行施工区域的划分。

根据白石桥南站工程量和工程特点，车站按照各层进行流水排布；总体从建筑功能上可分成设备区、公共区（包括出入口通道）、出入口地面建筑、轨排井等预留洞口甩槎部位四个区段顺序安排施工，各区段内按流水组织施工。因工期相当紧张，要保证各施工段各层都有工作面，各层公共区如具备大面积施工条件，也可提前进入，与设备区装修交叉作业。具体作业面上按照墙、顶、地的施工顺序合理安排工序衔接。

4.2 施工顺序

根据工期要求和车站装修施工质量目标，结合白石桥南站特点，施工顺序安排如下。

4.2.1 总施工顺序

各区段内按照先新增隔断、墙面，后顶面，最后地面，先房间内再走道，楼梯间及先基层后面层的顺序进行施工。

4.2.2 内装修工程主要工序

测量放线→吊顶、地面、墙面内空调、消防等机电管线敷设→墙面龙骨安装→吊杆龙骨安装→墙面面层封板→吊顶面层封板→墙面、顶面刮腻子→地面石材、地砖、防静电地面等铺设→门窗套、扇安装→涂料施工→卫生洁具、五金、灯具等安装→变形缝安装→标识安装→竣工清理验收。

车站具体装修施工时按以下要点进行了组织。

（1）按照"先湿后干、先基层后罩面、先设备管线后装饰、先墙后顶再地面、先粗装后精装"的原则进行平行流水施工。所有罩面板的封闭，须待水、电安装工程确认合格后方可进行。

（2）专业上应按照先水电、通信信号等管线安装施工，然后再依据土建装饰面板的施工顺序进行。

（3）具体从施工平面及立面空间来说，其施工顺序如下：

①局部安排上：先施工工序多、施工复杂的部位，后施工工序少、施工简单的部位。

②吊顶部分：从专业角度划分，先进行各专业管线的安装，后吊顶骨架，最后饰面板的安装。

③墙面部分：先基层抹灰等处理，后墙体骨架及饰面板、涂料等。

④地面部分：先预埋，后垫层，最后面层。

⑤从空间上：墙体的骨架及管线与吊顶内管线及吊杆可平行施工，顶棚饰面板在安装前，要求墙面饰面板的安装及吊顶内的管线安装及隐蔽验收完毕方可安装。

4.3 劳动力及工期计划安排

根据白石桥南站工期要求和工作量，提前落实劳动力的来源，做好劳动力的统筹安排，选用素质高、技术水平好并与多年合作的施工队伍，做到既保证劳动力充足又不窝工。

建立完善的计划保证体系，健全工期保证措施是掌握施工管理主动权、控制施工生产局面，保证工程进度的关键一环。本项目的计划体系将以周、月和总控计划构成的工期计划为主线，同时考虑技术保障、商务保障、物资保障、质量检验与控制、安全防护及后勤保障，在各项工作中做到未雨绸缪，使进度管理形成了层次分明、深入全面、贯彻始终的特色，以确保工程合理有序地进行。

5 换乘站装修施工管理的要点

5.1 技术与深化设计管理

"方案先行，样板引路"是本项目施工管理的特色。制定详细的、有针对性和可操作性的施工方案，实现在管理层和操作层对施工工艺、质量标准的熟悉和掌握，使工程施工有条不紊地按期完成。

在施工过程中，安排专门设计人员进驻现场，配合装修技术人员，对现场可能出现的具体情况做出设计深化。包括根据车站现场已完结构实际尺寸情况，地面、顶棚和柱面排版，还包括图纸不包含的特殊结构部位的做法，与专业施工配合过程中装饰做法的修改等。如此可以保证在施工前做到图纸、做法先行，指导施工的作用。此项任务同样可以对工程施工起到促进的作用，保证工程顺利进行。

5.2 与其他专业交叉施工的协调配合

为了完善各项专业协调配合，最大限度减少现场剔凿、返工现象，在施工项目部设置专门的专业配合岗位，负责制定、执行各专业的协调配合工作制度，并定期召开和参加不同层次的专业协调会议，确定专业的施工周期，相交部位的书面交接范围。

各专业的施工完成后，需要接收以进行下道工序的内容，必须严格按照进度计划的时间要求完成。涉及隐蔽工程的部位，按要求交接。对安装专业交接部位施工的工人进行专业交底，要求装饰施工技术人员一定要全面了解设备安装各专业与装饰施工在技术、程序间的矛盾，具备一定的机电安装等专业知识,在全面了解各专业的施工特点的基础上,掌握设备终端及接口做法。

5.3 材料及材料加工的管理

(1)在装饰施工中的装饰工程的质量、与供应进行全面管理,包括:施工进度、材料存放场地、材料验收、分部分项工程验收、施工资料管理、原材料及成品保护等方面的协调与管理。

(2)为保证装修工程供应工作,编制切实可行的装饰材料总体需用计划;编制本标段装修材料总体需用计划时与建设单位、设计、监理单位、装修材料供应商全面沟通,保证计划的可行性。

(3)协调装修材料的进场工作,保证装修施工的正常进行。

(4)供应商应结合工程内容及业主、土建总包和装饰单位的要求编制供应计划、制定装修材料的生产供应保证方案、材料质量保证方案、材料供应应急预案等,进行装修施工现场配合工作。

5.4 质量管理要点

5.4.1 线控制

50线成线定点往往在结构阶段形成,但分区的50线弹测则由装饰施工单位引测。由于分区50线引测超差,将会给分区交接处地台高程,天棚高程,机电管线安装带来困难。甚至是难于处理的问题,尤其是造成变形缝处理的困难。为此,我们安排专业测量班,实行大间距统一抄测,最后统一确定。

协调好中线(轴线),以免设备安装位置的偏差。协调好统一高程,特别是设备高程与地面高程、地面与门下面高程、楼梯与地面高程,现场施工的各单位基准高程须统一,并注意已施工地面的结构高程。

5.4.2 吊顶工程的质量控制

吊顶工作量大,种类较多,工程质量要求高工期紧,吊顶内通风空调系统、消防系统、照明系统、广播电视、电话系统、监控系统等一应俱全,尤其是吊顶内机电管线量大面广,各种探头星罗棋布,吊顶与机电各专业安装交叉作业多,施工中需随时协调配合,难度较大。主要质量控制措施如下:

(1)做好测量放线工作的控制;在墙、柱面上弹出吊顶标高线,不同标高的分界线位置,同时弹出机电管线安装的控制线,以留出灯具、风口等安装空间;根据吊顶平面布置图做出龙骨排版图,在地面及墙面上弹出龙骨排布位置线和防火卷帘检修孔位置线,为吊杆及龙骨安装做准备。

(2)加强吊杆施工的控制:与机电专业设备吊杆区分,涂刷不同颜色的漆,不能混用。由于大型机电设备较多,致使吊顶内有较高空间高度,同时管道送风风力较大,吊顶面板易发生颤动,因此加强吊杆稳定性的控制至关重要。根据吊杆长度按规范要求设置受力转换吊架;应严把吊杆与埋件焊接质量,同时加水平钢筋与吊杆焊接,控制其稳定性。

(3)加强龙骨安装的控制;质量部门要求各单位严格按照技术交底施工。拉线调整标高,按要求起拱;龙骨一定要平直,不能扭、折,否则将影响面板变形,接缝明显。

5.5 施工过程的成品保护措施

(1)墙砖进场后,应放在专用场地,不得污染。墙砖现场打孔开槽时,工作场所及工作台应干净整洁,避免加工中划伤墙砖表面。

(2)施工过程中应注意保护墙砖表面,防止意外碰撞、划伤、污染。

(3)墙砖安装过程中,应注意保护与墙砖交界的门窗框、玻璃和金属饰面板。宜在门窗框、玻璃和金属饰面板上粘贴保护膜,防止污染、损坏。

(4)墙砖安装区域有交叉作业时,对安装好的墙面板材采用了塑料膜完全覆盖保护。进行焊接作业时,应将电火花溅及范围内采用石膏板或薄铁皮进行全面保护,防止烫伤墙砖表面或引起火灾。

(5)合理安排施工工序,避免工序倒置。应在专业设备、管线安装完成后再做墙砖,防止损坏、污染墙砖饰面板。

(6)翻、拆脚手架和向架子上运料时,严禁碰撞已施工完的墙砖饰面板。

(7)墙砖饰面板安装完成后,容易碰触到的口、角部分,应使用木板钉成护角保护,并悬挂警示标志。其他工种作业时,注意不得划伤墙砖表面和碰坏墙砖。

(8)石材地面铺贴24h内不得上人,并用石膏板或旧地毯保护。

(9)施涂前应首先清理好周围环境,防止尘土飞扬,影响涂料质量。

(10)施涂墙面涂料时,不得污染地面、踢脚线、阳台、窗台、门窗及玻璃等已完成的分部分项工程。

(11)最后一遍涂料施涂完后,室内空气要流通,预防漆膜干燥后表面无光或光泽不足。

(12)防水层施工过程中和完工后,严禁穿带钉鞋踩踏。操作人员应严格保护已做好的防水层,防止人为损坏。防水层完工后,严禁在防水层上进行其他施工作业。

(13)突出地面管根、地漏、排水口、卫生洁具等处的周边防水层不得碰损,部件不得变位。地漏、排水口等处应保持畅通,施工中要防止杂物掉入,试水后进行认真清除。涂膜防水层施工过程中,末固化前不得上人走动,以免破坏防水层,造成渗漏的隐患。质量验收完毕,不得随意凿眼打洞破坏防水层。防水层完工后及时完成隐蔽验收进行下步工序施工并采取保护措施。

6 结语

地铁车站装修的顺利实施,重点在于需根据地下空间结构的特点和现场情况,合理规划施工区段,布置好材料进出口通道和施工层次、步序等,控制装修细部做法质量,搞好交叉部位的协调配合,成品保护措施落实到位等。车站装修施工完成后做到了装饰精雕细刻,亮点突出,观感美观的效果。

深圳轨道交通田贝站交通疏解及施工优化方案

张佩昊 马长涛 李凤洪 王志海 萧剑宇

摘 要 深圳地铁3号线田贝站位于罗湖区翠竹路,地处老城区。田贝站位于翠竹路与田贝四路、太宁路交叉路口地下,横跨田贝四路、太宁路和水贝路、太安路两个十字路口。由于停车线及换乘节点的影响,整个车站全长504.815m,为正常车站长度的2倍多,横穿管线众多,现场施工场地狭小,交通疏解及管线改移困难。

原方案采用盖挖、半盖挖、明挖相结合的施工工法,施工工序复杂,组织难度大。工程实施过程中通过交通疏解、施工工艺、施工组织等各种手段,将盖挖半盖挖区域进行大部消减,仅在局部路口设置了临时钢便桥疏解交通,实现了区域的全明挖施工,为工程减少了施工安全风险、加快了施工进度、降低了施工成本。

关键词 田贝站 交通疏解 盖挖

1 工程概况

深圳地铁3号线田贝站位于深圳市罗湖区翠竹路与田贝四路、太宁路交叉口地下,车站主体沿翠竹路呈南北走向,南接翠竹站,北接水贝站,车站需横穿田贝四路-太宁路十字路口。本站途径地段,覆土表层为第四系人工填筑的素填土、杂填土、冲洪积黏性土、砂层、角砾土、残积黏性土,下伏基岩为花岗片麻岩、碎裂岩。车站地处老城区,交通流量大,地下管线复杂。

本站为换乘站,为远期规划地铁7号线预留换乘节点。起讫里程:K11+373.6～K11+878.415,全长504.815m。围护结构采用800mm厚地下连续墙,车站主体一般采用地下二层三跨和二层双跨现浇钢筋混凝土矩形框架结构,换乘段采用地下三层双跨现浇钢筋混凝土矩形框架结构。施工采用明挖法和盖挖顺筑法的联合施工方法,基坑开挖深度一般约18～23.0m,换乘体段基坑深达26.6m。

车站总建筑面积:23044.904m^2。拟采用盖挖顺筑法+明挖法施工。主体围护结构拟采用地下连续墙;通道、风道为地下一层,围护结构拟采用钻孔灌注桩加旋喷桩,明挖顺筑法施工。基坑开挖深度约20.6m。

车站呈一字型设置于翠竹路与田贝路交叉路口处的翠竹路地下,为12m岛式站台车站,线间距为15m。车站设四个出入口(远期为七个出入口,并于地下商业街连通)、两组风亭:车站西北侧出入口沿翠竹路设在翠竹小区的空地上,预留沿田贝四路方向D2出入口;东北侧B出入口沿翠竹路设在深圳市供电服务公司地块内的绿地上,预留太宁路方向A2出入口;南端风亭设于翠田工业区的地块内的绿地上;北端风亭设于深圳市供电服务公司地块内的绿地上。

2 交通疏解优化

根据整个工程施工特点,将项目交通疏解分为三个大的阶段,分别为主体围护结构施工阶段,主体土方开挖及结构施工阶段,附属结构施工阶段。根据工程平面布置,每个阶段分田贝四路以南、田贝四路路口、田贝四路至水贝～路路口、水贝～路路口、水贝～路路口以北五个部分分别进行设计。

2.1 招标阶段交通疏解介绍

招标阶段将交通疏解分为了六个阶段,下面分别进行介绍。

第一阶段交通疏解用于围挡范围地下连续墙施工，铺设田贝四路、水贝～路与翠竹路交叉口钢便桥，见图1。

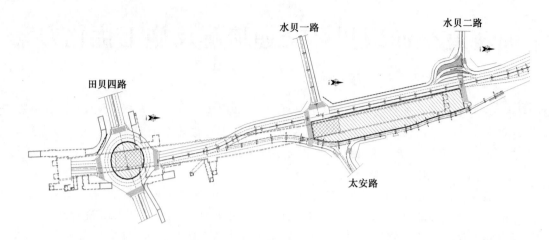

图1　第一阶段交通疏解设计

第二阶段交通疏解主要用于围挡范围用于施工地下连续墙，铺设田贝四路以南西侧便桥。田贝四路至水贝一路间西侧钢便桥，见图2。

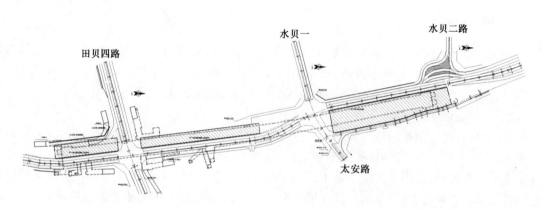

图2　第二阶段交通疏解设计

第三阶段交通疏解用于围挡范围施工地下连续墙及钻孔灌注桩、主体结构土方挖运、车站主体结构施工，见图3。

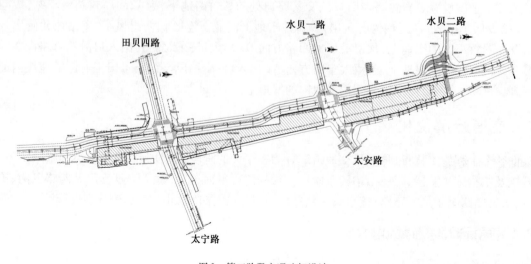

图3　第三阶段交通疏解设计

第四阶段交通疏解用于拆除田贝四路以南及田贝四路至水贝一路间西侧钢便桥,见图4。

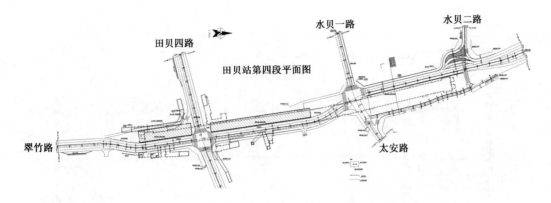

图4　第四阶段交通疏解设计

第五阶段交通疏解用于拆除田贝四路路口、水贝一路路口刚便桥,见图5。

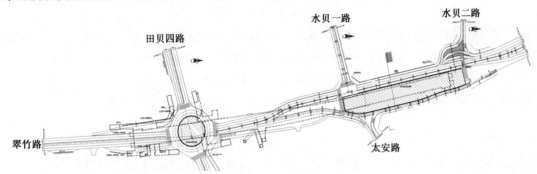

图5　第五阶段交通疏解设计

第六阶段交通疏解用于施工附属的A、B、C、D出入口及2号风亭组,见图6。

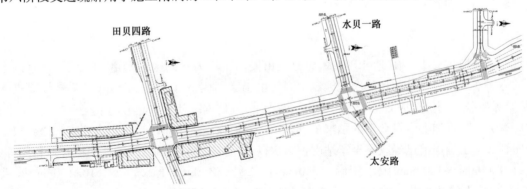

图6　第六阶段交通疏解设计

2.2　交通疏解优化策略及思路

田贝站施工过程中,附属结构均是在主体施工完成后,将交通疏解导流至主体结构上方后进行,附属结构的交通疏解未作大的调整及优化,此处就不作重点描述,重点对主体围护及结构施工阶段的交通疏解的设计及优化进行介绍。

2.2.1　田贝四路以南

如图7所示,8~12轴为田贝四路路口,田贝四路以南集中了A出入口、D出入口及1号风亭,招标阶段设计将主体围护结构的地下连续墙施工分2个阶段,西侧及东侧分阶段进行施工,主体围护施工同时进行铺盖路面施工,铺盖路面施工完成后进行主体土方及结构的盖挖施工,盖挖完成后进行附属的A

出入口及D出入口施工。其中1号风亭跟随主体同时施工。

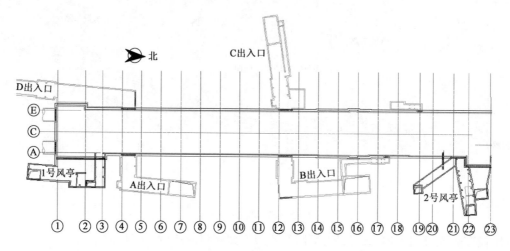

图7　田贝路站主体结构平面图

田贝四路以南仅西侧能解决翠竹路现状南向交通组织,东侧因为1号风亭施工需要与主体同时施工,无法解决北向交通组织。要解决田贝四路以南盖挖变明挖,必须解决两个问题,一是1号风亭组结构施工不能与主体同时进行,需待主体施工完成后,与附属A、D出入口同期完成。二是取消半盖挖路面后,部分施工区域仅挨着场地围蔽,需要解决明挖施工时钢支撑架设及结构施工的水平及垂直运输问题。

根据存在的问题,进行了专题研究,并制定了针对性的对策,具体如下:

(1)1号风亭组后施工,主体与1号风亭组位置接口位置设置围护结构,保证主体施工的基坑支护,待主体施工完成后,1号风亭施工期间进行凿除。

(2)田贝四路以南场地内施工,采用20t龙门吊进行水平及垂直运输组织,利用基坑南侧的部分场地作为周转材料及钢筋加工的场地。

2.2.2　田贝四路路口

田贝四路路口主要集中在8~12轴,翠竹路及田贝四路均为罗湖区主干道,车流量大,难以采用断路施工的方法实现路口车站结构的明挖施工。同时由于规划调整,该部位需为远期7号线提供换乘条件,车站局部加深9~10m,基坑深度达到29m。该十字路口,据统计翠竹路方向公交车多达23路,田贝四路方向有12路,再加上数量众多的私家车、货柜车,对地铁施工组织提出了很高要求。该路口的沿翠竹路方向管线施工围挡前已经改移至车站围护结构以外,施工期间影响管线主要为横穿翠竹路方向,影响管线有:1400mm×1200mm雨水箱涵,ϕ540mm污水管,ϕ400mm上水管,6×10ϕ150mm电缆,6×10ϕ114mm电信电缆及光缆。施工期间需要解决上述管线的横跨基坑问题。

综上所述,该路口必须保证双向的交通组织,同时还需要解决管线横跨路口,基坑局部加深等难题。按照原有交通组织,盖挖条件下进行路口的施工,施工组织难度极大,且工期不可控,施工成本高。

在此条件下,考虑采用环岛交通组织的方案,在路口两侧设置两道刚便桥,新城环形交通组织,解决环岛内,局部加深部位的明挖施工。

2.2.3　田贝四路至水贝一路间

田贝四路至水贝一路间的交通组织,原设计采用基坑西侧设置双向四车道,在13~28轴之间设置铺盖钢便桥,解决路面宽度不够问题。此范围内,若采用半盖挖,工程量大,工期风险高。在对现场多次调查测量的基础上,提出如下优化方案:

(1)该双向四车道为单向两车道,对由南向北行驶的机动车,采用绕行相邻道路的方案。

(2)对局部双向两车道宽度不够部位,采用在冠梁顶部设置牛腿加宽路面。

2.2.4 水贝一路路口

原设计水贝一路路口与田贝四路路口一样均采用钢便桥,由于水贝一路是次干道,通过车辆少,采取如下优化方案:

(1)围护结构施工期间,采用分南北两段施工方式,不断路情况下解决围护结构施工期间水贝一路路口通行问题。

(2)土方开挖及结构施工期间,对路口进行断路施工,快速开挖、快速封顶降低对交通影响。

2.2.5 水贝一路以北

水贝一路以北按原设计已经实现了明挖施工,在车站施工期间不需作优化调整。

2.3 优化后的交通疏解方案

优化后的交通疏解根据不同部位以及对交通影响的不一样,采取针对性的疏解方案,在尽可能保证车站施工便利的条件下,将疏解对交通影响降至最低。具体方案如下:

第一阶段交通疏解用于田贝四路路口以南主体施工、田贝四路路口环岛内围护结构施工、水贝一路路口及水贝路以北围护结构施工,见图8。

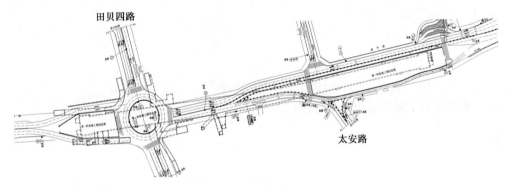

图8 第一阶段交通疏解图

第二阶段交通疏解用于解决田贝四路路口环岛位置围护结构施工、田贝四路至水贝一路西侧围护结构施工,见图9。

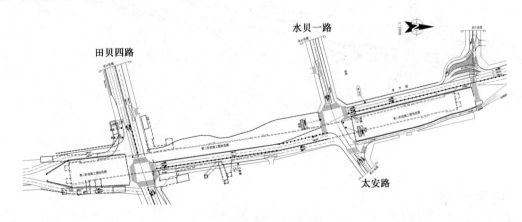

图9 第二阶段交通疏解图

第三阶段交通疏解用于剩余部位围护结构施工,见图10。

第四阶段疏解用于实现田贝四路路口环岛交通、田贝四路至水贝一路单向双车道行驶,田贝四路至水贝一路明挖施工,见图11。

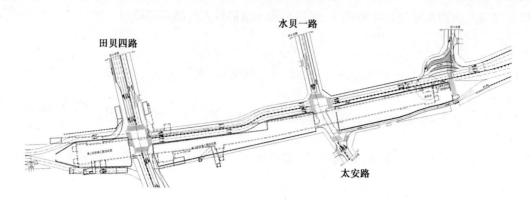

图 10　第三阶段交通疏解图

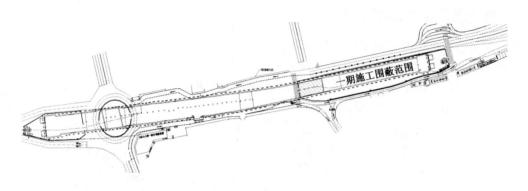

图 11　第四阶段交通疏解图

第五期交通疏解用于附属结构施工,见图 12。

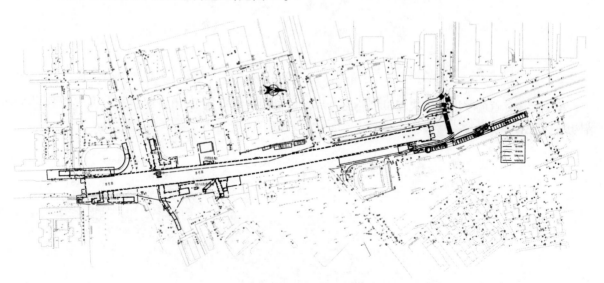

图 12　第四阶段交通疏解图

3　结果分析

田贝站施工已经全部完成,作为深圳地铁 3 号线长度最长工程量最大的一个地下车站,在工程进场滞后,设计变更增加工程量的条件下,通过交通疏解及施工优化,工程施工过程中经受了深圳地区强暴雨、大流量交通、地下三层施工长期、反复的爆破震动影响等不利因素的考验。施工过程中地面交通正常,基坑变形符合设计及规范要求,达到了预期效果。工程工期得以保证,在 3 号线同类工程中率先封顶。保证了世界大学生运动会前地铁3号线的投入使用。同时节约了工程造价,达到了企业和社会的共赢。在施工过程中得到了以下几点体会:

(1)对于老城区,地下管线复杂、交通流量大的车站主体结构,可以使用环岛交通纾解来实现车站过路口施工。它替代了初步设计阶段盖挖施工。达到了节省造价,加快施工进度的目的。

(2)采用321公路钢桥进行大跨度(24m)临时便桥施工,大口径管线($\phi1600mm$)悬吊施工,即方便,又安全、经济,适用性强。

(3)交通疏解设计优化作为施工单位设计优化的一个重要组成部分,在城市老城区今后类似工程中需要优先、重点进行研究。

平西府车辆段上盖综合开发工程施工组织与管理

汪令宏　邢兆泳　贺永跃　于英杰

摘　要　在轨道交通车辆段上方增加上盖,进行商业开发是我国地铁上方土地综合利用的大趋势。本文通过工程实例,介绍了带上盖开发的地铁车辆段综合施工管理经验。实践证明,通过综合施工管理能够节省成本、缩短工期,取得了较好的社会经济效益。

关键词　轨道交通　车辆段　上盖开发　综合施工管理

1　工程概况及成果背景

1.1　工程概况

北京地铁8号线平西府车辆段(见图1)位于8号线线路北端终点,与二期工程线路终点站回龙观东大街站接轨,平西府车辆段基地随二期工程建成。车辆段包括17个单体建筑,包括运用库、检修主厂房、咽喉区、综合维修办公楼等建筑。车辆段总建筑面积约为26万 m^2。车辆段基础形式包括桩基础、筏板基础、独立柱基础等,主体结构形式包括劲性结构、混凝土框架结构、钢结构等。

图1　全景图

车辆段的运用库和咽喉区上方增加结构平台上盖,运用库上盖面积6.1万 m^2,上方建有6栋12层住宅和3栋22层住宅。咽喉区上盖面积6.3万 m^2,设有住宅配套会所及绿化用地。

该工程工期为2009年10月10日至2012年12月30日,实际工期为2010年5月11日至2012年9月25日。

1.2　成果背景

轨道交通车辆段上盖开发是指在车辆段结构上方增加结构平台,在平台上方进行住宅或者商业开发。目前全国正在进行大规模轨道交通建设,需要建设很多车辆段或者停车场。轨道交通车辆段占地面积较大(见图2),土地如果单一用于轨道交通用地,则造成资源浪费。在车辆段上方增加结构平台,综合利用轨道交通用地是土地资源利用的大趋势。

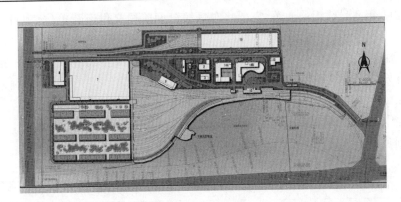

图 2　车辆段总图

2　选题理由

(1) 车辆段上方进行上盖开发是土地利用的新趋势,此类工程涉及的专业较多,不同于一般的建筑工程。

(2) 车辆段单体较多、专业工程多,单体建筑和市政工程、轨道工程交叉施工,施工综合管理难度大,见图3~图6。

图 3　浇筑难度大

图 4　结构复杂

图 5　劲性结构

图 6　劲性结构

(3)为确保 2011 年 8 号线提前通车,需要将车辆段分两阶段交付运营单位,项目管理需更加主动、统筹,具有执行力。

(4)集团要求通过复 8 线四惠车辆段和 8 号线平西府车辆段工程的建设,培养一批管理干部,总结一套车辆段上盖开发施工管理经验。

3 实施时间

相应实施计划见表 1。

实 施 计 划 表 表1

实施时间	2009 年 10 月至 2012 年 9 月
分 阶 段 实 施 时 间 表	
管理策划	2009 年 10 月至 2010 年 5 月
管理措施实施	2010 年 5 月至 2012 年 9 月
过程检查	2010 年 5 月至 2012 年 9 月
取得成效	2011 年 12 月至 2012 年 9 月

4 管理重点和难点

(1)施工工期紧张。根据北京市政府的要求,8 号线北段需提前一年通车,与之配套的办公区及附属设施,必须在 2011 年底交付使用,保证施工工期是项目管理重点之一。

(2)本工程由两个合同组成,一个是轨道交通八号线车辆段合同,一个是车辆段上盖开发合同。两个合同条款不同,但工程实体相互交叉,合同管理和成本控制是项目管理重点之一。

(3)运用库的屋面是上盖开发的汽车库,运用库的采光井和通风井需要穿过上盖汽车库坐落在上盖绿化带内。因为汽车库和上盖绿化带投入使用后不方便维修,因此汽车库地面、屋面防水和变形缝的防水处理是项目质量管理重点之一。

(4)车辆段共 17 个单体建筑,专业工程较多,各专业和结构、装修需要交叉施工;单体建筑和市政工程、轨道工程交叉施工,各专业综合施工管理是项目管理难点之一。

(5)运用库由于增加上盖的原因,结构形式由原来的钢筋混凝土框架结构改成混凝土劲性结构,增加约 2 万 t 钢材。整个工程混凝土用量高达 40 万 m^3,近 6000 根桩。钢结构的安装与 CFG 桩施工、钢筋混凝土施工的统筹安排是项目管理难点之一。

5 管理策划及创新特点

5.1 管理策划

5.1.1 必要性

轨道交通车辆段上盖开发是大势所趋,工程模式决定管理模式,其管理模式的转变必须适应项目管理的各项需求,它将提高企业核心竞争力。

5.1.2 管理目标

管 理 目 标 表2

项目	管理目标	项目	管理目标
工程质量目标	确保"长城杯"	安全生产目标	零事故率,创建北京市安全文明工地
工程进度目标	确保按建设方要求的工期完成	文明施工目标	创"北京市文明工地"
经营管理目标	合同履约率 100%,完成经营考核指标	科技工作目标	全面推广应用建设部新颁布的 10 项新技术

5.2 创新特点

5.2.1 工程管理思想
在管理上确定目标和原则,主要根据工程施工进展情况以及工程建设重点的转移,逐步创新适合工程建设的管理模式,大力开展新材料、新设备、新技术、新工艺的探索和实践。

5.2.2 实施目标管理
对工程目标进行层层分解,每周召开工程例会,检查监督任务完成情况,并根据目标责任进行奖惩。

5.2.3 优化施工部署
针对运用库上方增加上盖的工程特点,优化施工部署,合理安排施工工序,保证各施工环节有序进行。

5.2.4 实施专业分包管理
针对工程专业主要包括钢结构、机电、防水等工程实际,由各专业公司施工,充分发挥各自所长,保证工程质量、安全和进度。

5.2.5 实施科技创新
针对工程设计复杂、科技含量高、施工难度大的特点,本工程在科技方面积极推广应用了建设部十项新技术中的八大项(见表3)、共21个子项目,坚持"组织健全、项目明确、责任到人、强化过程控制"的原则,取得了良好的效果。

轨道交通八号线07标新技术应用列表　　　　表3

序号	推广应用十项新技术名称	应用项目名称
1	地基基础和地下空间工程技术	水泥粉煤灰碎石桩(CFG桩)复合地基技术
		复合土钉墙支护技术
2	混凝土技术	混凝土裂缝控制技术
3	钢筋及预应力技术	大直径钢筋直螺纹连接技术
		无黏结预应力技术
		有黏结预应力技术
4	模板及脚手架技术	塑料模板技术
		早拆模板施工技术
5	钢结构技术	厚钢板焊接技术
		钢与混凝土组合结构技术
6	机电安装工程技术	管线综合布置技术
		金属矩形风管薄钢板法兰连接技术
		薄壁金属管道新型连接方式
7	绿色施工技术	施工过程水回收利用技术
		预拌砂浆技术
		粘贴式外墙外保温隔热系统施工技术
		工业废渣及(空心)砌块应用技术
		铝合金窗断桥技术
		太阳能与建筑一体化应用技术
8	信息化应用技术	工程项目管理信息化实施集成应用及基础信息规范分类编码技术
		项目多方协同管理信息化技术

6 风险控制

6.1 工期风险控制

本项目原合同工期为2009年10月10日至2012年12月30日,但是实际开工日期为2010年5月11日,根据市政府和业主的要求,办公区的综合维修办公楼等十个单体竣工日期要提前到2011年12月30日;同时因为运用库和咽喉区上方增加上盖,基础和主体结构设计形式和工程体量都发生变化,整体工程的工期较短。为确保工期,项目部分解总体工期目标,确定分阶段工期计划,配备足够的资源,来保证整体工期目标的实现。

6.2 成本风险控制

本工程体量大,工期短,施工投入大,成本风险较大,并且涉及两个施工合同。为此在合同签订后确定成本控制目标,编制成本控制措施,过程中加强监督和控制,分阶段进行成本核算,最终确保成本控制目标。

7 质量过程检查和监督

7.1 严格按方案施工

对每个方案的实施都要通过"方案提出→讨论→编制→审核→修改→定稿→交底→实施"几个步骤进行。

7.2 坚持样板引路制度

根据专项方案、措施交底及现行的国家规范、标准,进行样板分项(工序样板、分项工程样板、样板墙、样板间、样板段等)施工,样板工程验收合格后才能进行专项工程的施工。严格实行挂牌制度。见图7、图8。

图7 支模样板

图8 挂牌制度

7.3 实行"三检制"和检查验收制度

在施工过程中,坚持检查上道工序、保障本道工序、服务下道工序,做好自检、专职检、交接检;遵循三级检查制度;严格工序管理,认真做好隐蔽工程的检测和记录。